国家出版基金项目
NATIONAL PUBLICATION FOUNDATION

海上絲綢之路文獻集成

總主編　陳支平　陳春聲

歷代史籍編　12

主編　范金民

海峽出版發行集團
THE STRAITS PUBLISHING & DISTRIBUTING GROUP
福建人民出版社

本册目次

海國圖志一百卷（卷二二至卷五四）

〔清〕魏源撰

海國圖志卷之二十二

邵陽魏源重輯

北印度各國

〈一統志〉巴勒提在博洛爾南痕都斯坦東與之接境貢道由回部漢唐罽賓近東地也（當爲唐西域記之畢迦試國）羣山近接中有長河有土伯特化穆巴克什米爾諸地分兩部落酋長默默帕爾及烏蘇完分統之各有衆八千餘人舊在葉爾羌貿易乾隆二十五年內附

〈西域見聞錄〉克什米爾回子一大國也（案宋史曰迦濕彌勒國元經世地里圖曰乞石迷耳英夷地圖曰夾氏米里皆字異音同）葉爾羌西南馬行六十餘

日可至其國中隔一冰山人畜至此須土人駝牽而過其險甚於木素達板其人深目高鼻黃睛多鬚衣圓領穿細無髮辮飲食尤多禁忌禮拜尤虔語言强半可通稱其君曰汗所屬回衆近百戸城池周三十餘里椿園氏曰嘉峪關外多流沙間有水泉沙石兀突怪惡不生草木至克什米爾以西以南時旣清淑山川秀麗別有天地矣而温都斯坦各國極熱多雨無霜雪一切飛潛動植與中國之閩廣無異豈以其近海之故歟人習工巧製造詭異（案此所云克什彌爾之冰山即唐元奘西域記北印度之大雪山也）

皇清四裔考曰愛烏罕在巴達克山西南部落最大漢書西踰葱嶺有北道北道出大宛南道出大月氏此當爲大月氏地有三大城曰喀奔曰堪達哈爾曰默沙特喀奔城南北西面山東面平曠堪達哈爾城四面倶山其汗愛哈默特沙居之默沙特城舊屬伊蘭愛哈默特沙征取之統治三城事耕種無游牧勝兵十五萬軍器鳥槍腰刀之屬無弓矢善田作戸有餘糧少物采自兼并温都斯坦部後資其金絲緞匹物力加豐亦有奄豎多取諸温都斯坦商人不至其國乾隆二十四年大兵

逐霍集占將入愛烏罕境爲巴達克山酋素爾坦沙擒獻其屬下有奔愛烏罕者唆其興師問罪於巴達克山素爾坦沙懼遣使具言諸不得已狀愛哈默特沙云大清國地廣人稠見於記載未知道路遠近今擬與爾部偕往投誠遂屢貢馬（案愛烏罕亦作阿布額尼亦作甲布爾）所屬阿拉克巴拉斯阿爾雜拜延舊隸伊蘭由喀奔至堪達哈爾二十八程由堪達哈爾至默沙特二十程北接布哈爾西有默克札志爾等數部落中隔沙漠過此爲西海南有思布部落過思佈亦海也（案西海皆裏海非地中海也）

地里備考曰阿附干國即加布爾在亞細亞州之中印度之西北北極出地二十八度起至三十六度止經線自東五十七度起至七十度止東至塞哥國西連白爾西亞國南接北羅吉國北界達爾給國長三千二百餘里寬約二千里地面積方約十五萬二千七百餘里烟戶四兆二億口本國地勢東南西南平原坦闊其餘各方峻嶺重叠湖河甚少河之長者惟一名曰印度河又名心德河湖之大者有二一名盧克湖一名烏勒爾湖其田土西方則磽瘠過半沙漠無垠餘方則隴畝膴腴

穀果豐盛土產鐵錫礬鹽窩宅磁砂硫磺烟葉緜花阿魏青黛丹參甘蔗地氊等物地氣互異冷熱俱極王位相傳長幼皆得臨御諸臣公舉惟賢繼立所奉之教乃回教也技藝庸陋貿易平常商賈負販結隊而行粵稽本國來歷渺茫明武宗正德元年有巴卑爾者旣獲加布爾濟斯尼干達爾等處遂即位稱汗歷傳二百餘載康熙五十九年復取白爾西亞國歸於一統越十七載白爾西亞國君那的爾沙興師擊逐反取本國迨薨後本國復興自爲一國時君名亞美里沙乾隆四十五年

傳至塞曼沙者被弟馬慕篡逐以後綱紀敗壞國亂民變越十餘載塞哥國勞爾地酋長林日星者乘機侵占其兼攝諸地亦皆背叛惟阿付干西斯丹等處尚存現改九部一名加布爾乃本國都也建於平原之中街市繁華風景美麗一名羅各曼一名日剌拉巴一名合斯那一名西維一名干達合爾一名發來一名都札克一名伊隆達爾其通商衝繁之地曰加布爾曰干達合爾曰合斯那

案又名阿付顏尼即愛烏罕之轉音也

外國史略曰甲布國或曰押安國或曰加布額尼前屬白西亞國及北路治北及西域游牧部東及五印度西連白西國廣袤方圓萬六千里居民千四百萬多山谷故氣候土產皆異在印度界內惟此地無深淵大河山頂積雪不消而山內極熱地肥磽不一百姓稀少農夫有五等每年二收多麥產油並阿魏多駝及緜羊犬善走猫亦美鷹能捉鹿民樸實有仇必報百年不忘恥買賣不肯家居以持械爭戰爲要務山峽甚多有外人入之即絕其歸路故敵國不敢侵而屢伐他國獲勝嘗據

五印度地後爲白西國所服降爲藩屬道光十七年俄羅斯國慫恿其民畔白西復動干戈而白西國王率兵圍其北界之黑臘城於是甲布別立新主調兵以拒退白西國道光二十一年冬土民乘冬凍攻擊英兵英兵乏衣食多斃者次年英兵攻之仍令前王攝權地始安靜○其都曰加布額尼城甚堅固英人破之干他哈亦交界之城街廣而直城長而方民多甲布之族與白西國所屬之黑臘國交界其國君每駐此與白西國有隙地豐盛民壯健○哈薩克甲布兩地之間有地曰甲非

勒坦山地奉佛教與附近甲布之回人交戰族類甚多地狹險多巖居出葡萄南果民美丰姿但未向化因在巖內負固回族亦難侮之無王無君惟聽命于長老好飲酒面白每將其女賣與回人爲奴最輕忽無信若非山巖險固久爲他國降服矣

外國史畧曰北路治地南及印度地北連甲布東及英藩屬地西連白西亞國廣袤方圓九千一百五十四里居民二百七十萬地分五部曰撒拉文曰云他瓦曰以哈拉文曰路士古地天氣殊異高峯夏亦雪積平地則熱甚野長六十五里闊四十里東多山高者八百丈有金銀銅錫鐵鉛等礦出綿花五穀青黛居民分兩族多遊牧頗誠實喜接旅客亦有印度白西人其宗派各有本酋不相合駐其拉之地每年征餉二十五萬圓兵四千有戰則召募民壯至三萬五千之多曾進貢于甲布國此地形勢未經詳察

案俾路芝南濱印度海西北接巴社居愛烏罕之南西恆河迤西也

地里備考曰黑拉德國又名東哥羅三在亞細亞州之

中印度之北北極出地三十三度起至三十六度止經線自東五十八度起至六十五度止東南界阿付干國西連白爾西亞國北接達爾給斯丹國長約一千五百里寬約七百里地面積方約八萬里烟戶一兆五億口地勢嶄巖岡陵絡嶧湖河甚少田畝肥饒穀果豐稔草木紛繁牲畜充牣土產鐵綵麻煙阿魏綿花香料藥材鴉片等物地氣溫和王位世襲所奉之教乃回教也技藝精良商賈輻輳通國分爲三部一名黑拉德乃國都也建于平原之中昔甚富麗今稍凌替一名夏般一名

巴米昂

瀛環志畧曰阿富汗波斯東境明時裂波斯數城自立爲國前此固統於波斯別無名號也世多傳其兼并溫都斯坦今攷溫都斯坦乃五印度總名與阿富汗爲鄰者爲北印度之塞哥國兩國本以印度河爲界阿富汗嘗逾河而割塞歌之西境迨後塞歌亦逾河而割阿富汗之東境所謂疆埸之邑一彼一此者耳西域聞見錄謂敖罕與溫都斯坦地界毗連各以威力相制迭爲強弱今攷與溫都斯坦爲鄰者阿富汗之外別無敖罕國

名蓋阿富汗一作愛烏罕愛烏合音近敖遂誤以愛烏罕爲敖罕而安集延之浩罕都城亦稱敖罕 一作豪罕又作霍罕 論者遂以此譏椿園之謬妄謂其移極北之回部於南方實則轉音之淆訛而不足深詆也又聞見錄云敖罕之人種類不一有與內地回子相似者有與安集延相似者有與土爾扈特相似者有毛髮拳曲與峩羅斯相似者又一種人亦回子衣帽鬚繞頰如蝟而赤染以茜其人多力善用木矛西域人多畏之又一種人圓領大袖衣冠類漢唐貌清奇似朝鮮人或謂是後漢之遺種云又云敖罕西域之大國亦西域之亂邦詐力相尚日日皆逐鹿之勢蓋自古而然云云余攷西洋人地圖阿富汗境土縱横皆不過三千里幅員既無莫大之勢種族安得如許之繁蓋其國本波斯所分迨後由分而合復由合而分西域不知波斯國名遂以波斯各部種類並歸之阿富汗耳泰西人亦稱波斯客籍流寓種類甚多語音不一有額力西者 即西臘 有阿丹者 即阿剌伯 有羅馬者有土魯機者正與聞見錄所云相合至兩國再合再分兵爭數起又復時時內訌迭相篡奪所云日日皆逐

鹿之勢殆不虛也

俾路芝 密羅既 忽魯謨斯 北羅吉 思佈 在阿富汗之南亦回部也東接西印度西接波斯南瀕印度海東西約一千七八百里南北約六七百里岡阜重叠沙磧廣莫田土甚瘠僅敷耕食時序和平物產與阿富汗畧同國無王分六部曰薩拉彎曰加支干達瓦曰倭拉彎曰盧斯曰美加蘭曰古義斯丹六部各有酋長國小而強習於攻戰與英吉利所屬之印度西部時時搆兵互有勝負

按俾路芝立國不知所自始明初鄭和等使西洋乃有

忽魯謨斯國名今四裔考之思布皆指俾路芝也

地里備考曰北羅吉國一作比路治國亞細亞州之中印度之西北極出地二十五度起至三十度止經線自東五十八度起至六十七度止東至塞哥新的亞二國西連白爾西亞國南接痾曼海灣北界阿付千國長約一千餘里寬約六百二十里地面積方約十萬餘里烟戶三兆餘口本國地勢岡陵重疊沙漠廣闊湖河甚小逢夏界涸田土頗瘠樹林稀疏五穀百果僅敷所需各種鳥獸罔不充牣土產金銀銅鐵錫鉛碏靛窩宅硫磺

磁砂花石茜草緜花等物地氣溫和四季相適至于朝綱諸酋統轄各分部落所奉之教乃回教也技藝庸拙貿易清淡通國分為六部曰薩拉灣曰加支干達瓦曰倭拉彎曰盧斯曰美加蘭曰古義斯丹

地球圖說皮路直坦國一作比路斯其酋亦號士丹猶痕都之號斯坦也東界天竺國南界亞拉北亞海西界白耳西亞國北界亞加業坦國其百姓約有二百萬之數都城名基拉城內民二萬半述釋教半述回回教其風俗亦有不善遇財即刼多居穹帳少瓦屋人尙規矩又有不居於帳篷者即不良之徒也嘉慶年間本與亞加業坦國為一國後各自分析立主國內有極大之曠野有極峻之高山故少膏腴惟牧羊馬

地球圖說亞加業坦國東界天竺國南界皮路直坦國西界曰耳西亞國北界大布加利亞國其百姓約有五百七十萬之數皆半述釋教半述回回教以牧羊馬為生南有曠野東南北復有高山惟中央平坦人民之狀與皮路直坦國相似風俗亦無異惜其民心不睦時相矛盾國王失柄不從其令心惟愚拙何異天竺之民也

地里備考曰布丹國一名廓爾喀國在亞細亞州印度西藏二國之間其國土自北極出地二十六度二十分起至二十九度止經線自東八十六度十分起至九十二度五十五分止東至亞桑國西連阿付千國南接榜加剌地方北界西藏國長約一千六百里寬約七百里山陵疊起人烟稠密田土肥饒湖河潤澤五穀百果鳥獸草木靡弗蕃衍緜花大黃黑金紋石寶為豐盛地氣溫和所奉之教乃黃衣釋教人民黽勉貿易興隆通國分為二大部一曰德白拉乍乃國都也一曰比斯尼

俄羅斯與印度搆兵記曰印度海與後藏緬甸相鄰廓爾喀介其中其孟阿臘東印度也孟邁南印度也其溫都斯坦中印度也溫都一作興都一作痕都即印度之音轉克什彌爾古罽賓愛烏罕古大月氏北印度也印度河兩岸巴社各回國西印度也皆在葱嶺西南接中國西域近日英吉利自稱管理五印度蓋惟北西印度未全為所據其東南中三印度則幾盡并之矣然康熙雍正間英夷僅據孟阿臘孟邁二埠未窺印度全境而鄂羅斯方與曾社搆兵亦未南牧葱嶺西地中海東皆統於天方之回教

乾隆中西域甫平溫都斯坦尚與巴達克山搆兵旋為愛烏罕所并嘉慶以來鄂羅斯由黃海攻服黑海各部又沿裏海南侵英夷亦并溫都斯坦沂恆河北上于是葱嶺西除布哈爾愛烏罕諸大國外凡裏海游牧回部號韃韃里者皆并於鄂羅斯夾恆河及南洋之城郭回國半屬於英吉利裏海即加士比唵海近於鹹海亦名北高海明史謂游牧之蒙古曰韃靼西洋人謂游牧之回部曰韃韃皆音近英吉利及鄂羅斯二境中所隔數國則愛烏罕為大或稱阿付顏尼或曰甲布爾道光十九年愛烏罕與沙蘇野相攻沙蘇野酋請救於英夷英吉利遂起印度各部落之兵并力攻破愛烏罕愛烏罕之酋亦走愬于鄂羅斯鄂羅斯復起駐防韃韃之兵南攻巴社取機注取木哈臘欲恢復愛烏罕故地以直攻印度英吉利兵據險力拒于是英鄂二邊境僅隔興都哥士一大山而血戰無虛日矣興都即印度二字音轉其山界北中二印度之間愛烏罕國及沙蘇野落部皆在是山之南機注及木哈臘皆在是山之北而沙蘇野之部落亦有軼出山北者是為英鄂交惡之由與交兵之界沙蘇野王以道光十八年為愛烏罕所破走投援印度時英吉利鎮守印

度之大兵帥曰口口口副兵帥曰沙機尼遂于十九年七月起孟阿臘孟邁溫都斯坦三部之兵使沙機尼將之而沙蘇野酋自以所部兵鄉導時愛烏罕酋自都於加模爾城遣其次子以兵三千五百守牙尼士城長子以兵數千守加布爾城牙尼士城本險固于其城門前復增重濠重牆守禦甚固英吉利軍先營近郊誘戰不出乃督馬礮軍駱駝礮軍步礮軍三路進攻此三軍謂以馬負礮以駱駝負礮以人扛礮也又開天礮擊之天礮者仰空發礮飛墮城中遂偪城而營并以兵扼加布爾援軍之路愛烏罕之

酋遣其長子領千五百騎步兵三千由加布爾城赴援夾攻後路爲沙蘇野部兵擊退次日遂會各營專攻城門更番迭進城内兵亦死力鏖戰既而天礮從空而下城中震駭爭潰遁凡二晝夜拔其城禽其次子乘勝兩路進攻加布爾城愛烏罕之酋同其長子率兵萬有三千守格麻關而軍士奪氣望風解體父子率三百騎走保麻緬棄芻糗火礮輜械山積英吉利遂據二城遣沙蘇野王復國酌留歐羅巴兵温都斯坦兵及愛烏罕新降兵助守其地此英夷侵北印度之事也愛烏罕

既遁麻緬則遣使乞師於鄂羅斯鄂羅斯鎮守韃韃里之兵帥久豔東南印度之富特隔于各回部至是乘各部自鬨謀由巴社以圖印度巴社者回回祖國即來粤貿易之白頭番所謂港脚者也小白頭爲温都斯坦大白頭爲巴社巴社雖不屬英吉利而與英吉利睦故英帥律屋蘭者以兵助巴社拒之鄂羅斯復以收逃奴爲名襲破機洼及木哈臘二回部又攻取沙蘇野所屬三部之在興都哥士山北者遂駐兵荷薩士河與英吉利中印度接界并使人習印度法律言語又購木哈臘八

鄰藩無一日忘印度而英吉利亦嚴兵愛烏罕爲備議還舊酋于故地以息外搆而增藩蔽議未定而廣東事起是時　欽差大臣赴廣東禁鴉煙罷互市聲其罪惡布告諸國其佛蘭西彌利堅讐英夷者咸稱快廓爾喀亦白駐藏大臣願率所部收東印度姚瑩康輶紀行廓爾喀爲我全藏藩籬而與英吉利有隙道光十八九年間英吉利初擾廣東廓爾喀求助之餉往攻第里八察大臣不知第里八察即孟加剌也不許及英夷大擾江浙廓爾喀自以兵乘虛攻之大有破獲英夷回救不及乃以所得中國銀百萬贖其俘千人以和鄂羅斯使臣亦自比革爾國都起程赴闕約中國由緬甸西藏夾攻印度事雖未行而英

夷則惴惴甚或欲乘鄂國使臣未至速行入寇或料中國疑鄂羅斯更甚於疑他國未必遽信其言然南洋西洋聞罷市之信各埠茶葉大黄已不肯售踊貴價倍而英夷國中繳煙價罷關稅各缺銀千餘萬員諸銀肆復不出貸價復翔貴借貸鄰國數百萬充兵餉而彌利堅佛蘭西先後在粤請助兵船爲中國效力者屢見於粤中督撫及將軍章奏事則可徵也時則可乘也前廓爾喀記中以夷攻夷之議倘或迂之而不察故復述是篇而以澳門探報附其後

臣源曰由近事溯之乾隆則準噶阿睦爾薩納之來投請兵也盈廷喙拒獨 高宗排羣議用之遂一戎衣而定伊犁矣土爾扈特之棄鄂羅斯來附也盈廷喙拒獨 高宗排羣議受之并移檄鄂羅斯剖明曲直卒盡臣瓦剌四大部矣由遠事溯之康熙則俄羅斯所部東偪黑龍江 聖祖附書荷蘭轉達鄂汗海道往還半載得報遂擴索倫地數千里矣準噶爾請授兵六萬于鄂羅斯 聖祖移書宣示利害絶其糾約噶爾丹敗無可投卒潰竄死矣 聖祖籌運於廊廟之間而指麾㗭使於數萬里之外豈不在識夷情洞敵勢哉西藏一陷於準噶爾再陷於廓爾喀彼時氛惡熖熾孰不畏道遠勞師而 兩朝深維利害不惜深入撻伐恢域犁庭是以北懾準夷西震印度弈世而後尚有願效馳驅之廓夷夾攻印度之鄂部請助海艘之島國待我驅策同我敵愾故曰天下有道守在四夷此擊則彼應威立則令行事會之來間不容髮哉

附澳門月報（即所謂新聞紙）

道光二十年七月澳門接印度五月十四日來信

（即中國四月十三日）論及鄂羅斯欲攻打印度之事盎我英國之印度兵攻取興都哥士山（近巴社國）南邊各部落而鄂羅斯邊境在此山之北三年前尚有回回四五國亘隔英吉利與鄂羅斯屬國之間各遠數百里今止隔一大山而已鄂羅斯近日直攻至韃韃里之機注（韃韃里謂游牧回部如哈薩克布魯特之類東起葱嶺西至裏海南界印度北界鄂羅斯皆是也機注乃韃韃里南方部落）皆因我等攻取阿付顏尼部（此部原屬巴社今爲英吉利所據在印度之西巴社之東北韃韃里之南）故鄂羅人亦攻至荷薩士河（近機注韃韃里地）已約木哈臘（亦韃韃里南方）部落（近阿付顏尼）同取阿付顏尼部以攻打印度爲我英國兵頭沙阿力山及馬約里治堵禦故計不行鄂羅斯前在希臘（巴社國東方部落近阿付顏尼）與巴社人立約欲收服阿付顏尼以攻取印度亦因我兵頭律屋蘭所拒巴社（即白頭回國南抵海西界都魯機北界韃韃里）後詭稱收回逃散奴僕突攻取機注及木哈臘人皆謂鄂羅斯既得此二地當必退兵乃又日日使人學習印度事務又與木哈臘人立約同取阿付顏尼不知鄂羅斯人要到何地方肯住手現聞鄂羅斯使者已自比

特革起程由韃韃里到中國此韃韃里謂喀爾喀蒙古蓋凡各游牧部皆謂之韃韃也必慫慂中國人與英國人爭鬬并欲得
北京出　諭與緬甸人使前來攻擊不知何
時使臣能到得　北京我等切不可閉目不理
鄂羅斯人曾以兵威自黃海攻至黑海一帶地方
以廣其國境所以今日必要隄防其在荷薩士河
駐札之兵前來攻擊倘我將阿付顏尼防兵撤回
則鄂羅斯人必帶領木哈臘之兵同攻阿付顏尼
矣我等今年若將阿付顏尼王復立於加模爾城

阿付顏尼舊部即應帶兵過與都哥士大山取回沙蘇野
所失去之三部落一曰衮都斯一曰麻爾格一曰模特散皆在阿付顏尼之北木
哈臘之南然我兵到彼必定遇鄂羅斯兵與木哈臘兵
約會夾攻我兵我兵恐即擾亂而回亦或與鄂羅
斯人相持大抵英鄂二國在阿細亞洲交戰之事
不久即至我等宜先預備出兵矣

南印度各國

南印度地毘連印度海地形如箕海中東南一島名曰
錫蘭東南西三面距海北距中印度西爲孟邁一作孟買孟
邁之西海中有島曰檳榔嶼即新埠也其餘小島星布
皆無大於此者

海國聞見錄曰小白頭南入千海之地曰戈什峽東西
南三面皆臨大海爲大西洋各國市埠所環據戈什峽
東面沿海地名有三曰網礁臘則英機黎埔頭也曰房
低者里則佛蘭西埔也曰泥顏八達則荷蘭埔頭也其
西面沿海地名有二曰蘇喇曰網買則英機黎埔頭其
地俱紅毛所建置此外又懸一島曰西侖大珠即錫蘭
山也此皆南天竺地

海錄曼達喇薩在明呀喇西少南由葛支里沿海陸行
約二十餘日水路順東風約五六日俱英吉利所轄地
至此別爲一都會有城郭英吉利居此者亦有萬人叙
跛兵二三萬此地客商多阿里敏番即來粵東戴三角
帽者是也土番名雪鄉里風俗與明呀哩畧同土產珊
瑚珍珠鑽石銀銅緜花訶子乳香没藥鴉片魚翅猳棱
豸棱豸形如小洋狗又有金邊洋布價極貴一匹有值
洋銀八十枚者內山爲嘵包補番嘵包補者猶華言大
也本回回種類其間國名甚多疆域不過數百里所織

布極精細大西洋各國番多用之○笨支里在曼達喇薩西南爲佛郎機所轄地由曼達喇薩陸行約四五日水行約日餘即到土產海參魚翅訶子棉花假梭罗內山亦屬嘵包補○尼古叭當國在笨支里西嶺介中疆域甚小土番名耀亞○西嶺在笨支里少北又名古魯慕由笨支里水路約六七日陸路約二旬可到爲荷蘭所轄地土番名高車子風俗與明呀里畧同內山爲乃弩王國土產海參魚翅棉花蘇合油海參生海中石上其下有肉盤盤中生短蒂蒂末即生海參或黑或赤各

肖其盤之色豎立海水中隨潮搖動盤邊三面生三鬚各長數尺浮沉水面採者以鉤斷其蒂撈起剖之去其穢煮熟然後以火焙乾各國俱有唯大西洋諸國不產○達冷莽柯國在西嶺西北順東南風約二三日可到疆域甚小民極貧窮然性頗淳良風俗與上畧同屬邑有地名珈補者西洋客商皆居此土產海參魚翅龍涎香訶子○亞英加在加補西北順風約五六日可到爲英吉利所轄地土番風俗與上畧同土產棉花燕窩椰子訶子又曰固貞在亞英加西北水路順風約日餘可

到爲荷蘭所轄地土番風俗與上畧同內山爲晏得尼加國實回回種類土產乳香沒藥魚翅棉花椰子蘇合油血竭砂仁訶子大楓子○隔瀝骨底國在固貞北少西水路順風約二日可到陸路亦通風俗與上同土產胡椒棉花椰子俱運至固貞售賣內山仍屬晏得尼加○馬英在隔瀝骨底北少西水路順風約二日可到爲佛郎機所轄地土產風俗與上畧同內山亦屬晏得尼加達拉楮在馬英西北陸路相去約數十里爲英吉利所轄地土番風俗亦與上同土產胡椒海參魚翅淡菜

內山仍屬晏得尼加○馬喇他國此與孟加臘音近地異此南印度彼東印度也毋混爲一在達拉楮西疆域自東南至西北長數千里沿海邊地分爲三國一小葡萄一孟婆羅一麻倫尼爲回回種類凡拜廟廟中不設主像唯于地上作三級取各花瓣徧撒其上羣向而拜或中間立一木椎每月初三各于所居門外向月念經合掌跪拜稽首土產棉花胡椒魚翅鴉片○小葡萄在馬喇他東南沿海邊界由達拉楮向北少西行經馬喇他境約六七日到此爲葡萄亞國所轄地疆域約數百里土番奉蛇爲神婚嫁與明

呀里同死則葬于土每年五月男女俱浴于河延番僧坐河邊女人將起必以兩手掬水洗僧足僧則念咒取水醮女面然後穿衣起又有蘇都魯番察里多番古魯米番三種多孟婆羅國人西洋人取以爲兵西洋人居此者有二萬人土產檀香魚翅珊瑚犀角象牙鮑魚嘗有西洋太醫院隨船至此聞其妻死特遣土番齎札回大西洋祖家請于國王以半俸給其家養兒女是知此地亦有陸路可通大西洋也○孟婆羅國在小葡萄北山中由小西洋水路順風約日餘可至國境王都在山

中以竹爲城疆域亦數百里風俗與小西洋同土產檀香犀角○麻倫尼國在孟婆羅北水路順風約日餘可到疆域風俗與孟婆羅同土產海參魚翅鮑魚二國所產貨物多運至小西洋埔頭售賣○盎几里國在麻倫尼北少西水路順風一二日可到疆域風俗與小葡萄畧同土產洋葱其頭寸餘熟食味極清酣瑪瑙棉花鴉片內山亦屬嘵包補自曼達喇薩至即杜土番多不食豕牛羊犬唯食雞鴨魚蝦男女俱戴耳環○孟買在盎几里北少西相去約數十里爲英吉利所轄地有城郭

土番名叭史顏色稍白性極淳良家多饒裕英吉利鎮此地者數千里土產瑪瑙大葱棉花阿魏乳香沒藥魚膏魚翅鴉片番鹼棉花最多亦南洋一大市鎮也鄰近馬喇他盎几里嘵包補即杜諸國多輦載貨物到此貿易其內山亦屬嘵包補○蘇辣在孟買北水路約三日可到亦英吉利所轄土番名阿里敏土產同上○淡項讀平聲在蘇辣北水路約日餘可到爲葡萄亞所轄土產同孟買○即杜國在淡項北疆域稍大由淡項水路順風約二日可到風俗民情與盎几里諸國畧同土產鴉

片海參魚翅俱運往蘇辣孟買販賣自明牙喇至此西洋人謂之戈什峽總稱爲印度海土人多以白布纏頭所謂白頭回也遇王及官長蹲身合掌上于額俟王及官長過然後起子見父母亦合掌于額平等亦如之其來中國貿易俱附英吉利船本土船從無至中國中國船亦無至小西洋各國者自此以西海波洶湧一望萬里舟楫不通淺深莫測沿海諸國不可得而紀矣其即杜內山則爲金眼回回國聞其疆域極大不與諸國相往來故其風俗土產亦不可得而紀也案金眼回回在南印度山內當

是中印度之莫臥爾白頭回國也

〈萬國地理全圖集〉曰馬塔剌南印度之省會也形勢在
北極十三度五分偏東八十度二十一分海邊浪湧濤
鳴上岸甚險建城于沙坦居民四十萬餘丁土人面黑
而肢骸趫捷能翻飛作劇富戸耗費銀錢建廟造像信
佛奉神不悟天主正教英國建礮臺保障防禦其屋建
於園裡美花香草芬芳漚鬱佛蘭西軍屢次攻擊英臺
雖然獲勝後亦必退此時英權穩立如磐斷難動移馬
塔剌之南為本地治利城乾隆間為佛蘭西守據挑唆

土民肇釁驅英但東得西失惟留本城而已此省內所
有大城如左坝牙樂礮臺堅固街衢廣麗內有古王宮
殿被英軍所攻敗者北剌利建在山頂係要隘欲上山
嶺惟有一路防兵乘險開礮無敵敢近撒林居民織造
布帛又製火硝骨他巴係罪犯徒流之邑骨他羅利邑
屋宇美街衢廣西令牙巴坦昔係王都銳意欲驅英民
出印度所募民壯軍士不勝其數因英國之兵奪險偪
城效死力戰土王戰敗和銀一千萬兩割其國三分之
一以免剿滅於嘉慶三年再開釁除王募四十萬軍士

立心力戰於是英國軍士圍攻城池闖入城內其王被
兵刺死遂奪全地為英屬國
又曰網買在南印度之西邊海濱之左昔屬葡萄牙此
時歸英建立省會因潮水高漲掘築船廠建造戰艦其
房屋甚美其人貴白頭回惟利是圖拜日祀火不葬其
屍以供鷹食恒時買賣獲益亦好布施厚賙濟故令天
下庶民景仰之也○鄰地豐產棉花大半運赴中國亦
有胡椒椰子珊瑚等貨海船至大者載二萬二千五百
石入水甚深每年進黃埔厚運貨物省會形勢在北極

十八度五十六分偏東七十二度五十七分天氣熱昔
時英人不服水土此時已經開墾安居無恙其居民共
計一十七萬丁內有白頭一萬三千口前日地磽人貧
今廣開通商之路每年運出物價幾百萬兩日增裕富
○網買之北蘇剌城昔大興盛此際漸衰城內有禽獸
院養各類老犬老牛亞麥大八邑乃回回之城居民有
十萬丁因地震倒壞屋宇所損不可勝計埔拿城嘉慶
年間乃馬剌他之雄都四圍山嶺築建堡臺以防禦國
敵英國攻取各臺驅其人而據其地○網買之南有葡

蔔藩屬國曰俄亞者長一百二十里闊六十里於明正德五年攻取其地建城保障脅服鄰國立廟造寺養僧無算不久速廢今所留之地物產不多生意亦少○昔荷蘭據海邊之城如可陳等處互市貿易現已割予英人是以沿海各地方大半英人所轄

地里備考曰馬爾地瓦斯國一曰錫蘭山在亞細亞州之南居印度海中北極出地十五分起至七度二十分止經線自東七十度三十分起至七十一度三十分止周圍枕海地不相連環以各島共一千五百座四面相

向自南而北約二千里其烟戶所在惟四五十島地氣溫和寒暑相稱田土不溼隴畝稀疎穀果甚鮮椰子木多海出鼉龍土產珊瑚玳瑁等物商船絡繹王位相傳所奉之教乃回教也國都在馬劣島中乃通國之首島

外國史畧錫蘭山島在印度東南廣袤方圓千一百六十二里居民一百四萬五千六百口北極出地自五度五十六分及九度四十六分偏東自七十九度三十六分及八十一度五十八分地高於海自八十丈及三百丈最高之峰五百處其一曰亞坦之峰有石上足痕或曰佛足蹟焉西北地低港汊皆流入之夾以最深之海港地形如箕舌時有甘雨地氣常如春時絕不似印度亢熱地多磽產桂皮加非椰子海邊尤豐居人榨其油市與外國土人用象如牛馬多嫩黃青藍各色美玉海產明珠每年約值銀二十萬兩內地多出鹽但五穀不登必買于印度居民有三種一爲內地之干地人士民多由五印度來半奉耶穌教餘則拜佛錫蘭島自古有名珍奇鍾萃號爲寶渚時有中國大商艘赴島貿易亞西亞各國皆于是港通商明時回回族類由亞拉國來

侵據此島孝宗宏治年與蔔萄亞兵船結盟歲貢肉桂皮協力驅亞拉回人遂爲蔔萄亞所據勸土民奉天主教崇禎四年干地王招荷蘭助驅蔔萄亞而荷蘭復奪海邊各地開埠越百三十年嘉慶元年又爲英人攻據自後全島歸英國每年納餉約百萬尚不足供官費然貿易日興所種珈琲樹每年增至數萬石開道院勸民奉耶穌教○其都城曰可倫破在西南海邊居民六萬築礮臺以護之內設大礮三百門千地山水甚美高海面者六百餘丈前與北地未通欲攻擊其酷主不能進

此時開通路輻輳不絕貿易日興其海口曰可道丁馬里又牙利城東南之堅城

又曰馬地威羣島約百八十里偏東七十二度四十八分並七十三度四十八分產珊瑚有沙石亦出椰子粟多沙魚居民勤勞年年將椰油鹹魚貝子玳瑁觳等貨赴印度市以易鐵器布沙饒百姓馴樸今皆遵天主教○獵其地威十七島偏東自七十二度至七十四度北極出地自十度至十二度惟八洲有居民種椰子爲飲食民甚貧乏○尼哥巴羣島在印度西海中北極出地在七度產木料其烟瘴各島多出椰子檳榔海出蛤蜆螃海參香涎等物居民惰逸耶穌之徒敎化之大尼國在此開埠因瘟疫皆斃道光二十六年再開墾○大尼之北爲安他曼羣島土蠻未向化居草寮食魚蠔泥身不衣然善用弓箭互相殺戮其林箐內有紅黑香木但烟瘴太重乾隆五十四年英國人在此開埠旋退去後或有船抵此甫及岸其土民卽突出攻擊

海國圖志卷二十三

歐羅巴人原譔
侯官林則徐譯
邵陽魏源重輯

西南洋

西印度西巴社國（一作包社一作高奢一作報達一名百爾西亞卽漢之安息唐之大食皆屬西印度西地）

巴社國又名巴爾齊亞在都魯機之東西與都魯機毘連以戈厘斯頓山爲界東與新都司頓毘連（卽溫都斯坦）以比魯山爲界北與俄魯斯韃韃里毘連（韃韃里卽西哈薩克西布魯特各部）以古疏山爲界南界海卽利瑪竇所謂默生丁海是也史記所載亦古名邦如阿西利阿巴比羅尼阿先日之國都卽巴社邊界之地也後有國中之西臘士征服巴比羅尼阿遂稱爲巴社國以伊士巴合爲國都恃其兵力遂取西里阿伊揖小阿細亞及東界之印度疆域之大古未有倫後以脅淫無度爲額力西所覆（額力西一作厄勒祭在意大里國之東今幷於西都魯機）遂將巴社印度等處均改爲部落至耶穌紀歲三百年（漢永康元年）始有阿達色爾士奪回巴社自立爲王並敗羅汶之兵至七百年間（唐武后則天年間）爲

阿丹所滅改遵阿丹之回教率師東征拓地益廣忽又破都魯機韃韃里互侵國中復爲戰場至千五百八十六年（明萬歷十四年）國中阿巴士糾集部衆悉驅外國之八厥復故都設官立政垂二百餘年復有阿富晏士作亂所過焚戮人民塗炭越十有四年有高里坎王者起兵攻擊阿富晏士自立爲王然以暴易暴身沒無嗣頭目爭立爲一大將所據稱曰加林坎王在位十有六年身沒國中復亂時耶穌之千七百七十九年也（乾隆四十四年）有閣人阿牙磨哈墨者以兵定亂于千七百九十六年（嘉慶元年）

始立發底阿里沙爲王厲精圖治百廢俱舉巴社之瘡痍稍息雖俄羅斯亦常侵擾奪去邊境數部而國中無恙惟屢遭兵亂古昔典冊泯蕩無存改遵回教尊君卑下尙勝于東方諸國各部頭目世襲其職擅財賦兵馬各制一方國王不得過問各頭目角勝爭强人民伺勝負爲去就彼勝歸彼此勝歸此故頭目爭結民心以自固國王之女止與狡師婚配不下嫁于頭目以其掌兵恐謀簒奪國王額設護衛兵三千謂之王僕步兵萬二千以爲外護按名給田耕屯自養其餘兵馬分統於各頭目遇警徵調可二十餘萬善騎射耐辛苦斷敵糧草絕敵水道是其所長曾以此困羅汶後被韃韃里阿富晏士攻敗從此兵威不振近世國王復按歐羅兵法訓練其兵漸還舊觀佛蘭西王前曾遣牙鼎尼來援於巴社以攻英吉利東邊之屬國英吉利旋亦使至巴社力陳利害發佛蘭西詭謀巴社兵遂不東復請英國將官往助訓練故其騎兵輕捷長于鎗劍復有鎗炮步兵萬人皆合歐羅巴法度嗣値巴社與都魯機用兵英國恐巳將士助戰生衅盡召回本國其地平遠中央大山起

自都魯機之阿彌巴阿至南邊海岸深山大谷洞穴曲通多爲盜窟平時專事刼奪有事亦可募爲軍鋒北界俄羅斯時虞侵偪故近日國王移都于南並于加士比奄海（即裏海也亦名鹹海亦名北高海）設立水師防衛其國戶口傳聞二萬萬人多黃色壯而不秀客籍流寓種類甚多國中音語不一有額力西者有阿丹者有羅汶者有都魯機者風俗虛假鮮實善諂媚尙禮貌一見如故久始知其知有己不知有人也奢靡甲東方宮室外則磚石閎麗內則陳設璀粲衣飾珠寶一衣有値十餘萬金至二十

三十萬金着命婦衣皆絲縷寬袍大袖不蒙頭不出戶也顏色易凋不十年儼如老嫗毋以子貴無論嫡庶尤喜良馬不惜高價其嗜馬之心百物無以尚之惟飲食蔬儉罕供魚肉筵宴賓客僅以果品爲豐巴社素稱文墨之邦先日以詩名者有哈斐士長於揄頌有沙底善論風化有法部西工言情歐羅巴之人譯出讀之文奇趣溢各極其妙然古時文學早已殘缺近日王重文學每日必有詩人在側會對英吉利使者夸贊之每一脫稿卽賜一金錢潤筆醫學星算諸館亦與文學並重各

有教授傳習之人歲費三四十萬棒故巴社之人多信星卜謂可致富貴歐羅巴人皆不信之俗奉回教以阿厘爲宗主阿厘者馬哈墨之兄子亦卽其壻也阿厘之教卽馬哈墨所傳都魯機阿丹等國均宗馬哈墨何以各有不同互爭得失致成仇敵有謂阿厘之教雖授自馬哈墨然其中悟會亦少有分別各自流傳遂成偏執如巴社禁人不飲酒禮拜火神卽與他國回教不同產米麥鹽絲髮五采地氊羊毛綢緞磁器紙皮寶石銅鐵領小部落二百六十有六部落名目原本闕

西印度西巴社回國沿革唐以前非回教已見西印度內唐以後爲大食爲包社爲伯爾西亞國今與英吉利通和非其所屬○原無今補

新唐書大食本波斯地男子鼻高黑而髯女子白晳出輒障面日五拜天神銀帶佩銀刀不飲酒舉樂有禮堂容數百人率七日王高坐爲下說曰死敵者生天上殺敵授福故俗勇于鬭土磽确不可耕獵而食肉刻石蜜爲廬如轝狀歲獻貴人葡萄大者如雞卵有千里馬傳爲龍種隋大業中有波斯國人牧于俱紛摩地那山有獸言曰山西三穴有利兵黑石而白文得之者王走視

如言石文言當反乃詭衆裒亡命于恒曷水刼商旅保西鄙自王移黑石寶之國人往討之皆大敗還于是遂强滅波斯破拂菻始有粟麥倉庾南侵婆羅門并諸國勝兵至四十萬康石皆往臣之其地廣萬里東距突騎斯西南屬海海中有撥拔力種無所屬附不生五穀食肉刺牛血和乳飲之俗無衣服以羊皮自蔽婦人明晳而麗多象牙及阿末香波斯賈人欲往市必數千人納氎劖血誓乃交易兵多牙角而有弓矢鎧矟士至二十萬數爲大食所破略永徽二年大食王始遣使者朝貢

自言王大食氏有國三十四年傳二世開元初復遣使獻馬鈿帶謁見不拜有司將劾之中書令張說謂殊俗慕義不可寘于罪玄宗赦之使者又來辭曰國人止拜天見王無拜也有司切責乃拜十四年遣使蘇黎滿獻方物拜果毅賜緋袍帶或曰大食族中有孤列種世酋長號白衣大食種有二姓一曰盆尼末換二曰奚深有摩訶末者勇而智衆立爲主闢地三千里克夏臘城傳十四世至末換殺兄自王下怨其忍有呼羅珊木鹿人並波悉林將討之徇衆曰助我者皆黑衣俄而衆數萬

即殺末換求奚深種孫爲王更號黑衣大食至德初遣使者朝貢代宗取其兵平兩京貞元時與吐番相攻十四年遣使者三人朝東有末祿小國也治城郭多木姓以五月爲歲首以畫缸相獻有尋支瓜大者十人食乃盡蔬有顆蔥葛藍軍達茇薩大食之西有苫國者北距突厥可薩部地數千里有五節度勝兵萬人土多禾有大川東流入亞俱羅商賈往來相望云自大食西十五日行得都盤西距羅利支十五日行南即大食二十五日行北勃達一月行勃達之東距大食二月行西抵岐蘭二十日行南都盤北大食皆一月行岐蘭之東南二十日行得阿沒或曰阿昧東南距陀拔斯十五日行南沙蘭一月行北距海二日行居你訶温多城宜馬羊俗柔寛故大食常游牧于此沙蘭東距羅利支北怛滿皆二十日行西即大食二十五日行羅利支東距都盤北陀拔斯皆十五日行西沙蘭二十日行南大食二十五日行怛滿或曰怛沒東陀拔斯南大食皆一月行北岐蘭二十日行西即大食一月行居烏滸河北平川中獸多師子西北與史國接以鐵關爲限天寶六載都盤等

六國皆遣使者入朝

宋史大食國本波斯別種隋大業中據有波斯西境唐永徽後屢入朝貢乾德四年僧行勤游西域因賜其王書以招懷之開寶中太平興國貢方物自後屢朝職貢不絶其從者目深體黑謂之崑侖奴其貢物有白龍腦眞珠玻璃器象牙乳香鑌鐵紅絲杏貝五色羅花番錦薔薇水龍鹽銀藥千年棗駝毛褥其國貢使自言與大秦國相鄰爲其所屬有都城介山海間土産犀象香藥自泉州西北舟行四十餘日至藍里次年乘風颿又六

十餘日始達其國地雄壯廣大民俗侈靡甲于諸番天氣多寒其王錦衣玉帶躡金履朔望冠百寶純金冠其居以瑪瑙爲柱綠甘爲壁水晶爲瓦碌石爲磚帷幕用百花錦官有丞相太尉各領兵馬二萬餘人馬高七尺士卒驍勇民居屋宇略同中國市肆多金銀綾錦工匠技術咸精其能建炎三年奉珠玉寶貝入貢帝曰大觀宣和間茶馬政廢武備不修致金人之禍今復捐數十萬緡以易無用之珠玉曷若惜財以養戰士乃御貢優賜以荅遠人之意紹興初復貢文犀象齒朝廷亦厚賜

而不貪其利故遠人懷之貢賦不絶

職方外紀印度河之西有大國曰百爾西亞太古生民之始人類聚居言語惟一自洪水之後機智漸生人心好異即其地剏一高臺欲上窮天際天主憎其長傲遂亂諸人之語音爲七十二種各因其語散厥五方至今其址尚在名曰罷百爾譯言亂也謂亂天下之言也百爾西亞之初爲罷鼻落你亞幅員甚廣都城百二十門乘馬疾馳一日未能周也國中有一苑囿造於空際下以石柱擎之上承土石凡樓臺池沼草木鳥獸之屬無不畢具大復踰于一邑天下七奇此亦一也後其國爲百爾西亞所併遂稱今名至今强大國主嘗建一臺純以所殺回回頭纍之臺成髑髏幾五萬廿年前其國王好獵一圍獲鹿至三萬欲侈其事亦聚其角爲臺今尚存也又東撒馬兒罕界一塔皆以黃金鑄成上頂一金剛石如胡桃光夜照十五里伯爾西亞地江河極大有一河發水水所及處即生各種名花南有島曰忽魯謨斯在赤道北二十七度其地悉是鹽否則硫黃之屬草木不生鳥獸絶跡人著皮履雨過履底輒敗多地震氣

候極熱人須坐臥水中沒至口方解又絶無淡水勺水亦從海外載至其艱如此因其地居三大州之中凡亞細亞歐羅巴利未亞之富商大賈多聚此地百貨駢集人烟輻輳凡海內極珍奇難致之物往輒取之如寄土人嘗言天下若一戒指此地則戒指中之寶物也

貿易通志曰西印度各洲在海中爲荷蘭佛蘭西西班牙英吉利分屬之藩國其中耕田之人皆黑面乃田主之奴他國多買雇而用之產白糖咖啡棉花烟酒薑與南海洲相類有古巴者西班牙之新地也道光八年貨

進口價銀千有九百五十萬員出口亦如之船千有八百八十九隻其他埠頭亦出入貨價三四百員英吉利所屬之西印度洲亦如之

萬國地理全圖集曰白西國即西印度之包社地也南及海隅北至西域裏湖並峩羅斯藩屬國東至印度西接土耳其藩屬國北極出地自二十六度至四十度偏東四十四度至六十度其北方有高山數帶自遠視如鉅齒其河不長或入湖或浸於沙地有好馬奇羊國王當周秦年間强服鄰國唐朝年間棄所習崇火拜太陽

之教而爲回回往往自東自北有强敵侵其國而逐其君道光年間土君與峩羅斯肇衅屢次戰敗割北方全地讓峩羅斯而服事之雖英國大臣駐防者苦勸土君堅守然不得其志國王隨意賞罰如令將軍領師交戰而接捷音遂令之割陣亡敵人之耳獲勝是實王釋放戮殺不顧律例凡事自專其宫殿如仙境四面花園水池異鳥香煙縹緲珠玉交輝臣工百僚自視如奴○東北各地交界有西域游牧時時侵犯境界掠民爲奴而自西人不得折衝禦防居民共計一千三百萬丁皆奉回回之教一。飲釀酒喜得忘花俱開農者勤勞種麥因無水溝不得植稻葡萄豐生內地草場甚廣喂馬羊剪羊毛造帕氈其價甚貴北地出銅及土油地面有鹽土故田不膏腴土人好字作詩不盡唱和之歡土音和雅聽之如作樂甚好飾身耗費銀錢又買好馬挺鎗躍騎奔騰千里好禮百拜諂諛無實常時食煙遊玩居環土牆內鋪呢氈夏冬洗身眉清目秀其女容儀雅媚但不貴本地之女必由番國買來爲妾美豔易凋嫁後七八年形容憔悴男將女嚴禁閨中若出過市則渾身蓋蔽

貶食省用只務外觀○國之北部如額蘭部在裏海之濱支流灌溉林密草芳省會居民六十萬城多古蹟昔有幾萬居民今頹牆壞壁○馬散地蘭部在裏海四圍高峯山麓平地爲牧羊之所○可刺散廣大地方省會米食居民五萬人田畝雖豐游牧賊忘肆掠無忌故農夫苦貧○內地之部曰以辣山嶺不毛谷內物產甚阜但因戰釁之久遍處頹廢國都地希蘭周圍十四里城池鞏固○益巴罕城屋宇繁多通商富裕晝夜勤勞東南磽土惟葉大城居民繁多生理富盛○法耳辣城郊

外山水清秀國中詩人觀山玩水歌誦吟嘯其補食海口與印度國通商運出強馬紅棗珍珠運入各項南產布匹白西海隅有惡末嶼古時大市衆商聚會今已廢爲沙野部內有古蹟花柱舊廟大殿城瓦礫場遊人察其古蹟解其碑記乃古白西人崇火拜陽與西國交戰與工營築者○法南沿海褊小刺地沙惟出棗而已○東方克耳曼部居民養毳羊用之以織造花帕其價甚貴○西古西但省田肥土茂其河灌溉全境緣賊侵掠小民缺于日用○東南有沙野無水其王好戰率兵圍

甲布王之希辣城欲侵印度賴英國兵帥力行阻禦運月奮死擊退

地球圖說白耳西亞國圖說東界亞加業坦國皮路直坦國大布加利亞國南界白爾西亞海西界土耳基國北界裏海并大布加利亞國其百姓約有九百萬之數都城名篤希蘭即城內民十三萬大都回回教又另有拜火之教名曰太陽教是國昔時威震諸國今不若昔矣西北民最衆東南次之中有曠野以牧羊紡織毛布呢氈毯爲業好尚服色頗知禮儀言語文式女容雅媚出外必遍身遮蔽交際專尚虛禮不守忠信遇有疑慮常食鴉片以解鬱悶然其食鴉片之形狀不似中國而與土耳基國相似其飲食不用刀叉匙箸惟以手團之誠不美也自道光年間頻與俄羅斯國暨亞加業坦國交戰未分勝負土產氈毯呢羊毛布綢緞葡萄酒羊馬棗銅油鹽

再稽聖書所謂古聖人摩西與眞神示誡於西奈山以色列人奉摩西之諭避麥西國人之害迫入紅海眞神即合水以相滅其山其海均在是國焉內有至曠之野

人民行走俱跨駱駝以牧羊馬爲生所居大都帳房但其風俗每多不善遇財即劫誠可惡也土產㮚啡棗子靛青藥材珠子駱駝良馬其馬上山如平地渡水似浮橋日行二百里

地里備考曰百爾西亞國又曰義蘭曰波斯在亞細亞州之中北極出地二十五度三十分起至三十九度止經線自東四十一度四十分起至六十一度三十分止東至黑拉德阿付干北羅吉三國西連土耳基國南接白爾西亞科曼二海灣北界達爾給厄羅斯二國暨加

斯比約海長約四千五百里寬約三千里地面積方約六十萬里烟戶九兆餘口本國地勢山陵壘起砂磧綿邈河之長者曰給拉曰加倫曰達波曰西達羅干曰的窩盧曰固爾曰給西魯森曰馬三德蘭湖之大者曰塞勒又名都剌海曰詩拉斯烏爾迷亞曰伊里完田土磽瘠惟詩拉斯伊巴汗義蘭馬三德蘭等處平原膏腴穀果豐茂禽獸充牣樹木蕭條土產銅銀鐵鉛絲麻烟酒窩宅花石硫磺硇砂磁器緜花珍珠藥材香料大黃鴉片氊毯牛皮等物地氣互異西冷南熱中溫王位相傳

所奉之教乃回教也技藝精巧人烟輻輳凡與鄰國交易靡弗結隊而行馱負運載本國初併于美地亞國周靈王十二年有西祿斯者復立國基即克服都蘭美地亞暨亞細亞州西方等處越二百零七載傳至達里約有馬塞多尼亞國君攻奪其地迨薨後麾下諸將互分其地各霸一方稱王未幾各嗣君陸續皆被羅馬國君所侵惟本國屢挫其三軍不致盡隸版圖唐太宗貞觀十年爲天方回人侵奪宋理宗景定五年又爲蒙古人兼併越一百二十六載土耳基亞國人逐去蒙古而據

其地其後嗣君暴虐無道康熙三十三年國中變亂廢弒迭興索非斯君之後裔達馬斯者招兵買馬用賊首那的爾沙爲將許以重賞率討叛寇大獲全勝盡復失地其後那的爾沙貪婪無厭以賞不酬功爲詞遂行背叛將達馬斯君囚而弒之篡位爲王乾隆十二年被臣所弒其後紛紛爭位干戈四起國之變亂較昔尤甚以致國人各分黨羽皆欲立其酋爲君殺戮搶奪無所不至東方各地竟爲阿付干國所獲別建一國西方各地則被那的爾沙家臣給靈者所據即位後任賢舉能與

利除害爲一時之明君在位約三十載而殂時其弟薩的者欲竊君位乃以鴆謀毒嗣君其後妻從子亞里木拉亦欲竊位聲言薩的欲行篡逆乃率衆攻圍西拉斯城越九月既陷遂將薩的暨嗣君一併弒害僭立爲君時國內復亂兵革滋擾乾隆五十年亞里木拉薨後國事未定其哥麼部酋曰非爾者僭位稱王中涓馬何美起兵攻之屢戰獲勝而有其國及薨其姪巴巴塞爾達嗣立嘉慶十八年與厄羅斯國交兵即峩羅斯也又喪日爾日亞地方於是通國分爲十一部大小不等一日

義拉亞曰迷爾乃國都也建于平原之中一名達巴利一名馬郎德蘭一名義蘭一名亞塞爾拜然一名古爾利一名古西一名發爾斯一名給爾滿一名古義一名哥刺森其通商衝繁之地一名亞不支爾一名本德爾亞巴西一名音西利一名巴爾福祿支

外國史畧曰白西亞國北及峩羅斯裏海西域東及西域甲布巴律坦西及亞拉並土耳其藩屬地廣袤方圓二萬二千七百四十里居民二千一百二十五萬北極出地自二十六度至四十度偏東自四十二度至六十

度西北多山北地尤高餘皆平坦民皆穿河灌溉海濱廣斥卑濕而熱山亦磽确無草木惟出馬驢駝羊鼠各多異種又產瓜豆麻烟薑鴉片罌花乳香阿魏甘棗百果大黃硝硫磺鐵鉛銅鹽道光四年地大震山崩大邑遂多荒蕪○白西亞本古國民昔居山內與他國無往來周朝時有巴比倫國攻擊猶太人虜之陳高祖永定二年白西亞朱魯士王陷巴比倫都釋猶太人厚送財帛再建神殿而阿西亞各地皆服之其子又強陷麥西等國恣其暴虐國人廢之別擇立賢明之大利阿王出兵西方據地益廣降地中海各島與東北游牧之徒戰敗退其子悉實又攻據希臘所屬之馬基頓地王歿國爲將軍所分及北宋時羅馬人欲占其地與百西國戰屢年不克而退於東晉穆帝時羅馬之君議和以五部讓白西國白西王又奪印度各國連界之亞拉地於齊武帝永明元年與匈奴盟遂廣擴土地自地中海延及印度雖羅馬君亦畏之唐太宗貞觀元年羅馬軍突破其國而亞拉之回王穆哈默亦攻敗白西殺其君強百姓歸回教不服者誅之白西國昔奉星宿太陽自太宗

貞觀九年始歸亞拉回教至南宋間五百八十四載無所變易及宋理宗二十五年元太祖起蒙古踰葱嶺西征盡降其地封其胥賽馬爾罕爲王駐阿毋河西北以遙轄之至明洪武時賽馬爾罕王興師而南遍陷其地盡有西域亦奉回教及賽馬爾罕王沒大軍亦旋留諸酋長分領各地土耳其人乘間據白西國正德間復歸蒙古雍正元年屢與土耳其峩羅斯兩國結怨白西人素勇但性反復無常乾隆元年有蒙古王霸那得者以本國地微遂侵五印度奪其財帛降其百姓性酷貪境

雖廣殁後白西國遂分爲四各鄰國亦奪其土地峩羅斯兵之在界者屢擊敗白西人道光六年讓裏海邊地後白西民又殺峩國公使割其王之舅耳今王於道光十四年卽位受峩羅斯之命攻喜拉城此地向屬五印度英軍擊退之峩羅斯因講和焉其國各有土酋分封本蒙古之宗室常反側不安

其產宜麥宜瓜果多馬其民貌美女幼甚麗逾二十餘歲遂成老醜俗尚奢靡惟利是圖其屋外樸內華其人外謙內詐頗聰明有豪氣能詩文多尚回敎喜拜太陽

火焰多出外國貿易好美其鬚乘良馬家家有浴室甚整飾語多亞拉音與土耳其國爲仇製造最巧者花氈搭膊布美兵器嵌以金銀並磁器其民不善通商故船赴海口者少亦無土產運出

其城邑最北者曰治耳文城在裏海西與峩羅斯交界平坦多五穀有油泉自土涌出每日得油千斤有自然火由淵上炎五印度敬火之人爭赴此拜之裏海之巴古海口可通商○裏海之西曰其蘭部甚豐盛出蠶絲多果木水土惡有瘟疫南有溜山路狹難通行其都會

曰勒悉城居民六萬大埠也在裏海○北部之東裏海之南有馬撒得蘭部出米穀巴佛居民四萬亞末居民三萬○阿士搭拉巴部四面雲山麗景如畫○西北之部曰亞得比安與土耳其峩羅斯交界四面皆山卽古之他必城極廣大地豐五穀並日用各物多耶穌之敎又有大城曰以利文○哥拉撒與西城白西亞國交界地甚廣有鹵野其都曰壘設城居民五萬○以拉部西連土耳其亞拉等國地多磽而產穀頗盛農皆守分其北方有新立都曰得希蘭城居民五萬大半駐兵冬來

夏去以免瘟瘴其王嘗駐此以拒峩羅斯其古都曰以士巴含城百年前居民百餘萬今荒廢其海口曰布悉有貿易無戰船○注斯部之示拉士邑山川秀麗距此百餘里有古城

其王專威好殺傲視他國侍衛二千人其都周圍以萬騎環之其游牧者各有首領戰卽召之各省所部以隨陣各營增至十五萬及二十萬人皆烏合易散近請英人及佛蘭西人訓練其兵仿歐羅巴軍令陣法以拒峩羅斯然猶不能敵焉政酷而餉重故富戶甚鮮

海國圖志卷二十四

西南洋

邵陽魏源輯

阿丹國 一作阿蘭○附天方回敎考

阿丹國一作阿蘭一名阿臘比阿又曰曷剌比亞在阿細亞洲極西南東西南皆界海北界都魯機東西距千一百里南北距千五百里幅員百十六萬六千方里戶口約千萬名形勢亦居要害惟地多沙石缺源泉惟資山澗灌溉遇沙即滲通國僅有東隅一小港耳西那山伊阿列山郎里山皆最高濱臨西海在墨加默德那各族中不產草木故古咸謂之石阿丹然墨加之地較他處尚稱沃壤產上品乳香其史書經典皆依回敎無官無王類以族分每族敎頭即部長也內地事牧畜海岸多商賈惟邊界土蠻事劫掠耶穌紀年七百以前唐武后時鄰國皆亂獨阿丹無恙有馬哈墨者被謫多年收納勇敢敎以戰陣值羅汶之衰東征西討西取摩羅果又渡海取呂宋等邊地東取阿沙斯河各地遂創立法制與各敎爲仇爲古今文字之一變傳及其兄子阿釐嗣位爲大敎師初尚樸實迨商旅輻輳漸即樂逸自後復有

哈倫阿爾士支阿爾門二人佐理大興文學因本國磽确遂遷於巴社即古時巴比羅尼阿之首區也嗣被韃韃里侵擾一空謂元代蒙古也曾滅回回祖國退保本國還其樸俗不與他國往來其濱海西岸復被都魯機奪去越二百年明英宗正統初距元太宗末計二百年值都魯機衰弱始復奪回千七百二十年康熙五十九年本國忽有微賤之洼都阿哈聚集徒黨欲興復麻哈密之教刪去其附會自謂能知未來有少年頭目依沙烏信之以兵力迫衆遵從連合各族立爲通國教主以墨加默德那兩處爲首區威震鄰國一時稱盛遂率其子阿巴爾臘圖據伊揖磨加等國廣行教化伊揖之巴札領兵拒敵竟擒阿巴爾臘歸國戮之然其教內之人滋蔓難圖地方遼遠兼多曠野可以乘機出擾而外地不能進攻政事以一族爲一部每族立一教首各理各族不相統屬故阿丹之族譜推究極詳自古迄今未有改易其族中操權父老謂之小師而於衆小師中議立一師謂之大師各小師均屬之有大小無尊卑大者不能以王自居而小者亦不以臣僕稱也各族均有礮臺牧畜遊牧曠野毋虞攘掠人皆悍鷙好勝

各族亦互相械鬭若能聯族合心齊力實爲勁旅阿細亞洲內强國恐非其敵歷來各國均有叓亂而阿丹依然如故此外又有一人曰耶米在僻地獨立一族以貴人執政後有伊滿掊轡爲政於千六百三十年明崇禎三年將都魯機人驅逐即擅權爲教主立加底士官以判事焉阿丹之人瘦小面黃多力足者善騎射鳥鎗俗尚儉節富者始食稻米皆產他國貧者僅食本地大麥以加非豆栁豆之殼浸水飲之凡菜飯皆調以駱駝乳羊肉食富家宴賓惟潔蔬菜口腹之人衆皆不齒衣則腰膊

各纏白布以便插刀惟布帽無論寒暑厚十餘層金綫繡字再垂金銀穗于兩肩其教師均出世家如歐羅巴之俗故師之名雖南面不易國中麻哈密之後裔生齒蕃多雜處民間無處不有其尊貴世家請之煎里靡其帽貫綠又有哥厘士十二家專司教事亦得冠綠部人望之若神明俗尚刦奪務慷慨行人過境必先求其保護但有一飯之緣即慨諾出力設無保護即謂是應刼之物雖同處歘洽而一至曠野無不刼奪如未謀面者然惟被刼之人但尾至其帳尚可動其矜憐不至全受

災害也家居飲食時見有行人必招同餐恐人疑其貧婁喜結交多禮節乍見即搖手爲禮曲盡殷勤尊長見卑幼亦然童稚即習禮儀然皆虛文鮮實器量狹小與人有隙不報不休誤行觸犯亦必報之非特報其本人且必誅及其族中尊貴而後已故出門必携利器坐以達旦終宵不寐積習牢不可破人多妻妾別內外民婦或可游行若部落之女不蒙頭即不外行較之都魯機巴社防範尤嚴回教原出於阿丹而阿丹又以馬哈墨爲最著迨後又分兩種一曰色底特士教一曰比阿厘

教各立門戶常見都魯機巴社與阿丹人爭辯教理成仇反以馬哈墨所傳之教爲邪教是何謂耶惟阿丹人不甚拒絕外教故歐羅巴客商往彼貿易或導人以克力士頓教亦復客留善待不至輕忽拒絕若哇都阿哈之教自爲伊揖敗死後教亦不甚流傳阿丹音語與由斯及巴社等相似其書籍近多散軼因先日奪得外地建造部落時盡將著名書籍先運往貯及至地失而書亦隨淪本國人復又著輯論族類論仇敵論攻擊論遊覽論女人以至小說等書近有小說謂之一千零一夜

詞雖粗俚亦不能謂之無詩才土產加非豆椰豆巴爾
色馬香乳香沒藥樹膠沉香馬駱駝阿蘭爲香料聚集
之埠頭名馳異域其實本國僅產乳香沒藥巴爾色馬
香耳餘俱購自阿未里加洲
萬國地理全圖集曰亞剌伯即天方阿丹回教祖國也
此乃半土南及南海北至土爾其藩屬國東接白西及
其海隅西及海峽名曰死門又至江海以蘇葉微地連
與亞非利加大地北極出自十一度至三十一度偏東
自三十度至六十度五十分長四千五百里闊三千六

百里大半沙漠惟出棗南方產珈琲香味價貴土出香
料藥材其馬大有名上山如平地落水如浮橋一日能
走二百里其駝係國之舟忍耐辛苦陳宣帝大建元年
回教始祖摩哈麥者生於麥加邑少年商遊西國雖不
識字性好默思道理貿易通利一觀本地人民獨拜偶
像心內不悅新造教門令妻受之其親戚朋友進教後
合爲一會著聖書稱曰可蘭獨一眞主上帝而摩哈麥
乃其所差之聖人欲奉事上必每日定期祈禱念經賙
濟貧乏每年一次連月守齋日間不食必須終年一次

往摩哈麥生死之兩邑附近其墓燒香禮拜禁豕勿飲
酒固守死後即昇上界享天女之樂但佛教之徒不肯
悅服令摩避危藏身穴內唐高祖武德四年逃麥地拿
之邑居民悅接並其從徒以此年爲元紀信徒雲集結
羣攻擊次年其敵復來固圍國邑摩哈麥募兵報讐征
取其戰臺乘機掩殺糜爛其民威權愈重是以使人遍
往四方令諸國承其教稍敢忤違率兵剿滅年及五十
督兵侵本邑拆壞菩薩酷戮異已士人畏其兵力不敢
不信服進貢如是其教廣布西域

西奈山在亞剌西北方商朝年間上帝於此處雷電頒
立十條誡諭人類敬守○麥加在西方離紅海不遠回
回民於此集會拜摩哈麥所生之屋於四角一里之殿
有黑石古人所敬親嗅七次周行後洗身水源以表滌
罪巡行瞻禮上山事竣其罪一概赦免其城之居民三
萬丁每因大會生意豐盛○麥地拿係摩哈麥葬處卧
於鐵棺回回亦往彼燒香但城褊小房屋不過五百間
年年南海西域西國與亞非虔信士不止數萬起程赴
城泛江涉巘而至大衆繁雜稠擠

地球圖說亞拉比亞國又名亞拉伯國東界白耳西亞海南界南海西界紅海北界土耳基國其百姓約有一萬之數都城名麥加城內民六百萬其麥加之城即昔回回教主摩哈麥所生之城又一城名麥地拿即回回教主葬地故凡西域等國不嫌千里之遠每年必數至燒香禮拜蓋昔年回回教主摩哈麥自云奉天神親諭令著聖書一冊名曰可蘭以示庶人若能信從即享天福如遇不信之徒即行誅戮以致亞細亞之西方各國不敢不信至禮拜日期亦以七日為例但與耶穌教不

同回教禮拜日在耶穌教禮拜後之第五日也

地里備考曰天方國又名亞拉亞在亞細亞州之西北極出地十二度起至三十四度止經線自東三十度起至五十七度止東至科漫白爾西亞二海灣西枕紅海南連科曼海灣暨印度海北界穌挨斯徑暨土耳基亞國長約六千里寬約五千里地面積方約八十萬里烟戶一京二兆口沙漠居多邱陵甚少一望平原曠野河之大者有二曰美丹曰北波其餘小川不注于海田土磽瘠荒野寥絕東南濱海頗為膴腴土產銅鐵鉛璇穀菓烟蔗香料胡椒綿花熟皮珍珠白玉珊瑚瑪瑙硇砂硫磺花石等物禽獸蕃衍馬匹極良地氣互異近日稍和各處甚熱泉少水缺人物離堪至于朝綱諸酋統轄所奉之教乃回教也技藝庸陋貿易興隆本國自古開基以至唐高祖武德五年歷代相傳並無分踞其後有本國美加城回人馬何美者布傳新教煽惑民心紳衿家皆拂其言且圖杜絕其教乃去美加城入美的納邑居無何名溢遐邇授徒甚眾因率之以攻美加城既陷其地復強其民遂即位為君敷布新教通國皆從風而

靡奉為聖人及薨嗣君復以新教流布于亞細亞亞非里加歐羅巴三州取地甚多其後國勢凌替互相分析喪地于土耳基亞國者甚多通國分為六域一名黑德倭斯建于山谷之中屋宇宏峻街衢闊直一名耶門一名亞達拉毛一名科曼一名刺沙一名內的慈

外國史略曰亞拉國半地南及印度海北連土耳其藩屬地東連白爾西亞海隅西及紅海為蘇益之微地與麥西國隔海峽即回教之天方國也廣袤方圓五萬里居民千二百萬地多沙恆酷暑無土產惟海島中產棗

並各樹人賴以活○耶閔部廣袤方圓三千二百四十里居民三百萬口產香馥樹膠沒藥等貨其都曰末加城出珈琲東南及沙漠西及紅海有土酋管理與麥西定貢物其城曰撒那○阿曼係東南之地東及白西亞海隅東南有沙漠其君有權勢亦在鄰地或亞非利加兩海邊開埠其城曰母士甲居民萬二千口是最廣之埠○哈查係白爾白亞海隅多海賊○黑查乃紅海濱之聖地有兩邑曰黑加曰米地那那回回所集西北係磽地○內地有尼耶地居民皆背回教○南海邊曰哈

答毛居民無幾○此地天氣殊異平地尤熱夜則反冷有數處無雨獨降露地乾水鹹亦產麥及甘露棗蘇花藥材烟各種樹膠運賣他國馬尤駿善走多駝民食其肉用其毛負其載負來往皆以駝為業多獅駝野羊野獸○土民貧而野好游牧搶扨以帳房為居牲乳為食各立長領雖統屬于土耳其之君而不遵其命隨意恣行有犯之者必殺乃已各族類亦恆相肇衅○其民自古不服他國雖異國犯其界俱未能勝後亦為希臘擊服希臘君歿亞拉百姓侵據河中間地東漢安帝永初間又為羅馬國強服其邊地百姓或敬星宿太陽或奉耶穌教亦有猶太國人為王禁遏耶穌門徒于是各族類屢鬭有穆哈默者本為商賈遠貿易與道士往來習印度猶太之經典隱居崖穴忽若神授因自立一教邑之居士不信而驅逐之唐高祖武德二年穆哈默遂往異鄉聚衆起兵立年號自稱天使屢戰獲勝四方雲從勢日益大迫令鄰國之君棄其教而進回教風俗丕變穆既歿其兄子嗣王位益興其教越羅馬之界攻取其大城有不肯奉其教者誅焉後侵麥西國疆土日廣于

是北據是班東服白西亞盡占五印度國如是回回之教四布數百年有麥西賢士著書闢其說為異端由是麥西國領大軍以驅除之其教始漸廢

亞拉國分三大分一曰石地一曰沙地一曰豐地石地在西北方猶太人初出麥西國即至此地所謂摩西聖人受上帝命于西奈山即此處也○穆哈默所自出之邑曰墨加者四方雲集無不敬為聖域貿易輻輳米地那者穆所葬墓在廟內輝煌焜燿多不遠千里來禮拜之焉音破者紅海邊之港居民六千墨加之港居民萬

五千商船極多為亞拉最豐之市埠又摩加者居民五千出珈琲東邊莫甲邑最旺相在白爾西海隅有海賊巢穴英人兩次殄滅之○英人在死門海陝開埠曰亞著堆積石炭以便火輪船往來地甚磽居民亦少○吉曼為西南之地大半沙野其都會同名○近日白爾西國王與土耳其之君分據亞拉之地居民皆在山內不順外國之主祇貢微物而已

西印度西阿丹國沿革 唐以前名條支非回教已載西印度下唐以後為波斯阿丹天方默德那等國郎回教祖國也○原無今補

新唐書波斯居達遏水西距京師萬五千而嬴東與吐火羅康國接北鄰突厥可薩部西南皆瀕海西北贏四千里接拂菻界人數十萬其先波斯匿王大月氏別裔王因以姓又為號治二城有大城十餘俗尊右下左祠天地日月水火祠夕以麝揉蘇澤彨顏鼻耳西域諸胡受其法以祠祆拜必交股俗跣踐丈夫祝髮衣不割襟青白為巾帔緣以錦婦辮髮着後戰乘象一象士百人負則盡殺斷罪不為文書決于廷判者鐵灼其舌瘡白為直黑為曲刑有髡鉗刖劓小罪彨或系木于頸以時月而置刼盜囚終老偷者輸銀錢凡死棄于山服閱月除氣常歊熱地夷漫知耕種畜牧有鷲能啗羊多善犬騠大驢産珊瑚高不三尺隋末西突厥葉護可汗討殘其國其孫奔拂菻國人迎立之貞觀十二年遣使朝貢其王為大酋所逐奔吐火羅半道大食擊殺之吐火羅以兵納其子龍朔初又訴為大食所侵是時天子方遣使者到西域分置州縣以疾陵城為波斯都督府俄為大食所滅雖不能國咸亨中猶入朝使其子泥涅師為質調露元年詔裴行儉將兵護還將復王其國以道遠

至安西碎葉而還泥涅師因客吐火羅景龍初西部獨存開元天寶閒遣使者十輩獻瑪瑙牀火毛繡舞筵乾元初從大食襲廣州焚倉庫廬舍浮海走大歷時復來獻又有陀拔斯單者其國三面阻山北瀕小海居婆里城世為波斯東大將波斯滅不肯臣大食後為黑衣大食所滅

明史天方古筠沖地一名天堂又曰默伽水道自忽魯謨斯四十日始至自古里西南行三月始至其貢使多從陸道入嘉峪關宣德五年鄭和使西洋分遣其儕詣

古里聞古里遣人往天方因使人齎貨物附其舟偕行往返經歲市奇珍異寶及麒麟獅子駝雞以歸其國王亦遣陪臣隨朝使來貢宏治三年其王速檀阿黑麻遣使偕撒馬兒罕土魯番貢馬駝玉石正德初帝從御馬太監谷大用言令甘肅守臣訪求諸番騾馬騸馬番使云善馬出天方守臣因請諭諸番貢使傳達其王俾以入貢嘉靖十一年遣使偕土魯番撒馬兒罕哈密諸國來貢稱王者至二十七人所遣使人倍踰恒數番文至後五六年一貢迄萬歷中不絕天方于西域為大國四

時常似夏無雨雹霜雪惟露最濃草木皆資之長養土沃饒粟麥黑黍人皆頎碩男子削髮以布纏之婦女則編髮蓋頭不露其面相傳回回教之祖曰馬哈麻（即謨罕驀德）首于此地行教死即葬焉墓頂常有光日夜不熄後人遵其教久而不衰故人皆向善國無苛擾亦無刑罰上下安和寇賊不作西土稱為樂國俗禁酒有禮拜寺月初生其王及臣民咸拜天號呼稱揚以為禮寺分四方每方九十間共三百六十間皆白玉為柱黃甘玉為地其堂以五色石砌成四方平頂內用沉香大木為梁

凡五又以黃金為閣堂中垣墉悉以薔薇露龍涎香和土為之守門以二黑獅堂左有司馬儀墓其國稱為聖人土產寶石圍牆則黃甘玉兩旁有諸祖師傳法之堂亦以石築城俱極壯麗其崇奉回回教如此瓜果咸如中國西瓜甘瓜有一人不能舉者桃有重四五斤者雞鴨有重十餘斤者皆諸番所無也馬哈麻墓後有一井水清而甘泛海者必汲以行遇颶風取水灑之即息當鄭和使西洋時傳其風物如此其後稱王者至二三十人其俗亦漸不如初矣

又曰默德那回回祖國也地近天方宣德時其酋長遣使偕天方使臣來貢後不復至相傳其初國王謨罕驀德（即馬哈墨）生而神靈盡臣服西域諸國諸國尊為別諳拔爾猶言天使也國中有經三十本凡三千六百餘段其書分行兼篆草楷三體西洋諸國皆用之其教以事天為祖而無像設每日西向虔拜每歲齋戒一月沐浴更衣居必易常處隋開皇中其國撒哈八撒阿的斡葛思始傳其教入中國迄元氏其人徧於四方皆守教不替國中城池宮室市肆田園大類中土有陰陽星歷醫藥

音樂諸技其織文製器尤巧寒暑應候民殷物繁五穀
六畜咸備俗重殺不食豬肉嘗以白布蒙頭雖適他郡
亦不易其俗
瀛涯勝覽阿丹國瀕海富饒崇回回教人物豐上言語情
性強梗悍戾有勝兵七八千馬步俱精鄰邦畏之古
里國舟西行一月可至永樂九年詔中使賜令其國王
遣迎謹甚即諭其國人就互市王頂金冠衣黃袍腰寶
粧金帶禮拜則易白纏頭以金錦爲頂衣白袍乘車列
象而行將領等冠服有差民間男則纏頭衣撒哈剌錦

繡紵絲細布有靴鞋婦人則長衣項珠冠纓絡耳金錢
寶環手金寶鐲釧足亦有環絲悅金銀器皿絕勝赤金
錢曰哺嚕黎重一錢面有文紅銅錢曰哺嚕厮市易用
之氣候溫和歲無閏以月出定月之大小夜見月明日
又爲一月也有善推步者定某日春則花木開榮某日
秋則花木凋落日月交蝕風雨潮汐無不驗者民居累
石爲壁上覆以磚或土高至十四五尺市肆熟食及綺
帛書籍俱如中國粧食多用酥糖蜜製味極精美厥產
有米麥麻豆蔬菜果有萬年棗松子杷欖乾葡萄核桃
花紅石榴桃杏之類獸有象駝牛羊雞鴨犬猫無猪鵝
羊則無角頷垂短毛有紫檀薔薇露簷蔔花白葡萄福
鹿青花白駝雞福鹿如騾白首白眉滿體細開道青花
如畫白駝雞如福鹿麒麟前足高九尺餘後足六尺餘
項長頭昂至一丈六尺傍耳生二短肉角牛尾鹿身食
粟豆餅餌獅子形類虎黃黑毛鉅首闊口尾梢黑其毛
如纓聲吼如雷百獸見之皆伏厥貢金廂寶帶珍珠八
寶金冠鴉忽等各種寶石金葉表文
明史阿丹在古里之西順風二十二晝夜可至永樂十

四年遣使奉表貢方物辭還命鄭和齎敕及綵幣偕往
賜之自是凡四入貢天子亦厚加賜賚宣德五年海外
諸番久缺貢復命和齎敕宣諭其王即遣使來貢八年
至京師正統元年貢使始還自後不至前世梁隋唐時
並有丹丹國或言即其地（源案史言丹丹國在振州東又以赤土爲丹丹則與暹羅接壤之國若阿丹則在西印度之西相去遼遠安得混爲一乎）地膏腴饒粟米人性強
悍有馬步銳卒七八千人鄰邦畏之王及國人悉奉回
回教氣候常和歲不置閏其定時之法以月爲準如今
夜見新月明日即爲月朔四季不定自有陰陽家推算

其日爲春首即有花開其日爲秋初即有葉落及日月交蝕風雨潮汐皆能預測其王甚尊中國聞貨船至躬率部頓來迎入國宣詔訖徧諭其下盡出珍寶交易永樂十九年中國周姓者往市得猫睛重二錢許珊瑚樹高二尺者數株及大珠金珀諸色雅姑異寶麒麟獅子花猫鹿金錢豹駝雞白鳩以歸他國所不及也蔬果畜產咸備止無鵝與豕市肆有書籍工人所製金首飾絕勝諸番所少惟草木國人皆壘石爲居室麒麟前足高九尺後六尺頸長丈六尺有二短角牛尾鹿身食粟豆

餅餌獅子形似虎黑黃色無斑首大口廣尾尖聲吼若雷百獸見之皆伏地

明史嘉靖時製方邱朝日壇玉爵購紅黃玉于天方哈密諸國番不可得有通事言此玉產于阿丹去土魯番西南二千里其地兩山對峙自爲雌雄或自鳴請如永樂宣德故事齎重賄往購帝從部議已之此大謬阿丹即天方也既購天方何又再購阿丹且阿丹去土魯番又豈止二千里耶當云購玉于土魯番哈密不可得人言此玉產于闐去土魯番西南二千里或云玉產天方阿丹去土魯番哈密萬二千里則得之

又曰坤城西域回回種宣德五年遣使來朝貢駝馬時

有開中之令使者即輸米一萬六千七百石於京倉中鹽及辭還願以所納米獻官帝曰回人善營利雖名朝貢實圖貿易可酬以直於是予帛四十疋布倍之其後亦嘗貢自成祖以武定天下欲威制萬方遣使四出招徠由是西域大小諸國莫不稽顙稱臣獻琛恐後又北出沙漠南極溟海東西抵日出没之處凡舟車可至者無所不屆自是殊方異域鳥言侏𠌯之使輻輳闕廷歲時頒賜庫藏爲虛而四方奇珍異寶名禽殊獸進獻尚方者亦日增月盛蓋兼漢唐之盛而有之百王所莫並

也餘威及於後嗣宣德正統朝猶多重譯而至然仁宗不務遠略踐阼之初即撤西洋取寶之船停松花江造舟之役召西域使臣還京敕之歸國不欲疲中土以奉遠人宣德繼之雖間一遣使尋亦停止以故邊隅獲休息焉今采故牘嘗奉貢通名天朝者曰哈三曰哈烈兒曰沙的蠻曰哈的蘭曰掃蘭曰也克力曰把力黑曰俺力曰脫忽麻曰察力失曰幹失曰卜哈剌曰怕剌曰你沙兀兒曰克失迷兒曰帖必力思曰火壇曰火占曰苦先曰牙昔曰牙兒干曰戎曰白曰兀倫曰阿端曰邪思

城曰捨黑曰擺音曰克叫計二十九部以疆域褊小止稱地面與哈烈哈實哈兒賽藍亦力把力失剌思沙鹿海牙阿速把丹皆由哈密入嘉峪關或三四五年一貢入京者不得過三十五人其不由哈密者更有乞兒麻米兒哈蘭可脫乩膕獨也的于剌竹亦不剌因格失迷乞兒吉思羽奴思哈辛十一地面亦嘗通貢

又曰魯迷去中國絕遠嘉靖三年遣使貢獅子西牛給事中鄭一鵬言魯迷非常貢之邦獅子非可育之獸請卻之以光聖德帝竟納之五年冬復以二物來貢旣頒

賜其使臣言長途跋涉費至二萬三千餘金請加賜御史張祿言華夷異方人物異性留人養畜不惟違物性且拂人況養獅日用二羊西牛日用果餌獸相食與食人食聖賢皆惡之乞返其人卻其物薄其賞明中國不貴異物不納乃從禮官言如宏治撒馬兒罕例益之二十二年偕天方諸國貢馬及方物明年還至甘州會迤北賊入寇總兵官楊信令貢使九十餘人往禦死者九人帝閔褫信職命有司棺殮歸其喪二十七年三十三年並入貢其貢物有珊瑚琥珀金剛鑽花瓷器鎖服撒

哈喇帳羚羊角西狗皮猞猁孫皮鐵角皮之屬

瀛環志畧曰阿剌伯亞拉彼亞 亞拉鼻亞 阿蘭拉 密阿 阿辣波亞 阿黎米也 阿丹 阿蘭 天方 天堂回教初興國也北界東土耳其東界波斯及阿勒富海南距印度海西抵勒爾西海俗稱紅海長四千餘里廣三十餘里地西南濱海有腴壤中央皆戈壁沙磧商旅必結隊以行否則虞盜劫且慮風沙埋沒物也產唯棗最多人與畜皆食之產名馬牧者愛養如兒子能一日行五六百里駝尤良負重行遠皆賴之又產加非香料沒藥之類其地古爲土夷散部恆役屬於波斯

陳宣帝大建元年有摩哈麥者或作摩哈默又作瑪哈穆特生於麥加一作默伽又作美加少年爲商往來西國娶富商之寡遂至大富不識字而性聰敏以佛教拜偶像爲非而泰西諸國耶穌教已盛行思別創教門以自高異入山讀書數年著書曰可蘭宣言於衆謂獨一眞主上帝命聖者教化世人初命摩西次命耶穌兩人之教雖行然不能偏及也復命摩哈麥立教以補其缺入其教者焚香禮拜念經禁食豬肉唐高祖武德四年逃難於麥地拿一作默德那又作美的納土人靡然從教卽以四年爲元紀今回教稱一千二百幾十年卽

本於此歐羅巴則以耶穌生年爲元年故稱一千八百幾十年其後徒黨日衆、不入教者、卒衆攻之、兵敗徒散、收合復起、遂滅大敵、據阿剌伯全土、布其教於四鄰、鄰部皆畏而從之、回教遂蔓延西土、當其盛時、嘗翦滅波斯、荐食羅馬、猶太買諸諸部據阿非之北境、紅海地中海南岸諸部裂歐羅之西垂、西班牙葡萄牙縱橫三土、亞細亞阿非利加歐羅巴幾於無敵、後爲土耳其所攻、屬藩盡失、日就衰微、卒乃納貢於土耳其、稱藩國焉、西域稱摩哈麥爲派罕巴爾、華言天使也、其苗裔稱和卓木、華言聖裔也、巴達克山、塔什干、皆其支派、而霍集占兄弟稱大宗回

部以爲貴種、所至輒擁戴之、黠虜藉其名以號召回衆、數數犯邊、遂爲西鄙長患云、麥加、麥地拿、皆在紅海之濱、摩哈麥生於麥加、其地有黑石、上作大殿、周一里許、麥地拿爲摩哈麥葬處、斂以鐵棺、每歲諸回回來兩地禮拜、南洋、西域、泰西、阿非利加近者數千里、遠者數萬里、接踵膜拜、以數萬計、○阿剌伯地分六部、首部曰黑德倭斯、都城曰麥加、建於山谷之中、夏屋雲連、街衢闊直、海口甚大、出運之貨、以加非爲主、販行歐羅巴各國、其海口、在西方者曰熱地、富商所萃、在東方者曰木田、

與英吉利、米利堅定約通商、以兵船巡海護之、○亞丁、小島也、在紅海口門之外、現爲英人所據、

按阿剌伯、古條支國也、回教既興、乃有天方天堂等名、皆花門誇耀之稱、比其國於天上、其實本無此名、其國在波斯之西南、前明時累次朝貢、多由西域陸路來、明初鄭和等由海道使西洋、至天方而止、稱爲西洋盡處、彼蓋由印度海駛入紅海、遂以爲海盡於此、而不知小西洋之外、尚有所謂大西洋也、

佛教興於印度、以慈悲寂滅爲歸、中土士大夫推闡其

說、遂開禪悦一派、摩西十誡、雖淺近而尚無怪說、耶穌著神異之迹、而其勸人爲善、亦不外摩西大旨、周孔之化、無由宣之重譯、彼土聰明特達之人、起而訓俗勸善、其用意、亦無惡於天下、特欲行其教於中華、未免不知分量、摩哈麥本一市儈、忽起而創立教門、其禮拜與天主教同、所別異者、僅不食豬肉一端、而其獸處無倫、則又爲泰西諸國之所唾棄、乃自李唐以後、其教漸行於西域、今則玉門以西、盡亞細亞之西土、周迴數萬里、竟無一非回教者、鴟梟嗜鼠、蜈蚣甘帶、孰爲正味乎、正難

爲昧任侏儒者深求也惟腥羶之俗蔓延中土剛很毒
鷙自爲一類非我族類實逼處此終貽江統憂爾
後漢書東漢和帝永元九年西域都護班超遣掾甘英
往通大秦抵條支臨海欲渡安息西界船人告以海水
廣大往來須齎三歲糧英疑憚而止大秦屢欲遣使於
漢爲安息遮遏不得通桓帝延熹九年其王安敦遣使
自日南徼獻象牙犀角瑇瑁始得一通云云考泰西人
地圖安息即今之波斯條支即今之阿剌伯東漢時大
秦即意大理之羅馬正當全盛未分東西詳意大里圖說其國都在意

大里之羅馬東境至西里亞猶太即唐書之拂菻國與安息接
壤若由安息往大秦渡嬀水入安息境約三千餘里即今波
斯即已入大秦東境今土耳其東土美索不達迷亞部之巴索拉地再西北行
約三千餘里今土耳其東土中土波海峽即君士但丁黑海峽口歷西臘之
北境今土耳其西土約二千里至意大里之東北境今墺地利亞地又
西南行千餘里即至大秦都城即今羅馬計陸路萬里而近
自西里亞以西皆大秦地漢書所云從安息陸路繞海
北行出海西至大秦庶連屬十里一亭三十里一置從
無盜賊寇警者的確不誣又云道多猛虎獅子遮害行

旅不百餘人齎兵器輒爲所食按西里亞以西皆大秦
名都大邑四達通衢安得有猛獸遮害行旅葢安息貪
繒綵交市之利必不欲大秦之通漢故爲此誕說以阻
漢使之西行所謂遮遏不得通者此也若由條支從海
道往則阿非利加之大浪山一路自明以前未通舟楫
即今歐羅巴諸國貨船往來之路明宏治間葡萄牙始創行之歐羅巴東來海道率取
道於地中海紅海條支都城在麥加乃紅海北岸漢書云條
支城在山上周迴四十餘里正今之麥加城也而其東境又臨阿勒富海甘英
所臨之海未知其爲阿勒富海抑即紅海若爲阿勒富

海則須繞條支三面之海計水程六七千里至紅海之
尾而海盡行陸路一百七十里地名蘇爾士麥西國地至地中海
之東南隅再登舟西駛約六千餘里而抵大秦都城即羅
馬計水程一萬三千餘里若所臨係條支都城之紅海
則西北駛千餘里已至紅海之尾計水程不足萬里中
間隔陸路一百七十里不能一帆直明以前歐羅巴大船不能直抵中國
即因此阻隔海國聞見錄所謂恨不能用力截斷者也近年英吉利用火輪船遞送文報皆由此路地中海另
有火輪船接遞然舍此別無道路計其水程速則四五十日遲
亦不過兩三月半載儘可往返何至須齎三歲糧蓋安

息總不欲大秦之通漢故使西界船人（麥加距安息已遠甘英所臨之海當係阿勒富海也）設此詞以難之甘英憚於浮海遂中止耳至安敦之入貢由日南徼外卽今越南南境之占城一帶乃由紅海駛入印度海東南行至蘇門答臘噶羅巴之巽他海峽轉而北行入南洋抵越南之南境今歐羅巴諸國由粵東繞阿非利加至印度海後亦由此路若從陸路須由日南歷暹羅緬甸抵東印度越中印度至西印度無論中間歷數十番部使幣難通而西印度以西仍須經遮遏之安息方達大秦東境故知其必由海道無疑也○大秦國之北方亦有陸路可通中國須從塈地利亞東北行歷峩羅斯南境至裏海之北岸轉而東行歷西域游牧城郭諸部可抵玉關此則不入安息境無從遮遏之矣然兩漢時大秦北境至日耳曼而止塈地利亞以東以北皆匈奴別部（時峩羅斯尚未立國）時擾大秦邊境斷無可通之理故通中國惟安息一路既爲所遮遏不得不由海道也

案匈奴別部指今俄羅斯南部薩加社日爾日阿斯達拉岡痾倫不爾厄然後由北哈薩克中哈薩克霍

罕安集延布魯特以達西域至玉門也

島夷志畧天堂地多曠漠卽古筠沖之地風景融和四時如春田沃稻饒居民樂業雲南有路可通一年之上可至其地西洋亦有路通名爲天堂有回回歷與中國授時歷前後只爭三日其選日永無差異氣候暖風俗好善男女辮髮穿細布長衫繫細布梢地產西馬高八尺許人多以馬乳拌飯爲食則人肥美貿易之貨用銀五色緞青白花器鐵鼎之屬

海國圖志卷二十五

邵陽魏源輯

案今天山以南玉門以西環葱嶺東西南北延及鹹海裏海之左右分亞細亞洲之半蔓延及於內地各府廳州縣無不有清眞寺禮拜寺者中土士大夫之無識者或從之其人率陰鷙寡廉恥甘居人下而中懷叵測自爲一族海宇承平可無大患然其凶很猛烈之氣固難化也考回回教

各國回教總考

案阿丹默德那皆天方也而明史分三傳葢方其盛時則巴社等國亦皆并于天方其後分爲數國而敎仍一敎是一國不足以該回敎回敎亦不專屬一國故別爲總考于後

杭世駿景敎續考曰西域三敎曰大秦曰回回曰末尼大秦則范蔚宗已爲立傳末尼因回回以入中國獨回回之敎種派蔓衍士大夫且有慕而從之者其在唐時史固稱私創邸第佛祠或伏甲其間數出中渭橋與軍人格鬬奪含光門魚契走城外而摩尼至京師歲往來西域商賈頗與囊橐爲姦李文饒亦稱其挾邪作蠱浸淫宇內則其可絕者匪特非我族類而已作景教續考

回回之先卽默德那國國王穆罕默德（四譯館考作罕驀德）生而靈異臣服西域諸國尊爲別諳拔爾華言天使也而天方古史稱阿丹奉眞宰明論定分定制傳及後世千載後洪水泛濫有大聖努海受命治世使其徒衆四方治水因有人焉此去阿丹降世之初葢二千餘歲後世習清眞教者乃更衍其說曰阿丹傳施師師傳努海海傳易卜剌欣欣傳易司馬儀儀傳母撒撒傳達五德德

傳爾撒爾撒不得其傳六百年而後穆罕默德生命曰哈聽猶言封印云具見天方古史又言國中有佛經三十藏自阿丹至爾撒凡得百十有四部如討剌特（降與母撒之經）則逋爾（降與達五德之經名）引支納（降與爾撒之經名）皆經之最大者自穆罕默德按經六千六百六十六章名曰甫爾加尼此外爲今清眞所誦習者又有古爾阿尼之寶命眞經特福西爾嘎最之噶最眞經特福西爾咱吸堤之咱希德眞經特福西爾白索義爾之大觀眞經密邇索德之道行推原經勒瓦一合之昭微經特卜綏爾之大觀

經俫僪昧任不可窮詰而其隸在四驛館者回回特爲八館之首問之則云書兼篆楷草西洋若土魯番天方撒馬爾罕占城日本眞臘爪哇滿剌加諸國皆用之今考其教之入中國者自隋開皇中國人撒哈八撒阿的幹思葛始故明初用回回歷其法亦起自開皇至唐元和初回紇再朝獻始以摩尼至其法日晏食飲水茹葷屏湩酪見新唐書回紇傳二年正月庚子請於河南府太原府置摩尼寺許之見舊唐書憲宗紀明洪武時大將入燕都得秘藏之書數十百册稱乾方先聖之書中國無解其文者

太祖敕翰林編修馬沙亦黑馬哈麻譯之而回回之教遂盤互於中土而不可復遣矣至於天方則古筠冲地亦名天堂本與回回爲鄰明宣德間始入貢而今之清眞禮拜寺遂合而一之念禮齋拜朝互之類月無虛夕異言奇服招搖過市而恬然不以爲怪其亦可謂不齒之民也已道古堂文集

（每月統紀傳曰亞非哩加東北對面隔紅海有長地稱爲亞剌伯三邊及海縱橫遼濶荒無沙漠天氣甚熱飛沙走石士民游牧不知農務乳酪爲食擄掠行旅其南方肥戈亘五穀多果實古時居民崇太陽星辰以爲神明猶太民亦遷移立國耶蘇之徒廣布教然道理不正經初差毫厘後謬千里陳宣帝大建元年有穆罕黙德生其地爲回回開基之祖儀容俊偉少時家貧服賈遠游徧交異國人廣擴見識體察人物之性不舍晝夜推窮義理累入深幽無人之處將本地所崇教門千思百索黙尋根原竟捕風捉影水中撈月立新教其妻并家人拜服視之若聖言已奉上帝之命教化天下上帝獨一位而穆乃其聖差衆人信服戒犬豕酒醴不崇偶像

而拜天地之主各人進教宣割元陽之皮爲號欲享天樂必須洗身清潔每日三次念經施濟貧民每年一次連日守齋家有力者一生必一赴穆之墓行禮拜神有不遵教者立攻伐戮殺凜循法度者爲教除害不顧生死者身後升天堂享天樂國人有不信其教戲笑譏訕者穆潛身穴內假與神使對晤奉天命以聳衆唐高祖武德四年密計露出城中人歃血欲殺之穆潛竄山洞其讎遍訪至洞但見蛛網塞口遂返穆既免難益自負入城復宣前教衆漸信從久遂尊爲聖人敵國畏而攻

之領萬衆圍其城穆立排柵築重城深壕塹守禦甚嚴敵拔寨退兵穆引軍而出左衝右突盡虜敵人威振西海遠近皆敬之如神日增倨傲性耽安逸奪其繼子之妻托言奉天之命辯駁者立斬示儆起兵強服循大國人率兵千四百名佯稱拜神於本邑之廟乘機誘說鄉人信從後率衆取其邑盡壞偶像獨留黑石令人於此處拜神兵強國富西征東討廣布教化遂奪亞剌伯全地爲游牧之處其時隔地之羅馬國地廣大與亞喇伯交界穆發兵乘虛入羅馬境不復戀戰而退自覺死在

旦夕勸其黨羽固執其教無改案西洋人崇耶蘇闢回教故語皆詆斥今去其巳甚存其大概惟言穆罕默德生于陳宣帝大建元年足補諸書所未備

廣東通志曰南徼外占城以至西域默德那國其教專以事天爲本而無像設其經有十三藏凡三千六百餘卷其書體旁行有篆草楷三法今西洋諸國皆用之又有陰陽星歷之類其地雖接天竺而與佛異俗牲非同類殺者不食不食犬豕肉無鱗魚謂之回回色目教門今懷聖寺有番塔創自唐時輪囷直上凡十六丈五尺每日禮拜者是也然亦有占城諸國人雜其間宋岳珂

程史云番禺有海獠雜居其最豪者蒲姓本占城之貴人也既浮海而遇風濤憚于反復乃請于其主願留中國以通往來之貨歲益久定居城中屋室少侈靡踰禁使者方務招徠以阜國計且以其非吾人不之問故其宏麗奇偉益張而大富盛甲一時紹熙壬子先君帥廣余年甫十歲嘗游焉今尚識其故處層樓傑觀晃蕩緜亘不能悉舉矣乖性尚鬼而好潔平居終日相與膜拜祈福有堂焉以祀名如中國之佛而實無像設稱謂聱牙不知何神也堂中有碑高袤數丈上皆刻異書如篆

籀是爲像主拜者皆跪嚮之旦輒會食不置匕箸用金銀爲巨槽合鮭炙粱米爲一灑以薔露散以冰腦坐者皆置右手于褥下不用曰此爲觸手惟以溷而已羣以左手攫取飽而滌之復入于堂以謝居無溲匽有樓高百餘尺下瞰通流謁者登之以中金爲版施機蔽其下奏廁鏗然有聲樓上雕鏤金碧莫可名狀有池亭池方廣數丈亦以中金通甃制爲甲葉而鱗次全類今州郡公宴燎箱之爲而大之凡用鋌鋌數萬中堂有四柱皆沉水香高貫于棟曲房便榭不論常有四柱欲狃于斛

舶司以其非嘗有恐後莫致不之許亦臥廡下後有卒堵波高雲表式度不比宅塔環以甓爲大址纍而增之外圜而加灰飾望之如銀筆下有一門拾級以上由其中而圜轉焉如旋螺外不復見其梯磴每數拾級啟一竇歲四五月舶將來羣番入于塔出于竇嘲哳號呼以祈南風亦輒有驗絕頂有金雞甚巨以代相輪今亡其一足他日郡以歲事勞晏之迎導甚設家人帷觀余亦在見其揮金如糞土輿皂無遺珠璣香貝狼籍坐上以示侈帷人曰此其常也後三日以合薦酒饌燒羊以謝

能麝撲鼻奇味不知名皆可食逈無同構故態羊亦珍皮色如黃金酒醇而甘幾與厓密無辨獨好作河魚疾以腦多而性寒故也余後北歸見藤守王君興翁諸郎言其富已不如曩日池厦皆廢云

西域圖志回人尊敬造化之主以拜天爲禮每城設禮拜寺始生教主曰天主也天主再世號曰派噶木巴爾每日對之誦回經五次初次寅時二次未時三次申時四次酉時五次戌時拜畢則宣讃其義畧云至尊至大起無初了無盡無極無象無比無倫無形無影大造化天地主兒凡有職之人與夫誠心守教法者莫不如是每七日赴禮拜寺誦經一次務集四人合誦不論貴賤貧富皆然回人通經典者曰阿渾爲人誦經以禳災迎福每遇大年小年、詳見歲時條阿渾誦阿伊特瑪納斯經爲衆所佑衆人醵贈衣帽一襲遇青草當生時有牲畜之家每十羊出一牽三十牛出一頭送阿渾爲敬天禮阿渾代衆誦經祈佑牲畜蕃滋倘有羸餘牛羊即以之濟給貧乏不自私也一歲之中富貴者有大事則大餽阿渾自千金值物至數千金不等於派噶木巴爾前誦哈

提密爾蘇爾經一次謂之大布施餘物亦以濟給貧乏其好善敬天之人隨時致禮阿渾浼其誦經派噶木巴爾來世先立祠堂奉香火名曰瑪咱爾每年兩次衆人赴瑪咱爾禮拜誦經張燈於樹通宵不寐瑪咱爾有香火田畝以供祭祀之需又回國前有得道者如哈帕體和卓布楚爾哈爾和卓韓共有七人每月四次衆人餽送阿渾向七和卓像禮拜誦經貧富貴賤皆然遠行則致禮物於阿渾令其誦經保佑疾病其所禱請亦如之回部西有默克默德納爲回回祖國回人凡終身必覲

往禮拜一次以谷鴻麻辦装累糧往還期以三年惟富者能酬其願貧無力者不能也亦有附香火之資於富室以偕往者

西域聞見錄回地之始立教者曰嗎哈木爾回人稱之曰烏魯克大也牌罕帕爾聖賢也謂去今時乾隆三十七年凡一千一百七十餘年所傳經一卷曰闊爾罕凡三十篇經內皆教人敬天積福行善禁服紅赤謂招兵刼之患男服白女服黑謂火勝金水克火也其行教者清晨禮拜畢即登高喚醒衆人爲工作役晚則登高作樂向

西送日無畫像設奉教傳法者曰阿渾不受職不戰陣不飲酒不吸烟其講誦勸化回人咸尊敬之以三百六十日分十二月有十二支無天干每月以初見新月上次日爲朔單月爲大建雙月爲小建無閏月每十二月畢再加六日以補足小建之數不知推算日月交食也其經類佛說咒語談因果性命之旨阿渾僅能粗講大意其深微亦莫能曉也其經云天地日月乃覆載循環當爲上祭山川水土乃資養萬物利于人者當爲中祭家堂墳墓乃人之根本爲下祭每家門外築土爲墳坐西向東名曰瑪雜木爾爲禱祝禮拜天地日月及向西誦經之所此其上祭也喀什噶爾之北八千里有雪山名圖書克塔克高峻無路可上惟石罅一徑盤旋七八里其上有平岡周三十餘里草肥水碧境界靈秀四面懸崖可望而不可即遙望其西有大孔穴曰圖書克洞土人言此洞乃牌罕帕爾之大弟子羅賀滿梯入其中修心學道升天之處人若虔心往拜尚能現形曾有見者故回酋布拉尼敦每新年第一日必親往禮拜至今回人常往望山叩拜以山中多熊虎蛇蟲故不敢深入

也又山雪冬積夏融乃先聖人因其地無雨澤且聖蹟神山恐人踐蹈故常存不化之冰雪滋育生靈回人每秋收後備糧作餅餌望祭此酬山酬水之中祭也每日三餐每未食之先必往家堂望叩先祖是謂下祭回人無姓氏三世之內曰近族兄弟之子女互相婚配三世而外則無倫序惟以長幼分坐次年長者爲尊年幼者爲卑每年終前一月即把齋據牌罕巴爾經云此一月乃先聖人等避難之月大衆應日則把齋夜則念經日出之前早食月出以後晚食如此一月則聖人之難可

脫各人先祖亡魂盡可出離災難其持齋衆人亦假聖人之力而脫災難又一日曰庫爾板阿依特經云是日當念經禮拜迺禱送祟又一日曰鄂舒爾係牌罕帕爾之外孫依瑪木哈散等被賊殺害之日牌罕帕爾于是日作樂誦經超度亡魂故回人依制亦于是日誦經以超度父母早生天界又一日曰都瓦係牌罕帕爾超度一切寃魂孽鬼歸塋各享烟火之日故回人于此日各上墳哭祭又一日曰巴拉特係上天鑒察人過惡之日故俱誦經贖過喀城東約五里餘有墳園土人名曰瑪

雜爾乃回酋布拉尼墪等先祖瑪哈木宙敏之墳內有空亭一座高圓而尖中植一木回人敬奉如神回人文字有醫藥之書有占卜之書有堪輿之書有各代紀載之書有各國山川風土之書其說以天高覆我地厚載我日月照臨我皆當禮拜戒貪淫奸詐當敬謹敦厚正人之氣死而不散爲神靈其性命清淨之理大旨宗諸釋氏而得其糟粕亦非無至理無如阿渾陋者多通者少如內地之冬烘腐爛徒以惑愚誘財可太息也

天方教考上　魏源

維初太始萬物未形無方無似天地既闢乃集氣火水土四行之精造化人祖阿丹于天方之野天方居崑崙之陽處二洲之極中爲聖賢首出之地天方輿地經曰地爲圜體乃水土相合而成土居水面四分之一地之半面分爲三東土西土中土自東至西作一直線自南至北作一横線兩線相交爲十字形天方當其十字交處爲天地之樞紐故萬方環向焉阿丹生育子孫聖聖相承其修道立教之規皆阿丹奉眞宰明諭定制傳世無一出于肊造阿丹千餘載後洪水泛濫人民漂沒三

乃而洪水退有大聖努海受命治水使其徒衆分往四方去阿丹降世之初蓋二千餘歲矣四方地氣不齊故人之散處四方者語言文字風俗不能一致去古近者其教猶存去古遠者其教遂失故四方之教多非古教惟天方得上古眞傳阿丹受眞宰命傳與施師師傳努海海傳易卜剌欣欣傳易司馬儀儀傳毋撒撒傳達五德德傳爾撒撒死不得其傳綱紀墜落異端鋒起又六百年而後穆罕默德生以天方帝胄生而神靈以大德王天下西域諸國共上尊號曰倍昂伯爾（即派罕巴爾）凡天

方受命行教同是聖人而有四等行教而微有徵兆者
曰聖人如脫魯特郁實父是也行教有徵兆而敎之以
經旨曰欽聖如施師葉爾孤白素來馬尼是也行教勅
以經旨而能因時制宜損益先聖之典者謂之大聖如
努海易卜剌欣毋撒達五德爾撒是也其受命行教特
受大典總革前聖之經爲天下萬世率由之準者謂之
至聖惟穆罕默德一人而已其未生也父額有珠光之
相既生而胸有天使之文及長入山得元石之瑞其生
平靈異材藝不可殫述其功之大者一曰剛經經卽眞

宰降與前聖凡百十有四部如討剌特經（降與毋撒之經名）則
逋爾經（降與達五德之經名）引支勒經（降與爾撒之經名）皆經之最古者
自穆罕默德出眞宰悉命裁革乃授之以甫爾加尼經
六千六百六十六章共三十冊包括前古經文于其中
甫爾加尼者華言寶命眞經也蓋自爾撒去世六百年
異端紛擾古經訛謬是以聖人奉命刪定存眞去僞由
博返約而後蕩蕩平平萬古不易二曰定制如齋拜婚
喪律度權衡大而朝廟禋祀小而飲食起居以及天地
山海禮樂文章醫卜術數之類皆總前聖之精微而集

其大成如一日五禮晨禮始于阿丹晌禮始于易卜剌
欣晡禮始于郁納息昏禮始于爾撒宵禮始于毋撒至
穆罕默德始兼而用之一日五禮七日一聚一年二會
（一齋會一祀會）晨禮四拜晌禮十拜晡禮四拜昏禮五拜宵禮
九拜聚禮十拜會禮二拜惟大人有明禮有夜功有禮
親之禮禮親二拜明禮夜功無數穆罕默德以其教傳
子孫傳弟子分適殊域廣行教化其爲教也以默識主
宰爲宗以敬事主一爲功以歸根復命爲究竟敬服五
功天道盡矣敦崇五典人道盡矣五典同儒五功者一

念眞二禮眞三齋戒四捐課五朝覲天闕也時念眞宰
（有口念有心念）日禮五時（有散禮有聚禮）歲齋一月（晝絕葷肉）歲捐課財（謂施
舍于寺中）終身一覲天闕天闕卽天方凡修教之人無論何
國終身必往天方瞻禮聖墓親撫元石以示歸敬是謂
借有形之朝覲以寓無形之朝覲

天方教考下

天方經以甫爾加尼經爲最大諸大弟子發明之者如
曰噶最眞經曰咱希德眞經曰大觀眞經曰昭微經曰
費隱經曰研原經曰道行推原經曰眞光經天方諸賢

若沓客爾氏暨阿補德歐然爾輩皆著有成書如客邇索德勒瓦一合額史爾等經既行于天方又傳之東土文義聱牙詘屈不能通于儒康熙中有金陵劉智者彼教中人也會通東西之文譯爲天方性理天方典禮二書因經立圖因圖立傳冠以五章首言大世界理象顯著之敘及身心性命所藏之用聖凡善惡之由末章總合大小世界分合渾化之理而歸于一眞大都天分七重氣分七行地分七洲人分七等其禮拜亦以七日爲期七天首卽七政天惟其上第八庫爾西天第九阿爾

實天總包諸天之外華言無可譯則仍其舊名然各重天皆有廣輪里數愈上愈廣卽阿爾實庫爾西亦各有若干萬里則仍卽厤家之恒星天宗動天而已人分欽聖衆聖大賢智慧廉介庸常冥頑七等分配七政而有至聖大聖以配阿爾實庫爾西二天至聖惟穆罕默德一人七行者於金木水火土外增氣爲一行凡風雲雷電皆是也靈活爲一行凡動走飛潛皆是也七洲之說未詳其目諒亦取西洋五洲而增之其教以眞宰爲主眞宰者生天生地生人生物綱維理數宰制萬有人之

性命皆所賦予故必生時以主宰爲趨向而後沒時歸根復命仍還于主宰其諦言篇曰我證一切非主惟有眞主止一無二我證穆罕默德是主差使我信主本然以其妙用尊名我承主一切法則我信眞主信一切天神信一切經書信一切聖人信後世信善惡有定自主信死後復生淸哉眞主世讚歸主萬物非主惟有眞主其主至大無時無力惟以尊主民常篇曰維造物皇恩誕敷寵錫加我愚氓品類時出五室以居木竹石土革五鑛以用金銀銅錫鐵五服以衣棉絲麻葛裘五食以

食穀蔬果肉飲（五食各五五穀五蔬五果五肉五飲共二十五品）以利民事以宏道績老得以終幼得以育嗚呼皇恩厚哉寵錫殷哉惟造物皇德大垂眷顧重我生民張陳萬物民用是足我民不智亂厥置位聖人明聰無忤無拂審形辨義以物付物順物材物以不負物物乃乂義乃成民期利益集義利而成德以德報德是爲至德嗚呼皇德深哉仁愛淵哉名無可名意無可意居處篇曰居近仁處近義非其隣不宅穆民忌野居（穆民猶言信士）野近愚城近智先隣而後宅以親賢正不危居不孤處不坐臥於寺不久寓

變利于大歉牛馬作膳馬驢乘負駝曰大牲宜祀宜負
祀則不以負非大祀不宰駝非賓會不宰牛市有牛屠
聖化不八若草與木有良有毒若鳥暨獸有善有惡金
羸淚宕廞性毒鷙鳥攫獸廞性惡唯毒戕生惟惡賊性
賊性惟大皆勿食用其羽革毛皮可也介蟲之類鼅鼄
蝌蛤蛇蟻蜂蠶皆勿食勿啖犬豕勿飲酒犬豕污酒亂
勿食自死肉勿食浮水魚凡宰牲必誦主名異教之人
不知主名宰者勿食禽畜有性良而或食污穢者則駝
宜畜于家飼草四十日雞鶩飼穀三日乃可宰食天方

人舊不禁酒穆罕默德初禁酣飲繼禁于禮拜之時而
究不能遵禁乃絶不許飲凡祭祀賓燕皆代以花露雖
終日飲之不亂

魏源曰天方教之事天同于儒之事上帝而襲取釋教
禮拜齋戒持誦施舍因果淺近之說以佐之大旨亦無
惡于世教其以天地日月爲上祭山川水土爲中祭宗
廟墳墓爲下祭不廢神祇人鬼亦勝天主教之偏僻惟
既以阿爾實天庫爾西天最上無外而又各有廣大若
千萬里之數不知從何測量從何起算是其言大也近

於達譯之鄉墳原不寺園囿無家禁地之中無敢私舍
淫亂之家不過其門非我族類必有表記凡我域中不
容歐若堂不容祝虎院不容佛室道觀以不脏亂于吾
民殿若堂天主教也祝虎院俗謂挑筋教也冠服篇曰服有常制非其位不
服其服王用弁冠冠上着頂頂之數不一視所屬王國
多寡爲定掌一王者一頂掌二王者二頂掌四五王者
四五頂頂皆重寶爲之天方稱大國者九十有四稱王
者五十餘方言稱王曰蘇魯檀稱帝者七方言云罷利奇而統屬於魯密
之一君所謂帝之帝君之君也其冠但一頂無二王衣

金絲織繡略如東土惟不用鳥獸龍鳳爲章惟以山水
藻卉相臣銀繡金素百官銀素以職異制士緣帛民素
布狹其袂冠一以巾以職異制夷奴短褐民不衣帛不
以金銀飾惟婦女金帛無忌男子不衣豔色禮官尚白
刑官尚墨聖王尚緣庶民上黃夷役青靛毋着異冠異
服惟適異國遵其國制飲食篇曰飲食惟良必愼必擇
良以作資乃益性德禽食穀獸食芻畜有純德者良若
雞鳧雁雉穀食者也若鹿麋獐麝芻食者也穴屬有兎
潛屬有魚蠃蟲之屬有螽兎食之可魚食之常螽食之

鑒聖爲天口言合天心而經必皆託于眞宰之所降則其稱天也近誣中國有周以前同姓婚姻不禁然穆罕默德以女妻其兄之子不避期親則其于倫也太瀆誦主名殺者可食不誦主名殺者不可食則主名不以止殺而適以濟殺牲畜必純良者乃食性不純良者不可食則是専宥狠而戕良且不食犬豕惡其汚穢而同一啗穢之駱駝雞鶩則又飼縠旬日卽可宰食何獨不可施諸犬豕或難劉智曰回教事天當體天心好生惡殺何不概禁不食劉氏不能援上帝以解之則援中土先

王之制以自遁嗚呼回教何事遵于先王獨于殺生乃援先王豈先王亦教人誦主名而殺乎先王亦教人但禁犬豕專殺純良乎鴻荒草昧禽獸偪人蹄迹交于中國人無爪牙鱗介以自衛故庖犧作網罟教民畋漁以捍暴而衛患非利其養也沿習既久弱肉强食又以人而賊物聖人有憂之而勢不能塞寒也爰制令曰魚禁鯤鮞獸長麑麛鳥翼鷇鷇鳥獸之肉不登于俎則公不射數罟不入汚池於是一食戕無數生命者免矣又制令曰天子諸侯大夫士無故不殺牛羊犬豕庶人無故

不食珍豺不祭獸不田獵賜生必畜餽生必畜不綱不射宿不獵較國君春田不圍禽大夫不掩羣士不取麛卵孟夏毋大田獵昆蟲未蟄不以火田於是一物可供數人數日之食者亦非秋冬賓祭養老不用矣先王之好生惻死曲全萬物若此酌中制去已甚若此乃從計較於物性之純不純汚不汚利養不利養而物命死生漠然不問乎且回教不食豕之人果否純良智慧他教亦食豕之人果否皆不良不慧乃以一豕之食不食爲出教入教之大防幾視淫殺盜妄爲尤厲乎既斥佛氏

概不食肉爲非而回教概禁飲酒又同於佛氏毋乃舍其難而禁其易舍其大而禁其細乎爲回教者曰衆聖猶長月之月穆罕默德出則中天之日也衆聖自阿丹至爾撒猶木自根而幹而枝而葉而華穆罕默德出則其果也嗚呼大聖必全天德全天德必體天心天心果偏仁於不純物而偏忍於純良之物乎穆罕默德適墨瓦底納國見市屠牛者謂之曰曷改業其人曰無以爲生也穆罕默德曰有羊乎遂舍牛而業羊斯言也毋乃中土回人襲齊宣釁鐘之遁詞而不察牛羊之何擇乎

齊宣詎大聖耶其言果合于阿爾實之天心耶抑合于庫爾西之天心耶删經定制集羣聖大成而所定之制若此所自捘之儒教僅如此又何暇與議五倫何暇與議六合

海國圖志卷二十六

西南洋原無今補

邵陽魏源輯

西印度之如德亞國沿革

古拂菻國非大秦也唐時爲隔海之大秦所并故亦名大秦元人謂之密昔爾天主教謂之如德亞回教謂之西多爾其皆古西印度邊境今並入阿丹國故四洲志原本無之今別輯出以志天主教源流

新唐書拂菻古大秦也居西海上一曰海西國去京師四萬里在苫國西北直突厥可薩部西瀕海有遲散城東南接波斯地方萬里城四百勝兵百萬十里一亭三亭一置臣役小國數十以名通者曰澤散曰驢分澤散

直東北不得其道里東度海二千里至驢分國重石爲都城廣八十里東門高二十丈釦以黃金王宮有三襲門皆飾異寶中門有金巨稱一作金人立其端屬十二丸率時改一丸落以瑟瑟爲殿柱水晶琉璃爲棁香木梁黃金爲地象牙闔有貴臣十二共治國王出一人挈囊以從有訟書投囊中還省枉直國有大災異輒廢王更以賢者王冠如鳥翼綴珠衣錦繡前無襟坐金蒍榻側有鳥如鵝綠毛上食有毒輒鳴無陶瓦屑白石堅屋堅潤如玉盛暑引水上流氣爲風男子翦髮衣繡右袒

而怖乘輜軿白蓋小車出入建旌旗擊鼓婦人錦巾家貲億萬者爲上官俗喜酒嗜乾餅多幻人能發火於顏手爲江湖口幡眊舉足墮珠玉有善醫能開腦出蟲以愈目青土多金銀夜光璧明月珠大貝車渠瑪瑙木難孔翠虎珀織水羊毛爲布曰海西布海中有珊瑚洲海人乘大舶墮鐵網水底珊瑚初生磐石上白如菌一歲而黃三歲赤枝格交錯高三四尺鐵發繫網舶上絞而出之失時不取即腐西海有市貿易不相見置直物旁名鬼市有獸名贑大如狗獷惡而力北邑有羊生土中

臍屬地割必死俗介馬而走擊鼓以驚之羔臍絕即逐水草不能羣貞觀十七年遣使獻赤玻璃綠金精下詔荅賚大食稍彊遣軍伐之拂菻約和遂臣屬乾封至大定再朝獻開元七年因吐火羅大酋獻師子羚羊原按唐書所言大秦之盛皆隔海歐羅巴大秦非拂菻所有故云度海二千里當以後漢書爲正

宋史拂菻國東南至滅力沙北至海皆四十程西至海三十程東至西大食及于闐回紇青唐乃抵中國歷代未嘗朝貢元豐四年十月其王始遣大首領來獻鞍馬刀劍眞珠言其國地甚寒土屋無瓦產金銀珠西錦牛羊馬獨峯駝梨杏千年棗巴欖粟麥以葡萄釀酒樂有箜篌壺琴小篳篥偏鼓王服紅黃衣以金線織絲布纏頭歲三月則詣佛寺坐紅牀使人舁之貴臣如王之服或青綠緋白粉紅黃紫並纏頭跨馬城市田野皆有首領主之每歲惟夏秋兩得奉給金錢錦穀帛以治事大小爲差刑罰罪輕者杖數十重者至二百大罪則盛以毛囊投諸海不尚鬬戰鄰國小有爭但以文字來往相詰問事大亦出兵鑄金銀爲錢無穿孔面鑿彌勒佛背爲王名禁民私造元祐六年其使兩至詔別賜以玉帛

二百匹白金瓶襲衣金束帶文獻通考案唐史有拂菻國以爲即古大秦也然大秦自後漢始通中國歷晉唐貢獻不廢而宋四朝史拂菻傳則言其國歷代未嘗朝貢至元豐始獻方物又唐傳言其國西瀕大海而宋傳則言西距海尚三十程其餘界亦齟齬不合土產風俗亦不同故以唐之拂菻附入大秦而此拂菻自爲一國云源案唐之拂菻已非後漢之大秦而宋之拂菻又非唐之拂菻皆慕前代柔遠之盛而盲名之者

明史拂菻即漢大秦桓帝時始通中國晉及魏皆曰大秦嘗入貢唐曰拂菻宋仍之亦數入貢而宋史謂歷代未嘗朝貢疑其非大秦也元末其國人捏古倫入市中國元亡不能歸太祖聞之以洪武四年八月召見命齎

詔書還諭其王復命使臣普剌等齎勅書絲弊詔諭乃遣使入貢後不復至萬歷時大西洋人至京師言天主生於如德亞即古大秦國也其國自開闢以來六千年史書所載世代相嬗及萬事萬物原始無不詳悉謂天主肇生人類言頗誕謾其物產珍寶之盛具見前史（今西洋諸書止言天主生如德亞無大秦之號此徐光啓傳會唐書而明史沿之）

坤輿圖說亞細亞州最西有名邦曰如德亞其國史書載上古事蹟極詳自初生人類至今六千餘年世代相傳萬事萬物造作原始悉記無訛因造物主降生是邦故人稱爲聖主春秋時有二聖王父達味德子撒喇滿造一天主堂皆金玉砌成飾以珍寶窮極美麗費以三十萬萬王德盛智高聲聞最遠中國謂西方有聖人疑即指此（案天主生於漢元壽中春秋時安得便有國王造天主堂耶或即古之天祠亦止祀上帝而非祀耶穌安得謂西方聖人即指上帝豈上帝不偏在西方耶）古名大秦唐貞觀中曾以經像來賓有景教流行碑刻可考如德亞之西有國名達馬斯谷產絲綿羢罽料極佳城不用磚石是一活樹糾結甚厚無隙高峻不可攀登天下所未有（案利馬竇初至中國安知有列子及景教碑皆徐光啓代爲傳會而近人方執以證大秦之說亦可哂已）

職方外紀亞細亞之西近地中海有名邦曰如德亞此天主開闢以後肇生人類之邦天下諸國載籍上古事蹟近者千年遠者三四千年而上多茫昧不明或異同無據惟如德亞史書自初生人類至今將六千年世代相傳及分散時候萬事萬物造作原始悉記無訛諸說推爲宗國地甚豐厚人煙稠密是天主生人最初所賜沃壤其國初有大聖人曰亞把剌杭約當中國虞舜時有孫十二人支族蕃衍天主分爲十二區厥後生育聖賢世代不絕攷其人民百千年間皆純一敬事天主不爲異端所惑其國王多有聖德乃天主之所簡命也至春秋時有二聖王父曰大味得子曰撒剌滿嘗造一天主大殿皆金玉砌成飾以珍寶窮極美麗其費以三十萬萬其王德絕盛智絕高聲聞最遠中國所傳爲西方聖人疑即指此也此地從來聖賢多有受命天主能前知未來事者國王有疑事必從決之其聖賢竭誠祈禱以得天主默啟其所前知悉載經典後來無不符合經典中第一大事是天主降生救拔人罪開萬世升天之路預說甚詳後果降生于如德亞白德稜之地名曰耶

穌譯言救世主也在世三十三年教化世人所顯神靈聖蹟甚大且多如命瞽者明聾者聽瘖者言跛者行病者起以至死者生之類不可殫述有宗徒十二人皆耶穌縱天之能不假學力即通各國語言文字其後耶穌肉身升天諸弟子分散萬國闡明經典宣揚教化各著神奇事蹟緣此時天下萬國大率爲邪魔誘惑妄立邪主各相崇奉自天主降生垂教乃始曉悟眞理絕其向所崇信惡教而敬信崇向於一天主焉所化國土如德亞諸國爲最先延及歐羅巴利未亞大小千餘國歷今千六百餘年來其國皆久安長治其人皆忠孝貞廉茲畧述教中要義數端一曰天地間至尊至大爲人物之眞主大父者止有其一不得有二一即天主上帝而已其全智全能全善浩無窮際萬神人物皆爲天主所造又恒賴其保持安養凡人禍福修短皆其主宰故吾人所當敬畏愛慕者獨有一天主也此外或神或人但能教人純一以事天主即爲善人吉神若以他道誘人求福免禍是僭居天主之位而明奪其權其爲凶神惡人無疑崇信祭祀此類者不免獲罪一曰天地間惟一天

主爲眞主故其聖教獨爲眞教從之則令人行眞善而絕不爲惡可升天堂永脫地獄若他教乃是人所建立斷未有能行眞善免罪戾而升天堂脫地獄者一曰人有形軀有靈魂形軀可滅靈魂不可滅人在世時可以行善可以去惡一至命終人品已定永不轉移天主于時乃審判而賞罰之其人純一敬事天主及愛人如己必升天參配天神及諸聖賢受無窮眞福若不愛信天主違犯教戒者必墮地獄永受苦難也其苦樂永永無改更無業盡復生爲人及輪迴異類等事故實欲升天堂脫地獄只在生前實能爲善去惡無他法也一曰人犯一切大小過惡皆得罪于天主者也故惟天主能赦宥之非神與人所能赦亦非徒誦念徒施舍所能贖也令人生孰能無過欲求赦宥必須深悔前非勇猛遷改故初入教先悔罪有拔地斯摩之禮既重犯求解罪有恭棐桑之禮遵依聖教守戒所求必獲赦宥不然一生罪過無法可去地獄無法可脫也所以教中要義望人眞能改過遷善以獲赦免而享天福自有專書備論云如德亞之西有國名達馬斯谷產綵綿絨罽刀劍顏料

極隹城有二層不用磚石是一活樹糾結無隙甚厚而高峻不可攀登天下所未有也土人製一藥甚良名的里亞加能治百病尤解諸毒有試之者先覓一毒蛇咬傷腫脹乃以藥少許嚥之無弗愈者各國甚珍之

職方外紀曰百爾西亞西北諸國皆爲度爾格所併內有國曰亞剌比亞中有大山名西奈山古時天主垂訓下民召一聖人美瑟于山賜以十誡著于石板左板三誡右板七誡今所傳十誡是也其西北有死海海旁城邑古極富厚因恣男色之罪天主降之重罰命天神下

界止導一聖德士名落得者全家出疆遂降火盡焚其國至今小石遇火即然臭不可近產果形如橘柚破之則臭煙而已按上文回教亦託言西奈山十誡則不知誰爲葛龔之未去也

萬國全圖集曰土爾其藩屬國北接黑海南連地中海西至希臘羣島海其中有湖長四百里廣百里名曰死海古時建大城邑因民自作罪孽天降火焰硫磺盡燒其城沉爲鹹湖臭水四方無人居惟有瘦嶺枯山死海之北爲加利湖有救世主耶穌靈蹟其約爾坦河南流入死海此河內救世主受洗禮而已神降臨之

瀛環志畧曰泰西人記巴庇倫城高三十五丈厚八丈七尺上設塔二百五十城門一百以銅爲之周廻一百八十里南懷仁所記宇內七大宏工有巴必鸞城即巴庇倫之轉音即此城也當其初建糜膏血而供版築自以爲子孫萬世之業然居魯士兵來曾不血刃而克之金城千仞果足恃乎巴庇倫再叛大流士惡其城垣之高拆毀其半至今猶存遺址在土耳其東方美索不達迷亞境內又英官李太郭云西里亞文字西里亞文字即巴庇倫所造文字與諸國不同與清文極相似但橫寫順讀耳

泰西人紀猶太古事云猶太古名迦南有夏帝芒之世西土有至人曰亞伯拉罕生於兩河之間阿付臘底斯河底格里士河遷於迦南其苗裔稱以色列族傳數世至耶哥伯有十二子最少者曰約色弗聰慧過人諸兄忌之賣於麥西爲人奴麥西一名挨及多一作厄日多或作以至比多又作伊齊不托在亞非利加之東北境詳阿非利加圖說麥西王立以爲相以色列之族羣往歸之初至時七十人年久繁衍至六萬人麥西王忌其強宗欲除之時迦南以色列族有至人曰摩西生而神異學識過人報仇殺人逃於荒野四十年夢神人使赴麥西救本

宗至則麥西王方張網羅欲收以色列族坑之摩西密告宗人約期同發至海港潮退變陸渡畢而潮大至麥西軍追者皆溺死摩西率衆至迦南之耶路撒冷遂王其地示十誡以訓民敎以事神天敬父母勿殺勿姦勿盜勿妄證勿貪他人之財七日禮拜省過咎是爲西土立敎之始泰西人相傳天神降於西奈山石上現文字摩西拜受垂爲十誡以敎民蓋托於神道以起人之崇信耳後來耶穌敎即本於此西奈山在今亞剌伯西北境摩西卒約書亞繼之分以色列族爲十宗裂地封爲小部統於耶路撒冷數傳至周穆王時始稱猶太國又數傳至周襄王時王耶

何雅含嗣位始貳于巴庇倫先是巴庇倫爲亞細亞大國猶太夙備西藩巴庇倫侈汰遇諸侯無禮猶太王怒絶朝貢周簡王元年巴庇倫以大兵攻之城破王自殺遷其民於巴庇倫猶太遂亡周景王八年波斯滅巴庇倫釋猶太民歸國以色列族復立故國傳三百餘年西漢時降羅馬爲屬國後復叛爲羅馬所滅屠耶路撒冷都城羅馬衰亞剌伯回部據之猶太爲耶穌生長之地歐羅巴人時往拜其墓既爲回部所據禁不得通諸國皆怒合兵攻回部從軍者縫十字於衣血戰二百餘年

卒奪回猶太地重立爲國戍以兵未幾戍兵思故土各散歸竟爲土耳其所據其部民散之四方西土各國多有之以數百萬計而總稱爲猶太族與別族不相混云猶太人最講文字西國各種書籍多猶太人所譯解故其國紀載獨詳歐羅巴文士游學者不於希臘即於猶太蓋泰西之鄒魯也猶太女人姿婉好而姓靈慧與別部迴異娶婦得猶太女則以爲咸施在室也猶太自唐以後中國稱爲拂箖即撒冷之轉音初轉爲拂懍再轉爲拂箖唐書直以拂菻爲大秦蓋拂箖在羅馬東部中最著名遂誤爲大秦別名猶之西域稱浩罕爲安集延也宋明史因之則沿唐書之誤耳

案羅馬即大秦東土之猶太敍理諸部今爲東土耳其其中土曰買諾附近有數島曰居伯羅曰羅得曰治阿曰米地鄰其東土有阿臘山黎巴嫩山阿付臘底斯河一作阿偏得又名八阿底格里斯河一作地額河有大澤曰死海湖曰加利利其地爲泰西諸國創建之祖其民居海岸海島者曰額力西種希臘是也爲上等其半阿丹種戈達曼種及馬羅奈底土種特魯西種黑爾西種皆回民自其國中衰守土之酋僅羈縻勿絶而已擁地自擅如唐之藩鎮焉

萬國全圖集又曰猶太國今土爾其國之藩屬也昔分三部曰猶太曰撒馬利亞曰加利利古時其地蕃昌物產如阜名揚四海本居麥西國上帝率之進始祖所先住之地但必四十年間遊於亞剌伯曠野又奉上天所啟始識上帝之聖旨漢建始年間有羅馬國征服天下猶太人亦歸其權且上帝之子耶穌於漢平帝元始元年於猶太國生住世三十三年布聖教於民並贖人之罪代受酷刑而死復活昇天操萬世宇宙之權教散於四方而信士以其地爲重往往詣耶穌墓而伏拜今爲

回回國主所轄

猶太之都曰路撒冷昔甚廣大居民數十萬在旬山上建立上帝之殿屆期禮拜因猶太人不崇上帝之子自作罪孽激羅馬國之怒遣大將引兵四面圍合攻破城池猶太人自此亡國四散各邦爲旅此時其城大半壞敗居民貧乏○加利利拿撒勒邑係救世主所養生之處居民不承其道雖見其靈蹟却不改悔加省○此地之海口曰亞吉曰伯律曰牙法但其口無障風之山選貨又不盛

猶太國北敘理亞國南方里巴嫩山出香栢阿倫得河通流其地地破里海口居民二萬五千海濱有兩大城一曰土羅西頓城其富商如國君倉廩實府庫充一曰大馬士革城山川秀麗田塲開爽衢市修飾花卉芬芳昔掃羅望此邑而行欲執耶穌之門生忽天發光聞聲即此地也○敘理亞之東方近野哈馬大城古蹟徧地昔大有權勢之王所居其都會曰亞勒坡居民三十萬道光二年地震屋倒城壞野有餓殍道光十六年麥西總帥與土王結釁侵取其國於二十年英軍扶助還其原主

景教流行中國碑　唐建中二年大秦寺僧景淨述

粵若常然眞寂先先而元元窅然靈虛後後而妙有總元樞而造化妙衆聖以元尊者其唯我三一妙身无元眞主阿羅訶歟判十字以定四方鼓元風而生二氣暗空易而天地開日月運而晝夜作匠成萬物然立初人別賜良和令鎭化海渾元之性虛而不盈素蕩之心本無希嗜洎乎娑殫施妄鈿飾純精閒渾大于此是之中隟冥同于彼非之內是以三百六十五種肩隨結轍競

織法羅或指物以記宗或空有以淪二或禱祀以邀福
或伐善以矯人智慮營營恩情役役茫然無得煎迫轉
燒積昧亡途久迷休復於是我三一分身景尊彌施訶
戢隱眞威同人出代神天宣慶室女誕聖于大秦景宿
告祥波斯覩耀以來貢圓廿四聖有說之舊法理家國
于大猷設三一淨風無言之新教陶良用于正信制八
境之度鍊塵成眞啟三常之門開生滅死懸景日以破
暗府魔妄于是乎悉摧棹慈航以登明宮含靈于是乎
既濟能事斯畢亭午昇眞經留廿七部張元化以發靈

關法浴水風滌浮華而潔虛白印持口字融四照以合
無拘擊木震仁惠之音東禮趣生榮之路存鬚所以有
外行削項所以無內情不畜臧獲均貴賤于人不聚貨
財示罄遺于我齋以伏識而成戒以靜慎爲固七時禮
讚大庇存亡七日一薦洗心反素眞常之道妙而難名
功用昭彰強稱景教惟道非聖不元聖非道不大道聖
符契天下文明太宗文皇帝光華啟運明聖臨人大秦
國有上德曰阿羅本占青雲而載眞經望風律以馳艱
險貞觀九祀至于長安帝使宰臣房公元齡總仗西郊

賓迎入內翻經書殿問道禁闈深知正眞特令傳授貞
觀十有二年秋七月詔曰道無常名聖無常體隨方設
教密濟羣生大秦國大德阿羅本遠將經像來獻上京
詳其教旨元妙無爲觀其元宗生成立要詞無繁說理
有忘筌濟物和人宜行天下所司卽於京義寧坊造大
秦寺一所度僧廿一人宗周德喪青駕西昇巨唐道光
景風東扇旋令有司將帝寫眞轉摸寺壁天姿汎彩英
朗景門聖迹騰祥永輝法界案西域圖記及漢魏史策
大秦國南統珊瑚之海北極衆寶之山西望仙境花林

東接長風弱水其土出火浣布返魂香明月珠夜光璧
俗無寇盜人有樂康法非景不行主非德不立土宇廣
闊文物昌明高宗皇帝克恭纘祖潤色眞宗而于諸州
各置景寺仍崇阿羅本爲鎮國大法主法流十道國富
元休寺滿百城家殷景福聖歷年釋子用壯騰口于東
周先天末下士大笑訕謗于西鎬有若僧首羅含大德
及烈並金方貴緒物外高僧共振宏綱俱維絕紐元宗
至道皇帝令寧國等五王新臨福宇建立壇場法棟暫
橈而更崇道石時傾而復正天寶初令大將軍高力士

送五聖寫眞寺內安置賜絹百疋奉慶睿圖龍髯雖遠弓劍可攀日角舒光天顏咫尺三載大秦國有僧佶和瞻星向化望日朝尊詔僧羅含僧普論等一七人與大德佶和于興慶宮修功德肅宗文明皇帝于靈武等五郡重立景寺代宗文武皇帝每于降誕之辰錫天香以告成功頒御饌以光景衆我建中聖神文武皇帝披八政以黜陟幽明闡九疇以惟新景命化通元理祝無愧心大施主金紫光祿大夫同朔方節度副使試殿中監賜紫袈裟僧伊斯和而好惠聞道勤行遠自王舍之城聿來中夏中書令汾陽郡王郭公子儀初總戎于朔方也元宗俾之從邁爲公爪牙作軍耳目能散祿賜不積于家獻臨恩之頗黎布辭口之金罽或仍其舊寺或重廣法堂崇飾廊宇如翬斯飛更効景門依仁施利每歲集四寺僧徒虔事精供備諸五旬餧者來而飯之寒者來而衣之病者療而起之死者葬而安之淸節達娑未聞斯美白衣景士今見其人願刻洪碑以揚休烈

方碑下及東西三面皆列彼國字式下有助檢校試太常卿賜紫袈裟寺主僧業利檢校建立碑石僧行通雜

于字中字皆左轉弗能譯也按碑三一妙身无元眞主阿羅訶者教之主也大秦國上德阿羅本者于貞觀九年至長安也京兆府義寧坊建大秦寺度僧廿一人貞觀十有二年也此卽天主教入中國之始。未齋金石考畧

右景教流行中國碑景教者西域大秦國人所立教也舒元輿重巖寺碑雜夷而來者有摩尼焉大秦焉秋疑祆字神焉合天下三夷寺不足當吾釋氏一小邑之數今摩尼祆神祠久廢不知所自獨此碑敘景教傳授頗詳蓋始于唐初大秦僧阿羅本攜經像至長安太宗詔所司于義寧坊造寺一所度僧廿一人高宗時崇阿羅本爲鎭國大法主仍令諸州各置景寺其僧皆削頂留鬚七時禮讚七日一薦所奉之像則三一妙身无元眞主阿羅訶也今歐羅巴奉天主耶蘇溯其生年當隋開皇之世或云卽大秦遺教後題大蔟月七日大耀森文日建立所云大耀森文亦彼教中語也。潛研堂金石三跋尾

冊府元龜天寶四載九月詔曰波斯經教出自大秦傳習而來久行中國爰初建寺因以爲名將以示人必循其本其兩京波斯寺宜改爲大秦寺天下諸州郡有准

此此大秦寺建立之緣起而碑言貞觀中卽詔賜名大
秦寺夷僧之誇詞也舒元輿重巖寺碑云合天下三夷
寺不足當吾釋寺一小邑之數釋寺唯一夷寺有三摩
尼卽末尼也大秦卽景教也祆神卽波斯也今據元輿
記而詳考之長安誌曰布政司西南隅胡祆祠武德四
年立西域胡天神也祠有薩寶府官主祠祆神亦以胡
祝稱其職東京記引四夷朝貢圖云康國有神名祆畢
國有火祆祠疑因是建廟王溥唐會要云波斯國西與
吐番康居接西北距拂菻卽大秦也其俗事天地日月水火

諸神西域諸胡事火祆者皆詣波斯受法故曰波斯教
卽火祆也宋人姚寬曰火祆字從天胡神也經所謂摩
醯首羅本起大波斯國號蘇魯支有弟子名元真居波
斯國大總長如火山後化行于中國然祆神專主事火
而寛以爲摩醯首羅者以波斯之教事天地水火之總
故諸胡皆詣受教不專一法也大秦之教本不出于波
斯及阿羅訶者出則自別于諸胡碑言三百六十五種
之中或空有以淪二或禱祀以邀福彼不欲過而問焉
初假波斯之名以入長安後乃改名以立異若末尼則

志磐統紀序之獨詳開元二十年敕云末尼本是邪見
妄稱佛法旣爲西胡師法其徒自行不須科罰會昌三
年秋敕京城女末尼凡七十二人皆死梁貞明六年陳
州末尼反立毋乙爲天子發兵禽斬之其徒不茹葷酒
夜聚婬穢畫魔王踞坐佛爲洗足云佛上大乘我乃上
上乘蓋末尼爲白雲白蓮之流於三種中爲最劣以元
輿三夷寺之例覈而斷之三夷寺皆外道也皆邪教也
所謂景教流行者皆夷僧之黠者稍通文字妄爲之詞
非果有異於摩尼祆神也錢氏景教考

按西洋奉天主耶穌或謂卽大秦遺教據碑有判十字
以定四方之語與今天主教似合然日下舊聞考載天
主堂搆于西洋利瑪竇自歐羅巴航海九萬里入中國
崇奉天主云云若大秦一名如德亞今稱西多爾其在
歐羅巴南印度之西相距甚遼遠似不能合爲一也杭
氏謂唐之回紇卽今之回回說亦未然唐之回紇卽回
鶻其地與薛延陀爲鄰距長安祇七千里若回回有祖
國以今職方諸書攷之在古大秦國之東一名伯爾西
亞今稱包社大白頭番與回紇隔遠亦不能合爲一也

碑稱大秦國、上德阿羅本、而唐書西域傳、所載諸國、惟拂菻一名大秦、然無一語及景教入中國之事、唐會要稱波斯國、西北距拂菻、則波斯在拂菻之東南、故長安志所載大秦寺、初謂之波斯寺、玩天寶四載詔書、波斯經教、出于大秦、則所謂景教者、實自波斯、而溯其源于大秦也、唐書西域傳、波斯距京師萬五千里、其法祠祆神、與唐會要語同、然亦無所謂景教者、祆神字當從示從天、讀呼煙切、與從夭者別、說文云、關中謂天爲祆、廣韻云、胡神、所謂關中者、統西域而言、西北謂國事天最

敬、故君長謂之天可汗、山謂之天山、而神謂之祆神、延及歐羅巴、奉教謂之天主、皆以天該之、唐傳載波斯國俗、似與今回回相同、此碑稱常然眞寂、戢隱眞威、亭午昇眞、眞常之道、占青雲而載眞經、舉眞字不一而足、今所建回回堂、謂之禮拜寺、又謂之眞教寺、似乎今回回之教、未始不源于景教、然其中自有同異、特以彼教難通、未能剖析、姑備錄諸說、以資博攷、至碑稱景教、景字之義、文中只二語云、景宿告祥、懸景日以破暗府、是與景星景光、流照之義相符、然則唐避諱、而以景代丙、亦此義歟、金石萃編

四庫全書提要曰、西學凡一卷、附錄唐大秦寺碑一篇、碑稱貞觀十二年、大秦國阿羅本遠將經像來獻上京、卽于義寧坊敕造大秦寺一所、度僧二十一人云云、考西溪叢語、載唐貞觀五年、有傳法穆護何祿、將祆教詣闕聞奏、敕令長安崇化坊立祆寺、號大秦寺、又名波斯寺、至天寶四年七月、敕波斯經教、出自大秦、傳習而來、久行中國、爰初建寺、因以爲名、將以示人、必循其本、其兩京波斯寺、並宜改爲大秦寺、天下諸州郡、有者準此、

冊府元龜、載開元七年、吐火羅國王、上表獻解天文人、文慕闍、智慧幽深、問無不知、伏乞天恩喚取、問諸教法、知其人有如此之藝能、請置一法堂、依本教供養、段成式酉陽雜俎、載孝億國、界三千餘里、舉俗事祆、不識佛法、有祆祠三千餘所、又載德建國、烏滸河中有火祆祠、相傳其神本自波斯國、乘神通來、因立祆祠、內無像、於大屋下置小廬舍、向西、人向東禮神、有一銅馬、國人言自天而下、據此數說、則西洋人卽所謂祆斯、天主卽所謂祆神、中國具有紀載、不但有此碑可證、又杜預注左

傳次睢之社。日睢受汴。東經陳留梁譙彭城入泗。此水次有祆神。皆社祠。顧野王玉篇亦有祆字音呵憐切註爲祆神。徐鉉據以增入說文宋敏求東京記載寧遠坊有祆神廟註曰四夷朝貢圖云康國有神名祆畢國有火祆祠。或曰石勒時立此是祆教其來已久亦不始於唐岳珂程史記番禺海獠其最豪者蒲姓號白番人本占城之貴人留中國以通往來之貨屋室侈靡踰制性尙鬼而好潔平居終日相與膜拜祈福有堂焉以祀如中國之佛而實無像設稱謂聱牙亦莫能曉竟不知爲

何神有碑高袤數丈上皆刻異書如篆籀是爲像主拜者皆嚮之是祆教至宋之末年尙由賈舶達廣州而利瑪竇之初來乃詫爲亘古未睹艾儒畧作此書旣援唐碑以自證則其爲祆教更無疑義乃無一人援古事以抉其源流遂使蔓延於海內萬歷以來士大夫大抵講心學刻語錄卽盡一生之能事故不能徵實考古以遏邪說之流行也。

海國圖志卷二十七

邵陽魏源重輯

明文秉烈皇小識崇禎初始行天主教上海徐光啓教中大也入政府力進其說宮府供養諸銅佛像盡毀碎至是悼靈王病篤上臨視之王言九蓮華娘娘立空中歷數毀壞三寶及苛求武淸云云言訖而薨上大驚懼無及京師天主堂有二西人主之龍華民湯若望也皈其教者先命取其家佛像來天主殿前有石幢一石池一其黨取佛像至卽于幢上撞碎棄池中率以爲常某

年六月初一日復建此會方日正中天無纖雲適舉火忽大雷一聲將佛像爐炭盡攝去衆皆汗流合掌念阿彌陀佛遂絕此會

澳門紀畧曰澳中凡廟所奉天主有誕生圖被難圖飛昇圖其說以耶穌行教至一國國人裸而縛之十字木架釘其首及四肢三日甦飛還本國更越四十日而上昇年三十有三故奉教者必奉十字架每七日一禮拜至期男女分投諸寺長跪聽僧演說歲中天主出遊三巴則以十月板樟以三月九月支糧以三月大廟則二

月五月六月凡三出遊率先夕詣龍鬆廟迎像至本寺然燈達旦澳衆畢集黑奴舁彼雞像前行番童誦咒隨之又以番童象天神披髮而翼來往騰躍諸僧手香燭步其後又用老僧抱一耶穌像上張錦棚隨從如前儀歲三月十五日爲天主難日寺僧皆瘖越十七日復鳴諸番徹酒肉三日雖果餌啜不至飽番僧不一類三巴寺僧削髮披青冠斗帽司教者曰法王由大西洋來澳酋無與敵體者有大事疑獄兵頭番目不能決則請命命出奉之惟謹其出入張蓋樹旛幢僧雛擁衛之男女

見者輒前跪捧足俟過然後起法王或摩其頂以爲大幸婦女尤信嚮之龍鬆廟僧亦削髮蒙氈內衣白而長外覆以青板樟廟僧不冠曳長衣外元內白復以白布覆其兩肩噶斯蘭僧服麤布衣帶索草履不冠不襪出入持蓋是二廟僧有盡削其髮者有但去其頂髮者他如大廟風信花王支糧諸廟則係本澳自行焚香禿頂而圓被長青衣無妻室而左右列侍番女于廟于家惟所便蕕火居衲子之流其通曉天文曾遊京師者皆留髭鬚解華語分住各廟中諸僧往來番人家其人他出

俘入室見其婦以所攜藤或雨繖置諸戶外其人歸見而避之惟三巴戒律綦嚴番婦入寺者爲之持咒禳解寺僧不苟出入即出必以人伴之書其名於版以爲志尼曰聖母其敬奉尤甚於法王一女爲尼其家人罹重辟得女尼片紙立宥之然必捐千金致諸公故入寺者鮮寺中尼凡四十有奇三巴寺在澳東北依山爲之高數尋屋側啟門制狹長石作雕鏤金碧照耀上如覆幔旁綺疏瑰麗所奉曰天母名瑪利亞貌如少女抱一嬰兒曰天主耶穌衣非縫製自頂被體皆采飾平畫障以

琉璃望之如塑旁貌方論說狀鬚眉豎者如怒揚者如喜耳重輪鼻隆準三十許人左手執渾天儀右叉指若動目若矚口若聲

又曰天主教者西土曰天主耶穌漢哀帝元壽二年庚申生於如德亞國爲天主肇生人類之邦西行教至其國奉之至今甚且沾染中土誘惑華人在明則上至公卿下逮士庶邇日奉 詔禁而博士弟子尚有信而從之者其徒著書闡述多至百餘種士大夫又爲潤色其文詞以致談天言命幾於亂聰今就澳門取其書觀之

所云五經十誡大都不離天堂地獄之說而詞特陋劣較之佛書尤甚朋嘗尋求其故西洋諸國由來皆崇佛教回回教觀其字用梵書歷法亦與回回同源則意大里亞之教當與諸國奉佛奉回回者無異特其俗好奇喜新聰明之士遂攘回回事天之名而據如來天堂地獄之實以兼行其說又慮不足加其上也以爲尊莫天若天有主則尊愈莫若益其好勝之俗爲之不獨史稱歷法云爾也昔西人有行教于安南者舉國惑之王患之遂其人立二幟于郊下令曰從吾者立赤幟下宥之

否則立白幟下立殺之竟無一立赤幟下者王怒然礮殺之盡至今不與西洋通市至則舉大礮擊之西人亦卒不敢往倭亦然嶋羅巴馬頭石鑿十字架於路口武士露刃夾路立商其國者必踐十字路入否則加刃雖西人亦不敢違又埋耶穌石像於城閾以蹈踐之蓋諸番嚴惡之如此中土人士乃信而奉之如恐弗及明臣蔣德璟序破邪集且爲調停其間夫逃楊歸儒歸斯受之猶可說也援儒入墨援而附之不可說也必如
聖朝用其歷法而放斥其邪教庶乎兩得之矣

趙翼簷曝雜記曰天主堂在宣武門内欽天監正西洋人劉松齡高愼思等所居也堂之爲屋圓而穹如城門洞而明爽異常所供天主如美少年名耶穌彼中聖人也像繪於壁而突出似離立不著壁者堂之旁有觀星臺列架以貯千里鏡鏡以木爲筩長七八尺中空而嵌以玻璃有一層者兩層者三層者余嘗登其臺以鏡視天赤日中亦見星斗視城外則玉泉山寶塔近在咫尺間磚縫亦歷歷可數而玻璃之單層者所照山河人物皆正兩層者悉倒三層者則又正矣有樓爲作樂之所

一虬鬚者坐而鼓琴則笙簫磬笛鐘鼓鐃鐲之聲無一不備其法設木架於樓架之上懸鉛管數十下垂不及樓板寸許樓板兩層板有縫與各管孔相對一人在東南隅鼓鞲以作氣氣在夾板中盡趨於鉛管下之縫由縫直達於管管各有一銅綫繫於琴絃虬鬚者撥絃則各綫自抽頓其管中之關捩而發響矣鉛管大小不同中各有竅竅以象諸樂之聲故一人鼓琴而衆管齊鳴百樂無不備眞奇巧又有樂鐘并不煩人挑撥而按時自鳴亦備諸樂之聲尤爲巧絶

俞正燮癸巳類稿曰：西域有叢神，謂之天祠，有主祠者，如巫覡至，其教成，其徒惟奉本師，不復奉天神，勢則然也。佛藏賢愚因緣經云：過去提婆令奴王將至天祠，泥木天像起，身爲禮。前王五百子中設至天祠自禮天像，諸餘泥木天像悉不作禮。又云：恒河邊有摩尼跋羅天祠，毗沙門王白帝釋言：我有一臣摩尼跋羅，有轉相從其祠求子。是所謂天神者，事火事日，又雜兼衆神。所謂主者廟祝，如馬韓各立一人主祭天神，名之曰天君也。其人非一，惟耶穌能成大宗。耶穌亦作爾息，亦作爾撒，對

音字不能審也。佛時乾闥婆、阿修羅皆其教，傳之耶穌，其教始盛。耶穌生當漢哀帝元壽二年，景宿告祥，在如德亞地。唐建中二年，大秦寺僧景淨立景教流行中國碑，言大秦寺始貞觀十二年七月。碑稱三一妙身无元真主阿羅訶，又稱其母爲三一分身景尊彌施訶，云室女誕聖於大秦，又言阿羅訶存鬚削頂，七時禮讚，七日一薦，則兼摩尼法。唐以後宋元不見于史。明萬歷九年，其人復至廣東，二十九年至京師。明史云：禮部郎中徐如珂召天主教二人，授以筆劄，所記舛繆不相合。回回

斡爾塞經則云：爾撒聖人者，亦阿丹聖人之後，立教敬天爲主，傳徒繁盛，戰勝攻克。或通其妻，託求異術，爾撒告妻畏人縛髮，妻於是夜暗繫其髮，仇至遭擒，便被殺害。其徒憤恨天不垂佑，乃奉天主，不復事天。天主教則言耶穌行教，國王磔之十字架上，其徒所傳艾儒略萬物真源、爲秉正聖言廣益全編及其詮自證等經，冗鄙無可採。語十字架者，景教碑所言判十字以定四方者也。賢愚因緣經優婆鞠提緣品云：梵志或事日月，翹脚向之，或復事火，朝夕然之。即通典注言大秦胡事火咒

詛也。西域記云：鉢羅耶伽天祠，人露形旦上高柱，一手執柱端，一足蹋旁杙，一手一足虛懸向外，視日影，求出生死，所謂裸形求仙，是尼揵法。然則十字架者，高柱及杙。後不事日，猶留其式。耶穌裸體張十字架上者，耶穌以他事被殺，而遺像具生時露形上高柱翹手腳視日也。其徒文言之，則曰定四方；妄言之，則曰耶穌磔於十字架。耶穌誠磔死架上，何忍實其受慘刑具而頂禮之。且耶穌母何爲以弄其兒哉。大唐西域求法高僧傳云：諸外道先有九十六部，今但十餘，齋會聚集，各爲一處

是彼時猶與佛教同赴齋請其截然分判不知始於何時今天主教皆力拒佛其自言知識在腦不在心蓋爲人窮工極巧而心竅不開在彼國爲常在中國則爲怪也乃好誘人爲之而自述本師之事亦不求所本然則耶穌在西洋爲持世之人而他部之人入其教則亦無心肝之人矣案耶穌磔死十字架湯若望書有之不應湯若望不知天主事蹟也

歙縣楊光先闢邪論上篇曰歷官李祖白天主教之門人也著天學傳概一卷其言曰天主上帝開闢乾坤而生初人男女各一初人子孫聚居如德亞國此外東西南北並無人居當是時事一主奉一教紛歧邪說無自而生其後生齒日繁散走遐逖而大東大西有人之始其時畧同考之史冊推以歷年在中國爲伏羲氏即非伏羲亦必先伏羲不遠爲中國有人之始此中國之初人實如德亞之苗裔自西徂東天學固其所懷來也生長子孫家傳戶習此時此學之在中夏必倍昌明於今之世矣延至唐虞三代君臣告誡於朝聖賢垂訓於後往往呼天稱帝以相警勵其見之書曰昭受上帝天其申命用休詩曰文王在上於昭于天魯論曰獲罪於天

無所禱也中庸曰郊社之禮所以事上帝也孟子曰樂天畏天事天何莫非天學之微言法語乎審是則中國之教無先天學者噫小人而無忌憚亦至此哉不思今日之天下即三皇五帝之天下也祖曰謂歷代之聖君聖臣是邪教之苗裔六經四書是邪教之微言將何以分別我　大清之君臣而不爲邪教之苗裔乎而弁其端者曰康熙三年柱下史毘陵許漸敬題噫吁異哉以史臣以諫官而亦爲此言耶雖前明之季學士大夫如徐光啟李之藻李天經馮應京樊良樞者多爲天主教作序然或序其歷法或序其儀器或序其算數至進天主書像圖說則罔有序之者實湯若望自序之可見徐李諸人猶知不敢公然得罪名教也若望之爲書也曰男女各一以爲人類之初祖未敢斥言覆載之內盡是其教之子孫也祖白之爲書也則盡我中國而如德亞之矣盡我中國古先帝聖師而邪教苗裔之矣盡我歷代之聖經賢傳而邪教緒餘之矣豈止妄而已哉天主教不許供君親牌位不許祀祖先父母眞率天下而無君父者也而許侍御序之曰二氏絕其身於君臣父

子而莫識其所為天即儒者或不能無弊噫是何言也二氏寺觀供奉龍牌是尚識君臣佛經言供養于辟支佛不如孝堂上二親是尚識父子況吾儒以天秩天序天倫天性立教乎唯天主耶穌以犯其國法釘死是莫識君臣耶穌之母瑪利亞有夫名若瑟而曰耶穌不由父生及皈依彼教人不得供奉祖父神主是莫識父子許君顛倒之甚至謂儒者言天有弊是先聖乎先賢乎不妨明指其人與衆攻之如無其人不宜作此非聖之文自毀周孔之教也楊墨之害道也不過曰為我兼愛

而孟子亟拒之曰楊墨之道不息孔子之道不著傳概之害道也苗裔我君臣學徒我周孔祖白之意若曰孔子之道不息天主之教不著孟子之拒恐人至於無父無君祖白之著恐人至於有父有君而許君為祖白作序是拒孔孟矣遵祖白矣儒者不能無弊許君自道之也邪教開堂於京師宣武門之內東華門之東阜城門之西山東之濟南江南之淮安揚州鎮江江寧蘇州常熟上海浙之杭州金華蘭谿閩之福州建寧延平汀州江右之南昌建昌贛州東粵之廣州西粵之桂林蜀之重慶保寧楚之武昌秦之西安晉之太原絳州豫之開封凡三十窟穴而廣東之香山嶴盈萬人盤踞其間成一大都會以暗地送往迎來若望籍歷法以藏身金門而棋布邪教之黨羽於　大清十三省要害之地其意欲何為乎明綱之所以不紐者由廢祖宗之法弛通海泄漏之律徐光啓以歷法薦利瑪竇等於朝以數萬里不朝貢之人來而弗譏其所從來去而弗究其所從去行不監押之止不關防之十三直省之山川形勢兵馬錢糧靡不收歸圖籍而弗之禁古今有此款待外國

人之政否　大清因明之待西洋如此習以為常不察伏戎於莽萬一竊發百餘年後將有知予言之不得已者

其下篇云天主教所事之像名曰耶穌手執一圓象問為何物則曰天問天何以持於耶穌之手則曰天不能自成其為天如萬有之不能自成其為萬有必有造之者而後成天主為萬有之初有其有無元而為萬有元超形與聲不落見聞乃從實無造成實有不需材料器具時日先造無量數天神無形之體次及造人其造人

也必先造天地品彙諸物以爲覆載安養之需故先造天造地造飛走鱗介種植等類乃始造人男女各一男名亞當女名厄襪以爲人類之初祖天爲有始天主爲無始有始生於無始故稱天主焉次造天堂以福事天主者之靈魂造地獄以苦不事天主者之靈魂人有罪應入地獄者哀悔於耶穌之前並祈耶穌之母以轉達於天主即赦其人之罪靈魂亦得升於天堂惟諸佛爲魔鬼在地獄中永不得出問耶穌爲誰曰即天主問天主主宰天地萬物者也何爲下生人世曰天主憫亞當

造罪禍延世世苗裔許躬自降生救贖於五千年中或遣天神下告或托前知之口代傳降生在世事蹟預題其端載之國史降生期至天神報童女瑪利亞胎孕天主瑪利亞怡然允從遂生子名曰耶穌故瑪利亞爲天主之母童身尙猶未壞問耶穌生於何代何時曰生於漢哀帝元壽二年庚申噫荒唐怪誕亦至此哉夫天二氣之所結撰而成非有所造而成者也設天果有天主則覆載之內四海萬國無一而非天主之所宰制必無獨主如德亞一國之理獨主一國豈得稱天主哉既稱天主則天上地下四海萬國物類甚多皆待天主宰制天主下生三十三年誰代主宰其事天地既無主宰則天亦不運行地亦不長養人亦不生死物亦不蕃茂而萬類不幾息矣天主欲救亞當胡不下生於造天之初乃生於漢之元壽庚申天主造人當造盛德至善之人以爲人類之初祖猶恐後人之不善繼述何造一驕敖爲惡之亞當致子孫世世受禍且其子孫中又有聖有賢有智有仁不盡肖亞當所爲又何人造之哉天主下生救之宜造化存神型仁講讓以登一世於皡熙其或

庶幾乃不識其大而好行小惠惟以瘳人之疾生人之死履海幻食天堂地獄爲事又安能救一世之雲礽去惡而遷善以還造化之固有哉釋氏銷罪必令懺悔彼教則但崇事耶穌母子者卽升之天堂不奉之者卽下之地獄使奉者皆善人不奉者皆惡人猶可言也苟奉者皆惡人不奉者皆善人不皆顛倒賞罰乎謂佛墮地獄中永不得出誰則見之而耶穌生釘十字架則現身劍樹苦海豈有主宰天地萬物之人而不能自主其一身之性命者乎以造化世界之上帝而世人能戕之戮

之者乎剽竊釋氏天堂地獄之唾餘而反脣謗佛則雖道教方士之剽佛謗佛不如是甚也且又援儒而謗儒歷引六經之上帝而斷章以證其爲天主曰蒼蒼之天乃上帝所役使或東或西無頭無腹無手無足未可爲尊況於下地乃衆足所踐汚穢所歸安有可尊之勢夫不尊天地而尊上帝猶可言也尊耶穌爲上帝則不可言也耶穌而誠全天德之聖人也則必一言而爲法後世一事而澤被四海若伏羲文王之明易象堯舜之致時雍大禹之平水土周公之制禮樂孔子之明道德斯

萬世之功也耶穌有一于是乎如以瘳人之病起人之死爲功此華陀良醫祝由幻術之事非大聖人之事也更非主宰天地萬物者之事也苟以此爲功則何如不令人病不令人死之功更大也以上帝之聖神廣運一一待其遇疾瘳之遇死起之則已不勝其勞遇耶穌者一一不遇耶穌者無量無邊其救世之功安在也且利瑪竇之書止載耶穌救世功畢復升歸天而諱其死于王難至湯若望黠不若利瑪竇乃并其釘死受罪圖寫而直布之其去黃巾五斗米之張道陵幾何而世尚或

以其制器之精奇而喜之或以其不婚不宦而重之不知其儀器精者兵械亦精適足爲我隱患也不婚宦者其志不在小乃在誘吾民而去之如圖日本取呂宋之已事可鑒也詩曰相彼雨雪先集爲霰傳又曰鷹化爲鳩君子猶惡其眼今者海氣未靖譏察當嚴揖盜開門後患宜毖寧使今日詈予爲姤口毋使異日神予爲前知斯則中國之厚幸也夫案福音書耶穌自稱爲上帝之子而稱上帝爲神父未嘗謂耶穌卽上帝也此所論稍未中肯其餘大槩得之

歐羅巴諸國漢後皆奉天主教教王居於羅馬明初日

耳曼人路得別立耶穌教自是諸國從天主教者半從耶穌教者半然所謂天主者卽耶穌其書同而講解異

按耶穌生於猶太教之盛行起於羅馬王侯聽其頭指有不從者國輒被兵數百年無敢違異以耶穌爲上天之主宰也路得稱耶穌爲救世主名其教爲耶穌教諸國之奉天主教者翻然從之不可止今歐羅巴從天主教者曰意大里亞曰佛郎西曰比利時曰西班亞曰葡萄亞從耶穌教者曰英吉利曰荷蘭曰嗹國曰瑞國曰普魯士曰米利堅此外兩教參雜者曰墨地利曰日耳曼天主教規立十字架作銅人肖耶穌被釘受難之形旁有女人像肖耶穌之母馬利亞耶穌教無之其餘七日禮拜安息之類皆同又別有希臘教者亦天主教別派

瀛環志畧曰、事火神者拜旭日、或燃薪向之拜、民非火
化不生、非白日則宇宙無睹、故兩地之夷古有此俗、義
起報本、非邪神也、事天神始於摩西、時在有商之初、沃丁
年間託言天神降於西奈山、在阿剌伯境内垂十誡以教世人、七
日安息、禮拜即起於此、距耶穌之生、尚隔一千數百年
乃天主教之所自出、非即天主教也、天竺自佛教興而
祀火之俗改、今西域之乾竺特、南印度之孟買仍有拜
火之俗、是其明證、波斯則自唐以前尚未改、後其國爲
回所奪、始改從回教、然至今禮拜仍兼拜火神、故末

惡嶼、有太陽火神古殿也、中國自前五代時有祆神祠
又有胡祆祠、火祠、唐時有波斯經教、天寶四年詔改兩
京波斯寺爲大秦寺、又有景教流行中國碑、建中二年
大秦寺僧景淨述、今考祆字從示從天、即天神、其教起
於拂菻、即猶太摩西初建此國耶穌乃其裔孫本大秦國之東境、大秦即意大里之羅馬國漢人因其人長太平正有類中國故稱爲大秦其本國並無此名謂胡祆之即祆
神、祆神之即天神、祆字本中國人所造西土不同文安得有此等字而屬之大
秦似也、拂菻自漢初隸羅馬至唐時乃爲阿剌伯所奪是即耶穌教之嚆矢也、
若火神教則出自波斯、與大秦無涉、謂爲火祆則已混

火神於天神、謂波斯教出於大秦、則又迦本支於異姓
景教一碑、尤爲荒誕、景教即火教、中間景宿告祥、懸景
日以破暗府、亭午昇眞云云、皆指太陽火也、又云判十
字以定四方、七日一薦云云、又牽涉天主教、其所謂三
一妙身无元眞主阿羅訶者、不知何人、而一切詞語、又
皆緣飾釋氏糟粕、非火、非天、非釋、竟莫名爲何等教矣、
蓋波斯之祠火神、本其舊俗、而佛教行於天竺、乃其東
鄰、天神教行於大秦、乃其西鄰、至唐代則大秦之天主
教又已盛行、胡僧之黠者、牽合三教、而創爲景教之名、

以自高異、中國不知其原委、遽從而崇信之、正昌黎所
謂惟怪之欲聞者耳、又碑中云、貞觀十二年、大秦國大
德阿羅本遠將經像、來獻上京、阿羅德果自大秦來、其
爲天主教無疑、其經當即歐羅巴所傳之聖書福音、其
像當即耶穌被釘十字架之像、乃當時不聞有此、而其
所謂景教者、依傍於波斯之火神、潤色以浮屠之門面、
是不可解也、自唐以後、佛教盛行、胡祆火祆之祠、波斯
大秦之教、俱不復見、據泰西人所紀載、惟阿非利加北
土之阿北西尼亞、尚有大秦教名、亦仍是波斯火神耳、

天主教考上 魏源

大學初函諸書未之見也所見者西夷述救世主耶穌新遺詔書用漢文譯刊凡十餘卷曰馬泰傳福音書第一馬可傳福音書第二路加傳福音書第三約翰傳福音書第四皆述耶穌降生行教靈蹟始末也聖徒言行傳第五述耶穌死後諸大弟子傳教事迹也聖徒保羅寄人書十篇聖徒約翰寄人書三篇又聖徒耶哥伯書彼得羅猶大士書皆其門人闡揚師教猶中士人論學之書也又聖人約翰天啟之傳則言天地刼毀天主重

造人物之事計自開闢至今將六千年自耶穌降生于有八百三十餘年稱耶穌爲基督其先世自亞伯喇罕至大辟十四代自大辟至流巴庇倫十四代自流巴庇倫至基督亦十四代其四十二代其母曰馬里亞童女有身徵兆奇異言是上帝之子降生代天行化及長能使病者愈死者生聾者聽瘖者語盲者視跛者行能履海濤能服邪鬼能榮槁木能以七餅分給四千人之食能通各國語言遣其十二門人行化各郡國言上帝爲神父耶穌爲神子敬其子卽敬天年三十有二爲猶太

國異教所嫉毀之國王禽而釘之十字架死後三日復活母子重逢生于天上坐于上帝之右其現身臨死所以代衆生之罪故惟敬耶穌可以免罪獲福免地獄生天上萬歷中瑪馬諾著天問畧曰天有十二重最高之十二重爲天主上帝諸神聖處永靜不動廣大無比卽天堂也其內第十一重爲宗動天其第十第九重爲東西歲差天南北歲差天其動極微僅可推算而甚微妙又其內各重爲日月諸星本動之天皆自西而東宗動天自東而西故先論九重未及十二也福音書曰元始

有道道卽上帝萬物以道而造其造生者人類之光也光輝耀于暗而居暗者不識有上帝所遣之人名約翰來爲其光所證令衆得信眞光照世卽耶穌也其身非由私欲而生乃上帝之子也耶穌之教始于阿細亞州而西行于歐羅巴近則幷行于墨利加其西洋人發揮彼教之書曰大西各國惟知崇拜一上帝此外無所祈禱此教何所始曰有一舊遺聖書乃上帝指示摩西聖人所錄而摩西子孫傳于後世也其一言上帝之出沒其二言萬民之本分其三言後世之永福永禍夫上帝

先乎天地萬物。不可得知其所由來。惟無所不知無所不能無所不在至正至大至智至誠則人人可信故風雷雲雨日月星辰草木花卉飛禽走獸鱗介昆蟲凡天地所覆載莫非上帝創造故名之曰天父曰救世曰聖神其實一上帝而已此當知者一人生於世莫不稟受於天既稟受於天則此身心皆上帝所生上帝即人之親矣惟子者可不愛敬其大父母乎次則生我之父母亦當報罔極之恩惟及同氣與天下同類之人此當知者二且人莫不有靈魂常不息不滅故信上帝而爲善

則死後其靈永享天福違上帝而爲惡則死後其靈永受苦罰此當知者三上帝無形無聲恐人不知故留書以教世其聖書始于夏終於漢前者已閱三千年後者已閱二千年餘矣其書半是亞細亞之西希伯來人所錄半是歐羅巴之東希臘人所錄又有神理論曰天地內有神爲極大全能造化萬物管理萬物人不能自生物不能自造日星何以循環山川何以凝載草木何以榮落飛走潛介何以視聽鳴動曰靈曰魂曰心曰性皆神之所爲也是神獨一無二最始無前倘有對待有後起即非神天之神也莫大于天地然天地有形可見神天無形天地有終始神天無終始天地乃受造之物所造之者神也天地乃運動之機器所以運之者神也天地尚不可稱神而世人常敬數神千百神如日月雲雷山海社稷則以其尊大顯赫而神之古人有文武出衆功德在人者則神之不知天上地下止有一神所管吏無二神可抗故專言神恐鄰于祇鬼專言天恐泥于形氣惟合言神天乃足該至大至靈之宗即儒書所謂造化所謂上帝非世俗玉皇大帝之謂者也謂神曰靈亦

可但有人靈有仙靈有天靈人靈與身體相結不脫于物亦神所造非神也仙靈乃神之使者無麤重之身而有細妙之身亦神所造非神也惟天靈即神天全無身體無方所無在無不在故易曰陰陽不測之謂神妙萬物之謂神不疾而速不行而至之謂神

天主教考中

天主垂世爲十大誡十大誡者當中國商朝時神天降於如大國之西奈山文留石碑又以大聲音宣其命令惟召聖人摩西上山受上帝之命藏在金匱千年至耶

穌興始以其法示人。凡戴天履地皆宜祇遵。其一神天曰。除我外不可有別神也。凡人手所作之木偶土石及山川祖宗等神皆不可奉蓋拜祭之禮止可施于神天不可施于他人以分此心宜全心一意以敬神天也其二神天曰。不可爲我而造雕畫之像。不可立廟設位。陳牲酒。施鼓樂讚誦而事神也。禮拜之日雖耶穌及聖母之像十字之架皆不可設蓋無形之聖神有形則非神矣其三神天曰。爾不可輕用神名。古時以色耳國民受神遺詔述神名曰耶何瓦漢譯言自然而然之神也凡發願發誓祈禱閒語時不可泛稱神名必至誠用之其四神天曰。撒巴日宜守禮。其前六日。可兼營爾業。惟第七日不可務別業。並爾子女婢僕牲口。門內之客皆然。蓋六日

內神主造天地海。第七日乃神主安息日。故宜守之。撒巴即禮拜日也第七日不惟罷外事乃亦息內念已往未來一切閒事勿念一心專念神天或拜神或讀聖書或省察己心或勸化他人皆所以保靈魂體造化以上四誡皆屬敬天以下六條乃及五常。其五神天曰。敬爾父母。六曰。不可殺人。不但害人靈魂不可即自戕者其靈魂陷入地獄故臨難可死不可自戕最爲大罪七曰不可姦人妻。不惟禁外淫并不許養妾凡富貴之人可用婢僕無數惟不可置妾無子亦聽于命不可違戒八曰不可盜人物。九曰不可妄證及爾鄰者。十曰不可貪人之所有。上數戒皆外事此則并心內貪念戒之耶穌曰。爾以全心全靈魂全明悟而愛爾主爾神。此乃第一大誡。其第二則必愛爾

鄰如己焉。此耶穌述十誡大意歸此敬天愛人二者。然敬天則無不愛人。故二者中又以敬天爲要。聖徒保羅曰。惡報有三。一者今世諸難。二者死亡大痛。三者死後永苦。凡有罪者。不能脫免。惟信耶穌可得救之。何者。耶穌在世。成全律法。有大功勞。信之則其功歸我。又耶穌曾受艱苦代我當罪。信之則我罪歸他。大哉盛哉。施舍生命以免我苦。以其痛苦我得平安。以其死亡我得生活。以其禍害我得永福。天上神仙。其力有限。其位非高。不如耶穌力大尊極。貴爲神子。位爲參天。自棄天光。降

此紅塵。代人受苦。以救萬世。不信之者雖善人亦墮落能信之者即惡人立升天堂。至萬萬年。還有餘祥焉。

天主教考下

天學初函諸書。四庫全書。列諸存目。今畧錄其提要曰。二十五言一卷。明利瑪竇撰。西洋人之入中國。自利瑪竇始。西洋教法。傳中國亦自此二十五條始。大旨多剽竊釋氏。而文詞尤拙。蓋西方之教。惟有佛書。歐羅巴人取其意而變幻之。猶未能甚離其本。厥後既入中國。習見儒書。則因緣假借。以文其說。乃漸至蔓衍支離。不可

究詰自以爲超出三教上矣。附存其目。庶可知彼教之初所見不過如是也。又天主實義二卷。明利瑪竇撰。是書成于萬歷癸卯。凡八篇。首篇論天主始制天地萬物。而主宰安養之。二篇解釋世人錯認天主。三篇論人魂不滅大異禽獸。四篇辨釋鬼神及人魂異論天下萬物不可謂之一體。五篇排辯輪廻六道戒殺生之謬。而明齋素之意在于正志。六篇解釋意不可滅。并論死後必有天堂地獄之賞罰。七篇論人性本善。併述天主門士之學。八篇總舉泰西俗尚。而論其傳道之士所以不娶之意。并釋天主降生西土來由。大旨主于使人尊信天主。以行其教。知儒教之不可攻。則附會六經中上帝之說。以合于天主。而特攻釋氏以求勝。然天堂地獄之說與輪廻之說相去無幾。特小變釋氏之說。而本原則一耳。又畸人十篇二卷。附西琴曲意一卷。明利瑪竇撰。是書成于萬歷戊申。凡十篇。皆設爲問答以申彼教之說。一謂人壽既過誤猶爲有。二謂人于今世惟僑寓耳。三謂常念死候利行爲祥。四謂常念死後備死後審。五謂君子希言而欲無言。六謂齋素正旨。非由戒殺。七謂自

省自責無爲爲尤。八謂善惡之報在身之後。九謂妄詢未來自速身凶。十謂富而貪吝苦于貧窶。其言宏肆博辯。頗足動聽。大抵掇釋氏生死無常罪福不爽之說。而不取其輪廻戒殺不娶之說。以附會于儒理。使人猝不可攻。較所作天主實義純涉支離荒誕者。立說較巧。以佛書比之。天主實義猶其禮懺。此則猶其談禪也。末附西琴曲意八章。乃萬歷庚子利瑪竇覲京師所獻。皆譯以華言。非其本旨。惟曲意僅存。以其旨與十論相發。故附錄書末焉。又七克七卷。明西洋人龐廸我撰。書成于萬歷甲辰。其說以天主所禁罪宗凡七。一謂驕傲。二謂嫉妒。三謂慳吝。四謂忿怒。五謂迷飲食。六謂迷色。七謂懈惰于善。廸我因作此書發明其義。一曰伏傲。二曰平妒。三曰解貪。四曰熄忿。五曰塞饕。六曰防淫。七曰策怠。其言出于儒墨之間。就所論之一事言之。不爲無理。而皆歸本敬事天主以求福。則其謬在宗旨不在詞說也。其論保守童身一條。載或人難以人俱守貞不婚。人類將滅。乃答以儻世人俱守貞。人類將滅。天主必有以處之。何煩過慮。其詞已遁。又謂生人之類。有生必有滅。亦

始終成毀之常若得以此終以此毀幸甚大願則又詞窮理屈不覺遁於釋氏矣尚何闢佛之云乎又辨學遺牘一卷明利瑪竇撰是編乃其與虞淳熙論釋氏書及辨蓮池和尚竹窓三筆攻擊天主之說齊固失矣楚亦未爲得也又交友論一卷明利瑪竇撰萬歷己亥利瑪竇遊南昌與建安王論友道因著是編以獻其言不甚荒悖然多爲利害而言醇駁參半如云友者過譽之害大于仇者過訾之言此中理者也又云多有密友便無密友此洞悉物情者也至云視其人之友如林則知其

德之盛視其人之友落落如晨星則知其德之薄是導天下以濫交矣又云二人爲友不應一富一貧是止知有通財之義而不知古禮惟小功同財不概諸朋友一相友而即同財是使富者愛無差等而貧者且以利合又豈中庸之道乎王肯堂鬱岡齋筆麈曰利君遺余交友論一編有味哉其言之也使其素熟于中土語言文字當不止是乃稍删潤著于編則此書爲肯堂所點竄矣又西學凡一卷明西洋人艾儒畧撰儒畧有職方外紀已著錄是書成于天啟癸亥天學初函之第一種也所述皆其國建學育才之法凡分六科所謂勒鐸理加者文科也斐錄所費亞者理科也默第濟納者醫科也勒義斯者法科也加諾搦斯者教科也陡祿日亞者道科也其教授各有次第大抵從文入理而理爲之綱文科如中國之小學理科則如中國之大學醫科法科教科者皆其事業道科則在彼法中所謂盡性致命之極也其致力亦以格物窮理爲本以明體達用爲功與儒學次序畧似特所格之物皆器數之末而所窮之理又支離神怪而不可詰是所以爲異學耳又靈言蠡勺二

卷明西洋人畢方濟撰而徐光啟編錄之書成于天啟甲子皆論亞尼瑪之學亞尼瑪者華言靈性也凡四篇一論亞尼瑪之體二論亞尼瑪之能三論亞尼瑪之尊四論亞尼瑪所同美好之情而總歸于敬事天主以求福其實即釋氏覺性之說而巧爲敷衍耳明之季年心學盛行西士慧黠因摭佛經而變幻之以投時好其說驟行蓋由于此所謂物必先腐而後蟲生非盡持論之巧也又空際格致二卷明西洋人高一志撰西法以火氣水土爲四大元行而以中國五行兼用金木爲非一

志因作此書以暢其說然其窺測天文不能廢五星也天地自然之氣而欲以強詞奪之烏可得乎適成其妄而已矣寰有詮六卷明西洋人溥汎際撰書亦成于天啟中其論皆宗天主又有圜滿純體不壞等十五篇總以闡明彼法案歐羅巴人天文推算之密工匠製作之巧實逾前古其議論夸詐迂怪亦爲異端之尤　國朝節取其技能而禁傳其學術其存深意其書本不足登冊府之編然如寰有詮之類明史藝文志中已列其名削而不論轉慮惑誣故著于錄而闢斥之又明史載其書于道家今考所言兼剽三教之理而又舉三教全排之變幻支離眞雜學也故存其目於雜家

魏源曰西域三大教天主天方皆闢佛皆事天即佛經所謂婆羅門天祠其教皆起自上古稍衰于佛世而復盛于佛以後然吾讀福音諸書無一言及于明心之方修道之事也又非有治歷明時制器利用之功也惟以療病爲神奇稱天父神子爲刼制尚不及天方教之條理何以風行雲布橫被西海莫不尊親豈其教入中土者皆淺人拙譯而精英或不傳歟神天既無形氣無方

體乃降聲如德之國勒石西奈之山殆甚于趙宋祥符之天書而摩西一人上山受命遂傳十誡則西域之王欽若也印度上古有婆羅門事天之教天方天主皆衍其宗支益之譎誕既莫尊于神天戒偶像戒祀先而耶穌聖母之像十字之架家懸戶供何又岐神天而二之耶斥佛氏之戒殺而力言禽獸異于人之靈魂萬物不可爲一體以濟其口腹庖宰之欲是上帝果不好生而好殺乎人之靈魂最貴故人不可殺亦不可自殺即殉難自殺亦必陷地獄則申生扶蘇召忽屈原皆地獄中人乎不如臨難苟免之人乎謂上帝初造人類時止造一男一女故人各一妻妻即無道不可議出即無子不可娶妾則何以處溪悍不孝且何又許富貴人婢僕無數豈陰許其實而陽禁其名乎謂人一命終善惡皆定受報苦樂永無改易更無復生輪回之事則今生皆初世爲人人皆天主所造何不但造善信毋造邪惡乎耶穌自身受罪可代衆生之罪則佛言歷刼難行苦行舍頭目腦髓若恒河沙功德當更不可量耶穌又曷斥之乎謂孔子佛老皆周時人僅閱二千餘歲有名字朝代

但爲人中之一人。不能宰制萬有。則耶穌詎非西漢末人。又安能代神天以主造化。且聖人之生。孰非天之所子。耶穌自稱神天之子。正猶穆罕默德之號天使。何獨此之代天則是。彼之代天則非乎。歷覽西夷書。惟神理論頗近吾儒上帝造化之旨。餘皆委巷所談。君子勿道。又其書皆英夷所刊布。而英吉利舊傳不奉天主教（見海國聞見錄及俘夷安突得口供）。及考每月統紀傳。則又言英吉利民遷墨利加洲新地。不服水土。疫氣流行。皆赴神天之堂籲救得息。于是國人奉事天主七日禮拜。又以耳得蘭島距國數里。結黨抗教。國王勒之歸順。且禁買黑奴。亦以耶穌之道。豈昔闢之而近日奉之歟。抑遵波羅士特之天主教。而不遵加特力之天主教。門戶不同。旨歸小異歟。董子曰。道之大原出于天。故吾儒本天。與釋氏之本心。若冰炭。乃天方天主。亦皆本天。而教之冰炭益甚。豈辨生于末學。而本師宗旨或不盡然歟。周孔語言文字。西不逾流沙。北不暨北海。南不盡南海。廣谷大川風氣異宜。天不能不生一人以教治之。羣愚服智。羣嚚訟服正直。文中子曰。西方之聖人也。中國則泥。莊子曰。八荒以外。聖人論而不議。九州以外。聖人議而不辨。或復謂東海西海。聖各出而心理同。則又何說焉。

道光二十五年廣東總督奏佛蘭西國夷呈請天主教勸人爲善。非邪教。請弛漢人習天主教之禁。奏交部議。准海口立天主堂。華人入教者聽之。惟不許奸誘婦女。誆騙病人眼睛。違者仍治罪。查西洋之天主教不可知。若中國之天主教。則方其入教也。有吞受藥丸。領銀三次之事。有掃除祖先神主之事。其同教有男女共宿一堂之事。其病終有本師來取目睛之事。其銀每次給百三十兩。爲貿易貲本。虧折則復領。凡領三次則不復給。贍之終身。曩京師有醫某者。歲終貧困。思惟入天主教可救貧。而邪教又不可入。乃先煎泄藥升許。與妻子議言。俟我歸。如惛迷者。急取藥灌我。于是至天主堂。西洋人授以丸如小酥餅。使吞之。予百餘金。歸至家則手擲神主。口中喃喃。妻子急如前言灌藥。良久暴下而醒。見廁中有物蠕動。洗而視之。則女形寸許。眉目如生。乃盖之藥瓶中。黎明而教師至。手持利刀。索還原物。醫言必告我此何物。乃以相予。教師曰。此乃天主聖母也。入教稍久。則手抱人心。終身信向不改教矣。乃予之而去。又凡入教人病將死。必報其師。師至。則妻子皆跪室外。不許入。良久氣絕。乃許入。則教師以白布裹死人之首。不許解視。蓋睛已去矣。有爲入教者。欲試其術。乃佯病數日不食。報其師至。果持小刀近前。將取睛。其人奮起奪擊之。乃踉蹌遁。聞夷市中國鉛百斤。可煎文銀八兩。其餘九十二斤。仍可賣還原價。惟其銀必以華人睛點之乃可用。而西洋人睛不濟事。故西洋病終無取睛之事。獨華人入教則有之也。亦鴉片不行于夷而行于華之類也。

海國圖志卷二十八

歐羅巴人原撰
侯官林則徐譯
邵陽魏源重輯

此國界西洋西南洋之間故別爲一卷

南都魯機國

南都魯機國在唐以前爲安息北境諸史有西女國當在此境唐後爲回國所幷職方外紀作度爾格國與歐羅巴洲之北都魯機同是一國分跨二洲與俄羅斯相似一作土爾幾

都魯機國一作土爾其一作都魯幾疆域在阿細亞洲者半在歐羅巴洲者半在阿細亞洲者曰南都魯機地廣而沃古時巴比羅尼阿國阿彌尼阿國厘底阿國圭底阿國舊基也圭底阿舊爲鉅國部民種類由斯爲多方其盛強鄰近諸邦小者滅大者服可與敵者惟西厘阿與斐尼西阿二國耳斐尼西阿都於代厘雉麗蕃庶在埃阿尼阿耶阿厘斯厘底阿加厘阿阿西利阿巴比羅尼阿諸國之上此外以大國稱者又有巴比羅尼阿阿西尼阿然皆不能長久後均降于巴社斯時巴社之臘西王特其強盛西奪小阿細亞南取伊揖疆甲諸國意猶未厭復統大軍北攻額力西額力西歐羅巴洲大國一作厄勒祭在意大里之東今並于北都魯機兵驕無紀律爲額力西非厘王之子阿力山達一戰覆之舉國遂屬於額力西迫阿力山達嗣位尤稱富強身後數子爭立大將色力玉加斯乘內亂而篡之惟西隅之地尙屬阿力山達之子旋亦爲人所侵割據分裂一曰伯牙麻司一曰朋都司一曰阿彌尼阿相繼稱王後值羅馬盛強之日沿黑海裏海之間悉服羅馬惟晏底古斯彌特厘底斯二王不服與羅馬血戰多年終爲羅馬所滅改國爲部落者數百年及耶蘇紀歲七百之際羅馬浸衰兵戈迭起西厘阿地阿西利阿地均爲阿丹回教所據驅土樹建回旅令所屬地均改奉回教風俗政事一變建都麻那於是阿丹之遊民蠭擁而至悉奪小阿細亞未幾墨海之南干戈不息復有頭目荷多曼者智勇過人先得歐羅巴之北都魯機建都其地旋得南都魯機合爲一國惟耶路薩凌之地被歐羅巴之克力士頓教人所據不及百年克力士頓教人居東不樂忽退回西故耶路薩凌仍屬於都魯機矣南都魯機屢經變亂民生不聊自荷多曼得國以後歷數百年無干戈之擾惟回教政尙操切風俗終不如古如先日濱底格厘士河

岸者有阿西利阿國濱歐付底斯河者有巴比羅尼阿
國及巴社所轄印度河之那麻士加司依路彌阿耶路
薩凌薩麻利阿巴厘阿斐尼西阿皆當日鉅邦部落逾
百里社星羅野無荒土衢無停轍牧畜遍野舟楫連檣
極一時人物之盛今其地雖存名多不同且奈音位之
軍牆巴比羅尼阿之城郭巴色波利士之宮殿耶路薩
凌之廟宇何在與夫阿臘之船廠代伊爾之巨舶西倫
之機織商賈兵卒之衆牲畜之蕃農夫士女之謳唫又
安在陵谷滄桑今古邱壑人能興地非地興人信夫政

事與歐羅巴洲之都魯機同每大部落立一巴札轄之
地廣權重勢成尾大故于七百年間康熙三十九年達哈荷麻
王時名雖臣屬實各專制徵調貢獻覊縻闊畧按南都
魯機處一洲中央距北都遠又隔黑海常懷跋扈如東
隅巴札之來沙部巴酸部荷羅部鞭長莫及食稅衣租
不供王室卽土底阿之巴札亦復如是若巴比羅尼阿
之巴札曰阿黑則先後抗拒於那達沙王疏厘麻王竟
成敵國于八百有十年嘉慶八年費幾經營始能黜革而新
立之巴札甫經一二年復擁衆背叛國王率師往征竟

遭射肩殞命從此王家不振持以世臣夾輔未及淪夷
耳伊揖原其屬國亦舊設巴札之一近日不但不臣且
侵奪都魯機之西厘阿部落收養亡命爲其爪牙居民
荼毒亦甚矣各處巴札專利朘削遇訟獄則或株連富
人而罰之或聽其人教令人首報而勒贖之或罝豪民
於死刑而籍其財產皆彼國之大害城中山河表裏自
成境界然亦不如印度希麻臘牙唵底斯兩山之形勢
在阿彌阿者以阿臘山爲最高次卽西厘阿之黎巴倫
山終年積雪而中多平原可耕若土底阿全是山阜而

無高聳其西隅有兩山夾峙中僅通人者有四面拱抱
內皆沃野者雖綿亘邐迤而高則僅同土底阿之山諸
河皆導源是山其最鉅者曰歐付臘底斯河底格厘士
河一直一曲均會麻疏臘同行百有五十里而出印度
海故歐付底司河長千四百里而底格厘阿河僅八百
里曲直之別也此外小河紀載未詳湖有底比厘阿湖
晚湖雖不甚大山環樹繞風景宜人風俗教門文學大
約與歐羅巴洲之都魯機同而各部種類性情絕畧在
各處海岸海島者俱額力西種也謂之上等人在山中

若達弋曼種也遠隔巴札不服約束容貌風俗似是如士比奄之後裔而游牧爲生好勇鬥狠全類韃韃里如遇行軍但許其虜掠竟可毋給行糧然亦難以禦節制之師其在西厘阿巴里士達巴比羅尼阿各部者俱阿丹種也美髯善騎經商致富文雅甲通國在里麻倫山居住者有二種一馬羅奈底士一特魯西士均阿丹人也馬羅奈底士乃賢者馬倫所化導之人因此得名原居於格斯羅晚山谷俗奉克力士頓教阿丹以兵勒令改教棄家逃來日久蕃庶遂攻阿丹近邊並欲侵據耶

路薩凌部落致都魯機之阿毋臘王于千五百八十八年（明萬歷十六年）率兵深入其地馬羅奈底士寡不敵衆始輸貢獻改從回教其俗每村必有一廟立道觀二百餘所道士業耕種僧則牧畜能甘淡泊人咸敬之雖幼小之僧有人遇諸途亦必口嘬其手官民毋分尊卑節儉甚于百姓而日用尚有不足政事會議公所以阿丹之教斷之彼此有仇准私報復其戶口十一萬五千兵三萬四千又有特魯西士者種類強悍亦宗伊揖巴札伐底美所立之回教在耶穌紀年一千時（宋咸平四年）其教始行

與阿丹回教不盡同被阿丹禁逐遂逃於里麻倫山極高之地迨阿毋臘王統兵征服馬羅奈底士之時特魯西士亦往歸服令其自立頭目約束一方以麥羅爲首部歲貢方物後因遊於意大里染習奢華爲人中傷而死其家別選一人續充教師世代相繼不選外人部落有大事即傳各小頭目會議並許部衆參議與英吉利政事畧同其人勇敢輕生聞戰爭先恐後不暇覓器械徒手短衣長驅赴敵其戰不長平陸而長山險居高臨下鳥鎗發無不中境內所崇祀者一克力士頓廟一回

教廟每逢禮拜兩廟俱至雖無區別而至克力士頓廟者多其教師以爲經典天神所授大言自聖歐羅巴人欲見其經典從不可得大抵亦無甚精奧觀於同族聯姻自娶姊妹已可概見其額兵其有四萬其戶口約二十萬又有黑兩西者其種類亦居里麻倫山最高之處屬於西厘阿所奉回教畧同巴社飲食器皿非己不用欲洗自己之罪過須殺別教自代都魯機人皆斥爲邪教惟遇爭戰奮不畏死從未敗績常以數千而敵萬人國中亦賴此不爲俄羅斯吞并又阿彌尼阿部者當昔

大亂迭起時，受災較少。戶口約十七萬，原奉克力士頓教。因羅汶之人前曾至此，故習加特力者亦約二萬。第克力士頓之和尚，僅不茹葷，仍皆婚娶，故甚尊加特力之和尚。風俗政事教門，與由斯相似，而不慳嗇。其貿易近則巴社，遠則歐羅巴及印度，并有深入阿未里加洲者。阿彌阿之南，即戈底士丹部落，濱臨底格厘士河，地險難耕，多游牧于韃韃里。而巴社俗尤剛強，動輒擾奪，爲通阿細亞洲中之最悍。產羊裘、地氈、葡萄乾、布、絲、藥材、樹膠、寶石、酒、穀、麥、五金。國中港口在四馬那部內。

南都魯機在阿細亞洲之最西，又名小阿細亞。東抵巴社，以底格厘士河分界，西抵地中海，南界阿那比阿，阿那比河，即阿丹也。北界黑海。東西距千二百里，南北距八百里，幅員五十萬方里，戶口千萬丁。領大部落九，小部落二百十有六。

阿那多里阿，東界路彌阿加那馬尼阿，西南北界海，領小部落八十有四。

加那馬尼阿，東北界路彌阿，西北界阿那多尼阿，南界依芝爾，領小部落十有六。

依芝阿，東界阿爾尼悉阿，南界西里阿海，北界加臘馬尼阿路彌阿，領小部落十有六。

路彌阿，東界阿彌尼阿，西界阿那多里阿加那馬尼阿，南界阿爾尼西阿依芝爾，北界海，領小部落二十有七。

阿彌尼阿，東界巴社，南界哥底士丹阿爾尼西阿，西界路彌阿，北界海及俄羅斯，領小部落二十有四。

哥底士丹，東界巴社，南界依那加比，西界阿爾尼西阿，北界阿彌尼阿，領小部落十有六。

伊那加比，東界巴社，南界阿拉比阿，西界阿爾尼西阿，北界哥底士丹，領小部落十有九。

阿爾尼西阿，東界依那加比哥底士丹，南界阿拉比，西界西里阿，北界路彌阿尼阿，領小部落二十有九。

西里阿，東界阿爾尼西阿，南界阿臘比阿伊揖，西界海，北界芝爾，領小部落二十有五。

南都魯機國沿革　漢唐皆爲安息、大食西北境，有西女國，亦在境內。元爲哈烈國，明爲度爾格，今爲南都魯機。○原無，今補

職方外紀：百爾西亞西北諸國，皆爲度爾格所併，內有

國口亞剌比亞中有大山名西奈山天主傳十誡之處也土產金銀極精亦多寶石地在二海之中氣候常和一歲再粟有樹如橡栗夜露墮其上即凝爲蜜晨取食之極甘美更產百物俱豐自古稱爲福土其地有沙海廣二千餘里沙乘大風如浪行旅遇之偶爲沙浪所壓倏忽已成邱山凡欲渡者須以羅經定方向測道里又須備糧糗及兼旬之水乘以駱駝駝行甚急可日馳四五百里又耐渴一飲可度五六日其腹容水甚多客或之水則剖駝飲其腹中水傳聞有鳥名弗尼思其壽至

四五百歲自覺將終則聚乾香木一堆立其上待天甚熱搖尾燃火自焚矣骨肉遺灰變成一蟲蟲又變爲鳥故天下止有一鳥而已西國言人物奇異無兩者皆謂之弗尼思云其地有一海長四百里廣百里水味極鹹性凝結不生波浪嘗湧大塊如松脂不能沉物雖用力按抑不能入脅有國王異之往觀命人沉水試之終不可入海色一日屢變日光炫燿文成五色因其不生水族故命曰死海度爾格之西北曰那多理亞國有山多瓊石國人嘗往鑿之至一石穴見石人無算皆昔時避

亂之民穴居于此死後爲寒氣所凝漸化爲石其地西界歐羅巴處中隔一海寬五里許昔有一名王曰失爾塞者造一跨海石梁通連兩地今爲風浪衝擊亦崩頹矣又有地名際剌產異羔羊之羢輕細無比雨中衣之畧不沾濡即漬以油毫不污染也一種異犬性好竊衣履巾帨之屬稍不慎輒爲竊匿矣有山生草木皆香過之則香氣馥郁襲人衣裾案後漢西域傳從女息繞海北行有飛橋數百里即此五里石梁之譌傳

新唐書拂菻西際海有西女國種皆女子多珍貨附拂

菻拂菻君長歲遣男子配焉俗產男不舉

文獻通考西女國在葱嶺之西其俗與東女同東女在葱嶺東南近吐番後亦附于拂菻唐貞觀八年朝貢始至爲吐番所滅

坤輿圖說韃而靼各國迤西舊有女國曰亞瑪作搦驍勇善戰建一神祠壯麗奇巧非思議所及今亦爲他國所并僅存其名耳案爲他國所并者即指度爾格國兼并之事

萬國地里全圖集曰土爾其藩屬國北接峩羅斯及黑海南連亞剌伯及地中海東接白西國西至希臘羣島海爲亞齊亞洲極西之地方北極出自三十度至四十

度東偏自二十六度至四十八度長二千六百里闊二千四里北方山極險峻高接雲霓河源皆在此山最長者巴河地額河對流而東南及將入海兩河乃合屢次漲潦其湖最著者曰死海其北爲加利湖其約爾坦河自北流南而入死海○此地古時分爲列國唐朝年間回回占據其地居民塗炭今已千有餘年土官橫征私派并勒令天主教及希臘回教之徒概進稅貢山內有蠻族心野好戰時時掠其游牧所有列國藩屬如左

又曰小亞西亞國即南都魯機也其國半土山險峻物

產多出胡絲乾葡萄果等貨遍地古蹟昔時興旺今則衰寂士麥那城居民十萬所運出運進之貨價每年不止幾百萬金列西國之賈悉來其地但其城市不潔瘟疫易生○補撒大城居民六萬加士他母尼邑內有回回廟宇其黑海北方有得比遜海口與峩羅斯通商族類五萬人內地古地亞城可是昔西域之王都也居民六萬丁附近安峩剌城羊毛最細用之織布最溫軟西尾邑六萬居民掘山出銅其東南海濱居伯羅島地膏腴出葡萄酒南菓五穀女多美麗但因苛政民稀土曠

羅得島水土最宜農古時名島皆有土酋今服屬于土爾其○治阿島居民十五萬道光四年土爾其水師上岸攻其城池燬其富庶○米地鄰島產酒油

兩河中地北有亞麥尼地山嶺險隘峒峽深邃洪水初平之際巨舟閣於其峯居民奉耶穌之教好商賈不憚跋涉惟回回官甚磨難其民其都曰葉西倫有十萬民居天氣冷七月有雪巴牙息在山脚亞麥尼民之學院內有壯麗之寺其教主所會也近河平坦地亞北客城與鄰國通商○山內古耳得族類建堡山穴以賊盜爲

生○中地之都會曰摩俗鄰地或沙或澤農苦耕耘賊奪產物○八塔城昔回回國都古時殿宇祥光燦爛現時衰廢獨存其古蹟瓦礫如山可想其城之廣大因犯上帝之律例酷待所虜之猶太人是以遭廢成野○在兩河入海之所曰巴所刺邑與印度國通商屋小街窄人穢然係萬國饒富之市商賈甚盛

案南都魯本韃靼種舊游牧葱嶺伊犁一帶展轉西徙入貫諸居於拉馬尼亞者也

地球圖說土耳基國東界白爾西亞國南界亞拉比亞

國西界地中海北界黑海其百姓約有一千二百萬之數其都城在歐羅巴大洲內土耳基國相間之處地名孔士旦半天主教半猶太教北有高山南有曠野中央平坦內有大湖名曰死海鹹而且臭終無可用死海之北有加利利湖即救主耶蘇在此宣講真理多醫疾病不時顯聖有約耳坦江即耶穌領受洗禮之處又有許多被天火焰燒之城即巴米辣巴皮倫尼尼瓦等城雖泯沒而舊跡尚存再稽聖書內言真神始以土塵造人名亞丹復以亞丹之筋骨造女以爲夫婦復栽以田園

以與二人居住之處暨耶路撒冷城係猶太國之都內有眞神殿宇當時之民每年必三至禮拜迨後猶太國民終不信從眞神震怒即加大罰殛其民毀其城至今大相懸殊也城外有橄欖山即耶穌日在耶路撒冷城宜敎夜間橄欖山栖宿之地并耶穌生身之地長養之地葬身之地均在是國現其塚上爲天主教門徒建立禮拜堂以耶穌教之門徒無追墓之理也國內江河極少運貨俱用駝馬必旅伴同行以禦劫掠牧羊者衆務農者少有大江名由非剌氏江又名北拉江　土產北果蒲萄

酒五穀菸葉緜布鴉片胡絲羊絨布獸皮銅等物道光十六年被麥西國人侵佔西南境界至二十年幸歐巴羅大國助而復之

外國史略曰南土耳其在亞悉亞藩屬地南抵亞拉回國北及黑海東連峩羅斯曰西等國西及地中羣島等海達他匿並君士担海陝隔之以峩羅斯之微地曰蘇爾與亞非利加相連北方多山東方平坦兩大河滙入白西海隅者一爲以法河一爲得義河所屬之地本古各國後爲羅馬所轄○小亞悉亞乃半地所凸出者廣

袤方圓八千里居民五百萬田甚豐盛天氣溫和多物產南果葡萄俱美出綿花鴉片薑花煙木料牛馬羊尾長可織布又出胡絲花石鉛居民多土耳其人性驕傲亦多希臘人多爲商匠在山內者恣游牧頗爲盜賊居民造搭膊布並緞地分八郡㝡廣港口曰士默那居民十二萬五千多外國商賈人戶稠密多瘟疫港多商船運出者鴉片蠶絲百果藥材花氊等貨運入者各工製造之物廣通商無積聚土甲居民十萬舊地亞居民六萬○屬此地之島曰棋賓島在敘利海邊居地中海中

賔袞方圓三百四十里民多希臘人亦有教師敎主昔本豐盛多物產今衹出葡萄極大之城曰尼可西亞居民萬六千全島之山水美不勝賞故自古閒逸之士皆集此以適其意○羅契島廣袤方圓二十一里出南果緜花五穀橄欖油居民三萬在地中海邊地立新埠今已三百年服土耳其之權○勒布廣袤方圓十二里居民五萬屬土族出無花果及橄欖油百姓能力於戰○士其阿廣袤方圓十八里數年前居民十二萬出南果胡綠緜花向時此島本樂境貿易極旺道光二十年希

臘人欲脫土爾其之酷因驅逐土兵土兵來報復殺男女老幼四萬又將三萬人販賣爲奴遂荒其地

兩河中之地悉廣坦古本樂地中地之北方甚豐盛有牧場與亞拉回國交界係沙野少產物兩河邊瀦澤尤廣地半遊牧各自有酋長不服國王之權山內有新族亦不畏國君其都會巴達係古回回國君之都居民五萬即與五印度貿易之處地平坦前時建巴比倫尼尼瓦兩大邑爲兩國之都於是時據各鄰國亦陷猶太地且虜其民人後爲他國所滅間有游牧者至其地遍地荒野且其河溢漲居民受困地雖甚腴却無草無菜又時有瘟疫其大港曰布所拉在白西海隅爲兩江滙入海口商船雲集○北與峩羅斯國所連者曰亞面地廣袤方圓千五百九十三里居民九十五萬大半山地所出之穀微惟牧場頗茂居民多耶穌教古原自爲一國被回回攻服民聰慧善賈巡游四方甚殷實散布亞悉亞各國在土耳其國大開銀局其國若務大事惟亞面人是賴人奉回教外多儀而內極誠實外國人皆敬之其會城曰益西倫在高山上居民十萬多製造皮布兵

器多賣與土爾其國羣商每年自亞悉亞集此貿易輻輳不絕附此邑有山巨舟能入有水患即避此

敘利亞部在地中海邊東與亞拉國相連延及小亞悉亞廣袤方圓二千三百里有利巴倫山古多香松今爲游牧之所東方沙坦多巉巖海邊地極豐盛天氣熱北方有㕍倫得江足灌溉兩岸山水甚美多產南果蒲桃烟緜花五穀居民二百五十萬養駝緜羊山羊蠶豕蜜山出鐵花石及各貨百姓語音不一教亦不一若回回天主教門猶太人種種有之昔推敘利亞部爲國主後

歸羅馬所轄居民久奉天主教迨亞拉之回回侵迫令民改從回教居民不多荒其田而不耕較往古盛時不及百分之一犬馬士革城亦豐盛居民二十萬街狹人稠○安地悉居民一萬古爲廣大之都海邊港口曰亞拉居民萬五千壘爲敵國圍困昔有破拿倫將軍後爲佛國王攻伐而退後麥西國並英人又取之哈立城即山麓大城邑原居民二十萬於道光二年地震屋宇倒壞然山水固極清秀也猶太國屬敘利亞古時天主創教之地爲羅馬國所有者五百餘年後又爲回教所屬

者五百年後歐羅巴各國大發憤會兵攻取耶路撒冷之都旋爲土耳其君所據仍崇回教故其地雖豐今則荒甚僅存耶路撒冷之民約二萬餘多屬天主教歲有遠方人來拜聖墓瞻古跡耶穌之都亦立教主以訓猶太民其國大河曰約耳但河自北而南其流甚急入於死海在北流所通之湖曰加利利長二里闊里餘在湖濱海南之地多沙海北地產各物內多山峯亦有平坦沃土千里居民散處無定居土耳其征其錢糧按數追納逃避者多約耳但河外有平坦足資游牧穀田甚腴其地分三分東曰加利利即耶穌所生長之地中央曰撒馬利亞百姓以道雜異端故甚與猶太人結仇其南曰猶太亦在此建都焉

土耳其國有雜族之民共二百萬樂安逸好勇戰一人每娶數女土人甚少用外國人以代辦事立酷政以儆脅其下虜異族小兒斷其勢皮以爲回教所募之軍所建之船一切皆效西洋招異國人爲武官其希臘人住海口廣貿易亦爲水手亦耕田約百餘萬崇天主教或尙羅馬教皇所傳之教巧獪務利不樸實其女美而惑

男今則民數日少前統管亞悉亞西方今被土夷所束亞面族約十萬名頗老實在各大城邑經營致富與巽國同音族類七百二十萬人與破蘭所居相上下情甚鄙陋惟飽食無他意土國制之易如反掌其由西國來之雜族約六百五十萬其猶太國人散在各部以本祖所居之國爲聖地雲集居住數約九十萬以買賣爲業其東方有亞拉人數百萬或游牧皆崇回教另有蠻族在山內以搶奪爲生極凶悍○其產物多緜花在歐羅巴地每年約值銀三百五十萬兩在麥西國約六十萬

石亦出烟每處多至二十萬包國人皆食之葡萄汁由西方亞悉亞運出者約六十萬担所出之鴉片約四千箱皆運入中國亦產藥材蠟蜜蠶絲與細羊毛其馬高大善走製造之物不多皆買自外國而易以土產國多港口土人不善營生希臘亞面等國之民爭至此爲商在土黙拿一年之貨物運出運入約價銀五千萬員

地理備考曰土耳基國兼攝之地在亞細亞州之西緯度起自北三十度起至四十二度止經度自東二十三度起至四十八度止東至白爾西國西枕地中海南接

天方國北界黑海長四千里寬二千六百里地面積方約七十二萬里烟戸一京二兆五億口境内嶄巖參差岡陵延亥山之至高者曰道羅曰里巴諾曰亞拉剌曰科令伯曰義大曰加爾美羅河之最長者曰有發拉德曰的加勒曰幾西義馬曰曼德勒曰若爾丹曰薩拉巴湖亦錯雜大者曰萬曰亞斯發的德即死海也曰巴加馬曰亞波羅尼曰亞斯薩約曰達薩拉曰亞哥失爾嶼更羅列巨者曰西布勒曰巴達麽斯曰羅德斯曰西岳曰勒斯波曰德内德斯田土肥饒豐茂金石各礦具備禽獸充斥土產絲酒油蜜香料藥材等物地氣互異山頂冰雪平原熇暑技藝精良貿易豐盛所奉之敎乃回敎也其地分爲五部一名小亞細亞又名亞那多里在西方内六府一名亞爾美尼部在東方内五府一名古爾的部在東方内二府一名美索布達迷部在東南内三府一名西利亞部在南方内四府其衝要繁華之地皆在亞那多里部半在亞爾日西拉部一又名白棱郎耶穌降生之地皆在西利亞部

西南洋五印度沿革總敘

行海以指南鍼取向地球以渾儀辨方五印度地當震旦西南以中國偏東形勢格之爲丙午丁未方以地平二十四盤分之則在巽巳云唐以前西域貢道由葱嶺達玉關道雖迂迴而歷代取經求法之僧尼與目謀圖畫指掌至宋天聖中防西夏鈔掠始改大食等國貢道由海達廣州自後習於航海之便於是自古西域西南近海之國概稱西南洋古時國名十亡其六元有天下吞并西域分封駙馬子弟爲王盡易國名以蒙古語而

古今沿革十亡其九明一統志稱自後魏至隋唐康居安息二國地界相混豈知大秦與條支二國罽賓與印度各國尤混之混甚至宋史謂天竺以東之注輦國距廣州四十一萬里（天竺以東當與今滿剌加接壤在緬甸暹羅之南距廣州不及萬里）元史征爪哇謂以五千卒渡海二十五萬里征從古未至之國（史弼傳）考其方域距閩粵皆里不及萬至馬八爾國在天方之西境較注輦爪哇稍遠亦計里不過萬餘而元史謂自泉州至其國約十萬里皆無稽之說地周九萬里自歐羅巴大西洋至中國幾于繞地半周爲里亦

不過五六萬里烏有阿細亞洲之南洋近接西藏緬甸動稱數十萬里者乎又甚者以元太祖至鐵門見角端之地爲東印度不知尚未入北印度也以西藏吐番之地爲古佛國中印度反以中印度之痕都斯坦爲罽賓（西域圖志）而不知印度河印度海至今尚存西南洋也以葱嶺東西回部自昔皆回教無佛教不知自古皆佛教無回教也六合以外存而不論八荒以外論而不議九州以外議而不辨西南諸國近在九州以外尚非八荒之外也且海防切膚之災也烏得不論而烏得不議輯五

印度沿革六篇恒河考二篇附北印度疆域考二篇元代征西域考二篇葱嶺以東新疆回部考二篇

海國圖志目錄

海國圖志卷二十九

西南洋

邵陽魏源輯

五印度沿草總考原本無今補輯

後漢書天竺國一名身毒在月氏之東南數千里俗與月氏同而卑濕暑熱其國臨大水乘象而戰其人弱於月氏修浮圖道不殺伐遂以成俗從月氏高附國以西南至西海東至盤起國皆身毒之地身毒有別城數百城置長別國數十國置王雖名小異而俱以身毒為名其時皆屬月氏月氏殺其王而置將令統其人土出象犀瑇瑁金銀銅鐵鉛錫西與大秦通有大秦珍物又有細布好毾㲪諸香石蜜胡椒薑黑鹽和帝時數遣使貢獻後西域反叛乃絕至桓帝延熹二年四年頻從日南徼外來獻世傳明帝夢見金人長大頂有光明以問羣臣或曰西方有神名曰佛其形長丈六尺而黃金色帝於是遣使天竺問佛道法遂於中國圖畫形像焉楚王英始信其術中國因此頗有奉其道者後桓帝好神數祀浮圖老子百姓稍有奉者後遂轉盛

晉法顯佛國記法顯昔在長安慨律藏殘缺遂以宏始二年己亥與慧景等往天竺尋求戒律初度

嚨至乾歸國夏坐訖前行至得檀國值張掖大亂張掖王留作檀越復夏坐訖進燉煌沙河計千五百里至鄯善國其國王奉法可有四千餘僧悉小乘學從此西行所經諸國胡語國國不同然出家人皆習天竺書天竺語住此一月復西北行十五日到烏夷國僧四千餘人皆小乘學法則齊整西南行一月五日得至于闐國僧數萬人多大乘學家家門前皆造小塔最高者可高二丈許其國十四大僧伽藍不數小者有大乘寺三千僧共揵追食威儀齊肅器鉢無聲法顯欲觀行像停三月日觀行像訖進向子合國在道二十五日國王精進有千餘僧多大乘學住此十五日已於是南行四日入葱嶺山到於麾國安居行二十五日到竭叉國值其國王作五年大會四方沙門雲集其地山寒不生餘穀惟熟麥耳有佛唾壺及佛齒塔國當葱嶺之中從此北行向北天竺在道一月得度葱嶺冬夏有雪又有毒龍度嶺已到北天竺始入其境順嶺西南行十五日崖岸險絶石壁千仞下有

水名新頭河昔人鑿石通路及度七百傍梯已躡懸緪過沙河兩岸相去減八十步漢之張騫甘英皆不至也渡河便到烏萇國是正北天竺也盡作中天竺語佛遺足跡及晒衣石從此東下五日到揵陀衛國是阿育王子法益所治處從此南行四日到佛樓沙國是膩迦王起塔處高四十餘丈閣浮提塔唯此爲上佛鉢即在此國月氏王大興兵衆迎鉢不去西行十六由延至那竭國界供養佛頂骨佛齒佛影佛錫杖佛僧伽梨有諸羅漢辟支佛塔及千數住冬二月南度小雪山山北陰寒人皆噤戰力前過嶺南到羅夷國又南下行十日到跋那國各有三千餘僧兼大小乘學從此東行三日復渡新頭河兩岸皆平地過河有國名毗荼佛法興盛僧衆萬數又經捕那河到摩頭羅國尼沙河已西天竺諸國王皆篤信佛法供養衆生從是以南名中天竺中天竺國寒暑調和無霜雪無戶籍官法惟耕王地者乃輸地利不用形殺隨罪輕重輸錢惡逆惟截右手國人悉不殺生不飲酒不

食葱蒜唯除旃荼羅獵師自渡新頭河至南天竺迄於南海四五萬里皆平坦無大山川止有河水從此南行十八由延有國名僧伽施佛在忉利天爲母說法下來處寶堦七級上覆精舍國內豐熟雨澤以時東南行七由延到罽饒夷城城接恒水度恒水南行三由延到阿梨林從此東南行十由延到沙祇大國有四佛經論坐處起塔故在從此南行八由延到揚薩羅國舍衛城即波斯匿王所治城也城內人民稀曠有二百餘家城南門外千二百步即祇洹精舍池流清淨林木蔚然有波斯匿王所刻牛頭旃檀佛像佛住此處最久說法度人經行坐處亦盡起塔城西五十里有伽葉佛舍利塔從舍衛城東南行十二由延到迦羅衛城即白淨王故宮也城中甚荒只有衆僧民戶數十家而已佛爲太子出家及得道還見父王處故蹟具在各有塔表之國大空荒人民稀少道路怖畏白象師子不可妄行復東行十七由延到揚夷那竭城城北雙樹間希連河邊世尊般湼槃處城中人

民亦稀曠從此東行十七由延到毗舍離國城西北三里有往昔國王千子放弓仗處是爲賢劫千佛後人起塔尚在從此東行四由延到五河合口阿難自般湼槃于河中央分身作二分各在一岸俾兩國王各得半身舍利起塔度河南下一由延到摩竭提國巴連弗邑是阿育王所治也諸天竺中唯此國城邑爲大民人富盛年年以建卯月作行像四輪車高三丈許其狀如塔懸繒幡蓋四邊作龕皆有坐佛菩薩立侍可二十車道俗雲集香花伎樂供養國中長者居士各于城中立福德醫藥舍以施貧病城南三里有阿育王最初所作大塔從此東南行九由延到王舍新城新城是阿闍世王所造出城南四里南向入谷至五山里五山周圍狀若城郭東南上十五里到耆闍崛山峯秀端麗是五山中最高有佛及諸羅漢弟子各坐禪石窟數百法顯感佛昔于此說者楞嚴因停一宿回窟誦經又西行五六里山北陰巾有一石室是佛泥洹後五百阿羅漢結集經處從此西行四由

延到迦耶城城內亦空荒佛泥洹已來惟四大塔處佛法相承不絕四大塔者佛生處得道處轉法輪處般泥洹處從此南行三里到雞足山大迦葉今在此山中入定法顯還向巴連弗邑順恒水西行二十由延到迦尸國波羅㮈城城東北十里有鹿野苑精舍是佛成道處欲西北往揚睒彌國而道路艱險竟不得往遂東行還到巴連弗邑法顯本求戒律而北天竺諸國皆師師口傳無本可寫是以遠步乃至中天竺得摩訶僧祇衆律佛在世時最初大衆所行也于祇洹精舍傳其本自餘十八部各有師資大歸不異復得一部薩婆多衆律卽此秦地衆僧所行者也住此三年學梵書梵語寫律遂順恒水東下十八由延其南岸有瞻波大國佛精舍經行處及四佛坐處悉起塔從此東行近五十由延到多摩梨靬國卽是海口其國佛法亦興法顯住此二年寫經及畫像于是載商人大舶汎海西南行晝夜十四日到師子國其國在大洲上東西五十由延南北三十由延左右小洲百

數皆統屬大洲多出珍寶佛至其國現神足降惡龍有青玉像高二丈許通身七寶右掌中一無價寶珠國中可五六萬僧常以三月出佛齒供養法顯住此國二年更求得沙彌塞律藏本復上大舶南還至青州長廣郡界法顯自發長安六年到中天竺停六年還三年達青州凡所游歷减三十國

魏書南天竺國去代三萬一千五百里有伏醜城周匝十里城中出摩尼珠珊瑚城東三百里有拔賴城城中出黃金白眞檀石蜜蒲萄土宜五穀世宗時其國王婆羅化遣使獻駿馬金銀自此每使朝貢又有疊伏羅國去代三萬里拔豆國去代五萬里皆出白象亦必天竺境但使未明言故不錄之

梁書中天竺國在大月支東南數千里地方三萬里一名身毒漢世張騫使大夏見邛竹枝蜀中國人云市之身毒身毒卽天竺蓋傳譯音字不同其實一也從月支高附以西南至西海東至槃越列國數十每國置王其名雖異皆身毒也漢時羈屬月支其俗土著與月支同而卑濕暑熱民弱畏戰弱于月支國臨大江名新陶源出崑崙分爲五江總名曰恒水其水甘美下有眞鹽色正白如水精其西與大秦安息交市海中多大秦珍物珊瑚琥珀金碧珠璣琅玕鬱金蘇合漢桓帝延熹九年

大秦王安敦遣使自日南徼外來獻漢世唯一通焉其國人行賈往往至扶南日南交趾其南徼諸國人少有到大秦者魏晉世絕不復通唯吳時扶南王范旃遣親人蘇勿使其國從扶南發投拘利口循海大灣中正西北入歷灣邊數國可一年餘到天竺江口逆水行七千里乃至焉積四年方返其時吳遣中郎康泰使扶南及陳宋等具問天竺土俗云佛道所興國也人民敦厖土地饒沃其王號茂論所都城郭水泉分流繞于渠壍下注江其宮殿皆雕文鏤刻街曲市里屋舍樓觀鍾鼓音

樂服飾奢華水陸通流百賈交會奇玩珍瑋恣心所欲左右嘉維舍衛葉波等十六大國去天竺或二三千里共尊奉之以爲在天地之中也天監初其王屈多遣長史竺羅達奉表

按梁書所云月氏高附以西南至西海東至槃越列國數十每國置王其名雖異皆身毒之地說本後漢書是安息條支抵西海之地古皆西印度明矣又言天竺國臨大江名新陶（即新頭河皆印度河之音轉）源出崑崙分爲五江總明曰恒水其說同於水經注則印度河即西恒河明矣又言天竺西與大秦安息交市海中多大秦珍物其南徼國人行賈少有到大秦者則大秦與天竺隔地中海相距絕遠亦與魏書大秦傳從條支西渡海曲一萬里及後漢書抵條支臨大海欲渡大秦得順風三月乃渡之語合陸路相通之拂林可名大秦又明矣梁明佛教盛行梵僧來往內地言皆親歷故境無鑿空語印度者當以後漢書梁魏書爲本而一切誇詐矯誣之語可比諸無稽焉

北魏僧惠生使西域記（見洛陽伽藍記）

魏神龜元年十一月冬太后遣崇立寺比邱惠生與敦煌人宋雲向西域取經凡得百七十部皆是大乘妙典初發京師西行四十日至赤嶺即國之西疆也山無草木有鳥鼠同穴又西行二十三日至吐谷渾國又西行三千五百里至鄯善城又西行千六百四十里至左末城有呂光伐胡時所作佛菩薩像又西行千三百七十五里至末城又西行二十二里至捍麼城有于闐國供佛之塔其旁小塔數千懸幡萬計又西行八百七十八里至于闐國有國王所造覆盆浮圖一軀有辟支佛靴于今不爛于闐境東西三千餘里神龜二年七月二十九日入朱駒波國人民山居不立屠殺食自死肉風俗語言與于闐同文字與婆羅門同其國疆界可五日行徧八月入漢盤陀國界西行六日登葱嶺山復西行三日至鉢盂城三日至毒龍池爲昔盤陀王以婆羅門咒咒之龍徙葱嶺西去此地二千餘里自發葱嶺步步漸高如此四日乃得至嶺依約中下實天半矣漢盤陀國正在山頂自葱嶺已西水皆西流入西海世人云是天地之中九月中旬入鉢和國高山深谷險道如常因山爲城氈服窟居人畜相依風雪勁切有大雪山望若玉峯十月初旬入嚈噠國居無城郭隨逐水草不識文字年無盈閏用十二月爲一歲受諸國貢獻南至牒羅北盡敕勒東被于闐西及波斯四十餘國皆來朝貢最爲強大王帳周四十步器用七寶不信佛法殺生血食見魏使拜受詔書去京師二萬餘里十一月入波斯國境土甚狹七日行過（按此在葱嶺中非魏書西海上之波斯亦非佛經之波斯匿王國也）人居山谷雪光耀日十一月中旬入賒彌國漸出葱嶺磽角危峻人馬僅通鐵鎖懸度下不見底十二月初入烏場國北接葱嶺南連天竺土氣和暖原田膴膴民物殷阜國王菜食長齋晨夜禮佛日中已後始治國事鐘聲徧界異花供養聞魏使來膜拜受詔國中有如來晒衣履石之處其餘佛跡所至炳然每一佛跡輒有寺塔覆之比丘戒行精苦至光元年四月中

旬八乾陀羅國土地與烏場國相似木名業波羅國爲㕑嵯所滅遂立勅勤爲王國中人民悉是婆羅門種崇佛經典而國王好殺不信佛法與罽賓爭境連年戰鬥師老民怨坐受詔書凶慢無禮送使一寺供給甚薄西行三月至新頭大河復西行十三日至佛沙伏城城郭端直林泉茂盛土饒珍寶風俗滔善名僧德泉道行高奇石像莊嚴通身金箔有迦葉佛跡復西行一日乘舟渡一深水三百餘步復西南行六十里至乾陀羅城有佛涅槃後二百年國王迦尼色迦所造雀離浮圖凡十二重去地七百尺基廣三百餘步悉用文石爲陛塔內佛事千變萬化金盤晃朗寶鐸和鳴西域浮圖最爲第一復西北行七日渡一大水至那迦羅訶國有佛頂骨牙髮袈裟錫杖山窟中有佛影佛跡有七佛手作浮圖及佛手書梵字石塔銘凡在烏場國二年至正光二年還闕

水經注河水篇釋氏西域記阿耨達太山其上有大淵水宮殿樓觀甚大焉山卽崑崙山也其山出六大水山西有水名新頭河經罽賓揵越摩訶剌諸國而入南海（凡注中引法顯傳已全錄今不復載）前阿耨山西南有水名遙奴山西南小東有水名薩罕水東有水名恒伽此三水同出一山俱入恒水康泰扶南傳曰恒水之源乃極西北出崑崙山中有五大源諸水分流皆由此五大源枝扈黎大江出山西北流東南注大海枝扈黎卽恒水也故釋氏西域記恒曲之目恒北有四國最西頭恒曲中者是也有揚夷那褐國林揚國其水亂流注于恒恒水有東逕毗舍利城城北去王舍城五十由旬恒水又東逕罽賓饒夷城城之西北六七里恒水北岸佛說法處恒水又東南逕迦維羅城北故淨王宮也竺法維曰迦維衛國佛所生天竺國也天地之中央也恒水又東逕藍莫塔塔邊有池池中龍守護之恒水又東至五河口蓋五水所會也渡河南下一由旬到摩竭提國巴連林邑卽阿育王所治之城凡諸國中惟此城爲大居人富盛競行人義恒水又東南逕小孤石山山頭有佛所坐石室恒水又西

逕王舍新城是阿闍世王所造又西逕迦那城南釋氏西域記曰尼連禪水南注恒水佛于此浴復順恒水西下到迦尸國波羅柰城竺法維曰波羅柰國在迦維羅衛國南千二百里中間有恒水東南流佛轉法輪處在城東北十里卽鹿野苑法顯又曰恒水又東到多磨梨靬卽是海口釋氏西域記大秦一名梨靬康泰扶南傳曰從迦那調洲西南入大灣可七八百里乃到枝扈梨大江口渡江逕西行極大秦也又云發揚利口入大灣中正西北入可一年餘得天竺江口名恒水江口有國號擔袂屬天竺釋氏西域記曰恒水東流入東海蓋二水所注兩海所納自爲東西也又曰葱嶺高千里河源潛發其嶺分爲二水一水西徑循休國南又逕難兜國北又西逕罽賓國北又西逕月氏國南其俗與安息同又西逕安息國南城臨嬀水地方數千里河水與蜺羅跂禘水同注雷翥海此葱嶺西流之水也釋氏西域記蜺羅跂禘水亦出阿耨達山之北西逕糺尸羅國四大塔北又西逕揵陀衛國北其水至安息注雷翥海

新唐書天竺國漢身毒國也或曰摩伽陀曰波羅門去京師九千六百里都護治所二千八百里居葱嶺南幅員三萬里分東西南北中五天竺皆城邑數百南天竺瀕海出師子豹𤝞橐駝犀象火齊琅玕石蜜黑鹽北天竺距雪山圜抱如壁南有谷通爲國門東天竺際海與扶南林邑接西天竺與罽賓波斯接中天竺在四天竺之會都城曰茶鎛和羅城濱迦毗黎和有別城數百皆置長別圖數十置王曰舍衛國曰迦沒路國開戶皆東

罽中天竺王姓剎名利氏世有其國不簒殺土溽熱稻四熟禾之長者沒橐駝以貝齒爲貨有金剛旃檀鬱金與大秦扶南交趾相貿易人富樂無簿籍耕王地者乃輸稅以舐足摩踵爲致禮家有奇樂倡伎王大臣皆服錦罽爲螺髻於頂餘髮翦使卷男子穿耳垂璫或懸金耳環者爲上類徒跣衣重白婦人項飾金銀珠纓絡死者燔骸取灰建窣堵或委野及河餌鳥獸魚鼈無喪紀謀反者幽殺之小罪贖錢不孝者斷手足劓耳鼻徙于邊有文字善步歷學悉曇章妄曰梵天法書貝多葉以

記事尚浮屠法不殺生飲酒國中處處指曰佛故迹也信盟誓傳禁咒能致龍起雲雨隋煬帝時遣裴矩通西域諸國獨天竺拂菻不至爲恨武德中國大亂王尸羅逸多勒兵戰無前象不弛鞍士不釋甲因討四天竺皆北面臣之會唐浮屠玄奘至其國尸羅逸多召見曰而國有聖人出作秦王破陣樂試爲我言其爲人玄奘粗言太宗神武平禍亂四夷賓服狀王喜貞觀十五年遣使者上書帝命雲騎尉梁懷璥持節慰撫尸羅逸多驚問國人自古亦有摩訶震旦使者至吾國乎皆曰無有

戎言中國爲摩訶震旦乃出迎膜拜受詔書戴之頂復遣使者隨入朝二十三年遣右衛率府長史王玄策使其國以蔣師仁爲副未至尸羅逸多死國人亂其臣那伏帝阿羅那順自立發兵拒玄策時從騎纔數十戰不勝皆沒遂剽諸國貢物玄策挺身奔吐蕃西鄙檄召鄰國兵吐蕃以兵千人來泥婆羅以七千騎來玄策部分進戰茶鎛和羅城三日破之斬首三千級溺水死萬人阿羅那順委國走合散兵復陣師仁禽之俘斬千計餘衆奉王妻息阻乾陀衛江師仁擊之大潰獲其妃王子

虜男女萬二千人雜畜三萬降城邑五百八十所東天竺王尸鳩摩送牛馬三萬餽軍及弓刀寶纓絡迦沒路國獻異物并上地圖請老子象玄策執阿羅那順獻闕下有司告宗廟玄策朝散大夫得方士那羅邇娑婆寐自言壽二百歲有不死術帝改館使治丹命兵部尚書崔敦禮護視使者馳天下采怪藥異石後術不驗有詔聽還不能去死長安高宗時盧伽逸多者東天竺烏茶人以術進拜懷化大將軍乾封三年五天竺皆來朝開元時中天竺北天竺各遣使者至南天竺亦獻五色能

言烏乞師討大食吐番丐名其軍玄宗詔賜懷德軍摩揭陀一曰摩伽陀本中天竺屬國環五十里土沃宜稼穡有異稻巨粒號其大人米王居拘闍揭羅布羅城北瀕殑伽河貞觀二十一年始遣使者自通于天子獻波羅樹樹類白楊太宗遣使取熬糖法卽詔揚州上諸蔗拃瀋如其劑色味愈西域遠甚高宗又遣王玄策至其國摩訶菩提祠立碑焉後德宗自製鍾銘賜那爛陀祠又有那揭者亦屬國也貞觀二十年遣使者貢方物烏茶者一曰烏伏那亦曰烏萇直天竺南地廣五千里東

距勃律六百里西罽賓四百里山谷相屬產金鐵蒲萄鬱金稻歲三熟人柔詐善禁伽術國無殺刑抵死者放之窮山罪有疑飲以藥視溲清濁而決輕重有五城王居瞢揭釐城東北有達麗羅川卽烏萇舊地貞觀十六年其王達使者獻龍腦香璽書優答大食與烏萇東鄙接數誘之其王與骨咄俱位二王不肯臣開元中命使者冊爲王章揭拔國本西羌種居悉立西南四山中後徙山西與東天竺接衣服畧相類因附之地袤八九百里勝兵二千人無城郭好鈔暴商旅患之貞觀二十年其王因悉立國遣使入朝玄策之討中天竺發兵來赴有功由是職貢不絕悉立當吐番西南戶五萬城邑多傍澗谿男子繒束頭衣氈褐婦人辮髮短裙婚姻不以財聘其穀宜秔稻麥豆死者塟于野不封樹喪制爲黑衣滿年而除刑有刖劓常羈屬吐番

唐元奘使西域記出高昌故地自近者始曰焉耆國國四面據山道險易守泉流交帶文字取則印度貨用金銀錢小銅錢伽藍十餘所習學小乘從此西南行九百餘里至龜茲國國東西千餘里南北六百餘里伽藍百餘所僧徒三千餘人習學小乘城北四十里臨河有二伽藍佛像莊飾殆越人工五年建一大會輦載行像動以千數道俗雲集供養從此西行六百餘里經小沙磧至姑墨國西

北行三百餘里度石磧至凌山山谷積雪春夏結冰逾山四百餘里至大清地周千餘里東西長南北狹清地西北行五百餘里至素葉水城諸國商胡雜居素葉已西數十孤城城各立長然皆役屬突厥素葉西行四百餘里至千泉千泉者地方二百餘里南面雪山三垂平陸突厥可汗每來避暑西行百五十里至呾羅私城又西南得二百餘里至白水城西南行二百餘里至恭御城從此南行四五十里至笯赤建國國周千餘里沃壤備稼穡盛花果多蒲萄城邑百數城邑君長雖則畫野區分總稱笯赤建國從此西行二百餘里至赭時國唐言石國也國周千餘里西臨葉河東西狹南北長土宜氣序如赤建國城邑數十既無總主役屬突厥從此東南千餘里至怖捍國國周四千餘里膏腴多稼宜羊馬氣寒俗剛貌弊語異無大君長從此西行千餘里至窣堵利瑟那國國周千四五百里東臨葉河葉河出葱嶺北原西北流浩汗渾急土宜風俗同石國自有王附突厥從此西北

入大沙磧望大山尋遺骨以知所指行五百餘里
至颯秣建國唐言康國也國周千六七百里東西
長南北狹地險而沃多善馬凡諸胡國此爲其中
寶貨所聚伎巧特工風俗猛烈兵馬强盛從此東
南至彌秣賀國唐言米國也國周四百餘里據川
中東西狹南北長從此始至曹國又西行三百餘
里至何國又西二百餘里至東安國又西四百餘
里至中安國又西四百餘里至東安國又西南五
百餘里至貨利息彌伽國又南行三百餘里至史
國土言羯霜那國也凡米曹何史安諸國風俗并
同康國自素葉水城至此地名窣利人亦謂焉從
史國西南行二百餘里入山崎嶇險絕又少水草
東南山行三百餘里入鐵門鐵門者左右帶山狹
徑險阻兩傍石壁其色如鐵門扉鐵錮以險得名
出鐵門至覩貨羅國其地南北千餘里東西三千
餘里東扼葱嶺西接波剌斯南距大雪山北據鐵
門縛芻大河中境西流自數百年王族絕嗣酋豪
各擅分爲三十七國雖畫野區分總役屬突厥此

境已南冬春霖雨並多溫疾志怯貌陋不甚欺詐
字源二十五言書以橫讀自左而右文記漸多逾
廣窣利順縛芻河北下流至呾密國又東至赤鄂
衍那國忽露摩國愉漫國鞠河國珂咄羅國拘謎
陀國此皆自西而東拘謎陀國據大葱嶺之中西
南鄰縛芻河渡河至達摩悉鐵諦國鉢鐸創那國
淫薄健國屈浪拏國呬摩達羅國鉢利曷國訖栗
瑟摩國曷羅胡國阿利尼國曹健國自活國東南
至闊悉多國安呾羅縛國事在回記活國西南至
縛伽浪國又南至紇露悉泯建國又西北至忽懔
國又西至縛喝國乃覩貨羅國之王都也北臨縛
芻河人皆謂之小王舍城伽藍百餘所僧徒三千
餘人皆習小乘城外西南有新伽藍此國先王所
建莊嚴珍寶中有佛牙佛鑵佛箒伽藍西南有一
精廬各僧所聚多證四果者窣堵波建立數百從
都城西南入雪山阿至銳秣陀國胡寔健國呾剌
健國此國西接波剌斯國界南行百餘里至揭職
國以上諸小國數十並覩貨羅境內之部落東南

入大雪山山高谷深盛夏積雪山魅妖祟宕盜橫
行行六百餘里始出覩貨羅境至梵衍那國其覩
貨羅國之與北印度以大雪山爲界北以鐵門爲
界梵衍那國者在雪山中東西二千餘里南北三
百餘里都城跨崖據谷少花果宜牧畜氣冽俗獷
淳信三寶特甚鄰國東南行二百餘里度大雪山
東至小川澤有僧伽藍藏佛齒及劫初獨覺佛齒
金輪王齒羅漢鐵鉢從此東行出雪山踰黑嶺至
迦畢試國國周四千餘里北背雪山三垂黑嶺都
城西北距大雪山二百餘里出善馬鬱金香異方
奇貨所聚風氣同覩貨羅國王刹利種也統十餘
國敬崇三寶王城西北大河南岸舊伽藍內有釋
迦弱齡齔齒有如來頂骨及髮窣堵波中有舍利
升餘從此東行六百餘里越黑嶺入北印度境詳
夫天竺之稱或云身毒或云賢豆今從正音宜云
印度五印度境周九萬里逕三萬里三垂大海北
背雪山北廣南狹形如半月畫野區分七十餘國
北乃山阜隱軫東則川原膏沃南方暑濕西土磽

确其文字梵天所製四十七言遇事轉用童蒙七
歲以後漸學五明大論一聲明二巧明三醫方明
四因明五內明其婆羅門學四吠陀論一壽二祠
三平四術僧徒宣講佛經一部乃免僧知事二部
加上房資具三部差侍者祇承四部給淨人役使
五部則行乘象輿六部又導從周衛考其優劣黜
陟幽明其義負者擯斥不齒族姓有四一婆羅門
種二刹利王種三毘舍商賈種四首陀農種兵伍
有四步馬車象刑罰有四水火稱毒王田者六
稅其一田稅所出大分爲四一充祭祀二供官祿
三賞總學四樹福田珍奇雜寶出自海隅易以求
貨所用貿易金錢銀錢貝珠小珠印度風壤大界
斯在迦畢試國北印度之北境也所屬有濫波國
氣序漸溫微霜無雪詐弱輕躁衣多白氎從此東
南行百餘里踰大嶺濟大河至那揭羅曷國有如
來影窟如來足跡如來浣衣石及錫杖頂骨凡諸
聖蹟多有靈異從此東南山谷中行五百餘里至
健馱羅國東臨信度河溫暑無霜雪自昔無著菩

薩世親菩薩脇尊者等所生處也迦膩色迦王所建窣堵波基周里半高四百尺名聞諸國行五十里渡大河至布色羯羅伐底城東西二百餘里至跋虜沙城又東南百五十里至烏鐸迦漢荼城南臨信渡河諸方寳貨多集于此復北踰山涉川六百餘里至烏仗那國國周六千餘里俗閑禁咒多學大乘有曹揭釐城如來在昔爲忍辱仙及爲菩薩修苦行舍身求偈舍身代鴿析骨寫經皆在此地從曹揭釐城東北踰山越谷逆上信度河行千餘里至達麗羅川卽烏仗那國舊都也復逾嶺越谷逆上信度河五百餘里至鉢露羅國周四千餘里在大雪山間東西長南北狹氣寒俗獷從此復還烏鐸迦漢荼城南渡信度河河廣三四里西南流澄清皎鏡度河至呾义始羅國以上諸國並屬迦畢試國皆北印度之北境

北印度以迦濕彌羅國最大諸七國皆屬焉呾义始羅國舊屬迦畢試國近亦附庸于迦濕彌羅國從此國東南越山谷七百餘里至僧訶補羅國國

周三千餘里西臨信度河都城險固氣序寒俗驍獷無君長役屬迦濕彌羅國從此復還呾义始羅國北界渡信度河東南行二百餘里度大石門復東南山行五百餘里至烏剌尸國國周二千餘里山阜連接田疇狹隘氣序溫和微有霜雪屬役迦濕彌羅國僧習大乘法敎從此東南履山險度鐵橋行千餘里至迦濕彌羅國舊罽賓也國周七千餘里四境負山門徑險隘自古鄰敵無能攻伐城西臨大河氣序寒勁多雪少風衣皆白氎容貌妍美邪正皆信僧徒五千有如來沒一百年後無憂王所建五百僧伽藍有如來四百年後迦膩色迦王請集五百羅漢作毘婆沙論之所從此西南踰山涉險行七百餘里至半笯蹉國國周二千餘里山川多疇隴狹氣溫暑俗勇烈無大君長屬役迦濕彌羅國從此東南四百餘里至葛羅闍補羅國國周四千餘里險固多山地利不豐人性驍勇役屬迦濕彌羅國自濫彼國至此粗鄙獷暴非印度之正境乃邊裔之曲俗從此東南下山渡水行七

百餘里至磔迦國國周萬餘里東據毘播奢河西臨信度河風俗暴急衣服鮮白少信佛法多事天神數百年前有大族王滅法逐僧其鄰境摩揭陀國幻日王雅敬佛法大族王治兵攻之幻日王不忍鬥其民逃竄海島從者數萬大族王浮海往伐幻日王扼險誘戰伏兵四起生擒大族幻日王母憐而赦之大族王北投迦濕彌羅國其國王封以土邑久乃率其邑人殺迦濕彌羅王而自立西滅健馱羅國毀廢塔寺千有六百以三億上族三億中族臨信度河殺之三億下族分賜軍士尋卽殂落墮無閒獄從此東行五百餘里至那僕底國國周二千餘里氣序溫暑風俗怯弱都城東南行五百餘里有過去四佛座及經行遺蹟小窣堵波諸大石室鱗次相望並是劫初以來諸果聖人於此寂滅從此東西百四十五里至闍爛達羅國氣溫俗剛貌鄙土富又東北踰嶺谷七百餘里至屈露多國國周三千餘里鄰雪山多珍藥氣序逾寒霜雪微降人貌粗弊高尚勇猛巖多石室並羅漢仙

人所止從此南行七百里越大山濟大河至設多圖盧國國周二千餘里西臨大河稼穡殷盛服用鮮綺氣暑俗和敦信佛法已上并北印度境

從此西南行八百餘里至波埋夜呾羅國始入中印度境國周三千餘里有稻六十日而穫多牛羊少花果氣暑熱俗剛猛不尚學藝信奉外道從此南行五百餘里至秣菟羅國國周五千餘里氣暑土沃崇德尚學過去四佛遺跡甚多諸聖弟遺身窣堵波具在每歲三長及月六齋僧徒各隨所宗而致供養香雲花雨旛蓋虧蔽從此東北行五百餘里至薩他泥濕伐羅國國周七千餘里溫暑宜稼俗奢尚幻術逐利少農諸方奇貨所聚都城周二百里內土人謂爲福地從此東北行四百餘里至窣祿勤那國國周六千餘里東臨殑伽河北背大山閻牟那河中境而流有如來舍利爪髮諸窣堵波近世國王爲諸外道所誑誤信受邪法捐廢正見從閻牟那河東行八百餘里至殑伽河河源廣三四里東南流入海處廣十餘里彼土書記謂

之福水渡河東岸至秣底補羅國國周六千餘里
俗嫺咒術兼信邪正王敬天神異道雜居從此北
行三百餘里至婆羅吸摩補羅此一國又涉入北
印度境據大山中周四千餘里此國境北大雪山
中有國產上黃金東西長南北狹即東女國世以
女爲王東接土番國北接于闐國西接三波訶國
從末底補羅東南行四百餘里至瞿毘霜那國復
入中印度境國周二千餘里都城險峻俗淳好佛
習學小乘如來在昔于此一月說諸法要從此東
南行四百餘里至亞醯掣呾羅國國周三千餘里
如來昔爲龍王七日于此說法自此南行二百六
七十里度殑伽河西南至毗羅刪拏國又東南行
二百餘里至劫比他國行如來自忉利天降下寶
階聖迹垣內靈異相繼從西北行二百里至曲女
城國國周四千餘里都城西臨殑伽河異方奇貨
所聚居人富樂僧徒萬有餘人先王爲東印度設
賞迦王所害今戒日王以弟嗣立誓報兄讐講習
戰士象軍五千馬軍二萬步軍五萬自西徂東征

伐不服象不解鞍人不釋甲於六年中據五印度
更增甲兵象軍六萬馬軍十萬垂三十年兵戈不
起令五印度不得啖肉若斷生命有誅無赦于殑
伽河側建立數千窣堵波各高百餘尺于五印度
建立精廬五歲一設無遮大會傾庫布施惟除兵
器聞大唐國沙門遠至問曰聞摩訶震旦有秦王
天子平定海內作秦王破陣樂誠有之乎元奘具
對大唐功德戒日王將還曲女城設法會從數十
萬衆在河南岸拘摩羅王從數萬衆在河北岸分
河中流水陸並進二王導引四兵嚴衛經九十日
至曲女城諸國二十餘里皆來集會時仲春月也
王先于河西建大伽藍東起寶臺南起寶壇爲浴
佛像之處由行宮至伽藍夾道爲閣雅樂迭奏王
于行宮出一金像載以大象張以寶幰戒日王爲
帝釋左侍拘摩羅王爲梵王右侍各五百象軍被
鎧周衛王以眞珠雜寶及金銀諸花隨步四散供
養三寶香水浴佛以諸寶衣數十百千而爲供養
及至散日伽藍門樓忽然火起戒日王深悟無常

從窣堵波方下階陛忽有異人持刃逆王左右執
訊之受外道之誘使爲刺客于是究問外道徒屬
有五百婆羅門嫉諸沙門蒙王供養乃火箭燒臺
雇人行刺王乃罰其首惡五百婆羅門出印度境
自此東南行六百餘里渡殑伽河南至阿踰陀國
國周五千里都城北臨殑伽河有世親無著菩薩
講堂及如來舍利諸蹟從此東行三百餘里渡殑
伽河北至阿耶穆佉國國周一千四百餘里城東
南臨殑伽河有窣堵波如來昔於此處三月說法
從此東南行六百餘里渡殑伽河南閻牟那河北
至鉢羅耶伽國國周五千餘里都城據兩河交土
地爽塏細沙彌漫號大施場今戒日王五年積財
一旦傾舍初第一日置大佛像衆室莊嚴即持上
妙奇珍而以奉施次常住僧次現前衆次高才碩
學次外道學徒次鰥寡孤獨貧窶乞丐府庫既傾
服玩都盡髻中明珠身諸瓔珞施無所悔自後諸
國君王各獻珍服常不逾旬府庫充牣從此西南
行五百餘里至拘睒彌國國周六千餘里城西南

有如來降毒龍石窟又東北大林中行七百餘里
渡殑伽河復北行百七八十里至鞞索迦國國周
四千餘里如來常昔于此地六年說法道樹猶在
從此東北行五百餘里至室羅伐悉底國即舍衞
國也即波斯匿王所治國都國周六千餘里城中
有須達長者故宅城南五六里有祇陀林是給孤
獨園凡如來經行之迹說法之處並樹旌表建窣
堵波冥祇警衞靈瑞間起或鼓天樂或聞神香景
福之祥難以備敘有三大深坑是諸外道及提婆
達多謗佛害佛生陷地獄之處又東南行五百餘
里至迦毘羅衞國空城數十荒蕪已甚宮城內有
故基淨飯王正殿也上建精舍中作王像有摩耶
夫人寢殿城南門外有釋迦太子出家修行還家
見父及至涅槃諸蹟自佛涅槃諸部異議或云千
二百年或云千三百餘年或云千五百餘年或云
已過九百或云未滿千年其八般涅槃日或云當
在三月十五或云當在九月八日復大林中行五
百餘里至波羅柰國國周四千餘里城西臨殑伽

河闍闌楠比居人殷盛寶貨充溢俗重强學多信
外道有佛盥浴器浣衣三池並有龍護從此順殑
伽河東行三百餘里至戰主國國周二千餘里城
臨殑伽河渡河東北百五十里至毘舍離國國周
五千餘里都城傾圮僧徒寡少異道雜居如來昔
于此說維摩詰經有長者現疾說法之處城東南
行百五十里有僧伽藍並學大乘此東北行五百
餘里至弗栗恃國國周四千餘里西距河濱東西
長南北狹土沃氣寒外道多于僧衆從此西北行
千四五百里踰山入谷至尼波羅國國周四千餘
里宜穀稼多花果出赤銅犛牛共命鳥貨用赤銅
錢氣冽俗獷邪正兼信從此復還毗舍離國南渡
殑伽河至摩竭陀國國周五千餘里土地濕熱邑
居高原僧徒萬餘宗習大乘殑伽河南有故花宮
城惟存基址有石柱高數十尺是無憂王作地獄
處又有所藏舍利王窣堵波及諸羅漢石室城西
南隅二百餘里有窣堵波是過去四佛座及經行
遺跡之所又西南行二百里有大山雲石幽蔚是

佛入定處又西南行四五千里渡泥連禪河至迦
耶山溪谷杳冥峯巖危險印度國俗稱曰靈山前
代之君莫不登封而告成功如來於此演說寶雲
等經東渡大河至前正覺山如來於此入金剛定
而成正覺其下有金剛座若座餘處地輒震動山
亦傾陷正門東闢對尼連禪河金剛座者刼初與
大地俱起據三千大千世界之中下極金輪上侵
地際金剛所成周百餘步賢刼千佛座之而入金
剛定大地震動獨無傾搖今有菩提樹表其處自
菩提樹南十餘里聖迹相鄰難以備舉每歲苾芻
解雨安居四方法俗七日七夜香華鼓樂偏遊林
中禮拜供養菩提樹東度尼連禪河入大林野行
百餘里至雞足山峻起三峯是尊者大迦葉傳衣
入定之所又有上茅宮城摩揭陀國之正中也崇
山四周百五十餘里故城周三十餘里城東北十
四五里至鷲峯即耆闍崛山也如來御世五十年
多居此山廣說妙法毘娑羅王自麓至峯編石爲
級廣十餘步長五六里中路有二小窣堵波王至

此下乘徒行以進精舍旁有大石是提婆達多遥
擲擊佛處其南厓下佛說法華經處山西南陰昔
五百温泉今惟數十猶有冷有煖未盡温也南山
之陰大竹林中有大石室如來涅槃後迦葉與一
千大阿羅漢結集三藏處竹林精舍旁八功德水
今亦枯涸西北行三二里至王舍城外郭已毀內
基尚存周二千餘里毗婆羅王自上茆宮遷都于
此乂伽藍最居福地爲五印度之所宗仰從此東
行入大山林中三百餘里至伊爛拏鉢伐多國國
周三千餘里城北臨殑伽河從此順殑伽河南岸
東行三百餘里至瞻波國國周四千餘里城北皆
殑伽河自此東行四百餘里至羯朱温祇羅國國
周二千餘里又東渡殑伽河行六百餘里至奔那
伐彈那國國周四千餘里以上並皆中印度境
自此東行九百餘里渡大河至迦摩縷波國始入
東印度境國周萬餘里土地泉濕多果宜稼貌黧
俗獷多事天神異道數萬故自佛興至今尚未建
立伽藍其有淨信之徒潛念而已王本婆羅門種

雖不淯信佛法然敬高學沙門聞有支那國僧遠
至摩竭陀國殷勤來請元奘以宏法爲心遂與使
偕往謁摩羅王亦問秦王破陣之樂爲闡揚德化
王甚欣慕此國之東山阜連接無大國都其境接
西南夷計兩月行可入蜀西南境然險阻瘴毒行
旅裹足從此南行千二三百里至三摩呾吒國國
周三千餘里瀕海卑濕色黧性剛邪正兼信城外
有窣堵波如來昔爲諸天人于此說法七日從是
東北大海濱山谷中有室利差怛羅國次東南大
海隅有迦摩浪迦國次東有墮羅鉢底國次東有
伊賞補羅國次東有摩訶瞻波國即林邑國也次
西南有閻摩那洲國凡此六國山川道阻不入其
境自三摩怛吒國西行九百餘里耽摩栗底國國
周千五百里瀕海卑濕水陸交會珍寶所聚殷富
强勇邪正兼信有過去佛蹟自此西北行七百餘
里至羯羅蘇伐剌那國國周四千五百里風俗如
前有如來說經法之處西南七百餘里至烏荼國
國周七千餘里容貌魁梧多信佛法僧徒萬餘習

學大乘諸窣堵波十餘所並是如來說法之處境東南臨大海有城堅峻多諸奇貨城外鱗次有五伽藍南去僧伽羅國二萬餘里靜夜遙望見彼國佛牙窣堵波上寶珠光耀自此西南大林中行千二百餘里至恭御陀國國周千餘里瀕海風俗勇烈形偉貌黧崇敬外道城據山海地險兵強威雄鄰境從此西南入大荒野深林蔽日千五百里至羯䘹伽國已上並東印度

羯䘹伽國始入南印度境國周五千里林藪連綿動數百里出大青象語言頗同中印度僧多大乘外道亦衆自此西北山林中千八百餘里至憍薩羅道此國又中印度境王崇佛法僧習大乘國西南三百餘里有龍猛菩薩所住伽藍巖谷杳冥莫知逕路從此大林中南行九百餘里至案達羅國復入南印度境國周三千餘里如來昔于此城側大伽藍說法度無量衆從此林野中南行千餘里至大安達羅國城東西據山兩山皆有伽藍在正法時每歲千僧同入安居多證四果近則山神恐

嚇行人聞無僧衆城南大山乃清辨論師住修羅宮待見慈氏成佛之所自此西南行千餘里至珠利耶國昔亦如來說法之所今則荒蕪多盜從此南入林野千五六百里至達羅毗茶國國周六千餘里聖蹟甚衆皆建窣堵波僧徒萬餘文字語言少異中印度自此南行三千餘里至枳秣羅國國周五千里海舶所聚人善逐利伽藍故址存者實少瀕海有秣剌耶山產龍腦香山東有布呾洛迦山山頂有池池側有石天宮觀自在菩薩往來遊舍從此山東北海畔有城是往南海僧伽羅國路從此入海東南可三千餘里至僧伽羅國唐言師子國亦南印度之境也國周七千餘里昔本寶者羅剎居之前王僧伽剌治兵浮海而往誦咒奮武遂有其國其王即釋迦佛前生也風俗淳信僧徒二萬餘人王宮側有佛牙精舍高數百尺上置鉢曇摩羅伽大寶晝夜遠望光若明星國東南隅有楞伽山昔如來于此說楞伽經自達羅毗茶國北入林野中行二千餘里至恭建那補羅國國周五

千餘里僧徒萬餘王宮城側大伽藍有三百僧實唯後彥西北入大林野二千五百里至摩訶剌佗國國周六千餘里城西臨大河土沃氣溫形偉性傲有怨必復先輒告之各披堅甲然後爭鋒臨陣逐北不殺已降兵將失利無所刑罰賜之女服感激自死國養勇士數百暴象數百臨陣皆令醋飲以一摧萬全無堅敵今戒日王東征西伐惟此國不賓屢率五印度兵往伐未克人知好學邪正兼崇僧五千人佛跡具在自此西行千餘里度耐秣陀河至跋祿羯婆國國周二千四百里鹹鹵暑熱土俗僥薄從此西北行二千餘里至摩臘婆國即南羅羅國也國周六千餘里城據莫訶河東南五印度境兩國重學西南摩臘婆國東北摩竭陀國僧徒二萬餘多習小乘自此西北行二千四百里至阿吒釐國國周六千餘里商賈爲業貴財賤德縱有信福但事天神從此西北行三百里至契吒國國周三千餘里屬役摩臘羅國風俗遂同從此北行千餘里至北羅羅國土產風俗並如摩臘羅

遠方奇貨多聚其國積財百億者至百餘室如來在世屢游此國至今遺跡相聞僧多小乘已上並南印度

自此西北行七百餘里至阿難陀補羅國始入西印度境國周二千餘里屬役摩臘婆國土宜風俗如之西行五百餘里至蘇剌佗國國周四千餘里西據莫醯河屬役北羅羅國地當西海孔道人皆販海爲業城外郁鄯多山有伽藍仙聖之所游止從北羅羅國北行千八百餘里至瞿折羅國國周五千餘里土宜風俗同前國俗崇外道王敬佛法從此東南二千八百里至鄔闍衍那國又東北行千餘里至擲枳陀國二國並南印度境又北行九百餘里至摩濕伐羅補羅國又涉入中印度境此三國並宗外道少信佛法從此還至瞿折羅國復北行荒野險磧千有九百里渡信度大河至信度國西印度境也信度國周七千餘里宜五穀出金銀鍮石宜牛羊獨峯駝產赤白黑鹽人剛烈質直好鬭諍深信佛法僧徒萬餘多懈怠其有精勤哲

上閒寂山林多證聖果如來昔頗游此國分有聖蹟窣堵波數十所從此東行九百餘里渡信渡河東岸至茂羅三部盧國國周四千餘里屬役𠌫迦國饒沃質直多事天神從此東北行七百餘里至鉢伐多國國周五千餘里役屬𠌫迦國城側大伽藍僧皆習大乘天祠二十異道雜居從信度國西南行千五六百里至阿點婆翅羅國國周五千餘里城臨信渡河鄰大海濱統屬信度國風飈勁烈氣序微寒宜牛羊槖駝之屬人暴急不好學敬信三寶有如來說法遺跡從此西行二千里至狼揭羅國東西南北各數千里無大君長據川自立役屬波剌斯國臨大海濱入西女國之路也文字大同印度語言少異邪正兼信伽藍天祠各百所自此西北至波剌斯非印度之國也周數萬里氣序亦溫出金銀鍮石頗胝水精奇珍異寶大錦細褐氍毹之類多善馬駱駝貨用大銀錢語言文字異諸國俗躁暴無禮義工伎造作爲鄰國所重昏婣雜亂齊髮露頂天祠甚多僧徒數百王宮有釋迦

佛鉢西北接佛懍國風土悉同拂懍國西南海島有西女國多諸珍寶附拂懍國國王遂遣丈夫往配焉此數國並非印度境自阿點婆翅羅國北行七百餘里至臂多勢羅國西印度境也國周三千餘里役屬信度國沙鹵寒勁獷暴不學惟信佛法從此東北行三百餘里至阿奢荼國國周二千五百里役屬信度國氣寒性獷濱信三寶如來昔日止此夜寒三衣重覆至明旦開諸苾芻著複衲衣從此東北行九百餘里至代剌那國周四千餘里役屬迦畢試國風俗獷暴僧多大乘已上並西印度

從此西北踰大山涉廣川歷小城邑二千餘里出印度境經歷歸途日漕利國地多霜雪敬佛重僧兼崇天祠頗能咒術療疾從此北行五百餘里至弗栗恃國國王突厥種深信三寶從此東北踰山涉川越迦畢試國邊城小邑凡數十所至大雪山婆羅犀那大嶺鑿冰而度三日至嶺瞻部洲中斯嶺特高又三日下嶺至安呾羅縛國又西四百里至

濶悉多國又三百里至活國並覩貨羅國故地也並屬突厥活國管鐵門已南諸小國遷徙鳥居不常其邑從此東入葱嶺葱嶺者據贍部洲中南接大雪山北至熱池千泉西至活國東至烏鎩國四面各數千里嶺崖數百重多出野葱又山崖葱翠遂以名焉東行百餘里至瞢健國又北至阿利尼國曷羅胡國訖栗瑟摩國鉢利賀國呬摩達羅國鉢鐸創羅國王薄健國屈浪那國達摩悉諦國並覩貨羅國故地也並役屬突厥風氣土俗亦同諸國多帶縛芻河兩岸達摩悉鐵諦國東西千五百里南北廣四五里狹不踰一里臨縛芻河盤紆曲折寒風淒烈產馬耐馳陟俗獷貌陋服惟氈褐從此出覩貨羅境經尸棄尼國商彌國踰險越阻七百餘里至波密羅川東西千餘里南北百餘里狹處不踰十里據兩雪山間有大龍池東西三百餘里南北五十餘里據大葱嶺內當贍部洲中最高色青黑味甘美池西派一大流至達摩悉鐵諦國東界與縛芻河合而西流也東派一大流東北至

佉沙國界與徙多河合而東流故此已右水皆西流已左水皆東流行五百餘里至朅盤陀國城基大石嶺背徙多河從此東下葱嶺行八百餘里方出葱嶺至烏鎩國役屬千朅盤陀又東五百餘里至疏勒國又東五百餘里至沮渠國又東八百餘里至于闐國

源案法顯惠王西邁並出于闐獨元奘之行艮爲可惑既至龜玆即可循天山而西逕疏勒上葱嶺矣乃又遶道凌山北出烏孫徧游昭武九姓諸國而後南至罽賓何爲耶大凌山即冰嶺也大淸地即今伊黎西南之特穆圖泊也康曹何石史安米等九姓即古之康居大宛月氏今之哈薩克敖罕布哈爾也並非天竺經由之道何爲紆數千里之程烏呼吾知之矣奘師忘身求法初以佛教橫被海西安知嶺北遐陬不有隱淪賢哲周咨博訪跋涉竆辭既知突厥各疆獷麤無學乃始壹意南馳三載印度翻然歸途不復北指徑回疏勒直趨于闐昔人有心子揣

度之是之謂矣

宋史天竺國舊名身毒亦曰摩伽陀復曰婆羅門俗宗浮圖道不飲酒食肉漢武帝遣使十餘輩間出西南指求身毒爲昆明所閉莫能通至漢明帝夢金人於是遣使天竺問佛道法由是其教傳於國中梁武帝後魏宣武皆來貢獻唐貞觀以後朝貢相繼則天授天中五天竺王并來朝獻乾元末河隴陷沒遂不復至周廣順三年西天竺僧薩滿多等十六族來貢名馬乾德三年滄洲僧道圓自西域還得佛舍利一水晶器貝葉梵經四

十夾來獻道圓晉天福詣西域在塗十二年住五印度凡六年五印度即天竺也還經于闐與其使偕至太祖召問所歷風俗山川道里一一能記四年僧行勤等一百五十七人詣闕上言願至西域求佛書許之以其所歷甘沙伊肅等州焉耆龜茲于闐割祿等國又歷布路沙加濕彌羅等國並詔諭其國令人引導之開寶後天竺僧持梵夾來獻者不絕八年冬東印度王子穰結說羅來朝貢天竺之法國王死太子襲位餘子皆出家爲僧不復居本國有曼殊室利者乃其王子也隨中國僧

至焉太祖令館於相國寺善持律爲都人所傾嚮財施盈室衆僧頗嫉之以其不解唐言即僞爲奏求還本國許之詔既下曼殊室利始大驚恨衆僧諭以詔旨不得已遲留數月而後去自言詣南海附賈人船而歸終不知所適太平興國七年益州僧光遠至自天竺以其王沒徙曩表來上以釋迦舍利附光遠上進施護者烏塡曩國人其國屬北印度西行十二日至乾陀羅國又西行二十日至曩誐羅國又西行十日至嵐婆國又西行十二日至誐惹曩國又西行至波斯國得西海自北印

度行百二十日至中印度中印度西行三程至呵囉尾國又西行十二日至末曩羅國又西行十二日至鉢賴野伽國又西行六十日至囉拏俱惹國又西行二十日至摩羅尾國又西行二十日至烏然泥國又西行二十五日至羅羅國又西行四十日至蘇羅茶國又西行十一日至西海自中印度行六月程至南印度又西行九十日至供迦拏國又西行一月至西海自南印度南行六月程得南海皆施護之所述云八年僧法遇自天竺取經回至三佛齊遇天竺僧彌摩羅失黎附表願至中

國譯經上優詔召之法遇後募緣製龍寶蓋袈裟將復往天竺表乞給所經諸國敕書遂賜三佛齊等國王書以遣之雍熙中衞州僧辭澣自西域還與胡僧密坦羅奉北印度王及金剛坐王那爛陀書來又有婆羅門僧永世與波斯外道阿里烟同至京師永世自云本國名利得國衣黃衣戴金冠以七寶爲飾出乘象或肩輿以音樂螺鈸前導多遊佛寺博施貧乏其妃衣大綢縷金紅衣歲一出多所振施人有寃抑候王及妃出遊即迎隨伸訴署國相四人庶務並委裁制五穀六畜果實與

中國無異市易用銅錢有文漫圓徑如中國之制但實其中心不穿貫耳其國東行經六月至大食國又二月至西州又三月至夏州阿里烟自云本國王號黑衣用錦綵爲衣每遊獵三二日一還國署大臣九人治國事無錢貨以雜物貿易其國東行經六月至婆羅門至道二年八月有天竺僧隨舶至海岸持帝鐘鈴杵銅鈴各一佛像一軀貝葉梵書一夾與之語不能曉天聖景祐中西印度僧屢獻梵經佛骨及銅牙菩薩像各賜紫方袍束帛

范成大吳船錄曰乾德二年詔沙門三百人入天竺求舍利及貝多葉書有繼業三藏姓王氏耀州人預遣中至開寶九年始歸寺所藏涅槃經一函四十二卷業於每卷後分記西域行程雖不甚詳然地里大略可考世所罕見錄于此以備國史之闕業自階州出塞西行由靈武西梁甘肅瓜沙等州入伊吳高昌焉耆于闐疏勒大石諸國度雪嶺至布路州國又度大葱嶺雪山至伽濕彌羅國西登大山有薩埵太子投崖飼虎處遂至健陁羅國謂之中印土又西至庶流波國及左欄陁羅國國有二寺又西過四大國至大曲女城南臨洺牟河北背洹河塔廟甚多而無僧尼又西二程有寶階故基又西至波羅柰國兩城相距五里南臨洹河又西北十許里至鹿野苑塔廟佛跡最夥業自云別有傳記今不傳矣南行十里渡恒河河南有大浮屠野自鹿苑西至摩羯提國館於漢寺寺多租入八分隸焉僧徒往來如歸南與杖陵山相直巍峯巋然山北有優波掬多石室及塔廟故基西南

百里孤山名雞足三峯云是迦葉入定處又西北百里有菩提寶座城四門相望金剛座其中東向又東至尼連禪州東岸有石柱記佛舊事自菩提座東南五里至佛苦行處又西三里至三迦葉村及牧牛女池金剛座之北門外有師子國伽藍又北五里至伽耶城又北十里至伽耶山云是佛說寶雲經處又自金剛座東北十五里至正覺山又東北三十里至骨磨城業館于鰕羅寺謂之南印土諸國僧多居之又東北四十里至王舍城東南五里有降醉象塔又東北登大山細路盤紆有舍利子塔又臨澗有馬下迎風塔度絕壑登山頂大塔廟云是七佛說法處山北平地又有舍利本生塔其北山半曰鷲峯云是佛說法華經處山下即王舍城城北山趾有溫泉二十餘井又北有大寺及伽藍陁竹園故跡又東有阿難半身舍利塔溫湯之西有平地直南登山腹有畢鉢羅窟業止其中誦經百日而去窟西復有阿難證果塔此去新王舍城八里日往乞食會新王舍城中有蘭若隸

漢寺。又有樹提迦故宅城。其西有輪王塔。又北十五里。又那爛陁寺。寺之南北各有數十寺。門皆西向。其北有四佛座。又東北十五里。至烏顛頭寺。東南五里。有聖觀自在像。又東北十里。至伽濕彌羅寺。寺南距漢寺八里許。自漢寺東行十二里。至郄提希山。又東七十里。有鴿寺。西北五十里。有支那西寺。古漢寺也。西北百里。至花氏城。育王故都也。自此渡河北至毗耶離城。有維摩方丈故跡。又至拘尸那城。及多羅聚落。踰大山數重。至泥波羅國。又至磨逾里。過雪嶺。至三耶寺。由故道自此入階州。

元史郭侃傳壬子。從宋王旭烈兀西征。癸丑至木乃奚。其國塹道置毒水中。侃破其兵五萬。下一百二十八城。斬其將忽都花爾兀朱算灘。算灘。華言王也。丙辰至乞都卜。其城在檐定山上。懸梯上下。守以精兵悍卒。乃築夾城圍之。莫能克。侃架礮攻之。守將卜者納失兒開降。旭烈兀遣往說兀魯兀乃算灘來降。其父阿力據西城。侃攻破之。走據東城。復攻破殺之。丁巳正月至兀里兒城。伏兵下令聞鉦聲則起。敵兵果來。伏發盡殺之。海牙算灘降。又西至阿剌汀。破其游兵三萬。禡拶營爾算灘降。至乞石迷部。忽里算灘降。又至報達部。此西戎大國。地方八千里。父子相傳四十二世。勝兵數十萬。侃兵至。破其兵七萬。屠其西城。又破東城。東城殿宇皆構以沉

檀木。舉火焚之。香聞百里。得七十二弦琵琶。五尺珊瑚燈檠。兩城間有大河。侃預造浮梁。以防其遁。城破。合法里算灘登舟。覩河有浮梁扼之。乃自縛詣軍門降。其將紂答爾遁去。侃追之。至暮。諸軍欲頓舍。不聽。又行十餘里乃止。夜暴雨。元所欲舍處水深數尺。明日獲紂答爾斬之。拔三百餘城。又西行三千里。至天房。其將住石致書請降。左右以住石之請爲信然。易之不爲備。侃曰。欺敵者亡。軍機多詐。若中彼計。恥莫大焉。乃嚴備以待。住石果邀我師。侃與戰。大敗之。巴爾算灘降。下其城一百八十五。又西行四千里。至密昔爾國。會日暮。已休。復驅兵起。留數病卒。西行十餘里頓。下令軍中銜枚。轉前敵不知也。潛兵夜來襲殺病卒。可乃算灘大驚曰。東天將軍神人也。遂降。八年戊午。旭烈兀命侃西渡海。收富浪。喻以禍福。兀都算灘曰。吾昨所夢神人。乃將軍也。即來降。案此取地中海一島國。非即至歐羅巴州也。師還。西南至石羅子國。敵人來拒。以奇兵掩擊。大敗之。加葉算灘降。己未。破兀林游兵四萬。阿必丁算灘大懼。來降。得城一百二十四。南至乞里灣。忽都馬丁算灘來降。西域平

元劉郁西使記

憲宗皇帝二年壬子命皇弟旭烈統諸軍西征（案旭烈即錫喇一作錫里庫）凡六年拓境幾萬里十年己未正月甲子常德（字江卿）駝驛西覲自和林出兀孫中西北行二百餘里地漸高入站經瀚海地極高寒雖酷暑雪不消山石皆松文西南七日過瀚海行三百里地漸下（案地高漸下者過阿爾泰山也）有河濶數里曰昏木輦夏漲以舟楫濟數日過龍骨河（即烏龍古河在科布多西南五百里）復西北行與別失八里南路相直（案元時天山南路曰別失八里）

治（今烏魯木齊）近五百里多漢民有麥黍穀河西注瀦爲海約千餘里曰乞則里八寺（即烏龍古河所西瀦之赫薩爾巴什泊也乞則里八寺即赫薩爾巴什譯音相近）多魚可食有碾磑亦以水激之行漸西有城曰業瀚又西南行過孛羅城所種皆麥稻山多柏不能株駱石而長城居肆囿間錯土屋窗戶皆琉璃城北有海鐵山風出往往吹行人墮海中西南行二十里有關曰鐵木爾懺察守關者皆漢民關徑崎嶇似棧道出關至阿里麻里城市井皆流水交貫有諸果唯瓜葡萄石榴最佳

回紇與漢民同居其俗漸染頗似中國又南有赤木兒城居民多并汾人（案阿里麻里即伊犂城也孛羅城北之海即伊犂東北百餘里之賽里木泊也此所過皆葱嶺東回鶻地太祖時所已服者入版圖二十餘年故有漢民并汾民商販其中）有獸似虎毛厚金色無文善傷人有蟲如蜘蛛毒中人則煩渴飲水立死惟過醉葡萄酒吐則解有嗜酒孛羅城迤西金銀銅爲錢有文而無孔方（今回疆普爾錢尚其遺制）至麻阿中以馬揮拖床遞鋪負重行疾或曰乞里乞西易馬以犬二月二十四日過亦堵兩山間土平民夥溝洫暎帶多故壘壞垣

問之葢契丹故居也（此契丹乃西契丹也遼之後裔率衆西據回部地踰葱嶺數千里太祖滅乃蠻執太陽汗其子屈出律奔西契丹旋襲篡其位又十餘年太祖征西域滅之此其故土長春西遊記所云田畤桑麻異于漢北者在伊犂西境尚未踰葱嶺也）計其地去和林五千里而近有河曰亦運流洶洶東注土人云此黃河源也（此葱嶺東喀什噶爾河之源也）二十八日過塔刺寺（今塔刺斯河也）三月一日過賽藍城有浮圖諸回紇所拜之所（明史賽蘭在塔失干之東今塔失干城在錫林河之北元時西域往反必由之路）三日過別石蘭諸回紇貿易如上巳節四日過忽章河渡船如弓鞋然（忽章河即霍闌河之音轉今敖罕境內之納林源）

人云河源出南大山地多產玉疑爲崑崙山。案葱嶺本崑崙元人已有此語以西多龜蛇行相雜郵亭客舍甃如浴室門戶皆以琉璃飾之民賦歲止輸金錢十文然貧富有差八日過樽思干城。案元太祖本紀十六年親征回回克尋思干城長春西遊記見太祖于邪迷思于城即此也即今賽馬爾罕城在敖罕境爲葱嶺以西扼要之地元大祖駐軍之所故知以上皆太祖時已服之國城大而民繁時羣花正開唯棃花薔薇玫瑰如中國餘多不能名城之西所植皆蒲萄粳稻有麥亦秋種滿地產藥十數種皆中國所無藥物療病甚效十四日過暗布河元史或作暗布河或作阿布河又作阿母河元秘史作阿梅河長春西遊記作阿母河即佛經之縛芻大河源出葱嶺大龍池西注裏海者也元初置阿母河元帥府領葱嶺以西各國夏不雨秋則雨溉田以水地多蝗有鳥飛食之十九日過里丑城其地有桑棗征西奧魯屯駐於此二十六日過馬蘭城又過納商城草皆苜蓿籓籬以栢二十九日過蹛埽爾城滿山皆鹽如水晶狀近西南六七里長春西游記踰鐵門東南行山根有鹽泉流出見日即成白鹽又東南經分水嶺西望高澗若冰皆鹽以上皆太祖時舊得之部落新得國曰木乃奚牛皆駝峯黑色地無水土人隔山嶺鑿井相沿數十里下通

流以溉田所屬山城三百六十已而皆下。案此國在葱嶺西地中海之東以四洲地里志考之言都魯機滅包社而蒙古又滅都魯機則此爲都魯幾無疑在布哈爾愛烏罕之西境疑明史所稱哈烈也或曰哈烈即愛烏罕惟檐定西一山城名乞都布孤峯峻絕不能矢石六年丙辰王師至城下城絕高險仰視之帽爲墜諸道並進敵大驚令其相臣大赭約失兒來納欵已而兀魯兀乃算灘出降算灘猶國王也。源案算灘爲西域國王之稱元史作算端明史作鎖魯檀本朝官書作蘇勒坦亦或速魯檀又葛留巴稱其王曰巡欄其實皆一音之轉也又痕都斯坦四字痕都國名斯坦即國王也西洋地圖葱嶺西各國或作土丹或作士單音比數譯字皆一義其父領兵據山城令其子取之七日而陷金玉寶貨甚多一帶有值銀千笏者其國兵皆刺客俗見男子勇壯者利誘之令手刃父兄然後充兵醉酒扶入窟室娛以音樂美女縱其欲數日復置故處既醒問其所見教之能爲刺客死則享福如此因授以經呪日誦蓋使盡其心志死無悔也潛令使未服之國必刺其主而後已雖婦人亦然木乃奚在西域中最爲凶悍威脅鄰國四十餘年王師既克誅之無遺類案唐書大食本波斯地有禮堂容數千人每七日王高坐爲下

說曰死敵者生天上殺敵授福故俗勇于鬬又言有白衣大食黑衣大食分二國卽今白帽回黑帽回也四月六日過訖立兒城所產蛇皆四蹄長五尺
餘首黑身黃皮如鯊魚口吐紫艷過阿刺丁城八
被髮率以紅帕勒首衣青如鬼然此卽古之黑衣大食也王
師自入西域降者幾三十國有佛國名乞石迷西
在印毒西北蓋傳釋迦氏衣鉢者其人儀狀甚古
如世所繪達摩像不茹葷酒日啖粳一合所談皆
佛法禪定至暮方語案乞石米西卽今克什米爾國大唐西域記作伽濕彌勒國卽北印度也在溫都斯坦之西北故曰在印度西北此時北印度尚未改回教七年丁巳

歲取報達國南北二千國其王曰合法里其城有
東西城中有大河西城無壁壘東城固之以甓繪
其上甚盛王師至城下一交戰破勝兵四十餘萬
西城既陷盡屠其民尋圍東城六日而破死者以
數十萬合法里以舸走獲焉其國俗富庶爲西域
冠宮殿皆以沈檀烏木降眞爲之壁皆黑白玉爲
之金珠珍貝不可勝計其后妃皆漢人所產大珠
曰太歲彈蘭石瑟瑟金剛鑽之類帶有值千金者
其國六百餘年傳四十主至合法里而亡人物頗

秀於諸國所產馬名脫必察后法里不悅酒以橙
漿和糖爲飲琵琶三十六絃初合法里患頭痛醫
不能治一伶人作新琵琶七十二絃聽之立解土
人相傳報達諸胡之祖故諸胡皆臣服案報達卽今包社亦作巴社乃白頭回也穆罕默德曾都此故亦云祖國報達之西馬行二十日
有天房內有天使神胡之祖葬所也師名癖顏八
兒房中懸鐵絙以手捫之誠可及不誠者竟不得
捫經文甚多皆癖顏八兒所作轄大城數十其民
富貴案此眞回教祖國亦名天方亦名墨克其造經之祖曰派罕巴爾此作癖顏八兒蓋譯音

不同華言天使也然則天方卽天房其國在包社之西漢安息國卽報達也條支國卽天方也此役乃專征回國故既平天方始旋師服印度蓋自太祖先平葱嶺西東諸回國憲宗乃復平葱嶺西南諸回國也西有密昔爾國尤富地產金夜視有光處誌
之以灰翼日發之有大如棗者至報達六千餘里
國西卽海海西有富浪國婦人衣冠如世所畫菩
薩狀男子胡服皆好善寢不去衣雖夫婦亦異處
有大鳥駝蹄蒼色鼓翅而行高丈餘食火其如升
餘案密昔爾卽拂林國其西富浪則地中海北其島夷也駝蹄大鳥卽漢書安息所產大馬爵其
石羅子國出珍珠其王名奧思阿塔卑其西南海

也採珠盛以草囊止露兩手腰縋石墜入海取蚌並泥沙貯于囊中遇惡蟲以醋噀之卽去旣得蚌滿囊撼絚舟人引出之往往有死案石羅子國見元史郭侃傳以下乃六年以後班師回東便道攻取各國大抵皆屬中印度也印毒國去中國最近軍民一千二百萬戶所出細藥大胡桃珠寶烏木雞舌賓舌賓鐵諸物國中懸大鐘有訴者擊之司鐘者紀其事及時王官亦紀其名以防奸欺民居以蒲爲屋夏大熱入處水中九年己未歲七月兀林國阿早算灘來降城大小一百二十民一百

七十萬山產銀黑契丹國名乞里彎王名忽教馬丁算灘聞王大賢亦來降其拔里寺大城獅子雄者鬃尾如纓拂傷人吼則聲從腹中出馬聞怖溺血狼有鬃孔雀如中國畫者惟尾在翅內每日中振羽香猫似土豹糞溺皆香如麝鸚鵡多五色鳳駝急使乘之日可千里珊瑚出西南海取以鐵網高有至三尺者蘭赤生西南海山石中有五色鴨思價最高金剛鑽出印毒以肉投大澗底飛鳥食其肉糞中得之撒巴爾出西海中盖瑇瑁之遺精

蛟魚食之吐出年深結成價如金其假者卽犀牛糞爲之也骨篤犀大蛇之角也解諸毒龍種馬出西海中有鱗角牝馬有駒不敢同牧被引入海中復出皂雕一產三卵內一產生犬灰色而毛短隨毋影而走所逐擒無不獲者壠種羊出西海以羊臍種土中漑以水聞雷而生臍系地中及長驚以木臍斷便行嚙草至秋可食臍內復有種案羊臍事亦見唐書西域傳拂菻國又一胡婦解馬語卽知吉凶甚驗其怪異等事不可殫記往返十四月郁欵曰西域之開

始自張騫其土地山川固在也然世代浸遠國號變易事亦難考今之所謂瀚海卽古金山也印毒卽漢身毒也曰駝鳥者卽安息所產大馬爵也密昔爾卽唐拂菻地也案拂菻卽在條支之西不渡海唐書乃以拂菻卽隔海之大秦誤也密昔爾今爲如德亞國近利未亞州觀其土產風俗可知已又唐書載拂菻去京師四萬里在西海上所產珍異之物與今日地里正同盖無疑也中統四年三月

劉郁記

四庫書目曰西使記元劉郁撰郁眞定人是書記常德西使皇弟錫里庫軍中返道途之所見于

惲嘗載入玉堂雜記中。此葢別行之本也。元史憲宗紀，二年壬子秋，遣錫喇征西域蘇丹諸國。是歲錫喇薨。三年癸丑夏六月，命諸王錫里庫及烏蘭哈達帥師征西域法勒噶巴哈台等國。八年戊午錫里庫討回回法噶巴平之，擒其王，遣使來獻捷。考世系表，睿宗十一子，次六曰錫里庫，而諸王中別無錫喇。郭侃傳，侃從王子錫里庫西行，與此記所云王子歲皇弟錫喇統諸軍，奉詔西征凡六年，拓境幾萬里者相合。然則錫喇卽錫里庫，因元史爲明代所修，故譯音譌舛，一以爲錫喇，一以爲錫里庫，誤分二人。而憲宗紀二年書錫喇薨，三年重書錫里庫征西，遂相承誤載也。此記言常德西使在己未正月，葢錫里庫獻捷之明年，所記雖但據見聞，不能考證古蹟，然亦時有異聞。郭侃傳所載與此略同，惟譯語時偶有譌異耳。我　朝戡定西域，崑崙月𩴾盡入版圖，計常德所經，皆在今屯田列障之內，具詳西域圖志。劉郁所紀，本不足道，姑錄以備考耳。

原案：此記所載回國，則直造天方；佛國，則直窮印度。皆踰葱嶺而抵西海。今新疆版圖僅有葱嶺以東，安能在屯田列障之內。讀　高宗御製五天竺說，則我　朝不勤遠略，無庸與元代爭蹟。武亦不必以諛詞誣往代也。

明職方外紀：中國之西南曰印弟亞，卽天竺五印度也。在印度河左右。國人面皆紫色。其南土曉天文，頗識性學，亦善百工技巧。無筆札，以錐畫樹葉爲書。國王之統，例不世及，以姊妹之子爲嗣，親子弟則給祿自膳。男子不衣，衣僅以尺布掩臍下。女人有以布纏首至足者。其俗，士農工賈，各世其業。最貴者曰婆羅門，次曰乃勒大，

抵奉佛，多設齋醮。今沿海諸國，與西客往來者，亦漸奉天主教。其地有加得山，中分南北。南半則山川氣候、鳥獸蟲魚草木之屬，無不各極詭異。其地自立夏以至秋分，無日不雨，反是則片雲不合，酷暑難堪，惟日有涼風解之。其風自巳至申，從海西來；自亥至寅，從陸東來。草木異于常者，不可屈指。西友鄧儒望嘗游其國，獲覩草木生平未嘗見者至五百餘種。其所產木，以造舟極堅，永不破壞。多產椰樹，爲天下第一良材。幹可造舟車，葉可覆屋，實能療饑，漿能止渴，又可爲酒、爲醋、爲油、爲飴糖。堅處可削爲釘，殼可盛飲食，瓤可索綯。種一木，而一室之利畢賴之矣。又有二奇木，其一名陰樹，花形如茉莉，日晝不開，至夜始放，

向晨盡落地矣。國人好臥于樹下，至蚤花覆滿身。其一木不花而實，人不可食。其枝飄揚，下垂附地，便生根，若杆。如是歲久，結成巨林。國人蔭其下，無異屋宇。至有容千人者。其樹之中，近原幹處，則以供佛，名菩薩樹。鳥類最多。有巨鳥，吻能解百毒，國中甚貴之，一吻直金錢五十。地產象，異於他種，能識人言。土人或命負物至某地，往輒不爽。他國象遇之，則蹲伏。有獸名獨角，天下最少，亦最奇。利未亞亦有之。額間一角，極能解毒。此地恒有毒蛇，蛇飲泉水，水染其毒，人獸飲之必死。百獸在水次，雖渴不敢飲，必俟此獸來，以角攪其水，毒遂解，百獸始就飲焉。勿搦祭亞國庫云有兩角，稱爲國寶。又有獸形如牛，身大如象而少低，有兩角，一在鼻上，一在項背間。全身披甲，甚堅，銃箭不能入。其甲交接處，比次如鎧甲。甲面犖确如鯊皮。頭大尾短，居水中可數十日。從小豢之，亦可馭。百獸俱慴伏，尢慴象與馬，偶值必逐殺之。其骨肉皮角牙蹄糞，皆藥也。西洋俱貴重之，名爲罷達或。中國所謂麒麟、天祿、辟邪之類。其猫有肉翅，能飛。蝙蝠大如猫，蛇種類極多，大半俱毒。地勢爲三

角形末銳處濶不百步東西氣候無不各極相反此晴則彼雨此寒則彼熱此風濤蔽天則彼穩如平地矣故海舶有乘順風而過者至銳處則行如拔山此南印度之尤異也

又曰印度有五惟南印度尚仍其舊餘四印度今皆爲莫臥爾回國所併矣莫臥爾國甚廣分爲十四道象至三千餘隻近百年內呑併鄰國甚多嘗攻西印度其西印度王統兵五十萬馬十五萬象二百每象負一木臺容八可二十又載銃千門其大者四門每門駕牛二百

又盛載金銀滿五十巨罌以禦之不勝盡爲莫臥爾國王所獲又東印度有大河名安日(即恒河)國人謂經此水一浴所作罪業悉得消除五印度之人咸往沐浴冀得滅罪生天也其東近滿剌加處國人各奉四元行之一死後各用本行葬其屍如奉土者入土奉水火者投水火至奉氣者則懸掛尸於空中亦大異也

恒河考上　魏源

問自晉魏唐以來歷代高僧使西域皆自葱嶺沿印度河南行以達中西二印度從無有沿恒河者豈恒河不源葱嶺而偏處東隅乎佛經說法動喻恒河波斯匿王及諸大弟子往返之迹皆在恒河從無一語及印度河豈佛終身僻處東南二印度而不至中西二印度乎葱嶺大龍池即阿耨達池出四大水分注四海而印度河恒河皆注南海何以唐人皆指印度所注爲西海乎魏源曰恒河同源而異委其出于葱嶺大龍池者即恒河之正源至印度而分二一由西印度入海是爲西恒河一由東印度入海是爲東恒河佛生中印度之舍衛國一生得法輪多在西恒河左右其東恒河則偶至不常

至後世方俗傳稱東印度之河爲恒河而謁稱西恒河爲印度河于是并以上游出葱嶺之源統稱印度河(凡言信度河新頭河者皆印度之轉音也)惟梁書言天竺國臨大江名新頭河源出昆侖分爲五江總名曰恒水又酈氏水經注引釋氏西域記曰阿耨達太山其上有大淵池宮殿樓觀甚大焉山即昆侖山也其山出六大水山西有水名新頭河西南有二水名遙奴一名薩罕一名恒伽同出一山俱入恒水恒水一出大秦名犁靬一東流入東海蓋二水所注兩海所納自爲東西也又唐泰扶南傳曰恒水

之源乃出極西北崑崙山中有五大源枝扈黎大江出山西北流東南注大海枝扈黎即恒水也渡江西行極大秦也此乃並指印度河爲西恒河印度河源爲恒源法顯傳上游雖沿俗稱印度河而下游言恒水又東到多磨犁軒即是海口犁軒乃條支瀕西海之地是亦以印度河即恒水若專指東印度之水爲恒水則豈能橫貫印度河而西北至犁軒又貫印度河而東南至榜葛剌耶源同委異星漢昭明安得忽奪其一又并誣其源致佛經無一可通乎至阿耨達注西海之水以印度河

當之尤元奘記之謬夫東恒西恒同注南海非地中海也烏得以印度河之海口爲西海又安得分一恒河之水以當二河哉（別詳崑崙篇下）惟是水經雖言恒河下游之分注而不詳上游何地分支考西域諸記西洋諸圖皆無分流歧出之證皇淸通考四裔門曰巴達克山國扼葱嶺之西有河北流經博羅爾巴達克山兩部之間至伊什得克特分流一流經北入圖斯泊一流逕西又北入伊西洱泊此葢指縛芻河與印度河初分之處圖斯泊即縛芻河所經伊西洱泊即印度河所經也（徐氏西域水道記第

一圖于龍池西出一派行六七百里即各分爲二亦以意爲之非有所據）或謂恒河東西分流如梁州之二東漢水西漢水在山谷中孔穴相通故西域取經諸僧皆未道及此亦臆度之詞而吾則斷兩水之分必在中印度以下不在中印度以上何者北印度之北界以大雪山綿亘二千里直抵裏海包社之地印度河循大雪山而西直至包社始轉而南故知上游斷無分流別駛之地極至中西兩印度之間平原曠野受水益多始分一支東行迨受後藏岡噶江之水而其流始大又至東印度之東受大金沙江水而浩瀚始極故

歷代西使之記皆踰印度河即爲北印度無更渡一水者至其受岡噶江以後則一統志述之曰岡噶江源出岡底斯山山南馬品木達賴池及郎噶池自池西流出名狼楚河西流二百餘里折而北繞古格札什魯木布則城西仍轉南又西流千有五百餘里至阿里西鄙桑納蘇木多之地拉楚河自僧格喀巴布山發源西流千有六百餘里轉南流三百五十餘里來會之又轉南流二百五十餘里經畢底城之西二百餘里折東流千七百餘里至那克拉蘇木多北鄙又有麻楚河來會之二

水合一始名岡噶江轉東南經馬木巴柞木那部落至厄訥特克國入南海案厄訥特阿國即中印度也其下游至東印度又受大金沙江則英夷地圖繪之岡噶江與大金沙江合流始名安日河亦名安市河河入南海故坤輿職方諸圖皆無大金沙江蓋統于安日河之海口也然則東印度當在恒河以西乎抑在恒河以東乎曰恒河兩岸地皆有之上游則岡噶江以東如吉里鎖里坎巴諸國下游則安日河以東如大小葛蘭柯枝諸國以西如榜葛剌國皆東印度境也大金沙江自緬甸

逆流而西則其南岸之地如柯枝等國亦皆橫行自東而西轉入印度境內故元異記往東印度皆涉大河而往柯枝葛蘭今名烏土國榜葛剌一名孟加臘其近後藏之功德阿難等國當即廓爾喀國不瀕大海其古里鎖里殆即海錄之徹第岡等地歟明史言水程幾晝夜者海艘沿恒河下游非必皆大洋之道里

恒河考下

問曰漢書往罽賓有懸度之險晉法顯亦曾經其地述之曰厓岸險絶石壁千仞下有水名新頭河鑿石通路躡懸絙過沙河兩岸相去八十步渡河到烏萇國即北天竺是懸度蓋度新頭河往印度必由之險而元邱長春劉郁之西行及乾隆中官兵之追霍集古皆往反此河曾無躡絙緣笮之事豈陵谷遷變耶曰水經注言懸度在烏秅之西烏秅今巴達克山也官軍追賊僅至巴達克山東北交界安能即至其西境之懸度乎漢書罽賓傳歷三盤石坂臨崢嶸不測之深步騎繩索相引二千餘里乃到懸度是其地距龍池甚遠故法顯傳踰葱嶺後又西南行十五日始至懸度焉我軍追賊至葱嶺

之阿爾楚山又三日即追戰于伊西庫洱河其兩岸即和什珠克嶺近在大龍池之西巴達克山之東北距法顯所渡尚隔十餘程故皇清四裔考曰葱嶺西有河北流經巴達克山博羅爾兩部之間北入伊西洱淖其北鄙之城曰瓦漢將軍富德移檄索其獻俘而進軍瓦漢以待之蓋駐軍其國北境未抵其國都也至邱長春初從鐵門踰阿母河至印度北雪山行在不言過印度河及歸從他道過石峽有石梁橫其上下流甚急賦詩有水北鐵門猶自可水南石峽更堪驚之句則明指阿母

河以南之印度河矣其後次再赴行在舟濟阿母河後夜過班里城又東行數十里復過一水馬僅能度則又涉印度河矣長春兩踰印度河而一由石梁一則馬涉是皆印度河上源其水尙淺又何會至烏秅以西下游之懸度乎不但此也即唐元奘使西域記亦未經懸度葢元奘由鐵門過縛芻河南度大雪山即邱長春所經之路法顯則順河北岸西行故未經鐵門亦未踰大雪山其程途有上下游之别非往北印度者必經懸度之險也以地望推之鐵門在縛芻河北納林河南迫近賽

馬爾罕當在今敖罕南境懸度則在今巴達克山西境愛烏罕東境恒河葢貫二部而南經克什彌爾之西以入痕都斯坦其通舟當在懸度下游以後漢唐時往罽賓者憚大雪山之阻故繞其下游唐以後多踰大雪山至北印度故不繞懸度也外國史略曰印度東南北俱高山惟中央平坦卑溼片地皆支江可以灌溉其水漲時壞田旱易淺涸雨則驟漲家家以小舟往來鄉邨亦無高阜江河遷徙無常滄桑陵谷盈涸時有故知東西恒河之通流斷在懸度以後不在懸度以上

海國圖志卷三十

西南洋　　邵陽魏源輯

中印度沿革 原無今補輯

漢書烏弋山離國王去長安萬二千二百里不屬都護戶口勝兵大國也東北至都護治所六十日行東與罽賓西與犂靬條支接烏弋地暑熱莽平其草木畜產五穀果菜食飲宮室市列錢貨兵器金珠之屬皆與罽賓同而有桃拔師子犀牛俗重妄殺其錢獨文爲人頭幕爲騎馬以金銀飾杖絕遠漢使希至自玉門陽關出南

道歷鄯善而南行至烏弋山離南道極矣轉北而西得安息 案烏弋山離在罽賓之西犂靬條支安息之東南其爲中印度無疑俗重妄殺佛國始見于史故以冠中印度之首漢初身毒未通于中國故語焉不詳

後漢書天竺國一名身毒在月氏之東南數千里俗與月氏同而卑濕暑熱其國臨大水乘象而戰其人弱於月氏修浮圖道不殺伐遂以成俗從月氏高附國以西南至西海東至槃起國皆身毒之地 全傳已見前五印度總考茲不重錄

范蔚宗西域傳論曰西域風土之載前古未聞也漢世張騫懷致遠之略班超奮封侯之志終能立功西遐羈

服外域自兵威之所肅服財賂之所懷誘莫不獻方奇納愛質露頂肘行東向而朝天子故設戊己之官分任其事建都護之帥總領其權先馴則賞籯金而賜龜綬後服則繫頭顙而釁北闕立屯田於膏腴之野列郵置於要害之路馳命走驛不絶於時月商胡販客日款於塞下其後甘英乃抵條支而歷安息臨西海以望大秦拒玉門陽關者四萬餘里靡不周盡焉若其境俗性智之優薄產載物類之區品川河領障之基源氣節涼暑之通隔梯山棧谷繩行沙度之道身熱首痛風災鬼難

之域莫不備寫情形審求根實至於佛道神化興自身毒而二漢方志莫有稱焉張騫但著地多暑溼乘象而戰班勇雖列其奉浮圖不殺伐而精文善法導達之功靡所傳述余聞之後說也其國則殷乎中土玉燭和氣靈聖之所降集賢懿之所挺生神迹詭怪則理絶人區感驗明顯則事出天外而騫超無聞者豈其道閉往運數開叔葉乎不然何誣異之甚也漢自楚英始盛齋戒之祀桓帝又修華蓋之飾將微意未譯而但神明之邪詳其清心釋累之訓空有兼遣之宗道書之流也且好仁惡殺蠲敝崇善所以賢達君子多愛其法焉魏書唐書宋史已見五印度總考不重錄

明史沼納樸兒其國在榜葛剌之西或言即中印度古所稱佛國也永樂十年遣使者齎敕撫諭其國賜其王金絨錦金織文綺綵帛等物十八年榜葛剌使者愬其國王數舉兵侵擾詔中官侯顯齎敕諭以睦鄰保境之義因賜之綵幣所過金剛寶座之地亦有布施然其王以去中國絶遠朝貢竟不至金剛座之地見佛經及大唐西域記此中印度無疑

西域圖志曰愛烏罕東南接痕都斯坦部漢書南道西

踰葱嶺則出大月氏與今愛烏罕方位相符而痕都斯坦爲古罽賓國愛烏罕南與相接亦與漢書大月氏南接罽賓之說合惟境壤相接是以貴霜大得滅罽賓而有之也罽賓與北印度接五印度即五天竺國范史稱貴霜王丘滅罽賓後并滅天竺亦其境地毘接之明證案以大唐西域記考之罽賓當爲克什彌爾之地即北印度而痕都則中印度也愛烏罕爲大月氏南境而大月氏則北有大夏又有兼北印度之西境此全誤又班書稱大月氏都媯水北魏書稱其都馬許水隋書稱其部烏滸水烏滸與媯爲音之近烏滸與馬許則字之譌也范史又稱天竺在月

氐之東南。天竺爲今西藏，亦適當愛烏罕東南境。據此斷以愛烏罕爲月氐故壤無疑。源案：以西藏爲天竺，故以痕都斯坦爲罽賓，且謂罽賓尚非北印度，愈岐愈遠，皆與 御製五天竺說不合。惟謂愛烏罕爲月支，則近是。

又曰：痕都斯坦在拔達克山西南，愛烏罕東。漢書作國東南。工治玉，以水磨成器，最精，爲內地所勿逮。舊於葉爾羌貿易。乾隆二十五年頒 勅書，賜物通市如故。其地共北印度交界，北極高二十九度十五分，距京師偏西四十五度五分，當爲古罽賓國地。案：罽賓卽北印度，而痕都斯坦則中印度，不當混爲一也。痕都一作溫都。

東印度沿革 原無，今補輯。○明史作榜葛剌。此外西夷書圖或云孟加臘，或云孟阿拉，或云滿加塔，或云明呀剌，或云明絞犖，皆字殊音同。其北境有古里、瑣里、坎巴。又東隔海口之柯枝、葛蘭等國，皆東印度境。惟緬甸在印度外。

明史：榜葛剌，卽漢身毒國，東漢曰天竺。其後中天竺貢於梁，南天竺貢於魏，唐亦分五天竺，又名五印度，宋仍名天竺。榜葛剌則東印度也。自蘇門答剌順風二十晝夜可至。永樂六年，其王靄牙思丁遣使來朝，貢方物。七年使凡再至，攜從者二百三十餘人。帝方招徠絕域，頒賜甚厚。自此比年入貢。永樂十二年及正統三年凡兩貢麒麟，百官表賀。自是不復至。其國地大物阜，城池街市，聚貨通商，繁華類中國。四時氣候常如夏。土沃，一歲二稔，不待耔耘。俗淳龐，有文字，男女勤於耕織，容體皆黑，間有白者。王及官民皆回回人，喪祭冠婚悉用其禮。男子皆薙髮，裹以白布，衣從頸貫下，用布圍之。歷不置閏。刑有笞杖徒流數等，官司上下亦有行移。醫卜陰陽、百工技藝悉如中國，蓋皆前世所流入也。其王敬天朝，聞使者至，遣官具儀物，以千騎來迎。王宮高廣，柱皆黃銅包飾，雕琢花獸。左右設長廊，內列明甲馬隊千餘，外列巨人，明盔甲，執刀劍弓矢，威儀甚壯。丹墀左右設孔雀翎傘蓋百餘，又置象隊百餘於殿前。王飾八寶冠，箕踞殿上高坐，橫劍於膝。朝使入，令柱銀杖者二人來導，五步一呼，至中則止，又拄金杖者二人導如初。其王拜迎詔，叩頭，手加額，開讀受賜訖，設絨毯於殿，宴朝使，不飲酒，以薔薇露和香蜜水飲之。贈使者金盔、金繫腰、金瓶、金盆，其副則悉用銀，從者皆有贈。厥貢良馬、金銀、琉璃器、青花白瓷、鶴頂、犀角、翠羽、鸚鵡、洗白苾布、兜羅棉、撒哈剌、糖霜、乳香、熟香、烏香、麻藤香、烏爹泥、紫膠、藤竭、烏木、蘇木、胡椒、麤黃。

宋史：丹眉流國東至占臘五十程，南至羅越水路十五程，西至西天三十五程，北至程良六十程，東北至羅斛二十五程，東南至闍婆四十五程，西南至程若十五程，西北至洛華二十五程，東北至廣州一百三十五程。其俗以版為屋，跣足，衣布，無紳帶，以白紵纏其首。貿易以金銀。其主所居廣袤五里，無城郭，出則乘象車，亦有小駟。地出犀象、鍮石、紫草、蘇木諸藥。四時炎熱，無雪霜，未嘗至中國。咸平四年來貢。按其方位四至，亦東印度地。

明史：或言柯枝即古盤盤國，宋、梁、隋、唐皆入貢。唐書：盤盤在南海西北，距環王，限少海，與狼牙修接，自交州海行四十日乃至。宋元嘉、梁大通中均入貢。其民瀕水居，比木為柵，石為矢鏃。貞觀中王遣使朝。其東南有哥羅富沙羅王州二十四，其兵有弓矢、矟殳，以孔雀羽飾纛，每戰以百象為一隊，一象百人，鞍若檻，四人執弓矟在中。賦率輸銀二銖，無絲紵，惟吉貝，非有官不束髮。凡嫁娶納檳榔為禮，多至二百盤。東南有拘蔞密，海行一月至；南距婆利，行十日至；東不述，行五日至；西北距文單，行六日至。與赤土、墮和羅同俗。

自小葛蘭西北行，順風一日夜可至。永樂元年遣中官尹慶齎詔撫諭其國，賜以銷金帳幔、織金文綺、綵幣及華蓋。永樂六年復命鄭和使其國。六年遣使來貢。十年封其國中之山，勒石山上。宣德八年遣使偕錫蘭山諸國來貢。正統元年遣其使者附爪哇貢船還國，賜勅勞王。其國與錫蘭山對峙，中通古里國，界東大山，西南北皆大海。氣候常熱，田瘠少收，俗頗淳。築室用椰子樹，即取其葉為苫覆。王所里人，尊釋教，佛座四

旁皆水溝，復穿一井，每旦鳴鐘鼓，汲水灌佛，再三始羅拜而退。人分五等：第一南昆，王族類；二回回；三哲地，皆富民；四革全，皆牙儈；最賤者曰木瓜，屋高不得過三尺。蓋極貧民執賤役者。歲中二三月時有少雨，國人皆治舍儲食物以俟。五六月間大雨不止，街市成河，七月始晴，八月後不復雨，歲歲皆然。地產諸穀，獨無麥，諸畜亦皆有，惟無鵞與驢。澳門紀畧：柯枝國分上三等，曰南昆，王族類；曰回回；曰哲地。下二等，曰革全，皆牙儈；曰木瓜，最貧，遇南昆、哲地人輒伏地。

明史又曰：小葛蘭其國與柯枝接境，自錫蘭山西北行

六晝夜可達東大山西大海南北地窄西洋小國也永樂五年遣使附古里蘇門荅剌入貢賜其王錦綺紗羅鞍馬諸物其使者亦有賜王及郡下皆瑣里人奉釋教敬牛及他婚喪諸禮多與錫蘭同俗湻土薄收穫少仰給榜葛剌鄭和常使其國厥貢止珍珠傘白綿布胡椒又有大葛蘭波濤湍悍舟不可泊故商人罕至土黑墳本宜穀麥民懶事耕作歲賴烏爹之米以足食風俗土産多類小葛蘭柯枝卽海錄之烏土國故大小葛蘭地接柯枝土亦黑墳無一不合考英夷所繪中國地圖亦列柯枝于大金沙江海口東岸與緬甸接以上二國皆東印度邊境故附著之

又曰古里西洋大國西濱大海南距柯枝國北距狼奴爾國東七百里距坎巴國自柯枝舟行三日可至觀柯枝至古里必由舟行可見中隔江河葢古里介大金沙及恒河二水之間而柯枝則在江河合流之東南岸也自錫蘭山十日可至諸番要會也永樂元年命中官尹慶奉詔撫諭其國賚以綵幣其酋遣使從慶入朝貢三年達南京封爲國王賜印誥及文綺諸物遂比年入貢鄭和亦數使其國十三年偕柯枝南勃利甘巴里滿剌加諸國入貢十四年又偕爪哇滿剌加占城錫蘭山木骨都束溜山南浡利不剌哇阿丹蘇門荅剌麻林剌撒忽魯謨斯柯枝南巫里沙里灣泥彭亨諸國入貢是時諸番使臣充斥於廷以古里大國序其使者于首十七年偕滿剌加十七國來貢十九年又偕忽魯謨斯阿丹祖法兒剌撒不剌哇木骨都束柯枝加異勒溜山南浡利蘇門答剌阿魯滿剌加諸國遣使千二百人入貢時帝方出塞勑皇太子曰天時向寒貢使卽令禮官宴勞給賜遣還其以土物來市者官酬其直自成祖崩中朝不遣使諸國諸國貢使亦不來宣德五年復遣鄭和使其國八年其王遣使偕蘇門答剌柯枝錫蘭山祖法兒阿

丹甘巴里忽魯謨斯加異勒天方使臣入貢其使久留都下至正統元年乃命附爪哇貢舟西還自是不復至其國山多地瘠有穀無麥俗甚湻行者讓道道不拾遺人分五等如柯枝王敬浮屠鑿井灌佛亦如之每旦王及臣民取牛糞調水塗壁及地又煆爲灰抹額及股謂爲敬佛國中半崇回回敎建禮拜寺數十處七日一禮男女齋浴謝事午時拜天於寺未時乃散王老不傳子而傳甥無甥則傳弟無弟則傳於國之有德者國事皆決於二將領以回回人爲之刑無鞭笞輕者斷手足重

者罰金珠尤重者夷族沒產鞫獄不承則置其手指沸
湯中三日不爛卽免罪免罪者將領導以鼓樂送還家
親戚致賀富家多植椰子樹至數千其嫩者漿可飲亦
可釀酒老者可作油糖亦可作飯幹可搆屋葉可代瓦
殼可製杯穰可索綯煆爲灰可鑲金其他蔬果畜產多
類中國所貢物有寶石珊瑚珠琉璃瓶琉璃枕寶鐵刀
拂郎雙刃刀金繫腰阿思模達塗兒氣龍涎香蘇合油
花氈單伯蘭布苾布之屬
又曰西洋瑣里洪武二年命使臣劉叔勉以卽位詔諭

其國三年平定沙漠復遣使臣頒詔其王遣使奉金葉
表獻方物成祖頒卽位詔於海外諸國西洋瑣里亦與
焉永樂元年二十一年偕古里阿丹等十五國來貢按源
一統志云西洋瑣里本一小國乃占城暹羅錫蘭山柯
枝諸大國王舊志皆云瑣里人故特存之此與古里皆
東印度境於大地方位爲南洋非西洋也明史云概西
洋者失之○明史西天阿難功德國西方番國也洪武
七年遣其講主必尼西來朝貢方物及解毒藥石詔賜
文綺禪衣及布帛諸物後不復至又有和林國師亦遣
其講主來朝獻銅佛舍利日哈丹布及元所授玉印玉
圖書又曰尼八剌國在諸藏之西去中國絕遠其王皆
僧爲之洪武十七年太祖已招徠諸番議通使其地命
僧智光齎璽書綵幣往并使其鄰境地湧塔國智光精
釋典負才辯宣揚天子德意其王卽遣使隨入朝貢金
塔佛經及名馬方物二十年達京師帝喜賜銀印玉圖

書誥敕符驗及幡幢綵幣又賜其使者二十三年再貢
加賜玉圖書紅羅繖終太祖時數歲一貢成祖嗣位復
命智光使其國永樂七年遣使來貢十一年命楊三保
齎璽書銀幣賜其嗣王及地湧塔王十六年命中官鄧
城齎書往所經罕東靈藏必力工瓦烏斯藏及野藍卜
納皆有賜宣德二年又遣中官侯顯賜其王絨錦紵絲
地湧塔王如之自後貢使不復至又有速覩嵩者亦西
方之國永樂三年遣行人連迪等齎敕往招賜銀鈔綵
幣其酋以道遠竟不至萬歷野獲編曰西天功德阿難
國古來不聞此與名金元諸史及國朝會典皆不載必
胡僧賺賞僞造美名以欺天朝耳源案明史尚有加異
勒國甘巴里國吉蘭丹國皆永樂宣德中鄭和所奉使
招徠偕古里柯枝南浡利等國入貢其隣境
尚有小阿蘭撥丹二國皆東印度之部落

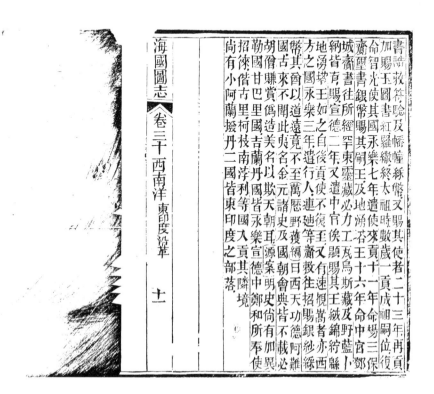

南印度沿革 原無今補輯附錫蘭山島

後漢書東離國居沙奇城在天竺東南三千餘里大國也其土氣物類與天竺同列城數十皆稱王大月氏伐之遂臣服焉男女皆長八尺而怯弱乘象駱駝往來鄰國有寇乘象以戰

新唐書贍博或曰贍婆北距兢伽河多野象羣行顯慶中與婆岸千支弗舍跋若磨臘四國並遣使入朝千支在西南海中本南天竺屬國亦曰半支跋若唐言五山也北距多摩萇又有哥羅舍分修羅分甘畢三國貢方

物甘畢在南海上東距環王有勝兵五千哥羅舍分者在南海南東婆和羅修羅分者在海北東距真臘其風俗大略相類有君長皆柵邪二國勝兵二萬甘畢才五千又有多摩萇東距婆鳳西多隆南千支弗北訶陵地東西一月行南北二十五日行俗無姓婚姻不別同姓王坐常東向勝兵二萬有弓刀甲矟無馬果有波那婆宅護遮菴摩石榴其國經薩盧都訶盧君那盧林邑諸國乃得交州顯慶中貢方物

案通典有章求拔國在東印度西未審爲南否也

南印度海中錫蘭山島國沿革 一曰師子國一曰僧伽刺國一曰楞伽山一曰則意蘭島

梁書師子國天竺旁國也其地和適無冬夏之異五穀隨人所種不須節其國舊無人民止有鬼神及龍居之諸國商賈來共市易鬼神不見其形但出珍寶顯其所堪價商人依價取之諸國人聞其土樂因此競至或有停住者遂成大國晉義熙初始遣獻玉像經十載乃至像高四尺二寸玉色潔潤形製殊特殆非人工此像歷晉宋世在瓦官寺寺先有徵士戴安道手製佛像五軀及顧長康維摩畫圖世人謂爲三絶至齊東昏遂毀玉

像前截臂次取身爲嬖妾潘貴妃作釵釧宋元嘉六年十二月其王刹利摩訶遣貢獻大通元年後王伽葉伽羅訶梨邪使奉表

新唐書師子國居西南海中延袤二千餘里有稜加山多奇寶以寶置洲上商舶償直輒取去後鄰國人稍往居之能馴養師子因以名國總章三年遣使者來朝天寶初王尸羅迷迦再遣使獻大珠鈿金寶

明史錫蘭山即古狼牙修梁時曾通中國自蘇門答剌

順風十二晝夜可達永樂中鄭和使西洋至其地其王欲害和和覺去之他國其王又不睦鄰境屢邀劫往來使臣諸番皆苦之及和歸復經其地乃誘和至國中發兵五萬劫和舟且塞歸路和乃率部卒二千由間道乘虛攻拔其城生擒其王妻子頭目獻俘于朝廷諸臣請戮帝釋之擇其族之賢者立之其舊王亦釋歸自是海外諸番益服天子威德貢使載道而其王遂屢入貢其國地廣人稠貨物多聚亞于瓜哇東南海中有山三四座總名曰翠藍嶼大小七門門皆可通舟中一山尤高

大番名梭篤蠻山其人皆巢居穴處赤身髡髮自此山西行七日見鸚哥嘴山又二三日抵佛堂山即入錫蘭國境海邊山石上有一足跡長三尺許故老云佛從翠蘭嶼來踐此故足跡尚存中有淺水四時不乾人皆手蘸以洗面目山下僧寺有釋迦真身側卧床上旁有佛牙及舍利相傳佛涅槃處也其寢座莊嚴甚麗王所居側有大山高出雲漢產諸色寶石每大雨衝流山下海旁有浮沙珠蚌聚其內故其國諸珠寶特富王所居國人崇釋教重牛日取牛糞燒灰塗其體又調之以水徧

塗地上乃禮佛手足直舒腹貼于地以為敬不食牛肉止食其乳死則瘞之有殺牛者罪至死氣候常熱米粟豐足雖富饒然不喜啖飯欲啖則於暗室不令人見男子裸上體下圍以布徧體皆毫毛悉薙去惟髮不薙所貢物有珠珊瑚寶石水晶撒哈喇西洋布乳香木香樹香檀香沒藥硫磺藤竭蘆薈烏木胡椒磁石馴象之屬

案梁書狼牙修國與師子國分敘為二國狼牙敘于千陀利之後婆利之前而師子國則敘于婆利及天竺之後東西判然迥不相侔安得以狼牙脩為錫蘭山而置龍鬼合居之師子國于不問乎明史之外國沿革無一不繆有如此者

〈廣東通志〉錫蘭山疆域在西洋與柯枝國對峙南以別羅里為界自羅里南去順風七晝夜可至溜山洋國十晝夜可至古里國二十一晝夜可至卜剌哇國柯枝接大小葛蘭二國山連赤土上自小葛蘭順風二十晝夜可至木骨都束國自古里順風十晝夜可至忽魯謨斯國二十晝夜可至剌撒國二十二晝夜可至阿丹國又自忽魯謨斯四十晝夜可至天方國乃南洋之盡處也書稱狼牙修國在南海中其界東西三十日行南北二十日行北去廣州二萬四千里蓋即此國

〈西域記〉附注僧伽羅國古之師子國又曰無憂國即南印度其地多奇寶又名曰寶渚昔釋迦牟尼佛化身名僧迦羅國人推尊為王以大神通力破大鐵城滅羅刹女極拯危難于是建都築邑化導四方示寂留牙在于茲土國有凶荒災異懇祈隨應今之錫蘭山即古之僧伽羅國也王宮側有佛牙精舍飾以眾寶輝光赫灼累世相承敬禮不衰今國王阿烈苦柰兒瑣里人也崇祀外道不敬佛法暴虐國人永樂三年太監鄭和奉香花

往詣彼國供養王欲加害鄭和知其謀遂去後復遣鄭和往賜諸番并賜錫蘭山國王王益慢不恭欲圖害使者用兵五萬人刊木塞道分兵以劫海舟會其下預泄其機鄭和等歸路已絕潛遣人回舟備水師拒之而和自以兵三千夜由間道攻入王城守之其劫海舟番兵乃與其國內番兵四面攻圍數重拒戰六日和等執其王凌晨開門伐木取道且戰且行凡二十餘里抵暮始達舟即禮請佛牙登舟靈異匪常光彩照耀歷涉巨海數萬里風濤不驚如履平地永樂九年七月至京師詔於皇城內莊嚴旃檀金剛寶座貯修供養佛牙精舍側有小精舍亦以衆寶而為瑩飾中有金佛像此國先王等身而鑄肉髻則貴寶飾焉至是并歸中國

元王大淵島夷志畧僧加剌疊山環翠洋海橫峙其山腰有佛殿巋然則釋迦佛舍利所在海濱有石如蓮臺上有佛足跡長二尺有四寸闊七寸深五寸許跡中海水入其內不鹹而甘病者飲之則愈土人面紫身黑眼巨而長手足溫潤而壯健壽多至百餘歲佛初憐彼方之人貧而為盜故以善化其民復以甘露水灑池俾產

紅石土人掘之得此以濟貿易皆令溫飽而善良其佛前有一鉢盂非玉非銅非鐵色紫而潤敲之有玻璃聲故國初凡三遣使取之云

南懷仁坤輿圖說印第亞之南有則意南島離赤道北四度人自幼以環繫耳漸垂至肩而止海中多珍珠江河生猫睛昔泥紅金剛石等山林多桂皮香木亦產水晶嘗琢成棺殮死者相傳為中國人所居今房屋殿宇亦頗相類西有小島數十總名馬兒地褫悉為人所居海中生一椰樹其實甚小可療諸病

按南印度之楞伽島舊為羅剎所居人不敢至佛為說法尚不能戒殺見於法苑珠林所載梁書亦言其為龍與鬼神所居何以後世竟為耕桑商舶之地惟西域記坿注言僧伽剌王仗佛力以滅羅剎之事得其實矣凡佛經所言轉輪聖王及阿修羅皆劫初時地天之通未絕非後世所有故昔日羅剎夜叉各島今皆開闢生齒繁殖而西牛貨州東神勝洲今亦商舶通行氣運日開不怪為怪固難以為夏蟲井蛙道也

又案瀛環志略言中有高山土產鴉鶻寶石每遇大雨衝流山下從沙中拾取之隋常駿至林邑極西望見之番人謂高山為錫南因名云

附補落伽山及溜山 補落伽山一名普陀山

大唐西域記南印度瀕海有秣剌耶山產龍腦香山東有布吐落迦山頂有池池側有石天宮觀自在菩薩往來遊舍從此山東北海畔有城是往南海僧迦羅國路從此入海東南可三千餘里至僧迦羅國唐書師子國亦南印度之境也國周七千餘里昔本寶渚羅剎居之前王僧伽剌治兵浮海而往誦咒奮武遂有其國其王即釋迦佛之前生也○案補落迦山在南印度瀕海之岸非島也由此下海乃至錫南山島故別載之

海島逸志曰穆迦濱於南海真佛所居山極高峻徧地黃金美玉百神守護不得取也真修者必登穆迦禮拜真佛持齋受戒數年而出人皆稱曰老君自能降神伏怪驅邪斬鬼手持念珠慈悲可掬見者知其有道○案此即南印度瀕海之落迦山也非錫蘭島

明史溜山自錫蘭山別羅里南去順風七晝夜可至自蘇門答剌過小帽山西南行十晝夜可至永樂十年鄭和往賜其國自後三貢並與忽魯謨斯諸國偕宣德五年鄭和復使其國後竟不至其山居海中有三石門並

可通舟無城郭倚山聚居氣候常熱土薄穀少無麥士人皆捕魚暴乾以充食王及羣下盡回回人婚喪諸禮多類忽魯謨斯山下有八港各以溜名或言外更有三千溜舟或失風入其處即有沉溺之患

魏源曰五印度之地惟南印度斗出大海形如箕舌似中國之登萊而補落迦山則猶登州之成山其錫蘭島之楞伽山則四面皆海猶瓊州臺灣也普陀之在西藏在浙江定海者皆後出傅會惟此近翔實以非西夷市舶所集故無述焉獨是錫蘭島偪近印度史稱地廣富庶亞於瓜哇南懷仁艾儒略均圖述之何以亦闕然於英夷據印度之後惟地里備考以榜甲剌等十九部爲

印度公司兼轄之地以錫蘭島爲士君專轄之地其言較核於諸夷書蓋南洋斗出瀕海之岸爲大西洋各國市埠環峙有英吉利埠有荷蘭埠有佛蘭西埠有彌利堅埠有葡萄埠岸市盛故島市微矣溜山諸島林立環錫蘭山而地里備考謂錫蘭山四面千嶼環之其人物生殖者惟四五十島亦最切南洋之形勢譚印度者可無唐棗鑿空之憾焉

案海間小島名目實繁西人以意命名不能劃一大約大則百里小則數十里洲嶼星列耳

西印度沿革 唐以前安息條支皆佛教無回教也唐以後大食波斯始皆回教故以宗佛教者歸此類

漢書安息國治番兜城去長安萬一千六百里不屬都護北與康居東與烏弋山離西與條支接土地風氣物類所有民俗與烏弋罽賓同亦以銀爲錢文獨爲王面幕爲夫人面王死輒更鑄錢有大馬爵其屬小大數百城地方數千里最大國也臨嬀水商賈車船行旁國書革旁行爲書記武帝始遣使至安息王令將將二萬騎迎於東界東界去王都數千里行比至過數十城人民

相屬因發使隨漢使者來觀漢地以大鳥卵及犂靬眩人獻於漢天子大說安息東則大月氏

漢書又曰烏弋山離國行可百餘日乃至條支國臨西海案此西海謂地中海魏書謂此西渤海也暑濕田稻有大鳥卵如甕人衆甚多往往有小君長安息役屬之以爲外國善眩安息長者傳聞條支有弱水西王母亦未嘗見也自條支乘水西行可百餘日近日所入云此語魏書已破其安見大西洋沿革云

後漢書安息國居和櫝城去洛陽二萬五千里北與康居接南與烏弋山離接地方數千里小城數百戶口勝

兵最爲殷盛其東界木鹿城號爲小安息去洛陽二万
里章帝章和元年遣使獻獅子符拔符拔形似麟而無
角和帝永元九年都護班超遣甘英使大秦抵條支臨
大海欲度而安息西界船人謂英曰海水廣大往來者
逢善風三月乃得度若過遲風亦有二歲者故入海人
皆齎三歲糧海中善使人思土戀慕數有死亡者英聞
之乃止案大秦與條支止隔地中海海長雖萬餘里僅廣二三千里順風對度數日可至安有此阻難之理此西夷貪漢使財物恐其西通大秦自相貿易則已國不得壟斷其利故爲此恐嚇之誕詞也至魏書始破其妄
十三年安息王滿屈復獻獅子及條支大鳥時謂

之安息雀自安息西行三千四百里至阿蠻國從阿蠻
西行三千六百里至斯賓國從斯賓南行度河又西南
至于羅國九百六十里安息西界極矣自此南乘海乃
通大秦其土多海西珍奇異物焉
後漢書自皮山西南經烏秅涉懸度歷罽賓六十餘日
行至烏弋山離國地方數千里時改名排持復西南馬
行百餘日至條支條支國城在山上周回四十餘里臨
西海海水曲環其南及東北三面路絕唯西北隅通陸
道土地暑濕出師子犀牛封牛孔雀大雀大雀其卵如

甕轉北而東復馬行六十餘日至安息後役屬條支爲
置大將監領諸小城焉
魏書安息在葱嶺西都蔚搜城北與康居西與波斯相
接在大月氏西
隋書安國漢書安息國也王姓昭武與康國王同族都
那密山南城有五重環以流水宮殿皆爲平頭煬帝初
遣杜行滿至其國又烏那曷國都烏滸水西舊安息之
地王姓昭武康國種類東北去安國四百里西北去穆
國二百餘里東去瓜州七千五百里穆國都烏滸河西

亦安息故地與烏那曷爲鄰其王姓昭武亦康國種類
東北去安國五百里東去烏那曷二百餘里西去波斯
國四千餘里東去瓜州七千七百里唐書以後安息改名大食條支改名波斯皆回教非佛教矣別見巴杜阿丹兩國沿革
魏書波斯國都宿利城在忸密西古條支國也城方十
里河經其城中南流出金銀鐵石珊瑚琥珀車渠瑪瑙
多大真珠頗梨瑠璃水晶琴瑟金剛火齊鑌鐵銅錫硃
砂水銀等物氣候暑熱家自藏冰有鳥形如橐駝有兩
翼飛不能高食草與肉亦能噉火神龜中遣使入貢

隋書波斯國都達曷水之蘇藺城即條支故地西去海數百里東去穆國四千餘里西北去拂菻四千五百里東去瓜州萬一千七百里都城方十餘里勝兵二萬餘乘象而戰妻其姊妹國無死刑或繫排于頸以標之煬帝遣李昱使波斯尋遣使貢方物

宋史注輦國東距海五千里西至西天竺千五百里（宋史原本作距海五里又天竺上無西字此據文獻通考）南至羅蘭二千五百里北至頓田三千里自古不通中國水行至廣州約四十一萬一千四百里其國有城七重高七尺南北十二里東西

七里每城相去百步凡四城用磚二城用土最中城以木爲之皆植花果雜木其第一至第三皆民居環以小河第四城四侍郎居之第五城主之四子居之第六城爲佛寺百僧居之第七城即主之所居室四百餘區所統有三十一部落其西十二其南八其北十二今國主相傳三世矣民有罪即命侍郎一員處治之輕者繫於木格笞五十至一百重者即斬或以象踐殺之其宴則國主與四侍郎膜拜于階遂共座作樂歌舞不飲酒而食肉（案回教食牛羊肉不飲酒）俗衣布亦有餅餌掌饌執事用婦人其嫁娶先用金銀指環越諾布及女所服錦衣遺婿若男欲離女則不取聘財女却男則倍償之其兵陣用象居前小牌次之梭槍次之長刀又次之弓矢在後四侍郎分領其衆國東南約二千五百里有悉蘭池國或相侵伐地產眞珠象牙珊瑚頗黎檳榔豆蔻吉貝布獸有山羊黃牛禽有山雞鸚鵡果有餘甘藤羅千年棗椰子甘羅崑崙梅婆羅密等花有白末利散絲蛇臍佛桑麗秋靑黃碧婆羅瑤蓮蟬紫水蕉之類五穀有綠豆黑豆麥稻地宜竹自昔未嘗朝貢大中祥符八年來貢以盤

奉珍珠碧玻璃升殿布於御坐前降殿再拜離本國舟行七十七晝夜歷那勿丹山娑里西蘭山至古賓國又行六十一晝夜歷伊麻羅里山至古羅國國有古羅山因名焉又行七十一晝夜歷加八山占不牢山舟寶龍山至三佛齊國又行十八晝夜度蠻山水口歷天竺山至賓頭狼山望東西王母塚距舟所將百里又行二十晝夜度羊山九星山至廣州之琵琶洲離本國凡千一百五十日至廣州焉凡宴賜恩例同迺茲使明道二年表進珍珠衫帽及眞珠一百五兩象牙百株自言數朝

貢。而海風破船不達。願將上等珠就龍牀脚撒殿。頂戴贍禮。以申嚮慕之心。乃奉銀盤升殿。跪撒珠于御榻下而退。

宋史云。層檀國在海傍城。距海二十里。熙寧四年始入貢。海道使風行百六十日。經勿巡古林三佛齊國。乃至廣州。傳國五百年十世矣。人語言如大食。地春冬暖。貴人以越布纏頭。案此卽白帽回。亦日纏頭回。服花錦白氎布。出入乘象馬。有奉祿。其法輕罪杖。重罪死。穀有稻粟麥。食有魚。畜有綿羊山羊沙牛水牛槖駝馬犀象。藥有木香血竭

沒藥鵬砂阿魏薰陸。產珍珠玻璃密華三酒。交易用錢。官自鑄。三分其齊。金銅相半。而銀居一分。禁民私鑄。元豐六年使再至。神宗念其絕遠。詔頒賚如故事。仍加賜白金二千兩。

坤輿圖說。阿爾毋斯。其地悉是鹽及硫磺。草木不生。鳥獸絕跡。人著皮履。遇雨過。履底一日輒敗。多地震。氣候極熱。須坐臥水中。沒至口方解。絕無淡水。勺水皆從海外載至。因居三大洲之中。富商大賈多聚此地。百貨駢集。人煙輻輳。凡海內珍奇難致之物。輒往取之。源案。明史作忽魯謨斯。又南懷仁圖中。有阿爾毋河。職方外紀則作阿爾謨海。與西紅海相對。共兩海汊。而阿丹回國則夾于二海汊之間。蓋歐羅巴洲之貨由地中海來者。皆在此過載駁陸。再下南洋海。而亞細亞洲南洋之貨亦至此入內河。分赴彼二州也。

明史。祖法爾國。自古里西北放舟。順風十晝夜可至。永樂十九年。遣使偕阿丹剌撒諸國入貢。命鄭和齎璽書賜物報之。宣德正統屢貢。其國東南大海。西北重山。天時常若八九月。五穀蔬果諸畜咸備。人體頎碩。王及臣民悉奉回回教。婚喪亦遵其制。多建禮拜寺。遇禮拜日市絕貿易。男女長幼皆沐浴更新衣。以薔薇露或沉香

油拭面。焚沉檀俺八兒諸香于鑪。人立其上以薰衣。然後往拜。所過街市。香經時不散。天使至。詔書開讀訖。其王遍諭國人。盡出乳香血竭蘆薈沒藥蘇合油安息香諸物與華人交易。乳香乃樹脂。其樹似榆而葉尖長。土人斫樹取其脂爲香。有駝雞。頸長類鶴。足高三四尺。毛色若駝。行亦如之。常以充貢。案地產駝雞。知爲安息大食境。故入之西印度。

又日。忽魯謨斯。西洋大國也。自古里西北行二十五日可至。永樂十年。天子以西洋近國已航海貢琛。稽顙闕下。而遠者猶未賓服。乃命鄭和齎璽書往撫。忽魯謨斯

比剌溜山孫剌諸國賜其王錦綺綵帛紗羅妃及大臣皆有賜至忽魯謨斯王即遣陪臣奉金葉表貢馬及方物十二年至京師命禮官宴賜酬以馬直比還賜王及妃以下有差自是凡四貢和亦再使後朝使不去其使者亦久不至宣德五年復遣和宣詔其國乃遣使來貢八年至京師宴賜有加正統元年附瓜哇舟還國嗣後遂絶其國居西海之極自東南諸蠻邦及大西洋商舶西域賈人皆來此貿易故寶貨塡溢氣候有寒暑春發葩秋隕葉有霜無雪多露少雨土瘠穀麥寡然他方轉

輸多價極賤民富俗厚或遭禍致貧衆皆遺以錢帛共振業之王及臣下俱回回人婚喪悉用其禮人多白皙豐偉婦女出則以紗蔽面市列廛肆百物具備惟禁酒犯者罪至死醫卜技藝皆類中華交易用銀錢書用回回字王遵其教日齋戒沐浴虔拜者五地多鹹不産草木牛羊馬駝皆噉魚腊壘石爲屋有三四層者寢處庖廁及待客之所皆在其上饒蔬果有核桃把聃松子石榴葡萄花紅萬年棗之屬有大山四面異色一紅鹽石鑿以爲器盛食物不加鹽而味自和一白土可塗垣壁一赤土一黄土皆適於用所貢有獅子麒麟駝雞福祿靈羊常貢則大珠寶石之類源案西印度諸國皆安息大食之地故皆產駝雞即漢書所謂安息大鳥今閩粵寧波上海洋船多載還內地其雞高三四尺花冠翠羽其行若駝俗云洋雞者也但此尚非至大者其本國駝雞高大更倍天方典禮云駝雞尾長似雉雌者高三尺至七八尺雄者高丈餘背有肉鞍似駝可乘致遠蹄蒼色張翅甚大其卵如甕可作器舟舶難載故罕至云此皆西南洋非大小西洋而明史謂其國居西洋之極者鄭和之舟至此而返也

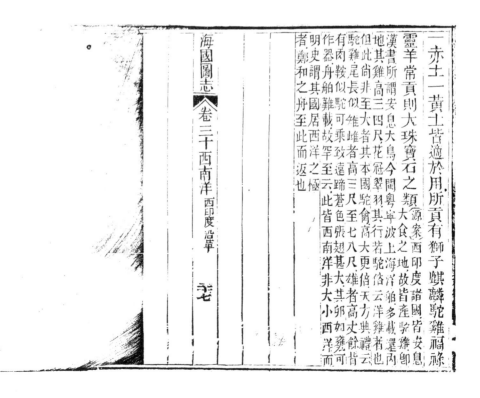

北印度沿革[illegible]今[illegible]○今克什彌爾古罽賓國即北印度也與西印度皆不屬英夷其西境之愛烏罕即古大月氏亦與北印度犬牙相錯

又案北印度與鄰境各國有大雪山界之雪山之北則印度河界之其南與中印度亦有大山爲界疆域本不難辨後人不審西域記自作紛擾耳

漢書西域記罽賓國王治循鮮城去長安萬二千二百里不屬都護戶口勝兵多大國也東北至都護治所六千八百四十里東至烏秅國二千二百五十里東北至難兜國九日行西北與大月氏西南與烏弋山離接昔匈奴破大月氏大月氏西君大夏而塞王南君罽賓塞

種分散往往爲數國自疏勒以西北休循捐毒之屬皆故塞種也罽賓地平溫和有苜蓿雜草奇木檀櫰梓竹漆種五穀蒲萄諸果糞治園田地下溼生稻冬食生菜其民巧雕文刻鏤治宮室織罽刺文繡好治食治金銀銅錫以爲器市列以金銀爲錢文爲騎馬幕爲人面出封牛水牛象大狗沐猴孔爵珠璣珊瑚琥珀璧流離它畜與諸國同自武帝始通罽賓自以絕遠漢兵不能至其王烏頭勞數剽殺漢使後軍候趙德使罽賓與其王陰末赴相失陰末赴鎖琅當德殺副以下七十餘人遣使者上書謝孝元帝以絕域不錄放其使者於縣度絕而不通成帝時復遣使獻謝罪漢欲遣使者報送其使杜欽說大將軍王鳳曰罽賓前親逆節惡暴西域故絕而不通今悔過來而無親屬貴人奉獻者皆行賈賤人欲通貨市買以獻爲名又煩使者送至縣度爲防護寇害起皮山南更不屬漢之國四五斥候士百餘人五分夜擊刁斗自守尚時爲所侵盜驢畜負糧須諸國稟食得以自贍國或貧小不能食或桀黠不肯給擁彊漢之節餒山谷之間人畜棄捐曠野而不反又歷大頭痛小

頭痛之山赤土身熱之阪令人身熱無色頭痛嘔吐驢畜盡然又有三池盤石阪道陿者尺六七寸長者徑三十里臨崢嶸不測之深行者騎步相持繩索相引二千餘里乃到縣度畜隊未半阬谷盡靡碎人墮執不得相收視險阻危害不可勝言聖王分九州制五服務盛內不求外今遣使者承至尊之命送蠻夷之賈勞吏士之眾涉危難之路非計也使者業已受節可至皮山而還於是鳳白從欽言罽賓實利賞賜賈市其使數年而一至案縣度在烏秅西與罽賓鄰當在今巴達克山西境乃印度河岸也

後漢書大月氏國居藍氏城西接安息四十九日行東去長史所居六千五百三十七里去洛陽萬六千三百七十里戶十萬口四十萬勝兵十餘萬人初月氏爲匈奴所滅遂遷於大夏分其國爲休密雙靡貴霜肸頓都密凡五部翖侯後百餘歲貴霜翖侯邱就卻攻滅四翖侯自立爲王國號貴霜王侵安息取高附地又滅濮達罽賓悉有其國至其子立復滅天竺置直監領月氏自此之後最爲富盛諸國稱之皆曰貴霜王漢本其故號言大月氏云高附國在大月氏西南亦大國也其俗似天

竺而弱易服善賈販內富於財所屬無常天竺罽賓安息三國强則得之弱則失之而未嘗屬月氏漢書以爲五翖侯數非其實也後屬安息及月氏破安息始得高附

魏書大月氏國都盧監氏城在佛敵沙西去代一萬四千五百里北與蠕蠕接數爲所侵遂西徙都薄羅城去弗敵沙二千一百里其王寄多羅勇武遂興師越大山南侵北天竺自乾陁羅以北五國盡役屬之世祖時其國人商販京師自云能鑄石爲五色瑠璃於是採礦山中於京師鑄之既成光澤乃美於西方來者乃詔爲行殿容百餘人光色映徹觀者見之莫不驚駭以爲神明所作自此中國瑠璃遂賤人不復珍之○阿鉤羌國在莎車西南去代一萬三千里國西有縣度山其間四百里中往往有棧道下臨不測之淵人行以繩索相持而度因以名之土有五穀諸果市用錢爲貨居止立宮室有兵器土出金珠一統志漢書稱烏秅國西有縣度魏書則以權于靡國即漢之烏秅而縣度在阿鉤羌國之西考阿鉤羌去權于靡止三十里境壤毗連蓋漢烏秅國至魏分而爲二其在今則皆拔達克山境也又波路國在其西北與今布魯特在拔達克山西北者地勢正合波路與布魯音近其爲布魯特部無疑

○小月氏國都富樓沙城其王本大月氏王寄多羅子也寄多羅爲匈奴所逐西徙後令其子守此城因號小月氏焉在波路西南去代一萬六千六百里先居西平張掖之間被服頗與羌同其俗以金銀錢爲貨隨畜牧移徙亦類匈奴其城東十里有佛塔周三百五十步高八十丈自佛塔初建計至武定八年八百四十二年所謂百丈佛圖也○罽賓國都善見城在波路西南去代一萬四千二百里居在四山中其地東西八百里南北三百里地平溫和有苜蓿雜草奇木檀槐紫竹種五

穀蔾園田地下濕生稻冬食生菜其人工巧雕文刻鏤織罽有金銀銅錫以爲器物市用錢他畜與諸國同每使朝獻○嚈噠國大月氏之種類也亦曰高車之別種其原出於塞北自金山而南在于闐之西都馬許水南二百餘里去長安一萬一百里其王都拔底延城蓋王舍城也其城方十里餘多寺塔皆飾以金風俗與突厥畧同其語與柔然高車及諸胡不同衆可十萬無城邑依隨水草能鬥戰西城康居于闐沙勒安息及諸小國三十許皆役屬之號爲大國與柔然婚姻自太安以後

每遣使朝貢初熙平中肅宗遣王伏子統宋雲沙門法力等使西域訪求佛經時有沙門慧生者亦與俱行正光中還慧生所經諸國不得知其本末及山川里數蓋舉其畧云其國去漕國千五百里去瓜六千五百里一統志今愛烏罕爲葱嶺西南大國漢書所云南道踰葱嶺則出大月氏與今愛烏罕適合魏嚈噠隋挹怛皆月氏總類其所載都馬許水南及烏滸水南蓋字畫之傳訛漢書稱其都嬀水烏滸與嬀其音固相近是嚈噠挹怛之與月氏同爲一地皆愛烏罕境也○鉢和國在渴盤陁西其土尤寒人畜同居穴地而處又有大雪山望若銀峯有二道一道西行向嚈噠一道西南趣烏萇亦爲嚈噠所統○賒彌國

在波知之南山居不信佛法專事諸神亦附嚈噠東有鉢盧勒國路險緣鐵鎖而度下不見底熙平中宋雲等竟不能達○烏萇國在賒彌南北有葱嶺南至天竺婆羅門胡爲其上族婆羅門多解天文吉凶之數其王動則訪決焉土多林果引水灌田豐稻麥事佛多諸寺塔事極華麗爲法不殺犯死罪唯徙于靈山西南有檀持山山上立寺以驢數頭運食山下無人控御自知往來也○乾陁國在烏萇西本名業波爲嚈噠所破因改焉其王本是勑勒臨國民二世矣好征戰與罽賓國鬭三

年不罷人怨苦之有鬥象七百頭十人乘一象皆執兵仗象鼻縛刀以戰所都城東南七里有佛塔高七十丈周三百步卽所謂雀離佛圖

新唐書吐火羅或曰土豁羅曰覩貨羅元魏謂吐呼羅者居葱嶺西烏滸河之南古大夏地與挹怛雜處勝兵十萬國土著少女多男北有頗黎山其陽穴中有神馬國人游牧牝于側生駒輒汗血其王號葉護武德貞觀時再入獻永徽元年獻大鳥高七尺色黑足類橐駝翅而行日三百里能噉鐵俗謂駝鳥顯慶中以其阿緩城

爲月氏都督府析小城爲二十四州挹怛國漢大月氏之種大月氏爲烏孫所奪西過大宛擊大夏臣之治藍氏城大夏卽吐火羅也嚈噠王姓也後裔以姓爲國訛爲挹怛俗類突厥天寶中遣使朝貢俱蘭或曰俱羅弩口屈浪拏與吐火羅接壤地三千里南大雪山北俱魯河出金精琢石取之貞觀二十年遣使者來獻書辭類浮屠語劫國居葱嶺中西南距賒彌西北挹怛也去京師萬二千里氣常熱有稻麥粟豆畜羊馬武德二年遣使者獻寶帶玻瓈水精栝越底延國南三千里距天竺

西北千里至賒彌東北五千里至瓜州居辛頭水之北其法不殺人重罪流輕罪放無租稅俗翦髮被錦袍貧者白氎自澡潔氣溫多稻米石密此國非北印度而與北印度毘連故先述之

新唐書箇失密或曰迦溼彌羅北距勃律五百里環地四千里山囘繞之他俗無能攻伐王城西瀕彌那悉多大河地宜稼多雪不風出火珠鬱金龍種馬俗毛褐世傳地本龍池龍徙水竭故往居之開元初遣使者朝獻胡藥且言有國以來並臣天可汗受調發國有象馬步三種兵臣身與中天竺王阨吐蕃五大道禁出入戰輒勝有如天可汗兵至勃律者雖衆二十萬能輸糧以助又國有摩訶波多磨龍池願爲天可汗營祠因丐王冊冊木多筆爲王自是職貢有常其役屬五種亦名國所謂咀叉始羅者地二千里有都城東南餘七百里得僧訶補羅地三千餘里亦治都城東南山行五百里得烏剌尸地二千里有都城宜稼穡東南限山千里卽箇失密西南行險七百里得半笯蹉地二千里又得曷邏闍補羅者其大四千里有都城多山阜人驍勇五種皆無

君長云

新唐書罽賓隋漕國也居葱嶺南距京師萬二千里而贏南距舍衛三千里王居修鮮城常役屬大月氏地暑濕人乘象俗治浮屠法武德二年遣使貢寶帶金鎖水精琖頗黎貞觀中獻名馬遣果毅何處羅拔等厚齎賜其國并撫尉天竺處羅拔至罽賓王東向稽首再拜仍遣人導護使者至天竺顯慶三年以其地修鮮爲都督府開元七年遣使獻天文秘方奇藥罽賓及烏萇國王乾元初使者朝貢

海國圖志卷三十一

西南洋沿革　　邵陽魏源輯

北印度西北鄰部附錄 漢書罽賓以西北各國皆北印度之鄰境也隋唐爲九姓昭武等國見大唐西域記者孰北印度孰非北印度至爲昭析今不復錄惟元代盡易國名而明史誤以北方之賽馬爾罕爲罽賓官書西域圖志又以南方之溫都斯坦爲罽賓罽賓以南之西藏方爲天竺遂燕郢易位棼如亂絲今特畫出北印度以外各國以區戎索特自元明始

邱長春西遊記 門人李志常述前半烏程程同文注後半大興徐松注魏源附注 眞人長春子姓邱名處機登州棲霞人己卯年住萊州昊天觀 己卯元太祖稱帝十四年宋寧宗嘉定十二年金宣宗興定三年 江南河南各大帥屢邀請不往會是冬十二月成吉思皇帝遣侍臣劉仲祿以虎頭金牌率二十騎來請時山東尙爲金有適兩朝講好故使命得通庚辰年正月啟行 庚辰元太祖十五年宋寧宗嘉定十三年金宣宗興定四年 由燕京出居庸關駐宣德州十月斡辰大王遣使臣阿里鮮來請 程同文曰斡辰大王即太祖弟四弟斡赤斤也太祖西征命斡赤斤居守斡難河 以辛巳年二月八日啟行 辛巳元太祖十六年宋寧宗嘉定十四年金宣宗興定五年 度野狐嶺 在張家口外 北過撫州十五日東北過蓋里泊有鹽池 金史撫州之豐利縣有蓋里泊在今張家口北百里 迤東北去自此無河鑿沙井以汲南北數千里亦無大山馬行

五日出明昌界又六七日忽入大沙陀 即大漠 東北行千里外三月朔出沙陀至漁兒濼始有人煙聚落 張德輝紀行云昌州以北入沙陀凡六驛而出沙陀與此正同今爲達兒海子在克什克騰部落北 又二十餘日方見一沙河西北流入陸局河 陸局河即臚朐河之音轉今克魯倫河也 渡河北行三日入小沙陀四月朔至斡辰大王帳下 即斡難河舊帳非和林也 十七日馬首西北二十二日抵陸局河積水成海周數百里並河南岸西行五月朔亭午日有食之水流東北行十有六日河勢邐西北山去不得窮其源 克魯倫河發源肯特嶺南流及平地始轉東南長春由河南岸折河西行故不見來源 西南濼驛路又行十日夏至量日影三尺六七寸漸見大山峭拔從此以西漸有山阜 此所見大山當即肯特嶺 又四程西北渡河乃平野 此所渡土臘河也 山川秀水草饒有契丹故城蓋遼亡士馬不降者西行所建城邑也又言西南至尋思干城萬里外回紇最佳處契丹都焉歷七帝 註詳下文蓋契丹初奔乃蠻後乃西徙回紇葱嶺也故乃蠻之亡來投西契丹歟 六月十三日至長松嶺後宿十四日過山度淺河天極寒十七日宿嶺西盛夏冰雪山路盤曲西北且百餘里既而復西北始見平地有石河長五十餘里 此鄂爾昆河東流將會喀拉河處河經山峽故曰石河雍正中拒準噶爾其時黑龍江兵

至鄂羅坤河軍營者過汗山卽西北渡土拉河又西北行喩喀里雅爾山乃濟鄂爾坤河與長春行程正同長松嶺當卽喀里雅爾山其地己在北極出地四十九度是以寒甚歟山行五六日峯回路轉蒔登高嶺勢若長虹壁立千仞俯視海子淵深恶人此厄魯赫特山也二十八日泊窩里朶之東窩里朶漢語行宮也奉皇后旨請師渡河其水東北流瀰漫沒軸入營駐車南岸其車輿亭帳望之儼然古之大單于未有若此之盛也此和林行宮也在鄂爾坤河之北色楞格河之南又在塔米爾河哈綏河二小水之間哈綏河卽元時和林河也以水得名其地爲自昔回紇建牙之所其所渡之河或卽入和林河之支流今日瑚伊努河七月九日同宣使西南行五六日屢見山上有雪山下

往往有墳墓又二三日過曷剌肖故城又五六日踰嶺而南迤邐南山望之有雪此地東距陸局河約五千里七月二十五日至阿不罕山北鎭海相公來謁阿不罕山在金山東北今阿集爾罕山也鎭海傳太祖屯田於阿魯歡立鎭海城阿魯歡卽阿不罕之音轉八月傍大山西行約三日復東南行過大山經大峽中秋日抵金山東北其山高大深谷長坂車不可行三太子出軍始闢其路縣轅以上縛輪以下約四程連度五嶺南出山前臨止泊傍大山者卽傍阿爾泰山之東大幹也乃向西南行當取道於今科布多再西南乃科布多河及額爾齊斯河發源處爲阿爾泰山之脈脊故曰經大峽抵金山東北也南出山臨河當是烏隆古

河劉郁西使記謂之龍骨河渡河而南經小童山七十里又鹵地三十里宣使與鎭海議曰此地最難行前至白骨甸行二百里達沙陀北頗有水草更涉沙陀百餘里方及回紇城謂所白骨甸者古之戰場疲兵至此百無一還頃者乃滿部大敗於此須昏起夜渡其半明日向午方得水草但黑夜魑魅爲祟當塗血馬首以厭之師笑不答徐松曰金山東北與烏魯木齊所屬之古城南北相直今自科布多赴新疆驛路南抵古城之鄂倫布之拉克台之蘇吉台之噶法台皆沙蹟卽白骨甸也翌日過沙陀南望天際若銀霞疑爲陰山八月二十七日抵陰山後回紇交迎至小城北

告曰此陰山前三百里和州也翌日沿州西行禾麥初熟西卽鱉思爲大城回紇王部族勸葡萄酒供花果告曰此大唐時北度端府景龍三年楊公何爲大都護有龍興西寺二石刻紀其功德其東數百里有西涼府其西二百餘里有輪臺縣唐之邊坊往往尚存此陰山非河套之陰山乃天山也博克達三峯去古城北數日程卽見之故長春詩有三峯並起插雲寒之句其陰山前三百里和州者謂天山以南吐魯番爲古火州地譌火爲和耳唐北庭大都護府在今濟木薩之北端州者端卽都護字之合音輪臺縣治在今阜康縣西五六十里縣治在博達克山背故南望陰山程同文曰鱉思卽別失歐陽圭齋曰北庭今別失八里也則元時別失八里正在於此九月七日西行問更幾程

得至行在皆曰西南更行萬餘里即是四日宿輪臺之東又歷一城重九日至回紇昌八剌城其王畏午兒與鎮海有舊卒部族遠迎原案畏午兒即畏吾兒乃回鶻轉音也元初畏吾兒地西接伊犂東抵哈密故此有其酋長程同文曰昌八剌城即元史西北地里附錄之彰八里也耶律希亮傳踰天山至北庭都護府二年至昌八里城夏踰馬納思河則昌八里在今瑪納斯河之東矣翌日並陰山而西約十程又度沙場一晝夜方出蓋白骨甸大沙分流也南際陰山之麓踰沙又五日宿陰山北詰朝南行長坂七八十里翌日又西南行二十里忽有大池方圓幾二百里雷峯環之倒影池中師名之曰天池徐松曰沙場者晶河城東至托克多積沙成山東距阜康千一百里故云十餘程其間當過數小河此不言者夏雪融則漲冬則涸此九月過之故不知有水也自托克多至晶河山行五百餘里至賽喇木泊東岸泊正圓周百餘里即天池海沿池正南下左右峯巒眾流入峽曲折六七十里二太子扈從西征始鑿石理道刊木為四十八橋橋可行車並泊南行五千里入塔勒奇山峽諺曰果子溝溝水南流勢甚湍急架木橋以度車馬峽長六十里今為四十二橋即其遺址翌日方出入東西大川次及一程至阿里馬城鋪速滿國王暨蒙古塔剌忽且來迎宿於西果園土人呼果為阿里馬因以名城東西大川即今阿里瑪圖河也阿里馬元史作阿力麻里即伊犂城也元史又作葉密里又作葉密立皆即此城本朝名之曰伊犂以唐書伊列河得名恐亦即葉密立之音轉又西行四日至答剌速河土人呼河為沒輦云水勢深闊從東來抵西北截斷陰山河南復是雪山十月二日乘舟以濟南下至一大山北有小城此即今伊犂河也其水西流以西行四日計之其渡河當在今之察林渡也南下一大山疑今鉛廠諸山又西行五日宣使劉仲祿以去行在漸近先往馳奏獨鎮海公從又西行七日度西南一山遇東夏使回言七月十二日辭行在上將兵追筭端汗至印度西南一山當是善塔斯嶺筭端者西域長君之稱元史作算端明史作速檀一作瑣檀　本朝官書作蘇勒坦今哈薩克布魯特每稱之七月十二日辭行在十月十四日至此在道三月矣明日至回紇小城十有六日西南遇板

橋渡河晚至南山下即大石林牙其國王遼後也自金師破遼大石林牙領眾數千去西北移徙十餘年方至此地風土氣候與漠北不同平地多農桑果實如中國惟夏秋無雨皆資灌溉東北西南左山右川延袤萬里傳國幾百年乃滿失國依大石士馬復振盜據其土繼而算端西削其地天兵至乃滿尋滅算端亦亡源案前記言西南至尋思干城萬里外回紇最佳處契丹都焉歷七帝者此也劉仲祿言在乃蠻奉詔徵師者亦此也大石林牙遼宗姓於遼亡後率眾西行間關萬里建國西土是為西遼耶律大石號德宗改為延慶二年康國十年子夷列立號仁宗其幼時太后蕭氏權國改元咸清凡七年及親政改元紹興凡十三年卒子幼妹耶律氏權國

崇福十四年子直魯古立改元天禧凡三十四年元太祖滅乃巒禽太陽汗其子屈出律奔契丹襲執天禧尊爲太上皇篡其國閱十餘年元太祖征西域滅之其事附見遼史天祚紀末兼見於契丹國志實止建國七十年歷三帝二后以遠隔蔥嶺故諸史皆無之此地尚在伊犂西境未逾蔥嶺也時乃蠻部據其蔥嶺東地而印度算端據其蔥嶺西地分爲兩國其尋思千城則印度算端所據也舊皆西契丹地十有八日沿山而西七八日山忽南去一石城當途石色盡赤有駐軍古迹西有大塚若斗星相聯今時穆爾圖泊南岸也多古翁仲卽此地也自渡伊犂河以南所經之程卽今伊犂兵赴喀什噶爾換防之兵傍特穆圖泊東南經布魯特游牧乃上蔥嶺也並西南山行五程至塞藍城有小塔回紇王來迎入館十一月四日土人以爲年傍午相賀西南復三日至一

城其王亦回紇明日又歷一城復行二日有河是爲霍闌河由浮橋渡泊於西岸其河源出東南二大雪山間色渾而流急深數丈西北注不知幾千里此正踰蔥嶺之路也程同文曰賽藍據劉郁西使記在塔剌寺西四日程今塔剌河之西也明史外國傳賽蘭在塔失干之東今塔失干城在錫林河之北元時西域往返之道必從塔剌斯河過賽蘭乃西南行渡霍闌河卽納林河也劉郁西使記在忽牽河其音相近河之西南絕無水草者二百餘里復南望大雪山而西山形與邪米思干之南山相首尾又至一城得水草復經三城山行半日入南北平川仲冬十有八日過大河至邪米思干大城之北西契丹之河中府也

大師移剌國公及蒙古回紇郊迎大設帷幄乃知宣使劉公以路梗尚留此處蓋千里外舟梁爲土寇所毁也遂留過冬其城臨河岸秋夏常無雨國人疏二渠入城分遶巷陌方算端未敗時城中十萬餘戶今存四之一大半回紇人契丹及漢人次之有岡高十餘丈算端之新宮據焉又孔雀大象皆東南數十里印度國物邪米思干元史及西史記皆作尋思干卽賽馬爾罕城在今敖罕境內在納林和之南長春自北來先渡霍闌河此又渡大河至邪米思干城者應指城東之河北流入那林河者也自北庭至此大率西行過此則大率南行最爲西征扼要之地故於此宿兵而以耶律楚材駐守焉其後以封駙馬帖木兒至明尚爲西域大國源案元史太祖

先取尋思干城後取薛迷思干城則誤作二地薛迷卽邪迷也師因問五月朔日食事其人云此中辰時食至六分止師曰前在陸局河時午刻見其食既又西南至金山人言巳時食至七分此三處所見各不同以理揆之正當其下則見其食既在旁者則千里漸殊耳是年閏十二月將終宣使所遣偵騎回言二太子發軍滅土寇整橋梁　帝蹕大雪山之東南今則雪積山門百餘里深不可行今開此路請師師作詩有陰山西上五千里大石東過二十程之句壬午年春三月壬午元太祖十七年宋寧宗嘉定十五年金宣宗元光元年阿里鮮至自

行宮來迎師問阿里鮮程途幾何對曰春正月十三日自此初發馳三日東南過鐵門又五日過大河二月初去東南過大雪山積雪甚高馬上舉鞭測之猶未及其半下所踏者復五尺許南行三日至行宮矣三月十五日同劉宣使啟行四日過碣石城傳旨以甲士千八衛送過鐵門東南度山山勢高大亂石縱橫衆軍挽車兩日方至前山沿流南行軍即北入大山破賊五日舟渡小河七日舟濟大河即阿毋河也碣石元史地理志作柯傷明史外國傳作渴石云南傍大山屹立出峽口有石門色似鐵唐西域記出鐵門至覩貨羅國其地東拒蔥嶺西接波剌斯南

踰大雪山北據鐵門過雪山爲濫波國即北印度境是也太祖追北印度算端南踰雪山已親至北印度太祖旋師後復遣將追至忻都窮及申河算端死乃返則兵亦至中印度界矣前阿里鮮赴行在時正太祖追算端至印度之日故踰雪山南又三日乃達乃長春至行在則帝已回至雪山避暑故長春過鐵門後行十二日至雪山而止也所渡之阿母河元史亦作暗布河亦作阿木河元秘史作阿梅河即佛書之縛芻河發源蔥嶺大龍池西北流入裏海者其後於阿毋河立元帥府統蔥嶺以西各國大雪山今爲和羅三托山自東而西綿亘千里東南行又四日達行在時四月五日也上恐印度迤南炎熱故於雪山避暑上卜四月十五日開道將至期有報回紇山賊指斥者上欲親征因改卜十月吉師乞還舊館臨時再來乃以千餘騎由他路回遂歷大山山

有石門望如削堵有巨石橫其上若橋其下流甚急此地蓋門口新爲兵所破師出峽詩有水北鐵門猶自可水南石峽更堪驚之句源案阿毋河之南雪山之北其中尚有一印度河此石峽即印度河上游也印度河亦名新頭河法顯傳曰度蔥嶺西南行十五日其道艱阻崖岸險絕其山惟石壁立千仞臨之目眩下有水名新頭河昔人有鑿石通路躡懸絙過河兩岸相去八十步過河便到烏萇國即北天竺也水經注曰烏秅之西有懸度之國案漢烏秅今巴達克山國也懸度更在其西則河之下游此石峽則河之上游矣征西人回多獲珊瑚有從官以白金二鎰買五十株高者尺餘源案職方外紀蔥嶺迤西有國曰得白德者不以金銀爲幣止用珊瑚又西紅海在天方之西水皆紅色相傳珊瑚所映而成五月五日復回耶米思干成八月八

日復啟行詣行在十有二日過碣石城翌日步騎千餘入大山中行即鐵門外別路也涉紅水澗有峻峯高數里向東南行山根有鹽泉流出見日即成白鹽又東南上分水嶺西望高澗若冰皆鹽耳十有四日至鐵門西南之麓將出山其山門險峻左崖崩下澗水伏流一里許中秋抵河上其勢若黃河流乘舟以濟東南行三十里乃無水源案此又過阿母河也即夜行過班里城甚大東行數十里有水馬僅能渡源案此又過印度河上游也二十二日至行在入見道人見帝無跪拜禮入帳折身叉手而已二十七

日從車馬北回九月朔渡河橋而北。鹽泉在鐵門山之西其西北即大鹽池元史郭寶玉傳太祖封大鹽池爲思濟王劉郁西使記過納商城滿山皆鹽如水晶狀納商即渴石也越三日出山抵河上其水勢若黃河西北流者即流入大鹽池蓋葱嶺西之水皆會於此即阿母河南懷仁圖言裏海之水浩蕩甚鹹或以受此河之故歟東行數十里復渡一河則印渡河之上源也九月朔復渡河橋北還者即阿母河之浮橋前爲賊毀官軍修復之蓋長春已見帝即扈從而北矣讀此記乃知元史本紀及耶律楚材傳帝至東印度駐鐵門關角端見班師者蓋本於宋子貞所作楚材神道碑不知太祖軍蹤雪山止至北印度何由遽及瀕海之東印度若鐵門則距雪山北印度尚遠考湛然集楚材在西域十年止駐尋思干城縱或偶至鐵門無由至印度神道碑欲歸功楚材故移印度之事於鐵門以傳會之不知種種不合

【明史】撒馬兒罕即漢罽賓地此語誤沿王圻續文獻通考之謬賽馬爾堪城沿納

林河今在敖罕西北塔什于西南則是古大宛大夏池敖罕布哈爾皆元撒馬爾罕所轄地與罽賓無涉隋唐皆通中國元太祖蕩平西域盡以諸王駙馬爲之君長。易前代國名以蒙古語始有撒馬兒罕之名。去嘉峪關九千六百里元末爲之王者駙馬帖木兒洪武中太祖欲通西域屢遣使招諭而遐方君長未有至者二十年四月帖木兒首遣回回滿剌哈非思等來朝貢馬十五駝二詔宴其使賜白金十有八錠自是頻歲貢馬駝及鑌鐵刀劒甲冑諸物而其國中回回又自驅馬抵涼州互市帝不許令赴京鬻之元時回回偏天下及是居

甘肅者尚多。詔守臣悉遣之於是歸撒馬兒罕者千二百餘人。二十七年八月帖木兒貢馬二百其表言欽仰聖心如照世之杯。使臣心中豁然光明照世杯者其國舊傳有杯光明洞澈照之可知世事故云成祖踐阼遣使敕諭其國永樂三年傅安等尚未還而朝廷聞帖木兒假道別失八里率兵東勅甘肅總兵官宋晟儆備五年六月安得還。初安至其國被留朝貢亦絕。尋令人導安徧歷諸國數萬里以誇其國廣大至是帖木兒死其孫哈里嗣乃遣使臣送安還貢方物。帝厚賚其使遣官

往祭故王而賜新王及部落銀幣其部落頭目沙里奴兒丁等遂亦貢駝馬。景泰七年。貢玉石。天順元年命都指揮馬雲等使西域。勅奬其鎖魯檀賜綵幣。令護朝使往還。鎖魯檀者君長之稱猶蒙古可汗也。成化中其鎖魯檀偕亦思罕各酋長貢二獅至肅州其使者還不由故道赴廣東。又多買良家女爲妻妾又請泛海至滿剌加市狻猊以獻市舶中官韋眷主之。布政使陳選力陳不可乃已。宏治二年其使由滿剌加至廣東貢獅子鸚鵡諸物。守臣以聞。禮官耿裕等言南海非西域貢道

之薄犒其使量以綺帛賜其主明年又偕土魯番貢獅子及哈剌虎諸獸由甘肅入嘉靖十二年偕天方土魯番入貢稱王者至百餘人禮官夏言等論其非請勑閣臣議所答張孚敬等言西域諸王疑出本國封授或部落自相尊稱先年亦有至三四十人者若驟議裁革恐人情觖望乞勑禮兵二部詳議於是言及樞臣王憲等謂西域稱王者止土魯番天方撒馬兒罕如日落諸國稱名雖多朝貢絶少宏正間土魯番十三入貢正德間天方四入貢稱王者率一人多不過三人餘但稱頭目

而已至嘉靖二年八年天方多至六七人土魯番至十一二人撒馬兒罕至二十七人孚敬等言三四十人者并數三國爾今土魯番十五王天方二十七王撒馬兒罕五十三王實前此所未有宏治時回賜敕書止稱一王若循撒馬兒罕往歲故事類答王號人與一敕非所以尊中國制外番也帝納其言國止給一敕且加詰讓示以國無二王之義然諸番迄不從十五年入貢復如故甘肅巡撫趙載奏諸國稱王者至一百五十餘人皆非本朝封爵宜令改正且定貢使名數通事宜用漢人

毋專用色目人致交通生釁後入貢迄萬歷中不絶蓋番人善賈貪中華互市既入境則一切飲食道途之資皆取之有司雖定五年一貢迄不肯遵天朝亦莫能難也其國東西三千餘里地寛平土壤膏腴王所居城廣十餘里民居稠密西南諸番之貨多聚於此號爲富饒城東北有土屋爲拜天之所規制精巧柱皆青石雕爲花文中設講經之堂用泥金書經裹以羊皮俗禁酒人物秀美工巧過於哈烈而風俗土產多與之同其旁近東有沙鹿海牙達失干賽藍養夷西有渴石迭里迷諸

部落皆役屬焉達失干即今之塔什干在拔罕之北哈薩克之西

又曰迭里迷在撒馬兒罕西南去哈烈二千餘里有新舊二城相去十餘里其酋長居新城城内外居民僅數百家畜牧蕃息城在阿木河東多魚河東地隸撒馬兒罕西多蘆林產獅子永樂時陳誠李達嘗使其地卜花爾在撒馬兒罕西北七百餘里案卜花爾在敖罕西即今布哈爾也撒馬爾罕都城在今布哈爾敖罕地斷非漢之罽賓矣罽賓爲今克什彌爾且中隔巴達克山等國相去甚遠又布哈爾彼時疆域甚小今則盡有撒馬爾罕之地爲大國故城以撒馬爾罕爲今之布哈爾古之大夏庶乎近實居平川周十餘里戸萬計市里繁華號爲富庶地卑下

節序常溫宜五穀桑麻多絲綿布帛六畜亦饒永樂十三年陳誠自西域還所經哈烈撒馬兒哈別失八里俺都淮八答黑商迭里迷沙鹿海牙賽藍渴石養夷火州柳城土魯番鹽澤哈密達失干卜花爾凡十七國悉詳其山川人物風俗爲使西域記以獻以故中國得考焉宣德七年命李達撫諭西域卜花爾亦與焉達失干即今塔失干別失八里即今新疆南路回部八答黑商即今巴達克山

明史哈烈一名黑魯在撒馬兒罕西南三千里當爲今愛烏罕部之地去嘉峪關萬二千餘里西域大國也元駙馬帖木

兒既君撒馬兒罕又遣其子沙魯哈據哈烈洪武時撒馬兒罕及別失八里咸朝貢哈烈道遠不至二十五年遣官詔諭其王賜文綺綵幣猶不至二十八年遣給事中傅安郭驥等攜士卒千五百人往爲撒馬兒罕所留不得達三十年又遣北平按察使陳德文等往亦久不還成祖踐阼遣官齎璽書綵幣賜其王猶不報命永樂五年安等還德文徧歷諸國說其酋長入貢皆以道遠無至者亦是年始還德文采諸方風俗作爲歌詩以獻帝嘉之明年復遣安齎書幣往哈烈其酋沙哈魯把都兒始遣使隨安朝貢七年達京師復命齎賜物偕其使往報明年其酋遣朝貢撒馬兒罕酋哈里者哈烈酋兒子也二人不相能數構兵帝因其使臣還命都指揮白阿兒忻台齎敕諭之白阿兒忻台既奉使徧詣撒馬兒罕失剌思俺的干俺都淮土魯番火州柳城哈實哈兒諸國賜之幣帛諭令入朝諸酋長各遣使貢獅子西馬文豹諸物自是諸國使並至皆序哈烈於首及仁宗不勤遠略宣宗承之久不遣使絕域故其貢使亦稀至七年復命中官李貴通西域敕諭哈烈貴等未至其貢使

已抵京師貢駝馬玉石英宗幼沖大臣務休息不欲煩中國以事外番故遠方通貢者甚少天順後朝貢遂絕其國在西域最強大王所居城方十餘里壘石爲屋平方若高臺不用梁柱瓦甓中敞虛空數十間窗牖門扉悉雕刻花文繪以金碧地鋪氊罽無君臣上下男女相聚皆席地趺坐國人稱其王曰鎖魯檀猶言君長也男髡首纏以白布婦女亦白布蒙首僅露雙目上下相呼皆以名相見止少屈身初見則屈一足三跪男女皆然食無七箸有瓷器以葡萄釀酒交易用銀錢大小三等

不禁私鑄惟輸稅於酋長用印記無印者禁不用市易皆征稅十二不知斗斛止設權衡無官府但有管事者名曰刀完亦無刑法止罰錢以姊妹為妻妾居喪止百日不用棺以布裹屍而葬常於墓間設祭不祭祖宗亦不祭鬼神惟重拜天之禮無干支朔望每七日周而復始歲以二月十月為把齋月晝不飲食至夜乃食周月始茹葷城中築大土室中置一銅器周圍數丈上刻文字如古鼎狀游學者皆聚此若中國大學然有善走者日可三百里有急使傳箭走報俗尚侈靡用度無節土

沃饒節候多暖少雨土產白鹽銅鐵金銀琉璃珊瑚琥珀珠翠之屬多育蠶善為紈綺刑止箠撲交易兼用銀錢獅生於阿木河蘆林中初生目閉七日始開土人於目閉時取之調習其性稍長則不可馴矣其旁近俺都淮八答黑商並隸其國俺都淮在哈烈東北千三百里東北去撒馬兒罕亦如之（東北舊誤西北又東北舊誤東南今改正俺都淮與八答黑商相連即今愛烏罕也安得更在哈烈之西撒馬兒罕之北乎）城居大村周十餘里地平衍無險田土膏腴民物繁庶稱樂土自永樂八年至十四年偕哈烈通貢後不復至八答黑商在俺都淮東

北（觀此語可證前段方向之誤蓋巴達克山在愛烏罕東北也）城周十餘里地廣無險阻山川明秀人物朴茂浮屠數區壯麗如王居西洋西域諸賈多販鬻其地故民俗富饒初為哈烈酋沙哈魯之子所據永樂六年命內官賜其酋書敕綵幣並及哈實哈兒葛忒郎諸部自是往來通商東西萬里行旅無滯十二年陳誠使其國十八年遣使來貢

皇清四裔考巴達克山居於蔥嶺中其境北至伊西洱河東北去葉爾羌千餘里有城郭其汗曰素爾坦沙部落繁盛戶十萬有奇頭目戴紅氈小帽束以錦帕衣錦

氈衣腰繫白絲縧足穿黑革鞮女則被髮雙垂餘與男子同其民人帽頂制似葫蘆邊飾以皮衣黃褐束白絲縧足穿黑革鞮亦有用黃牛皮者其國負山險扼蔥嶺之右頗擅形勢有河北流經博羅爾巴達克山兩部落之間至伊什得特兒分流一流經北入圖斯泊一流道西又北入於伊西洱泊其北鄙之城曰瓦漢在漢烏秏國地乾隆二十四年八月回部逆酋博羅尼都霍集占為　王師所敗奔巴達克山副將軍富德率師追之二賊方竄入巴達克山之錫克南村詭稱假道往墨克乃

逸去肆掠村落素爾坦沙禽博羅尼都而以兵圍霍集占於阿爾渾楚哈嶺賊退保齊那爾河素爾坦沙進戰擒之囚於柴扎布柴扎布者布達克山繫囚處也素爾坦沙乃遣人詣軍門投欵且報二賊就擒副將軍富德鑒其忠順遣使者往諭責令獻俘進軍瓦漢以待之是時溫都斯坦方以兵臨巴達克山謀刼霍占兄弟而塔爾巴斯者巴達克山讐國也賊將通之攻巴達克山所遣使被獲乃遷霍集占於別室以二百人圍殺之尚以二逆酋與己同派噶木巴爾裔欲縛獻恐諸部不從難之富德反覆曉以順逆利害乃以逆屍馳獻率其部十萬戶與博羅爾部三萬戶俱降

四裔考曰漢書皮山國西南至烏秅國千三百四十里皮山在于闐國西今自和闐西行至巴達克山亦千三百餘里其國居蔥嶺南境四面皆山與班史烏秅國山居之說相合則今之巴達克山在漢為烏秅國也又魏書載阿鉤羌國在莎車西南西有縣度山漢書亦云烏秅國西有縣度莎車今之葉爾羌在巴達克山東北亦與阿鉤羌國在莎車西南之說合又權於摩國去代一萬二千九百七十里阿鉤羌國去代一萬三千里二國相距止三十里當屬毗聯之境疑漢時統屬烏秅至魏乃分兩國東屬權於摩故去代較近西屬阿鉤羌故獨與縣度相接也唐書不載烏秅權於摩阿鉤羌諸國而有喝盤陀者由疏勒西南六百里至其國今之喀什哈爾古疏勒地西南六百里至巴達克山道里適符城居山內河抱城東所謂治蔥嶺負徙多河者形勢可驗至元史載有巴達哈傷明史載有八答黑商其音

與巴達克山相近疑即此地然元史不載遠近道里而明自陳誠使西域一至其地名號粗傳天順後絕不復至重以中外譯音彷彿同異猝難審證聊附存以備考云

又曰博羅爾在巴達克山東有城郭戶三萬有奇四面皆山西北面有河乾隆二十四年與巴達克山同時內附其南有部落曰温都斯坦產金絲緞霍集占走巴達克山時温都斯坦方以兵相攻謀刼霍集占不果後其部為愛烏罕所并二十九年正月博羅爾遣使入朝是時博羅爾與巴達克山屢行搆釁圍城刼掠乞援於駐劄葉爾羌都統新柱遣諭巴達克山恪遵約束還俘罷兵至是進玉欛雙七首

地球圖說大布加利亞國即布哈爾也東界新疆南界亞加業坦國并耳西亞國西界裏海北界峨羅斯國其百姓約有五百萬之數都城名布加利城內民八萬大都回回教牧羊馬以馬乳為酒氈毯為廬國內有曠野（亦名沙漠）各城皆有書院土產馬駱駝羊絲布果品金珠玉寶石金剛石等物所進入貨物惟中國之磁器茶葉雜色絲布綢緞少購西洋之物

地里備考曰達爾給斯丹國即南懷仁圖所謂韃而靼

也斯丹乃西域國王之稱亦名哈薩克國在亞細亞州西北北極出地三十四度起至五十五度止經線自東四十七度起至八十度止東至天山北路西枕加斯比約海南接白爾西亞阿付干二國北界厄羅斯國之西卑里亞長約五千里寬約三千五百里地面積方約一百七十八萬里烟戶四兆餘口本國地勢東南峯巒峻聳冰雪凝積西北平原坦闊沙漠相間河之長者一名亞木達里一名西爾達里一名薩剌蘇一名圭意一名古彎一名加爾齊湖之大者一名亞拉爾又以其過大

而稱海一名德勒斯古爾一名加拜古拉一名加拉古爾一名達藺一名巴達于的爾田土膴原濱地尤腴穀果草卉禽獸鱗介靡弗蕃衍五金各礦皆備惟鐵開採餘皆禁取土產礬煤寶石紋石硇砂烟葉熟皮藥材等物地氣溫和寒暑俱極諸汗統轄各分部落所奉之敎乃回敎也工作技藝惟布加拉人善于織造餘皆耕牧爲業貿易興隆商侶結隊而行盜風太劇往來維艱通國半土著半游牧共分二十部落一名布加拉建于平原之中乃通國之最富强者也一名着爾塞波斯一名伊陸爾一名安該一名美馬墨一名巴爾克一名古爾墨一名昆都斯一名達黎干一名巴剌達哥占一名德爾瓦斯一名古拉波一名亞比者爾歷一名剌迷以上皆土著之部有城郭居室此外則一名加爾札係諸酋分部游牧無常處一名加非里斯丹亦諸酋分部游牧無常處一名哥千一名其爾意斯土人素稱哥薩克內分上中下三部一名共禨一名加剌加爾巴亦諸酋分部游牧遷移靡有定居一名都爾各馬尼亞亦諸酋分部游牧廬帳徙處不一並無定止

外國史畧曰西域哈薩克游牧國也葱嶺東西皆有其地西人稱之曰達達里亦曰達爾鞑亦曰達爾給北極出自三十六度及五十一度偏東自四十三度及七十八度廣袤方圓三萬二千里南及甲布地北及峩羅斯藩屬國東及新疆西及裏海東南有大山隔新疆在北亦有山多湖其味鹹色如海潮旱則鹽出其山麓平地高於海面二百丈漸近裏海勢愈低亞拉湖之南有雨野各廣三十五里在北之山地足資游牧絕無淡水有沙邱焉隨時變易其處中多瀦水與裡海所連之地悉

高坦其土磽無產物故居民鮮焉其新疆西北哈薩克游牧之地土雖磽尚有牧塲亦豐盛然西南甚瘦不生草木惟駝克通行焉中有腴地生五穀西域大半皆不毛之地其亞毋河之泉在三十七度二十七分高於海者百五十丈其水西北流無沙線無磐石滙入亞拉湖水深能駛船西熏河由天山涌出入亞拉湖哥墨河在撒馬耳干地流出兩岸豐盛多物產亞拉湖方圓七千里內有淡水非若他湖之盡鹹也哈薩之地多湖悉鹹水罕雨多塵所有居民各分種類其土民稱曰他益與

白西人風俗畧同其餘屬土耳其者或烏士百之族類共三十二宗派身矮而壯面紅以布包首亦穿靴非若他夷之赤足也女則遍身絲緞頗聰明咸奉回回教其游牧西方者多此族反覆無常日騎馬恣虜掠四方畏之在西北哈薩克之種類或事峩羅斯或服中國野性難馴專以搶掠爲事其烏士百之種類則勤耕安分造緜布綢緞或帽或紙等貨多使奴皆外國販來者亦有五印度國所到之商賈其要市在峩羅斯界每年駝千三百隻載貨赴市其新疆所來之漢商亦不少貿易與

旺喀什噶爾葉爾羌和闐各商往來者恒不絶焉○西域民多是土耳其蒙古各族類所自出此時國地已分最大者曰布加拉國即布哈爾中央有豐有磽郊外多沙天多旱雪連三四月不消南方曰巴勒與甲布交界甚熱多瘴癘其都曰破加拉名邑也北極三十九度四十三分偏東六十四度五十五分連邑之處高於海面百二十丈居民十五萬內有書院回回廟大房宇便通商海外之商雲集奉回回教其君聽命於國內之教師東四十里有撒馬爾罕古城居民萬口多古蹟在南方

巴勒之間亦有古城居民在西方二十里外有鄉邑四百餘處居民甚罕○尹土斯在亞毋河之南即元史之阿母河也谷間甚燥熱居民不多與其隣國補答山戰盡有其地即巴達克山也地産紅玉青金○北方之南有小地是各夷目所管者此地並葉爾羌中間有巴黑坦地高於海三十丈氣候甚冷山阿盛夏猶有雪五穀不登其居民係哈薩克之游牧以肉乳爲食○布加拉東北曰哥干地亦曰敖罕古小國也出緜花蠶絲與峩羅斯商交易民務農引河灌田甚巧最大之城曰答金

居民八萬與峩羅斯國互市○布加拉西及裡海曰其氏部亦曰機窩其君管土耳其南方游牧雖事耕田亦虜賣人口道光二十年統兵二萬往侵峩羅斯國凍斃大半通市之邑曰阿耳云治其夷目以掠人爲事卻護往來商賈以征其餉其居民與峩羅斯世仇英人屢勸和不果○此地中間及裡海土耳其或曰耳哥曼族類遊奕無定處惟養牲畜食肉飲乳無統屬產良馬奔速如電居民約十四萬○白西亞交界最豐盛之墨味地一種百倍昔屬白西國爲破加拉君攻有其地○北方

哈薩克與蒙古無大分別多奉回敎或耕田或遠遊惟冬時則附城邑搭氊帳不畏權勢忽馴忽叛○西域之民多不安分惟嚴務防範以免其肇衅一生釁端則爭鬬不息矣

一統志塔什罕在回部喀什噶爾之北一千三百里東至布魯特界東南至那木干界東北至右哈薩克部界其貢道由回部以達於　京師漢爲康居大宛交界之地北界爲九姓昭武所居隋唐爲安國石國地明達失於國地居平原有城郭向有三和卓分轄回衆曰昭莫

爾多薩木曰沙達曰吐爾占舊爲右哈薩克羈屬莫爾多薩木什者哈薩克所置和卓也吐爾占逐之哈薩克以兵問罪久而不解乾隆二十三年參贊大臣富德追討哈薩克錫拉至其地遣使撫定塔什罕回衆時吐爾占方與右哈薩克戰於河上因諭以睦鄰守土之道乃大感悟與哈薩克釋爭相睦卽遣使奉表求內屬先是有準噶爾部逸賊額什木札布在其境內卽擒以獻其年遣使來朝貢塔什罕之西南行數百里踰錫爾河又踰那林河二河見右哈薩克部及霍罕部爲賽瑪爾堪城又西南爲噶

拉克則城又西爲烏爾根齊城又西爲臨達里岡阿泊是爲西海西境於是盡焉塔什罕城居平原多園林饒果木土宜五穀民居稠密當蔥嶺直北四百里外

一統志霍罕東與布魯特錯處西至哈什千南至蔥嶺北至那林河那林河在蔥嶺西北經流數千里霍罕安集延諸國瀕之以居大小泉源支流不一並會此河其發源從布魯特境西行過安集延城之北又西行過瑪爾哈朗城又西行過賽瑪爾堪城之北可證賽瑪爾罕卽敎罕也又折東南入於達里岡阿泊泊廣千餘里爲西境巨海無

有涯際凡葱嶺以西之水咸歸之漢甘英窮臨西海卽此水也案此誤以鹹海爲地中海也 史記大宛傳大宛在匈奴西南在漢正西去漢可萬里有城郭屋室其屬邑大小七十餘城漢書西域傳大宛國王治貴山城去長安萬二千五百五十里東至都護治所四千三十一里北至康居卑闐城千五百一十里南至大月氏六百九十里北與康居南與大月氏接別邑七十餘城多善馬北魏曰洛那國唐曰拔汗那國天寶初改名寧遠國

一統志布哈爾在拔達克山西二千餘里其貢道由回部以達於 京師漢爲難兜國自後無聞乾隆二十五年回部底平遣使頒 勑諭二十九年其部長因拔達克山素爾坦沙籲請以其屬內附漢書西域傳難兜國王治去長安萬一千五百里東北至都護治所八百九十里西南至罽賓三百三十里按漢書載烏秅國西與難兜接烏秅爲今之拔達克山難兜爲今之布哈爾其地位遠近正相值也 源案布哈爾一作布噶爾當巴達克山西北正包敖罕西境敖罕爲大宛則布哈爾爲大夏無疑也且難兜非大國又不在大宛之西決非其地史記月氏爲匈奴所破乃遠去西擊大夏而臣之大夏在大宛西南二千餘里嬀水南嬀水疑卽今之納林河今敖罕雖古大宛地然止八城不足全當大宛而布哈爾包敖罕三面屬城百餘則兼有大宛西境矣

西域聞見錄曰塞克西域一大國也在敖罕西絕非回子種類敖罕西則布哈爾也布哈爾正回教後裔此全誤 稱其王曰汗部落數百處各有統轄之人皆其汗之阿拉巴圖事權歸一無跋扈叛弒之事城池巨麗人民殷庶居室寬敞整潔人家院落中各立木竿向之禮拜冬夏和平風俗坦白尚宴會喜歌舞人多力善射發必命中佩標鎗五枝長四五尺取物於百步之外與敖罕稱勍敵也敖罕西境勍敵舍布哈爾其誰 椿園氏曰塞克西域最遠之國去葉爾羌二萬餘里

既云接敖罕西境則去葉爾羌亦不過二三千里卽至鄂羅斯界亦不過五千餘里安得荒遠至此松筠奏疏言敖罕西有布哈爾大國統屬百餘城介鄂羅斯哈罕之間不應更有他國也 西北與俄羅斯噠穆接壤或曰與阿喇克等國犬牙相錯大抵皆世俗所傳之大西洋也然而塞克之邦風樸民淳人無欺詐尙氣節敦廉恥不得以荒遠而鄙夷之矣 源案阿喇克卽哈薩克之音轉塞克卽薩克之音轉蓋布哈爾卽西哈薩克國乃訛而爲阿喇克又譌而爲塞克遂分一國爲三國矣哈薩克有四大部左哈薩克其東部右哈薩克塔什干其中部布哈爾其西部也此三部外尚有北哈薩克近鄂羅斯不通中國疑卽此所謂阿喇克者歟左右二部爲古康居西北二部爲古大夏而分有大宛西境明時爲賽馬爾罕地自明末賽馬爾罕分裂敖罕得其十之二三布哈爾得其十之七近日布哈爾又滅敖罕而有之則

兼并大宛大夏之域矣

西域水道記塞勒庫勒在葉爾羌城西八百里爲外番總會之區達外番凡三道自塞勒庫勒南十四日程曰巴勒提又東南一日程至其屬邑曰哈普倫㕧普倫南十六日程曰土伯特卽藏地也巴勒提西南二十九日程曰什克米爾地出硇蠟紙又西南四十三日程曰痕都斯坦善鏤玉以上皆各自爲部不相屬自塞勒庫勒西五日程曰黑斯圖濟又西南三日程曰乾竺特歲貢金一兩五錢又西四日程曰博洛爾其地南卽巴勒提

賫貢劍斧七首乾竺特西北九日程曰拔達克山其汗素爾坦沙獻霍集占首貢刀斧八駿又北五日程曰塔木干又北三日程曰差雅普又西南三日程曰渾渚斯又西北三日程曰塔爾罕與噶斯呢爲鄰自黑斯圖濟至塔爾罕皆噶勒察種也博洛爾西二十日程曰愛烏罕亦曰喀布爾乾隆二十七年其酋愛哈默特沙攻痕都斯坦殺其汗其子逃竄愛哈默特沙取扎納巴特城以伯克守之自居拉固爾城又統至固珠喇特攻克什米爾執其頭目塞克專二十八年貢刀及四駿其屬邑

曰拉虎爾距葉爾羌六十二日程自塞勒庫勒北三日程曰滾又西北二日程曰斡罕又西北二日程曰差特拉勒分二道北一日程曰羅善西一日程曰什克南乾隆中有與葉爾羌阿奇木伯克鄂對爲仇肆凶暴名曰沙闍機者卽什克南頭目也又西北二日程曰達爾瓦斯自滾以下亦噶勒察種達爾瓦斯北爲喀爾提錦部布魯特羅善北爲霍罕霍罕城距東南塞勒庫勒十日程其屬城曰瑪爾噶浪在東北一日程曰安吉延在東北三日程曰窩什在東南八日程曰納木干在西南二

日程曰塔什罕在西北四日程曰科拉普在西北五日程曰霍占在西南五日程其大伯克自稱曰汗居霍罕城其塔什罕城舊爲舍氏和卓與摩羅沙木什二人分治舍氏和卓漸强摩羅沙木什被其侵奪訴與霍罕乞師復還侵地舍氏和卓又會西哈薩克攻殺摩羅沙木什二子額爾德呢遂攻塔什罕丕色勒來援哈薩克後得之終入霍罕霍罕與回部分界處有二嶺曰噶布蘭曰蘇提布拉克額德格納部布魯特居之嶺東爲回布嶺西爲霍罕霍罕西十五日程曰布哈爾亦大國東南

距塞勒庫勒三十二日程其屬城曰鄂勒推帕在東七日程曰濟雜克在東三日程曰拜爾哈在東北三日程曰噶斯呢在西南十日程曰坎達哈爾在西南二十日程。

職方外紀中國之北迤西一帶直抵歐羅巴東界俱名韃而靼其地江河絕少平土多沙大半皆山大者曰意貌中分亞細亞之南北其西北皆韃而靼種也案意貌山既最大自當指蔥嶺言之當云中分亞細亞洲之東西原本作南北誤也若指阿爾泰山北幹言之則蒙古游牧部落在其南不皆在山北或指天山言之則又不能西抵歐羅巴洲觀上文中國迤西一帶則南北字當爲東西之誤明矣韃靼卽蒙古達子又卽達達里皆謂游牧部落特譯音小殊耳氣候極寒冬月無雨入夏微雨僅濕土而已人性勁勇以病歿爲辱人罕得遍歷其地亦無文字相通故未悉其詳然大率少城郭居室駕屋於車以便遷徙產牛羊駱駝嗜馬肉以馬頭爲絕品貴者方得噉之道行飢渴卽刺所乘馬瀝血而飲復嗜酒以一醉爲榮此外諸國更有殊異不倫如夜行晝伏身蒙鹿皮懸尸於樹喜食蛇蟻蜘蛛者有人身羊足氣候寒極夏月層冰二尺者有長人善躍一躍三丈履水如行陸者人死不事棺槨衣衾殯殮瘞埋且

有謂不忍委之邱隴者此皆其國俗之殊異者也迤西舊有女國曰亞瑪作搦最驍勇善戰嘗破一名都曰厄弗俗卽其地建一神祠宏麗奇巧殆非思議所及西國稱天下有七奇此居其一國俗惟春月容男子一至其地生子男輒殺之今亦惟他國所併僅存其名卽諸史所謂西女國也今爲他國所并者謂并於南都魯機也又有地曰得白得不以金銀爲幣止用珊瑚邱長春西遊記在蔥嶺西之大雪山見太祖回至石峽遇征西軍回多攜珊瑚有從官以白金二鎰買五十株高者尺餘是其證也又以至大剛國惟屑樹皮爲餅如錢印王號其上以當幣其俗國主死後輿棺往葬道逢人輒殺之謬謂死者可事其主嘗有一王會葬殺人無數此其西北之國俗然也

又曰中國之西北出嘉峪關過哈密土魯番曰加斯加爾多高山產玉石二種出水中者極美出山石中者以薪火燒石迸裂乃鑿取之甚費工力牛羊馬畜極多因不啖豕諸國無豕自此以西曰撒馬兒罕曰革利哈大藥曰加非爾斯當曰杜爾格斯當曰查理曰加本爾曰古查曰蒲加剌得皆回回諸國也其人多習武若商旅防寇非聚數百不可行亦有好學好禮者初宗馬哈默

之教。諸國多同。後各立門戶互相排擊。持戒亦有數端其大者在不得辯論教中事。謂教如此立。則當冥心順受。雖理有未安弗顧也。案杜爾格即度爾格凡言斯當者即斯單之音轉或作斯坦或作士丹或作速檀或作算端皆西域酋長之稱也

萬國地里全圖集曰。蔥嶺以西。與中國交界。南及加布白西等國。北至峩羅斯藩屬國。東接新疆。西至甲片湖北極出自三十五度。至五十五度。偏東自五十五度至七十五度。

紀昀閱微草堂筆記曰。海中三島十洲。崑崙五城十二

樓。詞賦家沿用久矣。朝鮮琉球日本諸國皆能讀華書。日本余見其五京地志及山川全圖。疆界亙延數千里。無所謂仙山靈境也。朝鮮琉球之貢使。則余嘗數數與談。以是詢之。皆曰東洋自日本以外。大小國土凡數十大小島嶼不知幾千百。中朝人所必不能至者。每帆檣萬里。商船往來。均不聞有是說。惟琉球之落漈。似乎三千弱水。然落漈之舟。偶值潮平之歲。時或得還。亦不聞有白銀宮闕。可望而不可即也。然則三島十洲。豈非純構虛詞乎。爾雅史記皆稱河出崑崙。今河源有二。一出和闐。一出蔥嶺。或曰蔥嶺。其正源。和闐之水入之。或曰和闐其正源。蔥嶺之水入之。雙流既合。亦莫辨其誰主誰賓。然蔥嶺和闐皆在今版圖內。開屯列戍。四十餘年即深崖窮谷。亦通耕收。不論兩山之水。孰爲正源。兩山之中。必有一崑崙確矣。而所謂瑤池懸圃。珠樹芝田。槩乎未見。槩乎未聞。然則五城十二樓。不又荒唐矣乎。不但此也。靈鷲山在今拔達克山。諸佛菩薩骨塔具存。題記梵書。一一與經典相合。尚有石室六百餘間。即所謂大雷音寺。回部游牧者居之。我兵追捕波羅泥都霍集

占嘗至其地。不過如斯。種種莊嚴。似亦藻繪之詞矣。相傳回部祖國。以銅爲城。近西之回部云。銅城在其東萬里。近東之回部云。銅城在其西萬里。彼此遙拜。迄無人曾到其地。因是以推。恐南懷仁坤輿圖說所記五大洲珍奇靈怪。均此類焉耳。

源案。蓬萊方丈。始自秦漢方士。史書之以見其妄。未有信之爲實者。何勞考辯。惟梁書言毗騫國王。在南海中。去扶南八千餘里。其國王自古至今長生不死能作天竺書。三千餘言。與扶南王相報。說其宿命所

由與佛經相似此則明載正史確鑿可徵乃自明以來西洋商舶無島不通遠窮南極曾有此島嶼乎此當辨崑崙不當辨十洲三島也崑崙之爲葱嶺無疑其地產玉又上有龍池故玉山瑤池之說尚非無因至靈鷲山在中印度爲今之痕都斯坦其北之克什彌爾始爲北印度又北始爲拔達克山則並非北印度境距中印度境則數千里乃謂諸佛菩薩骨塔具存殆同兒戲至大雷音寺出西游演義並非釋典何得回疆眞有其寺耶回部祖國爲天方阿丹默德那

等地在西印度西紅海之間明史載其職貢　本朝通其商舶粵中所謂港脚白頭回子即其部類也其地有敎祖穆罕默德之墓墓前有元石凡各國回人皆歲往禮拜焉在西藏之西八千餘里見明史回拜回麻論非渺茫之域豈有彼地回人舍其聖祖陵墓而向東禮拜之理耶筆記雖小說家言然紀文達負張華博物之名恐惑觀聽故錄而辯之

海國圖志卷三十二

西南洋　　　　邵陽魏源輯

北印度以外疆域考一 魏源

五印度之疆域南印度以大海界之西印度有紅海地中海界之古今截然不紊惟東北二印度陸地界消各國然東印度航海相通商夷共習至北印度中隔葱嶺所幸克什彌爾爲唐宋之迦濕彌羅國千餘載不易有大雪山界其北得據爲北印度之罽賓自元始以鐵門爲東印度明始以賽馬爾罕爲古罽賓於是印度北境

終不可明考　皇清通典邊防門曰自塔失罕西南行七百里外踰錫爾河又踰那林河爲賽馬爾罕城又西南爲哈那科爾城又西臨達里岡阿泊是爲西海此西海即鹹海也一統志曰納林河在葱嶺西北經流數千里霍罕安集延塔什干諸國瀕以居其水發源布魯特境西行過安集延城北又西過瑪爾哈朗城又西過賽馬爾罕城北又折東南入於達里岡阿泊廣千餘里爲西境巨浸凡葱嶺西之水皆歸之是賽馬爾罕城實在敎罕境內爲古大宛之區南距克什彌爾尙二千餘里而

以爲古之罽賓其僞一明史又稱賽馬爾罕疆域東有養夷沙鹿海牙賽蘭達失干（卽今塔什干）西有渴石迭里密諸城又渴石西三百里大山屹立中有石峽兩崖似鐵路通東西番兵守之謂卽元太祖至東印度鐵門關遇一角獸之地或疑渴石卽克什彌爾考明史言渴石在賽馬爾罕西南三百六十里宮室壯麗爲其先賽馬爾罕酋長所居云云若克什彌爾距敖罕豈止三百餘里且克什彌爾乃元初篤來帖木兒所封賽馬爾罕乃駙馬賽因帖木兒所封各人各國（元史地理志乞石迷西卽克什彌爾）何得

以此帖木兒當彼帖木兒張冠李戴南轅北轍盍克什彌爾之地北負雪嶺三垂黑山疆域險固自古別爲一國賽馬爾罕不能越險而幷有之也其僞二鐵門見唐元奘西域記在縛芻河之北出鐵門過覩貨羅國南北千餘里又踰大雪山國至迦畢試國凡數千里而後至北印度迦羅國卽長春西遊記過鐵門後踰七日渡小河又七日渡阿母河又四日方至元太祖行在時太祖恐印度炎熱故回雪山避暑是雪山距鐵門南北已二千里蒙古源流云成吉思汗將進征額納特阿克直抵

齊塔納凌嶺之山脊遇一獨角獸名曰賽魯奔至汗前屈膝而叩汗曰彼額納特阿克乃古昔大聖降生之地今奇獸至前殆上天示意遂振旅而還此明言遇獸在雪山非鐵門非東印度且非因楚材之諫盍楚材在西域十餘年止駐守尋思干城卽賽馬爾罕城也終身未至印度北之大雪山後人作耶律神道碑者必欲歸功楚材故移雪山之事於鐵門以遷就之不知千里之謬而元史因之明史因之其僞三元太祖軍踰雪山追算端實止至北印度未親至中印度有長春西行記可證

若僅及鐵門則北印度尚未至況能逾中印度而至瀕海之東印度乎此則萬里之謬亦始於耶律神道碑而元史因之明史因之其僞四漢時大月氏大夏境域卽賽馬爾罕之域兼今敖罕布哈爾愛烏罕諸部地自嘉靖後入貢一國稱王五十餘人則已四分五裂故今蔥嶺西無復賽馬爾罕之名而圖西域者尚列其舊國以統蔥嶺諸部坤輿職方諸圖海國聞見錄莊氏地球圖並同殊非核實從今之義故詳辯之以袪正史之誣幷以袪後來諸圖之惑

北印度以外疆域考二　魏源

問曰賽馬爾罕國在敖罕境其非罽賓非北印度固已至其疆域爲葱嶺以西第一大國東西三千餘里斷非止今敖罕八城之地且明史賽馬爾罕外達失干卽今塔什干卜花爾卽今布哈爾八答哈商卽今拔達克山各自爲國則將以何者爲賽馬爾罕之疆域耶曰史稱永樂中傅安等使西域賽馬爾罕使人導安等徧歷諸國數萬里以今其國廣大則是葱嶺以西皆其屬國又卜爾花雖在賽馬爾罕西北七百餘里而初境狹小至

明末賽馬爾罕地裂爲數十今則盡并於布哈爾故撫有百餘城包敖罕西南北三面近且滅敖罕而有之則今布哈爾之域卽昔賽馬爾罕之域西抵裏海東抵葱嶺北接鄂羅斯南接愛烏罕巴達克山兼古大宛大夏之地史言大宛七十餘城今敖罕止七城又史言大夏在大宛西南二千餘里嬀水南嬀水在葉水之南葉水卽今之納林河則嬀水爲葱嶺龍池所出之縛芻河二水之間是其疆域矣曰西域聞見錄言有塞克大國者在敖罕西部落數百與敖罕勍敵西北與鄂羅斯薩穆接壤亦與阿喇克等國犬牙相錯是果何國耶曰阿喇克卽哈薩克之音轉塞克卽薩克之音轉蓋布哈爾卽西哈薩克國乃譌而爲阿喇克又譌而爲塞克遂分一國爲三國矣哈薩克有四部左哈薩克其東部右哈薩克塔什干其中部布哈爾其西部也此三部外尚有北哈薩克偪近鄂羅斯不通中國其卽此錄所謂阿喇克者歟左右二部爲古康居西北二部爲古大宛大夏明時爲賽馬爾罕地明末分裂敖罕得其十之二布哈爾得其十之八近日則大宛大夏皆并於布哈爾焉曰聞

史言葱嶺以西惟賽馬爾罕及哈烈二國最大其哈烈卽賽馬爾罕分封其子之地當今何地耶曰史言哈烈在賽馬爾罕西南三千餘里俗崇回教不知其爲今之愛烏罕歟抑爲今之南都魯機歟愛烏罕在裏海之東南都魯機則在裏海以西地中海東凡西域圖志一統志所稱西海者皆裏海非地中海也然則西域聞見錄謂塞克國絕非回子種類今謂爲西哈塞克回部者何曰明史言天方入貢始僅一王嘉靖中入貢稱王者至二十七八故西域圖志言回部二十五世始分十二

支分適布哈爾敖罕痕都斯坦克什彌爾拔達克山各國則布哈爾正回教後裔西域見聞錄於西洋鄂羅斯之奉天主者妄指爲北方回子大國而於塞克之即西哈薩克回部者反誣爲非回教傎倒迷謬胡壹至此

元代征西域考上 魏源

太祖之用兵西域也專爲回回與師回回即西契丹其地奄有天山南路及葱嶺西敖罕境若天山北路之回鶻一名畏吾畏吾亦作畏兀皆回鶻之音轉其時畏吾國王亦都護已降故太祖於北路回鶻未嘗煩兵而直攻回回國都於

葱嶺以西又遣諸皇子分兵攻回回諸城於天山以南皆於回鶻無涉也回回西契丹乃遼之後裔於金初率衆西奔初居於漠北乃蠻部內見契丹國志後假道回鶻南攻回回盡有其地其國都有二一在葱嶺西之尋思干城即賽馬爾罕城在今敖罕境一在葱嶺東之布魯特當伊犁西境其地南界印度北界阿速西抵裏海東抵伊犁袤數千里此二大國爲諸小國之綱故元兵攻取亦分二路太祖自將由北路十四年取阿答剌城禽其酋此回回別部之酋非其汗也十五年克蒲華城地里志作胡瓦在葱嶺西尋思干城即賽馬爾罕都城脫羅爾城地里志作羅耳十六年攻卜哈爾城明史作卜花爾元地理志作阿八哈耳今作布噶爾更在尋思干之西北薛迷思干城長春西遊記作邪迷思干即尋思干也元史誤分爲二班勒紇城長春西游記有班里城在鐵門及阿母河之南近大雪山西域主札闌丁出奔與蔑里可汗合帝禽蔑里

元秘史兎年太祖征回部命哲伯爲前鋒速不台繼之脫忽察爾又繼之命所過毋攻城毋虜掠直走王城俟太祖大軍至夾攻回回王札剌丁與蔑力克合兵拒戰此蔑力克汗當是乃蠻之子篡西契丹國者蓋回部西奔與西契丹合兵也太祖軍佯卻誘之而哲伯等兵夾攻其後回兵大敗走至申河溺死殆

盡此申河即印度河上游也惟札剌丁及蔑力克二酋沿河西遁太祖自取兀都剌爾各城於阿勒壇廓爾山過夏此謂印度北之大雪山非阿爾泰山也命速不台征迤北東鄰等十一部前後征回城七年使巴剌窮追札剌丁二酋班師此太祖親軍由回鶻五城而攻西契丹乃滿酋於葱嶺以西也皇子朮赤長子察哈台次子窩濶台三子即太宗等分攻養吉干城巴爾眞城玉龍傑赤城今作玉隴哈什即和闐河也馬魯察城葉爾馬魯城疑即葉爾羌城昔剌思城皇四子拖雷等分攻徒思匿城察兀爾等城幷下之還掠木剌夷國遂度朔朔闌河疑即

（烏蘭烏蘇河）克耶里等城與帝會兵攻塔里寒寨拔之（即今蔥嶺西北之塔什干城）西域主札闌丁出奔此天山南路之兵又分二路朮赤等由南山之于闐而至葉爾羌拖雷等由天山之庫車阿克蘇烏什而至喀什噶爾故拖雷先會太祖於蔥嶺西也十八年皇子朮赤等三人兵亦來會遂定西域置達魯花赤監治之十九年追若弗乂算端踰大雪山至北印度角端見班師郭寶玉傳甲戌從帝討契丹遺族歷古徐鬼國訛夷朶等城破其兵三十餘萬尋收別失蘭等城次忽章河西人列兩陣迎拒追殺幾

盡進兵下尋思干城次暗木河敵築十餘壘陳船河中寶玉發火箭乘風燒其船破護岸兵五萬收馬里四城辛巳可弗乂國唯算端罕破乃滅國引兵據尋思干聞帝將至棄城南走入鐵門屯大雪山寶玉追之遂奔印度帝駐大雪山前時谷中雪深二丈詔封其昆侖山爲元極王大鹽池爲惠濟王此北印度算端襲據契丹西都太祖兵又攻諸印度以南也計二國中惟西契丹用兵最久蓋自耶律大石以來建國七十載閱五帝（幷二女主之數）至是爲乃蠻襲據已閱十餘載（太祖滅乃蠻殺太陽汗其子屈出律奔西契丹襲執其汗尊爲太上皇據其國仍契丹之號太祖西征乃滅之）地袤萬里風俗慓悍又有鄰部北印度汗覬乘我軍退後收漁人之利使非禽渠徙種則大軍返後旋服旋叛故太祖駐軍數載以尋思干城爲蔥嶺以西要扼令耶律楚材守之分一軍北出追蔑里二酋於欽察而自率大軍南出鐵門踰阿母河踰大雪山追若弗乂酋於北印度旋師後復遣將追至忻都（即溫都斯坦中印度也）窮及申河算端死乃返（算端者西域汗名）其後遂封駙馬帖木兒於尋思干城以鎮守之而設行省於阿母河以總控西域阿母河即佛經之縛芻河

源出蔥嶺之大龍池西注鹹河爲蔥嶺西第一幹河南可控印度北可控尋思干以今地里計之太祖兵力由伊犂西布魯特境攻取敖罕布哈爾塔什干而後南敗巴達克山（元史地里志作巴答哈傷）追至克什彌爾（元地理志作迄石彌西）又遣將追至痕都斯坦而還太祖親至北印度未親至中印度元史誤以北印度爲東印度又誤以見角端之地爲鐵門繆之又繆元史于乃蠻于回鶻于回回于西契丹當仿宋史李煜劉鋹錢椒之例各立一傳以見太祖初年削平各國次第乃疆域沿革一切茲然竟不知在

何方疏之又疏至其兼幷五印度則在憲宗之世蓋太宗全力平金平北方未遑南略憲宗二年命忽必烈征大理諸王圖爾花撒征身毒徹底不花征沒里奚（卽劉郁西使記之木乃奚國也）旭烈征西域素丹等國案身毒卽中印度素丹卽西印度沒里奚則在印度之北賽馬爾罕之西介鹹海及裏海之間皆葱嶺西之三大部故分兵三路征之八年旭烈討回回哈里發平之禽其王遣使來獻捷（哈里發卽明史之哈烈國史言哈烈在賽馬爾罕西南二千餘里與賽馬爾罕幷爲西域大國當爲今之愛烏罕也又案此一事元史誤於二年書旭烈薨而三年別書旭烈兀征西域以一事爲二事一人爲二人今以劉

郁西使記正其失）三年命兀良哈台等征西域哈里發八塔塔等國又命塔塔爾帶撒里土魯花等征欣都思（卽痕都斯坦中印度）怯失迷爾等國（卽克什彌爾北印度也此二軍皆以佐旭烈之師而史誤爲嗣旭烈之任）當以郭侃傳與劉郁西使記參考之其所述憲宗世西征戰事皆在西印度若北中二印度則不大煩兵而服南東二印度則兵未之及焉元初設阿母河行尚書省蓋以此控契丹故墟南控印度諸國然印度恃大雪山之隔旋各擅命不受統轄（見海國圖志）中葉後則賽馬爾罕以隔於葱嶺則各自爲國朝廷鞭長莫及遂罷阿母河

等處行省惟以阿力麻里別失八里二元帥府控制天山南北二路又以曲先塔林元帥府控玉門陽關東路而已（東路今謂之安西路）

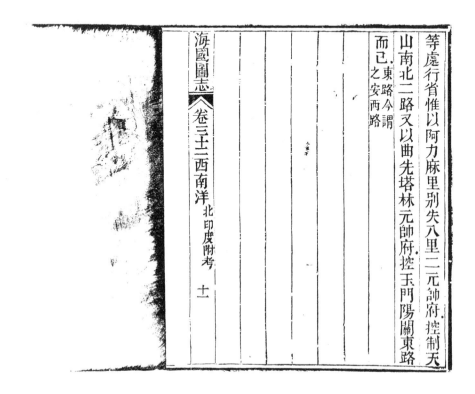

元代征西域考下　魏源

問元史元秘史及長春西游記元太祖皆無征烏斯藏之事惟蒙古源流攷曰青吉斯年三十三歲起兵伐金三十五歲進兵托克摩克斬蕭古里蘇勒德汗（即泰赤烏部）三十七歲破克里特業之翁汗（即克烈部王罕也曾納爲父子故云翁汗）三十九歲破奈曼之圖們汗（即乃蠻）四十一歲破郭爾羅斯之納林汗（今漢南蒙古有郭爾羅斯殆其故地）四十三歲破哈爾里固特之阿爾薩蘭汗（當卽回鶻回回也但未知何部）四十五歲用兵土伯特之古魯格多爾濟汗其汗遣使獻駝隻輜重無算青吉斯汗致書於大剌麻遙申皈禮由是收復阿里三部屬八十萬土伯特人衆然則元太祖兵果至西藏乎曰此言致書剌麻則兵未至藏尚在蔥嶺北印度與西藏交界地其言收復阿里三部者特以大剌麻通好卽謂之收服耳又言遂進征額納特阿克（中印度）直抵齊塔納凌嶺之山脊遇一獨角獸名曰塞魯奔至汗前屈膝而叩汗知上天示意遂振旅而還案齊塔納凌嶺之山卽北印度迦濕彌羅國北之大雪山也自西至東緜亘千里爲印度與回北之大界是太祖親征實至北印度而止

其諸皇子兵至和闐南路而止自元人鋪張耶律楚材則以鐵門爲見角端之地而蒙古源流乃剌麻所撰好鋪張唐古特則又謂成吉思汗有親至唐古特境之事其於地域則差岐數千里疑誤千百年苟得其情片言可折也曰蒙古源流又述成吉思汗曰承上帝之命篤馭天下十二強汗平定諸惡劣小汗今當養息安居十有九年以唐古特人衆未服丁亥歲遂攻錫爾固汗禽之此非明言征唐古特乎曰此非征唐古特之事乃征西夏事也元初稱西夏高麗高昌皆不舉其國而舉其氏西夏曰唐兀氏高麗曰肅良合氏亦猶稱高昌爲畏吾兒也元秘史云征唐兀部時其酋布爾罕來降約其攻回回請爲軍右翼至是令其出軍其臣阿沙敢布言俟大國兵敗時我再出兵太祖大怒曰我先破回回再滅爾國前後攻回城凡七年還至土剌河黑林舊營明年遂征唐兀部先破其將阿沙敢布於賀蘭山還圍其酋於靈州城誅之靈州及賀蘭山皆西夏地而初次稱降者卽西夏納女請和之事後次討誅者卽誅夏主李覭之事而征唐兀部在征回部之後年歲亦合至蒙古

源流稱唐兀部爲唐古特者譯音古特合聲爲兀字亦猶稱回鶻爲畏吾也太祖未征西藏可決也此志初刊本疑唐兀與畏吾爲一而回鶻與畏吾爲二既知其誤乃改訂前後段附識於此

蔥嶺以東新疆回部附考上原無今補輯○案此與海國無涉以印度回教沿革非此不備故附之

法顯佛國記曰鄯善國王奉法有四千餘僧悉小乘學從此西行所經諸國語各不同然出家人皆習天竺書天竺語西南行一月得至于闐僧數萬人多大乘學家家門前起小塔高二丈許國王安置法顯等於僧伽藍三千僧共揵槌食威儀齋肅器鉢無聲及夏四月觀佛行像國王夫人散華供養城西七八里有僧伽藍高二十五丈經三王方成莊嚴妙好非言可盡嶺東六國諸王皆以上寶供養

洛陽伽藍記魏神龜元年太后遣比丘惠生向西域取經從鄯善西行千六百四十里至左末城有中國佛菩薩像無胡貌又捍麼城有大寺僧三百餘金像丈六相好炳然恒面東不西顧言自南方騰空而來于闐國王親見禮拜載像歸中途夜宿忽還本處因起塔供養西行八百七十八里至于闐國有辟支佛靴於今不爛

魏書西域傳于闐俗重佛法寺塔僧尼甚衆王每設齋親洒掃饋食城南有贊摩寺即昔羅漢比丘盧旃爲其

王造覆盆浮圖之所石上有辟支佛跣處雙迹猶存(永經注云于闐國寺中有石韡石上有辟支佛迹法顯所不傳疑非佛迹云云案道元但據法顯傳未考惠生使西域記耳惠生記所目驗故史據之)疏勒國嘗高宗遣使獻釋迦牟尼佛袈裟一長二丈餘高宗以審是佛衣應有靈異遂置猛火之上經日不然觀者悚駭心形俱肅

唐元奘西域記曰焉耆國龜茲國姑墨國文字並取則印度伽藍各百十所僧徒小者數千多者萬餘習學小乘又曰歸途至于闐國(記作瞿薩旦那國)文字遵印度崇尚佛法伽藍百餘所僧徒五千餘人並多大乘法教王甚驍

武敬重佛法自云毗沙門天之祚胤也城南十餘里有大伽藍此國先王爲徧照阿羅漢建西南牛角山有大石崖中有阿羅漢入滅心定待慈氏佛近者崖崩掩塞門徑

晉書藝術傳鳩摩羅什天竺人也父鳩摩羅炎辭相位出家東度葱嶺龜茲王聞其名郊迎請爲國師偪妻以妹遂生羅什幼時日誦千偈沙羅國王重之專以大乘爲化年二十龜茲王迎還國苻堅聞而欲迎之遣呂光將兵七萬西伐諭以若獲羅什即馳驛送之還至涼州聞秦亡遂留姑臧迨姚興遣姚碩西伐破呂隆乃迎羅什至秦

唐書西域傳太宗之遣郭孝恪擊焉耆也龜茲有浮屠善數歎曰唐家終有西域不數年吾國亦亡(源案以上四事皆唐以前西域并行佛法無回教之證也至葱嶺以西印度以外凡今回教各國唐以前亦皆佛教晉見於法顯魏惠生唐元奘所記况葱嶺以東乎)

明史西域傳圖蘇魯國阿克蘇國沙哈魯國俗皆敬佛惡鬬(案明史皆據永樂中陳誠使西域記之言此又明初回部尚奉佛未盡從回教之證也况唐宋元之世乎)

舊唐書疏勒國西帶葱嶺俗事祆神有胡書文字于闐國好事祆神崇佛教罽賓國在葱嶺南常役屬於大月氏其地暑濕人皆乘象尤信佛法(此祆神未知爲回教爲天主教然亦不過與佛教雜行之證也)

宋史于闐國西抵葱嶺與婆羅門接相去二千餘里(此婆羅門卽葱嶺西之回教)又曰龜茲本回紇別種景祐中入貢賜以佛經一藏紹聖三年上表獻玉佛又曰高昌漢車師前王之地其地頗有回教故亦謂之回紇乾德三年西州回紇可汗遣僧法淵獻佛牙國中佛寺五十餘所皆唐

朝賜額寺中有大藏經唐韻玉篇經音等宋太宗遣供奉官王廷德使其國游佛寺曰應運大寧之寺貞觀十四年造復有摩尼寺波斯僧各持其法佛經所謂外道者也案摩尼寺波斯外道皆天主教宋時回疆特間有之又曰雍熙元年西州回紇與婆羅門僧永世波斯外道阿里煙同入貢景德四年遣尼法仙等來朝獻馬請游五臺山又遣僧翟入奏欲於京城建佛寺祝聖壽不許熙寧元年入貢求金字大般若經以墨本賜之此宋時回部僅間有一二他教其全境仍奉佛教之證也

西域水道記曰葉爾羌城內東南隅有古浮圖一高三

十餘丈回人名曰圖持謂是喀喇和台國人所造也回謂漢人曰和台

阿克蘇城赫色勒河南流三十餘里經千佛洞西緣山法像尚存金碧壁有題字曰惠勤盖僧名也東滙于渭于河折而南曰十餘里經丁谷山西山勢斗絶上有石室五所高丈餘深二丈許就壁鑿佛相數十鋪瓔珞香花丹青斑駁洞門西南向中有三石楹方徑尺隸書梵字鐫刻曰環積石剝蝕惟辨建中二年字又有一區是沙門題名水經注言龜茲國北四十里山中有寺名雀

離大清淨今溯遺跡差存髣髴

西域水道記伊犂河逕拱宸城南經故回部王吐呼魯克吐木勒罕墓西回人庫魯安書云其部初有女子曰阿郎固庫勒魯者天地使一丈夫向女吹噓白氣感而有身生子曰麻木哈伊項爲回部王傳至三世童蒙習佛法又傳十四世爲吐呼魯克吐木勒罕年二十二嗣爲國王後二歲獵於阿克蘇遇回人授派噶木巴爾法返伊犂又有回教七人來教其部衆遂盡返舊俗在位十年卒案伊犂與葱嶺及哈薩克近故元末有回酋非若南路八城之皆元裔世藩也然此回酋亦先

奉佛教中年始遇回教此亦元末回教未盛行之一證有滿克國回部長以橐駞四十負滿克國土爲建此塚覆以碧琉璃刻墓門識營造之年至今嘉慶二十五年凡四百七十四年推以彼術三十年積一萬六百三十一日則四百七十四年當積一十六萬七千九百六十九日又十分日之八以歲實約之得四百五十九年又三百二十三日大半日從庚辰逆數之葢建於元順帝至正二十年庚子歲

西域聞見錄曰庫車城西六十里有大佛洞山山上下前後鑿洞四五百處內皆五采金粉繪爲佛像最高一

洞三極壁鑿大士像漢楷輪回經一白衣部鐫壁上相
傳唐代所爲以上三事皆今日回部尚存古時佛教遺跡之證

葱嶺以東新疆回部附攷下

欽定西域圖志回部世系其始祖青吉斯汗爲第一世
案即元太祖也子察罕岱爲第二世案太祖次子分封同部者是爲回酋之初祖山南山
北皆其分地止今山南也不哈喇拜蘇畢喇克爲第三世達瓦齊爲
第四世案此與乾隆所俘準酋同名其人則在元初巴爾當爲第五世巴圖
爾博汗爲第六世圖墨訥爲第七世阿沽斯爲第八世
海都爲第九世案元世祖時有海部叛王太宗裔孫非此人也薩木布瓦爲
第十世特木爾圖胡魯克爲第十一世克則爾和卓爲
第十二世錫喇里爲第十三世錫喇瑪哈木特爲第十

四世瑪木特爲第十五世王努斯爲第十六世阿瑪特
爲第十七世賽葉特爲第十八世阿布都里錫特爲第
十九世阿布都喇伊木爲第二十世巴巴汗爲第二十
一世阿克巴錫爲第二十二世阿哈木特爲第二十三
世莽蘇爾哈色木爲第二十四世阿布都勒拉爲第二
十五世案即順治十二年上表之葉爾羌回汗也
欽定外藩王公表傳順治三年吐魯番蘇勒檀阿布勒
阿哈默特阿濟汗遣使表貢諭曰吐魯番乃元成吉思
汗次子察海岱受封之地前明時隔絕二百八十餘載

今幸而復合豈非天乎所受明朝勅印可悉繳上別錫封爵蘇勒檀者猶蒙古稱汗明成化時回號也順治六年河西逆回丁國棟等叛僞立哈密巴拜汗子土倫泰爲王據肅州叛提督張勇討平之十二年回目克拜齎葉爾羌表至稱哈密巴拜汗爲葉爾羌阿部都刺汗所禁獻還內地民請罪張勇詰其表異名之故克拜古曰哈密吐魯番葉爾羌皆昆弟其父曰阿都刺汗居葉爾羌卒已久子九人長即阿部都刺汗居葉爾羌次即阿布勒阿哈默特汗居吐魯番次巴拜汗居哈密以得罪

天朝故爲葉爾羌汗所拘禁其次諸弟分長阿克蘇庫車和闐前貢使來自吐魯番故署吐魯番汗名今以葉爾羌汗爲昆弟長故表稱葉爾羌汗名康熙十二年吐魯番使貢馬及璞玉表稱烏木特賽使特汗署一千八十三年即阿布勒阿哈默特汗之子也案此以元酋裔長而奉回教年號此明季南路初改回教之證二十五年後貢表稱臣成吉思汗裔承蘇賚滿汗業云云康熙二十一年噶爾丹以嫌縶山南阿布都爾實特三十五年噶爾丹敗阿布都爾實特脫出來歸詔遣人護至哈密使歸葉爾羌案回疆自後汗位遂絕蓋外迫於準部內分於回教和卓木而元裔亡矣乾隆二十年定北將軍班第奏吐魯番舊頭目莽蘇爾爲元太祖裔居喀喇沙爾應遣歸轄其舊屬二十一年陝甘總督黃廷桂獻額敏和卓繪吐魯番圖奏吐魯番不復有蒙古裔瓜州回民願歸故土請視舊納準夷賦爲貢額

西域圖志又曰回教之祖派噶木巴爾第一世同祖兄子阿里爲第二世鄂賽音爲第三世再努勒阿畢丁爲第四世瑪木特巴克爾爲第五世札丕爾薩氏克爲第六世木色伊喀則木爲第七世阿里伊木西里雜爲第

八世賽葉特勒塔里布爲第九世阿布勒拉爲第十世阿布雜勒爲第十一世阿布都勒拉爲第十二世阿哈瑪特爲第十三世瑪木特爲第十四世沙喀三爲第十五世沙額色尹爲第十六世扎拉里丁爲第十七世克瑪里丁爲第十八世布爾哈尼丁爲第十九世米爾氏瓜納爲第二十世瑪木特爲第二十一世布喇尼丁爲第二十二世扎拉里丁爲第二十三世瑪哈圖木阿雜木爲第二十四世瑪木特額敏爲第二十五世瑪木特玉素布爲第二十六世案第二十六世爲初還喀城之祖見西域水道記至霍集占僅

四世耳。伊達雅圖勒拉和卓爲第二十七世。雅雅和卓爲第二十八世。瑪罕木特爲第二十九世。波羅尼都霍集占爲第三十世。

又曰：瑪罕木特子波羅尼都霍集占。即大小和卓木。和卓木兩逆酋也。其第二十五世之巴哈古敦阿布都哈里克瑪木特伊布喇伊木伊薩木瑪木特阿里阿拉勒顏瑪木特色德克阿三沙伊赫和卓阿布都勒拉共十二支。析居布哈爾痕都斯坦諸處。第二十六世之哈色木後遷布哈爾。木薩爾後遷拜勒哈。世次不備載。

《西域水道記》曰：瑪木特玉素普之初遷喀什噶爾也。案即霍集占之高祖。土人龐雅瑪獻所居地爲寺。死即葬焉。墓在回城東北十里許。回人即墓爲祠堂曰嗎咱爾。周甃石欄。中列木格。標馬牛鹿尾於其端。謂薦牲祈福也。樹木陰翳。臺宇軒敞。外垣以藍色玻璃鏤刻花卉。每日寅、未、申、酉、戌五時誦經咒。日入則鼓吹送之。曰送日。鼓七日會市。曰巴咱爾。市前一日。男婦入祠堂膜拜以求利市。

魏源曰：西域自唐以前。無論葱嶺西東。皆有佛教。無回教。其以回教稱者。自隋唐之間始。且其教止行於極西。而未及葱嶺以東。其及葱嶺以東者。自明季始。教雖來行。而山南各回城酋長尚皆元太祖之裔。於回裔無與。其被滅於準夷。則自國初康熙間始。以此三事證諸羣書。則其言西域自古皆佛教者。見於晉書鳩摩羅什傳及晉僧法顯、魏僧惠生、唐僧元奘使西域之記。見於魏書、晉書、唐書、宋史西域各傳。見於今日葉爾羌城內之古浮圖。西域水道記。阿克蘇城外數十里河岸之千佛洞。及庫車城西六十里之大佛洞。皆像好莊嚴。梵經隸刻。是回疆之舊皆佛教。昭如星日。其言回教皆在極

西。明季始被葱嶺以東者。見於唐書西域傳之大食波斯。明史西域傳之天方默德那。又見於回部之世譜。此見西域圖志所引及西域水道記。蓋隋唐時謨罕默德崛起天方。臣服諸國。創教事天。西域尊曰天使。番語曰派罕巴爾。其地在葱嶺西萬餘里。二十五世始分十二支。分適布哈爾、敖罕、痕都斯坦、克什彌爾、巴達克山諸國。至二十六世瑪木特玉素普始東遷喀城。立寺行教。死即葬焉。即霍集占高祖。是爲新疆南路回教之祖。然仍以極西之祖國爲天堂。故回疆習教之人。終身必赴西海禮拜

一次是葱嶺東之有回教近始明季又昭如星日其言新疆回酋 國初以前皆元裔者見於元史明史見於欽定外藩王公表傳所載順治初年之 上諭康熙中之貢表與夫張勇班第黃廷桂先後之奏蓋元時葱嶺以西爲太祖駙馬賽馬爾罕封地葱嶺以北之阿羅思欽察爲太祖長子朮赤封地金山以北爲太祖孫海都篤姓昔里吉等封地葱嶺以東天山以南爲太祖次子察海岱封地建閫於葉爾羌其苗裔分王南路各城其見元史者如于闐爲宗王阿魯忽所封案海岱即元史之察合台

太子也阿魯忽王于闐見喑伯傳元世祖紀屢言征斡端即征于闐叛王也見明史者哈密爲元威武王所封皆察海岱之孫而朝廷別建南路元帥府于別失八里北路元帥府于阿力麻里以控禦之元末天山北路爲强臣脫歡所據別爲準部於是元裔惟有天山南路 國初順治中回酋表貢尚以葉爾羌酋爲大宗稱臣成吉思汗裔承蘇賚滿汗業其諸弟分長八城即元裔之第二十五世也至康熙中并滅于準夷拘各城元酋遷之山北雖康熙三十五年滅噶爾丹時縱回酋歸葉爾羌亦終於不振自後汗位遂絕故乾隆蕩平準部時各回城無復元裔於是霍集占以回教橫起據之前此從無回教酋長表貢之事是霍集占以前之皆元裔非回裔亦昭如星日而近日西域圖志獨以新疆南路從古皆回教盡斥歷代西域傳之謬然無以處夫唐以前也則取元成吉思汗至順治初凡二十五世之藩封併移諸上古謂其更在派罕巴爾以前與元太祖同名又以派罕巴爾即遷喀城始祖而無如回教祖墓在天方極西載在明史也則析派罕巴爾與穆罕驀德爲二人謂回城酋長自元明即皆回教而順治

間表貢之元裔酋長何人竟置不問於 欽定外藩表傳之官書亦置不問推原其故皆由明季回教由天方至喀城時諸元裔酋長靡然奉之故康熙初土魯番貢表署千八十三年此元裔改奉回教之證故華人遂誤以元裔爲回裔并誤以新疆自古皆回教此皆鑿枘之至大者今特盡錄諸書於前案而不斷以昭慎重唐書言于闐疏勒俗事祆神宋史言其佛事外有朱尼寺及波斯寺此回疆舊兼有天祠之事豈得謂西域自古皆天主教乎佛經屢言婆羅門外道事大自在天祠雖佛

世不能盡絶豈得謂印度自古皆祆神教無佛教乎唐時長安有大秦波斯寺今京師及澳門有天主堂各省有禮拜寺又豈得謂中國皆奉祆神無他教乎惟回疆南路之祆神昔特聞有其祀不及佛教十分之一至其數千里并爲一教家喻戸曉佛教埽迹不行則實始於明之末葉不特此也回鶻回回皆葱嶺以東國名其教創於天方本名天方教不名回教其葱嶺以西奉敎各國亦皆不名回回猶之蒙古崇佛教豈可并稱印度爲蒙古耶今中土稱天方爲回回教并稱爲回回國不知

回部之夫天方萬有餘里正猶天主教行歐羅巴郎古之大秦後人因并稱天主所生之如德亞爲大秦不知實隔地中海

小西洋利未亞洲各國志

敘曰小西洋利未亞洲與歐羅巴隔地中海其地之鄺人之庶皆與歐羅巴埒乃語教化則無持世之哲語富强則無統一之王四分五裂惟産黑奴以供掠賣何哉今東六部則布路亞國服之北四部鄰地中海爲海賊則佛蘭西服之西二十四部瀕西海則布路亞荷蘭英吉利佛蘭西各國分踞之南則斯溜噩大雪山斗入南海其極南之兀賀峽即大浪峯南極出地三十六度北極入地三十六度與中國反對爲大西洋商舶必遶過

之地亦英吉利荷蘭兵戍守之皆據海口立礮臺設市埠而土人供其驅使今志小西洋實所以志大西洋也

魏源又曰水隨山脈行山逆則水逆逆則回環而氣鍾焉葱嶺以東水皆東流故相陰陽觀流泉者皆以西流爲逆葱嶺以西水皆西注則又以東流爲逆利未亞洲之泥祿河自西至東逆行八九千里而入地中海葢山脈東起如德亞峽南遶伊揖及亞毘心域及至南利未加而後折西轉北東行復至伊揖周環萬餘里而水從之故中利未亞各國四周環山不與海國往來而西洋

商舶所通者皆其山背四隅頑獷之地而已麥西及亞毗心域二國居泥祿河下游近西印度紅海岸故風氣早開聲名文物冠西海而近掃蕩於回教全變氈俗其上游腹內之地則除近河兩岸外餘皆沙漠炎毒瘴癘外人所不能入英吉利曾以火輪船深入其中半途病疫不得要領而還故山川疆域物產風俗皆未深悉於四洲中地氣最劣焉中利未洲其人稍皙西南利未洲則皆黑奴為歐羅巴兵艘役之而來華人不知其產二地也則或謂歐羅巴人種有黔皙云

海國圖志目錄

海國圖志卷三十三

歐羅巴人原譔
侯官林則徐譯
邵陽魏源重輯

小西洋（東利未亞二大國別為此卷）

利未亞洲總說（原本無今補輯）

職方外紀天下第三大洲曰利未亞大小共百餘國西南至利未亞海東至西紅海北至地中海極南南極出地三十五度極北北極出地三十五度東西廣七十八度其地中多曠野野獸極盛有極堅好文彩之木能入

水土千年不朽者迤北近海諸國最豐饒五穀一歲再熟每種一斗可收十石穀熟時外國百鳥皆至其地避寒就食涉冬始歸故秋末冬初諸近海地獵取禽鳥無算所產葡萄樹極高大生實繁衍他國所無地既廣野人或無常居每種一熟即移徙他處野地皆產異獸因其處水泉絕少水之所瀦百獸聚焉更復異類相合輒產奇形怪狀之獸獅猛能與虎鬬虎豹熊羆之類不一故土人多以田獵為業貴人亦時出獵搏獅虎為娛界內名山有亞大蠟者在西北天下惟此山最高凡風雨露雷皆在山半山頂終古晴明視日星最大昔人有晝字於灰土者歷千年不動無風故也國人呼為天柱此方人夜睡無夢甚奇有月山在赤道南二十三度極險峻不可躋攀有獅山在西南境其上頻與雷電轟擊不絕不間寒暑其在曷噩剌國者出銀鑛甚多取之無窮其在西南海者曰大浪山其下海風迅急浪起極大商舶至此或不能過則退歸西洋舶破敗率在此處過之則大喜故亦稱喜望峯此山而東嘗有暗礁全是珊瑚之屬剛者利若鋒刃海船極畏避之凡利未亞之國著

者曰阨入多（即伊揖國）曰馬羅可（即摩羅果國）曰弗沙（即都尼司國）曰亞未利加（即東阿未利加各國）曰奴米弟（即南阿未利加土審）曰亞毘心域（即阿邁司尼國）曰馬拿莫大巴（即山牙臘土蠻）曰西爾得（在西未利加洲未審何國）其散處海中者曰井巴島曰聖多默島意勒訥島聖老楞佐島利未亞西北有七島福島其總名也其地甚饒凡生人所需無所不有絕無雨而風氣滋潤易長草木百穀亦不煩耕種布種自生葡萄酒及白糖至多西土商舶往來必至此島市物以為舟中之用七島中有一鐵島絕無泉水而生一大樹每日沒即有雲氣抱之釀

成甘水滴下至明旦日出方雲散水歛樹下作數泡一夜輒滿人畜皆沾足焉終古如此名曰聖迹水言天主不絕人用特造此奇異之迹以養人各國人多盛歸以爲異物

地球圖說曰亞非利加大洲東界紅海并印度海西南界大西洋海北界地中海百姓約共九千萬地當赤道正度天氣極熱中有曠野浩浩無涯水草皆窮人馬難行惟駱駝尚可奔馳雖七八日不飲亦無妨然間有水草數處可經過而飲焉以上皆人迹經歷之地至其腹

地無人經覽但遙見一高山名月山長亘州中央至西而東而已州東有三島一名馬達加葛(又名馬狎甲)係是洲管轄二名冒勒霁係英國管轄三名埔耳防係佛蘭西管轄西邊有四島一名加那利係大呂宋管轄其餘馬太拉亞鎖利綠頭三島係葡萄牙國管轄此洲人民膚黑髮鬈鼻扁脣厚不好學不甚聰明農少牧多在昔此洲北有大城極多書院文學有名今無是矣是方有夷及多一處即一千八百餘年前馬利亞避猶太國加害旅寓之地所迹之教大半祀偶像小半回回教而耶穌教間或有之土產架非葡萄酒五穀橄欖油藥材樹油(可造番鹼)乳酥百果木料象牙獸皮獅象犀虎蟒弛駝鳥復有極大之白蟻能作土宮舍高至丈餘有二大江即尼羅江與黑江是也是洲極南昔荷蘭國人所踞嘉慶十年間英吉利國據之洲北夷及多界內有極高之古蹟狀如塔其至高者有七十丈更有異樣石城古蹟世遠年湮被砂土埋掩僅存其首形狀人頭獸身統體約十三丈四足俱全前二股間與前二足上俱有廟宇乃後人去其砂土獲此大觀也

地理備考曰天下五州最難盡悉者乃亞非里加州也地當赤道災氣蒸爲瘴癘隔以沙漠多毒蟲惡豸他國人到輒病死故自古未通英吉利商常往探之或染瘴死或爲土番邀殺迄不得要領又用火輪船從尼日爾河下游駛入水手半途死亡惟遇見高峯横亘別無所聞而歸故至今惟知沿海四面其腹內山川人物地勢土產則不能周知所有部落之名僅得諸傳聞而已其地在亞細亞之西南以羅針視之正當坤申之位南北一萬八千東西闊處一萬六千里

亞非里加州緯度距赤道自北三十八度起至南三十五度止經度自巴黎斯第一午線西十九度起至東四十度止南北相距一萬八千里東西相去一萬六千五百里地面積方七百五十萬里其地居熱道者多居溫道者寡海邊尚覺清涼其餘熇烈異常域中尤爲酷熱水土猛烈瘴癘流行十二時寒熱相間卽土人亦屬難堪易季之時雷電風雨交作熇烈稍減旣霽其熱如故

外國史略曰利未加州北極出地三十七度二十分及南極出地三十四度五十分偏東五十一度至偏西十

七度三十三分廣袤方圓六十萬里廣一千零二十里西南皆抵大洋海北極地中海與歐巴羅相隔以危亞達海峽東與亞西亞微地相連而以西紅海爲界此洲地雖大但沿海邊直而不曲少泊舟之處其江河駛入內地亦不長廣西方最大者曰尼額河加瓦拉河未詳其源其曠野四面沙礫而中央如寘閒豐水草北地之山高者千百丈上有廣坦海濱天氣長熱如夏惟極南北之地應乎四時故以西洋各國之强而不侵其內地且至今商旅亦惟在海口貿易莫知其中央情形焉獸多獅虎豹象駝鹿水馬犀牛其鳥多翠翎駝鳥尤異常俱不鳴產駝鱷怪異草木春萌秋落與亞西亞州相仿但其民情地荒不知工作故可用之物少其居民大半卷髮黑面扁鼻白齒多土蠻以語音別其宗派支類外國舟船過此多掠其黑人販賣爲奴婢近日英人禁之然居此地之教師多死於煙瘴其地可分三分爲南北中亞非利加

瀛寰志略曰亞非利加北土在紅海西南岸者近亞細亞故麥西國開風氣獨早在地中海南岸者近歐羅巴

故非尼西亞國啟疆於前意大里亞耘耡於後逌回部旣强蠶滅殆盡麥西旣隸土耳其曩時文物之盛已掃蕩無遺而地中海南岸諸部乃半化爲蹻跖之巢穴時勢之變遷可慨也夫

瀛寰志略曰按北亞非利加之東偏地多沙漠本不毛之土獨麥西得尼羅河之淤灌變爲沃壤其西北境之蘇爾士（又作蘇葉）又與阿伯猶太接連故東方夷族上古時卽轉徙至此其創制規爲遂爲歐羅巴開風教之始歷數至一千數百年可謂盛矣惟立國鳩民僅傍尼羅河

蜿蜒一帶無地可擴無險可守故波斯希臘羅馬諸大國與麥西恆爲之臣迨回部既强遂爲所吞噬而名土變羶俗矣盧比阿本麥西南部其種人雖雜野番自昔別無立國阿邁司尼不歐不回自古爲土番部落或謂其國尙有規模不至如泰西人所云之荒陋然較之麥西不啻有華夷之別矣所奉者天主大秦二教其實大秦教卽波斯舊奉之火祆教而大唐之名則中土譌傳也

又按由西印度西行有小島曰亞丁英吉利所據也由

此入紅海西北四千里而港盡至麥西之蘇爾士行旱路一百七十里卽地中海之東南隅再舟行七千里出直布羅陀海口卽大西洋海較之紆迴南向繞阿非利加之西境至極南之吸朴而始轉柁東北者計里約減二萬計程約近一月惟蘇爾士隔岸路一百七十里舟楫不能通行海國聞見錄謂恨不用刀截斷者卽指此也近年英吉利襲火輪船遞送文書由印度海駛至亞丁入紅海至蘇爾士行旱路至地中海東南隅彼處有火輪船接遞西駛出直布羅陀海口火輪船行駛甚速不畏風浪而計程又近二萬里故五十日可達英倫國都自明以前歐羅巴通中國皆由此路說詳回部四國向言北人使馬南人使船僅就中國江河言之若以例西洋諸國之渡海眞有大小巫之判矣

厄日度國卽伊揖國

〈地理備考〉曰厄日度國一作厄日多在亞非里加州東北北極出地二十三度二十三分起至三十一度三十七分止經線自東二十二度十分起至三十三度二十二分止東枕紅海暨蘇揆斯徑西連的黎布里國暨里比亞

沙漠南接盧比亞國北界地中海長寬皆約一千七百五十里地面積方二十四萬里煙戸四兆餘口通國分爲上中下三處其上中之東西二方岡陵綿亘地勢如谷其下者平原廣闊溪渠間隔河之長者一日尼羅南北通流湖之大者日門薩拉日美利日布爾羅日馬略的河濱膏腴餘地砂磧而隴畝之肥磽視河水之消長每歲夏至水長秋後水消若長不過甚則年必豐稔否則歲必荒歉土產穀果蔴靛綿花紋石等物禽獸蕃衍駝馬尤良地氣熇烈陰雨甚罕四季之內非春卽夏沙

漠薰蒸、瘟疫傳染、不設君位、歸屬於土耳基亞國、派有總管奉回教、其餘各教有奉之者、亦不禁、貿易輻輳、國本古時巨邦、周威烈王時、曰爾西亞國奪之、越二百載、復爲亞勒山德黎君、率師攻克、身後諸將分據、及羅馬國王兼并其地、歸爲一統、羅馬衰弱、又爲天方回國所奪、宋理宗湻祐中、天方國駐防軍士叛亂、自推一首領爲王、屢次交兵、終爲土耳基亞國所克、嘉慶三年佛蘭西國軍攻克之、越三載、仍歸其地於土耳基、自後歲派總管一員、統轄其地、分國二十五部、曰加義羅、建於砂

磧中、曰吉里烏波、曰北爾卑義、曰師卑、曰米加馬爾、曰忙蘇辣、曰達迷耶大、曰給比爾、曰當達、曰美黎、曰美路、曰內日勒、曰福阿、曰達馬路、曰亞勒山德黎、曰德基塞、曰亞德非、曰白尼隋弗、曰發雍、曰迷尼亞、曰蒙發祿、曰西於德、曰齊爾白、曰給內、曰挨斯內、其通商衝繁之地七、此外尚有兼攝之地數處、大者曰西烏阿、曰科日拉、皆在西方、曰哥塞義爾、曰蘇挨斯、皆在東方、

外國史略曰、亞非利加東北方、土爾基人所據之麥西國、亦名埃及、多南及黑面人地、北及地中海、東北爲蘇益微地、與亞拉回國相連、東及紅海、西及曠野、廣袤方圓七千五百里、有尼羅河、兩邊窄谷、居民三百萬、居住邑鄉約二千五百、尼羅河通流焉、河在北方、分兩支流入地中海、河邊地每年水漲時可耕、餘地多沙、產綿花五穀棗南果蔴芒、水溢則田盛、不則多旱、有螞蚱田鼠及各蟲壞稻、故豐年不免於飢、民工藝術、奉僧如神、嚴禁出外、國各自爲主、於周顯王時、白西國王來攻、毀佛菩薩像、希臘王隨之、遂降全國、其後將軍攝政稱王、召納賢士、遂爲人材所聚、漢成帝建始二年、羅馬將軍麥

西、爲立部頭目治之、與希臘通商、今耶穌門徒、於此傳教、迄唐貞觀十三年、回回族強據其地、遂自立國、侵辱耶穌門徒、明武宗正德年間、土耳其又奪其地、嘉慶二年佛蘭西將軍那波倫者、領兵圖取此地、欲由此渡海攻印度、英軍扼尼羅河口、焚虜佛船、以拒其進、是時土爾基兵帥甚聰明、尤滅弄權之驍騎、招士通商、訓練陣法、與列國無異、又得英兵之助、故佛蘭西戰不能敗、但其君重賦病農、官祿有餘、生民塗炭、每年征餉約銀六百七十五萬兩、軍士四萬八千、其上中下戰艦甚多、故

使費大〇居民大分別惟士人及西臘人尙耶穌教此二族與猶太人率皆口訥其亞拉回人則甚巧儈然操權者多士耳基人〇麥西國與亞未利加內地多相連商販結羣而來販黑奴至此賣與地中海各邊界產綵花五穀〇國分三分爲下中上其都曰加以羅居民二十萬其街狹窄屋宇汚穢亦通商上尼羅河有大塔高六十丈周六十九丈用十萬人建造經二十年乃成四方瞻仰贊美上麥西國曠野有大城海邊亦有古城曰亞勒撒爹昔係地中海之廣港商船雲集今已衰只六

千居民而已羅悉他係美邑希臘人居之居民萬六千有奇日益生聚焉

案此洲至今未與廣東通市然不獨此一國也西圖又謂伊揖國又謂麥西國元史作馬八爾國其余爾河卽泥祿河也

伊揖國在阿未利加洲之東北東界阿細亞州內之都魯機北界地中海西界特黎波里南界東阿未利加各國卽利瑪竇所謂黑入多是也職方外紀作阨入多坤輿圖說作厄日多格羅都城爲著名之國聞者起敬然其史書久湮故人物之本源朝代之沿革均無稽考雖書籍所述極其榮華富貴亦無遺蹟可徵按坤輿說載天下七奇而阨日多國居其二一曰尖形高臺乃多祿茂王所建基方一里周四里高二百五十級每級寬二丈八尺五寸高二尺五寸皆細白石爲之其高六十二丈五尺頂上寬容五十人造工者每日三十六萬人二曰法羅海島高臺亦多祿茂王所建依山爲基細白石築成頂上安火炬夜照百里外海舶俾識港路此皆所謂榮華富貴之事也然此云無蹟可徵豈今皆湮沒耶惟聞上古西梭特力士實爲著名之王曾征服阿細亞洲各國攻至中阿未里加洲之地今底彌士部落尙有石像遺跡旋又攻服由士西利阿阿西里阿巴社達達里等處名聞諸國至三爾尼達士王往攻阿未里加之

北隅敗績并本國爲巴社襲奪賴國人不服巴社遂有阿力山達起兵恢復同時才傑並出有比多里彌士等興工作教技能遂一變伊揖爲聲名文物之國以額力西之技藝先原得自伊揖也在耶穌未紀年以前曾爲隔海之意大里所據一時雖不幸而機巧技藝亦得意大里國之傳授至耶穌紀年七百唐嗣聖十七年爲回教阿丹所攻服阿丹仇視別教遂將比多里彌士等之書盡燬于火伊揖之人日漸荒陋及破走巴社恢復本國始復學習舊藝然終不及額力西後又爲都魯機所奪設巴

札理政事其伊揖之麻米氶種類本皆奴僕後裔恃其蕃庶反僕爲主自立頭目稱藩於都魯機至千五百十六年十一年明正德遂欲自王東方攻擊都魯機邊境都魯機雖興師誅討然蠻種善騎射好背叛不屬巴札統轄者居半千七百九十八年嘉慶三年佛蘭西兵侵伊揖破英吉利襲其後敗績而退於是伊揖巴札乘間驅麻米氶種人出境遂亦叛都魯機自立盡復昔時藝業法律并鼓勵國人習歐羅巴之技能國勢復振當阿丹被阿都哇哈攻擊時伊揖統兵往助代奪回墨加默德那二部落

乘勝遂攻都魯機得俄羅斯和解分都魯機割出于底阿西利阿兩部落歸於伊揖兵始寢息阿丹人居斯者自設官分理然亦必由伊揖巴札定奪納錢糧調丁壯均由司官經手國賦有三一田地一丁口一稅餉歲征地土錢糧銀二百四十萬員丁口銀三十二萬員歲餉地五十九萬員共三百三十一萬員除歷年起解覲士頓丁羅布爾銀八萬員餘銀存留伊揖以備支發凡克力士頓教由教之人男丁十六歲者按名納時价十三枚至五十枚不等貨物止稅八口歲征銀千七百六十

萬員除國中支給尚餘銀百萬員軍伍昔强未嫻紀律近得歐羅巴訓練之法隊伍雄甲東方千八百三十四年道光十四年計兵七萬四千近復設武備館延歐羅巴教師以訓年少餘丁萬有四千月支經費銀六千員並設鑄礮局器械局火藥局有大兵船九中兵船七小兵船三十幅員十三萬方里戶口二百六十萬有奇原居土著曰果斯十六萬口餘俱阿丹都魯機之由教阿未利加之額力教歐羅巴洲之克力士頓教等人先後流寓土番奉克力士頓教面貌豐滿顏色黃黑目員而明鼻

高而直唇粗髮黑好貿易外似湻和內實貪猾一見如故以諂爲欺國中阿丹人多業農都魯機人多營士宦額力西人與由教人多事貿易尚有歐羅巴阿未利加之人各習一教雜處一方判如胡越自巴札力興文教設印書館才藝日出惟衣食儉樸富者戴小帽內服棉夏小衫外服呢袍女則頭罩紗帕衣以絲髮所食無非蔬菜羊肉貧者周身裹布啖麵嗜酒並吸食自造之鴉片國中多河道最長者奈爾河郎坤輿圖之泥祿河長八千八百里分七道入海者源自阿未利加洲內至羅阿伊揖出海未詳里數也

土產稻穀麥棉花洋靛牛驢駱駝由阿未利加貿回貨物金及象牙最多領大部落三小部落百四十有一

羅阿伊揖猶華言下伊揖也東界海東北界阿西阿洲土魯機南界先特臘爾伊揖西界西阿未利加曠野之地西北界特黎波里北界海領小部落四十有八

先特臘爾伊揖猶華言中伊揖也東界海南界阿巴伊揖西界阿未利加曠野之地北界羅阿伊揖領小部落三十

阿巴伊揖猶華言上伊揖也東界海南界東阿未利加西界阿未利加曠野北界先特臘爾伊揖領小部落六十有三

國中有湖四麻里阿底市湖摩羅士湖緬沙力湖麥吉機倫湖河道除奈爾河之外尚有運載河五阿力山特厘阿河阿沙臘河彌利河阿時多安河摩伊市河

重輯原本無今補

職方外紀阨入多大國在利未亞之東北自古極稱富厚中古時曾大豐七年繼卽大歉七載當時天王教中有前知聖人名龠瑟者預教國人廣儲蓄罄國中之財悉用積穀至荒時出之不惟救本國之饑而四方來糴財貨盡入其國故富厚無比至今五穀極饒畜產最蕃他方百果草木移至此地卽茂盛倍常地千萬年無雨亦無雲氣國中有一大河名曰泥祿河河水每年一發自五月始以漸而長土人視水漲多少以爲豐歉之候最大不過二丈一尺最小不過一丈五尺至一丈五尺則歉收二丈一尺則大有年矣凡水漲無過四十日其

水中有膏腴水所極處膏腴卽着土中又不泥濘故地極肥饒案此與暹羅眞臘同百穀草木俱暢茂當水盛時城郭多被淹沒國人於水未發前預柱門戶移家於舟以避之去河遠處水亦不至昔有國王專求救旱澇之法得一智巧士曰亞爾幾默得者爲作一水器以時注洩卽今龍尾車也國人性極機智好格物窮理之學又其地不雨并無雲霧日月星辰晝夜明朗夜臥又不須入室內舉目卽見天象故其天文之學考驗益精爲他國所不及其國未奉眞敎時好爲淫祀卽禽獸草木之利賴於

人者如牛司耕馬司負雞司晨以至蔬品中爲葱爲蒜之類皆欽若鬼神祀之或不敢食其誕妄若此至天主耶穌降生少時嘗至其地方入境諸魔像皆傾頹繼有二三聖徒到彼化誨遂出有名聖賢甚多其國女人亙一乳生三四子天下騾不孳生惟此地騾能傳種昔國王嘗鑿數石臺如浮屠狀非以石砌皆擇大石如陵阜者鏟削成之大者下趾濶三百二十四步高二百七十五級級高四尺登臺頂極力遠射箭不能越其臺趾也有城古名曰孟斐斯今曰該祿是古昔大國舊都名閘

西土其城有百門門高百尺街衢行三日始遍城用本處一種脂膏砌石成之堅緻無比五百年前此國强盛善用象戰鄰國大畏小服象戰時以桑椹色視象則怒而奔敵所向披靡都城極富厚屬國極多今其國已廢城受大水衝齧傾圮尚有街市長三十里行旅喧闐百貨具集城中常有駱駝二三萬

每月統紀傳曰伊揖國古史云麥西國在阿非里加東北地方國之東北有小地與阿細阿之西相連自古執迷不與外國人交接恐亂風俗王一人掌國政早起覽

各部文書畢即進廟聽修道會長之訓諫宴食甚淡嚴禁奢華兄弟姨姊自相娶嫁僧爲國大師各官恭敬之其僧傳輪迴之佛道流布印度國遠至中國日本國也麥西國不殺生崇陰陽又有旁教或拜日或拜火甚或敬牛如神此又其國中之旁門外道喪事貴人斂以香油殮以膏藥可存千年孝子修戶室竭盡家貲古王者建塔四方高七十七丈各方一百十丈雖三千餘年其塔還存麥西人將葬屍先令官察究博訪其先世陰隲人若作惡即不許出喪不許祔先人之窀穸而辱棄之

所葬之屍數千年不壞不腐現有尚存者國中古蹟不可勝數間有古殿城邑傾頹各處尚存城有百門寬大勝京都古時麥西國之人勵賢養才能文作書與漢人隸字不甚相遠其僧儒等當夏月則測星相距日月交食合朔弦望節氣交宮按時記風雲雷氣流星諸象節氣以實測驗其地無雨無霜終古晴明故可以觀察星宿考制歷象案所述與職方外紀說合與四洲志亦合多出聖賢毓靈孕秀醫內科有定制據法醫病不據法誤人者罪死其地四方平坦是以築岑邱爲所居泥祿大河每夏水至苗隨

水長不惟無澇患反藉以肥田疇倘河漲不及度則受荒旱之災與職方外紀合其國當帝舜年間君爲那阿之孫初創立國是名麥西喇音其後阿細曼搭喇接位侵夷建城國始興隆當夏朝間游牧侵國並征服之移都南方當商朝明約色弗爲相國且補七荒年之缺近世益盛

案此國救荒之法亦見職方外紀

萬國地里全圖集曰亞非利加各國皆在海濱其內地係沙漠遊牧之地東北曰麥西或埃及多地也在紅海之邊中間所流之河稱曰尼羅自南之北每年一次漲

溢以沃田土若灌糞培植但河水不至之處則沙磧而已是以近河人戶雜居但離此不遠即無人之地麥西國自古有名於商朝年間國家興盛所築之塔高大尚存其墳塚如殿及於今日有人不遠萬里以觀此古蹟然古民雖藝術超衆尚固執異端所拜之神係禽獸蟲蛇等物外國知其富財帛又知其懦弱無謀不得不攻擊取國而服士民爲奴始則羅馬國攻取之久操其權繼則回回族犯境而據之近日土耳基王又派總師代爲辦政造戰艦演士卒與西國不異故兵勢大盛亦占據其主之土但各國强之使還侵地現又貢進上王也然其居民見迫脅千磨萬難農夫苦劇老弱轉乎溝壑其國出五穀棉花蠟藥材等貨所得餉銀每年九百三十三萬兩其軍十二萬丁其居民二百五十萬丁其大戰艦十四隻其王雖聰明但因養兵之多錢糧不敷國用其大埠頭稱曰亞勒散特亞古時著名今亦通商之港口也其都城曰加以羅居民三十萬古時殿屋頹墻壞壁其塜陵內之屍雖歷三千年因傳以香油尚得存留麥南曰怒北天氣最熱惟尼羅河濱猶可耕田此外

一片沙漠浩渺如海野蠻無賴劫奪行旅販賣人口其王力不能禁麥北曰怒南係哈北國在山嶺中地瘠少物產居民好鬭崇異端因五穀不多故食牛肉啖腥茹血嘗有生蠻侵其國人猛如虎以穴爲屋以蝗爲食累攻居民非列戰不能掩殺也

阿邁司尼國即職方外紀之亞毘心域國也元史作俱藍國今未與廣東通市

阿邁司尼國東距海西距曠野南界阿匽北界盧比阿曠野境內重山峭壁而谷中平壤多堪播植厥土惟中中地居伊揖邊界自古凡攻勝伊揖之人皆未深入其

地聞其國之王與郡部妻也皆出梭羅汝之後裔嗣有伊揖之比多里彌王好游覽欲徧知沿海港口遂至其國之阿松語部落郎阿都里之市埠也見象牙充積收購回國且擇其名勝留題墨蹟自後商船踵至市易雲集其國史書在耶穌未紀年以前俗奉由斯教由教卽回教之最舊者佛經謂之婆羅門在麻哈麥以前猶中國孔子未生先有儒教也至千四百年明建文三年有伊揖之佛曾曼底士仕於其國尊寵用事遂徧勸國中改奉克力斯頓教其馬哈墨回教之主從未至此原書中稱回教曰馬影没教或曰馬賀墨頓教又曰麻哈密教皆音之轉是以境內所崇之教

壹無歧雜伊揖與阿丹兩國之人值世亂時多于此避隱其地爲西洋與印度商旅之要津於千有六百年明萬歷二十八年有西洋戈未含等由伊揖至此勸導國人改奉加特力教于有六百二十年明泰昌元年續有博學之教師巴依士亦至大行其道遂煽惑蘇士尼阿士王往遊羅汝國都並勸將加特力教頒行部落迨後西洋之人不復至日久年湮幾忘其有此國後有墨曾士遊是邦歸紀載稱述雖有點綴鋪張而與逝日沙爾所論大略相同其國都建於萬那歷代一姓傳嬗政事皆專制於王

近因西南阿匽國之士蠻牙爾臘憑陵各部乃各畀兵權俾自專征討由是大權旁落臣下斬殺自由且蝉起蕭牆內亂不已非骨肉爭位卽權貴弒奪所幸徧國中人只服王家不知他姓故雖強臣擅國命不敢篡王位必奉一王家舊裔守府尸位近則疆域大半爲牙爾臘侵據部酋皆牙爾臘種也風俗與伊揖阿丹略同向聞此邦舉動狉獉無異野人近始知傳言過實惟于宴筵好啖生肉并聞牧人餒餓卽割牲肉以充饑立塗創口驅行如故國人犯死罪者官自斬割不假手於人卽極

酷慘亦無難色皆由屢遭內亂頻年戰鬬故嗜殺成性矣士著皆由斯種類粗野多髯性躭麴櫱大袖束帶庶人戴白圓帽貴者帽前尖角以別等差室皆苫覆松柱曲梁不加斲削廟宇亦然惟多建山巔爲國中之一景性喜繪事宮殿廟宇署廨廬舍莫不懸圖畫金碧燦然婚姻男女相說則請命女父一諾卽可交臂而返俟過數月始同入廟禮拜其富貴者頗知昏禮婦人用事能約束其夫然結褵不難分衿亦易故伉儷鮮克有終所奉克力士頓教以伊揖國都之大僧師爲宗主音語間

隔故所學終不深徹且其教中又雜以由斯之規矩戒宿戒食童割勢皮（據此知由斯教是回教）旋又參以羅汶國加特力教中之規矩紀載前賢生期甚多入廟禮拜慶祝幾無虛日廟宇各懸前賢遺像惟不雕塑泥木（案此處可證加特力與波羅士特二教不同處）國中亦有道觀規矩嚴肅如歐羅巴凡道士一入觀後即不得預世務文字音語略近阿丹文字以唵哈部落爲宗惟各部音語不同侏㒧厖雜最難習學其書籍僅有前賢行實一書乃伊揖編年之史而阿邁司尼又用本國音語按由斯史法譯國中其教人誦

讀者皆僧師也文學不過如是其牙爾臘蠻夷身短面紫若久居平地反變爲黑其蠻又分數種最强者曰波蘭牙爾臘次則阿卓牙爾臘惟本國土著差湻良生蠻則汚穢罕倫用不洗之牛腸束髮繫腰周身塗膏爲飾如遇爭鬭不問男女老幼虜殺必盡而後已能鳧水耐苦勞其器械無鐵純用銳木火煅而油煉之其鋒甚利每突陣呼聲殷地設非勁敵不無震撼若能敵其始銳乘其衰竭亦即敗北無教門廟宇或拜穹樹或拜星月近得阿邁司尼之地亦漸改暴獷化入回教（此亦以由斯教爲回

教）其人多壽命勝於本國土著之人尚有一種曰山牙臘黝面鬈髮居北依爾阿彌河濱山澗炎溽榛莽茀茂土蠻雜處其中晴庇樹陰雨藏石洞暴獸肉爲乾脯其地爲本國各頭目之獵場秋冬蒐狩意不在得獸而在擒山牙臘爲奴僕然山牙臘雖無戰馬火器恒死鬭拒敵國南之沙滿山最高重疊起伏綿亘嶇險甲於他國每有山巔凹坦石碟四周天然若寨者其崖斗絶非繩梯莫上當國中被兵之日王家宗族多于此避亂山南部落未悉惟臘馬爾蘊山爲歐羅巴商船由紅海進口

之路故得知其詳河以奈爾河爲最大源出沙滿山其上游曰蘭比阿湖四圍皆大山湖受四山之壑由東宣洩出謂之北依爾阿厘河逶迤北流直至盧比阿曠野始爲奈爾河又西南諸山溪澗滙焉北至伊揖國都分七道而注之海土產大麥蜜糖馬棉花足金水晶桶布鎗刀象牙各種香料領小部落百三十有一以萬邦爲首部亦曰根達（原本）

重輯（原無今補）

職方外紀曰利未亞東北近紅海處其國甚多人皆墨

色迤北稍有白色向南漸黑甚者色如漆矣惟菂目極白其人有兩種一在利未亞之東者名亞毗心域即阿邁司尼國及中阿利未加諸國所謂顏色稍白者地方極大據本州三分之一從西紅海至月山皆其封域產五穀五金金不善鍊恆以生金塊易物餹蠟極多造燭純以蠟不知用油國中道不拾遺夜不閉戶從來不知有寇盜其人極智慧文能崇奉天主修道者手持十字或懸掛胸前極知敬愛西士篤獸聖人爲其傳道自彼始也王行遊國中常有六千皮帳隨之僕從車徒恆滿五六十里

地里備考曰盧比亞國即亞比心域國之東境也在亞非里加州之東北界其國地北極出地九度起至二十四度止經線自東二十六度起至三十七度止東枕紅海西連尼吉里西國南接亞比西尼暨哥爾多分二國北界厄日度國長三千里寬二千里地面積方三十萬里煙戶二兆餘口東南峻嶺重疊川谷間隔西北沙漠遼絕隴畝寥寥其尼羅河各支派由南而北貫于其地河濱膏腴土產麻麥米煙酒甘蔗緜花沈檀香烏木象牙金砂等物鳥獸充斥駝馬最良地氣酷熱人物難堪不設君位民人自主道光二年始歸厄日度國兼攝奉回教技藝疎庸貿易豐盛多與厄日度國人交易國分四部一盧比亞一哥辣一塞那爾一北日斯其通商衝繁之地七

亞比西尼國乃亞毗心域國都也一作阿邁司尼皆音轉相近在亞非里加州東北北極出地七度起至十六度三十分止經線自東三十三度四十分起至四十一度止東枕紅海暨亞丁海灣西北連盧比亞國南接亞德爾地暨札加山北界奴比亞國長二千三百七十里

寬二千餘里地面積方四十五萬里烟戶三兆餘口地勢嶄巖岡陵重疊河之長者曰藍河其亞勒加馬勒波丹德爾合瓦土等河則次之田土肥饒土產麥粟麻蜜大麥緜花木料等物禽獸蕃衍獅豹山狗尤爲充斥地氣溫和惟紅海一帶頗爲熇烈霹靂不時風雨交作自五月至十月滂沱傾注有礙行人國政諸酋分攝所奉之教乃天主大秦二教相參技藝疏庸製造寥寥除日用所需器皿布疋外餘無所見貿易淡薄土人怠惰通國分爲七小國曰的給勒曰公達爾曰昂哥卑爾曰昂

合拉，曰昂哥，曰那勒亞，曰薩馬拉。

又曰葛爾多番國，在亞非里加州之東北，北極出地九度起至十五度止，經線自東二十三度起至三十度止，東北界盧比亞國，西連達爾夫國，南接岳山，長約一千五百里，寬約一千二百里，地面積方約二十二萬里，烟戶一兆餘口。沙漠環繞，南方山陵嵯峨，河之大者名曰巴勒拉比，東南貫徹，田土肥磽，土產鐵器縣花等物。禽獸蕃衍，地氣炎熱，土人色黑，多以耕種為業。國中火山吐燄不息，不設君位，歸於厄日度國兼攝，奉者回教。技

藝寥寥，貿易興隆，往赴盧比亞、達爾夫二國，皆必結隊而行，以防虜掠。首郡名科卑德，乃昔日國都也，地之衝繁，惟巴拉城，餘皆荒僻，屋宇傾頹，氓庶流散。

又曰達爾大國，在亞非里加州之東北，北極出地十一度起至十六度止，經線自東二十三度三十分起至二十七度三十分止，東自葛爾多番國，西南接蘇丹國，北連沙漠，南北相距千二百五十里，東西相去八百里，地面積方九萬五千里，煙戶二億餘口，地多沙漠，湖河甚小，天氣熇熱，田土菑旱，惟南方膏腴，最饒五穀，尤多樹林。土產黃麻、胡椒、烟葉、象牙、玉硝、硇砂、材木、香料等物。王位相傳，人奉回教，技藝麤疏，民惟業農，每歲國君率臣宰親耕，為勸農之舉。商族接踵，惟邊境多賊盜，須結隊而行，人數每至千餘，其駝負之數或二千或二萬不等，以防劫掠。首郡名曰哥卑，乃國都也。國王常御於發拾爾，距都不遠，餘皆荒僻。

又曰亞德爾國，在亞非里加州之東，亞比西尼國東南。其國土自巴卑爾海峽起至瓜爾達海角，外人罕至，是以迄今長廣不知，戶口未悉。至此地勢西南重岡疊起，

東北平原廣闊，衆河貫徹，隴畝肥饒，少雨恒旱，土產金砂、黍稷、乳香、胡椒、象牙等物，通國分各部落，常與亞比西尼亞國交兵貿易。蕭條人奉回教。

又曰亞然國，在亞非里加州之東北，北極出地二度起至十一度止，經線自東四十八度起，未定所至，東梳印度海，南接桑給巴爾國，北連亞德爾國，長約一千九百里，地面積方約五萬六千里，煙戶約六萬餘口。北方峰巒疊起，東方荒野沙漠，居平人迹罕到。土產香料，教門不一，以牧獵為業，沿海乃天方商旅，面目差白，內地土人

皮肉皆黑通國分十數部各霸一方不相統屬其大者名曰巴拉瓦建於海濱其地棲泊穩便舳艫雲集

又曰桑給巴爾國在亞非里加州之東北極出地二度起至南十度止經線自東三十四度起至十五度止東枕印度海西連尼內阿乃地南接莫山比吉國北界亞然國長約四千里寬約七百里地面積方二十八萬里烟戶約二兆餘口海濱澤濕叢林稠密野象成羣內地則重岡疊嶺西南尤爲嶄巖江河貫徹其間曰里維耶爾曰塞勒曰幾里馬內乃河之大者也由西北而下注

於印度海田土膴腴不能畫一土產金銀銅鐵穀菓餹蠟絲花象牙鳥羽木料藥材等物地氣熇烈各酋分攝皆奉回教貿易興隆稼穡豐茂通國分爲數十部其至大者曰幾羅河曰蒙巴薩曰美林德曰美加多朔各霸一方不相統屬

每月統紀傳曰廸志比多國海邊泥祿河口英國與佛蘭西船水戰之地也嘉慶年間佛蘭西英國連年對壘勝負不分彼時佛蘭西都統將軍那波里雲者勲練行陣決計攻取麥西國欲自此攻取英人所據印度屬國英國令兵帥尼理遜率師船十四艘追之其師船或載百一二十大砲或五七十大砲水手兼兵丁視船之大小自一千至幾百人英兵帥溯地中海不見敵直到麥西海口佛蘭西師船泊港英國兵船繞之兩面大炮齊轟一船對一船輪番鏖戰佛蘭有一大船炮中英國兵師尼里遜之腦尼里遜自料必死急諭將佐處分後事節度得良醫敷藥血止傷平鬬船氣益奮半夜勝敗未分忽佛蘭西首船火藥艙自焚鬬船灰燼復合戰至天明佛蘭西大敗軍士傷死五千二百餘人逃竄者四船

而已英國戰士死傷約九百人於是尼里遜凱旋本國自後佛蘭西不敢輕視英國水師矣

外國史略曰東亞非利加地麥西國之南曰盧比國徧東自四十四度及五十六度北極出地自十三度至二十四度三十分廣袤方員萬五千里南及亞必沿地北連麥西國東及紅海西接曠野亦有黑面人在此立國曰先納居民盡蠻產金及象馬香貓駝鹿獅虎駝鳥河馬藥材烏木檀香烟米餹菓等民不與外國往來有旅客即擄掠故不知內地情形民多回教性猛不馴間有

崇耶穌教者

亞必沿國亦曰阿比西尼即古所謂亞毗心域國也在盧比國東南接紅海多山嶺廣袤方圓萬五千三百里居民約五百萬形體端正崇天主教以石鹽在亞非利加內地通商易金沙奴婢象牙地分三國一曰哈必一曰額利一曰刷地又有安居陋邑識里谷邑亞多瓦邑南向之牙拉地居民尙蠻好戰耕牧相間或崇回回教或耶穌教山深林密與外國不交通專以擄販人口爲利

元史海外諸番國惟馬八爾與俱藍足以綱領諸國而俱藍又爲馬八爾後障自泉州至其國約十萬里其國自阿木河大王城水路得便風約十五日可到比餘國最大世祖至元間行中書省左丞唆都等奉璽書十通招諭諸番未幾占城馬八爾國俱奉表稱藩餘俱藍諸國未下行省議遣使十五人往諭之帝曰非唆都等所可專也若無朕命不得擅遣使十六年十二月遣廣東招討司達魯花赤楊庭璧招俱藍十七年三月至其國國主書回回字降表附庭璧以進言來歲遣使入貢十

月授哈撒兒海牙俱藍國宣慰使偕庭璧再往招諭十八年正月自泉州入海行三月抵僧伽耶山舟人鄭震等以阻風乏糧勸往馬八爾國或可假陸路以達俱藍國從之四月至馬八爾國新村馬頭登岸其國宰相馬因的謂官人此來甚善本國船到泉州時官司亦嘗慰勞無以爲報今以何事至此庭璧等告其故因及假道之事馬因的乃托以不通爲辭與其宰相不阿里相見又言假道不阿里亦以它事辭五月二人蚤至館屏人令通使輸情言我一心願爲皇帝奴我使札馬里丁入

朝爲我大必闍赤赴算彈（華言國主也）告變算彈籍我金銀田產妻孥又欲殺我我詭辭得免今算彈兄弟五人皆聚加一之地議與俱藍交兵及聞天使來對衆稱本國貧陋此是妄言凡回回國金珠寶貝盡出本國其餘回回盡來商賈此間諸國皆有降心若馬八爾既下我使人持書招之可使盡降時哈撒兒海牙與庭璧以阻風不至俱藍遂還哈撒兒海牙入朝計事期以十一月俟北風再舉至期朝廷遣使令庭璧獨往十九年二月抵俱藍國國王及其相馬合麻等迎拜璽書三月遣其臣

入貢時也里可溫兀咱兒撒里馬及木速蠻主馬合麻等亦在其國聞詔使至皆相率來告願納歲幣遣使入覲會蘇木達國亦遣人因俱藍主乞降庭璧皆從其請四月還至那旺國庭璧復說下其主至蘇木都剌國諭以大意即日納欵稱藩遣其臣入朝二十年馬八爾國遣僧撮及班入朝五月將至上京帝即遣使迓諸塗二十三年海外諸蕃國以楊庭璧奉詔招諭至是皆來降諸國凡十日馬八爾日須門那日僧急里南無力日馬蘭丹日那旺日丁呵爾日來來日急蘭亦䚟日蘇木都剌皆遣貢方物

源案唐書始言拂菻之西南度磧二千里有黑人國益郎今利未亞烏鬼各國然僅得諸傳聞非通使貢也惟元史馬八爾俱藍國近之考元太宗命皇弟旭烈蕩平西域盡取諸回國凡天方默德拂林古安息條支之地盡入版圖安有元世祖時又創招西域殫力若此則馬八爾俱藍必在回部以西利未亞洲之域更在天方之外無疑其曰自阿布河大王城水路得便風約十五日可到者阿毋河一作暗布河在葱嶺西爲篤來帖木兒大王封地從其地順流而下至印度河海口即可泝西紅海至馬八爾國以四洲地志考之馬八爾蓋即伊揖國俱藍即阿邁司尼國故言俱藍爲馬八爾後障必假道馬八爾始至俱藍與利未亞之伊揖及阿邁司尼二國形勢相符利未亞州惟此二大國富而文非餘烏鬼國比也西圖又謂之阨入多國及亞毘心域國地鄰天方亦奉回教前史漢唐通

西域極于條支拂林皆阿細亞洲之盡境未及利未亞洲通利未亞洲者自元代始故以備小西洋之沿革其同時來貢之十國則皆南洋島夷非小西洋也曰須門那即明史之須文達那曰蘇木都剌即蘇門答那曰僧急里即僧伽剌曰急蘭亦䚟即吉蘭丹餘可類推至瓜哇大島則元史別有專傳故不列于十國

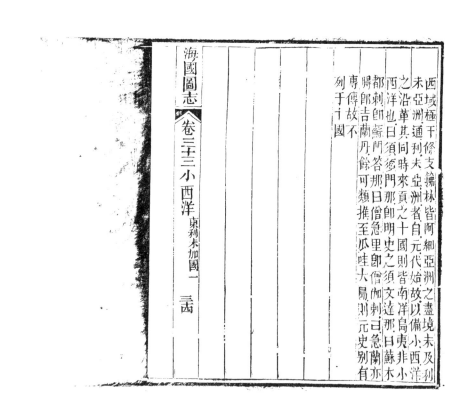

海國圖志卷三十四目錄

海國圖志卷三十四

歐羅巴人原譔
侯官林則徐譯
邵陽魏源重輯

小西洋 東北南三利未亞共爲此卷

東阿利未加洲

東阿利未加洲濱臨因里阿海。東自海岸以至西域。寬約五六百里不等。南自合摩那司北至阿匽。海岸環繞。計長三千里。北廣南狹。內有路巴達大山。其横縱起伏。長竟海岸。河二。路菲尼河由摩新彌葵出海。匽彌西河。

下流分四口出海。商船以歸爾厘麻尼河口爲最。土番面黑。頗工技藝。千五百年明宏治十三年間。葡萄亞人由亢賀峽至此地。墾闢南隅海岸。拒絶外人。故其中部落若干。酋長若干。甲所轄何地。乙所轄何地。幅員戶口政事教門。均未能悉。南有合摩那司、英漢門、疏華臘、麻尼加摩、加蘭牙、摩新彌葵六部。俱葡萄亞所轄。北有山危、麻摩匽二部。阿丹所轄。

合摩那司東界海。西界曠野。南界加富臘厘阿。北界英漢門。東阿未里加洲之南界卽由此而起。

英漢門東界海北界蘇華臘西南俱界含摩那司地卑溼水土惡土番三千獷好鬬有葡萄亞礮臺守兵百五十産顔料象牙黄臘歲値不下十萬棒叉船載人口售于摩新彌葵輒十餘舟每舟四五百口

蘇華臘東界海西界麻尼加南界英漢門北界摩嘉蘭野濱臨海岸灘沙日漲弁小艇不能登岸土番是加付臘黎阿種類常懐利刃不受約束葡萄亞初至本一大市鎭也造築礮臺以禦土番地産金及象牙皆由染彌西河運至交易今則改運莫新彌虁所屬之歸爾厘馬尼河口昔日市埠倏變窮鄉海船間至亦止棉花粗貨

麻尼加東界蘇華臘西界曠野南界含摩那司北界摩加蘭野葡萄亞人於千五百六十九年明隆慶三年率師奪據築礮臺開埠市採金礦金雜山石中取之竭力而産不旺惟銅鐵象牙與販賣人口交易甚大

摩加蘭野東界海西界曠野南界蘇華臘北界摩新彌葵土番面光黑厚唇鬈髮兵惟弓矢無火器聞其地前卽摩諾摩達巴國新摩其首部落也後因割裂各霸一方其酋占牙麥臘者卽麻臘威湖之盜據新摩部落自稱曰歸底威

莫新彌虁東界海西界曠野南界摩加蘭野北界山維臘葡萄亞所轄地此爲最大近海岸六島并屬葡萄亞摩新彌葵部落在歸爾厘麻尼河口之上道路雖坦水土頗惡然葛葛衙署也之華麗甲於阿未里加洲所設稅口公所墉垣宏敞近有圯損貴人僕從服飾都麗佩帶多飾以金居此者葡萄亞人五百阿丹人八百土番約六千黑番千有五百礮臺不甚堅可禦海賊難拒大敵歸爾厘麻尼爲國中大市鎭赤金象牙販賣人口均由匽彌河運至市埠鱗次近因英吉利奪得達溫峽與毛厘

底敖司二處阻販人口過境故市減大半然每年運回葡萄亞者尚不下四千口厥凌島在其對岸舊無人居葡萄亞人開闢其地遷莫新彌虁之人居之與馬那亞司加大島相近常被其刦奪歸阿臘島亦葡萄亞市埠孟麻沙島膏腴産糖與五穀般麻島匽西脈島孟非阿島陸産固豐其海中尤多珊瑚以上皆葡萄亞所轄其貿易以匽西墨島爲最有礮臺設兵二百三十幾利斯底匽人五百番奴二萬一千八百有奇土番約萬人産

蜜糖黃臘顏料。以上六國皆屬葡萄亞

山維麻。東抵海。西抵曠野。北界阿匽。南界莫新彌韃。葡萄亞始至。其地向是蘇恢里西人所據。今則分而爲三。南隅腹地。爲牙爾臘人所奪。牙爾臘者。阿邁司尼阿國中土蠻也。南隅沿海諸岸。則爲阿丹所奪。北隅有麻雅諾沙大部落據之。拒絕歐羅巴。不通往來。千七百七年。康熙四十七年有英吉利之船。戶駕三板船。登岸探訪。被羈。不返。由洋面遙望麻雅諾沙部落。半屬茅舍。半屬高大石墳。工作華麗。故歐羅巴人謂之埋人城。墨臘耳者。麻雅諾沙之部落。貿易鱗萃。亦一大市鎮也。

阿匽。東西坻海。南界山維麻。西北界阿邁司尼。西南抵曠野。爲東阿未里加盡處。北岸對海。卽阿丹地。阿匽土番種類甚雜。地盡沙石。土燥不宜播種。北多山阜。所運出土產。除香料外。莫識何物。麻馬臘亦一小部落。每年一會。所產香膠沒藥乳香赤金象牙諸貨。畢至商賈雲集。阿丹所貿易之香膠香料。大半由此購去。并聞內地運出者。距麻馬臘二十日程。殆產自牙爾臘地也。阿匽爾在阿匽西北。與牙爾臘毘連。首部曰西臘本。阿匽舊地。俗奉馬哈墨教。常與阿邁司尼阿爭鬭。日久兩憊。各自分理。西臘貿易蕃庶。竟爲阿邁司尼所奪。由此再進則皆山野。內有任尼羅國。遇新酋立時。卽屠其舊酋勝妾大官。取血以飾宮室。以上二國皆屬阿丹

萬國地里全圖集曰。東亞非利加。惟葡萄牙國開新地。其西北之方。被回回所據。其海邊最低。到處稠林。所有人類。烈性野心。近於禽獸。其山內有藥材。以及金沙。其葡國之權現衰。兵微將寡。以買人口爲要。又將其奴送到廣東奧門內地。族類狡戾猖獗。草木暢茂。禽獸繁殖。

五穀不登。其葡之要地曰所弗剌摩散北兩邑。其回回之城稱曰墨林他。雖其海邊長九千里。但無文學之士巡歷紀載。故其情形難詳。○東大島稱曰馬大狎甲出南極自十二度至二十六度。長八百四十里。闊二百二十里。其中一帶高山。嶄巖險峻。溪瀑飛流。其山谷中多蘇木高竹橙核等樹。平地水澤。風景甚好。居民二百萬丁。頗向化道光年間島君延英國教師勸民嚮學文藝大進。多信服耶穌之教。王忽被王后毒死。驅逐善良。而招其匪類。其佛蘭西國官務開新地。亦無效而退。○其

東方有英國之島稱曰冐勒㝉周圍四百五十里出白糖等貨每年運進者價值二百七十萬銀兩凡所運出者百萬兩○佛國據捕耳未嶼居民九萬七千二百丁出白糖珈琲丁香等物每年價銀百八十六萬但無停泊之港每遇狂風船難避壞其三島外還有羣島多椰子

北阿利未加洲四國即職方外紀之馬羅可國弗沙國也古分二國今分四國爲佛蘭西藩屬

阿利未加洲之北四國曰摩羅果曰阿爾尼阿曰都尼司曰特厘波里四國同區統而名之曰麻馬里南依大山北濱地中海地狹而袤長東界伊揖西界阿蘭底海計長二千里南抵阿臘特斯山北抵地中海計寬自五六十里以至百餘里阿臘特斯山自東自西長與麻馬里等最高之峯千有三百丈其餘小峯四五百丈均在麻馬里之境山林深密終年積雪四國土番皆麻密種類容貌風俗四國皆同當國勢盛時文教與額力西相

等武功與意大里爭雄兼取得大呂宋之西棲島商埠雲集既强且富名著海邦何期盛衰靡常四國均爲意大里亞所滅既又爲回教之阿丹侵奪設立加里甫統轄之駐兵加爾濟悉令改從回教之馬哈墨教燬其書籍愚其耳目並隔絕他國不許往來垂二百餘年聲教掃地竟成野蠻頑蠢幾不可問後值阿丹衰弱各國始自爲主既而阿彌尼阿都尼司特黎波里三國旋爲都魯機所滅分設總理之官在阿爾尼阿者曰尼在都尼

司者曰彌在黎波里者曰巴札遂均爲都魯機屬國屯兵鎭守是時土人分三種曰摩羅即都魯機之人曰阿丹即回教之人曰土番即山谷土著舊人摩羅據城邑嗜鴉片採取本地所產蘇依法配製亦曰鴉片阿丹之人則游牧遷徙以氊帳爲廬舍其本地土番多在阿特臘斯山巖居穴處銃獵爲生然都魯機之兵皆無賴橫行動輒戕官盜劫四出居民咸罹荼毒惟摩羅果一部未被侵奪謹守疆域其王亦勤政自强都尼司特黎波里二國近亦復國自主惟阿爾尼阿染都魯機之俗專掠歐羅巴各國商

船惟被彌利堅英吉利二國之船所敗既又劫佛蘭西商船佛蘭西遂起兵擣其巢穴設兵分守然其人皆賊很難與攝居故佛蘭西之兵近亦退居海口

摩羅果國爲麻馬里極西之地在阿特臘斯大山之後幅員二十九萬方里人戶千二百萬口土沃產豐惟達非里部落較瘠其國舊通聲教後王無道遂爲阿丹所奪王既降爲部酋愈恣昏亂所屬兵亦如禽獸垂二百餘年遂成野人近自復國仍以摩羅果爲國都新王力革汚俗政事文學日漸起色惟所行律法仍用回教且未設議事之官臨事倉猝裁決並無舊章骨肉時思篡奪故叛謀迭見護衛兵五千與操防之兵俱無紀律田賦什而征一牧畜二十而征一歲得稅餉銀五百萬員領大部落二小部落五十

摩羅果東界阿爾尼阿南界沙漠西界海北界地中海領小部落二十有六產杏仁羊皮象牙蜜糖黃蠟樹膠

緋司部東界阿爾尼阿西界摩羅果南界阿特臘斯山領小部落二十有四產大呢地氊綢紗手巾氊帽

阿爾尼阿國古時謂之盧彌尼阿縱七百里橫自五十里至百五十里戶二百萬口舊與摩羅果同俗可證古亦屬于馬羅可國迨阿丹奪國悉改回教二百餘年全失本性蠻頑無知土尙肥美宜播種山林柏橡叢茂而習俗游惰半多荒棄以刦奪爲生涯又爲都魯機所據設呢官以董其事有鎭守兵萬五千隊伍皆無賴不知王法竟有紋死呢官自擇同伍驍勇代之者土番之海寇亦自立一王專劫海船所獲資財半歸頭目半自袤分至千八百十五年嘉慶二十年始爲彌利堅英吉利船擊敗旋有佛蘭

西船被其虜劫人貨俱盡佛蘭西於千八百三十年道光十年起兵擣巢殲厥渠魁盡有全國設兵三萬防守其地然腹地皆阿丹種類常懷仇恨故佛蘭西之官兵近日退居港口不屯內地

阿爾尼阿東界都尼司南界沙漠西界摩羅果北界海在都尼司之東北幅員二十四萬五千方里戶口二百萬名領小部落五十有八產羊皮香料蜜臘羊毛紗呢果實珊瑚

都尼司國職方外紀作弗沙國在阿爾尼阿之南東界特黎波里

南界沙漠西界阿爾尼北界地中海地勢平坦宜播種且北隅沿海小島百餘較之阿爾尼阿疆域差小舊都於加尼達近歐羅巴洲之南岸互市甚盛不亞於意大里後為阿丹奪國駐兵加爾灣都尼司二部勒改回教盡失舊俗榛狉無知迨至千六百年明萬歷二十八年又為都魯機所據設彌官以理政事兵卒橫行官受挾制民罹荼毒近日酋長遂背都魯機而自立改都于都尼司悉除虐政與國人更始以土番頑惷廣採才智凡歐羅巴人稍有才識者雖微賤皆加任用立規條判曲直約束番衆法度漸可觀幅員七萬五千方里戶二百萬口領小部落二十有一產絨綢嗶嘰番鹻

特黎波里國在摩羅果之南東界伊揖南界沙漠西界都尼司亦占弗沙國境北界地中海域內多山惟北隅沃壤然所產不贍於食仰資鄰國其人先受愚於阿丹之回教嗣受虐於都魯機駐防之兵後有巴札日哈彌者設謀備宴邀其兵目三百會飲伏壯士禽縛誅之并盡屠其兵黨即自立為王仍都於特黎波里都魯機衰弱不能征討從茲不屬都魯機哈彌約束部卒除虐蘇困招徠

歐羅巴技藝之人教導土番近日之王寬厚儉節通好各國外攬賓客內化愚頑較摩羅果等國政事尤整飭領大部落二小部落三十有三幅員二十一萬五千方里戶百萬口有奇

特黎波里東界伊揖南界菲山西界都尼司北界海領小部落二十四產呢紗地氈橄欖金沙象牙

菲山北界特黎波里東南西界沙漠在特黎波里之南領小部落九

重輯原無今補

職方外紀曰阨入多近地中海一帶爲馬羅可國即摩羅果
國與弗沙國即都尼司國馬羅可地分七道出獸皮羊皮極
珍美蜜最多國人以蜜爲糧其俗最以冠爲重非貴人
老人不得加冠于首僅以尺布蔽頂而已弗沙地分七
道都城之大爲利未亞之最宮室殿宇極其華整高大
有一殿周圍三里開三十門夜則燃燈九百盞國人亦
畧識理義阨入多之西爲亞非利加地最肥饒易生一
麥嘗秀三百四十一穗西土稱爲天下之倉馬邏可之
南有國名奴米弟亞即南阿未利加土番人性獰惡不可教誨有

果樹如棗可食其地有小利未亞之水泉又千里無江
海行旅過者須備兼旬之水

萬國地里全圖集曰亞非地中海邊各地古時歸羅馬
國爲藩屬嗣後蠻夷侵之而東方回回又侵其地然其
居民勁悍專在地中海刦商船三百年來驚害各國故
佛蘭西起水師渡海以討其罪而取其邦其地名亞利
額居民三百萬人佛軍奮威交戰大敗回回人自後設
兵駐防賦額悉準經制其回回族暫退沙野心懷仇怨
不時飛馬而出挺戟攻擊故佛國終年嚴兵防堵保障
封疆國費最耗然佛國誓服蠻夷終不肯棄其地也○
吐匿回回在海邊長三百里有十萬丁卻已向化織布
經理安分每年運麥穀橄欖油出市○特利破里在沙
野中間四圍沙漠狂風四起道路崎嶇此內居民皆以
騎駝遊牧剽掠爲生馬落可國西北山地較廣居民六
百萬地出蠟藥村南果昔時其國兵船四海劫掠獲人
卽行囚禁使服回教今已挫其銳氣不敢出海也至居
民之規矩風俗守其回教執迷不悟非崇其教者不論
何國視之若仇憚勤勞好遊蕩其衣以寬布纏身首戴

紅帽以巾裹頭腰插刀銃鳥鎗嚴氣端容安坐不動雖
不飲酒食鴉片者亦食麻葉如煙可醉嚴防閨閫不許
出門出則蒙帕惟露其眼其女以肥爲美盡避靜幽度
日無事所讀之書稱爲天經禁食豕肉飲酒通商不廣
銀錢罕得男好騎射藝皆精熟

地里備考曰北州地屬佛蘭西兼攝者四國一馬羅各
國在亞非里加州之西北北極出地二十七度起至三
十五度止經線自西二度起至十四度止東至亞爾日
耳國西枕亞德蘭的海南連薩阿拉沙漠北界地中海

南北相距二千五百里地面積方四十六萬七千七百七十里煙戶六兆餘口地勢由西南而東北亞德拉斯山橫亘其中砂磧居多田少而腴饒穀果蕃駝馬土產銅鐵錫蠟窩宅綿花熟皮木料等物河之長者曰木祿亞餘河次之四季溫和夏季酷熱海風解之沙漠薰氣峻嶺蔽之汗位相傳人奉回教國分六部一馬羅各一非斯一蘇斯一達拉合一達非勒一西日美塞國都昔在馬羅各今則遷於非斯部其貿易尤盛者乃馬羅各部之磨加多爾城也土人與天方國人貿易皆結隊而

行

亞爾日耳國在亞非里加州之北其國土在北極出地三十二度起至三十七度止經線自東七度五十分起至西四度三十分止東至都尼斯國西連馬羅各國南接薩阿拉沙漠北界地中海長二千一百五十里寬一千八百里地面積方二十四萬九千三百里煙戶二兆五億餘口岡陵絡繹東南尤甚峯巒參天冰雪凝積沿海陡坡險峻不易登臨河之長者曰支里弗曰瓦低日的田土極腴人惰耕種沙漠遼闊土產金銀鐵錫礬硝

珊瑚等物地氣溫和人安物阜惟多地震之患國無君長昔歸土耳基亞國兼攝今屬佛蘭西國統轄奉回教少技藝鮮貿易國分六部曰亞日爾曰岡士丹的納曰馬斯加拉曰的德利曰薩布曰卑北耳其都城在亞日耳健於山坡之上樓臺峻疊風景相稱其通商衢繁之地一西的非盧至一薩爾日一德內斯一摩斯達科寧一布日亞一波科那一岡士丹的納

都尼斯國在亞非里加州之北北極出地三十二度起至三十六度三十分止經線自東五度起至九度止東

至的黎布里國西連亞日耳國南接沙漠北界地中海長千五百里寬八百里地面積方五萬五千五百六十里烟戶二兆八億口少岡陵多沙漠河濱膏腴餘地焦燥沿海鳥滷河之長者曰美日爾達湖之大者名曰盧德亞土產銀銅錫蠟水銀滷砂等物獅象猴獐山狗野豬結隊成羣地氣溼熱人物富庶王由眾舉而請命於土耳基國奉回教少技藝然在此州尚爲禮義之邦商賈輻輳內地尤盛亦結隊而行國分二部一的里幾亞一達拉幾斯都城建於湖濱高阜街狹屋卑惟宮殿廟

堂領峻麗其通商多在海濱
一的黎布里國在亞非里加州之北北極出地二十四度起至三十四度止經線自東六度三十分起至二十六度三十五分止東至厄日度國西連都尼斯國南接薩阿拉沙漠北界地中海長四千里寬二千五百里地面積方二十五萬里烟戶二兆五億餘口少山陵多沙漠其的內河貫徹於中地甚膏腴産穀果皮羽蠟緜花硫磺滑石丹參金沙山禽野獸蕃衍成羣尤多猛獸毒蟲晝暑夜寒王位相傳仍請命於土耳基國奉回教少

技藝貿易結隊而行國分四部一的黎布里一巴爾加一非山一亞達美都城建於海濱屋宇壯麗街道闊直五方輻輳其通商衝繁之地一名勒波達一名美穌拉達一名弈加西一名達爾內
地里備考曰北州之地隸大呂宋國兼攝者一修達國在馬羅各國曰巴拉大海峽之東北金城湯池烟戶八千餘口泊所不穩貿易甚微一北農的威勒斯一亞盧塞馬斯一美黎辣皆城池堅固一加那里亞斯其亞德蘭的海之西北有島二十其大者曰德內里島墾熱磽

瘠樹林稠密產酒果餹密黍麥豆薯緜材木泊所穩便貿易繁盛其巴爾馬城在加那里亞島中田土膏腴德幾塞城在蘭塞羅德島中有火山
外國史略曰亞非利加州北方延地中海曰巴八里北極出度自二十八度至三十六度偏西自十一度三十分偏東及二十七度十二分闊千餘里長六千六百里西有高山連及地中海土平坦少樹木藉井灌田沙滷難耕
一曰馬鹿國亦作馬羅可本州極西北之地廣袤方圓

萬三千里居民八千五十萬口南及曠野北及地中海危押達海峽東及大西洋海口連佛蘭西國山嶺連延極高者千二百丈內地膏腴多螞蚱害稻海邊沙地亦出五穀杏仁棗油樹膏亦有礦出金銀銅鐵民多摩羅人與亞拉國之回族猶太國之農夫皆西班亞驅來此地人多黑面奉回回教與天主教之徒戰故西班亞人見即虜之爲奴或被巡海船刦賣爲奴近始禁止地産皮裘而無布民好牧牛羊不務農馬駿而少故價昂駝高有力每年載出土物約二萬駝而運入金沙駝鳥翎

象牙奴婢皆與亞拉回人及印度人由海通商價銀約二百萬圓地中海兩港口大西洋海濱三口遇西洋船至約束甚嚴且回教輕傲外國故貿易不興國分三大部一馬鹿二非士三他非勒又分各小部南邊尚有土酋自據小地○此國自操全權政令甚酷草芥百姓奴視臣下上命是聽下不敢怨無議事之官國王任意出令無敢諫者各部設總兵稅賦官每年收餉約四百萬員內三十三萬圓爲各西國商船所給以免馬鹿海賊之擾軍士萬五千雙桅師船二戰艇十三各地炮臺二十四英人昔據其北海一邑旋即棄之今爲佛蘭西國尚據海口數城以爲防禦其都城曰非士城居民八千曰米貴城居民五千曰馬鹿城居民三萬此皆國主所駐在高山之下其君安逸生子與民養之十二歲乃回宮

一佛蘭西藩屬地曰押額國一作阿爾尼一作亞爾日其疆域南及曠野北及地中海東連馬鹿西接士匿廣袤方圓四千二百里古時此地極盛商周間猶太國氓所開墾也漢時爲羅馬軍所攻服越六百年遂自立國

嗣後亞拉回回據是地晉高祖天福元年有霸王創基驅西班亞及摩羅之兵於此地立國垂數百年自明正德以來及道光十年賊匪屢掠商船戮殺殘虐英吉利荷蘭西班亞佛蘭西等國迭轟其炮臺壞城燒船仍爲海盜肆劫如故佛國因調大軍攻擊賊巢遂據其國民多遊牧結黨抗違殺掠佛兵佛國再調兵深入沙地麇餉勞師數年仍肆焚掠道光二十四年與馬鹿一戰獲大勝海盜乃戰慄佛國設將軍鎮守是國其守護兵士七萬帑費重大惟管其城池其郊外之遊牧仍不順也產物惟棗佛國招集外氓來墾但畏亞拉不敢耕其田此地昔分四部今佛國所據者一押額城周十里北極出三十度四十七分偏東三度四分居民二萬三千餘自佛兵據後回教他徙一阿蘭城周二十里居民昔屬是班亞今順佛國命貿易一破那城及君士旦古城距亞額東六十五里居民二萬特米新邑居民一萬○山南地皆遊牧不歸佛國管束惟商賈深入曠野與遊牧貿易

一曰土匿國亦作都尼司其域南及曠野北及地中海

東連地阤里西與押額交界廣袤方圓三千四百里居民三百萬南方沙地多磽西方田肥土茂多嘉果葡萄尤美五穀蔬菜亦饒驢馬尤健歲出牛皮十萬張羊毛二萬石海邊珊瑚甚多漁舟百六十隻其民向爲海盜擾地中海道光元年佛國軍强平之海賊盡斂土耳基國舊在此操權軍士向多土耳基人土耳基舊都距海十二里屋卑街狹居民十三萬改文邑居民五萬城內回回廟極壯加他俄城亦繁華歷二千年今廢不興每年餉三千萬圓兵士約一萬五千

一曰地阤里國一作特厘波里一作的黎布里在土匿之東乃沙野也廣袤方圓八千里居民百五十萬半爲賊地雖廣大多沙無水少物產猶太人曾此貿易後土耳基國調兵帥管之約兵萬五千大戰船一小戰艇十六國人本皆海盜今佛蘭西平之都城民二萬五千附近多古蹟

瀛環志略曰泰西人記非尼西亞故事曰非尼西亞古商賈國夏以前西土人閉戶劇跡耕田鑿井俯仰自足老死不相往來不見可欲其心不動有夏中葉智者創舟車貿遷有無居積財貨以此致富西土名其人曰非尼西亞譯言客商也始居於巴尼斯的納海濱後有立國於希臘者曰德巴斯詳希臘圖說希臘隘不能容周厲王十年有遷於地中海之南岸者定都城於士羅即今突尼斯地更國名曰加爾達額一作加大其時地中海南岸荒穢未闢人戶稀疏非尼西亞人出其貨財建城邑立市廛墾田野四方無業之民羣往歸之益治舟揖流通百貨地中海南北兩岸利權大半歸其掌握復跨海闢西班牙健爲藩部國富兵强一時無抗顏行者越數十年而意大

里之羅馬與羅馬初興甚微弱且不習兵事加爾達額視之蔑如地中海有二大島曰哥爾塞牙一作可耳西加又作郭士路曰薩丁一作沙力尼阿又作撒地尼又作撒丁皆附近羅馬加爾達額據之以逼羅馬羅馬不敢爭又西治里島一作西基利亞又作西西里與羅馬南境相接本屬羅馬加爾達額以兵力强奪之羅馬亦不能取由是益驕周顯王年間額力西之馬基頓王亞勒散得以大兵伐波斯遊兵至加爾達額攻破土羅屠八千人國幾亡從此聲威頓劇而羅馬日益强先是羅馬習陸攻不習水戰加爾達額勝則進攻失

利則張帆颺去羅馬無奈何加爾達額有戰艦穿漏拋泊海岸羅馬得之倣其式三月而造成百艘有義略都者講求駕駛之法簡勁卒練爲水軍往來海道日益嫻熟由是與加爾達額爲勍敵加爾達額嘗使羅馬虜其將勒孤羅檻送羅馬營請易俘囚羅馬帥惜其才將許之勒孤羅張目叱之曰亡羅馬者諸君也出戰被俘本國從無救贖之例乃欲以一人壞國法耶毅然反敵營大罵而死羅馬軍人人雪涕勇氣百倍加爾達額敗績遁去遂奪回三大島加爾達額有夙將阿彌利加與羅

馬血戰數十年稱爲能軍有子曰漢尼巴一作阿尼巴爾幼敏慧嘗諭父以兵法父戲之曰爾能矢志滅羅馬當授爾漢尼巴卽設誓於入必德爾之前古時各國所奉宗祠之神未詳何時人阿彌利加悉以韜略授之漢尼巴既長謀勇過之代羅馬屢奏捷年二十五拜爲大帥合西班牙之兵大舉伐羅馬登舟慷慨酹酒海中曰不滅大敵有如此水師抵羅馬南境破其邊城乘勝急攻鋭不可遏羅馬四戰四北南境諸城皆陷遂渡厄伯落河越比勒鈕阿比斯峻嶺長驅直進勢如風雨羅馬屬部西拉古薩亦叛附加

爾達額羅馬大震羅馬大帥發比約馬西摩與衆謀曰虜氣方盛難與爭鋒客兵利速戰宜堅壘以老其師而別以奇兵襲其後乃閉城拒守爲卑辭以緩攻而遣將馬爾塞羅收復古西薩拉城因伏兵邀其歸路又遣西比揚潛以舟師渡海襲其國都漢尼巴方與羅馬軍相持日久食垂盡聞都城警報急引兵回救發比約馬西摩率勁兵潛躡之而馬爾塞羅伏奇兵突出邀擊漢尼巴前後受敵兵大潰死傷山積棄輜重登舟急發西比揚偵其將至率舟師邀集於海中焚斬殆盡漢尼巴

以單舸遁乞援於西里亞一作西利亞西里亞者亞細亞大國時希臘諸部爲羅馬所困亦求救於西里亞西里亞王帥師救希臘爲羅馬所敗狼狽東走羅馬軍踵至圍攻西里亞破之漢尼巴仰藥死希臘諸國皆降於羅馬由是加爾達額孤立無援屬部多離畔自知亡在旦夕顧以夙稱大國恥於納欵漢景帝十年羅馬以大兵代加爾達額圖土羅都城土羅堅守不下截婦女髮爲弓弦羅馬軍死者千餘羅馬有大將冒矢石進攻城將陷加爾達額闔城舉火自焚羅馬毀其城爲平地因分兵

略定海南諸部，復回兵急征西班牙，西班牙亦降，非尼西亞遂亡。

南阿利未加洲各國

南阿利未加三面濱海，一面界斯潞墨爾大山，華語雪山也。山自西而東，與海岸齊，長峯高千仞，四時積雪，南阿未里加諸山無出其右。地分三國：山之南曰兀賀峽，今屬英吉利；山之北曰磨舒阿那；山之東曰加付臘厘河。二者亦各有王。土人有六種：一英吉利，一荷蘭，一和鼎圖，一磨舒阿那，一加付臘厘河，一摩耶斯滿。六種中惟摩耶斯滿居於斯潞墨爾山谷中，無頭目，類野人。其河皆發源斯潞墨爾山。其南爲阿都斯河，南流由蘇加部落出海；東則額利霏矢河，東南流由麻哈爾斯出海；北則阿蘭治河，環繞山麓，轉歷正西曠野而注之海。其加富臘厘阿之地，尚有數河，未詳源委。

果羅里東界加富臘厘阿，南西俱界海，北界斯潞墨爾山。山斗出海中，時有迴風，舟行危險，本名曰阿付丹北司峽，華言暴風山也。嗣西洋改其名曰兀賀峽，言山峽情景可觀。源案：東方語先能後所，西方語先所後能，如飲酒曰酒飲，登山曰山登，故不曰兀賀峽而曰峽兀賀也。峽長五百八十里，廣二百餘里，平蕪半沙石，無青草，依山濱海，夾岸茂林，大田多稼。峽達稔其首部也。

此亦當云達稔峽西洋語倒耳依峽建城始自荷蘭先得因里阿海岸知此地堪爲市埠於千六百五十年順治七年創築峽達稔設官鎮守增戶授田商舶輻輳始成樂土英吉利於千七百九十五年乾隆六十年率師爭奪荷蘭以兵拒退之不數載英兵復至連戰竟奪峽地土人三種一英吉利一荷蘭一和鼎圖英人多居峽達稔近闢地於額利非駛河之左右歲被水潦舍田業商已成市鎮荷蘭人分處四鄉田地寬闊爭界請文啟訟行賄其官狥情偏斷專嗜膏粱凡農事牧畜委諸和鼎突故爭訟不息東近斯

滔墨爾山兼練武事以防摩耶斯滿野番故此方荷蘭素稱驕勇和鼎突即果羅里之土番服役于荷蘭半奴半佃不辭力作人將死先攫其臟腑燎炙而食疾走善射能逐奔獸以砕皮織席造弓鑄刀爲業喜歌舞不信教門領小部落七十九幅員十二萬方里戶十五萬口其首部曰峽達稔爲歐羅巴人流寓之所背倚特步爾山高三百五十八丈其峽東西通衢產酒沉香牛羊獅豹之皮牛角象牙獨角獸牙原本無部落

莫舒阿那國又名彌珠阿那東界加付臘里阿西界曠野南界斯滔墨爾山北界馬路曾司在果羅里與斯滔墨爾山之北其首部曰古里查尼城即國都也宏麗甲於阿未里加洲風俗半農半牧技藝精巧廬舍內木外土雕刻彩飾外圍石垣爲牧畜之所女司耕男司牧惟王及酋長之妻妾始免勞役服長衣飾以毛羽珊瑚珠寶厚待外國而與鄰鄰動輒爭鬬不死不休兼以刦掠爲生故不敢散處惟聚居城郭與附郭之村莊也土人見王無貴賤之分席地坐談以煙爲酬酢頭目臨陣以獸皮蔽兩臂手持籐牌及箭餘皆赤體交鋒俗佻健嗜

歌舞禦人以口給領小部落三十八產銅鐵皮

嘉富臘里在霏滔墨爾山之東南界果羅里北界尼臘俄阿東界海西界莫舒阿那自海濱至此約二三百里餘界里數未考土番有數種曰丹毋幾曰蘇臘司曰和倫頓氏司狀修偉膚紫色女番差卑小畧似歐羅巴惟眼黑而光較有神俗無定處不耕種以游牧爲業惟丹毋幾與鄰近果羅里一種尚能傾銀鎔鐵若蘇臘斯和倫頓底斯兩種惟多膂力無他技也其王之加常札畜壯兵萬五千倘遇警急則有少年兵十萬故爲鄰國所

畏（原本無今補）

摩耶斯滿山番本和鼎𥥛種類居於斯澁墨爾山谷有如野獸不耕種專畋獵登山蕎澗如飛見人卽殺尤喜歌舞星月之夜嘯躍達旦春秋佳日歌舞徹數晝夜（原本無部落）

重輯（原本無今補）

新唐書曰自拂林西南度嶺磧二千里有國曰磨鄰曰老勃薩其人黑而性悍地瘴癘無草木五穀飼馬以槁魚人食鶻莽波斯棗也不恥烝報于夷狄最盛號曰尋其君臣七日一休不出納交易飲以窮夜（案利未亞各烏鬼國見史者始於此）

職方外紀曰更有一種在利未亞之南名馬拿莫大巴者國土最多皆愚蠢（卽山牙臘土蠻見阿邁司尼國志中）氣候甚熱沿海皆沙人踐之卽成瘡痏黑人坐臥其中晏然無恙也喜食象肉亦食人市中有市人肉處皆生齕之故齒皆銼鋭若犬牙然奔走疾於馳馬祼身塗膏氣羶甚無文字初歐邏巴人到此黑人見其誦經講書大相驚訝以爲書中有言語可傳達也地無兵刃惟以木爲標鎗火炙其末極銛利性不知憂慮若鳥獸然聞簫管琴瑟諸樂音便起舞不休性樸實耐久教之爲善事亦卽盡力爲之爲人奴極忠用力視死如歸遇敵直前了無避畏其俗不虜掠不祟魔像亦知天地有主但視其王若神靈亦以爲天地之主凡陰晴旱澇皆往祈之王若偶一噴涕舉朝皆高聲應諾又舉國皆高聲應諾大可笑也喜飲酒易醉所產雞亦皆黑獨豕肉味美爲天下第一病者食之亦無害產象極大一牙有重二百斤者又有獸如猫名亞爾加里亞尾後有汗極香黑人穽於木籠中

汗沾于木乾之以刀削下便爲奇香烏木黃金最多地無寸鐵特貴重之布帛喜紅色班色及玻璃器又善浮水他國名爲海鬼其亞毘心域屬國有名諳哥得者夜食不晝食又止一飡絕不再食以鹽鐵爲幣又一種人名步冬頗知學問重書籍善歌舞亦亞毘心域之類也利未亞之南有井巴番者衆十餘萬極勇猛善用兵無定居以馬及駱駝乘載遷徙所至卽食其人及鳥獸蟲蛇必生命盡絕乃轉他國爲南方諸小國之大害

海國聞見錄烏鬼國東北山與阿黎米亞相聯向西南

生出坤申方大洋何啻四五國之遠其盡處曰呷即中國支山入海盡處曰表表者標也佛蘭西曰呷英機黎曰岌背順毛烏鬼地是以紅毛甲板船從小西洋來中國者由亞齊之北麻喇甲之南穿海過柔佛出茶盤而至崑崙自呷而東至戈什嗒自戈什嗒而東至亞齊其海皆呼曰小西洋（原本戈什嗒當作戈什峡又西南洋稱小西洋亦誤蓋利未亞洲方爲小西洋）人黑白不同皆西域裝束長衫大領小袖裹頭纏腰國富庶產寶器生銀洋布丁香肉果水安息吧喇沙末油蘇合油等類以金爲幣鑽石爲寶

源案此所謂呷者指暹羅南境之新嘉坡而言計西南洋中新嘉坡爲第一峡南印度戈什嗒爲第二峡利未亞之大浪峯爲第三峡凡地之斗出海中甚長如登萊類者所謂峡也呷嗒皆即峡之別字又案賽馬爾罕者元時封藩統轄葱嶺以西各國至明中葉賽馬爾罕已分十餘國不盡爲所屬矣近日更全變爲回國若敖罕若布哈爾若愛烏罕若巴達克山若克什米爾等凡十餘國而聞見錄猶以古時賽馬爾罕統稱之誤矣至又以賽馬爾罕爲藹爾旦之國則誤中又誤矣謂俄羅斯國惟限于西洋而其與中國相首尾之東北萬里概置不提皆疏舛之尤者書作于雍正刊于乾隆八年在新疆未服以前故傳聞遙揣舉一漏百故刪節而辯正之於此

海錄妙里士島西南海中島嶼也周圍數百里爲佛郎機所轄凡大西洋各國船回祖家必南行經葛剌巴至地間然後轉西少北行約一月可到此山無土人其所居皆佛郎機及所用烏鬼奴土產烏木由此向北少西行約半月有奇謂之過峡一路風日晦暝波濤洶怒寒雪飄零六月不息舟人戰慄咸有戒心其天氣與妙哩上迥別過峡後至一島謂之峡山爲荷蘭所轄天復炎熱但海闊風狂波浪騰湧舟行經此遇風過猛必須稍待風和而行山亦無土人惟荷蘭及鬼奴居之土產梨及牛黃有大鳥莫知其名其卵大數寸由此更北行少西順風約七八日復至一島名散爹里周圍約百里爲

英吉利來往泊船取水之地無土產有英吉利兵在此鎮守（源案此峡即坤輿圖之大浪山在利未亞州極南境）又曰鬈毛烏鬼國在妙里士正西由妙里士西行約一月可至疆域不知所極大小百有餘國民人惷愚色黑如漆髮皆鬈生其麻沙密紀國生那國加補五輦國皆爲蒲萄亞所奪又嘗掠其民販賣各國爲奴婢其土產五穀象牙犀角海馬牙橙西瓜

海島逸志曰鴿島在西北之隅和蘭甲板船數十隻歲往通其祖家必由此地停泊更換舟工水手裝下伙食

然後再駛蓋其地當半途之間華人在巴有受其傭雇為舟人者至此地必更和蘭人華人暫處於此配船而還巴不令往其祖家然甲板船來往相傳來三去五其來風水為順只有三月往則水逆道紆當須五月又云將至之處有暗海不見日月舟行二三日始出蓋天地之大有不可思議者矣郎所謂大浪峯也為小西洋利未亞極南之峽凡船回大西洋者過此日過峽

萬國地里全圖集曰南亞非利加地為西洋人巡船來往故知其形勢其山麓深入海中各船赴印度中國必

繞之而駛是以船隻往來不絕其南方豐盛樹木花果千態萬狀其牧場廣延五畜肥長五穀亦運出售賣又種葡萄樹出甘酒雨後溪山蒼秀旱則沙漠不毛其北方沙漠風起時陰雲四合黑氣滿空在此地虎獅象兕馬鹿以及駝鳥濯濯自在又有黑面土蠻穴居獵獸而食其東方之類則四肢百骸相稱赳武勇敢葡萄牙船初到此地荷蘭見其形勢合宜故涉重洋而開埔頭墾田務農且海風甚狂浪疊千層必得購料修船之地是以荷國將本民移處內地驅逐土人或擒為奴嘉慶十年英兵船攻取此地其城在南海邊高山之下其居民大半荷蘭人晝夜經營各江澗河之處皆建鄉里但散處不相聯屬多隔沙野難渡又牛車多渴死故英開新地在東界也每與其氓交鋒相仇其地袤延四方幾萬里但居民六十萬而已運入運出貨物每年銀百萬有餘兩別開海口奉耶穌之教師進其內地以教化之又西海中有一孤島嘉慶年間俘佛蘭西王拿破侖流諸此島

地里備考曰本州地為英國兼攝者一為好望海角即

賀兀峽一名大浪山乃本州之要害也在亞非里加州之極南緯度自南十度起至三十五度止經度自東十六度起至二十六度十分止東至加弗勒里亞國西枕亞德蘭的海南接南海北連可丁多的亞國長約二千里寬約一千里分二部十二府首城名加布建於達勒暨艮二山之麓屋宇廟堂甚壯五方輻輳地氣溫和海口險阻泊所不穩為歐羅巴往來亞細亞船必經之路多於此採辦水米食物焉○一為塞拉勒窩內地在本州之西幾內亞國之中少稼穡多山岡林木猛獸成羣

地氣不和弗便居棲商旅每易中病貿易多結隊而行首郡名非里城設有總管衙門附近皆受管轄○一爲哥斯達斗羅即金濱也金砂豐盛因以爲名田土膴腴產穀果金石縣花藍靛樹膠白蠟皮革貿易昌熾地氣酷熱首部名加布哥爾蘇設有總管衙門○一爲三達厄勒那島在亞德蘭的海西南緯度自赤道而南十五度五十五分經度自第一午線而西八度九分長四十里寬二十五里地面積方九十里多山少平原地氣溫和海濱尤瘠內地膴腴首郡名日爾斯城設有管理衙

門此島實爲有名之處佛蘭西國君那波良者殞命於此詳見佛蘭西國志附近各島皆屬管轄○一爲毛里西亞島在印度海東南緯度自赤道而南二十度起至二十一度止經度自第一午線而東五十六度起至五十七度止迴環約五百里地氣熇烈尚可棲居田土膏腴首部名波爾多盧義斯設有總理衙門其塞舌勒共三十島亞爾密蘭德共十一島皆屬管轄

外國史略曰此州極南方爲大浪山英吉利藩屬地也長約二千里闊一千里海濱周四百里背山沿海平坦

內地漸高其谷廣延離海愈遠愈多砂磧無草木產白礬鉛銀惟石鹽頗盛最南天氣清爽內地晝暑夜寒高野陽亢或三年無雨人至暍死及一雨則又山野青葱異常花草奇麗產牲畜五穀葡萄羊毛羊油沉香象牙駝鳥樹膏等民不農而游牧乳油爲食射獵爲業半係荷蘭人耐寒暑性樸實厚待旅客好遊曠野常有數千人出界圍獵與土族戰鬭佛蘭西人在此植葡萄所遷之英氓在港口東邊開墾土人曰合丁突形污性馴不似林中野蠻人形獸心亦不似東邊之加非利蘇拉等

族賊盜爲業也○葡萄亞人於明弘治間至此海峽以爲赴五印度國海路之標準風狂浪大故稱曰大浪山往來之船在此汲水采果歷久水中堆成磧路荷蘭於順治八年開埠據之乾隆以後英人據焉至今民益繁境益闢廣袤五千四百里居民十四萬四千大半荒野無可耕地分東西兩部部各分邑埠在峽口曰浪山邑居民二萬街衢甚美兩旁高樹英官住焉餘與鄉里無異居民大半崇耶穌教荷英日佛四國教師皆赴此教化土蠻故奉教之人日增道光十四五年各國進口船

共三百五十八隻運出口三百五十隻所運進貨計百六十二萬兩所運出貨百有八萬兩稅餉七萬兩除浪山海峽外尚有押裁亞海口進出之貨約百二十萬兩羊豕約三百餘萬隻雞鴨價約三十萬兩總計萬二千二百萬有奇屋宇田畝牧場各價四千八十萬兩○昔時西洋船必半年有餘方能抵印度故以此爲中途要地近日航海慣習加以火輪其迅如風浪山海口無大用況土蠻爭鬬糜餉勞兵英國調兵帥護守亦以土人及荷蘭之游牧爲民壯尚立土司以管理各部道光十

六年所入國帑共四十七萬四千萬所費者五十四萬二千兩入不敷出惟師船在亞非利加各海來去巡駛以禁販賣黑奴之船及海賊之船故埠不可廢焉

地理備考曰南州地隸英吉利者一隸布路亞國兼攝者二其自主者四其隸布路亞者曰昂可拉國在本州西南公額國內東界馬稜巴河西枕亞德蘭的海南連奔吉利北接丹達河地勢嶄巖叢林稠密山谷平原皆飫沃河之長者曰里弗內曰丹達曰本各地氣酷熱海風清涼產金銀銅鐵各礦國分四部一幾達馬一送比一敦比一可完多首郡建於羅安達島設有總管衙門又有分出之奔給拉國東界沙漠西枕亞德蘭的海南接星卑巴地北連昂給拉天時土產與昂可拉國相仿而皆遜之設有總兵官管攝仍受昂可拉總管節制

一曰莫山比給國在州東南內有七處爲布路亞國兼攝一給林卑一莫山比吉設有總管衙門一幾里馬內一塞那一索發拉一義能巴內一羅林索馬爾給斯各派總兵官一員鎮守皆受莫山比吉總管節制統計烟戶幾二萬口地氣不馴田沃產饒貿易較昔洽淡其莫

山比給本國在亞非里加州之東南南極出地十度起至二十五度止經線自東二十六度起至三十八度止東枕印度海暨海岔西界盧巴達山南接加弗勒里國北連桑給巴爾國長約四千四百里寬約一千里地面積方四十六萬里烟戶三兆餘口多山林蕃野象田土膴腴金礦甚多金砂滿岸地氣不和苦於棲止有諸酋分攝者有布路亞國管轄者紛紛不一其諸酋分攝者如馬古阿蒙如木新卑等處仍貢於布路亞所奉之教或耶穌或回回趣向不同技藝寡寥貿易頗盛國都建

於海島有布路亞國總管駐劄其地

其自主之國四一曰麽諾達巴國在亞非里加州之東南南極出地十五度起至十九度止經線自東二十七度起至三十一度止東界裳素拉河西南接佛瓦拉山北枕桑卑塞河長寬皆約千里嶄巖嵾嵯江河不一其大者曰桑卑塞曰馬加拉曰裳索拉曰盧安薩沿河膏腴產金鐵象牙甘蔗樹膠等地氣熇烈人民黧黑昔曰汙位歷代相傳迨賊寇猖獗之後列君分據不相統屬技藝貿易俱乏各部惟麽加耶瓜最强

一曰加弗勒里國在亞非里加州之南南極出地二十三度二十分起至三十三度三十分止經線自東二十四度二十分起至三十一度三十分止東枕印度海西連可丁多的國西南接加布地東北界麽諾達巴國長約四千里寬約一千里地面積方八十四萬里烟戶二兆餘口東方重山餘多沙漠河之大者馬弗麽那巴加納波阿喪等皆流於南方是爲本國之界土產金銀銅鐵石類珊瑚琥珀等物地氣甚熱列酋分據各爲部落不相統屬技藝貿易俱乏惟以稼穡爲業各部惟二部居海濱餘皆住內地

一曰馬達加斯國在亞非里加州之東南南極出地十二度十分起至二十六度止經線自東四十三度起至四十九度止四面枕海南北相距約三千八百里東西相去約一千里幅員八千里地面積方二十五萬里烟戶二兆餘口懸崖疊嶺瀑布飛流林密谷做平原坦闊形勢實爲壯觀由南而北山陵緜亘江河衆多貫徹沃潤其長者曰麽隆達瓦曰達爾慕德發源西岡東注於莫山鼻給海岔其海濱澤涔瘴癘熇烈中人每易感病

田肥穀饒各獸充斥惟少獅虎象馬產絲麻蜜蠟竹木甘蔗樹膠青黛烟葉白胡椒沙穀米又有五金之礦寶石水晶徧山多有而土人惟鐵是采奉回教少技藝而貿易豐盛通國部落紛紛不一諸酋分攝不相統屬

一曰科丁多的國在亞非里加州之南南極出地二十三度起至三十二度止經線自東十三度起至二十五度止東至加發拉里地西接亞德蘭的海南連加布地北界星卑巴西國長約二千五百里寬約二千二百里地面積方二十八萬里烟戶四億餘口南北崇山中央

沙漠沿海低陷時有颶風河之長者名曰科蘭曰由東而西河濱膏腴饒物產地氣温和人物咸宜諸酋分攝各爲部落曰哥拉那曰那馬瓜曰達馬拉曰布書阿那曰波支斯曼名目不一以牧養爲業怠於稼穡亦少工商

外國史略曰南亞非利加西邊地半屬土蠻半屬葡萄亞國其屬土酋者一曰下危尼廣袤四千里未詳其內地恆旱少雨露硫磺之氣蒸爲烟瘴河流紛岐海口淤塞有販賣人口之市曰南峨○一曰羅安峨多有各國

族類河多魚多野獸物產豐而民憚工作故地荒蕪除養豕外無他畜○一曰公峨在海邊甚低多澤瀦內地山高養利河流廣而曼居民極蠻醜○一曰安峩拉皆山地居民形體端正絕異黑人之醜物產蕃盛明朝年間葡萄亞國在此開埠廣立法度百姓有進天主教者○一曰賓吳拉地瀕海自南極九度延及十六度密林高樹其土豐盛民蠻好殺食人肉

南州邊地自死門東向海濱延二百里斗出海中爲勝重海峽居民多茅里族類黑面未向化海口曰巴拉運出加非樹膏沒藥駝鳥翎金沙通商亦旺未詳其內地自勝重峽之西曰亞安曰散西曰貴羅亞等地皆天方亞拉國所轄其內地未詳港口曰馬牙多撒南極出二度一分偏東四十五度十九分散西巴通商最重歲納税餉銀九萬兩運出五穀白糖此皆土酋自主之地也○此外摩散比地半歸葡萄亞所轄散比西河廣且長都會曰善那曰摩散比邑昔爲通商大市今衰邑褊小距此三里節蠻族多瘴未屬其國管轄山內產金沙等物有冒險之商務通亞非加利之路每中途染疫斃或

被土蠻殺害或失路死亡無人成就其志故內地情事無可考

又曰黑面人地在曠野之南偏西自十七度及偏東五十度北極出地自一十七度東西千里南北三百餘里東西皆山內有大湖其源甚長西流多支漫將入海匯爲澤其湖長約六十里偏東十五度瀕海地低箐密不見日樹木倒則霉壞烟瘴實甚內地曠坦多水草自四月及九月雷電交作大雨滂沱冬多風仍吹熱氣皺人皮膚若連數日其害尤甚四海無此炎酷也民惰故荒

蕪草有高三丈者產樹膏安息香及各香料緜花甘蔗黛青自然而生不待人力山象水馬均高大性猛多猿有慧絕似人者水蕃昆蟲鱷魚大有力語音風俗皆異鼻扁脣高膚黝身短而健北地之黑人崇回回教其內地亦拜偶像殺人以敬神近日頗知耶穌教

瀛寰志略曰阿非利加南土之岋朴（番謂山之盡頭處曰岋）為歐羅巴東來必由之路其地形銳入大南海海水至此迴薄風濤猛烈異常舟楫易於損壞不得不謀修葺之所又長途水米接濟荷蘭之墾開此土蓋有所不得已焉

從前大西洋商舶東來至岋朴必收帆寄碇近年海道愈熟收泊者十無二三則亦無關重輕矣

海國圖志卷三十五

西阿利未加洲各國目錄

海國圖志卷三十五

小西洋西利未亞洲

歐羅巴人原撰
侯官林則徐譯
邵陽魏源重輯

西阿利未加洲各國

西阿利未加分兩大區其一區起自色黎雅爾河以南至安彌阿河以北內有九國一嘉約二芬孟三雅爾蘭四夫達多臘五和洼爾六馬臘七孟薩倫八雅尼之稔里大小各國同屬一區佛蘭西人遂合并兩河九名以

名其地曰色黎安彌阿九國之中僅嘉約濱海餘俱腹內又有西臘氏國相毘連在色黎雅爾河之北其安彌阿河以南至敏維臘河又有十四國同區一霏落司二夫達雅羅三額林四矣阿里五阿寒氐六那知彌七彌領入洼里九尼門十根峩十一鑾峩十二雅門十三安峩臘十四敏維臘皆濱海之區地勢平蕪偶有高阜亦皆錯出海中名山巨嶽盡在腹內橫數百里袤長約四千里彎環參錯凡二十四國山以公山爲最巨由色黎安彌阿至東阿未里加之悶山蜿蜒相連境內河道皆發源於此山之西有安彌阿河色色黎雅爾河尼額河山之南有來阿額蘭尼河米蘇那河其源遠而濶者尼額河由花羅來市直達阿蘭底海安彌河流最駛由色黎安彌阿南入海色黎雅爾河源較遠曲折濴洄由色黎安彌阿北入海若來阿額蘭尼河彌蘇臘那河俱在南隅由根峩諸口入海尚有色爾戈河安薩河未悉其源委其海口距內地里數不等歐羅巴人分疆畫域惟以河流分界然亦止知瀕海莫窺內地即阿丹地理所載亦多臆度始耶穌紀歲千四百三十年明宣德五年西洋

有葡萄亞人舟過厤牙那山麓暫棲于阿爾厘島始訪出北隅之色黎安彌阿繼尋得南隅之根峩等處從兹沿海埠頭悉屬葡萄亞千六百四十餘年葡萄亞浸衰其俄爾戈之地即爲荷蘭所奪雖旋取回而色黎安彌阿又爲英吉利佛蘭西所據英人即在菴彌阿河口立埠佛蘭西則在色黎雅爾河口立埠兩國皆有公司各立礮臺出口貨物惟金及人口最大至內地情形英吉利與佛蘭西人講求探溯尚無端倪而兩國搆兵遂爲中止聞其人戸共二千百餘萬口大都厚唇扁鼻邪面

後仰色黑髮鬈不裝飾無技藝文學戰鬥雖悍平居尙渻樸不習教門專祀匪底祇之神或以大樹大石或以象牙狗牙虎牙羊頭魚骨或樹枝繩束等類隨意而指即以爲匪底祇之神有供奉在家者有位置在村莊者立龕列祭遇事祈禱人死多焚財帛謂資冥用宰人作牲以享先靈嗜音樂喜歌舞多畜妻妾常人多則一二十王則動百十計而阿寒底那和彌兩國酋長竟至數千民居卑小門高三尺鞠躬而入一妾一門外圍以墻上下皆然惟宮室廨署畧較爽塏間施采飾以別等級

男女皆喜帶手鐲指環或金或象以多爲美即赤貧亦繫鐵鐲面繪紅白文身刺膚以手摶食飲啖兼數人產橡樟楊椰葡萄酒無花果桂皮甘蔗桑椹薯蒜粟油浮石椰子松栢樹龍血樹檸檬桃柑李蕉菓西瓜黃瓜米粟棉花糖蓆材木金銅鋼鐵象牙計象牙歲值銀約十五萬員

色黎安彌阿十國

色黎安彌阿一區內有九國在西阿未里加之北東界蘇厘麻西界海南抵安彌阿河北抵色黎雅爾河東西距七百餘里南北距二百五十里大小九國又上番三種一曰野羅甫一曰付臘司一曰曷領裁付臘司種類高大鼻扁唇厚面似橄欖俗奉馬哈墨回教性尙平和周濟老弱疾病與外來窮旅游牧爲生隨帳遷徙曷領裁種類面黑業漁喜問訊嗜歌舞多娶妻妾妻有過撻之於市以示懲警野羅付種類面黑業紡織善騎射計數以五作十無文字

嘉約國即野羅甫在色黎雅爾河口瀕海岸爲色黎安彌阿區中之大國惟一部落曰麻皆即酋長所居佛蘭

西人貿易其地遂據河口築礮臺又於對岸之俄黎島設立部落居人三千爲河口之保障樹木叢茂產豐多商賈

莽孟國在色黎安彌阿之東附近色黎雅爾河內有那達更山金鐵相間掘至數尺許即有金粒至丈許則金粒成團土番不善支撐礦穴動致坍壓色買臘山金在剛石之間鑿採費工又有半山出產紅石

雅爾蘭國在色黎雅爾河之上流地處極東與滿毋比鄰佛蘭西船曾商其地獲利倍蓰以水土不服河道難

行恒被刦掠遂不復深入其地

夫達多臘國在色黎雅爾河之下流距海不遠河之南北均其轄地酋長回教種類亦不能制其部下

和洼爾國近海蕞爾之區酋長蠻野無匹自稱曰額利墨臘猶華言王中王云

馬臘國在安彌阿之北距海甚近酋長所居即馬臘部落也境內有尼利弗里市埠設有稅館先屬葡萄亞國英吉利奪之而于安彌阿河口築礮臺防守溯流而上四十里即比沙部落英人雖有貿易究不與內地尼額

河相通故交易不盛

孟薩倫國在馬臘國之上幅員較闊土番約三十萬均易領莪種類

雅尼國稔里國均小國也居于孟薩倫之上厥土墳衍產穀甲一方再行四百里即沙水并湧之地多鱷魚水梟岸則野獸成羣舟楫難駛

西臘氏國在色黎雅爾河之北與前九國毘連爲十河源發自公山至馬臘之尼力弗里出口經西臘氏境內者居半

安彌河以南至敏維臘河以北十四國

霏落司國在嘉約之南東界蘇里麻西界海南界夫達雅羅北界嘉約之安彌阿河土厚產豐雞鴨蜂蜜尤蕃庶歐羅巴人至此貿易向例須易領莪從中經紀兩家買賣不得見面故不能徑與通商

夫達雅羅國又名富臘司在霏落司之東少南東界額林西南界海北界蘇厘麻幅員約長三百五十里寬三百里一鼎磨一黎彌里阿一西耶臘里阿那一臘達俄司四大部落也酋長居於鼎麻常領千六百人虜掠人

口賣與歐羅巴人爲奴祭祀用人爲牲土番皆付臘司種類俗奉馬賀墨頓教西耶臘厘阿那濱臨海岸爲英商市埠由此至額林邊界約程二百臘彌里阿在彌斯臘那河口爲彌利堅市埠南北長二百五十里寬二三十里土沃民惰多無賴產銀鐵材木皮細布棉花糖油象牙蘇木黃蠟胡椒

額林國在夫達雅羅國東南東界埃阿里南界海西界夫達雅羅北界蘇厘麻惟一部落曰鼎來酋長居之祭祀亦用人爲牲并有夫死而妻自殺墓前以祭者別有

一種教師曰墨爾里能事國中之權其教師少年離俗露處深林修鍊日久能作怪異能通與妙非但識其教中之理并能審識案牘方可謂之墨爾里其地舊屬葡萄亞今尚有葡萄亞之人與土番雜處土産胡椒

埃阿里國在額林國之東南界海北界梭難東界阿寒氏西界額林領部落二一曰臘后濱海口一曰耶格蘇居腹內臘后所産象牙爲最歐羅巴人以土番獷惡罕往貿易土番言語聲在喉中若野獸叫嘯駭人聞聽

阿寒氏又名戕戈爾在埃阿里之東少南東界那和彌

西界埃阿里南界海北界蘇蘭幅員萬四千方里戶百萬口并奴僕之數則有四百萬領部落四一吉戈司一依爾彌那濱臨海邊一阿加臘一準旁里均在腹地吉戈司英吉利商賈所寓有礮臺東行約五十里即依爾彌那爲荷蘭市埠礮臺甚多海岸土疏多沙而沃産糖與包粟最豐産金礦土番暴躁好訟房屋闠整每村設一會議之所以高年掌之審理訟獄富家多以訟敗產居人祭墓酣宴數日習俗男逸女勞負重工作無非女惟捕魚則男耳服色尚白酋長以下多繫金鐲兵事或戰或和悉商之四官春秋二祭皆屠人祈福酋長身死輒戮千人以祭先拘外國奴僕並羈禁之罪囚不足則虜行人故入市不敢獨行恐被虜也妻妾以多爲貴酋長例有三千並選姿色稍忤意輒戮死並鬻人口與歐羅巴人爲奴其暴虐甲通洲然酋長亦知慕歐羅巴之材藝以教其人民陳設器物皆精巧其出口之貨惟有黃金屬地甚廣如領幾臘阿幾湑洼掃阿廣磨四國皆其所轄後又征服內地之雅漫陰達那安麻諸國

那和彌國在阿寒氏之東少南東界彌領西界寒阿氏

南界海北界梭蘭附近海岸長廣各二百里其沒海之地曰斯列哥土華語奴僕岸也本恢那國之地其酋長恃富驕淫遂爲那和彌所併風俗人情與阿寒氏同而殘忍更甚人死不殮不埋挂于墻壁任其腐朽宮室廟宇覆以人之天靈骨酋長妻妾例有三千每年傳集番女挑選一次上等自留次者指配番官鄰近尚有阿那臘那厄里臘俄司諸屬國臘俄司祈雨將少婦倒植神前有犯死罪者縲首樹杪阿臘那土産棉花油番鹻瓦器鐵器

彌領國，又名彌阿佛臘，在那和彌之南，少東，濱海，廣約二百里，與洼里尼門二國同區。彌領地勢低窪，恒患潦溺。產象牙。俗敬匪底祇神，國人見酋長，當如見神。設有干犯酋長者，已科犯上本罪，再加褻瀆神明規條，施以極刑。

洼里國在彌領西南，濱臨內河，地勢卑濕，溪汊紛岐，皆狹不容舟，惟墨臘斯河較闊，源流亦長，直達阿蘭底海。土瘠民稀，風俗畧同彌領。

尼門國在彌領東南，沿河逆流而進，約行六十里，卽耶

付連部落，酋長蠻野，戰勝，卽聚其顱骨以造廟宇，以祀匪底祇之神。販鬻人口每年約二萬，產象牙最多，其次油鹽。

根峩國在蠻峩之南，少東，北界蠻峩，西界阿蘭底海，南抵安臘峩，東界曠野。領小部落三：根我、洼在內地，酋長所居也；馬領、麻加敏那，均濱海涯。土番身體短小，面黑有力，俗惰，罕耕種，樹皮爲廬，草蓆蔽體，地曠人稀，村小者百餘人，大者數百人。人分四等：曰頭目，曰錢糧戶，曰耕戶，曰家奴。酋長與頭目多畜妻妾，販人口市埠，雖在海岸，而所販之人悉由內地運載而至。

蠻峩國在根峩之北，西抵阿蘭底海，南抵根俄，東北俱界牙門，風土人情畧同根峩。

安莪臘國在根俄之南，東界曠野，西界阿蘭底海，南界敏雅臘，北界根峩，風土人情亦同諸部。

敏維臘國在根峩之南，西界阿南底海，東南俱界荒蕪之地，北界根峩，沿海岸數百里，俱葡萄亞所轄。每年販人口約二萬，計風俗同前諸部，產上銅。

重輯 原無今補

每月統紀傳：利未亞之西，濱海有西爾得國，其地有兩大沙，其一在海中，隨水游移不定，其一在地，隨風飄泊，所至積如邱山，城郭田畝皆被壓沒，國人甚苦之。又有工鄂國，地亦豐饒，頗解義理，自與西客往來，多奉眞教。其王又遣子往歐羅巴習學文字，講明格物窮理之學焉。西得爾國一作西羈得國，今屬英吉利夷埠。

又曰：亞非利加海邊，向有匪徒駕船載火器，而以美酒玩物賣與黑面奴，因此誘販人口。又有列國貪利之夷，曰侵伐鄰境，虜掠生俘，赴海口販賣，將奴三四百口擁

擠下艙繩縲桎梏悶不通風臭氣染病死者不勝其數英吉利公會立法嚴禁巡船到處搜探一遇載奴之船即捕送治以死罪上年十月兵船巡海遇有販奴舟泊於海隅先放礮招降既不肯投遂衝鋒掩殺一人戰死六人受傷竟奪獲其船赴葡萄亞埠頭其城之鎮守官强索其販奴船英軍不允葡萄亞放礮轟擊英之水師憤怒返棹啟咨本國將帥已領戰船赴彼雪怨

萬國地理全圖集曰西亞非利加之海北係沙地其黃道南北兩地深林密箐瘴氣瀰空外人不服水土多患

病居民黑面卷髮扁鼻厚唇愚鈍無知或崇回教其土人不服一君亦不立國家但各自爲族衮延方圓三百六十萬方里約計二千萬丁顏色悅和揚眉暢氣並不慮遠會時鮮衣裳舞男女用金珠象牙渾身華飾貧人太半裸體無羞其僧誘惑庶民殺人祭神將各項樹木禽獸爲神而拜之或用妖術靈符殊可痛恨其居室檜巢草寮不用金銀惟以貨易物土肥饒產不待人力故民皆游惰每臨餓乏則族攻族類擊類而相吞所獲之俘則賣爲奴外國船到此以買其人口將二三百人雜裝船內駛到各國販賣以種園耕地如此黑族曼延四海無處不至故此英國發義怒嚴禁販賣又排巡船恒駛海濱往來捕治○葡萄亞國初據此地爲荷蘭所奪後佛英兩國開海濱新地建礮臺但恐山林瘴氣不敢入內地西北海邊葡國所據之島曰馬太拉島初時遍地深林焚烈種植作葡萄酒賣與外國每年價銀三十萬兩○加拿利羣島有山嶺其最高者百二十丈名特尼勒山爲船之標準此嶼歸是班牙國亦出葡萄酒不少○綠山頭羣島不毛之地瘦嶺枯山其海濱出鹽○

羣島對面之海邊沙漠其南方西尼甲江有佛蘭西礮臺與居民貿易布疋金沙樹膠每年來船三十隻貨價銀六七十萬兩民人大半回回中有數族安分務商○感北亞河南流入海有英國商埠包兒包送之地此江之南開英國新地稱爲獅山產象牙油蠟皮木頭樹膠價值銀四十二萬兩英人如獲奴船在此釋放又召教師開學以傳耶穌之道雖頑蠻難化虛費不貲然拔人于水火之禍不獨保其生命乃引之履天道其東南邊稱曰危尼中有花旗國新地○更望南而往其海濱一

曰穀邊、一曰象邊、皆蠻民猛力好戰攻掠外船性近禽獸、一曰金邊、乃英荷所建礮臺與土人通商之處其百姓稍已入化又立長老治之金邊之東有大黑國稱爲亞山地其國王起兵與英交鋒又與鄰小國結釁今亦服之國王娶妻三千更赴南販賣人口再至南則到比紉海邊居民慄服其王受死無怨惟命是聽另有破島其埔頭歸是班牙國其最南方稱曰公我被葡萄亞所占據專販人口所建之城頗大商頗盛

地里備考曰塞內岡比國在亞非里加州之西北極出

地十度起至十八度止經線自西九度起至二十度止東至尼給里西國西杭亞德蘭的海南接幾內亞國北界沙漠長約二千七百五十里寬約二千里地面積方五十五萬烟戶一京二兆餘口平原沙漠相間少山多林河則塞地加爾河爲首岡比河那祿河次之故統名曰塞內岡比國沃土豐產穀果藥材金銅鹽琥珀紋石象牙皆具炎瘴特甚惟五月至八月陰雨暑氣稍降土人色黑髮卷列酋分攝或世襲或選立各霸一方所奉回教國以河得名故通國分二十小國在河南北曰弗達多羅、曰弗達日羅、曰弗拉都、曰加孫、曰賓都、曰牙尼、曰弗義尼、曰烏黎、曰登的里亞、曰分達、曰加科爾達、曰邦布各、曰薩隆、曰加布曰目的羅、弗曰新、曰烏阿羅、曰巴爾、曰加約爾、曰薩倫、

西州各國補輯 此數國四洲志無之今據他書補

又地里備考曰幾內亞國其上幾內亞在亞非里加州之西南南極出地一度起至北十一度止東至沙漠西南接亞德蘭的海北界塞內岡比國及尼給里西國長約八千五百里寬約三千里地面積方一百零五萬里

烟戶一京餘口民人多黑鹵莽無文本國公山爲尼給里西及塞內岡比二國分界海濱低陷烟瘴觸人河長者名曰尼日爾由尼給里西貫徹本國而注於亞德蘭的海其次曰塞勒郭安薩田土肥饒穀果豐稔土產黃金珊瑚琥珀紋石甘蔗烟葉香料地氣炎熱夏秋則陰雨連緜列酋分攝各據一方所奉之教或拜山河或奉禽獸初無一定技藝缺乏耕種皆女通國分爲數十小國其要者曰的馬尼曰古郎哥曰蘇尼馬那曰加布棠德曰桑固音曰加瓦利曰亞於的亞曰達可美曰亞爾

達拉曰巴達給里曰拉各斯餘未及載
公額國又名下幾內亞在亞非里加州之西南南極出地一度起至十七度止經線自東八度起至十八度止東至日牙加地西接亞德蘭的海南連星卑巴西亞國北界上幾內亞國長約三千八百里寬約一千四百里地面積方四十四萬里烟戶四兆餘口地勢東方多山衆河發源於此其長者曰公額又名塞勒四面繞貫田土最腴產銅鐵甘蔗胡椒烟葉藷粉象牙等地氣熇烈技藝缺乏貿易稀疎列酋分攝不屬别國管轄者分二

十一小國一羅昂額一公額一賓巴一薩拉一莫盧阿斯一虎美一加三日一岡各白拉一何國一何羅合一日仍加一幾蘇阿一古達多一古寧加一當巴一里波羅一幾薩馬一塞拉一白倫多一難諾一比黑
其屬列國者曰星卑巴西國在亞非里加州之南南極出地十八度起至二十五度止經線自東十度起莫知所至西接亞德蘭的海南連科丁多的亞國北界公額國長約二千七百五十里地面積方約三十四萬里烟戶約二億餘口海濱艱險平原磽薄一望沙漠人民蕭

條猛獸充斥國多無籍遊民
本州西南臨海幾內亞之地凡荷蘭大尼花旗各國市埠皆在其中隸賀蘭國兼攝者名厄爾彌那城建於幾內亞國中烟戶約一萬口景色壯觀商賈接踵設有總理駐札其地餘城皆受節制○隸大尼國兼攝者曰給里斯的巴爾其城在幾內亞國中地產饒豐工賈商衆設有總理駐劄其地餘城彈丸皆受節制○隸亞美里加州花旗國兼攝者在幾內亞國門蘇拉多河濱曰里卑利亞其居民皆由亞美里加州遷徙首郡名嵩拉維

學館書庫備具商賈輻輳
外國史畧曰西亞非利加海邊地通各國商埠者一曰西尼安在曠野之南廣袤方圓約三萬里多暑盛烟瘴民皆黑面各有酋長風俗殊異好戰鬬地或沙或壤物產不由人力佛蘭西在此海邊開埠築炮臺在路義衰利等島建邑土酋多畏其勢產穀椰子緜花棗黛青烟胡椒等貨英人及葡萄亞等國亦開埠然甚微小○獅山在海濱長五十五里闊六十里卑溼多瀦澤內地漸高惟歐羅巴人所居地多產物其黑面人地極荒蕪土

民稠密飲水食樹根不肯工作乾隆四十七年英人在此開埠方圓約十七里嚴禁販賣人口常調師船巡駛所獲之奴即送獅山設教師開學館以施慈政居民約三萬二千後小邑鄉里務藝術英國每年費銀九十萬兩以立此港道光十六年運入之貨二十八萬七千兩運出者二十八萬五千兩民寡而勤故地雖褊小能通商

一危尼地在西海濱其通商各異埠一曰穀油濱自山内及米蘇拉加地一曰象牙濱自巴馬及亞破羅尼地

一曰金濱自亞破羅尼及窩他河一曰奴濱在窩他河東邊最要者曰亞山地曰他何米曰押他曰巴他義曰拉襪等國亞山地族類權勢甚重百姓百萬織布鍛五金勇敢殘酷其君妃嬪四千淫邪無度死之日殺千餘人以殉可馬西族類亦在各海濱通商英吉利荷蘭大尼等國各建礮臺調守兵以護貿易屬地褊少居民亦罕運出貨價僅數萬金此州内地甚廣部落多民俗異外國人未有入之者故不識其形勢北方有地曰丁布土大市也北賈雲集駝馬不絕又布奴近大湖亦通商又副拉居民稠密土酋豪健常領兵以據其鄰國

海國圖志卷三十六

中阿利未加州各國目錄

中州尼吉里西國一名蘇丹二十二部

莫盧農

曼那臘

羅艮

敏雅彌

蕪名地

藹司

沙加都

峩墨山付臘

嘉諾

嘉司那

色塞

嘉達

藹司沙西

裕里

洼瓦

莫爾莪

莫司沙

巖阿

泥霏以上十九部皆與西洋通市之地又附泥霏五小部曰沙達盧至富臘盧不錄

丁麻杜

麻西那

展里

莽馬臘

加阿臘

嘉孫以上六大部五小部皆尼厄河上游之國未與西洋通市

海國圖志卷三十六

小西洋 中利未亞洲

歐羅巴人原撰
侯官林則徐譯
邵陽魏源重輯

中阿利未加洲各國

職方外紀言亞毘心域國地極大居本洲三分之一則中阿利未加亦在其內不止阿邁司尼也

中阿利未加洲地處中央環以羣山沃野平曠灌漑不竭爲全洲膏腴之最西界西阿未里加北界曠野東界查湖南界無考長三千餘里廣千有餘里山最大者曰閼山自東至西起伏綿亘與洲境同其起迄中阿未利加僅山之中央一隅耳峯巒層叠崖石嵯峨有似倒塌炮臺者有似鏡浮圖者形勢不一高者二三千丈崎嶇與平坦相間山內可種棉粟并有城垣依山而建天炎土燥而田疇不乏水澤皆資閼山之灌漑河道有四曰尼阨河曰孤盧尼河曰菰𡒊河曰瓜臘馬河皆發源閼山而尼阨河最鉅源遠流長計三千餘里總受諸河之水由機里出海諸國皆沿河建立湖以查湖爲最闊與磨爾農連界長約六百里寬約四百里其水澄清甲天

下湖中小島各有居人林深草茂飛走藪澤次爲尼彌湖雖不及查湖之大亦一目難窮此外皆小湖而已幅員遼濶內多小國距海岸遠不與海國通往來近四十年始有冒險至其地畧悉情形究無史書難溯源委讀阿丹地理誌載千二百年宋承安五年部內之人遷徙曠野之南可見居於中阿未里加洲者多阿丹之人并聞先曰有阿麻西尼司與翁彌阿尼司互爭勝者各自立國其最大者嘉諾曰薩加曰磨爾農嘉諾之南產金最旺千四百年明建文四年摩羅果大頭目阿佛厘加盧士統衆至丁麻杜奪得依機阿各地立國稱王即名丁麻杜國嘉時嘉諾亦屬丁麻杜所轄天千七百年康熙二十九年間又歸於加斯那千八百初年嘉慶五年薩加觀頭目曰蘭華利荷者自立爲王并服蒿司沙部磨爾農部遂成大國不久分裂爲摩爾農頭目所驅逐蒿司沙各部落若俄墨若色塞同時亦各自王即如丁麻杜國自阿佛厘加盧士以後即爲摩羅果之屬國滿馬臘向稱大國所屬之展里大部落近已爲頭目阿馬盧所據各國政事皆自專制故無著名之邦亦無統轄之主蝸角蠻觸各長一

方其俗百官見王匍伏殿前以首叩地各國王死屠八
以祭雖不若西阿未里加阿寒氏那和彌二國之多然
祀典用人亦不能缺王之所貴不在宮室制度而在妻
妾貨財故國王宮室僅加於民居一等往往苫蓋塵積
乳燕環飛兒童倮露樸陋無倫而妻妾之多則難以數
計凡監守各宮以至服役皆姬妾焉部落長官皆由民
自推擇賦稅無定額軍旅無紀律惟摩爾農之兵似有
隊伍善長鎗籐牌行列方圓成陣臨戰僅裹獸皮以禦
弓矢薩斯靚國有兵六萬各國皆不習火銃惟阿丹客

商有火器遇兩國爭鬬常以此解圍土產粟米棉花洋
靛六畜獅象豹蜂蜜象牙金沙洋藍布各埠運貨并無
車輛全藉負載賈於斯者皆阿丹之人由北阿未里加
越歷沙漠缺水草多盜賊近日始知僱駱駝馱載節省
倍蓰所運入者如絲紬呢紙珠銀器利皆數倍運出則
黃金象牙奴僕居多奴僕多自南山虜掠而來非但賊
盜即國王貴官亦然如莫爾農之王與曼那臘王之女
爲婚會赴麻斯俄虜掠人口三千以賀嘉禮境無溝
洫亦少衢道荒陬曠野信足穿越或倒木橫阻或兩水

泛濫行旅躑躅馬瘏僕吁土番與阿丹之人雜處僅學
其技藝工作從不習其回教文字地素蠻野較之通洲
則尚知禮義喜結交惟俗尚掠奪在他方尚以貧劫富
此則以富劫貧習不爲恥凡事皆信匪底祇之神其摩
爾農萬司沙兩國極欲修文苦無教導性喜歌舞雖尊
貴亦登場演唱揚揚自得土番面皆黑即所謂烏鬼國
云

莫爾農爲中阿禾里加洲强大之國幅員七萬五千五
方里戶二百萬口在查湖之西濱湖水鄉美稼穡多獅

象熊虎爲害領大部落八鈎加其首部落也其次若安
俄那若安牙臘若吾尼若加領若臘里若加沙里若阿
爾磨盧農七部湖山錯壤大小各別而富庶以安俄那
爲最始王其地者本阿丹之人嗣有依爾加尼者起兵
據國放前王于附郭逐官民回阿丹其國中大官以皤
腹爲美首纏白布其王接見歐羅巴人則端坐龕中外
列侍從陳兵護衛性好鬬而不輕提敗則走步艱難坐
以待斃土番黑面厚唇樸魯好鬬善紡織精染洋藍耕
種皆以女國王所駐鈎加部落甚小居民萬人安俄那

爲國中最大之部居民三萬貿易集會約有十萬安牙臘吾尼亦兩大部北則加領部與曠野交界居民驍勇臘里部民僅二千加沙力亦大部居民善用藥箭阿爾磨盧農部落近已荒廢

曼那臘國在磨盧農之南山谷土沃領大部落八以磨臘爲首區悶山最高之峯在其境內陟巔遠眺疆域了然土番不習教門文身衣革麻斯俄部落最爲蠻野好騎生馬衣山羊豹皮取讐人牙齒串珠掛頸以夸其羣

那古爾臘地處山谷村堡堅固好武鬬勝善用藥矢摩

爾農兵侵之爲所敗

羅良國在查湖之南爲洲中最靈巧之國接壤强鄰皆兇惡好殺竟能立國保境安民皆才智所致也卽以羅良爲首部落街衢坦濶距查湖僅四十里產佳木香草精染洋藍布不亞於摩爾農錢用鐵鑄形如馬蹄番婦容貌在黑人中爲最端好卑濕多蚊惟日午暫息餘時皆蟲飛薨薨

敏雅爾國在查湖之東南土域遼闊土番勇戰衣鐵甲習長鎗視摩爾農器械尤備交鋒亦無紀律

蕪名地在查湖之中島嶼甚多居於斯者皆彌落麻之人島旁泊船千計無非盜艇土謠云天未貽我糧神未貺我牛與羊只生膂力與詐腸我居宛在水中央不刦何以豪四方磨爾農王欲禁之無如何也然所虜人口以作奴僕尙不甚殘虐往往給以妻室

蒿司沙在尼阨河之西幅員遼闊界域莫詳壤燥宜麥一歲再穫倉廩充實果蔬旣多且旨土番皆阿丹之人自耶穌千年以後宋咸平三年陸續遷至非其回教中人無不被虜爲奴與西隅之黑番貿易

沙加都國卽多谷曾在蒿司沙之西土沃民庶先居薩加都近遷馬雅利阿城池壯濶甲於中洲墻高三丈門戶十二日落卽閉王宮前面方角開敞四壁藻繪薩加都之舊部落近已頹毀

俄墨國山付臘國均蠻地好鬬俄墨首部曰古尼阿城池堅固於千八百二十九年道光二年蒿司沙率兵六萬侵之爲俄墨所敗山付臘首部曰沙彌當嘉諾薩加都兩部之衙專刦行旅爲業

雅那國卽嘉諾爲阿末里加腹內之地疆域雖狹於舊

而商賈市埠猶甲諸國。嘉諾首部落也。周有十五里。居民約三四萬。中央地窪而曠。水涸之後貿易聚焉。爲一大市鎮。有頭目司市價。辨真僞。設有賤售貴價亂真者則經紀受罰。日出登市。日入卽散。又有奴僕市。兩棚分列男女。各坐一棚。買者先觀五官四肢。繼令其步履。聽其音語。市用小介壳爲錢。謂之勾力士。四百八十枚。値銀一錢八分。

嘉司那國在嘉諾之北。向稱大國。前時之蔦司沙曾屬其管轄。城墉廣濶。民居不及十之一。皆商賈所集。

色寨國在嘉諾薩加都二國之南。爲中洲最沃之壤。產上米賓東沙厘阿。其首部也。居民五萬。田疇繡錯。林麓葱蔚。色寨之南。亦饒水草。尚有小部落屬其統轄。

加達國居衆山之中。村莊大小五百。領羅朧。其首部也。地雖多山。而濱涉力河。土亦膏澤。貿易頗盛。惟土番蠻惡。前過歲歉。盡屠外國商賈而食之。由領羅朧沿河而東。卽阿那磨洼。皆加達屬地也。

蔦司沙之西國。轄部落四。首卽加雅東部。次卽山尼阿部。次加達艮部。次珊山部。加雅東美田疇。山尼阿在山谷之中。形勢環拱。頗秀蔚。加達艮曾屬莫盧農之部落。珊山貿易一大市鎮也。人皆獷狠。

裕里國疆域平曠。近尼阨河。常有水患。厥土潤澤。最宜播種。俗勤力作。土番雖多爲奴。然伶俐耐勞。首部卽裕厘。甚寬濶。植木城而裹以鐵。周三十里。居民蕃盛强勇。阿丹人常侵之。皆被驅逐。王宫儉陋。國王曾殺有名游士曰巴客。大受惡名。後遂優禮格臈白頓遊人以改前過。

洼瓦國蕞爾地耳。而田疇膏沃。地當孔道。都邑居民不及二萬。而蔦司沙之商賈薈焉。市陳百貨。曲港連甍。管絃宵晝。行人至止。殽醴錯陳。

磨爾俄在磨斯沙洼瓦兩部之西北。半多叢山茂林。綫阿麻。其首部也。王奉回回教。敬匪底祇神。宫殿設兵屬衞。宫室帷帳陳設侈靡。土番驕勇敢鬬。盜賊尤多。刦奪四出。

莫司沙國在裕里國之下。首部落卽名莫司沙。濱臨尼阨河。河岸寬濶。下卽大石灘。舟楫往來。素稱危險。地宜五穀。前爲阿丹人所據。後始殺逐阿丹。自立爲國。前時遊人巴客被害，即在此灘。

巖阿國美田疇，多農商，西方富庶之區也。大部落五：曰巖阿，曰磨府，曰匽那，曰幾司，曰查吉仙。都磨府，近遷居巖阿城，周有十五里，民戶未詳其數。舊府今雖不復爲都，而居民安之，尙稱樂土。匽那在國西，幾司在國北，若查吉仙則山谷之中矣。王宮及民舍牆皆苫覆，惟門楣多有雕飾。頭目見王，曲跽盡禮。王多妃妾，難以數計。宮內之事，皆媵妾司之。凡祀神亦以人爲牲，特不至阿寒氏那和彌之多耳。國中間有小山，至高者三百丈。

天氣和暖，高下皆可布種，產粟米棉花。工機織，其布與尼罷國等。林木馨香，蜂蝶翩遶，花晨月夕，致堪游衍。

尼罷國在尼阨河之東岸，亦富庶之區。居此土者半回回，半黑人。泥罷之黑人，又黑人中之靈敏者，奴僕皆工織機，故所織棉花，他國莫及。轄部落八，那麻其首部也，產五穀牛馬，草薦之佳甲於通洲。燕爾府部落在其北界，城池堅固，貿易蕃盛，部民盡回教，男女無別。臘牙、馬及馬尼磨兩大部落均依尼阨河之東岸，因阿丹侵擾，改遷西岸。巴達司在莫司沙之邊，界沙俄司與臘麻相距不遠，四水環繞，洲浮水面，工作精巧，所織棉布通洲頭目無不購而珍之。有七百軍船防守邊界。伊牙部亦臨河岸，長四里，多商船。以上十九國皆與西洋通市。

以下附五部落，均自爲酋長

嘉公那部僅有大村鄉三，自立頭目，雖不屬泥罷國，而土番頗馴。

封那部距嘉公那四十里，一大市鎮也，再行四十里，尙有數部落，情形莫詳。

磨卦部亦在嘉公那之下，相距約八十里，大市鎮

也，商賈鱗萃，有頭目經理其事。

機里部在磨卦之下，相距約五十里，多商船，亦一大市鎮。然土瘠歉收，其草牲畜不食，故居民皆漁蕉菓河，以棚口產油最著。

伊磨部在機里之下，相距約七十里，城池寬大，濱河口，亦市埠也。出口貨物油與人口，居多往來船舫，陳設器具頗似歐羅巴。夾岸多大宅，栽種芭蕉椰子、櫁樹，華麗勝於鄰國。惟俗習驕汰，無度酗酒，輒達宵旦。

以上中阿末里加腹地諸部也尙有尼阨河上流各國地土肥美畧同遊人巴客道死不及回國莫詳其所經歷而各大部落亦畧有所聞附載于後

丁麻杜國在中阿末里加洲邊界產黃金光色射目歐羅巴人常冒險至其地部落遼濶情形莫悉方其盛日萬司沙各國均屬統轄近數百年并已國反屬於摩羅果矣近日黑人爲王宮室民舍半皆圓銳形若蜂房厥壤燥瘠產不敷食仰給鄰國由尼阨河沿流運至加墨臘津口一日可至以金礦甚旺故商旅若鶩多摩羅果

阿爾尼阿都尼司三都之人百貨充牣惟黃金奴僕兩種交易最大

麻西那國在彌尼湖之旁宜牧畜距丁麻杜部落頗遠土番付臘司種類酋長即展里酋之弟

展里國濱臨尼阨河邊首部即名展里酋長阿丹人居民萬口貿易稍遜丁麻杜而丁麻杜所需貨物多購諸此商賈皆富臘司曼領俄莫馬臘摩羅四種間有黑番至此貿易

莽馬臘國土曠而沃色俄其首部也尼阨河居中宮室民舍依傍兩岸至牆鱗比街衢方軌居民三萬南山所產金沙皆運此出售珊山領部落貿易亦盛居民萬口

麻那毋部落產鹽北界曠野爲摩羅人牧場

加阿達國皆沙土首部落曰甘猛

加孫國地小而沃首部落曰孤尼阿加里

沙達盧根戈盧領尼古墨曾古富臘盧五小國高阜多林木河中產金沙甘千部落其大市鎮也每遇禮拜三墟期焉毋里地多金運此銷售產蜜糖棉花火器火藥花布及歐羅巴貨物無一不備以上六大部五小部皆尼阨河上游之國未與

西洋通市

重輯

萬國地理全圖集曰亞非利加中地北係沙漠稱曰撒哈拉北極出自十五度至三十度偏西十五度至東三十度長九千里濶三千里其沙地風吹堆積爲山炎熱難行但沙漠中亦間有水草沃壤其民大半由亞拉伯國而來以刦掠爲生其駝若舟動止醒睡恒與人同伴行路如患渴死則殺其駝飲血且胃內有存水解渴由麥西國至西十日路皆無人之地至窅谷始有樹木而

後抵非散國都居民七萬向麥西南形勢距二千有百里乃他弗茅地其兵最耐辛苦○望南而往則地補土亞勒兩族貧窮好鬬沙漠外各地皆有水草居民愈多大半黑面其中有數國半從回教恆執己見若見白面之人則酷待之風俗澆漓放僻男逸女勞凡耕田治舍貿易工作無一非女故愈娶妻女則愈富足士君娶婦必盈千此內尼額大河兩岸沃饒林樹暢茂○自古及今內地與外國無往來之理是以居民野心近日英人用心周遊其地以考其來歷但不服水土或染瘴或被

賊或志未成就近日又用火輪船進其內河搜訪其風俗而水手死亡船空往反竟無成功惜哉

地里備考曰尼吉里西國又名蘇丹在亞非里加州之中北極出地六度起至二十三度止經線自東七度起至三十一度止東至盧比亞暨亞比西尼二國西連塞內岡比國南接幾內國暨岳山北界沙漠長約六千里寬約四千二百五十里地面積方二百四十五萬里烟戶約二京餘口人黑色地形阜闊湖河與沙漠相間河之長者曰尼日爾曰哥拉曰要曰沙利湖之大者曰沙德曰的別曰非德勒瀕河田多膴腴土產稻黍麻緜靛烟穀果象牙金砂皮革等地極炎熱多毒蟲惡豸外人到輒病死故自古不通別國奉回教業農罕技藝國分二十二部落各酋分攝不相統屬曰波爾奴曰巴耶爾美曰北爾古曰桑加拉曰布勒曰岡干曰窩那蘇勒曰上邦巴拉曰下邦巴拉曰馬昔那曰巴難曰的勒南曰丁布各都曰牙烏利曰尼非曰波爾古曰牙黎巴曰北寧曰瓜曰公曰加拉那曰達公巴

一中央曠野此最廣之沙漠磽山不毛獨有野獸獅猩

駝鳥等其游牧亦渴餓易斃西方之地荒風壓藤暝暗如夜居民罕少野積枯骨中一地有草木然水泉鹹商賈希利結羣而往族類各異其中士亞勒地好虜掠然客宿其家亦厚接之若逢於野即便刼掠○特布族類在東方顏色黑惟食駝乳淡物每遭士亞勒之虜掠○非散在地陂里之南土豐盛長百里闊六十六里居民七萬統轄於地陂里之酋其曠野與麥西國交界海港頗通商其曠野有佛廟四方禮拜雲集○此外多沙磧無大部落矣

利未亞洲各島。原志此洲不載島國今取泰西各書補之
職方外紀曰。聖多默島在利未亞之西。赤道之下。圍千
里。徑三百里。其地濃陰多雨。愈近日處。雲愈重。雨愈多。
凡在此島之果。俱無核。又有意勒納島。鳥獸果實甚蕃。
而絕無人居。海舶從小西洋至大西洋者。恆泊此十餘
日。樵採漁獵。備二三萬里之用而去。又赤道南有聖老
楞佐島。圍二萬餘里。從十七度至二十六度半。人多黑
色。散處林麓。無定居。出琥珀象牙極廣。
亞細亞以西之地中海。與利未亞洲北境相首尾。有島

百千。其大者。一曰哥阿島。曩國人患疫有名醫名依卜加得不用藥石令城內外徧舉大火燒一晝夜火息而病亦愈蓋疫為邪氣所侵火氣猛烈能盪滌諸邪也一曰羅得島。天
氣常清明。終歲見日。無竟日陰霾者。其海畔常鑄一巨銅人高踰浮屠海中築兩臺以盛其足風帆直過跨下其一指中可容一人直立掌托銅盤夜燃火於內以照行海者鑄十二年而成後為地震而崩國人運其銅以駱駝九百隻往負之一曰際波里島。豐物產。每
歲國賦至百萬。葡萄酒極美。又出火浣布。是煉石而成。
地熱少雨。嘗連晴三十六年。土人散往他國。今稍稍湊
集矣。
地里備考曰。本州之島。分隸西洋各國管轄。其隸布路

亞國者三處。皆設總管。一曰馬德義辣島。在亞德蘭的
海西北。長一百八十里。寬七十里。烟戶一億二萬餘口。
山勢峭壁。氣溫和。土肥饒。穀果豐稔。葡萄尤盛。首郡名
豐札爾。○二曰布威爾德島。在亞非里加州之極西。緯
度自北十四度四十五分起。至十七度二十分止。經度
自西二十四度五十五分起。至二十七度三十分止。內
有十島。大者名桑的可阿。烟戶一萬七千餘口。土產穀
菓、綿、椰、藥材、甘蔗、藍靛、葡萄、烟葉等物。地熇烈。不害居
棲。禽獸充斥。鱗介蕃衍。十島中名桑非里卑者。出火島

也。○三曰桑多美。北林西卑島。在本州西義內亞海灣
中。分為二。一桑多美島。回環四百里。地氣不馴而田膴
產豐。一北林西卑島。長八十里。寬六十里。地氣溫和。田
土禽獸穀果。均與桑多美島相等。
隸天方國者五。一幾羅阿島。在東方。幅員十數里。土產
寥寥。四面險阻。船隻難度。一棠非亞島。長三百三十里。
寬三四十里。田土膴腴。物產豐盛。一桑西巴爾島。長二
百五十里。寬五十里。泊所穩便。貿易興隆。一奔巴島。幅
員三百五十里。地多肥饒。土產木料。本島為天方管轄

者三分之一一索哥德拉島長二百五十里寬一百里泊所穩便地磽少泉貿易無幾土産象膽朱砂禽獸等物

隸土耳基國者曰馬蘇阿在亞比西尼國馬蘇阿海島之中烟戶稀疎泊所穩闊商賈雲集地氣熇烈

隸佛蘭西國者曰聖盧義斯島田土膏腴貿易興隆地氣不和一哥勒亞島泊所穩便凡佛蘭西船往亞細亞者必至其處一烏阿羅島賊多民散四望空虛以上各處皆在塞內岡比亞國中一布爾賓島在印度海長一

百八十里寬一百三十里烟戶約八萬五千口土膴腴氣温和內有火山土産黑金珊瑚穀果桂皮緜花烟葉材木香料泊所不穩有總管駐劄

外國史畧曰亞非利加各洲島其東方最廣大者曰馬他牙士里島廣袤方圓一萬零五百里長二千二百里闊約四百五十里及七百里南極出十二度及二十六度偏東四十四及五十二度其居民約四百萬口族類不一形狀甚美此島蕃毓出五穀百果蠶絲香料黛青牛畜銅銀鉛中央皆大山密林有土酋管之惟阿瓦族

最大近各酋歸於一主嘉慶間部主聰明召外國藝術賢士敎化土民道光十五年女王攝權仇視耶蘇門徒半死殺戮此地向通商佛國每欲開埠多染瘴斃近女王與英佛兩國肇衅○補呑島並所屬之洲三百二十里南極出自二十度五十分至二十一度二十分馬島東向之嶼一帶皆山判分此島峰高千丈無平坦地多白餹丁香等物居民十萬黑七白三大半耕田此島葡萄亞所開後佛蘭西據之産貨甚多恨無灣泊之港○離此嶼不遠之茅勒士島在補島東面南極二十二度

二十一度中間廣袤七百餘里地面二萬七千三百二十四頃此島豐盛白餹最多凡南洋之物皆有之地有火山草木蓁蓁荷蘭人曾至此後佛蘭西據之遂荒蕪白面人其裔也嘉慶年間讓與英國黑面人五萬三千道光十六年運進之物值銀二百七十萬兩船三百四十九隻所運進者二百五十萬兩英國調兵帥管之黑面人無用每僱唐人治其田道光十六年收稅餉七十一萬所買四十一萬七千兩○西識羣島天氣和美洲有五産白餹椰子等民少而食用足港口無暴風捕鯨

之人皆泊此、○可摩利羣州甚高、出各物、民所可他島
甚高、在亞丁海隅、係亞拉天方回族地、亢出蘆薈粟、皆
崇回回教、
亞非利加西方之島、一希里尼洲、在磐石上、土薄無多
產、英人屬地、商船往來要路、嘉慶十九年佛蘭西霸君
波那艮謫居在此、船由印度至者、在此雲集、其昇洲產
龞、商船賣之、○一多馬等島、地荒蕪、在危尼海隅、其林
稠密、民皆匪類、屬西班亞國、多烟瘴、○一青羣島屬葡
萄亞、有火山、天氣亢旱、惟產緜花、居民屢遭饑饉、○加

那利洲、屬西班亞國、出葡萄、尼勒島居民十九萬、山水
最美、○又有絕美之洲、曰馬地拉、出美酒百果、與聖港
嶼皆屬葡萄亞、居民十二萬、地氣清爽、英國人多留此
醫病養生、

大西洋歐羅巴洲各國總敘

敘曰、恭讀康熙五十有　年十月壬子、　聖祖諭曰、
海外如西洋等國、千百年後、中國恐受其累、此朕逆料
之言、夫康熙之世、荷蘭劾戈船定貢期、意大里國備臺
官、佐歷算、四海賓服、而　大聖人已智周六合、慮深
萬世、何哉、地氣自南而北、聞禽鳥者知之、天氣自西而
東、驗海渡者知之、大秦之名、聞中國、自漢世始、大秦之
通中國、自明萬歷中利馬竇始、大秦者西洋之意大里
亞國也、凡佛郎機葡萄亞之住澳門、入欽天監、皆意大

里開之、爲天主教之宗國、代有持世之教皇、代天宣化、
至今西洋各國王卽位、必得教皇冊封、有大事咨決請
命焉、又請其大弟子數十、分掌各國教事、號曰法王、教
皇猶西藏佛教之達賴剌麻、而法王則猶住持蒙古各
部之胡土克圖、今澳門市埠屬葡萄亞國而其法王則亦意大里國人、故自昔惟
意大里亞足以綱紀西洋、自意大里裂爲數國、教雖存
而富强不競、于是佛郎機英吉利代興、而英吉利尤熾、
不務行教、而專行賈、且佐行賈以行兵、兵賈相資、遂雄
島夷、人知鴉烟流毒、爲中國三千年未有之禍、而不知

水戰火器爲沿海數萬里必當師之技而不知饟兵之厚練兵之嚴馭兵之紀律爲綠營水師對治之藥故今志于英夷特詳志西洋正所以志英吉利也塞其害師其長彼且爲我富强舍其長甘其害我爲制彼勝敗奮之奮之利兮害所隨禍兮福所基吾聞由余之告秦繆矣善師四夷者能制四夷不善師外夷者外夷制之

又案明萬歷二十九年意大里亞國人利瑪竇始入中國博辯多智精天文中國重之自稱大西洋之意大里亞人未嘗以大西洋名其國時佛郎機

築城室于濠鏡及明季亦旋棄澳而去皆非今澳門大西洋澳門大西洋者明末布路亞人以歷法聞于中朝禮部尚書徐光啟奏用其法并居其人于澳門至今相沿呼澳夷爲大西洋國明史外國傳自當專立布路亞國一傳以著中歷用西法之始及澳門有大西洋之始乃僅一語附見意大里佛郎機傳中遂至今如墮雲霧其實大西洋者歐羅巴洲各國之通稱澳夷特其一隅不得獨擅也以其洲言之則各國皆曰歐羅巴以其方隅言之則皆可曰大西洋以其人言之則皆可曰紅毛至澳門絕畧以今澳夷爲意大里亞國亦誤意大里但行教于澳其市舶兵船礮臺洋樓及歲輸地租則皆布路亞國主之無與意大里

歐羅巴與利未亞之分洲也以地中海界之而歐羅巴一洲復中亘一海其袤幾與地中海相亞海北爲瑞丁那耳威社等國北界氷海西史稱別一天下而是海獨無專名隨國立稱難以舉似今以洲中海名之猶朝鮮遼東之與登萊中隔渤海矣

海國圖志目錄

海國圖志卷三十七

大西洋

邵陽魏源輯

大西洋各國總沿革原無今補

後漢書大秦國。一名犂鞬。以在海西。亦云海西國。地方數千里。有四百餘城。小國役屬者數十。以石為城郭。列置郵亭。皆堊塈之。有松柏諸木百草。人俗力田作。多種樹蠶桑。皆髡頭而衣文繡。乘輜軿白蓋小車。出入擊鼓。建旌旗幡幟。所居城邑。周圜百餘里。城中有五宮。相去各十里。宮室皆以水精為柱。食器亦然。其王日遊一宮聽事。五日而後徧。常使一人持囊隨王車。人有言事者。即以書投囊中。王至宮發省。理其枉直。各有官曹文書。置三十六將。皆會議國事。其王無有常人。皆簡立賢者。國中災異及風雨不時。輒廢而更立。受放者甘黜不怨。今西洋荷蘭彌利堅等國尚用此俗。其人民皆長大平正。有類中國。故謂之大秦。觀此知大秦乃中國人稱彼之詞。非彼國本號。土多金銀奇寶。珊瑚琥珀琉璃琅玕朱丹青碧。刺金縷繡。織成金縷罽雜色綾。作黃金塗火浣布。又有細布。或言水羊毳野蠶繭所作也。即今大呢。合會諸香。煎其汁以為蘇合。凡外國諸珍異皆出焉。以金銀為錢。銀錢十當金錢一。與安息天竺交市於海中。利有十倍。其人質直。市無二價。穀食常賤。國用富饒。鄰國使到其界首。有乘驛詣王都。至則給以金錢。其王常欲通使於漢。而安息欲以漢繒綵與之交市。故遮閡不得自達。（觀此語則知安息傳中所言土人告漢使齎三歲糧乃得渡海及海中使人思慕死亡之語。皆安息人所以恫喝漢使不欲其通大秦也。）至桓帝延熹九年。大秦王安敦遣使自日南徼外獻象牙犀角瑇瑁。始乃一通焉。其所表貢。並無珍異。疑傳者過焉。或曰其國西有弱水流沙。近西王母所居處。幾於日所入也。漢書云。從條支西行二百餘日。近日所入。則與今書異矣。前世漢使皆自烏弋以還。莫有至條支者。又云從安息陸道繞海北行。出海西至大秦。（此即今都魯機及鄂羅斯相通之陸路。）人庶連屬。十里一亭。三十里一置。終無盜賊寇警。而道多猛虎獅子。遮害行旅。不百餘人齎兵器。輒為所食。又言有飛橋數百里。可度海北諸國。所生奇異玉石諸物。譎怪多不經。故不記云。（職方外紀曰。百爾西亞西北諸國。皆為度爾格所并。其地有一海。長四百里。廣百里。命曰死海。其西北有那多理亞國。西界歐羅巴。處中隔一海。寬五里許。昔有一名王曰失爾塞者。造一跨海石梁。通連兩地。今為風浪衝擊。亦崩頹矣。源案度爾格國在死海之西北。界歐羅巴阿細亞爾洲之間。今都魯機國也。

所云跨海石梁。正與此地望相准。長止五里。蓋塞外得水謂海之例。未為不經。而後漢書言飛橋數百里。則傳聞之過也。）

晉書大秦國一名犂鞬。在西海之西。其地東西南北各數千里。有城邑。其城周迴百餘里。屋宇皆以珊瑚為梲栭。琉璃為牆壁。水精為柱礎。其王有五宮。其宮相去各十里。每旦於一宮聽事。終而復始。若國有災異。輒更立賢人。放其舊王。被放者亦不敢怨。有官曹簿領。而文字習胡。亦有白蓋小車旌旗之屬。及郵驛制置。一如中州。其人長大。貌類中國人而胡服。其土多出金玉寶物明珠大貝。有夜光璧。駭雞犀及火浣布。又能刺金縷繡及織錦縷罽。以金銀為錢。銀錢十當金錢之一。安息天竺人與之交市於海中。其利百倍。鄰國使到者。輒廩以金錢。途經大海。海水鹹苦不可食。商客往來皆齎三歲糧。是以至者稀少。漢時都護班超遣掾甘英使其國。入海。船人曰。海中有思慕之物。往者莫不悲懷。若漢使不戀父母妻子者可入。（此皆彼土人夸誕之詞。妄以地中海為大海。）英不能渡。武帝太康中。其王遣使貢獻。

魏書大秦國一名黎軒。安都城。從條支西渡海曲一萬里。從條支渡海萬里非地中海乎可證拂林爲大秦矣其海。傍出。猶渤海也。而東西。與渤海相望。蓋自然之理。地方。六千里。居兩海之間。源案自漢晉以來皆誤以地中海爲大西海故有齎糧數歲始達大泰之誕說獨魏書始知其海傍出猶渤海與中國渤海東西相望自古言地中海者莫先於此所云渡海曲萬里者以其縱長言之南北橫渡實止三千餘里所云地居兩海之間者大秦之北又有洲中海亦與地中海廣長略半皆渤海非大西海也故言西域莫精於魏書其地平正。人居星布。其王都城分爲五城。各分五里。周六十里。王居中城。城置八臣。以主四方。而王城亦置八臣。分主四城。若謀國事。及四方有不決者。則四城之臣集議王所。王自聽之。然後施行。王三年一出觀風化。人有冤枉詣王訴訟者。當方之臣。小則讓責。大則黜退。令其舉賢人以代之。其人端正長大。衣服車旗擬中國。故外域謂之大秦。其土宜五穀桑麻。人務蠶田。多璆琳琅玕神龜白馬朱鬣明珠夜光璧。東南通交趾。又水道通益州永昌郡。多出異物。大秦西海水之西有河。河西南流。河西有南北山。山西有赤水。西有白玉山。玉山西有西王母山。玉爲堂云。從安息西界循海曲。亦至大秦。四萬餘里。於彼國觀日月星辰。無異中國。而前史云條支西行二百餘日近日入處。失之遠矣。此皆能破舊史之妄

〈職方外紀〉天下第二洲曰歐羅巴。南起地中海。北極出地三十五度。北至冰海。出地八十餘度。南北相距四十五度。徑一萬一千二百五十里。西起西海福島初度。東至阿比河九十二度。徑二萬三千里。共七十餘國。其大者曰倚西把尼國。呂宋曰拂郎祭。即佛蘭西也祭舊誤作察案祭音近機西其作察則形譌也。曰意大里。與今志同曰亞勒馬尼。耶瑪尼曰法蘭得斯。荷蘭曰波羅尼。波蘭曰翁加里。今并入西都魯機。曰大尼。曰雪際。瑞國曰諾勿惹。即那威國與瑞丁合爲一國曰厄勒祭。即額力西曰莫哥斯未。俄羅斯。其地中海。則有甘的亞諸島。西海則有意而蘭大諳厄利諸島云。諳厄利即英吉利其意而蘭大亦其屬島凡歐羅巴洲內大小諸國。自國王以及庶民。皆奉天主耶穌之教。纖毫異學不容竄入。國主互爲婚姻。世相和好。財用百物。有無相通。不私封殖。其婚娶。男子大約三十。女子至二十外。臨時議婚。不預聘。通國之中。皆一夫一婦。無敢有二色者。土多肥饒。產五穀。米麥爲重。果實更繁。出五金。以金銀銅鑄錢爲幣。衣服。蠶絲者有天鵞絨織金段之屬。羊羢者有毯罽鎖哈剌之屬。又有苎蔴之類。名利諸者。爲布絕細堅而輕滑。大勝棉布。敝則可搗爲紙。極堅韌。今

西洋紙率此物君臣冠服各有差等相見以免冠爲禮
男子二十以上槩衣青色兵士勿論女人以金寶爲飾
服御羅綺佩帶諸香至四十及未四十而寡者卽屏去
衣素衣酒悉以葡萄釀成不雜他物其酒可積至數十
年當生子之年釀酒至兒年三十娶婦時用之酒味愈
美諸種不同無葡萄處或用牟麥釀之其膏汨之類味
美而用多者曰阿利襪是樹頭之果熟後卽全爲油其
生最繁又易長平地山岡皆可栽種國人以法制之最
饒風味食之齒頰生津在橄欖馬金囊之上其核又可

爲炭滓可爲鹻葉可食牛羊凡國人所稱貲產蓄大小
麥第一葡萄酒次之阿利襪油又次之蓄牛羊者爲下
其國俗雖多酒但會客不以勸飮爲禮偶犯醉者終身
以爲詬辱飮食用金銀玻璃及磁器天下萬國坐皆席
地惟中國及歐羅巴諸國知用椅棹其屋有三等最上
者純以石砌其次磚爲牆柱木爲棟梁其下土爲牆木
爲梁柱石屋磚屋築基最深可上累六七層高至十餘
丈地中亦有一層旣可窖藏亦可除濕瓦或用鉛或輕
石板或陶瓦凡磚石屋皆歷千年不壞牆厚而實外氣

難通冬不寒而夏不溽其工作如木工石工畫工塑工
繡工之類皆頗知度數之學製造備極精巧凡爲國工
者皆考選用之其駕車國王用八馬大臣六馬其次四
馬或二馬乘載騾馬驢互用戰馬皆用牡騸過則弱不
堪戰矣又良馬止飼大麥及稈不雜他草及豆食豆者
足重不可行此歐羅巴飮食衣服宮室制度之大畧也
又曰歐羅巴諸國皆尙文學國王廣設學校一國一郡
有大學中學一邑一鄉有小學小學選學行之士爲師
中學大學又選學行最優之士爲師生徒多者至數萬

人其小學曰文科有四種一古賢名訓一各國史書一
各種詩文一文章議論學者自七八歲至十七八歲學
成而本學之師儒試之優者進於中學曰理科有三家
初年學落日加譯言辯是非之法二年學費西加譯言
察性理之道三年學默達費西加譯言察性理以上之
學總名斐錄所費亞學成而本學師儒又試之優者進
於大學乃分爲四科而聽人自擇一曰醫科主療病疾
一曰治科主習政事一曰教科主守教法一曰道科主
興教化皆學數年而後成學成而師儒又嚴考閱之凡

試士之法，師儒羣集於上，生徒北面於下，一師問難畢，又輪一師，果能對答如流，然後取中。其試一日止一二人，一人遍應諸師之問，如是取中，便許任事。學道者專務化民，不與國事。治民者秩滿後，國王遣官察其政績，詳訪于民間，凡所爲聽理詞訟，勸課農桑，興革利弊，育養人民之類，皆審其功罪之實，以告於王而黜陟之。凡四科官祿入皆厚，養廉有餘，尙能推惠貧乏，絕無交賄行賂等情。其諸國所讀書籍，皆聖賢撰著，從古相傳，而一以天主經典爲宗，卽後賢有作，亦必合于大道，有益

人心，乃許流傳。國內亦專設檢書官，看詳羣書，經詳定訖，方准書肆刊行，故書院積書至數十萬卷，毋容一字蠱惑人心、敗壞風俗者。其都會大地，皆有官設書院，聚書於中，日開門一次，聽士子入內抄寫誦讀，但不許攜出也。又四科大學之外，有度數之學，曰瑪得瑪第加，亦屬斐錄所科內，此專究物形之度與數，度其完者以爲幾何大，數其截者以爲幾何多。二者或脫物而空論之，則數者立算法家，度者立量法家；或體物而偕論之，則數者在音相濟爲和，立律呂家，度者在天迭運爲時，立

曆法家。此學亦設學立師，但不以取士耳。此歐羅巴建學設官之大畧也。

又曰：歐羅巴國人奉天主正敎，在遵持兩端：其一愛敬天主萬物之上，其一愛人如己。愛敬天主者，心堅信望仁三德，而身則勤行瞻禮工夫。其瞻禮殿堂，自國都以至鄉井，隨在建立。復有掌敎者專主敎事，人皆稱爲神父，俱守童身，屏俗緣，純全一心，敬事天主，化誘世人。其殿堂一切供億，皆國王大臣民庶轉輸不絕，國人羣往歸焉。每七日則行公共瞻禮，名曰彌撒。此日百工悉罷，

通國上下往焉，聽掌敎者講論經典，勸善戒惡，婦女則另居一處而聽，男女有別。其愛人如己，一是愛其靈魂，使之爲善去惡，盡享生天之福；二是愛其形軀，如我不慈人，天主必不慈我。故歐羅巴人俱喜施捨，千餘年來，未有因貧鬻子女者，未有饑餓轉溝壑者。在處皆有貧院，專養一方鰥寡孤獨，處其中者又各有業，雖殘廢之人亦不廢，如瞽者運手足，痺者運耳目，各有攸當，務使曲盡其才，而不爲天壤之廢物。又有幼院，專育小兒，爲貧者生兒，舉之無力，殺之有罪，故特設此院，令人撫育。

以全兒命其族貴而家貧者恥于送子入院更有兩全之法其院穴牆以設轉盤內外隔絕不相見送兒者乘人不見置兒盤中扣牆則院中人轉兒入矣其曾領洗與否皆明記兒胸異時父母復欲收養則按所入之年月便得其子又有病院大城多至數十所有中下院處中下人有大人院處貴人凡貴人若羈旅若使客偶患疾病則入此院院倍美于常屋所需藥物悉有主者掌之預備名醫日與病者診視復有衣衾帷幔之屬調護看守之人病愈而去貧者量給資斧此乃國王大家所

立或城中人併力而成月輪一大貴人總領其事凡藥物飲食皆親自驗視之各城邑遇豐年多積米麥饑歲以常價糶之如所謂常平倉者人遇道中遺物或獸畜之類多覓其主還之弗得主則養之國中每年數日定一公所認識遺畜失者與得者偕來會集如遇原主則聽其領去如終弗得主則或宰肉或賣價以散貧人若拾金銀寶物則書于天主堂門外令人來識先令預言其狀如一一符合即以還之不得主亦散于貧乏國中又有天理堂選盛德宏才無求于世者主之凡國家有大舉動大征伐必先質之此堂問合天理與否擬以爲可然後行之國人病危悔過祈赦則分析產業遺一分爲仁用或以救貧乏或以助病院或以贖敵國所虜或以修飾天主殿庭一切仁事悉從病人之意遺于子孫謂子孫之財遺於仁用謂己靈魂之財其聖教中人有慕道最深拋棄世間福樂或避居於山谷或入聖人聖女所立之會而畢世修持者其入會須發三誓一守貞以絕色一安貧以絕財一從命以絕意凡歐羅巴諸國從十六七歲願入會中矢守童身者自國王大臣宗

室以下男女不可勝紀其女子入會後惟父母至戚得往見之餘絕不相交接其會中居屋原極宏敞亦自不礙遊息也其男子入會例有多端有專自脩不務化人者有務化人不能遠遊者又有化人而欲及天下者此則離本國捐朋友棄親戚遍歷遐方其視天下猶一家視天下人猶一體不辭險阻艱辛雖啖人炙人之地亦身歷焉惟祈普天之下皆識眞主而救其靈魂升天以畢素志此歐羅巴敬天愛人之大略也

又曰歐羅巴諸國賦稅不過十分之一民皆自輸無徵

比催科之法。詞訟極簡。小事里中有德者自與和解。大事乃聞官府。官府聽斷不以己意裁决。所憑法律條例皆從前格物窮理之王所立。至詳至當。官府必設三堂。詞訟大者先訴第三堂。不服告之第二堂。又不服告之第一堂。終不服則上之國堂。經此堂判後人無不聽於理矣。訟獄皆據實。誣告則告者與證見即以所告之罪坐之。若告者與訴者指言證見是仇或生平無行。或嘗經酒醉。即不聽爲證。者凡官府判事。除實犯真贓外亦不先事加刑。必俟事明罪定。招認允服然後行之。官亦

始終不加詈罵。即詞色畧有偏向。訟者亦得執言不服改就他官聽斷焉。吏胥餼廩雖亦出于詞訟。但因事大小以爲多寡。立有定例。刊布署前。不能多取。故官府無恃勢剝奪。吏胥無舞文詐害。此歐羅巴刑政之大畧也。封内雖無戰鬬。其有邪教異國恃强侵侮不可德馴。如韃而靼度爾格等者。本國除常設兵政外。又有世族英賢智勇兼備者嘗以數千人結爲義會。大抵一可當十。皆以保國護民爲志。其初入會者試果不憚諸艱。方始聽入焉。會在地中海馬兒達島。長者主之。遇警則鳩集成師而必能滅寇成功。他國亦有别會。俱彷彿乎此。即國王亦有與其會者。此又歐羅巴武備之大畧也。

又曰。地中海有島百千。大者曰甘的亞島。曩有百城。周二千三百里。古王造一苑囿。路徑交錯。一入便不能出。游者須以物識地。然後可入。生一草名阿力滿。少嚼便能療饑。地中海風浪至冬極大難行。有鳥作巢於水次。一歲一乳。但自卵至翼不過半月。此半月内海必平静無風波。商舶待之以渡海。鳥名亞爾爵虐。此半月遂名爲亞爾爵虐日云。

又曰。歐羅巴迤北一帶海島極多。冬長暗數月。行路工作以燈。産貂類極多。人以爲衣。又有人長大多力。遍體生毛如猱猴。産牛羊鹿甚多。犬最猛烈。一犬可殺一虎。遇獅亦不避也。源案東北海黑龍江以下有使犬使鹿部捕貂爲生此西北地亦然蓋地近北海故貂鹿犬所産相同。冬月海水爲風所擊。嘗湧積如山。人善漁獵。山多鳥獸。水多魚鼈。人以魚肉爲糧。或磨魚爲麵。油爲燈。骨造舟車屋室。亦可爲薪。其魚皮以爲舟。遇風不沉不破。如陸走則負皮舟而行。源案黑龍江東有魚皮部以魚皮爲衣此亦西北海與東北海物産同之一證。其海風甚猛。能拔樹折屋及攝人物於

他處又曰北海濱有小人國高不二尺鬚眉絕無男女無辨跨鹿而行鸛鳥常欲食之小人恒與鸛相戰或項破其卵以絕種類又有小島其人性嗜酒任飲不醉年壽最長近諳厄利亞國爲格落蘭得島其地多火以磚石障之仍可居處或宛轉作溝以通火火燄所至便置釜甑熟物更不須薪其火亦終古不滅

萬國地里全圖集曰歐羅巴列國南至地中之海義八搭峽海隔亞非利加地東南至黑海連亞齊亞北及氷海東接亞齊亞西及大西洋海廣袤圓方九百七十五萬方里長一萬零五百里濶七千五百里居民二萬萬

丁其半地歸峩羅斯北極出自三十六度至七十一度自英都中線偏西十度偏東三十六度遍地江河支流灌溉田畝中間高崗崎嶇千峯險峻由此延曼南北大湖在峩羅斯國由海隅深入其地交通往來自有轉圜之易古時此地林樹稠密羣蠻遊獵商朝盤庚年間希臘族種到峩羅斯而開新地漸進教化在地中海島各地與亞齊亞列王戰勝於是羅馬國在以他里大興攻服歐羅巴之大半化民成俗四夷共服惟有北方之野蠻與羅馬交戰屢獲全勝東漢獻帝年間匈奴侵歐羅巴東境其士民遷移隣邦一至羅馬國之交界盡力戰鬬破羅馬國蕩覆君室自創新鼎異族者漸奉天主之教勉爲良善但無見識其僧秉機弄權敢作敢爲唐朝年間回回前進與西國接戰宋朝年間千萬居民離其本地而往猶大國百有餘年與回回苦鬬不息自後歐羅巴內城邑大興並操自主之權始知印書知製火藥初造羅經洎明嘉靖年間舟楫無所不至初尋出亞默利加大地次到五印度國後駛至中國通商日增見識日廣此時歐列國萬民之慧智才能高大緯武經文故

新地日開徧于四海焉

瀛環志畧曰歐羅或作友羅巴一土在亞細亞極西北隅以烏拉大嶺爲界詳峩羅斯圖說中國之所謂大西洋也絕長補短約得亞細亞四分之一西距大西洋海海水由西北灣環注入大地曰波羅的海一作八得海俗名黃海轉注東北分兩汊約三四千里波羅的海之南海水由正西注入大地曰地中海泰西名墨力特爾勒尼安一作美的德拉虐由西而東約七十餘里再分小汊注東北成巨浸曰黑海泰西名勒必西周迴二三千里環波羅的海南盡地中海黑海之北岸爲歐羅

巴全土其地自夏以前土人游獵爲生食肉寢皮如北方蒙古之俗有夏中葉希臘各國初被東方之化耕田造器百務乃興漢初意大里亞之羅馬國創業垂統疆土四闢成泰西一統之勢漢史所謂大秦國也前五代之末羅馬衰亂歐羅巴遂散爲戰國唐宋之間西域回部方强時侵擾歐羅巴諸國蒼黄自救奔命不暇先是火炮之法創於中國歐羅巴人不習也元末有日耳曼人蘇爾的斯始倣爲之猶未得運用之法明洪武年間元附馬帖木兒王撒馬兒罕威行西域歐羅巴人有投

部下爲兵弁者攜火藥炮位以歸諸國講求練習盡得其妙又變通其法創爲鳥鎗用以攻敵百戰百勝以巨艦涉海巡行西闢亞墨利加全土東得印度南洋諸島國聲勢遂縱横於四海現大小共十餘國

波羅的海之東有大城曰彼得羅堡（一作必特爾士木爾）峩羅斯之都城也波羅的海之西岸與大西洋海相表裏也形如葵扇下垂曰瑞蘭國從南岸突出如臂亘波羅的海之閫與瑞國作凹凸之勢曰嗹國嗹國之南曰日耳曼列國爲歐羅巴之中原日耳曼之東北臨波羅的海曰普魯士日耳曼東南曰墺地利亞其東南臨地中海曰土耳其（土耳其有三土此其西土中東兩土在亞西亞界内）土耳其之南地形如人掌拊於地中海曰希臘日耳曼之南曰瑞士再南如人股之著屐於地中海曰意大里亞列國日耳曼之西北臨海曰荷蘭荷蘭之南曰比利時比利時之南曰佛郎西佛郎西之西南曰西班牙西班牙之西臨大西洋海曰葡萄亞佛郎西之西北有三島雄峙海中曰英吉利

按以上各國惟峩羅斯與中國互市在西北陸路不

由海道其至粤東貿易者英吉利船最多居各國十分之六西班亞之船大半自吕宋來粤東稱大小吕宋不稱西班亞其船之多幾過於英吉利而洋米之外少别貨此外則墺地利亞普魯士次之嗹國荷蘭又次之瑞國又次之佛郎西貨船每歲來粤多不過三四隻少則一二隻所載皆呢羽鐘表諸珍貴之物葡萄亞即居澳門之大西洋其本國商船來者甚稀日耳曼之翰堡（一作昂不爾厄）北閔（一作不來梅）爾埠間有貨船來粤比利時現求通商船尚未來意大里亞近分四

國商船無來者土耳其係回回希臘新造小國向未通商

按諸書述各國地域之正方里各各不同與中國開方法不同不知其如何折算其所列進各兵額師船之數復各書多不相合殊不足據所謂欠項者乃國所欠於民之數西土之例國有兵事則聚鄉紳於公會令其籌辦兵餉皆貸於富商大賈而歲償其息愈積愈多或罄一歲之入而不足以償則加稅額以取盈焉民之怨畔國之衰弱半由於此

歐羅巴一土以羅經視之在乾戌方獨得金氣其地形則平土之中容畜滄海數千里迴環吞吐亦與他壤迥別其土膏腴物產豐阜其人情性縝密善於運思長於制器金木之工精巧不可思議運用水火尤爲奇妙火器創自中國彼土倣而爲之益加精妙鑄造之工施放之敏殆所獨擅造舟尤極奥妙篷索器具無一不精測量海道處處誌其淺深不失尺寸越七萬里而通於中土非偶然也

歐羅巴諸國迤南者在北黄道之北寒暑畧似中原迤北者在北黑道之南積雪至五六尺堅冰至三四尺俗傳西洋人畏冷誤矣冬月室皆熾炭衣氊數重無著裘者所傳畏冷者黑夷皆印度或南洋各島人與赤道相近亘古未見冰雪其遇祈寒而瑟縮也宜矣

歐羅巴諸國來粤東皆從大西洋海開行沿亞非利加之西岸南行至盡頭之好望海角俗名大浪山乃轉而東北舟行至此風濤最惡彼土人慣於浮海亦罔不慄慄危懼過此乃額手稱慶浮印度海東北行入蘇門答臘葛留巴之巽他海峽又東北而至粤東計程約七萬

餘里俗稱來三去五蓋由大西洋來中國約三月程回國則須五月程往返同途而遲速不同者非盡由風信之順逆也四海之水皆東趨至尾閭而入大地又從萬派源泉分流而出由歐羅巴至中國則爲順流由中國西旋則爲逆流故遲速不同耳

歐羅巴諸國紀年皆稱一千八百幾十年非其傳國之年數也各國皆奉耶蘇教以耶蘇降生之年爲元年至今凡一千八百餘年耳至各國祚數或修或短惟佛郎西傳世最久其餘多者亦不過數百年且時立女主族

姓潛移俗傳西洋諸國自古未易姓者妄也

西洋諸國語言文字相同者普魯士墺地利亞與峩羅斯同地相接也英吉利與米利堅同西班亞與墨西哥以南諸部同葡萄亞與巴西同彼州本三國之所開闢也餘國皆不相同

泰西人造屋外無牆垣中無院落惟層累疊架繞以回廊徧間牖戶賤者處下層貴者居上層雖王宮亦如此所稱俄羅斯新都王廷長四十五丈闊三十八丈舊都王廷廣七十七丈長二百一十丈非指一宮言之總其

宮牆四隅計之而中則自分層數間數也

歐羅巴之大界限自地中海以外一爲州中海橫貫瑞丁那威大尼普魯社之南曰墨佛棲瑞意大里各國之北亦名黃海亦名巴得海亦名波的亞海皆此州之異名也一爲烏垃嶺即葱嶺之北幹起白爾拏北抵冰海長四千餘里分亞細亞歐羅巴二洲之界俄羅斯跨此嶺東西焉其嶺所連諸山皆葱嶺西北之幹蜿蜒回環千曲百折以抵海濱信乎葱嶺之大雪山爲古昆侖巍爲羣山之祖也

地理備考　歐羅巴各國總敘上曰歐羅巴洲各國建立始末以額力西國爲最而額力西國之前又係上古亞西黎亞與厄日度二國開創風氣當中國唐虞之世亞西黎亞國政教昌隆自夏后不降十三歲嗣君尼亞斯不勤政事國勢漸衰自後八百餘載朝政日非古史無所記載惟厄日度國代有明君然古史但載兵革始末而賢君善政均未之述自商王祖辛十二年亞美奴非斯溺死紅海後西索斯的里嗣位武備文事極一時之盛是時厄日度國人約二千七百萬餘口傳世七百十

一載每遣人民遷赴他方開創教化故亞德納斯國漸爲聲名文物之邦實賴厄日度國人前往其地變化之也是時額力西國王聞而嚮風遣其能臣遊說各國因得十二國會盟彼此相衛歲遣使臣再會於德爾摩比勒之地議行善政復思延國祚必須立教遂將德爾佛斯堂諸善士布施之資財盡付十二國會議之人管理緩急相關併力禦侮是以伯爾西亞回國兵來侵無不敗北偃武修文二百餘載航海四出并至葛爾給斯等處創建新國焉殷王廩辛六祀亞德納斯國王名德修

者武勇絶倫自思十二部落事權不一遂欲合而一之
先得庶民之心次散其附和首領之衆又裁汰國内各
衙署惟建會議公堂一所設禮制輕稅斂招徠遠人彈
丸之地竟成通都大邑較額力西各處更盛國中大權
盡歸一人盡革前此各部強霸衡行之習其國人分三
等一則尊爵紳士二則百工匠役三則農夫庶民因一
等之人權重故自德修王至哥德洛斯亞兩世特加惠
於二三等之人以分爵士之勢久之民志日驕畸重之
勢權遂歸下當周康王時哥德洛斯王薨其民以此後

必無如先君之賢者遂揚言惟王必德爾爲君方可推
戴王必德爾者乃其國供奉宗神之首示不欲更立國
王也遂立會議官以執政事從此額力西各國效尤紛
紛逐君革爵設官擅政風俗政治爲大變易惟亞德納
斯國人初雖除國王之名尚立哥德洛斯王後裔爲統
領之官曰阿爾干勢權與國君相等越三百三十一載
當中國周平王時國人復議阿爾干官永執國政與君
何異嗣後州官三年一易越五十五年又議每歲分立
九官於任滿卸退之時必述職於民以定臧否人皆視

爲畏途自後亞德納斯國人各自專擅無復法度國中
諸才智士復議創造法律以約束其下推達拉固主其
議其人性過嚴酷纂修法制罪無大小盡定斬決時人
謂之血書越數十載有梭倫者當周靈王年間修改律
例歸於平允遂按一國貲財之多寡分尊卑貴賤四等
其四等至貧賤之人雖不得居官至有通國會議公務
亦可參預又恐人多語雜因建議事廳大理寺二署其
議事廳定額四百人爲庶民會議之所其大理寺乃官
府會議之所其官必名望才德由衆推舉此梭倫所定

政治章程各國多效之者又有斯爾巴達國其始亦如
額力西分列小國而統於一君歷代相傳四百餘載當
周成王時有兄弟二人者同登君位嗣後相傳皆係二
君同治至九百年之久此事最爲奇異迨秦始皇時葛
黎厄美尼斯王踐位始復改爲一君其國政嚴禁奢侈
不用銀錢不豐飲食皆練習武事故富強善戰國中世
守其教視亞德納斯國梭倫所立法度更爲悠久當其
時伯爾西亞回國達黎約王興兼併之意又聽阿德納
斯國人慫請報復步騎十一萬大舉來攻然伯爾西亞

承平日久士卒或習奢過度或從役勞苦不能如昔年之勁旅於是亞德納斯國中艮將簡精銳萬人迎敵大破敵軍逾二十載伯爾西亞國嗣王名捨爾時者志圖報復率馬步舟三軍數十萬衆傾國大舉復攻額力西之亞德納斯等國各國齊心盟約背城力戰破之水陸全勝然自後額力西各國恃勝而驕所獲敵財彼此侵奪於是亞德納斯與斯巴爾達二國首先背盟號召各小國自相侵伐干戈不休日至衰微越九十三載當周顯王時遂爲馬斯多尼亞國王襲破盡有額力西全國

開闢疆土更廣於額力西其子阿勒山德里王嗣爲盟主當周顯王時復率步軍三萬馬軍五千攻服伯爾西亞國遠至天竺諸處無不歸附屢戰屢勝兼有歐羅巴州亞細亞州之半迫殂後其將帥等互相割據事蹟紛繁建爲東都號君士但丁城後爲土爾其希臘國所有焉東漢時始爲意大里國所併額力西國自昔盛時當周景王顯王時二百餘載文名顯著之士不可勝計百工技藝皆至精巧玉必德爾與的亞納二廟堂尤天下第一壯觀雖東方各國尚不及詩書文字繪畫工塑無不奧妙而軍務尤所講習方行天下至於海表洵歐羅巴州開創之首國在意大里之前者也

歐羅巴洲古時國最盛者自額力西外嗣惟羅馬國一統最久其創建在成周中葉其混一在西漢之中分裂在東晉之末其宗社全墟在明景之世祚歷二千餘年自古無其強大悠久然自昔至今一興一衰爲歐羅巴二次大變亦歐羅巴之大關係也當周平王時環意大里亞皆強勇之國而國王羅毋洛者與隣國戰勝時即收其精銳歸入營伍并握其軍器號令之勝己者而效

從之每戰勝一次勢力愈增連年練戰上下皆善用兵紀律嚴肅且勤治國政設立議事廳選才智百人會議法度無不盡善其後四代賢君國益富強迨七世之君達爾癸伯者殘忍無道敗亂倫常通國怒而逐之嗣後遂不立君惟推主師一人以領兵別推官長二員代理國務一年一易此羅馬國之大變局也自後政事修明國益富強越數百年之久環意大里亞諸部盡歸版圖惟隔海之加爾達額國實爲勁敵其國在亞非里加州海濱以舟楫爲貿易事海濱兩岸皆歸其掌握延及歐

羅巴之西班亞地方遂雄據各島而羅馬國人亦畏其水軍強盛不敢阻遏自後二國常相抗敵雖加爾達額風俗甚野不如羅馬國之法度其兵多招募異鄉烏合亦不如羅馬國土兵之紀律然羅馬止長陸戰而加爾達額國則舟艦嫻習迨交戰二十餘年羅馬國亦學習水戰取加爾達額國遭風漂入之船以為程式造成舟師一隊選水師將官駕駛水戰而獲大捷兩國仇忌日深加爾達額國人有阿尼巴者世為名將父子祭神誓滅羅馬講習韜畧幼立戰功年三十五歲即拜大帥引

軍渡厄伯洛河逾峻嶺抵意大里亞國進攻羅馬都城連敗羅馬之兵收服各部奈羅馬國有三傑士竭力戰守一日發比約馬西摩則堅壘不戰惟游兵清野佯敗引誘以老其師暫為羈縻於前而亟整纓備於後一日馬爾塞羅則率兵圍困諸拉收復餘城以分敵軍之勢斯二人者羅馬通國所倚重至於西北揚則尤為超卓不在本國拒敵而反提軍遠出窺加爾達額國兵大半外出乘虛深入隨攻隨拔勢如破竹直抵其都國人望風敗潰阿尼巴聞警旋師自救被羅馬奇兵邀其歸路

舟師迎擊海中全軍盡覆阿尼巴乘漁舟逃歸不得已納欵送質並立盟約非奉羅馬國之命永不得擅與別國交兵時漢高祖六年也斯時諸國分而為二一則為羅馬與加爾達額二國之戰場一則額力西國土酋分據之屬地互相爭鬬額力西分為三國一名厄多里亞一名亞加壓一名白阿西亞會議立官而額力西國王仍為其地之長其君暴虐失民心而厄多里亞國人更恨之乃迎請羅馬國之兵至本國協逐暴君出國羅馬逐脅額力西各處為藩屬厄多里亞各國自悔失計復

乞師於西里亞國以驅除羅馬而加爾達額國敗將阿尼巴亦往西里亞國求援皆因西里亞新兼併猶太波斯為東方強大之國故希臘諸部欲倚之以拒羅馬時西里亞亦畏羅馬之強而阿尼巴力言羅馬師疲易敗於是出偏師前往額力西以助厄多里亞國羅馬軍迎擊敗之乘勝追北圍其都城西里亞國亦歸臣服於是希臘諸國皆獻土阿尼巴自殺時漢孝惠帝五年也漢景帝十年羅馬大舉伐加爾達額圍其都城陷之因毀其城略定其部屬復征服西班亞置為部屬於是地中

海南岸僅餘兩強國未服一曰賓多一曰玉占爾達時賓多國恃有高哥斯山爲屏障兵亦強悍故與羅馬兵相持二十年之久始爲奇岳所破而玉占爾達國尤險遂於漢元封五年始征服焉由是地中海南亞非里加州各國盡入版圖猶太麥西國亦俯首歸附其地中海北歐羅巴境亞馬尼佛蘭西無不臣服又渡海征英吉利番建爲大部西土數萬里無復抗顏行者然羅馬國人民自裁革王位以後其議事官原議一年一易後因軍事難更生手漸有久於其位者議事官之後嗣世沐

榮寵偏庇姑息其庶民雖有例許爲顯職得遇選舉然其所選仍皆議事官之後嗣民間才傑皆不得進以此上下人心不睦且征伐諸國之後偏染繁華驕奢日甚富貴子孫恃勢凌人諸將各擁強兵悍不馴服故外患既平內釁漸啟幸邊圉皆有重兵鎮壓互相鉗制故國中變亂未作若非東都西拉之兵則羅馬國早爲大將馬黎約軍卒所擅據矣先是西拉之兵與馬黎約之兵積釁交訐其黠民乘機倡亂殺高爵子孫民與紳鬥兵與兵鬨既而兵民紳分黨相攻同時並起至相屠戮數

萬時二大將出征東北夷族者一曰濡沛一曰塞薩爾聞變旋師共平內難盡戮反側十餘萬人國事乃定於是大權盡歸兩帥濡沛曾定麥西猶太各國立功東北塞薩爾曾收服佛蘭西英吉利立功西北二人威名相等積不相下而塞薩兼有文學尤得民心濡沛遂起東都兵攻之爲塞薩爾敗諸希臘之地濡沛走死由是塞薩爾總大政立法制羅馬大治有議事官忌之使刺客殺之於是塞薩爾之兒子額達唯約起兵復仇奪回其國遂即尊位是爲羅馬復立國王之始時漢建始二年

也是時歐羅巴利亞二州及亞細亞西境周回數萬里盡入版圖惟羅馬國獨立行政於天下四國之使雲集於羅馬皆納款獻賦焉義地約比國使人求和巴爾的亞國昔與羅馬深仇亦使人結盟和好天竺國命使前赴會盟其餘各國畏威懷義無不奉命水陸無警兵革休息於是額達維約王親閉仍詠廟門仍詠者乃其國之神也凡有戰鬬之事其廟門則啟若干戈寧靜則閉其廟門以示偃武修文從此四海昇平人物熙和爲西土極隆平之世越三載當漢孝哀帝建平二年耶穌乃

降誕於如德亞國羅馬國之創始如此至其文學技藝古時亦未開闢惟以兵農是習迨勝額力西後盡獲其珍奇嗣服阿細亞各國復得其積貯各國文藝精華盡入於羅馬外敵既謐爰修文學常取高才置諸高位文章詩賦著作撰述不乏出類拔萃之人但除開國數君之外餘多驕暴敗常視國人如奴僕且國君既以酷虐待民而己身又爲驕兵所制既使天下聞名悚懼而其君反自畏三軍此則羅馬國之大勢也初羅馬征服各國之後其邊外夷狄尙未收服後嗣遂欲窮兵絕域深

入沙漠窮追至北海犂庭掃穴伏屍百萬始能征服然開地既廣鞭長莫及國中旣皆放辟邪侈之習如以北地降王處之內地生聚漸盛報復不忘各旋其本部告以羅馬人物之富麗田土之膏腴復述親友死亡之慘以聳土夷憤怒之心遂傾國奮矛枕戈並攜妻子奴僕六畜器皿蜂擁四至所過掃蕩遇室卽焚逢人卽殺肝腦塗地及晉惠帝時嗣王以禦狄殞於陣國大震不得己乃與之和自羅馬西都遷於伯拉東都以避其鋒並將西都守河之兵調赴東方護衛自徹藩籬以致故都守備單弱東晉孝武帝二十二年復分國爲二王以治東西二都其後西都屢爲夷時族所侵宋元嘉三年莪特國羅馬西都王出降由是西都遂爲羅馬所據惟東都仍稱羅馬國焉夷酋科多亞塞者遂據西都卽位稱汗宮室焚毀府庫傾蕩閱數百載傾覆盡矣唐初回教之摩哈默興於天方兼併波斯其勢欲強羅馬人回教不從由是波斯回兵數侵羅馬東境猶太麥西諸部皆陷峽東地全歸回教僅餘希臘片土元末峽東盡歸土爾其數渡海峽侵羅馬呑其旁邑殆盡明景泰二年攻

陷君士但丁都城羅馬遂亡羅馬軍旅最有紀律至今猶傳留爲法止因後不守先王之道勤修政治專以闢疆黷武爲事盛滿必傾外患驟至辱國損威千百年繁華富麗皆成化外良可歎息焉

歐羅巴各國總序下曰自羅馬西都陷於夷狄之後迨當唐中宗嗣聖年間英吉利南邊膏腴之地歸於薩索尼亞夷國奧盧地歸於法郎古夷國西班亞歸於厄都夷國意大里亞及各隣近之地歸於龍巴爾多夷國於是羅馬國之政治法度技藝文學等掃蕩僅存踪跡政

事律例風俗衣冠言語人名國號盡變夷俗自後數百年歐羅巴風俗鄙陋卽顯宦縉紳亦不能讀書識字且因導引諸夷內攻之酋領等以所得之地與其大夫將軍按職分授而大夫將軍等亦所在效尤與其麾下分授地方廼奪民田廼使佃耕又各部互相攻擊動輒挾制君上無復綱紀於是各國君籌議務結民心以強已勢而分部酋之權庶民始立會議公廨選舉官員經理約束國政漸變昔之荒蒙惰慢者皆講習以開其智勤奮以勵其身且夷狄攻破西都時獨東都伯拉未遭傾

覆國中文學事業仍存一二迨數百年後其地又爲大市埠而天竺國之珍奇貨物巧妙工作多往聚售意大里亞國始再與各國來往復習文學之事後又與歐羅巴各奉耶穌教之君會盟共逐回回出如德亞國都時各國三軍或赴如德亞或歸本國無不會集於伯拉東都而列西國之生意實賴此創始宋哲宗紹聖三年也迨各國干戈休戢之後有意大里亞國人曰日威亞者當元成帝年間始造羅盤以便舟行從此意大里亞各國人始赴東方厄日度諸埠收買天竺土產奇巧各物

歸歐羅巴甚獲利益時元大德年間至明建文帝年間也至耶蘇一千四百年間歐羅巴北方之人無不奮營貿易是時隣近洲中海之的納馬爾加瑞典等國海盜猖狂及與意大里亞通商結盟保護而他方效之於是亞里曼及弗蘭地二國之八十城亦約盟互衛隣近別部亦皆求和好始公立貿易章程各埠財物積貯於弗蘭地國之布盧日城及其隣近各城皆爲歐羅巴至富庶之福土再奉耶蘇教各君往救如德亞之後因與舊蒙古達爾哥斯丹各王結約以拒土耳基回國其奉使

赴蒙古者皆耶蘇教中僧人素好雲游四海遠方絕域無不歷遍其首赴蒙古記錄沿途古蹟者乃若翰加爾賓也宋理宗淳祐六年復有數僧賫敎主公牒投蒙古國王懇其關照保護嗣後往蒙古印度等處者益多迨明太祖洪武年間蒙古國王達美爾蘭者人甚英武印度遠域無不攻克彼時歐羅巴人已於蒙古部落充當兵卒後携其火藥礮位運用之法旋歸本國較阿里曼國人所造更精至是始講求益善焉蒙古國王達美爾蘭薨後歐羅巴之奉教諸僧皆旋本國遂以印度等東

方之富麗豐饒啓發本國人並言海面水路直達各處先此西洋舟船不過游奕亞非里加近處海邊後漸向南駕駛於明孝宗弘治十年駛越好望海角始爲赴東海及印度海之水路彼時西洋人有日訥瓦國人名哥隆波者擬由西方而赴東方國人皆謂孟浪之談復禀弗蘭西英吉利布路亞三國王亦皆不見用最後得大呂宋國王賞發銀幣備三大船於明孝宗弘治五年開行西往越三十三日探得前途始有洲島及臨近其地並非印度所遇人民言形殊異卽今之亞美里加洲地

也語詳後卷茲不及贅再羅馬國敗廢之後歐羅巴餘邦皆遭大幽暗世衰道微國人鹵莽文學敗斁迄明永樂以後復如田禾旱槁得雨還甦漸再知敎化況新尋得各洲浡然復興創造印撰書籍百工技藝交接貿易故諸史推今世爲極盛

地里備考曰歐羅巴雖爲地球五州中之至小者然各處文學技藝較之他處大相懸殊故自古迄今常推之爲首其地緯度離赤道在北三十五度起至七十二度止經度自巴黎斯第一午線西十二度起至東六十度止東連亞細亞西至亞德蘭的海南統黑海及地中海北至氷海東西長約一萬五千六百里南北寬約一萬零八百里地面積方約五百九十一萬六千里

歐羅巴內外共十四海迴環穿繞其至大者三一名氷海爲北方之界一名大西洋海爲西方之界一名地中海爲南方之界其餘小者十一一名白海乃氷海之分派一名巴爾的哥海一名北海一名漫沙海一名一爾蘭大海以上四者皆係大西洋海之分派一名若尼約海一名亞爾給白拉科海一名馬爾馬拉海一名黑海

一名亞索弗海以上五者皆係地中海之分派一名加斯比約海此海原天下至大之湖是以俗名爲裏海在歐羅巴之東與各海均不相通

歐羅巴地大半在北温道其居北寒道者祇十二分之一至於地氣則分四等第一自緯三十五度起北至四十五度乃熱第二自四十五度至五十五度乃温第三自五十五度至六十五度乃寒第四自六十五度至七十二度乃極寒也四等之內或熱或温或寒或極寒皆有損其太過益其不及其臨德亞蘭的海一面之各國

冷則由南而北漸漸加甚熱則有海風解散暑氣也其臨地中海一面之各地冷則乍寒乍暖不時變易由西而東以漸加增熱則隨風更變全無定准而東方各處較西方微覺凉爽其桃亞西亞一面之各處雖屬嚴凛然由南而北無甚參別熱則因其冷之甚反爲炎酷按四季而論其第一二三等雖各按時令然皆有先後遲早之分其第四等之地祇有二季居北寒道各處氷雪凝結有越三月不夜之天有數月尤長之夕日只比曉懸於空中故冬長而冽乃因久無日光之故也夏短而炎乃因常有日照之由也

歐羅巴所產金銀寶玉較之他州雖屬微鮮然其所有銅鐵錫鉛煤水銀等礦及鹽田則勝於別處

歐羅巴一州地臨北方者多近赤道者寡故凡熱域之草木實爲難得然而瀕地中海各邊凡他州所有卉木百穀亦皆有之且諸物中草木五穀皆以地道爲限莫能到處皆宜即如何利襪樹與葡萄黍稷之類產南方者皆在赤道北三十六度以內若四十九度外則全無矣歐巴離西方諸處較之亞細亞東方北極出地同度者頗爲卑下所產草木甚爲懸殊除四海同生之草木外其餘皆止宜於二方極北之地至於歐羅巴中央所產者則凡高山由巔至麓樹木最繁花卉萬種然亦只宜此方難移植他地橡樹在歐羅巴北方甚爲高大名曰樹王椴松樫榆等樹乃北方所共有黑楊皂角等樹叢茂成林亦在北方温道之末惟松樫二樹最多赤道往北六十八度外殆無樹木至四十四度內皆有所產五穀皆足以供歐羅巴一州之人厄羅斯伯羅尼亞里曼等國五穀豐登除本國食用外尚可外運佛蘭西地

莜麥甚豐厄羅斯伯羅尼亞里曼皆有莜麥意大里種秔稻土耳基種黍稷諸魯威蘇益薩二國在北方五穀甚鮮只有油麥而已又至六十二度外則無莜麥還可至四十六度全無果菜雜處歐羅巴各糧皆有而南方猶茂盛檸檬橘子阿唎襪果桑椹甘蔗等皆聚於南方葡萄乃歐羅巴至美至繁之果或至四十五度或至五十度方無黃蔴苧蔴之類歐羅巴中央用意栽種桑樹惟歐羅巴南方栽種至於顏料藥材在熱道者較多於他處其香料亦生於熱道者多種類不一然通行常用

者各國山中皆有之

歐羅巴州所在生齒日繁種植日甚禽獸充斥然較少於他州尤少惡毒之獸葢人烟日稠戶口繁滋是以此一州人每於惡獸毒蟲務將除絶所產野獸近日迹微但高山尚有熊獸毛色種類各異其豺狼狐狸豪豬二豬等皆生於深山幽谷曠野叢林之地其麋鹿麠兎松貂二鼠等不缺於遊畋狩獵之人至於畜牲日增月盛且其種昔尚矮小今則配合於他方所生皆高大雄駿其至多者乃馬牛羊犬至於野鳥則鷹鷲鵰鳶徧林皆

滿家禽則鷄鴿鴨鵝不可勝數孔雀白鴿白鶴烏燕無不備具外此或裸或鱗或介或甲種則繁盛味則甘濃焉

歐羅巴一州之人共約二垓二京七兆七億口除回回國外其餘歐羅巴各國皆奉耶穌教大同小異各從其門

歐羅巴中所有諸國政治紛繁各從其度或國王自爲專主者或國主與羣臣共議者或無國君惟立冢宰執政者

五州之內皆有文學其技藝至備至精者惟歐羅巴一州也其外各州亦皆有之但未能造至其極如鐫刻地理音樂等書通行各國者皆歐羅巴人所著作其鑄造修製鐘表鎗礮風球火船陰晴表寒暑針等有裨日用之器及織造各色匹頭大半皆創造於其地

歐羅巴古爲鹵莽之州後其地因近於厄日度又連於亞西亞故額力西國始得離暗就明棄鄙歸雅且其民人才能敏慧文藝理學政治彝倫靡弗攻修以臻其至時有非尼西國人自亞細亞州至於本州南方教以貿

易事務建立貨局招募商賈其後加爾達厄國人効至焉而額力西國人遂泛海於意大里地立新國卽羅馬也是時不惟意大里諸地歸其所有抑且英國及亞里曼等國皆爲其所得及羅馬叛亂之後爲北方夷族奪據彼時天主教旣由亞細亞入於歐羅巴又徧布於四方傳國數百餘載迨夷狄占據後所建新國非一其奧盧地歸於法郞西人其義斯巴尼亞地歸於維西哥多人其英吉利地歸克薩索尼啞人其俄羅斯地歸於古斯於的納維亞人嗣後由大尼那威而至之海寇占據

佛蘭西國之一部由亞非里加而至之回人侵犯大呂宋國之數地而羅馬國則歸於天主教王管轄其昔有各地大半爲佛蘭西國所有更定新國創業垂統歐羅巴現在諸國乃耶蘇降生後數百年間始爲建立

海國圖志卷三十八

歐羅巴人原撰
侯官林則徐譯
邵陽魏源重輯

大西洋 歐羅巴洲

布路亞國總記 一作葡萄亞一作博都爾噶亞即住澳門之夷明以來所謂大西洋國也

布路亞國古名魯西達尼阿與大呂宋毘連一區西南俱界大海東北俱界大呂宋在耶穌未紀年以前加達尼晏士侵奪大呂宋時尚不知有布路亞迨呂宋爲阿丹攻擊割布路亞地請和旋復興兵滅阿丹而奪回之千一百年 宋寧宗慶元二年 呂宋加色代爾部落嫁女於佛蘭西之律興厘 律官名興厘人名 割布路亞地之北隅數部贈嫁于是興厘遷居北隅日漸盛强復興師攻取南隅之義斯門西彌里等處遂建都于義斯門立國稱王千五百年後 明武宗正德年間 駕駛舟師東取沿海西取南彌利堅洲之摩那濟爾地百餘年後有塞麻斯田王往侵布路亞軍伍淆亂自誤截己兵遂大潰國王没諸子爭立乞援于大呂宋菲里王始定王位自是國事受制于呂宋邊

地被侵於荷蘭先感非里王之德繼成佚隙千六百四十年（崇禎十三年）部衆咸憤起兵驅大呂宋之人並廢前王而改立新王不受大呂宋節制傳至四代國事廢弛邊境俱失維時大呂宋之麻寮王深念唇齒既締好於英吉利復釋布路亞之世仇互市通商故布路亞部落摩那濟爾所產之金始得進口千八百有七年（嘉慶十二年）佛蘭西摩那巴底王遣禹諾領兵往襲布路亞倉卒無備遂棄義斯門而走摩那濟爾旋得英吉利之助始逐佛蘭西復其故都其子遂即位于摩那濟爾國中官無常

俸不守廉隅世祿之家奴使小民專擅驕縱如大呂宋兵丁三萬無紀律自糾英吉利兵拒退佛蘭西後留英國兵帥助其訓練始成勁旅近已不亞於歐羅巴各國俗奉加特力教所在多立廟宇統計教師廟四百所尼菴百五十所爲人驕惰虛假鮮實尚不好潔貴富賤貧河道三曾羅河之源發自呂宋歷本國之阿波多大市鎮而注之海達俄河之源亦發自呂宋歷國都而注之海惟客里俄河自本國發源沙中有金可淘產羽毛布疋魚鹽煤金嗶嘰鼻煙葡萄亞國即布路亞東北俱界

大呂宋西南俱界阿蘭底海幅員三萬八千八百方里戶三百五十三口領大部落六小部落五十俗奉加特力教

伊斯里麻魯那（東南俱界阿領底若西北俱界彌那）領小部落十有二

晏特厘多羅（東北俱界大呂宋西界阿蘭底海南界特那斯阿滿底）領小部落四

特拉斯阿滿底（東界大呂宋西界阿蘭底海南界敏那北界晏特里多羅）領小部落五

彌那（東南大呂宋南界伊斯特里麻魯那西界特那斯阿滿底北界阿蘭底海）領小部落

十四

阿領底若（東界大呂宋南界阿爾牙威西北俱界依士特里底魯那）領小部落十一

阿爾牙威（東界大呂宋北界阿蘭底若西南俱界阿蘭底海）領小部落四

葡萄亞國沿革（原無今補）

《皇清四裔考》博爾都噶國（即布路亞國一作葡萄亞即住澳之大西洋國也博都噶即布路亞三字轉音）在歐邏巴極西境徑七百里西濱大洋地分五道四方商船皆聚都城有大河曰德若河經都城西入海通國大市凡六水泉二萬五千國有二學曰吔物

棘曰哥應拔歐邏巴高士多出此中有耶蘇會士蘇氏者著陡祿日亞書最精土產果實綠綿多水族善釀葡萄酒即過海至中國不壞園囿有周數十里者禽獸充牣異國名王過其地往射獵焉俗有仁會恤孤寡煢獨商船至或有死而無主者收其行李訪其戚屬還之國王隨處遣官爲孤子治家長則還所有且加益焉明以前未通中國雍正五年表貢方物乾隆十八年復貢

命欽天監正劉松齡前途引導至京　召見賜宴

先是雍正五年朝貢於常賞外　特賜國王八參四

十觔庫緞二十五疋磁器一百三十件洋漆器六十六件紙三百張墨二十匣字畫絹一百張及荔枝酒哈蜜瓜松糕茶糕芽茶香餅燈扇香囊等物又加賞來使倭緞磁器漆器紙墨扇絹等物至乾隆十八年又　特賜國王龍緞四疋粧緞花緞線緞各八疋百花粧緞十二疋綾紡絲各二十二疋羅十三疋杭綢七疋冊頁一付瑪瑙玉器六件琺瑯器二種漆器十九種磁器三十三種及紫檀木器畫絹香袋香餅紙墨扇茶又加賞正使畫絹紙墨扇茶及文綺又隨　勅書賜國王龍緞片金各二疋蟒緞倭緞各三疋粧緞七疋花緞六疋閃緞花緞青花緞藍緞青緞帽緞線緞各四疋綾紡綢各二十二疋羅十三疋絹七疋又因端陽節加賞國王紗四十疋葛百疋香囊香串宮扇藥錠等物并正副使紗葛香囊香串藥錠等物蓋念其遠來從優錫予焉二十五年廣東南海縣民林六因緣入教至於變易服飾娶妻生子經兩廣督臣李侍堯奏准比照左道惑衆爲從例治罪以維風俗部議從之其國東境爲伊西巴尼亞又東北爲拂朗祭又東北爲法蘭得斯又東北爲熱爾

瑪尼亞博厄美亞諸國山川風俗見職方外紀初博爾都噶國君乏嗣伊西巴尼亞之君爲其昆仲乃權署其國事後復自立君長不相統屬乾隆初博爾都噶國人傅作林以天文家來仕　中朝爲欽天監

海錄大西洋國又名布路亞土氣候嚴寒出散爹里正北行約二旬可到國境其海口南有二礮臺謂之交牙礮臺儲大銅礮四五百架有兵二千守之凡有海艘回國及各國船到本國必先遣人查看有無出痘瘡者若有則不許入口須待痘瘡平愈方得進港內有市鎮七

處如中國七府由交牙磤臺進港行數十里到預濟窩亞此一大市鎮也國王建都于此有磤臺無城郭又由此進則爲金巴喇亦一市鎮凡人中華爲欽天監及至澳門作大和尙者多此土人又進爲窩達又進爲維丟其餘爲來魯爲阿喇加爲渣比皆大市鎮也人烟稠密舟車輻輳各有重兵鎮守土番色白好潔居必樓屋器用精巧色尙白凡墻屋皆以灰塗飾稍舊則復塗之女人亦以色白者爲貴稱王曰理稱世子曰黎番爹王子曰必林西比王女曰必林梭使相國爲于爹將軍爲馬

喇亞乍文官有五等武官有九等其鎮守所屬外洋埔頭各土官卽取移居彼處之富戶爲之亦分四等一理民間雜事一理人間鬬爭一掌糧稅一掌出入船艘本國歲差一文一武到彼管轄疆域大者或差三四人每大事則六人合議若所差官未攜眷屬則必俟土官四人熟議合民情土風然後施行差官不得自專若均有室家則聽差官主謀土官多不與爭謂其患難相共也男子短衣窄褲僅可束身有事則加一衣前短後長若蟬翅然官長兩肩別鑲一壺蘆形金者爲貴銀次之帽

圓旁直而上平周圍有邊女人上衣亦短窄下不褲圍以裙至八九垂年少則露胸老者掩之出必以寬幅長巾掛其首垂至兩膝富者更以黑紗掩其面紗極細緻遠望之如雲烟價有値二十金者手中多弄串珠富者則以珍珠或鑽石爲之男女俱穿皮鞋自國王至于庶民無二妻者妻死乃再娶夫死乃再嫁凡婚姻壻家必先計粧奩父母但以女不得嫁爲恥雖竭家資不惜而男之有婦與否則不復計蓋又恃有婦家取償也婚不禁同姓唯親兄弟不得爲婚寡婦再醮者雖叔姪亦相

娶凡婚必請于教主教主許然後婚教主者廟中大僧師也俗奉天主教每七日婦女俱詣廟禮拜凡娶妻男女俱至廟聽僧師說法然後同歸男女將議婚父母媒妁必先告教主教主則出示通諭俾衆共知男女先有私約許情告卽令各從其願雖父母莫能爭也婦女有犯姦淫各罪欲改過者則進廟請僧懺悔僧坐于小龕中旁開一窗婦女跪于窗下向僧耳語訴其情實僧爲說法解罪僧若以其事告知衆人則衆以僧爲非其罪絞凡男女有犯法恐家主罪之者至廟中求僧僧若許

爲解釋以書告其家主家主雖怒不敢復罪也人死俱壅廟中有後來者則掘其先壅棄諸廟隅而補壅其處生死皆告于廟僧爲記其世系然閱三世後亦多不知其祖矣國王立不改元以奉天主教計其年每年以冬至後七日爲歲始合計一歲而分十二月不論月之合朔與否故月有三十一日者以月借日而光爲不足法也冬至後五十餘日國中男女俱不肉食謂之食齋至四十九日而後止將止三日婦女徧拜各廟謂之尋祖先三日後則廟僧將所藏木雕救主置之廟堂或置路

隅先見者則徧告以爲尋獲次日番僧及軍民等送置別廟藏之大和尚出迎穿大衣長至地衣四角使四僧牽之爲布幕其長丈許寬五六尺用四竿擎其四角擇富戶四人人執一竿大和尚在幕下手執圓鏡中有十字形儀仗軍士擁之而行見者咸跪道旁俟和尚過而後起其女人亦有出家爲尼者別爲一廟而扃閉其門戶衣服飲食俱自費進終其身不復出有女爲尼則其家俱食祿于王父母有罪尼爲書請乞輕重咸赦除之凡軍民見王及官長門外去帽入門趨而進手撫其足

而嗅之然後垂手屈身拖足向後退數步立而言不跪子見父久別者亦門外去其帽趨進抱父腰父以兩手拍其背嗅其面數四子乃屈身拖足退數步立而言未冠則不抱腰早晚見父母俱執手嗅之餘如前兄弟及親戚相好者久不相見則相抱然後垂手屈身見長輩如見父儀而不相嗅長輩而年相若者亦相抱唯卑者微懸其足女見父母幼則如男長則趨進執其手嗅之退後兩手攝其帬稍屈足數四見舅姑亦如之親戚男女相見男則垂手屈手拖足女則兩手攝其帬屈足數

四然後坐女相見則相向立各攝其帬屈足左右團轉然後坐朋友親戚路遇則各去其帽出外携眷同家有親戚訪問者女人必出陪坐語女人出外遊觀則丈夫或家長親戚携手同行亦有一男携二女而行者此其大畧也俗貴富而賤貧其家富豪則兄弟叔姪之貧者不敢入其室不敢與同食云案此所述該西洋各國風俗非獨葡萄亞也以澳夷居中國最久故海錄以冠各國并將全洲風俗繫之

澳門紀畧乾隆十六年宣城張汝霖撰西洋夷居香山澳自明萬歷迄今幾二百年悉長子孫其國上世有歷山王又號古

總王今有二王曰教化王曰治世王治世者奉教化之命惟謹（案教化王最大者惟一人駐意大里國總掌西洋各國之天主教謂之教皇猶西藏之活佛非國國有之也今來粵貿易各國從未有每國各二王之說此篇所述澳門亦有法王不過大僧師之稱耳若國中只有一法王既來駐澳其本國又安得有法王豈能遙制數萬里外乎）澳寺番僧皆教化類夷人貿易者則治世類西洋國歲遣官吏治之澳素饒富　國初洋禁嚴諸番率借其名號以入市酬之多金財貨盈溢今諸番俱得自市又澳船日少富庶非昔比大西洋去中國遠三年始至稍西曰小西洋去中土萬里大西洋遣酋守之澳門頭目悉稟小西洋令歲輪一舶往有大事則附小西洋酋帥以聞不能自達也

有地汶島在南海中（即地問島一作地盆）水土惡毒人黝黑無所主大西洋與紅毛分據其地有兵頭鎮戍三年一更遣自小西洋由澳而後達於地汶亦歲輪一船往澳夷罪不至死者遣戍之終其身無一生還者其行賈之地曰馬西與之約不得以所產市他國康熙中馬西背約私與他國市澳夷怒駕船往所市之國責之馬西患之遂相仇殺死者三百餘人市道中絕今所與市易者曰哥所達島曰葛羅巴島曰呂宋島凡所往之國海道不可

以里計但分一晝夜爲十更計由某達某路若干更云其人白皙鼻昂而目深碧不眴不畜鬚髮別編黑白髮蒙首及頸蜷然蒙茸賜自法王得者以爲榮其通體黝黑如漆特唇紅齒白畧似人者是曰鬼奴明洪武十四年爪哇國貢黑奴三百人明年又貢黑奴男女百人（案海南太守以摩訶瞻陶峴即此）唐時謂之崑崙奴入水不眯目貴家大族多畜之明史亦載和蘭所役使名烏鬼入水不沉走海面若平地粵中富人亦間有畜者絕有力可負數百斤生海外諸島初至時與之火食累日洞泄謂之換腸或病死若不死即可久畜漸爲華語鬚髮皆鬈而黃其在澳者則不蓄鬚髮女子亦具白黑二種別主奴凡爲戶四百三十有奇丁口十倍之澳城明季創自佛郎機萬歷中總督何士晉令隳澳城臺天啟時徐如珂署海道副使澳夷奔告紅毛將犯香山請兵請餉請木石以繕墉垣如珂言于兩府曰此狡夷嘗我也已而夷警寂然而澳垣日築百丈如珂遣中軍領兵戍澳諭之曰墉垣不毀澳人力少也吾助若毀不兩日糞除殆盡夷相啨視自是稍戒心今城固而庳大門一小門三礮臺

六大者曰三巴礮臺列礮二十八上宿番兵臺垣四周爲藏龕以置守夜者臺下爲窟室貯焇硝次則東西望洋兩臺對峙東置礮七西五餘制與三巴畧同娘媽角礮臺在西望洋下礮二十有六南環礮臺置礮三噶斯蘭礮臺置礮七設火藥局於左側通計礮七十有六大者六十一餘差小銅鑄四十六餘鐵其大銅鑄者重三千斤大有餘圍長二丈許受藥數石明時紅毛擅此火器嘗欲窺香山澳脅奪市利澳人乃倣爲之其製視紅毛尤精發時以銃尺量之測遠鏡度之靡不奇中紅毛

乃不敢犯今海宇承平諸番向化以此爲　天朝守海門而固外圉耳夷兵頭遣自小西洋率三歲一代轄番兵百有五十分戍諸礮臺及三巴門番人犯法兵頭集夷目於議事亭或請法王至會鞫定讞籍其家財而散其眷屬上其獄于小西洋其人屬獄候報而行法其刑或戮或焚或縛置礮口而燼之夷目不職者兵頭亦得劾治其小事則由判事官量予鞭責判事官掌刑名有批驗所掛號所朔望禮拜日放告赴告者先於掛號所登記然後向批驗所投入既受詞集兩造聽之曲者予

鞭鞭不過五十亦自小西洋遣來理事官一曰庫官掌本澳番舶稅課兵餉財貨出入之數修理城臺街道每年通澳僉舉誠樸殷富一人爲之番書二名皆唐人凡郡邑下牒于理事官理事官用呈禀上之郡邑字遵漢文有番字小印融火漆烙于日字下緘口亦如之凡法王兵頭判事官歲給俸一二千金有差理事官食其所贏不給俸外紅棍官二等大紅棍于夷人將殁時察其貲財而籍記之詢其人以若干送寺廟若干遺子女若干分給親屬詳書于册俾無後爭二紅棍于夷人既殁

有子女俱幼不能成立者即依大紅棍所開應給之數撫育其子女而經理其餘財待其既長婚嫁舉以付之如無子女悉歸其貲于寺廟其晨昏譏察如內地保甲者曰小紅棍兼守獄獄設龍鬆廟右爲樓三重夷人罪薄者置之上層稍重者繫于中重則桎梏于下有土窟委乾牛馬矢烓火其中名曰矢牢皆無祿凡中國官府如澳判事官以降皆迎于三巴門外三巴礮臺然大礮番兵肅隊一人鳴鼓一人颭旗隊長爲帕首鞾袴狀舞鎗前導及送亦如之入謁則左右列坐如登礮臺則番

兵畢陳吹角演陣犒之牛酒其然蠻卒以三或五發七發致敬也歲十月肖楮爲紅毛夷縛而走于市諸番手椎追擊之詈而出歌而入晚則焚于野明季紅毛奪澳市澳夷怨之每歲有舉所以志之也　番舶視外洋夷舶差小以鐵力木厚二三尺者爲之錮以瀝青石腦油釘以獨鹿木束以籐縫以柳索其碇以鐵力水桫底二重或二檣三檣度可容數百人行必以羅經掌之者爲一舶司命每舶用羅經三一置神樓一舶後一桅間必三針相對而後行向編香字號由海關監督給照凡二

十五號前數年尚有一十六號近年止十三號二十餘年間飄沒殆半澳番生計日絀其夷目舶稅上貨抽加一次加以五又次加一小艇曰三板長丈餘西洋俗以行賈爲業富者男女坐食貧者爲兵爲梢工爲人掌舶婦女繡巾帶炊餅餌糖果粥之以餬口凡一舶貨直鉅萬家饒于財輒自置舶問其富數舶以對貲微者附之或數十主同一舶每歲一出出則數十百家之命繫焉出以冬月冬月多北風其來以四五月四五月多南風計當返則婦孺遶舍呼號以祈南風脫卒不還相率行

乞于市乞者常千人然性侈稍羸于貲居室服食輒以華靡相勝出必張蓋乘輿相見脫帽以爲禮以冬至後七日爲歲首插柳葉于戶人相賀歲三百六十五日分爲十二分一分曰沙聶祿三十一日二分曰勿伯勒祿二十八日三分曰馬爾所三十一日四分曰亞伯理三十日五分曰馬約三十一日六分曰如虐三十日七分曰如畧三十一日八分曰亞我斯篤三十一日九分曰斯等伯祿三十日十分曰阿多伯祿三十一日十一分曰諾文伯祿三十日十二分曰特生伯祿三十一日紀

年以耶穌始生之歲爲元年稱一千四百若干年四時無節令春秋亦無祀先禮慶弔無牢醴幣帛之儀燕飲不修賓主揖讓之節飲酣則擲玻璃盞以爲樂每日晨與食已皆卧聞兩點鐘而起暮張燈作人事夜分乃息兩點鐘者日爲午夜爲子也重女而輕男家政皆女子操之及死女承其業男子則出贅女家不得有二色犯者女愬之法王立誅死或許悔過則以鐵鈎鈎其手足血流被體而後免女則不禁得一唐人爲壻皆相賀婚姻不由媒妁男女相悅則相耦婚期父母攜之詣廟跪

僧誦經畢訖其兩詣即以兩手攜男女手送之廟門外謂之交印廟惟天主大廟風信三分番戶而司其婚餘皆否尤薄於送死家有喪號哭不過七日不炊親友餽之食無棺槨舁支糧廟公匣至殮以布帛覆以罩僧鳴鐸前導赴素所禮拜之廟而瘞之既至出諸匣富者入貲多許于天主前穴地藁瘞鐫志姓名于石貧者瘞廟外其富者又分貲獻諸廟瘞之日爭爲鳴鐘其妻子迄無一送者故僧以日饒瘞踰年出骨瘞之他所如尚肉謂獲罪不上昇僧鞭其屍而揜之需其化而改瘞喪期

或一年或數月有吉事則不至期亦釋服產子未彌月而天徧告戚友聚而焚香置諸盤插花纚絲送廟中瘞之僧勞其父母以鑞謂之仙童遇黑奴無道不匹配錮之終其身示不蕃其類也無族姓親屬白多瑪著聖教切要竊中土五服圖爲同姓外親四代之圖叩之澳夷寳䕶如門供十字架謂之聖架諸廟每日卯叩鐘以迎神酉扣以送神是日三點鐘聞者必蒲伏持咒雖道路不廢案所述風俗亦西洋各國所同不獨澳夷也故以冠西洋之首

貿易通志曰布路牙國民昔豪于遠賈近日頗怠其出入之貨每年不過幾百萬員英吉利商船往市甚多每年載八十餘萬石與其國易布帛大呢

萬國地里全圖集曰葡萄亞在歐羅巴列國之極西東北連是斑牙東南乃大西洋海北極出自三十七度三分至四十二度一十二分偏西自六度一十五分袤延方圓十二萬八百方里國甚褊小居民三百六十三萬丁所有江河盡皆是由斑亞國流出若士羅大莪等江是也產葡萄酒及南果英商以織造物件易之每年所進價銀七千三百萬兩所出價銀二百萬兩其居民懶

惰憚勞詐僞好報仇天主教之僧操攝國權所有田畝多歸之是以積財自肥而勤勞之農不得自給地土豐盛而耕不勤其國昔服羅馬國敬奉天主教後有回回自亞非地征取全國於元朝年間其士民自憤力驅回教勢成鼎足於明朝時國王專務算法深通天文選能幹水手駛南尋出新地周遶亞非全地竟至五印度國最爲西洋各國之嚮導國民豪氣大興冒浪衝濤視死如歸不遠萬里於明世宗年直抵中國在粵門踞住貿易通商嗣後人心漸弛所有新地馬頭以及各藩屬或

讓給荷蘭或服屬是班亞國氣力非昔然其前世本國之人在各新地娶妻生子至今後裔講葡話崇葡教不獨流於磨門尙遍於五印度各地也其國王現係女主不專主國政今設議國政兩班貴人如其議不合衆意則女主所諭亦不得遵行焉國都係勒門在大江邊大戰艦能到之處其殿廟最妙其街汚穢屢結黨乘機殺民報仇阿破多設大書院亦出葡萄紅酒其國之西亞素羣島多產南果天氣晴明風景甚美

地球圖說葡萄牙國東北界大呂宋國南西界大海百

姓約三百五十萬都地名力斯朋城內民二十六萬統屬天主教其百姓昔極興旺能與西海通商今大不如昔且學校未廣民多怠惰膚色頗黑與西班牙國相似土地膏腴天時和暢乾隆二十六年間是國都城地震屋宇傾頹人民泯沒者三萬八內有三大江曰卦地亞那江太古江杜以羅江另有亞非利加大洲之西海三島名馬太拉島亞瑣利島加法島與天竺國網買部內之俄亞城并中國之澳門島均其所屬土產葡萄酒鹽羊毛布油等物

地理備考曰布路亞國古名盧西達尼今稱伯爾都加里在歐羅巴州極西北極出地三十六度五十六分起至四十二度七分止經線自西八度四十六分起至十一度五十一分止凡論經線皆係自佛蘭西國都第一午線算起後皆仿此東北二方皆連西班牙國西南二方皆至亞德蘭的海南北一千三百里東西五百里地面積方約五萬一千二百五十里烟戶三兆五億三萬口本國除海涯與河岸各平原外餘皆岡陵重疊絡繹不絕河之至長者八米虐河黎馬河斗羅河窩烏加河

薩阿都河瓜的亞那河湖至大者六義士孤拉湖勒敦大湖隆加湖色砂湖薩斯卑洛湖科比多湖土沃產饒地氣溫和土產金銀銅鐵錫鉛窩宅水銀煤礬硫黃花石砒石寒水石紅藍寶石紫石英吸鐵石寶砂水晶磁器等王位男女皆得嗣立惟以長幼爲序奉羅馬天主教外國人寄寓或奉別教者不禁工肆林立技藝精巧舊不立國君惟設宰臣理政後有非尼西亞國人與兵克之旋爲加爾達厄國人驅逐即主其地三百餘載又并於羅馬晉義熙五年又爲亞拉與隋窩二國分據隋

開皇五年遂爲哥度國王所取唐景雲二年回人奪之宋紹聖元年加斯德辣國王因佛蘭西國王之孫英黎給與回人交兵有功賜以所克蔔萄亞之地妻以己女厥後英黎給之子襲職於金熙宗天眷二年大敗回人衆立爲王是爲本國開基之君也其後歷代漸次征服回人開闢益廣明萬歷八年國君絕嗣大吕宋國王非里卑乘時舉兵占據越六十載明崇禎中國人逐吕宋監守官自立若翰爲君嘉慶十二年佛蘭西兵來侵國君走據巴拉西利地道光元年復歸本國始立巴拉西

利地自爲一國不相管屬舊分六部今爲八部一義德斯勒馬都拉部乃國都也建於德入河邊由河濱至於高陵樓臺疊起景色峻麗四方輻輳一卑辣亞爾達部一卑辣拜砂部一亞零德入部一亞利牙爾威部一斗羅部一米虐部一達拉斯德蒙部其國通商衝繁之地或爲內地大埠或海濱馬頭除八部外尚有數處歸其統屬一亞索利斯海島在亞德蘭的海與本國東西相對共有九島是爲至大之島一馬地義拉一加玻威爾的一安可拉一三多美暨比一莫桑比給以上五處皆在亞非里加州一小西洋暨其屬轄各處皆在亞細亞州一地門索羅爾等處皆在南洋海中

外國史略曰蔔萄亞國於周朝時已通貿易後羅馬國攻服之以爲藩屬漢朝時國日强然屢被外國侵伐唐肅宗時并入回回國者三百年宋朝時攻敗回回軍士歡呼自此立國歷二百年賢王在位招商航海望西南而駛遇島即據立新埠遠駛亞未利加沿海地方漸近赤道之地觸熱前進遠過大浪山遂抵五印度國復東南駛一周仍回五印度時明弘治六年也由此散布在

南海各島於明正德十一年至中國前駐上川後至舟山寧波泉州而據澳門廣通商之路與日本貿易獲厚利又別在亞默利加州之東南開藩屬國嗣後國內之教師弄權五爵恃勢王又好戰萬歷五年親出兵於亞未利加之北以强伐回回屢敗戰死西班亞聞風即侵蔔萄國强據之并乘閒强取蔔萄國藩屬地之大半荷蘭亦攻擊澳門垂六十年百姓大怨西班亞國明崇禎四年其大爵公侯共驅西班亞兵師國勢再興據東南亞默利加之巴悉開埠并五印度數港與英國連脣齒

廣通商市乾隆十四年約色弗王號第一王即位招賢改政名揚海外盡逐天主教擅權之士而親自攝權焉嗣後佛蘭西大起兵侵葡國入據其地國王逃避巴悉國英國以婚姻之故不忍坐視大軍於嘉慶十三年攻勝佛兵與葡軍合陣敗敵盡歸其侵地返其君道光十四年國王没女王即位與外國聯姻居民連年啟釁國帑盡空欠項日積雖將道院之財悉充公猶不足用幸其國畏天順人頗知自守○其地東南及大海西北連西班亞國北極自三十七度至四十度偏東自九度至

十二度五十八分其東北與西班亞交界中亘山嶺其水一自西班亞來之他峩河一爲北方土羅河大船可入其谷最豐盛山水形勢最美天氣不暑不寒故民不染病其春時於十二月中起二月多大風雨四月收穀但百姓未善耕田故五穀不給其嘉美之產惟紅白葡萄國地方圓千七百二十二里居民三百五十四萬九千餘附近之亞朔羣島二百二十四里居民三十九萬一千其面棕色好作樂喜游玩不好飲食其男之健者好航船氣量甚褊有怨必報惟北方之民有禮厚待旅

客其貴人尤以禮自持國中富者皆大爵庶民有財者鮮葡萄亞人固執天主新教輕耶蘇本教國中教宗大師一位教主二位副教主十四位男道院三百六十處內居五千七百六十人歲庫七千六百萬圓女院百三十八間內居三千零九十三人歲俸四千五百萬圓此時已籍其道院之大半入官獨存一大學院士音與西班亞語相同鮮文士乏製造其始建都於利士本近峩河口長僅一里闊半里無城在港口建礮臺爲衛乾隆十九年地震礮臺壞今復建之居民二十萬建禮拜堂

三百處修道院六十四處好善之家立病院每年養病人萬有六千亦有育嬰院每年收嬰孩千六百名近城有道以引水書院積書冊八萬本都城爲葡國最大之市埠本地各行店二百四十家外國百三十家每年進口商船萬二千隻英國大戰艦每停泊焉博多亦海邊港口居民八萬土羅河邊每年進口船千隻多運紅葡萄酒居民織緞襪等貨街衢潔淨益文邑居民萬八千哥音邑居民萬五千國之肄業院在此學術之士千五百名葡國君多與外國婚姻若辦國事必聽命於鄉紳

五爵不得徑行所入國帑共千七百萬圓近時所入更少共欠項至今僅還十分之一步兵二萬騎兵三千水師益少大戰艦二隻中戰艦四隻二桅戰船六隻○百姓三百五十四萬九千餘丁共八十二萬七千餘家道光十八年所生之人九萬九千零九十七所死者六萬七千五百名小兒未及七歲者五十一萬名亞非利加所屬轄之民六十八萬二千亞細亞五十七萬六千

海國圖志卷三十九

歐羅巴人原撰
侯官林則徐譯
邵陽魏源重輯

大西洋 歐羅巴洲

大呂宋國 即斯扁國一名西班亞一作是班牙一作以西把尼亞海錄謂之意細班尼皆譯音之轉又一作干絲臘

大呂宋國在葡萄亞國之北少西亦明以來住澳之大西洋也四圍皆山中央平衍在耶穌未紀年以前為加達尼晏所據開采銀礦政多暴橫居民苦之時意大里亞國勢方盛請兵驅逐因舉國歸意大里心悅誠服雖後值意大里衰微猶不忍背四百十八年晉安帝義熙十四年有完那爾士曷士二人聚衆雄長各不相下血戰經年曷士戰勝遂王呂宋建都麻特義設官分治三百載阿丹國逾海往侵力不能拒棄國遁保山林旋得渣力司馬特爾力戰三日阿丹不敢進追乃割國中部落之半歸阿丹議和于七百四十年乾隆五年曷士後裔之華里蘭王始破阿丹日漸強盛乘勢攻擊獲北墨利加之審斯果繼得南墨利加之畢盧皆產金著名之地並奪得阿細

亞洲之蠻尼那島名之曰小呂宋兼並旁近數部落爲海濱巨國傳至菲利王漸弱身後諸子爭立牟滿求助于佛蘭西得立雖不稱藩於佛蘭西而感其援立如小事大政事舊歸馬約里衙門因專權裁汰別設士特干西爾衙門正副各一衆推公舉分理其事以防專擅後復朋黨爲奸佛里士欲革不能借助隣國始得裁廢近又新設戈底司以備差遣大小戰船百艘護行兵二萬五千水陸兵共三十五萬五千水師先號強悍後攻南彌利堅無功遂以不競陸兵驍勇舊甲諸國百年來亦

遠不如昔賦稅歲徵二千九百九十萬員市廛貨物凡易一手納稅一次重徵疊歛遂致蕭索國用歲需二百五十二萬五千員王宮中歲支五十四萬員宮祿七十二萬五千員戰船費二百萬員水師兵餉七百二十二萬五千員陸路兵餉千三百二十五萬員常年出納有盈無絀惟意外大兵大役不無匱缺故國中積欠九萬萬員俗驕好鬥不甚遵約束然性靈巧工丹青尤喜音樂節奏之妙亞于意大里國中俱遵加特力教例禁兩歧有犯者治以焚如之刑河道五達俄河魯羅河均源

伊墨連山由大呂宋而至布路亞出海上游在大呂宋地內者大半下游在葡萄亞地內者甚短而舟楫雲集倍蓰於呂宋俄阿里那河自那滿查發源歷數部落而至海伊浚河由北隅之加達墨連山發源歷數部落而至東隅出海俄斯那爾威河之源發自西臘摩里那山歷數部落至南隅之魯加爾出海商船所滙聚土產鉛水銀鐵絲髮氊毛呢布琥珀棉𦆭沙紙所屬之密斯果畢盧產金銀近已減少今中國所行洋銀俱呂宋所鑄他國銀錢罕由澳門通市之始先行呂宋貨幣云

貿易通志曰是班牙國與葡萄亞相隣其國連年混亂商旅微少所運出者水銀鉛鐵橄欖油果紅花葡萄酒蠶絲羊毛每年不過數百萬員此條補入

斯扁即大呂宋國都東南界海西界葡萄亞北界佛蘭西幅員十八萬八千二百方里戶口二十四萬八千口領總部落十有六大部落八十小部落四百三十有七

紐加塞代爾東界哇領含西界伊塞那麻魯南界俺那魯社北界阿爾加色代爾領大部落七小部落六十

加達羅尼阿東南界海西界阿拉頑北界佛蘭西領大部落九小部落

三十有三
阿臘灣東界加達羅尼阿南界哇領含西界阿爾加色代爾北界佛蘭西領大部落
七小部落四十有三
那哇臘東南界阿臘灣西界彌斯計北界佛蘭西領大部落五小部落八
洼領含東南界海西界鈕加色代爾北界阿臘灣領大部落四小部落二
十有四
毋社東界哇領含西界唵那魯社南界海北界鈕加色代爾領大部落三小部
落二十有二
唵那魯社東界毋社西界波底牙南界海北界鈕加色代爾領大部落十有

五小部落七十有四
阿爾加色代爾東界阿拉灣西界里稔南界鈕加色代爾北界海領大部落
六小部落三十有七
彌斯計東界那哇臘北界海西南俱界阿爾加色代爾領大部落一小部落
十有七
牙厘社東界阿色都里斯西北界海南界布路亞領大部落五小部落二
十有五
里稔東界阿加色代爾西界布路亞南界伊塞特那麻魯北界阿塞都里司領大部落
七小部落四十有八

依塞特那麻魯東界鈕加色代爾西界大西洋南界唵那魯社北界里稔領大部
落七小部落三十有二
麻有加島在國東與哇領社近領大部落一小部落三
彌那加島在國東與哇領社近領大部落一小部落一
依委沙島在國東與哇領社近領大部落一小部落一

大呂宋國沿革原無今補

職方外紀歐羅巴之極西曰以西把尼國即呂宋國南起三十五度北至四十度東起七度西至十八度周一萬一千五百里疆域徧跨他國世稱天下萬國相連一處者

中國爲冠若分散於他域者以西把尼亞爲冠案呂宋在明代甚強所至攻取各島如臺灣南之小呂宋其一也故分散他域者衆以西把尼亞本地三面環海一面臨山山曰北勒搦阿產駿馬五金絲棉細絨白糖之屬國人極好學有共學在撒辣蔓加與亞而加辣二所遠近學者聚焉高人輩出著作甚富而陡祿日亞天文之學尤精古一名賢曰多斯達篤者居俾斯玻之位著書最多壽僅五旬有二所著書籍就始生至卒計之每一日當得三十六章每章二千餘言盡屬奧理後人繪其像兩手各持一筆彰其勤敏也又有一王

名亞豐肅者好天文歷法精研諸天之運列宿之躔撰成歷學全書世傳歲差本原皆其考定製爲一定圖像爲今歷家大用又將國典分門定類爲七大部法紀極備復取天主古今經籍有註疏者不下千餘卷遍閱至十有四次又纂本國自古史書以身親國政之人傍及著述種種如此後世稱曰賢王宜矣此國人自古虔奉天主聖教最忍耐又剛果且善遠游海外曾有遶大地一周者國中有二大名城一曰西未利亞近地中海爲亞墨利加諸舶所聚金銀如土奇物無數又多阿襪利

界有一林長五百里者一名多勒多城在山巔無泉下山取水甚艱近百年內有巧者製一水器能盤水直至山城不用人力其器晝夜自能轉動也又有渾天象其大如屋人可以身入於其中見各重天之運動其度數皆與天合相傳製此象者注想十七年造作三年曾未重作一輪其境內有河曰寡第亞納伏流地中百餘里穹窿若橋梁其上爲牧場畜牛羊無算有塞惡未亞城乏甘泉從遠山遞水架一石梁橋上作水道擎以石柱綿亘數十里又一都城悉皆火石砌成故本國有言以

西把尼亞有三奇有一橋萬羊牧其上有一橋水流其上有一城以火爲城池也國中天主堂雖多而最著者有三一以奉雅歌黔聖人爲十二宗徒之一首傳聖教於此國國人尊爲大師大保主四方萬國之人多至此瞻禮一在多勒多城創建極美中有金寶祭器不下數千有一精巧銀殿高丈餘濶丈許內有一小金殿高數尺其工費又皆多于本殿金銀之數其黃金乃國人初通海外亞墨利加所攜來者貢之于王王用以供天主耶穌者近來國主又造一瞻禮大堂高大奇巧無比修

道之士環居焉其內可容三國之王水泉四十餘處堂前有古王像六位每位高一丈八尺乃黑白玉琢成者堂內有三十六祭臺中臺左右有編簫二座中各有三十二層每層百管管各一音合三千餘管凡風雨波濤謳吟戰鬬與夫百鳥之聲皆可模倣眞奇物也又有書堂濶三十步長一百八十五步周列諸國經典書籍種種皆備卽海外額勒濟亞國之古書亦以海舶載來貯於此處其地原係曠野山林後因造此堂鳩工住集七年遂成一城云以西把尼亞屬國大者二十餘中下共

百餘其在最西者曰波爾杜瓦爾分爲五道向有本王後因乏嗣以西抱尼亞之君係其伯仲乃權署其國事焉其境內大河曰得若經都城里西波亞入海故四方商舶皆聚都城爲歐羅巴總會之地也土產果實絲綿極美水族亦繁所出土產葡萄酒最佳卽過海至中國毫不損壞國中共學二所曰厄物臘曰哥應拔其講學名賢曾經國王所聘雖已輟講亦終身給祿不絕歐羅巴高士多出此學近有耶穌會士蘇氏著陡祿日亞書最精最廣超數百年名賢之上其德更邁於文國都又有一地界兩河間周圍僅七百里爲高士聚會修道之所有一百三十處又有天主堂一千四百八十所水泉二萬五千大方石橋二百通海大市六處由此可見其地之豐厚也侯家苑囿有周數十里者各種禽獸充牣其中異國名王過其地者往射獵焉隨處立有仁會遍恤孤寡煢獨或給衣食或助貲賄或保護其家或瘞死者商舶至或有死而無主者則爲收其行李訪其親戚還之種種仁事他國雖各有會莫如此中之盛此外國王隨處遣官專撫恤孤子理其家產廣其生殖長則還

所有且增益焉歐羅巴初通海道周經利未亞過大浪山抵小西洋而至中國貿遷者從此國始詳見別紀

海錄大呂宋國又名意細班尼慧在布路亞北少西由布路亞西北行約八九日可到海口向西疆域較布路亞稍寬民情兇惡亦奉天主教風俗與布路亞畧同土產金銀銅鐵多羅絨羽紗嗶嘰蒲桃酒琉璃番鹻鐘表凡中國所用番銀俱呂宋所鑄各國用之佛朗機國又名佛蘭西在呂宋北少西疆域較呂宋尤大沿海舟行四十餘日方盡由呂宋陸行約二十日可到民情淳厚心計奇巧所製鐘表甲于諸國風俗土產與布路亞畧同亦奉天主教所用銀錢或三角或四方中有十字文

案意細班尼慧卽以西把尼亞音同字異

萬國地里全圖集曰是班牙國東連佛蘭西國西交葡萄地南北及海而有海峽隔絕亞非海濱北極出自三十六度至四十三度四十分偏西九度十七分至偏西三度十七分方圖五十三萬九千方里居民千三百七十三萬丁其地之山成三帶自東而西通行其最北者至長分全圖爲三方其北地崇山峻嶺夾以溪澗無處

可耕其中央乃國都天氣燥暴雨水罕得草木不登惟牧羊而已其南方晴和所產瓜果及所畜羊馬驢騾甲于他國國民驕豪敢戰在家好逸憚勞飲食節用其五爵形容清俊視庶民如草芥但多貧乏之徒恃世爵之威有名無實男女並好彈琴歌舞又好鬬牛古時國屬羅馬後被東方回回突來攻奪勒百姓改奉回教於是回軍操權立國歷七百年占據南方然天主教人不服後世興兵復仇獲勝剿滅回回靡有孑遺獨留其巖堡及殿廷五礫而已明孝宗四年國王遣船尋新地赴到亞

墨利加國得其地金銀之山自開礦治每年所出之財無數彼時是班牙國之富强幾爲歐羅巴洲之冠特其上下恃富而驕內不勤生外不修武于是佛蘭西國與兵爭之英吉利又與兵爭之呂宋屢戰不勝其戰艦或被英奪或沉于水盡驅是班牙軍奪其產金銀之地所存者東惟呂宋西惟古巴而已於嘉慶十二年　佛兵侵國居民同仇英兵來助協力擊退其民久經戰鬬常有變國家之意又擇五爵紳士以辦國政現嗣位者乃國王之女國餉銀每年千八百萬兩其兵八十萬丁陸軍每年七百九十五萬兩水師四百三十二萬兩理刑名官各員四十萬五千兩文武三十二萬四千兩王宮百五十一萬五千兩國家欠項四萬八千萬兩前此恃外來之財今金銀產地皆失故國用甚窘國事惟僧是從以僧爲議士各處建高大之殿廟而設天后與各聖人之偶像羣會賽神拜像其畝田屋宇亦多爲僧所據隨時施濟以市人心其教主衆民敬仰如帝君爲天主教最盛之邦昔修道避世之男女幾千萬此時異端漸廢國家籍其產業入官其國分二十五部國都馬特乃新

城內建大殿有如城邑費金無算但其地沙野草木不登內地所有巴牙突撒接曼加瓦剌多勒等城昔人戶甚繁今廢衰北海邊感我北破亞等城有嘉海口經理通商在地中海邊巴耳所羅那以及加特等埠頭運出南菓酒油等貨甚豐加那他昔乃回回之都多古蹟多勒多與西味里城廣大居民不少國南兩大島南果所產

〈地球圖說〉大呂宋國東南並界地中海西界葡萄牙國北界大西洋並佛蘭西國百姓約有千三百九十萬之

數都城名馬特城內居民二十五萬宗天主教民之文者彈琹行樂武者鬬牛尚勇火輪船與火輪車亦少國之北有崇山峻嶺中央高燥草木難生以牧羊馬驢騾爲業天時和暢果實倍繁惜十餘年來君民不睦不時叛逆現今國君是女主又其南與亞非利加相近之處有高山上有礮臺現屬英吉利管轄再南方有地名義人咨答亦被英吉利占據有江五一伊伯羅江一加大怪法江一卦地亞那江一太古江一杜以羅江雖大而淺舟難深入東南有三島一馬實耳加島一米諾耳加

島一伊非加島外此又有西印度之二島與亞非利加之加拿利島并中國之小呂宋島均是國所屬也產葡萄酒蒲提子羊毛布綢緞百果

地里備考曰大呂宋國古名意卑里亞今稱義斯巴尼亞在歐羅巴州西南其國土在北極出地三十六度起至四十四度止經線自東一度起至西十二度止東南至地中海西連葡萄亞國暨亞德蘭的海北接加斯哥尼海灣西南距東北約二千四百五十里東南距西北約二千零八十里地面積方約二十一萬八千七百六十里烟戶一京三兆九億口崇山峻嶺絡繹不絕河十二注于亞德蘭的海者七注于地中海者五湖三一名亞爾不非辣一名伯乍爾一名加羅于達平原山谷靡弗膏腴穀果豐登禽獸蕃衍地氣冷中熱南暑土產金銀銅鐵錫鉛水銀寓宅煤礬硝磺硇砂石膏花石礪石青石火石藍綠寶石鑽石紅玉碧玉瑪瑙琥珀水晶紫石英石榴珠等王位男女皆得臨御惟以長幼爲序奉羅馬天主公教嚴禁旁門工作技藝較歐羅巴州各國稍拙然工肆亦不少通商貿易陸少水多在昔爲加爾

達厄國人所得漢初歸于羅馬國羅馬衰弱遂爲北狄侵占隋開皇末爲維西哥多人所取唐睿宗時又被回人侵據彼時本國將軍伯拉約者乘回人不睦遂激勵遺民奮起驅逐獲大勝眾立爲王是爲本國開基之君後世漸擴邦土分建數國協力逐寇明憲宗成化十五年亞拉岡之君既娶加斯德辣后遂將列國歸于一統迨亞拉岡薨後奧斯的里亞國大臣加爾羅斯者以王婚嗣君位康熙三十九年加爾羅斯王薨無嗣遺命傳國與佛蘭西國王之孫非里卑是以佛蘭西與奧斯的

里亞二國舉兵互爭究爲非里卑所得嘉慶十三年被佛蘭西國王那波艮者占據立其弟爲君自後布路亞大呂宋英吉利三國合軍挫敵救之復立前王之子非爾難多爲君迨道光十三年薨後其女即位乃大呂宋國現在之女王也大呂宋國昔分十二國二部今則連國外海島四十九部

其國通商衝繁之地内地大埠十海邊大馬頭八除四十九部外尚有數地歸其統屬一搜達一北嫩德威勒一亞慮塞納一美里黎一加拿里以上各處皆在亞非

里加州一固巴一伯爾多黎海島皆在亞美里加州一名小呂宋一馬黎納海島皆在南洋阿塞亞尼州

又有大呂宋屬國曰安多勒在其國之加達魯尼部極邊山坡小谷之中爲塞哥勒河分派巴利拉小河所穿者其地長寬皆不及七十里佛蘭西國王與大呂宋國王互相覆庇其官除國人自立會議官一員外尚有佛蘭西國王與大呂宋國王派委理事官二員其人民以土產材木及製造鐵器易穀果與日用所需各物會城建于巴利拉河邊烟戶約二千口

外國史略曰西班亞國自古由海濱開墾漸通貿易後在北亞非利加州之甲他哥國設新埠既而爲羅馬軍所據土人隨其風俗語音者四百年東晉恭帝時有夷人自東至西戰勝據其全地唐睿宗年間回回人侵取南方與北方崇天主教之民力戰七百年不分勝負回回之焰稍衰而西班亞之勢正旺明弘治間遂盡逐回回兼并列國獨稱雄焉維時各國各尋新地以通商西班亞有駛西海之船初抵亞墨利加州立新國每年收銀不下千萬亦時并旁國名揚海外其國專務天主新

教其僧及其教司皆統管庶民有不信者重罰於是荷蘭英吉利兩國崇老教與西班亞軍力戰八十年荷蘭獲勝然是時西班亞權在亞墨利加南北地愈廣財日裕又據呂宋羣島傳天主新教康熙三十八年國衰君廢改立新君其國再興所通商半屬英船布帛呢羽等貨皆赴西班亞國其國舊禁銀出洋因此生釁西班亞結佛蘭西軍共擊英人乃佛國之新君波那艮竟誘西班亞之君至國逐之而立其弟以君西班亞國其民不順英國助之復立前王之子時嘉慶十三年也道光十

三年國主卒其女攝權固執新教變亂未定國帑如洗其民有財者不肯借而亞墨利加南北各藩屬地復盡驅其主而自操權財涸軍廢然固執天主新教終不悔悟也○西班亞與葡萄亞爲半土東花連佛蘭西西及葡萄亞南及地中海與亞非利加州相隔北及西班亞海北極出自三十六度至四十三度四十七分偏西三度十七分至九度十七分地多山北方山尤崇峻中高氣燥水少草木不生南方多晴產物豐盛東北界佛蘭西有險阻爲保障南北海港大船能入河曰他峩河長

百二十里西流至葡萄亞國入大洋海以伯羅河長百里西南流入地中海危亞地那河長百里危他其威河長六十里皆南流也國內無運河貨物難通又無往來之路故國帑如洗道途不修故防範難恃其民人千二百五十七萬此際漸減以其君禁不信天主新教即不准居住後在藩屬地之人大獲利遷徙益衆以故居民益少○其爵之名最多爲上下爵其上爵最古有產業權勢其下爵與庶民無異男女入寺往往遂絕俗不出在內祭禱立修道院盛財帛招貴人入院念經天主教

之院幾占地之大半甚般裕有權勢尊貴者罔不畀之自佛蘭西侵後道院之勢漸衰遂籍其產入官以充公費然道院中之教師庶民至今引領焉屢唆是非使民不安地方褊小財帛不多然可足食全地半墾爲田半歸五爵其三分之一歸在城紳士其六分之一歸道院之僧師南方出米并橄欖油葡萄酒不甚產木其山產水銀黑鉛民無巧思少製造其亞墨利加之生理前獲厚利今則爲各國所分生意微少其教師不好文故兒童多不入學女鮮識字國內立大學院十七間以神道

設教居民大半棕色眼有光明好施濟重禮拜故罷工之日多暇則以鬬牛爲戲南方女多美西班亞人崇天主新教祈禱念經口內長稱其名臨危時即懇籲馬利亞之名以爲憑信其民好逸而憚勞○乾隆五十六年各口入貨銀九千萬圓由藩屬國運入者八千三百萬圓其中金銀四千四百萬圓外國所運出者銀四千九百萬圓藩國所運出者五千三百萬圓其歲收藩屬金銀之貢三千五百萬圓雜貨價值銀二千萬圓然國帑猶時時缺乏所立通商之公班衙久歇於道光十八年

外國所運入者六千萬員運出者銀二千六百萬圓鉛山每年出五十萬石水銀二十四萬石嘉慶三年穀果計三千萬圓牲畜價銀四千六百萬圓所出之礦四千三百萬圓雜貨銀千四百萬圓〇國內設教主教師副教師教先生小教師副師修道男女僧並教師等一年所收之田共六千萬圓禮拜堂廟寺共二萬八千二百四十九間修道之男女居焉教師財日盛權日重屢與國抗或反爲所敗〇國都在中地曰馬特城居民十九萬五千地皆平坦高於海二百二十七丈內建禮拜堂

七十七間修道院六十二間國君並朝臣居此設大學院各術之堂十八間以廣志識巴悉羅那城在地中海濱居民十二萬港口極廣但水淺大船不得入其貿易甚盛每年進口船千五百隻所出入貨價計銀千萬圓居民善造火器花布絲緞在海邊有軍局鑄火礮之地別設病院養嬰院悉威刺邑居民九萬六千周三里半有十二門禮拜堂三十間製烟之人千五百名鋪七百間織綢緞城內設大學院學生七百八名加那他邑居民八萬前回回族所建之城也加得邑居民七萬在地

中海邊此港最廣昔與亞墨利加人于此大通商四方立礮臺近地多産葡萄瓦林西亞邑在河邊山水清美爲一國之最土田豐産居民六萬其中二萬二千織綢緞馬拉亞邑在海邊亦通商之地有甘葡萄酒可多瓦邑居民三四萬〇西班亞今之女王年尚少其母妃督同大臣代攝國事居民千二百二十八萬城百四十五座共萬八千八百七十方里全地分四十三部外有在北亞非利加海邊之城在南方之島在西北之島在亞墨利加之島在呂宋之羣島惟其臣不善理國帑公項

積欠五萬零七百萬圓其利息至今未還大累他國之債主道光十九年計所費用銀五千萬圓文官百萬圓刑部二百三十萬圓內國務千四百萬圓軍士水師九千六百萬圓欠項利息三千八百萬圓道光二十二年國費至銀萬萬圓所收者六千二百萬圓其欠項一百五萬圓所入不敷所出〇步兵六萬七千礮手凡七千八百軍機營兵千二百騎兵萬三千後營四萬尚有民壯五十營軍勢雖廣大奈不能撫馭百姓屢有叛釁此時水師漸衰僅數號兵船朽爛在港口

海國圖志卷之四十

大西洋

荷蘭及彌爾尼壬兩國總記（彌爾尼壬國一名伊宜又名北義）

邵陽魏源輯

荷蘭及彌爾尼壬兩國同區總名曰尼達蘭犬牙互錯參差不齊幅員二萬四千八百七十方里半水半陸居歐羅巴洲南北之中爲貿易之總埠彌爾尼壬地勢平蕪而多高阜惟荷蘭處於低窪四圍濱海潮至高出地面修堤捍衛二國先皆無王運合爲一彌爾尼壬之人强悍與意大里亞之西撒爾鏖戰爲所服荷蘭則結意

大里亞爲援應於是兩處皆爲意大里亞之藩部中世各國兵起兩處旋屬於佛蘭西嗣佛蘭西之渣麻顛厘王薨其子各霸一方荷蘭彌爾尼壬分屬佛蘭西之麻更里管轄麻更里以女嫁於奥地里亞國王割十七部落爲奩贈荷蘭彌爾尼壬即在其中繼復爲大呂宋所得迨大呂宋之菲厘王昏虐無道荷蘭彌爾尼壬不服統轄與兵血戰五十載彌爾尼壬以邊無險隘不能拒守惟荷蘭抗拒如故呂宋決堤浸灌城不没者三版固守不下會與大利亞國兵來援呂宋退走荷蘭遂撫沃饒之七部落自爲一國建都於嚴上達攬築城練武以舟師東征克因里阿西攻南墨利加洲之墨臘濟爾遂與東洋通貿易國都日盛會佛蘭西兵取彌爾尼壬旋進荷蘭據好司阿蘭治于是兩國仍爲佛蘭西所屬千七百九十九年（嘉慶四年）俄羅斯英吉利欲恢復荷蘭不克迨佛蘭西之那波里稔王即位以其弟羅彌斯王荷蘭仍節制佛蘭西之巖士達攬市埠英吉利商賈所聚也佛蘭西與英吉利搆兵連年遂封荷蘭港口以斷英商之貿易荷蘭埠市遂微嗣奥大利亞國復取回荷蘭並

得彌爾尼壬合爲一屬國名曰尼達蘭設好司阿蘭治鎮守以防佛蘭西侵奪第荷蘭與彌爾尼壬雖同區而音語教門迥異名合心離千八百三十年（道光十年）二地果生衅大戰旬月奥地里亞兵鞭長莫及於是歐羅巴五大國調停講和仍分兩國遂議彌爾尼壬別立一王公舉色斯哥麥之子厘阿波爾主之（今英國女王贅色斯哥麥國之王子爲夫即此國也）即名其國曰彌爾尼壬國建都於墨臘西爾斯轄大部落者九荷蘭轄大部落十有二其荷蘭舊所奪東洋之因里阿地葛番巴烏沙麻特拉烏細利窪烏文萊

島麻拉馬島哥羅曼尼島即在阿非里加洲之伊爾彌俄爾果色諸地並其地駐防之水師船仍專歸荷蘭統轄荷蘭向尊波羅特士頓教彌爾尼壬向尊加特力教今亦各仍其舊從茲分國不復名尼達蘭矣政事荷蘭國都設色特底司衙門一仁尼臘爾衙門一在色特底司供職者終身不易在仁尼臘爾供職者三年一易屆期歲更三之一俟有熟手接代彌爾尼壬國都設立西那底衙門一厘勃力新撻底衙門一在西那底供職者八年一更在厘勃力新撻底供職者四年一更二國未

分時其有兵六萬其各部落久作佛蘭西及奧大利亞兩國之戰場近分兩國各設兵丁未詳其數荷蘭大小戰船百二十隻火船四隻兩國賦稅歲征銀三百五十萬圓戶六百萬三千五百七十八口分國後荷蘭得五之三其國習勤儉精技藝善繪畫遇有乞丐即送工作房差使其不能工作者則令戽水無遊民寡盜賊文學以依臘斯毋士俄羅是阿斯爲最各村皆設義學彌爾尼壬遜之河道三奈因河發源極遠經蟻爾那蘭由特力治至獵達里部落西繆色河亦發源遠方自南至北徑彌爾尼壬境內至休斯倫比與奈因河合流出海色支爾河亦發源遠方經過彌爾尼壬諸部落至奄都注而注之海歐羅巴洲有數大河皆由此出海故奄都注最爲大市埠土產米麥豆麻果大呢白紵布洋布鼻煙菜油海鰍骨磁器煤鐵

荷蘭國十二部

北荷蘭部東北界海及由特力治西界南荷蘭南界西蘭島又勒治墨那滿領小部落十有八

非利斯蘭部東界俄羅忍銀及阿委厘斯南界特凌

題西北界海領小部落二十

俄羅忍銀部東界耶瑪尼南界阿威厘斯西界非力斯蘭北界海領小部落十有二

阿威厘斯部東界口口口南界特凌題西界非力斯蘭北界俄羅忍銀領小部落十有一

特凌題部東界耶瑪尼西界海南界蟻爾那蘭北界阿威厘斯領小部落二十有二

蟻爾那蘭部東界耶瑪尼西界海及由特力治南界勒治墨那北界特凌題領小部落二十有四

由特力治部東界蟻爾那蘭南界勒治墨那滿西界北荷蘭北界海領小部落八

南荷蘭部東界由特力治南界勒治墨那滿西界海北界北荷蘭領小部落十有五

西蘭島部東界勒治墨那滿南界彌爾尼壬西界海北界南荷蘭領小部落十

勒治墨那滿部東界耶瑪尼南界彌爾尼壬西界西蘭島北界南荷蘭蟻爾那蘭領小部落二十有二

臨麥部東界耶瑪尼東南界彌爾尼西北界界勒治

墨那滿領小部落十有二

勒心麥部東界耶瑪尼南界佛蘭西西北界彌爾尼壬領小部落十有六

彌爾尼壬國九部

小墨那滿部東界臨麥南界希撓爾那摩西界依色佛蘭那北界奄都洼領小部落十有六

奄都洼部東界臨麥西界依色佛蘭那南界小墨那滿北界荷蘭領小部落十有八

依色佛蘭那部東界小墨那滿西界威色佛蘭那南界希撓爾北界荷蘭領小部落十有七

威色佛蘭那部東界依色佛蘭那西界海南界佛蘭西北界荷蘭領小部落十有六

臨麥部東界荷蘭西界奄都洼小墨那滿南界里尼北界荷蘭領小部落十

希撓爾部東界那摩南界佛蘭西西界威色佛蘭那北界小墨那滿及依色佛蘭那領小部落十有九

那摩部東界尼里南界佛蘭西勒新麥西界希撓爾北界臨麥及小墨那滿領小部落十有五

里尼部東界耶麻尼西界那摩南界勒新麥北界臨麥領小部落二十有四

勒新麥部東界荷蘭南界佛蘭西西界那麻北界里尼領部落十有四

荷蘭國沿革原無今補

明史和蘭又名紅毛番地近佛郎機古不知何名永樂宣德時鄭和七下西洋歷諸番數十國無所謂和蘭者其人深目長鼻鬚眉髮皆赤足長尺二寸頎偉倍常萬歷中福建商人歲給引往販大泥呂宋及交留巴者和

蘭人即就諸國轉販未敢窺中國也自佛郎機市香山據呂宋佛夷惟市香山未嘗據呂宋據呂宋島者乃西洋之大呂宋以其國名名此島至今尚然未嘗爲佛郎機所據也此語亦誤和蘭聞而慕之萬歷二十九年駕大艦攜巨礮直薄呂宋呂宋人力拒之則轉薄香山澳澳中人數詰問言欲通貢市不敢爲寇當事難之稅使李道即召其酋入城與遊處一月亦不敢聞於朝乃遣還澳中人又慮其登陸力爲防禦始引去海澄人李錦及姦商潘秀郭震久居大泥與和蘭人習語及中華事錦曰若欲通貢市無若漳州者漳南有彭湖嶼去海遠誠奪

而守之貢市不難成也其酋麻韋耶曰守臣不許奈何曰稅使高寀嗜錢甚若厚賄之彼特疏上聞天子必報可守臣敢抗哉酋曰善錦乃代爲大泥國王書一移寀一移兵備副使一移守將俾秀震齎以來守將陶拱聖大駭亟白當事繫秀於獄震遂不敢入初秀與酋約入閩有成議當遣舟相聞而酋卞急不能待即駕二大艦直抵彭湖時三十二年之七月汛兵已撤如入無人之墟遂伐木築舍爲久居計錦亦潛入漳城偵探詭言被獲逃還當事已廉知其狀并繫獄已而議遣二人諭其

酋還國許以自贖且拘震與俱三人既與酋成約不欲自彰其失第云我國尚依違未定而當事所遣將校詹獻忠齎檄往諭者乃多攜幣帛食物覬其厚酬海濱人又潛載貨物往市酋益觀望不肯去當事屢使使諭之見酋語輒不競愈爲所慢而寀已遣心腹周之範詣酋說以三萬金餽寀即許貢市酋喜與之盟已就矣會總兵施德政令都司沈有容將兵往諭有容負膽智大聲論說酋心折乃曰我從不聞此言其下人露刃相詰有容無所懾盛氣與辨酋乃悔悟令之範還所贈金止以

哆囉嗹玻璃器及番刀番酒餽寀乞代奏通市寀不敢應而撫按嚴禁姦民下海犯者必誅由是接濟路窮番人無所得食十月末揚帆去巡撫徐學聚劾秀錦等罪論死遣戍有差然是時佛郎機橫海上紅毛與爭雄復泛舟東來攻破美洛居國與佛郎機分地而守後又侵奪臺灣地築室耕田久留不去海上姦民闌出貨物與市已又出據彭湖築城設守漸爲求市計守臣懼禍說以毀城遠徙即許互市番人從之天啟三年毀彭湖所築城移舟去巡撫商周祚以遵諭遠徙上聞然其據臺

灣自若也已而互市不成番人怨復築城彭湖掠漁舟六百餘艘俾華人運土石助築尋犯厦門官軍禦之俘斬數十名乃詭詞求欵再許毁城遠徙而修築如故已又泊舟風櫃仔出沒浯嶼白坑東椗莆頭古雷洪嶼沙洲甲洲間要求互市而海寇李旦復助之濱海郡邑爲戒嚴其年巡撫南居益初至謀討之上言臣入境以來聞番船五艘續至與風櫃仔船合凡十有一艘其勢愈熾有小校陳士瑛者先遣往交留巴宣諭其王至三角嶼遇紅毛船言交留巴王已往阿南國因與士瑛偕至大泥謁其王王言交留巴國主已大集戰艦議往彭湖求互市若不見許必致搆兵蓋阿南即紅毛番國而交留巴大泥與之合謀必不可以理諭爲今日計非用兵不可因列上調兵足餉方畧部議從之天啟四年正月遣將先奪鎮海港而城之且築且戰番人乃退守風櫃城居益增兵往助攻擊數月寇猶不退乃大發兵諸軍齊進寇勢窘兩遣使求緩兵容運米入舟卽退去諸將以窮寇莫追許之遂揚帆去獨渠帥高文律等十二人據高樓自守諸將破擒之獻俘於朝彭湖之警以息而

其據臺灣者猶自若也崇禎中爲鄭芝龍所破不敢窺內地者數年乃與香山佛郎機通好私買外洋崇禎十年駕四舶由虎跳門薄廣州聲言求市其酋招搖市上姦民視之若金穴蓋大姓有爲之主者當道鑒壕鏡事議驅斥或從中撓之會總督張鏡心初至力持不可乃遁去已爲姦民李葉榮所誘交通總兵陳謙爲居停出入事露葉榮下吏謙自請調用以避禍爲兵科凌義渠等所劾坐逮訊自是姦民知事終不成不復敢勾引而番人猶據臺灣自若其本國在西洋者去中國絶遠華人未嘗至其所恃惟巨舟大礮舟長三十丈廣六丈厚二尺餘樹五桅後爲三層樓傍設小窗置銅礮桅下置二丈巨鐵礮發之可洞裂石城震數十里世所傳紅夷礮卽其製也然以舟大難轉或遇淺沙卽不能動而其人又不善戰故往往挫衄其所役使名烏鬼入水不沉走海若平地其柁後置照海鏡大徑數尺能照數百里其人悉奉天主教所產有金銀琥珀瑪瑙玻璃天鵝絨瑣服多羅嗹國土旣富遇中國貨物當意者不惜厚資故華人樂與爲市

皇清四裔考荷蘭俗稱紅毛番亦曰紅夷在西北海中西北與佛郎機接去中國水程五萬餘里其國有大山名那蘭山山麓建城名那蘭城其國受　朝勅稱王名列外服其臣下官爵見於奉使者亦有戶部官總兵官等名俗奉天主教與英吉利同性强悍好爭雄所恃惟巨舟大礮明萬歷中荷蘭來侵呂宋泊香山澳入彭湖嶼尋據臺灣又與葛剌巴合將入彭湖求互市明發兵擊敗之崇禎十年復爲明將鄭芝龍所破餘衆猶據臺灣教習土番耕作築平安赤嵌二城以自固順治九

年鄭成功寇鎮江敗歸謀取臺灣會荷蘭通事何斌逋夷負遁投成功說成功以水師從鹿耳門入與荷蘭相持久荷蘭戰屢敗棄臺灣走十年廣東巡撫奏報荷蘭願備外藩謹修職貢十三年六月齎表朝貢經禮部議覆應五年一貢貢道由廣東入　詔改八年一貢以示柔遠康熙三年大兵渡海攻鄭錦等進克廈門荷蘭國率舟師助剿以夾板船乘勢追擊斬首千餘級遂取浯嶼金門二島事由靖南王耿繼茂奏聞　賜國王文綺白金等物先是二年六月入貢有刀劍八皆可屈伸

馬四鳳膺鶴脛迅速異常二十五年獻方物請定進貢限期五年一次又貢船例由廣東入但廣東路近而泊地險福建路遠而泊地穩嗣後請由福建入部議應如所請是年定減荷蘭貢額乾隆元年裁減荷蘭稅額

諭曰朕聞外洋紅毛夾板船到廣時泊於黃浦輸稅之法海船按梁頭徵銀二千兩左右再按則抽其貨物之稅此向例也近於額稅之外將伊所攜置貨現銀另抽加一之稅名曰繳送與舊例不符非朕嘉惠遠人之意着查例裁減並宣諭各夷知之荷蘭故居西北地界

西隴去中國甚遠自通市後常占居葛剌巴地事詳葛剌巴傳乾隆六年閩浙總督策楞奏稱西隴爲荷蘭祖家去葛喇巴甚遠所謂西隴者當即西洋故地荷蘭雖占居葛喇巴而荷蘭之名久通朝貢故仍其故號云

海錄荷蘭國在佛郎機西北疆域人物衣服俱與西洋同唯富家將死所有家產欲給誰何必先呈明官長死後即依所呈分授雖給親戚朋友亦聽若不預呈則必籍沒雖子孫不得守也原奉天主教後因寺僧滋事遂背之然仍立廟宇亦七日禮拜死則瘞于墳園國王巳

絶嗣羣臣奉王女爲主世以所生女繼今又絶國中不復立王唯以四大臣辦理國政有死者則除其次如中國循資格以次遷轉不世襲所屬各埠各島雖在數萬里之外悉遵號令無敢違背亦以天主教紀年國中所用銀錢爲人形騎馬舉劍謂之劍錢亦有用紙鈔者土產金銀銅鐵琉璃哆羅絨羽紗嗶嘰番覘酒鐘表羽紗而琉璃尤甲于諸國

伊宣國在荷蘭北疆域較布路亞稍狹由荷蘭向北行約七八日可到風俗土產與布路亞同此即所謂彌爾尼王國也與荷

蘭連疆域始合終分奉加特力敎與荷蘭異

盈蘭尼士國在伊宣西北疆域風俗土產與伊宣同由伊宣沿海向北少西行約旬餘可到

亞里披華國在盈蘭尼士東其南與佛朗機毘連由盈蘭尼士向東少北行約數日到人頗豪富男子所穿衣較布路亞稍長女人以巾裹頭連下頷包之頭戴一圈平頂插以花其額圍以珠翠亦與布路亞稍異云

壬頗華國在亞里披華東北風俗疆域土產略同其伊宣盈蘭尼士亞里披華壬頗華各國交界處有地名郎

瑪衆建一廟禮拜者日無隙晷是布路亞呂宋佛朗機伊宣壬頗華雙鷹單鷹七國所共奉祀盈蘭尼士亞里披華二國則不拜四洲地里志佛朗西布路亞大呂宋俱尊加特力教此廟必是也其不拜者殆與荷蘭均奉波羅士特敎

貿易通志曰荷蘭國沿海有大港口自古專務貿易其通商自順治康熙年間甚盛於今漸衰所載出者爲牛油酥餅丹參麻子麻布酒等進口者各南洋之貨道光十年國都進口之船千有九百八十四隻進口貨價千五百萬員出者千四百萬員國帑虧空故重徵餉稅甚

塞通商之路南有羅得坦埠頭道光八年進口船二千零八十五隻其餘海口各港各埠贏縮不等

職方外紀法蘭得斯在亞勒馬尼之西南地不甚廣人居稠密有大城二百八十小城六千三百六十八其學三所一學分二十餘院人情俱樂易溫良最好談論善謳歌其婦人與人貿易無異男子顧其性極貞潔能手作錯金絨不煩機杼西洋布最輕細者皆出此地

萬國地里全圖集曰荷蘭國極褊小東連日耳曼國南至北義西北至海西離英國不遠地雖最窄人戶稠密

其計三百六十萬丁。其地似中國之江蘇。形勢極低。若不築隄防範。則海水漲溢。其害無窮。由佛日兩國所流出之江支曼入海矣。內地運河無數。船隻往來不絕。田疇不多。到處牧塲。故奶餅牛油盛於他國。○古時荷地原係水澤蠻夷所居。國民勤勞。築堤掘河。是以從日佛兩國所流之水入海不漲。而肥草塲與馬。士民皆自幼習水。故出水手。自古專務通商。於宋元等朝。西洋列國以荷爲通市。商賈雲集。舟車輻輳。善造氊呢布疋。是以大城富邑興焉。當明朝時。呂宋國王操權。欲荷蘭肯波

羅士特教。而遵加特力教。荷民死拒不從。呂宋欲以兵船强服之。連戰八十年後。不得不議和。荷則廣開通商。乃合七部。自爲一邦。選中國英傑。統督各部。當此時荷船駛到四海。戰舟與英佛交鋒獲勝。其商賈駛開新地。又在東南蓋建葛拉巴。又據臺灣。與日本國往來。其勢隆隆炎炎日盛。不幸乾隆年間爲佛蘭西國所偪降服。請盟。嘉慶十七年。荷賴他國協力。驅逐佛軍。與北義部合爲一國。十五年不變。忽然北義作亂。而逐荷王。兩國交戰。又永絕交焉。其居民樸實勤儉。以積財爲務。身體壯建。好食酒煙。屋宇街市。洒掃浮潔。古時與萬國貿易。近日他國乘機各自交易。故荷船減少。國分七部。鄉鄉相續。邑邑相連。人物如蟻。但恨其人好酒。其國欠項最重。納稅倍于他國。國王不得專制。其國惟聽紳士會議施行。其都安特堤在海隅。其居民二十萬丁。建屋在澤上。用木扶之。各街有河汊。其房高大。內外美觀。每年進口船二千隻。鹿特堤城廣街多屋。城內無處不通舟楫。居民溫和。厚接遠客。合琪乃國王所居。離海不遠。殿廷不高大。然其良民之屋甚美。來丁烏特等城內。有大書院。名儒賢士所出也。荷國語音。北與日耳曼民如出一

轍。

北義國。卽彌爾尼壬國。道光十一年。與荷相絕。南及佛北連荷。東交日耳曼。西至海。居民二百六十七萬丁。其地與荷無異。但其河不多。產五穀蔬菜。其百姓固執加特力教。效是班牙國之尤。庶民勤勞度生。飲食過量。又好動輕諾寡信。其國王非與百姓公舉之紳士商議。不能立法納餉。現王愛其民。但其僧誘民糾衆犯法。絕荷以後。貿易路塞。昔所進港口之船。移往他處。但城中之

民皆巧手造織呢布今亦製鐵轆轆路以便經商其王都北歷悉美城遍栽樹林以爲樂園俾民人遊賞山水安威耳乃大馬頭船隻往來甚便而荷蘭忌之封其江口也

地球圖說荷蘭國東界波路西亞國並亞利曼諸小國南界北利諸恒國西北界北海百姓約二百五十萬都城名海克城內民六萬大半耶蘇教小半天主教地極低陷連間江河若不時時修築隄防則潦漲橫溢土地膏腴故務農者眾而牧羊者亦不少身體壯健性愛淸

白房屋街衢統勿汚穢惜好烟酒耳其土民嫻習於水故多爲水手復有於水澤腹堅之際用木屐流行氷上其捷如飛經營不懈國內兵船不若往昔故昔時能與英吉利佛蘭西戰勝復能至中國據臺灣與日本往來盡據有亞細亞之南海各島今則僅有四分之一焉所出土產牛油奶餅火酒毯氈呢緜布羊毛布等物

地里備考曰賀蘭國在歐羅巴州之中北極出地五十一度七分起至五十三度止經線自東一度起至四度四十八分止東連亞里曼之亞諸威國暨布魯西國南北爾日加國西北至海長約六百五十里寬約三百五十里地面積方一萬八千三百二十里烟戶二兆五億五萬八千口本國除給爾德勒暨盧森不爾厄二處邱皐寥寥外其餘各地平坦低窪荒沙澤濕河至長者五湖則甚多其至大者曰亞爾零海地氣濕寒北方少穀果南方則禾稼豐盈土產胡麻茜草材木烟葉滑石生鐵花石惟煤甚富禽獸蕃衍鱗介充斥王位傳男以長幼爲序無男方得立女奉加爾威諾脩教者過半奉天主公教暨路得羅修教者稍少若外國人寄寓或奉別

教者不爲禁止工肆林立技藝精巧百貨駢集本國耶蘇未生以前皆爲加理亞及亞里曼二國之地繼爲羅馬國人所克服耶蘇降生後四百年間始則盡爲法耶哥人所服繼則歸於佛蘭西國統屬至耶蘇九百餘載佛蘭西國變亂本國諸酋紛紛自立分爲十七小國明成化中盡歸奧斯的里國所取傳位於呂宋國王明穆宗隆慶中呂宋國王設稽查邪教院凡國人信從左道者從重治罪因此國人叛亂廢君逐官分通國爲七部自立官宰互相結盟各不統屬再越二百十六載卽乾

隆六十年又遭佛蘭西兵占據迨佛蘭西國君那波頁臨御之後封建其地復立爲國迨那波頁敗績後國人乃將北爾日加國合爲一邦道光十一年也北爾日加國亂不服管轄自立爲國分十一部一北賀蘭部乃本國都也建於義河岸屋宇峻麗商賈雲集仍爲歐羅巴州富麗之國一南賀蘭部一斯蘭的部一北巴拉班部一烏德勒支部一科爾威義塞耳部一德倫得部一哥羅寧加部一非里薩部一靈不爾厄部除此十一部外尙有一區名曰盧森布厄長二百五十里寬二百里地

面積方三千九百四十里烟戶二十九萬五千口與亞里曼各國結盟應出兵丁二千五百五十六名其地應爲頭等公爵統攝卽賀蘭國王也所兼攝各地凡亞非里加州亞美里加州阿塞里亞州皆有之

外國史略曰荷蘭國瀕海地窪潮水漲溢晝夜築堤以捍海水水退則陸地成草場足資游牧民猛勇善戰不服羅馬之軍唐朝時進天主敎尙分數國各擅其民互爭強弱國內江河無數以通商爲業土產甚多而居民稠密勤織布匹以補食用自明洪武及嘉靖國蒸蒸蔚起舟艦雲集街衢輻輳民恃庶富屢逆國命於明嘉靖時有豪氏倚西班亞之助於日耳曼近地僭號曰甲利號第五王甲利王崇天主新敎立志殄滅老敎禁諭甚嚴凡老敎拜上帝之人寗死不從北方七部難民並起立首領抗拒八十年交戰不息西班亞國助之亦師老餉糜於順治四年北七部各自主其地惟南部仍歸西班亞國入日耳曼國之版輿仍天主新敎商賈工匠皆畏避他徙故北方率富而南方益衰是時荷蘭壘與西班亞戰勝廣通商之路至五印度國奪葡萄亞人所開

之牙瓦島開市葛留巴兩攻澳門不得志萬歷二年又開埠臺灣後亦歸中國順治康熙年間荷蘭國運貨至粤貿易歐羅巴各國忌其富佛蘭西英吉利水陸交攻之幸上帝保護其國能勝敵而通商益廣其時英吉利奉耶蘇老敎之民不從天主新敎於康熙二十七年逐英吉利王招賀蘭君卽位佛蘭西亦懼來結平他國有缺乏者赴賀蘭貸之其國庫常充乾隆五十七年佛蘭西背荷蘭國驅其君掠積聚佛君波羅穩王乃復立其弟爲荷蘭王其時荷蘭已失藩屬貿易之商船又畏英

人之戰艦不敢航海於嘉慶十八年其民會合歐羅巴各國驅佛蘭西兵復自立其舊君復南方之地時道光十三年也南北交戰遂分二國其北部仍歸舊主存荷蘭之名號其南方爲北義國乃昔日英吉利女王之所配者南北雖尙通商然較曩時貿易大不如矣○荷蘭乃最褊小之地東連日耳曼南界北義西北皆濱海由日耳曼國來之支流曰來尼河馬士悉得等河皆西流北入海遍築堤防禦水尙屢次溢漲覆鄉邑內地運河船往來不絕南方多出五穀餘惟牧場無林木西邊多

出藍靛顏料運賣他國最著名者花卉甲於各國牛高大多乳牛油酥餅有名人稠地狹田園不足於耕故商賈徧遊各國水手熟悉水性不憚勤勞不取樂不好戰若激之則猛烈不惜身命不畏風浪好潔淨屋宇街衢洒掃不輟故城邑最美其鄉如城無極貧者好飲酒吸烟晝夜不輟不妄耗財而喜賙濟遍國無丐若有之卽運送新地俾自食其力不容一閒手也荷蘭本日耳曼之族故語音風俗相近○其國之廣袤方圓五百七十五里居民男百四十萬女百四十五萬其屋共計四十

四萬居民十六萬崇耶蘇老敎者計百七十萬四千崇天主新敎者百一十萬猶太人五萬二千國人敬畏上帝所派之勢師厚其祿設禮拜堂土產牛最多道光十七年運出之牛油十九萬四千石嬭餅三十三萬四千石所製麻布漂布羽毛氈酒皆運之他國內地之運貨船萬五千隻大艇五千六百隻航海之船千五百隻別有在藩屬國者道光十九年國中進口之船二千三百隻在鹿得堤入口者三千隻大洋捕鯨魚黃花魚之艇二百六十隻共計運出貨價銀四千四百萬圓運入銀

千六百萬圓○國內大開書院學士雲集講術藝小學館二千八百餘處大學院四處皆聚印繙繹之書○理國務公會兩班其一班王自擇之悉當職者其一班是民之所尊貴三年一推選爲會辦國務若公會不准卽不得征餉外國務藩屬國務及兵部戶部水師部各有大臣正敎門天主敎門各有首領官議軍機者皆有功績之大臣各部有管地之五爵紳士議定然後赴公會視事征餉自道光二十一年地稅二百四十萬兩人丁百五十萬兩印票六十萬兩白糖八十萬兩葡萄二十

萬兩。酒八十萬兩。牲畜三百六十萬兩。鹽課四十萬兩。番鹼二十萬兩。票紙三十五萬兩。稅餉百三十八萬。恭綏三十五萬兩。關津稅銀百三十八萬兩。公費自道光二十三年言三十一萬兩。文官俸二十五萬兩。外國務十三萬兩。刑法師三十九萬兩。國內務百二十六萬兩。耶蘇老教師三十五萬兩。天主新教師十三萬兩。水師百四十萬兩。藩屬地萬一千兩。公項欠利息八百四十萬兩。養廉六十四萬兩。各部公費百五十萬兩。兵餉費一百七十萬兩。因欠項太重。故斂餉較難。雖在南洋之

牙瓦島並他藩屬地。有餘費二百萬兩。而亞墨利加之藩屬地耗費太過。每年銀八百萬兩。總共公欠項三萬一千三百萬兩。餘國小費繁。故各物重征而民益困。○地分七部。都城曰安得堤。居民二十萬。百年前為海外最大之埠。各國商舟雲集。在海港之南。其街直。其屋峻鑿。河通海。其土淖。必先鋪木板。始可建造。其公宇長二十八丈。闊二十三丈。高六十丈。上有塔高二十一丈。商賈會館甚美。長二十五丈。闊十四丈。內外之客所集。以議論者。城中二百九十橋。遍通來往。水鹹。鮮清泉。夏月溝

渠尤臭。居民收雨水用之。海邊有哈地。最美之邑也。建高殿為王居。鹿得堤城在馬士河邊。居民七萬八千。其與國通商。惟英夷為最。火輪往來不絕。大書院三所在來丁邑。烏得邑。峩寧音邑之城。二曰鹿堡。曰白他

瀛環志略曰。荷蘭（和蘭○賀蘭○法蘭得斯）歐羅巴小國也。東界日耳曼。南界比利時。西北距大西洋海。壤地褊小。歐羅巴地形此最低。陷海潮衝齧。劃為洲渚。港道縱橫交貫。其地沮洳卑濕。而土脈最腴。民擅水利。善築堤防。開溝洫。又善於操舟。能行遠。故歐羅巴海市之道。行自荷蘭始。

其地古時為土番部落。時意大里擴地至佛郎西。荷蘭土番悍不聽命。意大里兵阻水不能進。因置為荒服。不能爭。後為日耳曼之弗郎哥人所據。蕭齊時。佛郎西取之。置酋長分領其眾。佛有內亂。諸酋擁地自擅。分為十七部。後復并諸部為一。自立為侯國。北宋時。海潮決隄數百里。居民皆沒。都城幾陷。潮退之後。積水匯為巨浸。曰亞爾零海。經營數十年。戶口繁滋。商賈通行。完富過於曩時。明初。侯查理。侵佛郎西。圍其都城。耀兵而還。時荷蘭富民多恃財犯科。律侯以峻法繩之。刑戮過當。眾

怨怒有叛志佛耶西乘勢伐之侯震恐納賂請盟佛兵乃退荷蘭舊分南北部侯政苛虐南部(即比利時)畫疆不聽命侯與戰敗績墮溝中死正德季年西班牙查理第五王新爲日耳曼所推立(已詳奧地利亞圖說)有大權擊佛耶西據其王西土諸國無敢抗顏行者遂下令兼王荷蘭荷蘭不敢抗時荷蘭富甚王減稅以悅其民而悉令入天主教有遵耶蘇教者積薪燔之已而西班牙王令其子兼王荷蘭禁耶蘇教尤急北部夙崇耶蘇教西班牙王以峻法繩之荷蘭人憤甚有阿蘭治者智勇過人衆推爲

主起兵距西班牙西班牙以大衆攻之荷蘭人殊死戰屢敗而氣不衰佛耶西英吉利嘗引兵救之已而退去阿蘭治激其衆曰西人以我供刀俎嘗塗肝腦决死戰幸而勝國之福也不濟則决海隄挈妻子爲波臣不死者乘舟逃萬里外誓不爲之氓衆皆曰諾遂引軍獨進與西班牙鏖戰數十年屢挫西軍西班牙遣客刺殺之其子繼立雄武過父奮力擊西軍大破之西班牙乃斂兵議和由是荷蘭復立爲國晏然富庶者二百餘年當前明中葉荷蘭航海東來至中國之東南洋據爪哇海口(即噶羅巴)迤東迤北各島國皆建設埔頭通東西七萬里之海市故國雖小而富饒甲於西土明季嘗以兵船擾閩浙墾臺灣而據之後爲鄭氏所逐小西洋各埔頭亦頗爲英佛諸國所侵削而南洋數大島依然荷蘭有也康熙二十七年威廉第三王有雄略英吉人招之渡海奉以爲王幾覇西土嘉慶初佛耶西拿破侖侵伐四國兵及荷蘭荷蘭王走死荒野地歸佛耶西英吉利乘荷蘭之亂也奪其爪哇埔頭拿破侖既敗荷蘭復立故王之裔英人乃還其埔頭先是荷蘭南部與北部相仇當

北部與西班牙搆兵南部附西班牙不相助嘉慶十九年南部與荷蘭合道光十一年南部復絶荷蘭立他族爲王稱比利時國荷蘭地形平衍有水無山東偏僅有邱阜亦甚寥落其民俗樸實耐勞節衣嗇食治生最勤無游手盜賊利之所在不遠數千里性喜潔房屋時時掃滌街衢有污穢必洗刷淨盡稅餉頗重聽紳士籌辦王不得專地分十一部○北荷蘭西距大西洋海東環亞爾零內海都城建於義河之濱架木水中上起樓閣遂以河爲街衢居民二十萬貿易之盛爲歐土大都會

又有別都曰合其在海濱國王所居殿廷制頗卑狹而居民極整潔來丁烏特兩城有大書院士儒所萃○南荷蘭在北荷蘭之南西面大海南界內港隔斷成兩洲會城曰海牙所屬鹿特堤城內通舟楫般商所萃街市華潔○斯蘭德亞在南荷蘭之南西面大海內港縱橫界隔成六洲○北巴拉班的在斯蘭德亞之東幅員頗廣南與比利時接壤會城在南荷蘭之東○給爾德勒在烏支德勒之東北西界亞爾零內海東界日耳曼德得在給爾德勒之北西界內海東界日耳曼○科威義塞在德倫得之北東界日耳曼○非里薩在科威塞之西三面距內海○哥羅凝加在科威義塞之北為荷蘭極北境東界日耳曼○靈不爾厄在北巴拉班的之東南隅與日耳曼接壤○十一部之外別一部曰盧森不爾厄在日耳曼界內長二百五十里廣二百里會城同部名戶口二十九萬入日耳曼公會應出兵二千五百

瀛環志略曰歐羅巴諸國皆好航海立埔頭遠者或數萬里非好勤遠略也彼以商賈為本計得一埔頭則擅其利權而歸於我荷蘭尤專務此其航海而東來也亞

非利加印度麻喇甲蘇門答臘印已遍設埔頭噶羅巴即爪哇一島大小西洋入中國之門戶富盛甲於兩洋為諸島國之綱領荷蘭以詭謀據其海口建設城邑流通百貨由是迤東迤北諸島國如婆羅洲一名蟠尼阿西里百一名失勒密士摩鹿加一名美羅洛巴布亞一名那吉尼之類大小凡數十處說見南洋圖皆巫來由繞阿武吃番族荷蘭以次據口岸立埔頭有租債其地者有侵脅得之者大約近年以來小西洋諸島國以英吉利為主東南洋諸島國除呂宋屬西班牙餘皆以荷蘭為主地本彈丸而圖國計於七萬里之外歷數百年無改亦可謂善於運籌者歟

地球圖說伯利諸恒國又名北義國東界波路西亞國南界佛蘭西國西界北海北界荷蘭國百姓約四百二十萬都城名北律悉城內民十一萬大半天主教小半耶蘇教人甚聰明善繪畫言語各異在南則與佛蘭西國土音相似在北則與亞利曼國土音相似昔本與荷蘭同國後於道光十一年間兩相分析各自立君土產呢布羽毛最佳五穀多

地里備考曰北爾日加國亦名北義國在歐羅巴州之

中北極出地四十九度三十二分起至五十一度二十八分止經線自東十五分起至三度四十六分止東至賀蘭布魯西二國西連佛蘭西國暨北海南接佛蘭西國北界賀蘭國長約五百里寬約三百里地面積方一萬五千里烟戶三兆五億六萬口北方平坦南方邱陵河之至長者惟三一名義士加爾達一名米于塞一名勒魯下流皆在荷蘭貨船由此出運地溫土腴生殖蕃衍各礦富庶製造精良王位歷代世襲奉天主公教者過半奉路得羅脩教者無幾本國當賀蘭國被法郎西

人攻克時一並歸其統屬後又為大呂宋國管轄康熙五十三年呂宋國王將此讓與奥斯的里國統攝越八十一載乾隆間本國與賀蘭國同歸佛郎西迨賀蘭西國君那波艮敗績後本國與賀蘭雖合為一然各奉一教風俗言語不同賀蘭視北義人不許居顯爵不得入學院道光十一年國人遂倡變交戰驅逐荷蘭監守官出境佛郎西助之立日耳曼之薩克撒小侯留波爾多為君由是復折為二國國分九部一南巴拉班的部乃國都也建於塞內河岸官殿甚壯一安都厄比部一東

發蘭德部一西發蘭德部一海腦德部一那慕蘭部一列日部一林布爾厄部一盧森布爾厄部其國通商衢繁之地或內地或瀕海

〈外國史略〉曰北義國微地耳南及佛蘭西北及荷蘭東及日耳曼西及北海最長者悉得河西北流入海馬士江出佛蘭西通北義國流入荷蘭地方圓五百三十四里半為田其餘種菜果及為牧場為草場為林木其未墾地僅十分之一出藍色顏料麻烟牛馬鐵石炭售與他國價值銀二百萬圓民力于耕無閒土惟南方尚係

磽地廣瀦水有兩海口曰安威賓曰東末道光十九年入安威之船千二百隻他海口之船隻共百三十七隻民奉僧不好學故男女中不識字者十之七八娶妻後夫婦終身不離好施濟少聰敏言語不通體肥多疑出外者少作鐵路以火車往來迅速如風○國務仿佛蘭西時君娶英國王女歿又娶佛國王女有鄉紳五爵之會居民每八十五名中擇一為鄉紳王必聽其所議法度有未便隨時改變國費最多其欠項利息銀至六百三十萬圓賜五爵銀六十萬圓兵刑各司之俸二百四

十萬圓外國務銀二十一萬圓國內務九千五十萬圓工部費二百萬圓水師十九萬圓軍營諸費五百八十九萬圓征餉費二百二十萬圓共計二千一百萬圓有餘所費過所入兵十萬一千四百合民壯共計五十九萬九百二十丁此西洋最微之國其廣袤不過當中國之三府然且分為九部且用費如此其重非通商所入曷以至此

瀛環志略云比利時（比勒治○惟理儀○比義○北爾日加○比爾百喀○密爾閏○彌爾尼王比利閏）歐羅巴小國也北界荷蘭西北距大西洋海

西南暨正南俱界佛郎西東接普魯士西部縱約五百里橫約三百里古時本荷蘭南部荷蘭多水而比利時多平陸明初荷蘭侯查理好用兵徵調繁苦比利時不聽命查理引兵突入其境掩殺八百人比利時結大隊復仇查理敗死後西班牙王兼王荷蘭兩部荷蘭人阿蘭治起兵拒戰相持數十年比利時隸西班牙未敢貳康熙五十三年西班牙以比利時歸奧地利亞為奧藩屬者七十餘年嘉慶初佛郎西拿破侖兼併諸國先取比利時次滅荷蘭拿破侖敗荷蘭再立國嘉慶十九年比利時復與荷蘭合先是荷蘭崇耶蘇教因此與西班牙搆兵數十年卒獲勝復國而比利時毘近佛郎西頗獨從佛俗尚天主教又夙隸西班牙奧地利皆天主教國既與荷蘭合不肯從荷俗兩部之民不相能時時搆釁既絕荷蘭荷蘭遏其港口使不得通乃造鐵轆轤路以火輪車由陸轉運以達海

海國圖志卷四十一

歐羅巴人原譔

侯官林則徐譯

邵陽魏源重輯

大西洋（歐羅巴洲）

佛蘭西國總記（卽佛郎機一作佛朗西一作拂蘭祭一作法蘭西一作和蘭西一作勃蘭西）

佛蘭西國古曰戕爾．北與英吉利對峙．僅隔一港．并近荷蘭．東界耶瑪尼國瑞國意大里國．南抵海並比利里山．西抵大洋．四圍非山卽海．形勢崎嶇．先屬意大里亞．

始學文字．故尊加特力教．嗣因耶瑪尼率師來侵．意大里不能援救．自此佛蘭西不屬意大里亞節制．自立國稱王．建都於巴立斯．追渣爾馬額里王沒後．諸子爭位．分爲數國．至珂加毘王始復並爲一．至今爲歐羅巴洲富强之國．惟與英吉利不睦．世尋兵戈．政事設占馬阿富衙門一所．官四百三十員．由各部落互相保充．如英國甘文好司之例．審訊衙門三百六十所．官三千員．舊日官皆世襲．擯賦稅．調人丁．政多紊亂．後遂裁革世職．陸路步軍武官九千五百有五員．領步兵二十四萬四

千有百名．騎軍武官二千八百有五員．領騎兵五萬一千三百名．火器營武官千九百五十員．領火器兵三萬二千五百九十四名．水師大小戰船百有十．火船十有七．小船百三十有三．俗向奢華．虛文鮮實．精技藝．勤貿易．商船萬四千五百三十．河道四．羅牙河發源布羅溫斯．至南底斯西隅出海．倫河發源沙緩蘭之潯倫冰雪．至布羅溫斯南隅出海．新河發源麻艮里．至英吉利分界港口出海．來因河發源柔查底湖．至荷蘭出海．土產羽毛紗．鍾表．紗呢絨．氈．地氊．夏布．棉布．糖．棉花．葡萄酒．

鹽．蠶．鐵．錫．銀．鉛．銅．白礬．煤．火石．水晶．玻璃．陶器．

佛蘭西國（東界瑞國意大里．西界海．南界大呂宋．北界荷蘭彌爾尼王）幅員二十一萬五千七百方里．戶二千九百二十一萬七千口．大部落八十一．小部落五百三十．俱奉加特力教．

西尼愛西部（東界西耶瑪尼．南界內匿．西界由厘內野．北界愛栖）領小部落八．（其首部曰巴利斯．卽國都也．原本佛蘭西國各大部落內所領小部亦止載一首部．餘俱未詳）

洼部（東南界海．北界羅阿付．西界里倫）領小部落十．

羅阿付部（東界意大里．西界鬲．南界洼．北界海及阿爾付斯）領小部落六．

海阿付部（東界意大里．西界特林．南界羅阿付．北界依西里）領小部落四．

依西爾部東界意大里西界倫菴內里南界海及阿付特林北界引領小部落十
有一
引部東界意大里亞南界依西爾西界倫菴內里北界由那領小部落四
由那部東界瑞國南界引西界順尼奄內里北界萊斯領小部落八
萊斯部東界瑞國西南界由拉北界阿巴順尼領小部落四
阿巴臘引部東界瑞國南界萊斯西界窩斯尼北界羅拉引領小部落五
磨西里部東界羅那引南界繆地西界繆西北界羅拉引領小部落六
繆地部東界羅拉引南界窩斯尼西界繆西北界磨西爾里領小部落四
窩斯尼部東界阿巴那引南界阿巴順西界阿巴麻北界繆地領小部落六

阿巴順部東界阿巴那引南界萊斯西界葛羅北界高斯尼領小部落六
特林部東界海阿付南界鬲西界阿里支北界依西里領小部落七
鬲部東界阿爾付南界里倫西界希律北界阿里支領小部落七
里倫部東界洼南界海西北界鬲領小部落六
阿里支部東界特林西界羅西里南界鬲北界倫菴內里領小部落二
倫菴內里部東界依栖里南界阿巴內里西界稗里林北界順菴內里領小部落
四
順菴內里部東界由那南界倫菴內里西界阿里野北界葛羅領小部落七
葛羅部東界由那南界順菴內里西界潤尼北界阿巴麻尼領小部落六

阿巴麻尼部東界窩斯尼南界葛羅西界歐敏北界繆西領小部落六
藐栖部東界繆地南界阿巴麻尼西界麻尼北界荷蘭領小部落八
阿嶙尼斯部東界繆栖南界麻尼西界埃斯尼北界荷蘭領小部落九
麻尼部東界謬栖南界歐敏西界西尼菴麻北界阿嶙尼斯領小部落七
歐敏部東界阿巴麻尼南界潤尼西界西尼菴麻北界麻尼領小部落六
潤尼部東界葛羅西界內匿南界柰威里北界歐米領小部落十
柰威里部東界順菴內里南界阿里野西界借北界潤尼領小部落七
阿里野部東界順菴內里南界稗離林西界借北界柰威里

阿巴內里部東界阿里支南界羅西厘西界千代北界倫菴內里領小部落四
羅西厘部東界阿里支西里阿威倫南界希老爾北界阿巴內里領小部落四
希老爾部東界鬲南界海西界旦北界羅西厘領小部落六
阿威倫部東界羅西里南界旦西界離律北界千代領小部落六
千代部東界阿巴內里南界阿倫威西界戈立栖北界稗厘林領小部落六
稗厘林部東界倫里內厘南界千代西界戈立栖北界阿里野領小部落六
伊塞稗厘尼部東界海西南界大呂宋北界歐里領小部落六
歐里部東界海西界阿里尼南界伊塞稗呢北界旦領小部落六
旦部東界希老爾西界阿巴牙倫尼南界歐里北界阿威倫領小部落六
阿里尼部東界歐里南界大呂宋西北界阿巴牙倫尼領小部落三

阿巴牙倫尼部東界阿里尼南界大呂宋西界海及稗厘尼北界離律領小部
落七
離律部東界阿威倫西界律菴牙倫尼南界阿巴牙倫尼北界戈立栖領小部落九
戈立栖部東界千代南界離律西界羅龍北界格流栖領小部落六
格流栖部東界稗厘林南界戈立栖西界阿威巴引尼北界英特厘領小部落五
借部東界宋威里南界阿厘野西界阿巴威引尼北界英特厘領小部落六
內匿部東界潤尼西界阿厘野南界借北界西尼愛栖領小部落八
西尼菴麻尼部東界麻尼南界內匿西界西尼愛栖北界埃斯尼領小部落
六

埃斯尼部東界阿隣尼斯西界愛栖南界西尼愛栖北界離那剌領小部落九
離那剌部東界荷蘭南界埃斯尼西界斯特力阿付加北界荷蘭領小部落八
斯特力阿付加部東界離那剌西界海南界新敏北界離那剌領小部落
七
新敏部東界埃斯尼南界愛栖西界海北界斯特力阿付加領小部落七
愛栖部東界埃斯尼南界西尼愛栖西界羅注西尼北界新敏領小部落七
羅注西尼部東界愛栖南界西尼愛栖西北界海領小部落十一
由厘部東界西尼愛栖南界由厘內野西界加注羅司北界羅注西尼領小部落七
由厘內野部東界西尼愛栖南界內野菴借西界阿尼北界由厘領小部落七

內野菴借部東界內匿西界英特厘菴內野南界英特厘北界由厘內野領小部
落七
英特厘部東界借南界格流栖西界威引尼北界內野菴借領小部落六
海稗厘尼部東界阿巴牙倫尼南界大呂宋西界羅稗厘尼司北界離雅司領小部
落四
羅稗厘尼部東界海稗厘尼西南皆界大呂宋北界蘭特司領小部落五
離雅斯部東界阿巴牙倫尼西界蘭特司南界海及稗厘尼北界牙倫尼領小部落
八
蘭特司部東界離雅司南界羅稗厘尼西界海北界雅倫尼領小部落十

律菴牙倫尼部東界離律南界離雅司西界雅倫尼北界羅龍領小部落
六
雅倫尼部東界羅龍南界蘭特司西界海北界羅注渣隣底領小部落九
羅龍部東界戈立栖南界律菴雅倫尼西界雅倫尼北界渣鄰底領小部落八
阿巴威引尼部東界格流栖南界戈立栖西界雅倫尼北界渣隣底領小部落
五
渣隣底部東界阿巴引威尼南界羅龍西界羅注渣隣底北界威引尼領小部落
五
威引尼部東界英特厘南界渣隣底西界都西威力斯北界英特厘菴內野領小部

落五
英特厘菴內野部東界內野菴借南界威引尼西界麻引尼內野北界沙底領小部落六
沙底部東界內野菴借南界英特厘菴內野西界麻引尼北界荷尼領小部落四
荷尼部東界由厘南界荷尼西界贊尼爾北界加爾洼羅領小部落七
加爾洼羅部東界由尼南界荷尼西界贊尼爾北界海領小部落八
贊尼爾部東界加爾羅洼南北界海西界伊厘菴威嶺領小部落九
麻引尼部東界沙底南界麻引尼菴內野西界伊厘菴威領尼北界荷尼領小部落七

麻引尼唵內野部東界英特厘菴內野南界都西威力西界羅洼內野北界麻引尼領小部落七
都西威力部東界威引尼南界渣隣底西界威引利北界麻引尼菴內野領小部落十
羅洼渣隣底部東界渣隣底南界雅倫尼西界海北界威引利領小部落六
伊厘唵威領尼部東界麻引尼南界羅洼內野西界摩敏寒北界海領小部落六
那剌界部東界伊厘唵威領尼南界摩敏寒西界非尼斯底里北界海領小部落七

摩敏寒部東界伊厘唵威尼南界海西界非尼底里北界那剌果領小部落七
非尼底里部東界都西威利南界羅洼渣鄰底西界威引利北界伊厘奄威領尼領小部落二
羅臘引部東界綏沙蘭南界阿巴拉引西界繆地北界荷蘭敏爾尼壬領小部落八
羅洼內里部東界麻引尼菴內野西界海南界威引利北界伊厘菴領尼領小部落八
威引利部東界都西威力司西界海南界羅洼渣隣底北界羅洼內野領小部落七

佛蘭西國沿革原無今補

〈職方外紀〉拂郎祭即佛蘭西國在倚西把尼東北南起四十一度北至五十度西起十五度東至三十一度周一萬一千二百里地分十六道屬國五十餘其都城名把理斯設一共學生徒嘗四萬餘人併他方學共有七所又設社院以教貧士一切供億皆王主之每士計費百金院居數十人共五十五處中古有一聖王名類斯者惡回回占據如德亞地興兵伐之始制大銃因其國在歐邏巴內回回遂槩稱西土人為拂郎機而銃亦沿

襲此名。是國之王天主特賜寵異。自古迄今之主皆賜一神能以手撫人瘰癧應手而愈。至今其王每歲一日療人先期齋戒三日。凡患此疾者遠在萬里之外預畢集天主殿中。國王舉手撫之。祝曰王者撫汝天主救汝。撫百人百人愈。撫千人千人愈。其神如此。國王元子別有土地供其祿食。不異一小王。他國不爾也。國土極膏腴。物力豐富。居民安逸。有山出石。藍色。質脆。可錫爲板。當瓦覆屋。國人性情溫爽。禮貌周全。尚文好學。都中梓行書籍繁盛。甚有聲聞。又奉教甚篤。所建瞻理天主與

講道殿堂大小不下十萬。初傳教於此國者。原係如德亞國聖人辣雜琭。乃當時已死四日蒙耶穌恩造命復活。郎此人也。案明史在此書之後。并不知據此爲藍本。而云國近滿剌加。竟不知爲大西洋。明人荒陋至此。惟此紀國王以手愈疾。自古至今皆然云云。則夸誕無稽之說

明史佛郎機近滿剌加。古不知何國。案滿剌加乃暹羅南境。明季爲佛郎機所據。遂誤以大西洋爲南洋。相去數萬里。明史舛甚。永樂時海外諸邦逼中國者以百數。亦未有其名。自正德中據滿剌加地。逐其王。十三年正月。遣使臣加必丹末等貢方物。請封。詔給方物之直遣之還。其人久留不去。剽刼行旅。至掠小兒爲

食。已而夤緣鎮守中貴。許入京。武宗南巡。其使火者亞三因江彬侍帝左右。帝時學其語以爲戲。其留懷遠驛者。益掠買良民。築室立寨。爲久居計。十五年十二月。御史邱道隆言滿剌加乃勅封之國。而佛郎機敢併之。且啗我以利。邀求封貢。決不可許。宜却其使臣。明示順逆。還滿剌加疆土。方許朝貢。倘執迷不悛。必檄告諸番。聲罪致討。御史何鰲言佛郎機最凶狡。兵械較諸番獨精。前歲駕大舶突入廣東會城。礮聲殷地。留驛者違制交通。入都者桀驁爭長。今聽其往來貿易。勢必爭鬭殺傷。

南方之禍殆無紀極。祖宗朝貢有定期。防有常制。故來者不多。近因布政吳廷舉謂缺上供香物。不問何方。來即取貨。致番舶不絕於海澨。蠻人雜遝於州城。禁防既疎。水道益熟。此佛郎機所以乘機突至也。乞悉驅在澳番舶及番人潛居者。禁私通。嚴守備。庶一方獲安。疏下禮部。言道隆先宰順德。鰲即順德人。故深晰利害。宜俟滿剌加使臣至。廷詰佛郎機侵奪鄰邦擾亂內地之罪。奏請處置。其他悉如御史言。報可。亞三侍帝驕甚。從駕入都居會同館。見提督主事梁焯不屈膝。焯怒撻之。彬

大誥曰，彼嘗與天子嬉戲，肯跪汝小官耶。明年武宗崩，亞三下吏，自言本華人，爲番人所使，乃伏法，絶其朝貢。其年七月，又以接濟朝使爲詞，攜土物求市，守臣請抽分如故事，詔復拒之。其將別都盧旣以巨礮利兵肆掠滿剌加諸國，橫行海上，復率其屬疎世利等駕五舟擊破巴西國。嘉靖二年，遂寇新會之西草灣，指揮柯榮、百戶王應恩禦之，轉戰至稍州，向化人潘丁苟先登，衆齊進，生擒別都盧、疎世利等四十二人，斬首三十五級，獲其二舟。餘賊復率三舟接戰，應恩陣亡，賊亦敗遁。官軍

得其礮，卽名爲佛郎機。副使汪鋐進之朝。九年秋，鋐累官右都御史，上言：今塞上墩臺城堡未嘗不設，乃寇來輒遭蹂躪者，蓋墩臺止瞭望，城堡又無制遠之具，此所以往往受困也。當用臣所進佛郎機，其小止二十斤以下、遠可六百步者，則用之墩臺，每墩用其一，以三人守之；其大至七十斤以上、遠可五六里者，則用之城堡，每堡用其三，以十八人守之。五里一墩，十里一堡，大小相依，遠近相應，寇將無所容足，可坐收不戰之功。帝悅，卽從之。火礮之有佛郎機自此始。然將士不善用，迄莫能制寇也。初，廣東文武官月俸多以番貨代，至是貨至者寡，有議復許佛郎機通市者，給事中王希文力爭，乃定令，諸番貢不以時及勘合差失者，悉行禁止，由是番舶幾絶。巡撫林富上言：粵中公私諸費多資商稅，番舶不至則公私皆窘。今許佛郎機互市，有四利焉。祖宗時諸番常貢外，原有抽分之法，稍取其餘，足供御用，利一。兩粵比歲用兵，庫藏耗竭，藉以充軍餉，備不虞，利二。粵西素仰給粵東，小有徵發，卽措辦不前，若番舶流通，則上下交濟，利三。小民以懋遷爲生，持一錢之貨，卽得展轉販

易，衣食其中，利四。助國裕民，兩有所賴，此因民之利而利之，非開利孔爲民梯禍也。部議又從之。自是佛郎機得入香山澳爲市，而其徒又越境商於福建，往來不絶。至二十六年，朱紈爲巡撫，嚴禁通番，其人無所獲利，則整衆犯漳州之月港、浯嶼，副使柯喬等禦卻之。二十八年，又犯詔安，官軍迎擊於走馬溪，生擒賊首李光頭等九十六人，餘遁去。紈用便宜斬之。怨紈者御史陳九德遂劾其專擅，帝遣給事中杜汝禎往驗，言此滿剌加商人，歲招海濱無賴之徒，往來鬻販，無僭號流刼事，紈擅

自行誅誠如御史所劾遂被逮自殺蓋不知滿剌加即佛郎機也自紈死海禁復弛佛郎機遂縱橫海上無所忌而其市香山澳壕鏡者至築室建城雄踞海畔若一國此澳門有西洋夷屋之始然佛郎機旋去澳不居非今日之澳夷也將吏不肖者反視爲外府矣壕鏡在香山縣南虎跳門外先是暹邏占城爪哇琉球浡泥諸國互市俱在廣州設市舶司領之正德時移於高州之電白縣嘉靖十四年指揮黃慶納賄請於上官移之壕歲輸課二萬金佛郎機遂得混入高棟飛甍櫛比相望閩粵商人趨之若騖久之其來益衆

諸國人畏而避之遂專爲所據四十四年僞稱滿剌加入貢已改稱蒲都麗家守臣以聞下部議言必佛郎機假託乃却之萬歷中破滅呂宋盡擅閩粵海上之利勢益熾明年番禺盧廷龍入都請盡逐澳中諸番出居浪白外海還我壕鏡故地當事不能用番人既築城聚海外雜番廣通貿易至萬餘人吏其土者皆畏懼莫敢詰甚有利其寶貨佯禁而陰許之總督戴燿在事十三年養成其患而不問番人又潛匿倭賊敵殺官軍四十一年總督張鳴岡檄番人驅倭出海因上言粵之有澳夷

猶疽之在背也澳之有倭賊猶虎之傅翼也今一旦驅斥不費一矢此聖天子威德所致惟是倭去而番尚存有謂宜勦除者有謂宜移之浪白外洋就船貿易者顧兵難輕動而壕鏡在香山內地官軍環海而守彼日食所需咸仰於我一懷異志我即制其死命若移之外洋則巨海茫茫奸宄安詰制禦安施似不如申明約束內不許一奸闌出外不許一倭闌入無啟釁無弛防相安無患之爲愈也部議從之居三年設參將於中路雍陌營調千人戍之防禦漸密天啟元年守臣慮其終爲患

遣監司馮從龍等毀其所築青州城番亦不敢拒其時大西洋人來中國亦居此澳今稱澳夷爲大西洋國始見明史者只此一語由外國傳中不立此其實名葡萄亞也澳夷葡萄亞傳故今譚澳夷皆莫得其源委蓋番人本求市易初無不軌謀而中朝疑之過甚迄不許其朝貢又無力以制之故議者紛紛然終明之世此番故未嘗爲變也其人長身高鼻貓睛鷹嘴拳髮赤鬚好經商恃强陵轢諸國無所不往後又稱干系臘國所產多犀象珠貝衣服華潔貴者冠賤者笠見尊長輒去之初奉佛教後奉天主教市易但伸指示數雖累千金不立約契有事

指天爲誓不相負自滅滿剌加巴西呂宋三國海外諸番無敢與之抗者

皇清四裔考佛朗機一名和蘭西亦紅毛番種也東與荷蘭接其國都地名巴離士至中國水程五萬餘里從羅令山峽出口境絕險風俗略同和蘭英吉利諸國順治四年八月廣督佟養甲疏言佛朗機國人寓居壕境澳門與粵商互市於明季已有歷年後因深入省會遂飭禁止請嗣後仍準番舶通市自是每歲通市不絕惟禁入省會其族種有居呂宋者詳呂宋傳來粵互市或

從其本國或從呂宋國至云此誤以呂宋爲佛郎機辯見於前

海乃統紀傳曰法蘭西國東連阿理曼國西及西班牙國南及地中海意大理國北及英吉利海比利潤峽國廣大六十二萬七千方里分八十六部落田十萬三千有餘頃園囿山林萬八千有餘頃歲出土產約價銀九萬三千五百七十四萬員戶三千二百五十萬口馬一百十七萬隻牛六百九十七萬隻羊四百五十萬隻歲出葡萄酒價銀約萬有六千萬員織綢緞極精巧道光四年所載出之貨物約價銀八千八百七萬員入價九千九十七萬員巨戰艦三十六隻中戰艦三十五隻火輪舟八隻各項水師船百有八十六隻水師武官梢手共萬有四千九百商船梢手三十二萬八千營兵二十三萬歲入國帑銀二千五十四萬員出二千七十萬員當中國漢代以前此國士蠻強梗攻隣焚掠於是羅馬國命帥領兵擊服調理野人向化遵法齊明帝二年土酋擊敗羅馬之兵創立新國旋進天主教立廟建殿傳至苗裔三百年間惟耽聲色委政臣下有臣曰鎚者敏智雄豪當回回侵國時舉國震恐惟鎚領率士民血戰

三日破走敵寇其孫甲利泰甫於唐德宗六年嗣位才德出衆創立法制爲四國風俗之表率且東界土蠻疊侵甲利率兵深入山林與土蠻鏖戰敗其十分之二甲利正欲結和而羅馬之教皇意大里亞爲天主教之宗國稱曰教皇凡西洋各國王即位必得教皇札付而後立遣使來約必除蠻酋以淨根株甲利遂進擒蠻王禁之隱修院復進攻回回之族遇伏敗還退値世子作亂東蠻悖叛甲利旋師奮虜四千五百人發怒糜爛之以懲叛黨自赴羅馬國都遂蒙教皇冊立爲西朝之君禮賢興學文教日進其所建之殿所創之邑

所造之路至今遺蹟尚留及没後諸子爭國五爵擅權故王威福遂替在宋朝時西國之民赴猶太國觀天主耶穌所活之地又拜聖墓住彼聖城回回族惡之將天主教門之信士禁監勒索甚者殺戮之于是五爵激烈盡起國兵攻擊回國且隣邦協力共取聖城國王反乘其遠出籍其家產人心遂離及宋理宗二年路易王登位兵政由舊判事明允人心悅服國帑充盈拒破英吉利之兵復領舟師攻破回回名揚四海適侵敵國全軍瘟疫進退兩難爲敵所獲贖還歸國益發憤修政克保

令終嗣王復戰勝英吉利恃勝而驕國政混亂民懷異志垂及百年國瀕危殆忽有童女高聲苦勸庶民效死出力驅逐叛逆法蘭西王即合諸侯增兵士發新教賢女又宣曰必改邪歸正自拔流俗始蒙上帝之祐于是法蘭西國捕焚新教廣布善教明武宗正德年間阿里曼國王足智多謀連年交戰法蘭西王被其所虜王歸復與他國結盟報復勝負相當末年始彼此寢兵嗣王屏棄正教惡徒乘機株累無辜國危民困顯理王於萬歷二十五年戰勝登位發奮自修廣布仁惠復興正教

百姓歸之爲邪教之黨所弒（每月統紀傳曰正德嘉靖隆慶等年間法蘭西國良民進正教而匪徒攪擾之釁隙仇殺不止明嘉靖三十一年顯理王生自幼不憚寒暑馳馬試劍操練武藝伏拜救世主耶穌其始封本國褊小介西班牙法蘭西兩國間自即位後心烈性良巡國平訟薄歛立法於是天主邪教之僧曰思毀除正教之黨設謀肆毒請顯理赴法蘭西國都婚娶禮成合巹夜忽鐘鳴邪黨蜂擁而入殺正教之人顯理匿身床下避難法蘭西王后遂引誘之縱情淫佚四年内惟耽樂是從忽然覺悟而逃率正教之黨統兵攻擊互有勝負當時法蘭西王紈袴無謀兵敗被弒顯理自立雖殉於貨色然執法如山律例千條萬緒一一明析十四年中國泰民安惟邪教僧百計設謀而欲害王乘一日王車入街前後簇擁陰伏刺客揕王之胸百姓哀喪考妣時明萬歷二十七年也）嗣王男形女性不親政事信用匪人五爵百姓咸戰慄及王没世子接位好武用兵

諸國來朝驕傲凌辱故列君怨之糾軍協攻法蘭西國王憤辱而卒是時國家共虧欠銀九千萬員當康熙五十三年其孫登位縱情背理喪心滅恥娼佞弄權奢用公錢弁兵敗散國帑空虛新王嗣位是時北方亞墨里加之民與英吉利國交戰王助亞墨里加戰勝然其餉銀漸減故招爵僧民三品會集以尋聚歛之法國民棄王殺之七年國政混亂有臣曰那波利稔者武功服衆嘉慶八年登王位連九年戰服四方恃强黷武旋敗失位前王之苗裔復立民暫安息及弟嗣位復激民變逐

王而別擇親屬以登位道光十年新王創立國家受諫寬仁百姓安堵論西方諸國大有勢力者我英吉利國爲第一俄羅斯國爲第二法蘭西國爲第三焉原無今補

又曰法蘭西那波利稔王初爲總帥時國王使驅逐奧士地喇之軍出意大理國境維時法蘭西軍乏錢糧缺兵械又未訓練那波利稔鼓舞將士整頓紀律乘敵未設備突然攻之躬親督戰麾兵衝擊戰勝凱旋爲國王所忌遂領兵三萬駕戰船離國至麥西地方乃土耳基之藩屬國也其土兵竭力抵禦終不能勝遂爲法蘭西

總帥所據自恃善戰既絕本國謂可自開新地適英吉利之師船來助土人擊法蘭西巨艦火藥轟發爲英所敗於是退兵嘉慶三年復還國都結黨握權除國之五爵自立爲王時國帑甚空民心未服而那波利稔恃其兵力與其才智且國之首領皆其所轄設造新律改正紀綱國中匪徒畏那波利稔之嚴陰謀殺之皆事敗誅死是時鄰敵尋釁來攻那波利稔王引精兵潛出山後間道突襲其後敵兵驚潰諸國無敵獨英吉利入與爲仇隙再三水戰互有勝負彼此勸和西國咸寧舊無今補

又曰法蘭西國王那波利稔篡立與英吉利仇隙諭飭諸港口逐英吉利之船嚴禁通商欲以窘迫英國英國之水師再三竭力燒其戰船法蘭西復與峩羅斯及他國結盟募兵五十萬每十萬兵給錢糧銀六十萬員於嘉慶九年出師來攻英軍拒擊敗其大半三國排陣相抵隨結和而退法蘭西之戰船又與西班牙戰艦合英吉利水師將又破散之法蘭西又與破魯斯國結釁隙損兵折將法蘭西軍保守堅城嗣後與峩羅斯國王會盟結好一理東方一統西方當是時西班牙之國王世

子悖命且佞臣弄權故法蘭西王召其父子君臣至國執而廢之以國封其弟西班牙民不服招英吉利之軍助其戰守驅逐敵軍嘉慶十三年佛蘭西復領兵侵西班牙土民降服法軍凱旋娶西班牙國王之女爲妃遂諭阿里曼諸國仰之若共主法蘭西之武勢益廣心志益侈聯合諸屬國各領其兵士共五十萬欲攻服峩羅斯峩羅斯軍已退避不意上帝降災大風凛冽雺雪如山法蘭西諸軍凍死者十有九遁回後又募兵攻阿里曼之國諸侯皆苦其暴酷破魯斯王拒敵歐羅巴列國

合而攻之互有勝負卒後法軍敗散諸國合兵伐之法蘭西王失國嘉慶十八年避於小嶼創立新國日夜思復仇寢食皆廢猝回法蘭西國逐其新王惟上帝不祐復爲英吉利破魯斯兩軍擊敗於是法蘭西舊王復立禁放波利稔王于遠嶼欲逃不得道光元年憤恨而死論其才能非不出類超衆惟佳兵好戰以至於亡舊無今補

○波利稔一作破侖翁一作拿破侖

顏斯徐海防餘論曰佛蘭西地廣人多旗號純白可與英吉利抗衡自古有大仇不能解釋每二三十年爭戰

一次每戰輒數年而後各國爲之講解罷息近來與荷蘭連結改旗號紅白藍三色而豎用荷蘭國旗則三色横用

海島逸志曰勃蘭西居於西北海與和蘭英圭黎鼎峙爲鄰其狀貌衣服器用並同惟字跡言語則異性甚強悍少經商之徒所以罕至葛留巴者和蘭每受紅毛欺凌則倚以爲助勃蘭西國大人衆英圭黎所畏懼也

貿易通志曰佛蘭西國其西港口日波爾多每年商船出口二千九百三十八隻道光八年貨價三百七十八萬員其南港口日馬耳西利道光十二年海關徵稅六百萬員有奇通計國中大小各船插佛蘭西旗者共計八萬二千三百九十八隻載三千餘石水手三十五萬八千人外國船進其口者三千三百八十二隻道光十一年國中進口貨價萬四千七百萬員出口貨價萬二千九百萬員

萬國地理全圖集曰佛蘭西國南至地中海東南連以大里北及英吉利海峽連北義國東與日耳曼國交界西及是班牙海隅北極出自四十二度四分至五十一

度十分偏東自八度二分至偏西四度四分廣袤方圓六十二萬七千方里其居民三千三百萬丁其中男一千六百萬丁女一千七百萬丁娶妻者六百二十一萬名寡婦一百六十九萬名於道光十五年媾姻共計二十七萬五千生子男女九十九萬三千丁人死者八十一萬六千名其中自盡者二千二百三十五名國家定死罪四十一名三軍不下三十萬丁大小兵船二百九十隻水手五萬其中最大船載七十二礮至一百二十門火輪船巡駛於地中之海每年收銀約一萬二千九

百萬兩有餘收國帑萬二千九百六十六萬兩欠項五萬八千萬兩西北兩方平坦少山西南一帶山嶺與是班牙國交界東南一最高之峯與以他里隔界其江不多亦不長自北直流入地中海名羅尼江由東至西者名曰羅亞利中間多開運河故內地交通山山石炭鐵鉛白礬專資國用不得運出他國惟西南各方多葡萄酒出售各國尙有橄欖油及種蘿蔔以造糖五穀亦有而民惟食麪佛蘭西國民最精神好禮厚待遠客男女會集歌舞惟樂目前不慮久遠危時敢作敢爲寧死不

居人下其女巧言如簧甚悅人意但不甚守禮其民輕諾寡信豪興喜武是以常與各國肇釁效死勇戰漢朝年間居民尙野得羅馬國征服漸漸教化通其語言文字同于各國三百年後遂驅逐羅馬之官而自立國始稱曰佛郎機於唐順宗之年有甲利王者攻勝蠻夷有功自立其後裔不明是以數百年無治及元朝年間人類再悟而佛國漸得操權然與英夷累次交戰當危急時忽有童女統軍驅敵如此國家再得加力教演士卒嗣後國主好色妾婦弄權及乾隆五十四年庶民怨之

廢戕其主而自擇君於是有將軍名曰那波侖即位十有餘年百戰百勝各國震怒故於嘉慶十七年同心協力禦防並力攻擊那波侖敗喪暫時退位復回再戰佛國王約英國及普魯社國助援礮火迫急那波侖登英國兵船求避英國待同俘虜見流在大西洋孤嶼自後其王再歸本國產最豐盛者乃葡萄酒每年價值銀六千九百萬兩別有三百萬兩之熱酒售與天下各國又出胡絲每年十萬有餘石然不敷內地織造之用別由意大里國運來國地作五十三分計之其二十三分係

耕田十分園林七分牧場其餘係野路水澤居民實巧其絲緞大有名每月變新樣以悅四方之意所織售價銀每年千五百兩不但由海與列國交易亦由陸路交市各港口所據船萬五千二百四十九隻佛蘭國大半崇加特力教不信波羅士特教國家重儒有才能者即逮官之其藏書院內印本三十六萬冊寫本七萬冊准各人隨便往來勤讀又有繁術院內居各藝師及諸項文藝傳其徒凡學兵法開河道及造物之術種種過人國中昔分三十部各部分府今改爲八十六部其王都

曰巴勒居民九十萬九千丁宮殿廣大光耀其街四方貨物充積都民每年納餉稅銀九百萬兩所有養濟醫院十四間每年療痊者萬四千名故此西國列方之士多赴巴勒學醫術其金銀匠皆卓異超羣共計二千名歲造時辰表四萬自鳴鐘一萬八千千丁部民造粗麻布部內有五萬人等以造織度生中地之阿耳蘭士耳破羅亞等城及南方里翰士路士等城皆大有名務織通商南海邊有廣港口與地中海沿各國互市一曰馬耳西里一曰士侖戰艦所造之處其西海邊最廣大之

海口曰破耳多乃運出葡萄酒之馬頭另有羅治利辟勒馬羅恩口等港遍通海路貿易其北海峽之地有洛羅義加者近英國之南境及東末口佛軍屢由此港侵寇英國英國周建礮臺敵船難入佛國之南可耳西加島本屬以他里國居民二十萬丁內地嶺磽石產物不多佛蘭西話音衆儒所學其書亦所共讀列國大臣皆用以會議而辦外國之事

海國圖志卷之四十二

大西洋

佛蘭西國總記下

邵陽魏源輯

地球圖說佛蘭西國東界意大里國並瑞西國亞利曼國南界地中海並大呂宋國西界大西洋海北界英吉利荷蘭二國百姓約三千三百五十萬都城名巴勒城城內之民九十萬大半宗天主教小半耶穌教教民習禮儀交接極殷勤其言語係歐羅巴之官音故列國官長統識其語道光二十七年民叛國王逃避於英國佛

民又自專制不復立君矣國南土地膏腴天時和暢果穀極盛國之西北土地磽瘠草木難生國中多書院以習文武技藝又設養濟院以濟貧民有大江四即羅尼江羅亞利江西利江伽倫江是也產紬緞葡萄酒香料酒磁器自鳴鐘時辰表洋絨布綵布呢羽毛麻布等貨

地里備考曰佛蘭西國古名契盧又名牙里亞在歐羅巴州之中北極出地四十二度二十分起至五十一度五分止經線自東五度五十六分起至西七度九分止東至巴敦蘇益薩薩爾的尼等國西統亞德蘭的海南

接地中海暨比里牛斯山北連滿沙海暨北爾日加國南北相距約二千二百五十里東西相去約二千零六十里地面積方約二十七萬里烟戶三京二兆口西北邱陵寥寥平原甚廣東南二方峯巒參天河之至長者二十有一湖之至大者則九西北濕寒東南燥暖田土皆饒生殖茂盛土產金銀銅鐵錫鉛水銀窩宅煤鹽信礬寶石鑽石白玉水晶花石石膏銀硃磁粉王位歷代皆男冊立以長奉羅馬天主公教者十之九奉別教者十之一外國寄寓所奉何教聽其自便工考藝精匠肆

林立商賈輻輳原本國在昔為塞爾達人所居漢元帝初被羅馬國征服迨羅馬衰又有北狄侵擾其地南方各部則為維西哥多人所取西方各部則為布爾給農人兼併其餘各部皆歸於發郎哥人齊高帝建元三年發郎哥首領戈羅維斯者既逐各狄遂據呀里亞國自立為王建國號曰發郎薩即佛郎機國所由名也天寶間嗣王被廢更立冢宰北北諾為君傳及其子不惟逼國盡歸掌握而且西方各地三分有其二焉宋太宗時王殁無嗣國人更立公爵武額加卑多者為君傳至加

爾祿斯甍後絕嗣更立第三次非里卑之孫為君于時英吉利國王有舅甥之親覬覦分封乃舉兵索地至其孫加爾祿斯王立干戈始息乾隆三十九年傳至第十六次盧義斯國勢大亂至乾隆五十七年乃裁革王爵更立會議官員辦理國務越七載又改立領事官三員其首領名那波良者因有弭亂除暴功將勇兵強平定國家嘉慶九年國人共立為王嘉慶二十年與英吉利等國戰敗國人復立前王盧義斯者為王及甍國人更立其弟加爾祿斯為王在位九載因亂被廢道光十年

更立盧義斯非里卑為王後又兩立兩廢道光二十七年遂不立君仍復舊制立領事官舊有三十三部大小不等今改八十六名或以經流之河為名或以相近之山為名其序如左

第一部壹里亞德佛蘭薩改為五府一名塞納府乃本國都也建於塞納河兩岸宮第雄麗庠序美奐橋梁街衢之寬直園亭之雅致四時山水景色尤佳製造精良商賈雲集

第二部法郎德勒名諾爾府

第三部亞爾多亞名巴的加雷府

第四部比加爾的亞名索美府

第五部諾爾滿的亞改爲五府

第六部

第七部羅勒納改爲四府

第八部賣內改爲二府

第九部安如名賣內羅亞府

第十部北勒達尼改爲五府

第十一部波亞都改爲三府

第十二部可尼名下沙蘭德府

第十三部森當日昂姑木亞名沙蘭德府

第十四部耳里亞內斯改爲三府

第十五部都勒內名音德勒羅府

第十六部北利改爲二府

第十七部尼威爾內名聶維勒府

第十八部布爾波內名亞列爾府

第十九部馬爾世名哥留斯府

第二十部黎木性改爲二府

第二十一部科威爾內改爲二府

第二十二部亞爾撒斯改爲二府

第二十三部法耶師官德改爲二府

第二十四部不爾科尼亞改爲四府

第二十五部里科內改爲二府

第二十六部德爾非內改爲三府

第二十七部布羅温薩改爲四府

第二十八部耶給德改爲八府

第二十九部佛亞名亞利日府

第三十部盧西隆名東北里牛斯府

第三十一部馬耶內改爲九府

第三十二部

第三十三部哥爾塞牙名哥爾塞牙府其國通商衝繁之地在內地大埠十七處海濱馬頭十一處除八十六府外尚有所屬地方在于各州之內後釋其州再爲詳明

外國史畧曰佛蘭西國古時亦山林之蠻夷久漸向化然性好勇建屋不築城惡其障蔽拘禁也戰勝則取敵

顱爲酒器。使奴婢務農。以羊牛乳酪爲生。衣其毛。女年將許嫁。則父母多招少年宴會。覩女所愛者。以洗盤送之。即定聘焉。其丈夫操女之生死。隨意可休妻。若女與人苟合。則其刑重。男誓執仇。然始嚴終怠。久亦漸踰禁矣。其教奉耶蘇。以爲天地之大主。不得以人之舍宇蔽之。故不建廟。每蓁樹間以爲神之居處也。人性猛烈。不肯安坐。好遠遊擄掠。于周安王時。侵羅馬國之地。爲所敗。後破希臘國。又結羣渡海。據英國之蘇各蘭島。今其島山内之頑民。皆其遺種也。佛蘭西之南方人多爲商

往歲侵羅馬國之役。其民盡出。日耳曼列族乘虚内侵。大獲勝。而意大里者。亦奪其北方之地。是時羅馬國與佛蘭西相仇。戰爭六十年。奈羅馬之將軍名震海外。佛國難與之抗。因求和焉。漢宣帝時。羅馬至佛國立新埠。且教其居民服教化。遂變其土音。皆習羅馬國之語。垂二百年。通貿易。忽有中國東北方游牧之匈奴族類。舉兵西向。戮殺男女老幼。而日耳曼又渡河據其國。瓜分其地。列士操權。于唐元宗時。回回人來侵佛國。併力擊退。于時佛國之大甲利王。與弟共厲國政。武勇勝敵。迭

舉兵攻服未向化之撒遜回族。使歸天主教。是時意大里國内亂。甲利王又率兵往取地大半。又侵西班亞國。擊退回族。又與羅馬教主議。再復羅馬西都之君。號甲利王。雖久歷戰場。而好文教。招賢講學。賞功績。尚名分。智勇兩全。爲西海賢王。薨後其子孫不能承先志。互戰生釁。絶日耳曼之好。其爵士各據一方。海賊亦入攻其城。國勢日弱。及元泰定四年。因藩國酋長僭號佛君。因滅五爵之權。削其地。由是釁隙復肇。又與猶太國回教交戰。數百年陣亡滿路。傳至路義號第九王。屢擊回回。

始則被虜。費十萬金自贖。反國發憤修政。再攻回回復波作。軍士多亡。賴非立王與羅馬之教師。盡力戰勝。于是佛國之衆。推非立王即位。英吉利亦覬佛國之地。連年攻戰。獲勝。遂入其都。忽有佛國童女。激勸軍士。衆謂天助。奮力驅敵。英人乃退據海濱。嗣路義第十二王。亦好戰。與日耳曼交戰被虜。贖回。是明正德十一年也。萬歷二十六年。顯理第十三王即位。因國中克力斯頓之天主教。與波羅斯特之耶蘇教不和爭戰。乃示諭各居民崇拜上帝。各隨所願。民悅服。戰息旋被弒。順治元年

路義第十四王卽位五爵敬服攻戰屢勝與鄰國連盟而英國爲盟主康熙五十四年路義第十五王卽位乾隆三十八年路義第十六王卽位皆不修政事國庫耗于妃妾乃議增餉以補國用民心不服正與歐羅巴列國交戰有將軍那波倫者佛國英雄也乘虛擅權百戰百勝威聲大震於嘉慶八年篡位稱尊號在諸國以上與英吉利西班亞陂路斯峩羅斯等國戰無不勝于嘉慶十七年傾國往攻峩羅國長驅直入其都被火焚潰而退氷雪交侵飢殍滿路于是峩羅斯與破路斯國連

和合從以驅佛軍日耳曼國又乘其後又協英吉利東國等合攻佛國于是那波倫先位退居小島復糾其餘黨復國英人又合破路斯軍擊之那波倫敗降遂謫死於海島時嘉慶十九年也其舊王再卽位及道光十年衆又不悅作亂驅其君嗣王號曰路義并立至道光二十七年復廢遂不立國王佛國爲歐羅巴最美之邦西南兩際海西及西班亞海隅南及地中海東連日耳曼列國東南及瑞士意大里等國北及北義國北極出自四十二度四分至五十一度十分偏東自八度二分偏

西四度四分沿海無多港口南有黑雲海隅在西班亞及佛國之間西北必當海隅北有那耳曼海隅在地中海佛蘭西所屬之撒丁島名曰各西甲南流之羅尼河長五十二里兩岸豐盛西方之牙倫江長五十里羅亞利江長八十里其岸多葡萄西北有西尼河國都在焉曰巴利臨瑞士地有白山爲衆山之冠高一千四百八十一丈尚有峯高六百丈在西班亞佛蘭西交界又有溜山高稍次之其北山則平坦四面環繞負山表海是以敵國難侵物產五穀僅足自給民嗜麵亦種葡萄最

重于歐羅巴各國遍地種葡萄計二萬頃所出之酒三萬五百斗六分之一爲火酒最美者爲紅葡萄酒各國皆貴售之計所產物每年價銀萬四千四百萬圓運出者約千六百萬圓南方出橄欖油最清貴少林木所需材料多購自異國田畝計二十三萬頃其中五十分種五穀九分爲草場四分葡萄埔十四分林一分果木蔬菜園計銅鐵煤錫礦廠五百二十處採礦者三萬人南方出絲不足給用海中漁舟最繁其民奉天主教舊有齋戒之例男女皆食魚禁食肉今則天主教稍息而齋

戒者亦少故魚之用迥不如前矣人多巧思製造精妙每年所造呢羽計銀一萬零五百萬圓運賣他國者七百萬圓其銅鐵器及時辰表尤妙花紙有名磁器亦珍重皮靴鞾極佳每年所造各物約六萬萬圓國中貿易每年陸路萬五千萬圓水路二萬三千萬圓運進銀二萬三千萬圓運出價銀二萬七千萬圓每多進口本地船四千八百隻外國船亦如之漁舟萬五千隻○城中學館最大又民間小學二萬八千九百六十三所學生計二百二十餘萬名其大學院三百五十八所學生三

萬三千名會學院一百所學士二萬三千六百名○佛國素稱知禮他國皆就學焉民謙和喜舞蹈性反覆機變終日歌舞遊樂男女佚蕩軍士尚勇好戰陸兵有名水師則屢被英吉利荷蘭所敗嘉慶年間英國以戰艦封其海口其船俱不能出其民崇羅馬天主教惟八分之一守波羅士爿正教國中有大教主十四位副教主六十六位昔五爵及教主據田畝大半百姓貧乏之後國大亂驅殺五爵教主教師等皆出奔產歿入官雖那波倫王在位再立新爵亦僅存其名號而權不如前矣學

士能詩能文晝夜勤誦故各國有盟約講解皆用佛國語歐羅巴各國無不以佛國之字為正宗其內外醫科尤卓越又精歷法知天文能讀漢字造木板印書所製造藥材並各項料物尤多新奇自道光十年後佛國王自操權按國之義冊會商爵士鄉紳以議國事每年王官所用之銀二百四十萬圓世子每年俸銀二十萬圓國之大臣如之有司國璽之大臣理兵部教門外國務之大臣理水師藩屬地之大臣理國內務之大臣工務農商之大臣文學大臣司刑之官千六百三十員審獄

之司一千員別有定商務擬斷之司派兵弁之司與中國無異其公會必派國之大爵有名望者百姓中每年納餉銀五千員以上者推為公會之鄉紳預論國事能言之士最多佛國富民最驕動自專擅屢結黨作亂與他國肇衅以路義非立王之賢又募壯丁為民之衞而有財之民莫能彈壓焉其國庫入項雖每年二萬五千六百三十萬員而三年欠項共一萬四千萬員其出項每年文官之祿並工部教門教學等費五千二百八十有餘萬圓軍士水軍六千五百萬圓造橋路造礮建戰

艦千五百萬圓納稅二千八百四十餘萬所應交還之項千二百二十五萬圓計一年所費過於所入者七百四十七萬圓道光二十五年更增兵數共計五十四萬四千馬八萬四千匹堅城共一百七十八座各有護兵○郡縣城邑廣袤方圓九千七百五十二里分三十八郡每部分府州縣至城邑有居民五千者共七百零九處居民一萬者共二百七十四處居民一萬以上者共四十九處居民二萬者共二十五處居民二萬以上者共四十三處其都曰巴利城居民九十萬國有大事皆

在議焉外國來人繁多城內旅館六百餘旅客不下十萬所用馬車共計二萬七千輛每日寄出書信約七萬件新聞紙八萬五千張各印書三千名呢羽匠千二百名稅餉五百五十四萬圓賭場之租百二十三萬圓市租二十六萬圓護兵萬五千丁別有壯丁十二營立仁義之院以施藥共二十處一處每年計收病人一萬所藏古今書籍計八十萬册此皆國都以內之情形也南方大邑曰利雲在羅泥河濱居民十五萬工織絲紬然驕不安分地中海濱有馬悉利邑居民十四萬六千係通商之大口每年進船六千隻有佛國水師船築城立礮臺以防範西方海邊琪托邑居民九萬八千餘口商賈雲集運出之物多紅葡萄酒埔頭甚富路安邑居民九萬餘口在西尼河濱商船來往緜布所出南方土路士邑居民七萬七千多好學與西班亞國交界難得邑居民七萬五千每年出入之船計三四千民善作鐵器衙堡邑居民五萬七千在來尼河日耳曼國界堅城固壘其城內禮拜堂塔最高士民大半崇正教利里邑居民七萬二千在北方亞面邑居民四萬六千在西北方

尼墨邑在南方居民四萬三千密邑在東方最固之城居民四萬二千甲音邑居民四萬聖以典邑居民四萬羅米古邑昔時佛蘭西君在此即位居民三萬八千阿耳蘭邑在國之南居民四萬門必勒邑在南方無雨多晴居民三萬五千安額邑民三萬五千九百林區邑在西邊海居民三萬五千土倫邑大海口居民三萬四千佛國戰艦皆泊此亞威雲邑居民三萬難西邑在意大里交界二民三萬林匿邑居民三萬五千必勒邑海邊最固之城也居民二萬九千比散孫邑居民二萬九千

在瑞西交界利摩義邑居民二萬九千威被勒邑離其國不遠城內有大殿多美園其君隨時所駐蹕也居民二萬九千領那比利邑居民二萬九千布羅義邑在查匿海邊城堅港廣爲佛國君往侵英國之要路甲來邑與英國附近英人常據之居民二萬三千西尼港口可通商居民二萬五千太盐邑居民二萬五千地雲邑居民二萬四千亞領邑在海邊與北義交界堅固之城也亞拉邑居民二萬三千哥西加島去撒丁島不遠方圓一百七十八里其地多山產五穀居民畏勞往往缺食

島有十八邑其中四邑係海口五村五百六十鄉居民十八萬八千

瀛環志畧云佛郎西自乾隆三十八年王路易第十六一作盧義斯第十六嗣立時華盛頓一作兀興騰據亞墨利加起兵英吉利攻之不克佛人以全軍助華盛頓英不能支遂與華盛頓和而佛亦由是虛耗王好漁色內寵擅權擾民民不能堪乾隆五十四年國大亂尋廢王弒之立領事官三人攝王政以拿破侖爲首一作拿破利翁又作那波良拿破侖者佛夙將用兵如神征麥西有大功王忌之置散地國人既弒王拿破侖乘勢鼓衆得大權嘉慶八年國人推戴即王位恃其武畧欲混一土宇繼羅馬之蹟滅荷蘭廢西班牙取葡萄牙兼并意大里瑞士日耳曼諸小部割普魯士之半奪墨地利亞屬藩侵璉國圍其都城戰勝攻取所向無敵諸國畏之如虎嘉慶十六年以大兵代峩羅斯圍其舊都墨斯科峩人燒之而走佛方旋師而天驟寒軍士凍死者十七八諸國乘其敝也合力攻之佛師大潰故所得土全失嘉慶二十年各國遣公使會議於維耶納墨地利亞都城凡拿破侖所侵地各歸故主其

間有分析有合併立盟約不相吞噬拿破侖既敗喪慼而避位復立故王之裔路易一作盧義斯仍握兵柄嘉慶二十一年與英吉利戰於北境兵敗被擒英人流之荒島道光二年死路易即位數年卒弟查理立一作加爾祿斯愚戇不任事在位九年國人廢之擇立支屬賢者路易非立一作盧義斯非里卑即今在位之王也以道光九年嗣立有賢聲佛郎西頗重讀書學優者超擢爲美官其制宰相一人別立五爵公所又於紳士中擇四百五十九人立公局國有大政如刑賞征伐之類則令公所籌議事關稅餉

則合公局籌辦相無權宜傳王命而已國有額兵三十萬戰船大小二百九十隻水兵五萬船之大者載礮七十二門至一百二十門亦有火輪船數十隻巡駛地中海其俗人人喜武功軍興則意氣激揚面有矜色臨陣跳盪直前議不返顧前隊横屍雜遝後隊仍繼進不已獲勝則舉國歡呼雖傷亡千萬人不恤但以崇國威全國體爲幸其酋長沈鷙好謀知兵者多水戰陸戰之法無不講求又好用縱横之術故與諸國交兵常十出而九勝

按佛郎西在歐羅巴諸國中傳世最久自哥羅味開基至今已千餘年中間雖迭遭變故而代立者皆其宗黨未嘗他族未立女主較他國之奕棋置君者固有間矣立法駿厲賢君復六七作危而不亡殆有由也

歐羅巴用武之國以佛郎西爲最爭先處强不居人下偶有凌侮必思報復其民俗慷慨喜戰有小戎駟鐵之風其用兵也仗義執言不似諸國之專於牟利故千餘年中侮亂迭生而虎視泰西國勢未嘗替削至拿破侖之百戰百勝終爲降虜則所謂兵不戢而自焚又可爲瀆武者之殷鑒矣

佛郎西屬地在別土者亦有數處如南印度之本地治利南亞墨利加之歪阿那亞非利加之阿爾及耳印度海之布爾奔得之不甚經營棄之亦不甚惜蓋不以此爲重也

歐羅巴各國皆以販海爲業如英吉利米利堅吕宋之屬每歲商船至中國多者百餘艘少亦三四十艘所販鬻者多綿花洋布粗重之物至如洋米胡椒蘇

木海參之類皆從東南洋轉販並非西産獨佛郎西商船最少多則三四艘少則一二艘入口之貨皆羽毛大呢鐘表諸珍貴之物蓋其國物産豐盈製作精巧葡萄酒大呢紬緞之類售之歐羅巴各國飹已利市十倍不必遠涉數萬里而謀生其航海而東來也意在於耀聲名不專於權子母國勢既殊用意迥別其情勢可揣而知也

海國圖志卷四十三

歐羅巴人原譔
侯官林則徐譯
邵陽魏源重輯

大西洋歐羅巴洲

意大里亞國總記一作伊達里一作以他里又名即史書所謂大秦國也羅馬一作那馬○案利馬竇即此國人始通中國自稱大西洋人非今澳門之大西洋國也又案凡地名未亞字阿字皆其餘聲可有可無故意大里亞一作伊達里又如班那里阿一作寒牙里諳厄利亞即英吉利印第亞即印度又如歐塞特里阿一作歐塞特里故知尾聲皆可省

意大里亞歐羅巴中央之區西北一隅依阿利大山餘三面皆濱地中海四面受敵亂世易招攻伐其地上古無主統攝各霸一方嗣里渣赤之益喀爾西阿士王始并各部落爲一名曰羅馬國一作那馬國方其盛強時航海攻服各國厥後衰弱分爲九曰里渣赤曰達士加呢曰沙里尼阿曰那勃爾士曰馬領那曰磨里那曰納加曰巴麻曰依塞特里那各自爲治不相統屬遂致先日羅汶之賀林宮署僅存基址分國之後事無統攝皆才黠專政盜賊蠭起民無安業其俗富貴之家嗜酒遊蕩梧處華侈雖以佛蘭西之修飾廬舍總不及意大里亞之精也九國皆奉加特力教河道三底瑪河自阿比尼山發源至里渣赤出海長百五十里波河之源發自葛底喃阿利大山阿底赤河之源發自租利阿大山谷兩水均至彌蘭滙合同歸海長各四百餘里

貿易通志曰意大里國自古以來化民成俗與各國通商西北大埠曰額那亞所出口者爲橄欖油米柑果鐵絲紙翦絨大呢緞等入口貨如各國計價約八百萬員其西方市埠曰里窩耳那每年入口出口貨價千餘萬員船千有七百九十三隻又有那破里埠頭爲國之別都戶口甚衆而人游惰故貿易不盛每年進口不過幾百萬員又其南方埠頭曰西齊里洲物產山積而政令不善故貨滯不銷此條補入

意大里亞國即古羅馬國東西南皆界地中海東北界土魯機北界奧地里加西北界佛蘭西九部落近各自主分爲九國原本

一里渣赤部東西南界海北界敏蘭先爲羅馬部洛後自爲一國幅員萬四千二百方里戶二百六十萬口兵六七萬名賦稅銀八百六十萬員管小部落四十四俱奉加特力教產玻璃

一達斯加尼部東南北俱界里渣赤西界海。先爲羅馬國部落後遂自主幅員七千九百二十方里戸百二十七萬五千口。小部落二十二。俱奉加特力教。產尼草帽。

一沙里尼阿部東界彌蘭西界佛蘭西南界海北界綏沙蘭。先爲羅馬國部落後自爲一國幅員二萬七千六百四十三方里戸四百十萬五千餘口小部落三十有九并轄沙里尼阿島小部落二十有一。俱奉加特力教產銀銅水銀鉛又沙里尼阿島與里渣赤近領小部落二十產白礬硫磺。

一那勃爾斯部東西南界海北界里渣赤先爲羅馬國部落後自爲

一國幅員四萬二千九百三十七方里戸五百四十五萬餘口小部落七十有六并轄西里島小部落二十有六俱奉加特力教產磁器又西里島與那勃爾斯近戸百七十二萬九千餘口領小部落二十有六俱奉加特力教產銀銅鉛鐵硫黃麥香芃所屬之糜那山產金。

一馬領那部東北界都魯機西南俱界海。先爲羅馬國部落後自爲一國幅員三千二百方里戸五萬丁口小部落十有七。俱奉加特力教產翦絨大花緞素緞。

一磨里那部東界里渣赤西界巴臘南界納加北界彌蘭。先爲羅馬國部落後自爲一國幅員千九百五十八方里戸二萬七千口小部落四俱奉加特力教。

一納加部東南俱界達斯加尼西界海北界磨里耶。先爲羅馬國部落後自爲一國幅員四百十三方里戸十四萬五千口小部落四并轄戈西加島小部落十三俱奉加特力教又戈西加島與達斯尼近領小部落十三。

一巴麻部東界磨里那西界沙里尼阿南界達斯加尼北界彌蘭先爲羅馬國部落後自爲一國幅員二千四百二十七方里戸三萬口小部落六俱奉加特力教。

一伊塞特里那部即摩那戈東界都魯機西南北俱界海。先爲羅馬國部落後自爲一國戸六萬五千口小部落六俱奉加特力教。

意大里國沿革 原無今補

職方外紀意大里亞在拂郎祭東南南北度數自三十八至四十六東西度數自二十九至四十三周圍一萬五千里三面環地中海一面臨高山名牙而白又有亞伯尼諾山橫界于中地產豐厚物力十全四遠之人輻輳于此舊日千有六百十六郡其最大者曰羅瑪古爲

總王之都故又稱爲羅瑪國歐羅巴諸國皆臣服焉城周百五十里地有大渠名曰地白里穿出城外百里以入於海四方商舶悉輸珍寶駢集此渠自古名賢多出此地曾建一大殿圓形寬大壯麗無比上爲圓頂悉用磚石磚石之上復加鉛板當瓦頂之正中鑿空二丈餘以透天光顯其巧妙供奉諸神于內此殿至今二千餘年尚在也耶蘇升天之後聖徒分走四方布教中有二位一伯多琭一寶祿皆至羅瑪都城講論天主事理人多信從此二聖之後又累有盛德之士相繼闡明至于總王公

斯壋丁者欽奉特虔盡改前奉邪神之宇爲瞻禮諸聖人之殿而更立他殿以奉天主至今存焉教皇卽居于此以代天主在世布教自伯多琭至今千有六百餘年相繼不絕教皇皆不婚娶永無世及之事但憑盛德輔弼大臣公推其一而立焉歐羅巴列國之王雖非其臣然咸致敬盡禮稱爲聖父神師認爲代天主教之君也凡有大事莫決必請命焉案此乃歐羅巴洲之總教皇也其左右嘗簡列國才全德備或卽王侯至咸五六十人分領教事此乃各國分主教化之法王也此羅瑪城奇觀甚多聊舉數事宰輔之家

有一名苑中造流觴曲水機巧異常多有銅鑄各類禽鳥遇機一發自能鼓翼而鳴各有本類之聲西樂編簫最有巧音然亦多假人工風力成音此苑中有一編簫但置水中機動則鳴其音甚妙此外又有高大渾全之堂外周盡鏤古來王者形像故事爛然可觀其內則空虛可容幾人登躋上下如一塔然伯多祿聖人之殿悉用精石製造花素奇巧寬大可容五六萬人殿高處視在下之人如孩童然城中有七山其大者曰瑪山人烟最稠密第苦無泉遡來造一高梁長六十里梁上立溝

接其遠山之水如通流河也有水泉飲之其味與乳無異汲之不竭蓄之不溢近地曰羅肋多一聖殿卽昔日聖母瑪利亞親身所居之室此室舊在如德亞國後爲回回竊據天神凌空移至此地越海七千餘里國人欲致崇飾恐失其舊因周其玉牆覆以大殿今逢聖母誕日行旅來朝者常至數萬人儒略嘗親詣此殿今已此然鉅鎮矣其西北爲勿搦祭亞無國王世家共推一有功德者爲主城建海中有一種木爲椿入水千萬年不腐其上鋪石造室復以磚石爲之備極精美城內街衢

俱是海兩傍可通陸行城中有艘二萬又有一橋梁極闊工列三街俱有民居間隔了不異城市其高又可下度風帆國人精于造舟預庀物料一舟指顧可成他方重客每至其處閲覗一兩時其工已成一巨舫可以航海者矣所造玻璃極佳甲于天下有勿里諾湖在山巔從石峽瀉下聲如迅雷聞五十里飛泉噴沫成珠日光爍之恍惚皆虹霓狀有一異泉出山石中不拘何物墜於其內半月便生石皮周裹其物又有沸泉有溫泉沸泉常沸高丈餘不可染指投畜物于內頃刻便可糜爛矣溫泉女子或浴或飲不生育者育能育者多乳所產

鐵鑛掘盡踰二十五年復生第在本土任加火力鐵終不鎔之他所始鎔其南爲納波里地極豐厚君長極多有火山晝夜出火爆石彈射他方恒至百里外昔一名士欲窮其故近其山爲火燎死後移一聖人遺蜕至本國其害遂息有一城名亞既諾聖人多瑪斯著陡錄日亞者生于此地又地名哥生濟亞有兩河一河濯髮則黄濯絲則白一河濯絲髮俱黑其外有博藥業城因多公學名爲學問之毋昔有二大家爭爲奇事一家造一

方塔高出雲表以爲無復可踰一家亦建一塔與前塔齊第彼塔直聳此則斜倚若傾而今已歷數百年未壞直聳者反將頹矣又有城名把都亞中有公堂縱二百步橫六十步上爲樓覆以鉛瓦而中間不立一柱又把兒瑪一堂廣可馳馬亦無一柱惟以梁如人字相倚尋丈至盈尺皆然上壓愈重則下挺持愈堅也從納波里至左里城有石山相間隔國人穴山以通道長可四五里廣可容兩車對覗則如明星又有地出火四周皆小山山洞甚多入內皆可療病又各主一疾如欲得汗者入某洞則汗至欲除濕者入某洞則濕去因有百洞遂

名曰一百所此皆意大里亞屬國也其大者六國俱極富庶西諺嘗曰羅瑪爲聖勿搦祭亞爲富彌郎爲大那坡里爲華熱弩亞爲高福楞察爲整各有專書備論此案古時疆域也今日則各自爲國如福楞察即佛朗察熱弩亞即耶瑪尼然則古時意大里地居全洲之大半故史以大秦國該括全洲意大里亞之名島有三一西齊里亞地極豐厚俗稱曰國之倉之庫之魂皆美其富庶也亦有大山噴火不絶百年前其火特異火燼直飛踰海達利未亞境山四周多草木積雪不消常成晶石亦有沸泉如

醋物入便黑其國人最慧善談論西土稱爲三舌人最精天文造日晷法自此地始有巧工德大祿者造百鳥自能飛即微如蠅蟲亦能飛更有天文師名亞而幾墨得者有三絶嘗有敵國駕數百艘臨其島國人計無所出已則鑄一巨鏡映日注射敵艘光照火發數百艘一時燒盡又其王命造一航海極大之舶舶成將下之海計雖傾一國之力用牛馬駱駝千萬莫能運舟幾墨得營運巧法第令王一舉手舟如山岳轉動須臾下海矣又造一自動渾天儀十二重層層相間七政各有本動

凡日月五星列宿運行之遲疾一一與天無二其儀以玻璃爲之重重可透視眞希世珍也其傍近有馬爾島不生毒物即蛇蝎等皆不螫人毒物自外至至島輒死一撥而地泥亞亦廣大生一草名撥而多泥人食之輒笑死狀雖如笑中實楚也西諺凡謂無情之笑皆名撥而多泥笑一哥而西加有三十三城所產犬能戰一犬可當一騎故其國布陣一騎間一犬反有騎不如犬者又近熱奴亞一鷄島滿島皆鷄自生自育不須人養又絶非野雉之屬

明史意大里亞居大西洋中自古不通中國萬歷時其國人利瑪竇至京師爲萬國全圖言天下有五大洲第一曰亞細亞洲中凡百餘國而中國居其一第二曰歐羅巴洲中凡七十餘國而意大里亞居其一第三曰利未亞洲亦百餘國第四曰亞墨利加洲地更大以境土相連分爲南北二洲最後得墨瓦臘尼加洲爲第五而域中大地盡矣其說荒渺莫考然其國人充斥中土則其地固有之不可誣也大都歐羅巴諸國悉奉天主耶穌教而耶穌生於如德亞其國在亞細亞洲之中西行

教於歐羅巴其始生在漢哀帝元壽二年庚申閱一千五百八十一年至萬歷九年辛巳瑪竇始汎海九萬里抵廣州之香山澳其教遂沾染中土至二十九年入京師中官馬堂以其方物進獻自稱大西洋人禮部言會典止有西洋瑣里國無大西洋其眞僞不可知又寄居二十年方行進貢則與遠方慕義特來獻琛者不同且其所貢天主及天主母圖既屬不經而所攜又有神仙骨諸物夫既稱神仙自能飛昇安得有骨則唐韓愈所謂凶穢之餘不宜入宮禁者也況此等方物未經臣部

譯驗徑行進獻則內臣混進之非與臣等溺職之罪俱有不容辭者及奉旨送部乃不赴部審譯而私寓僧舍臣等不知其何意但諸番朝貢例有回賜其使臣必有宴賞乞給賜冠帶還國勿令潛居兩京與中人交往別生事端不報八月又言臣等議令利瑪竇還國候命五月未賜綸音毋怪乎遠人之鬱病而思歸也察其情詞懇切眞有不願上方錫予惟欲山棲野宿之意譬諸禽鹿久羈愈思長林豐草人情固然乞速爲頒賜遣赴江西諸處聽其深山邃谷寄跡怡老亦不報已而帝嘉其

遠來假館授餐給賜優厚公卿以下重其人咸與晉接瑪竇安之遂留居不去以三十八年四月卒於京賜葬西郭外其年十一月朔日食歷官推算多謬朝議將修改明年五官正周子愚言大西洋歸化人龐迪我熊三拔等深明歷法其所攜歷書有中國載籍所未及者當令譯上以資採擇禮部侍郎翁正春等因請倣洪武初設回回歷科之例令迪我等同測驗從之自瑪竇入中國後其徒來益衆有王豐肅者居南京專以天主教惑士大夫暨里巷小民間爲所誘禮部郎中徐如珂惡之

其徒又自誇風土人物遠勝中華如珂乃召兩人授以筆劄令各書所記憶悉舛謬不相合乃倡議驅斥四十四年與侍郎沈㴶給事中晏文輝等合疏斥其邪說惑衆且疑其爲佛郎機假託乞急行驅逐禮科給事中余懋孳亦言自利瑪竇東來而中國復有天主之教乃留都王豐肅陽瑪諾等煽惑羣衆不下萬人朔望朝拜動以千計夫通番左道並有禁今公然夜聚曉散一如白蓮無爲諸教且往來壕鏡與澳中諸番通謀而所司不爲遣斥國家禁令安在帝納其言至十二月令豐肅及

迪我等俱遣赴廣東聽還本國命下久之遷延不行所司亦不爲督發四十六年四月迪我等奏臣與先臣利瑪竇等十餘人涉海九萬里觀光上國叨食大官十有七年近南北參劾議行屏斥竊念臣等焚修學道尊奉天主豈有邪謀敢墮惡業惟聖明垂憐候風便還國若寄居海嶼愈滋猜疑乞并南都諸處陪臣一體寬假不報乃怏怏而去豐肅尋變姓名復入南京行教如故朝士莫能察也其國善製礮視西洋更巨既傳入內地華人多效之而不能用天啟崇禎間東北用兵數召澳中

人入都令將士學習其人亦爲盡力崇禎時歷法益疎外禮部尚書徐光啟請令其徒羅雅谷湯若望等以其國新法相參較開局纂修報可久之書成即以崇禎元年戊辰爲歷元名之曰崇禎歷書雖未頒行其法視大統歷爲密識者有取焉其國人東來者大都聰明特達之士意專行教不求祿利其所著書多華人所未道故一時好異者咸尚之而士大夫如徐光啟李之藻輩首好其說且爲潤色其文詞故其教驟興時著聲中土者更有龍華民畢方濟艾如畧鄧玉函諸人華民方濟如

略及熊三拔皆意大里亞國人玉函熱而瑪尼國人龐廸我依西把尼亞國人陽瑪諾波爾都瓦國人皆歐羅巴洲之國也所言風俗物產有職方外紀諸書在故不具述案鄧玉函耶馬尼人龐廸我呂宋人陽瑪諾布路亞人譯音之殊

皇清四裔考意達里亞在歐羅巴州南境其地周萬五千里三面環地中海一面臨高山土田饒沃州郡繁多其山川風俗政教具詳職方外紀及明史從古未通中國明萬歷九年有利瑪竇者始泛海抵廣州二十九年遂入京師中官馬堂以其方物進獻嘉其遠來給賜甚厚利瑪竇安之遂留不去嗣後來者益衆皆祖述其說略言天下有五大州一曰亞細州自中國至日本安南西域等國是也二曰歐羅巴州南至地中海北至氷海東至阿比河西至大西洋即利瑪竇所生本國也三曰利未亞洲南至大浪山北至地中海東至西紅海西至阿則亞諸海是也四曰亞墨利加洲地分南北中有一峽相連峽南曰南亞墨利加南起墨瓦蠟泥海峽北至加納達峽北曰北亞墨利加南起加納達北至氷海東盡福海是也五曰墨瓦蠟泥加洲相傳歐羅巴屬之伊

西巴泥亞國王念地爲圜體西往可以東歸命其臣墨瓦蘭者往訪沿亞墨利加東偏展轉經年忽得海峽亘千餘里以墨瓦蘭首開此區遂即其名命曰墨瓦蠟泥加也又盛誇天主之教爲天地萬物主宰時禮部侍郎沈漼給事中晏文輝等斥其邪說惑衆乞加驅逐崇禎初歷法疏舛禮部尚書徐光啟請以其國新法相參校開局纂修報可書成未用會　本朝建元始採取其說先後命西洋人湯若望南懷仁等入爲欽天監官先是欽天監按古法推算康熙八年十二月當置閏南懷

仁言雨水爲正月中氣是月二十九日值雨水卽爲康熙九年之正月不當閏置閏當在明年二月欽天監官多直懷仁言乃改閏二月並許自行其教餘凡直隸各省開堂設教者禁康熙九年六月國王遣使奉表貢金剛石飾金劍金珀書箱珊瑚樹珊瑚珠琥珀珠伽南香哆囉絨象牙犀角乳香蘇合香丁香金銀乳香花露花幔花氈大玻璃鏡等物十七年八月　召見于　太和殿宴賚遣歸五十六年廣東碣石鎮總兵官陳昴疏言天主一教各省開堂聚衆在廣州城內外者尤多加

以洋船所滙同類招引恐滋事端乞循康熙八年例再行嚴禁毋使滋蔓從之五十七年兩廣總督楊琳疏言西洋人開堂設教其風未息請循康熙五十六年例再行禁止五十九年西洋人德里格以妄行陳奏獲罪從寬禁錮雍正元年　恩詔釋德里格於獄時浙閩總督覺羅滿保疏言西洋于內地行教聞見漸淆請除送京効力人員外俱安置澳門其天主堂改爲公廨奏入得　旨遠夷住居各省年久今令其遷移可給限半年委官照看毋使地方擾累沿途勞苦二年十二月兩

廣總督孔毓珣疏言西洋人先後來廣東者若盡送澳門安置濱海地窄難容亦無便舟歸國請令暫居廣州城天主堂內年壯願回者附洋船歸國年老有疾不能歸者聽惟不許妄自行走衍倡教說其外府之天主堂悉撤爲公廨內地人民入其教者出之三年二月毓珣又言廣東香山澳有西洋人來居此二百餘年戶口日繁至三千餘丁邇來常從外洋造船回澳已及二十五艘請著爲定額毋許添置彼處頭目以瓜期來代者許留餘悉隨船歸國俱報可三年八月意達里亞國教化

王表謝　聖祖撫卹恩并賀　上登極貢方物使臣歸國令齎　勅諭其王四年六月釋西洋人畢天詳計有綱于獄初天祥等於康熙間以罪繫廣東獄及是教化王伯納第多請援德里格之例釋天祥等從之乾隆五十年十月奉　諭前因西洋人巴亞里央等私入內地傳教經湖廣省查拿究出直隸山東山西陝西四川等省俱有私自傳教之犯業據刑部審擬永遠監禁第念此等人犯不過意在傳教尚無別項不法情事且究係外夷未諳國法若永禁囹圄情殊可憫俱著

加恩釋放交京城天主堂安分居住如情願回洋者著該部派司員押送回粵示柔遠至意傳聞意達里亞旁有八九國西洋艾儒略爲職方外紀道諸國山川風俗略言由意達里亞東行爲厄勒祭亞當歐羅巴極南境東北有羅瑪尼亞由厄勒祭亞東北行爲翁加里亞由翁加里亞東北行爲波羅泥亞由波羅尼亞東行爲莫斯哥未亞此五國皆在意達里亞東境其在西北境者有四大國曰大尼亞曰諾爾勿惹曰雪際亞曰鄂底亞此四國與熱爾瑪尼亞相隔一海奪道阻難行西史稱

爲別一天下其南夏至日長六十九刻其中長八十二刻其北夏至日輪橫行地面半年爲一晝夜蓋意達里亞南際地中海而四國則北際冰海云西洋去中國水程八萬里其道由地中海西出大洋南行過福島東南行泛利未亞海過大浪山折而東行過西南海東北行過小西洋又東行至呂宋入廣東境遠泛重洋傾誠慕義錫賚之典亦不與他國同

萬國地里全圖集曰以他里國即意大里亞乃歐羅巴洲精華腴地也天氣不冷不熱花芽早出林香撲鼻遍

地古蹟想見往昔熙皞之遺今則中邦羅馬爲教皇所據而國王偏處東方惟北地尙歸東國管理其中邦與南邦則分屬列君各自主其地其土大半豐盛饒五穀橄欖橙柑橡栗等實中間一帶高山然其谷如園囿焉無所不產北極出三十六度四十分至四十八度偏東自六度至十四度廣袤圓方三十五萬一千方里其居民纖身好詩歌書像刻雕各務其女之眼光妖冶不好廉節居民好逸憚勞有怨敵皆不明攻而但暗報崇天主加特力教產絲甲於全洲每年所出絲價銀三千六

百萬兩遍地栽葡萄樹釀酒英國所運進造織之物每年價銀二千四百萬兩所出者三百有餘萬兩佛國運出入之物大槪千有百萬兩其列國皆服專主並不知自主之名最管束百姓者乃東國官憲其外小君皆效其辦法又不許百姓得知機密是以其五爵無事只得逸樂早進天主堂聽僧念經拜像遂回家遊玩與女人敘談笑論如此終生度日其農安分勤勞不怨。所屬列國陳如左一曰羅馬教皇之地此乃以他里國中都會也居民二百六十八萬八國餉銀每年九百三十萬員地雖褊小名及四海古今無不聞之在周朝間初建羅馬城之際僅若小鄉歷二百年惟農是務其國最微與夷蠻等因羅馬民敢作敢爲百攻百勝如此以他里全地漸次皆服羅馬鄰國聞名於是國王嚴正持法力能奮武南北東西無不攻服於漢朝年間其地袤延自葡萄亞拂郎祭各西域遍服一主而萬國景仰矣其將軍不論何處獲勝即扶良除暴立律法所有話音達於西國今日如葡萄亞是班亞佛蘭西英吉利等之音皆原于羅馬國是時普天下變化從風其後帝君縱欲妄

行國家危變三軍弄權隨意立主國衰政弱于是東方游牧野蠻一齊攻界羅馬古時勇兵挫銳外夷雲集亂擊分國爲兩邦東西各一其東者迨及明憲宗年間又被土耳基國强服其西國不久於北宋順帝之時爲西夷侵取羅京盡行虜掠國歸夷主凡羅馬昔時所造之殿廟所存之古蹟盡皆拆毀文藝並廢書冊焚蕩駐羅馬之教師乘機布異端以管束其蠻令崇其道由此加特力教與焉郎是藉福音之理以人意傳會參之其教師遂操國權自後愈加力能占據地方號曰教皇自此以後嚴諭凜奉天主之教各君王如不服順即出禁諭斷絕往來不准百姓仍遵其主明朝年間西國多歸一道自除異端是以教皇之權大替今尚執其地業推廣異端過有沒時其大教主集會公擇教皇續其大統所取之皇多係老邁惟執法從事故其政令與其國制不變常如山川焉其國都亦稱爲羅馬內有前代之古蹟與現今所蓋之天主殿堂街道宏整遠客至城者視之若遊仙山城內僧多如蟻各仰教皇俸祿由外國到之祭司亦不少又隨時有別國之信士赴羅馬焚香而拜

偶像其居民一千五十萬無德行無豪氣並不超衆也波羅嶲那古城恒執其義並不悅服其教皇而固執其自主之理至羅地之農大半不甚勤力尚有曠野其山內多藏伏賊攻害旅客事露即逃天主堂亦不能按例究辦（觀此則意大理國教皇爲加特力教之主各國奉加特力教者宗之而英吉利等國奉波羅士特教者不宗之也）以他里內各地一曰米蘭部在波蘭河濱四圍山水最美其廟拜天主教聖人之像長四十五丈闊二十七丈高三十三丈其巨戲臺令各國旅客所景仰居民十五萬丁尚所有之大部落曰伯儀有居民三萬丁

曰額摩那，有民二萬六千。曰曼士亞，其城甚堅，屢與異軍交戰，雖久圍之不能服。曰罷琜亞，有民二萬一千。曰羅地，有民萬八千。地方豐盛。○非匿城在以他里之東北方，其省會同名。古時此城爲地中海最大之海口，千有餘年，既富且強，屢與大國接戰。其後五爵漸衰，百姓愚懦，隣國攻圍，舉手而得之。今尚存古時高威之古蹟，殿廟甚壯麗。其城建立於澤地，各街夾溝，人不駕車而駛船往來。橋尤高壯。居民十萬零一千丁。近日通商甚小。巴土亞城有大文學院，其內三百儒務文藝，居民五

萬丁。味羅那邑居民五萬五千丁。味普撒邑居民三萬丁。蕪地那邑萬八千丁。○兩部擇其尊貴紳士會議國政，而請東國帝君准行之。所云東國帝君，蓋以他里尚有國王，居于東部，爲列部之共主，猶春秋之東周天王也。其故都羅馬，則屬于教皇。

又曰：突加那地極美，各國慕其豐盛，獨立無二。北撒乃古城，昔興今衰。其居民十一萬丁，漸消存二萬。里窩那城係其地之海口，商船所集。巴馬地被東國女主所管，昔係佛蘭西國王那波利稔之后。現據此地，辦其政令

而別嫁夫也。

又曰：撒丁國分四分：曰辟門，曰熱那亞，曰撒歪，曰撒丁島，合爲一國。皆其王所轄，居民共三百八十三萬丁。其王都曰士林，有好殿堂，民所稱美。辟門多山地，其民全資外國營生。熱那亞在廣海隅，昔爲地中海濱之公市，守口兵船甚盛，今則衰廢，獨存其官署而已。撒丁島廣袤，居民粗魯，帶刀游牧，悍不遵法，故開道路以通交易而便往來。

又曰：那波利國在以他里之南方，與西治里島合爲一

國。居民五百萬丁。其都城同名，屋宇高大，殿廟整肅。其乞丐結黨，滋擾良民。繞城皆高山洞壑奇秀，又有火峯煙燄冲天，有時亦發熱石撒空，有時灰塵蓋地，有時火燄流出，盡燒草木。有古城兩座，被灰掩蔽，兼屢次地震。然其地肥饒，無所不產。○西治里島長五百四十里，闊四百五十里，居民百有十七萬丁。田宜五穀，出甘酒，亦以火峯爲患。政令不仁，僧寺弄權，五爵暴民，故國富而民貧。其都城曰巴勒摩，其埔頭曰墨西那。○西南馬里他島，居民勤耕，人戶稠密。昔爲回回所服，有驍將剳住

禦防全島嘉慶年間佛蘭西將軍誘其驍將舉島投降於是英國又以戰船攻取之而調兵嚴守以爲地中海戰艦之港口

地球圖說以大利國東界亞得利亞海南界地中海西界地中海并佛蘭西北界瑞西國并阿士氏拉國百姓約有二千一百七十萬羅馬城內民十五萬五千猶太教少天主教衆蓋昔年天主教皇生於羅馬自稱西門彼得羅爲耶蘇十二門徒之首嗣後承其職者涉於矜張夫耶蘇之教曰凡欲爲長宜爲人役凡欲爲首宜爲

人僕何與此教之不符也是以天主教祈禱不藉神子而追古賢之功守眞神之誡拜各賢之遺容迄今教皇歿羣教主必會集公舉別立教皇以承大統故無論城鄉野僻悉立馬利亞之像以便禮拜其民甚聰明善圖繪雕刻物類國內有高山名亞閉尼火山名非蘇未由自一千八百年以前是山發焰並有火礬灰土將二城掩沒國王發帑開掘尚未完工又一城名除那亞卽昔年能覓美理駕之大洲國之形勢斜伸入海似人股著靴之形天氣輕寒輕暖土壤膏沃花果極蕃內有二大江卽波江第巴江也近數百年來分裂多國一曰羅馬卽天主教首自主之國二豸第尼亞三波斯利又名雙細歷此二國各自立君四狠罷地五搭斯加尼六拍馬七摩地那八鹿駕均爲阿士氏拉國所屬產橄欖油橙柑檬栗百果麥葡萄酒并一切造織之物再南有三島

地里備考曰意大里國在歐羅巴州南北極出地三十七度起至四十七度止經線四度起至十六度止東西南三面皆地中海北連蘇益薩奥斯的里亞二國長約三千里寬約千四百里地面積方十五萬一千八百二

十里煙戶二京一兆四億口岡陵平原相間地氣溫和四季時若河長者曰波河湖至大者曰加爾達湖土沃產蕃百工技藝皆備丹靑音樂甲於通州分十有三國或王或公或侯或民首或敎宗名位不一所奉之敎乃羅馬天主公教其額力西國教暨路得羅加爾威諸二修敎奉之者鮮羅馬國人自上古創建邦基後甲于天下耶蘇降生後四百年間始有夷狄侵擾本國占據三百餘載至佛蘭西取之合爲一國厥後佛蘭西勢衰本國人仍分析其地各建邦國不相統屬衆君之中有伯

稜日爾者乘其强力漸服諸酋各國盡歸掌握嗣因暴虐無道國人于後晉開運二年共議廢之而奉亞毘曼國汗爲主此後外攻內亂紛紛不一其先受轄於人後則自操於巳始則本爲一君繼則改爲列君此乃本國數百年之事也嘉慶十年佛蘭西國君那波艮者復克其地自王其國再越十載各國公使齊集維耶納地方會議將本國分爲十三國大小不等其中有屬於別國者有不屬於別國者其屬於別國者則西一倫巴爾多威尼一德西魯一哥爾多一馬爾達以上四國前三國

分屬于奧斯的里亞蘇益薩佛蘭西三國其後一國屬于英吉利國其不屬別國者則九別序如左

其一薩爾的尼國東連各國西連佛蘭西國南界地中海北接瑞西國長九百里寬七百三十里地面積方四萬一千九百四十里煙戶四兆三億口王位世襲通國分十部一都靈部乃本國都也

其二巴爾馬國寬袤皆二百里地面積方二千六百里煙戶四億四萬口公爵世襲通國分五府一巴爾馬府乃本國都也

其三摩德那國長三百里寬一百四十里地面積方二千二百六十里煙戶三億八萬口公爵世襲通國分爲四府一摩德那府乃本國都也

其四盧加國長九十里寬五十里地面積方五百六十里煙戶一億四萬三千口公爵世襲國分十二邑盧加乃本國都也

其五摩納哥國周圍四方皆爲薩爾的尼亞國包括長三十五里寬二十里地面積方六十里煙戶六千五百口侯爵世襲摩納哥乃本國都也

其六聖馬里弱國周圍四方皆爲羅馬國包括地面積方約有五十里煙戶四千五百口不設君位國人自立官理務首處亦名聖馬里弱建於山上

其七多斯加納國東至羅馬國西南連地中海北接盧加摩德那羅馬三國長四百五十里寬三百五十里地面積方九千五百里煙戶一兆二億七萬五千口公爵世襲通國分五部一名佛羅稜薩建于亞爾諾河岸乃本國部也

其八敎宗國卽羅馬都城也東至貳西里亞國西連多

斯加納摩德那二國南枕地中海北界洲中海長九百五十里寬四百七十里地面積方二萬二千四百里煙戶二兆五億九萬口教宗管轄歷代相傳遞嬗繼立通國分二十一部一名羅馬建於的北黎河岸乃本國都也廟堂壯麗至若首堂華絕無比凡天下萬方丹青畫圖珍寶奇觀靡不畢集其中

其二曰西里亞國西連羅馬國東南枕地中海北界州中海暨羅馬國其地分而爲二一名那不勒斯長六百四十里寬五百八十里地面積方四萬一千九十里一名西西里亞長約六百餘里寬約三百六十餘里地面積方一萬四千二百七十里煙戶共計七兆四億二萬口王位世襲通國分二十一部一名那不勒斯建於塞貝多河右在維蘇威約包西里波二山之間乃本國都也風景幽雅可稱名勝其維蘇威約山頂出火晝夜不息餘十三部皆在那不勒斯地發羅河右其如達尼亞部亦有火山曰挨德納山乃歐羅巴州中至大之火山也又七部皆在西西里亞島發羅河左其國通商衙繁之地內外不一或在海邊或在內地

瀛環志略曰羅馬國一稱教宗國古羅馬舊都也當全盛時文物聲名爲西洋第一大都會至劉宋時爲北狄峩特族所據故王宮闕大半殘毀書冊舊典亦埽蕩無遺由是民變夷俗天主教自東漢時傳播西土羅馬人崇信尤篤故國既爲狄所據天主教之徒乘機招誘黨羽日繁大權歸其掌握佛郎西既滅峩特族遂以其地歸天主教師號曰教主教主歿則大會各教主簽議推老成者一人嗣位略如前後藏喇嘛坐牀之俗其教傳布各國有不遵者輒挑釁構兵夷滅之或教其民叛主佛郎西之創霸也教王爲之加冕英吉利北族之起兵也請於教王教王封以英土其權如此所據羅馬都城古蹟最多天主教堂極崇宏入教之徒各食教王俸糈別國祭司（禮拜主事者）遠方信士焚香禮拜踵相接也天主之外所崇奉者耶蘇之母馬氏稱爲天后籲禱尤虔其民惰於農事野多曠土山內多藏宄盜捕急則逃入天主堂無復過問者

後漢書大秦國一名犂鞬以在海西（此海指地中海）亦云海西國所居城邑周圍百餘里置三十六將皆會議國

事。其王無有常人。皆簡立賢者。其人民皆長大平正。有類中國。故謂之大秦。與安息即波斯天竺即印度交市於海中。其王常欲通使於漢。爲安息遮遏。不得自達。至桓帝延熹九年。大秦王安敦遣使自日南徼外。獻象牙犀角瑇瑁。始乃一通焉。云云考之泰西人所紀載。羅馬都城最大。與漢書周圍百餘里之說相合。又羅馬自祭馬七世後。不立國王。選賢者居高爵。立公會以治事。與漢書王無常人。簡立賢者之說相合。漢成帝二年。唯大屋踐王位。仍世及。漢書所云。乃其往

事。又漢順帝十二年。王安敦嗣位。號爲中興。與漢書延熹九年大秦王安敦遣使入貢之說。年代名氏均相合。則意大里之爲大秦無可疑矣。意大里在兩漢時。歐羅巴一土。隸幅員者十七八。故大秦之外。別無海西部落之名見於范書。惟安敦之入貢。由日南徼外。其爲航海東來。可想而知。然則謂歐羅巴諸國明以前未通中國者。殆不其然。惟市舶之聚於粵東。則自前明始耳。唐宋以來皆以拂箖爲大秦。不知拂箖乃大秦東鄙屬部。猶之稱浩罕爲安集延也。然自宋以後。拂箖爲回部所據。弃不屬大秦。中國不知其原委。故因仍不改耳

海國圖志卷四十四

歐羅巴人原撰
侯官林則徐譯
邵陽魏源重輯

大西洋歐羅巴洲

耶馬尼總記上一作熱爾瑪尼。一作者爾麻尼。一作亞勒馬尼。一作亞墨尼。一作日耳曼。一作阿理曼。一作亞咩里隔。

耶馬尼舊轄大小部落三十有奇。爲歐羅巴洲鉅國。于諸蠻中最强。當意大里亞攻取佛蘭西大呂宋時。耶瑪尼遣其三臣將兵。乘意大里亞之空虛往侵。無所獲。至

耶蘇紀年五百之時。漢明帝永元二年。所屬塞循之人。取得英吉利島。創建部落。又所屬覽麻之人。取得意大里亞部落。又所屬挽特爾斯之人。取得大呂宋。又所屬佛郎斯希魯里麥晏奄斯之人。取得佛蘭西數部落。當日盛强。震于海國。然所轄部落。塞循最蠻。常行反側。征討不息。其後國勢浸衰。佛蘭西。意大里亞。各部背叛而去。即本國舊部。若磨希彌阿。亦自稱曰王。麻洼里阿塞循墨蘭領麥哈那洼四部。自稱曰祿臘引。自稱曰巴臘達引。敝斯持里威司戈祿尼三部。自稱曰靡宿。耶馬尼之國遂

分爲九各自專制厥後九國統歸塞循管轄塞循不保始爲佛朗戈尼阿所奪繼又爲麻洼里阿所奪至千三百年間麻洼里阿不保又爲歐塞特里國所奪嗣以各部羣起攺遵波羅特士頓教奥地里加國之王用兵禁止不聽故溫多里（奮勇之人東語曰溫多里）等在利塞之地交鋒三十載奧大里加國不克制服各部落遂得攺教歐塞特里僅有統轄耶馬尼之虛名至千八百年（嘉慶五年）間又爲普魯社所奪各部落不服普魯社統轄旋仍自立首領各長其地各子其民不相統屬共二十五部惟各部落之首領於每年咸集歐塞特里國會議一次申明約束毋相殘害各部中遇有大事亦至奧地里加國會議故猶稱奧大利亞爲上國（以上原本）

耶馬尼分國一

麻洼里阿本耶馬尼部落也値耶馬尼之衰遂與諸部背叛疆分爲九自是以後强者主弱者臣始推塞循爲盟主各部咸聽其號令繼屬佛朗戈尼阿旋歸麻洼里阿至耶蘇紀年千有三百（時元成宗大德四年）又屬于奧地里加國維時麻洼里阿僅存本有舊部而已近百餘年前始奪得臘引之數小部並普魯社之唵斯巴治彌魯都兩小部故至今尙稱麻洼里阿爲强國政事設立兩麻占一爲總領大官大教師辦事之處一爲首領教師辦事之處首領教師並管理文學館技藝館又每七千戶立一頭目議事其王每届三年聚集兩占麻之人及各處頭目議事一次除防守及蘭威兵未載數目外額設步兵三萬六千五百六十六名馬兵六千四百零八名大礮手三千三百五十七名其兵自十九歲以至三十歲者充伍（原本）

貿易通志曰日爾曼國其國被列君分治民雅好文不勤商務産銅鐵麻布五穀酒羊皮玻璃自鳴鐘北方港口曰翰堡其進口出口之貨計價七千一百五十萬員道光十二年入口船千八百九十六隻其南沿江之城曰比里敏進口船千百餘隻所載入者皆南洋印度之物（此條補入）

麻洼里阿（東南俱界奧地里加國西界洼鼎麥北界希西加司）疆域平蕪城邑華麗幅員二萬九千四百六十四方里戶三百三十一萬五千口領小部落七十三俗奉加特力教者二千一百

六十萬人波羅特士頓教者千四百四十萬人餘俱尊奉由教產鹽鐵木玻璃酒紙烏鎗黃銅時辰表紅銅器金線銀線

耶馬尼分國二

塞循亦耶馬尼舊部也其人强蠻樂鬬外奪英吉利內叛本國與其王家兵戈不息值本國衰弱偕諸部羣起背叛各擅號令嗣又恃其盛强并吞諸部後爲佛郎歌尼阿所奪迺傳至歐塞特里阿統轄時番衆競改教門歐塞特里阿王以兵禁止終不能制各部落既改教塞

循日漸衰敗非特不能保護諸部即後得波蘭所屬之數小部亦旋失去千八百一十三年嘉慶十八年尚設兵三萬七千近兵僅滿萬

塞循東北界普魯社南界奧地里加國西界哈爾領麥平坦饒沃幅員七千四百六十四方里戶百有十九萬二千六百四十六口領小部落十有六俗奉波羅特士頓教產銀銅鐵鉛紙袈裟布呢布帽襪磁器

耶馬尼分國三今屬英吉利

哈那洼南隅多山國都在中央沙漠之池昔亦耶馬尼之部落以塞循諸處背叛遂亦自爲一國百餘年前既屬英吉利管轄矣其國設立底表第官名百員管理各部落之事如遇改易規條增減稅餉齊集會議額設步兵八千八百二十七騎兵四千一百十三蘭威兵萬有八千

哈那洼東界普魯社西界尼達蘭南界威塞華里阿北界海濱海膏腴幅員萬四千八百六十七方里戶百三十萬五千三百五十口領小部落四十有六俗奉波羅特士頓教產銅鐵紅銅白鉛鹽布穀木

耶馬尼分國四

洼鼎麥東界麻洼里阿西界麻領南界奧地里加國北界麻領西有大山餘皆平曠昔爲耶馬尼國中最美之部落後值耶馬尼衰弱遂與塞循諸部各自擅命其王住劄什得額設立占麻二一各官辦事之處一聚集議事之所每二年會議一次額設步兵萬騎兵三千六百大礮手二千五百幅員七千七百六十九方里戶百三十九萬五千四百六十二口領小部落十有七俗奉波羅特士頓教產穀酒畜牲木布鹽

耶馬尼分國五

麻領東界洼鼎麥西界佛蘭西南界綏沙蘭北界麻洼里阿彈九小部落耳昔亦耶馬尼所屬與塞循諸部同時分國額設兵丁萬蘭威阿兵萬蘭斯端兵十萬地不甚平而極膏沃幅員五千七百七十七方里戶百萬有三千六百三十口領小部落十有七俗奉波羅特士頓教產銀銅鐵鹽穀麥布苎蘇牲畜自鳴鐘

耶馬尼分國六三部同處

希西加司部東界麻洼里阿西界威塞華里阿南界希

西覽斯達與希西覽斯達爲兄弟之國俱彈丸小區耳濱臘引河北岸屬希西加司南岸屬希西覽斯達中隔一河聯以橋梁希西加司有新舊二部舊城蕃庶新城華麗昔屬耶瑪尼後以塞循諸部背叛遂亦自主設奈伊立多以自理事額萬有八千山林深密幅員四千二百七十三方里戶五十三萬八千七十三口領小部落十有四俗奉波羅特士頓教產銀銅鐵穀苎麻

希西含麥部在希西覽斯達域內幅員百六十方里戶萬八千八百七十口獨部落案凡所屬別無小部落者謂之獨部落猶中國無屬縣之直隸廳俗奉波羅特士頓教先爲耶瑪尼之部落後自設突支以治

希西覽斯達部東北俱界希西加斯爾西南俱界那肖在臘引河南岸部落蕃麗昔屬耶瑪尼後亦設額蘭突支以自主額兵九千饒沃多山林幅員四千二百七十三方里戶六十一萬九千四百七十口領小部落五俗奉波羅特士頓教產銅鐵苎麻鹽烟麥

耶馬尼分國七

色西威麻東界哈爾領麥西界普魯社南界魯那爾斯達北界普魯社士瘠而勤力

作幅員千四百二十七方里戶二十萬一千口領小部落二俗奉波羅特士頓教先屬耶瑪尼後自爲國產羊毳

耶馬尼分國八二部同處

墨幾領麥塞追司東界斯特里司西界領墨南界普魯社北界海在耶馬尼北隅中有伊彌河西岸塞追斯東岸斯特力司昔屬耶瑪尼自與各處背叛即設額蘭突支以理政事疆域稍闊以塞追司爲首部落衢巷華麗湖景映帶其山多樹而耕種歉薄幅員四千六百五十五方里戶四十五萬八

千三百七十八口領小部落十有五俗奉波羅特士頓教。又有脈幾領麥斯特里司。東南俱界普魯社，西界塞追司，北界海。在伊彌河東岸先屬耶瑪尼後設額蘭突支以自治斯特里司其首部也僅如大村市居民萬人聞先日有二女曾嫁英吉利國王瀕湖多樹耕種薄收幅員七百六十方里戶七萬一千七百六十九口領小部落四俗奉波羅特士頓教。

耶馬尼分國九

哈爾領麥。東西南俱界哈那洼，北界海。在耶馬尼之北卑濕多蘆葦。

幅員二千二百五十二方里戶二十一萬七千七百六十九口先屬耶瑪尼後亦設祿以自主領小部落七俗奉加特力教。

耶馬尼分國十

那肖。東南俱界希西覽斯達，西北俱界灑引。地多大山瀕緬河幅員二千二百八十八方里戶三十萬二千七百六十九口先屬耶瑪尼後亦設祿以自主領小部落四俗奉加特力教產完酒。

耶馬尼分國十一

塞西俄達。東界魯那爾斯達，西界希西加司，南界麻洼里阿，北界普魯社。壤沃市蕃本耶瑪尼所奪普魯社之邊地也自與各部落叛後即設祿以自主幅員千一百六十三方里戶十八萬三千六百八十二口俗奉波羅特士頓教富而好文學設有書館藏書六萬卷

耶馬尼分國十二

色西各墨敏領王。東南俱界麻洼里阿，西界敏領王，北界魯那爾斯達。山野平曠有寶礦幅員五百五十七方里戶八萬有十二口獨部落俗奉波羅特士頓教先屬耶馬尼後亦設祿以自主茲祿之子為彌爾尼壬之王

耶馬尼分國十三

塞西敏領壬。東界各麥，西界希西加司，南界麻洼里阿，北界威麻。彈丸小區分為兩部落塞西加斯爾幅員四百三十方里戶二萬九千七百口兩部共轄于一王以色西敏領壬為王居俗奉波羅特士頓教境內有沙爾孫凝大山產鹽煤鐵礦

耶馬尼分國十四 三部同處

菴哈爾特肖。四圍俱界部臨幾阿。與菴哈爾曼麥菴哈爾各凌同屬一區濱臨伊爾敏河閒于塞循麻洼里阿之閒幅員

三百六十方里戶五萬二千九百四十口獨部落俗奉波羅特士頓教舊屬耶瑪尼之部落近亦設藩以自主國雖褊小曾産名人

菴哈爾曼麥（四圍俱界都臨幾阿）幅員三百三十九方里戶三萬七千有四十六口獨部落俗奉波羅特士頓教舊屬耶馬尼近亦設藩以自主

菴哈爾各凌（南界特肖餘界都臨幾阿）幅員三百一十八方里戶三萬二千四百五十四口獨部落俗奉波羅特士頓教舊屬耶馬尼近亦設藩以自主

耶馬尼分國十五

墨蘭斯溫（東界普魯社餘界哈那洼）地土肥美貿易蕃盛幅員千五百二十方里戶二十萬有九千五百二十七口獨部落俗奉波羅特士頓教舊屬耶馬尼近亦設突支以自主突支駐劄烏爾分毋特爾前時突支政事不平部衆離叛闘吏立突支與部衆更始

耶馬尼分國十六（二部同處）

斯厥先麥循那塽循（四面俱界普魯社）與斯厥先麥魯那爾司達同屬一區先屬耶瑪尼近亦設突支以自主幅員四百三十二方里戶五萬二千九百三十七口獨部落俗奉波羅特士頓教

耶瑪尼分國十七（二部同處）

和興蘇蘭喜噴人（四圍俱界洼鼎麥）與和興蘇蘭色麻領人同屬一區彈丸小地耳分爲二部先屬耶瑪尼近設勃林士以自主幅員百有八方里戶萬四千八百二十口獨部落俗奉波羅特士頓教

和興蘇蘭色麻領人（南界麻領餘俱界洼鼎麥）幅員三百八十六方里戶三萬五千五百六十口獨部落俗奉波羅特士頓

教昔屬耶馬尼近亦設勃林士自理政事

耶馬尼分國十八

利治丁斯鼎在塞循所屬之依支麻治大山內幅員五十二方里戶五千五百四十六口獨部落俗奉波羅特士頓教先屬耶馬尼後設勃林士以自主其勃林士本歐塞特里國人家富爲歐羅巴洲之冠

耶馬尼分國十九

洼爾特（東南俱界希西加斯爾西北俱界威色華里阿）山野地也幅員四百五十九方里戶五萬一千八百十七口領小部落二俗奉

波羅特士頓教。先屬耶瑪尼。後亦設勃林士以自主。

耶馬尼分國二十二部詞處。

流斯額力司東界塞循西界塞栖阿爾鼎麥南界麻洼里阿北界曾魯社。與流斯色力司。其有蕞爾之地。在塞循邊界幅員百六十五方里。戶二萬二千二百五十五口。獨部落。俗奉波羅特士頓教。先屬耶馬尼。後亦設祿以自主。

流斯色力司東界塞循西界塞栖阿爾鼎麥南界麻洼里阿北界組斯達。幅員四百三十六方里。戶五萬二千二百五口。獨部落。俗奉波羅特士頓教。先屬耶馬尼。後亦設祿以自主

耶馬尼分國二十一

立比領底那。東界哈那洼西界威塞花里阿南界立比利摩爾北界威塞花里阿在哈那洼之南。平壤膏沃。幅員二百一十二方里。戶二萬三千。百十二口。獨部落。俗奉波羅特士頓教。先屬耶瑪尼。後設勃林士以自主

立比利摩爾東界哈那洼北界立比領底那西南俱界威塞花里阿。亦在哈那洼之南。地方多山。樹木叢茂。幅員四百三十四方里。戶六萬九千六十二口。獨部落。俗奉波羅特士頓教。先屬耶馬尼。後亦設勃林士以自主。

耶馬尼分國二十二

漢麥郎來粵貿易之勝波利國。在耶馬尼之北。別屬一區。至耶蘇千年時。宋真宗三年耶馬尼王始得其地。幅員百二十八方里。戶十二萬三千六百四十八口。獨部落。俗奉加特力教。及背叛後。即自專國。設立西匿士二十八人。佐理政事。其西匿士。由部衆公舉。家貲十萬以上者充之。四十年前。被佛蘭西侵擾。大受殘害。近已相安。土產糖。商賈雲集。

耶瑪尼分國二十三

墨里門。東界哈那洼餘俱界哈爾鼎麥。在威薩河口。幅員五十四方里。戶四萬八千四百三十二口。有新舊部落。舊部衢巷狹。房舍樸。新部極華盛。俗奉加特力教。前設官數人。事悉專斷。近日必須會議。部衆亦得預議。

耶馬尼分國二十四

佛郎弗南界希西覽斯達餘俱界那肖。瀕臨緬河北岸。佛郎弗部落。南岸沙治先部落。有石橋以通行人。幅員百有五方里。戶四萬七千八百五十口。獨部落。俗奉加特力教。安分尚文。多藏書籍。及精巧器物。貿易甚盛。歲交易二次。

耶馬尼分國二十五

魯密四圍俱界悵幾領麥幅員百十六方里，戶四萬六百五十口，獨部落，俗奉加特力教，先屬耶瑪尼，後設奚支以自主，貿易亦鉅。四十年前被佛蘭西侵擾，有墨魯渣拒敵不勝，礮臺被毁，嗣得威引那兵來援，始得退敵。

耶瑪尼國沿革原無今補

職方外紀亞勒瑪尼在拂郎祭之東北，南四十五度半，北五十五度半，西二十三，東四十六度。國王不世及，乃其七大屬國之君所共推者，或用本國之臣，或用列國之君，須請命教皇立之。國中設共學十九所。其氣候冬月極冷，善造煖室，微火溫之，遂極煖。士人散處各國以爲兵，極忠實可用，至死不貳。各國護衛宮城或從征他國親兵，皆選此國人充之，本國人僅參其半。其工作極精巧，制器匪夷所思，能于戒指內納一自鳴鐘。地多水澤，冰堅後人多于冰上用一種木屐，兩足躡之，一足立冰上，一足從後擊之，乘滑勢一激數丈，其行甚速，手中尙不廢常業也。又有法蘭哥地人最質直易信，行旅過者輒置之，客或不荅則大喜，延人具酒食，或爲計緩急

沐室者則妻之，謂此人已經嘗試，可信託也。多葡萄，善造酒，但沽與他方過客，土人滴酒不入口，惟飲水而已，即他國載酒至亦不容入境。其屬國名博厄美亞者，地生金，掘井恒得金塊，有重十餘斤者，河底常有金如豆粒。有羅得林日亞國者最侈汰，西土宮室多用帷幔障壁，其王有一延客堂，四周皆列珊瑚瑯玕，交錯儼一屏障。又有一大銃，製作極巧，二刻之間可連發四十次。

海錄亞咩里隔國即耶馬尼國也在峽山正西，由峽山西行約一月可到。土番爲順毛烏鬼，性情淳良，疆域極大，分國數十，各有土王，不相統屬，總名亞咩里隔即志中所分十五國也。天氣炎熱，與南洋諸國同。中有一山名沿尼路，近年葡萄亞國移都于此，舊都命世子監守。由沿尼路西行十餘日至彼古達里，則爲英吉利所轄，其餘各國亦多爲荷蘭、呂宋、佛朗機所侵據。至此者足多生蟲蝨，須常洗剔始已。土產五穀、鑽石、金、銅、蔗、白糖。

皇清四裔考乾隆十八年，欽天監正劉松齡者，熱爾瑪尼亞人，其國在博爾都噶爾亞東北五千里，其國王不世及，或用本國臣，或用列國君，請命教王立之即所謂意大里

亞之教皇也各國王卽位必得其札付乃立其土人散處各國爲兵極忠實各國護衛宮城皆選此國人充之卽所謂耶瑪尼之紅面兵也工作精巧所屬有法蘭哥地人質直易信多葡萄善造酒常沽往他處又有屬國名博厄美亞者地生金掘井恆得金塊有得羅林曰亞者最侈汰其王一延客堂四周皆列珊瑚儼如屏障由博爾都噶爾亞東北行踰伊西巴尼亞法蘭得斯拂朗祭乃至其地云

每月統紀傳曰阿里曼國在歐羅巴列國之中間比法蘭西國更廣大而蕃庶但國主不一猶中國昔時之列

國諸王公侯伯等各駐本都分治其邦推廣文藝遍設學院公學院內所傳之學理有五六科學校各有本校師學政教授一者訓示正教學習上帝聖書著耶穌之本源如何由何國而生如何區處際遇令學士專心尋繹此神善之學先七八年間讀書于府學院嗣後住公學院三年畢則進考試若考得首則爲教師二者例律學亦滿三年而考考中爲各落俗雜職正印升至總職三者醫學如未經住院三年未經考試者終不許爲醫師四者學習國政凡農事金礦水利江防橋船軍器百工以及諸國財用進者既中各依本分就祿或掌田畝百姓或百計經營無所不隸五者雜學凡古所傳天文地理算術草木禽獸魚蟲之學金石之論萬物性情之學考中者爲府學教授至于諸國之史是凡學士所必知欲進公學堂先必知二三異國音語凡漢人能通繙譯者皆得入其內在阿理曼國大公學院之內有學生一千學正三四十人皆受祿無異官員令各述學問著書撰文各公學院有靈臺天體儀赤道儀地平經儀像限儀地平經緯儀璣衡撫辰儀圭表等天文儀別有醫

學院院內各科之藝

萬國全圖集曰耳曼列國諸侯並與自專權勢與中國周之諸侯不異但有大事則國王特命大臣赴公會中與列國會議國中語音不異所著之書亦同其教門有二卽天主與異端民性好學務藝術并中國之書皆讀悉今將各國列敘其情形焉

一曰東部有山嶺多出水銀硃砂鐵其草場廣大牧馬五萬七千牛二十七萬五千頭羊三十四萬五千頭國中有多惱大河其都城曰味隱居民三十萬丁巧造布

鼐國王宮殿最壯而躬親節用與居民如父子往來和溫待人百姓固執天主教最恨妖怪風水之說而好飲食音樂女皆風流秀麗但不守節其耳城居民三萬六千丁其書院內藏書七萬本其近城有一聖處爲國人燒香拜像之所厚奉金銀器物惟僧所誘惑一曰地羅里遍地山嶺居民樸實好獵佛蘭西侵其國時居民奮擊退敵因山地磽瘦往往出遊外方一曰以利亞其南方及亞得亞海隅多山洞谷省會曰來巴居民四萬餘造磁織緞其海口曰得利益每年所進船八千其銀館

本錢甚鉅國家准其居民盡力務事不奪其時又不塞通商之路故生意甚盛一曰波希米國其形如釜四界山嶺其中廣谷產五穀畜牲鐵銅麻巧造玻璃器運賣外國不勝其數會城曰巴壹居民十萬語音與峩羅斯相似其學院中士子八百八十三人務文藝一曰默隣在波蘭東地僻小出麻及呢布其阿里木號爲堅城一曰拜焉部乃南方之地東連東國廣袤方圓九萬方里居民四百萬丁惟古俗是崇拘泥不通現其國君建書院納士接賢以開茅塞屢與佛蘭西國結盟起兵以

攻曰耳曼國之主此時舊怨已息國家七千八戸中聽民推一才智之人赴京會同辦事產物不多民造美皮清玻璃等貨國都曰門占城街市秀麗與各國通市居民勤力巧藝故名揚四海其時辰表初造於此城者其名曰尼林山又有城名曰雨山又曰澳堡今雖漸衰尚多織布造器之匠

一曰威丁山西連拜國其居民百六十萬丁四面山嶺多出葡萄酒與各佳果其百姓大半奉事上帝崇拜耶穌其見識文學爲他國所景仰其國王駐在突甲都〇

威丁之西乃巴丁大侯邦出苣麻葡萄酒山水清美廣袤方圓萬八千方里居民百二十萬丁國餉二百萬員都城曰甲利安

一曰撒孫南連拜東等國北界出各項金銀錫雖五百年開其銀廠未窮盡也古時日耳曼國之寶盡出是山山內民人乏糧夏時掘礦爲生冬時巡遊作樂北方居民禮貌和悅樸實不欺羊毳最細可作呢布別造磁器過于中國其都城曰德停王殿及天主堂與收古蹟之莊皆美過他國在來責邑每年一次設市各商雲集尤

多諸術書冊古本新本萬萬難數每年貿易貨物價銀三百萬兩撒國西界有多列侯地方昔撒君臨死之際將其基業分與子等故多褊小之域一曰威密大侯居民聰明地居納賢以都城爲衆士之集處二曰撒可堡地方更廣內有牧場出金之山地君之子乃英國女王之夫也三曰撒黑堡屋居民三萬二千八雖少而有大臣典軍如大國無異四曰黑堡乃最小地五曰撒買寧出鹽甚多撒孫國之東北尚有三侯地曰安合又分三分地雖不多而城邑曼衍其小都中美園叢林山水幽

雅遊觀者不能去北界還有墨林堡兩侯之地平坦出五畜墨南屬保林帥侯地方圓千里居民二十六萬丁國餉每年銀二十萬兩又保布遠離者係立北兩侯居民十萬丁互得侯居民六萬丁又大素林兩侯居民六萬丁由此侯者破魯斯國王室出也又策士兩侯居民九萬三千丁其最少者乃光石侯居民二萬丁此列侯雖無權勢卻與列大國聯姻互相唇齒其親叔爲西國大王亦與之平等往來按日耳曼國例各侯務各出兵丁與國王合會防邊遇有國敵犯境則合力拒逐但列

邦不守合和之議常有爭端故嘉慶年間爲佛蘭西國所服歷六年之久於嘉慶十六年各部募兵四萬攻拒而佛軍始散

一曰漢那耳部在撒丁之西平坦袤延方圓四萬方里居民百三十七萬丁地大半多沙近水始有腴田牧場東方山嶺出銀銅鐵白鉛每年價銀六十萬兩不出五穀而多出蜜國君於康熙五十二年被英國民人奉召即位昔與英國唇齒但道光十七年再立新君屢有爭端其都與國號同名可亡延乃大文學院藝術之士於

是興焉漢那耳西南係墨西列侯地一曰墨西加西耳袤延方圓萬三千方里居民七十萬丁所起官兵萬八千名山出銀鐵銅一曰黑西但邑方圓二千三百里居民七十六萬丁出葡萄酒麻烟等內地城邑最大堅固者乃馬因礮臺周繞每拒退三萬之敵又那埽侯地爲列君所分者昔曾乘機驅逐荷蘭所駐強兵可謂忠勇出葡萄酒與各項果實不勝其數其居民多富又阿丁堡地在濱海地瘠然海口通商故地僅三百四十八里而有居民二十五萬五千每年收銀餉二十萬兩○在

日耳曼國內尚有自主之城邑不服國王各自通商設官以掌其政一日漢堡在易北河口係各國之易市衆商雲集其船隻亦赴中國經商於道光二十二年其城大半焚燬居民十二萬丁所進出貨價銀四千二百九十有餘兩一日北慣城居民四萬二千丁在威悉河濱其船亦赴廣東通商一日利北邑居民二萬四千丁雖古城然生意微小一日佛郎渡乃最古城形在河邊爲各侯之公使會集內有列國駐防之軍每年開大市四方輻輳

其地江河最長者來因河由南至北在日耳曼國之西出荷蘭國入海如漢人之黃河也河濱活壤產葡萄有名沿河多古蹟奇峰游客皆圖畫之又多惱江在國中橫流如帶其北方則易北等河也國中居民因分服列君風俗殊異北方居民精神强健最好學南方東方之民好繁飲食西南之民勞苦度生其民往來不睦常有爭事

海國圖志卷之四十五

邵陽魏源重輯

耶馬尼下

地球圖說亞利曼諸小國亦習中國文字善文武諸巧藝工吹彈唱其英吉利女王之夫亦是國人也昔本大國今已分列阿士氏拉與波路西亞二國外此又分裂許多小國又別有四城悉皆自主但有大事則分議協辦勿得自專地勢北方低陷中央與南方皆山土產五穀葡萄酒丹參煤炭銀銅錫磁器玻璃羊毛布鐘表

地里備考曰亞里曼國又名日爾馬尼亞在歐羅巴州之中其國土自北極出地四十五度三分起至五十五度止經線自東二度三十分起至十八度止東至不魯西亞奧斯的里波羅尼加拉哥維四國西連佛蘭西賀蘭北爾日加三國南接蘇益薩意大里二國暨地中海北界北海與州中海低那馬爾加國長約二千四百里寬約二千二百里地面積方約三十三萬六千里煙戶一京三兆九億口本國除北方各地或坦夷平陽或荒砂澤隰外其餘三方岡陵絡繹河之至長者九湖之至

大者十二。地氣懸殊。中央東方皆尙溫和。西北嚴寒。潮濕煙瘴。南方則稍和暖。峻嶺登眺。舒暢宜人。五穀百果花卉鳥獸甚蕃。土產五金及各色寶石黑白礬硝礦硇砂磁粉等。至于國主或王公攝理。或設官宰治。變易不一。所奉教有三。一羅馬天主公教。一路得羅修教。一加爾威諾修教。國人奉羅馬天主公教者十分之七。奉路得羅修教者五分之二。奉加爾威諾修教者爲數無幾。技藝精良。商賈雲集。緣本國昔多客民寄寓。每遇戰鬭糾合相禦。戰後仍分歸各部。中間爲羅馬國征服。唐德

宗貞元中。又爲佛蘭西國所取。梁太祖乾化元年。亞里曼國人始推立官垃多爲君。自爲一國。然君非世襲。由黎庶公立。每有各部豪酋。以勢力軍威自立爲君。紛紛滋亂。明英宗正統三年。爲奥地里加國所據。始定世代相傳。迨嘉慶十一年。佛蘭西國君那波良者既攻入奥大利亞國。卽更易前制。另立結盟章程。載越八載。當歐羅巴州軍興旁午之際。各國公使會集于維耶納地議定亞里曼諸國各守疆界。互相結盟。由此分爲衆小國三十六。今則與奥地里加布魯西賀蘭大尼四國。會同結盟。共爲四十盟國。一切政事會議辦理。每國各派公使一員。齊集于佛郎哥佛爾的地方。而奥地里加國之公使恒爲會議首領。再亞里曼國之軍有二者之分。一則額設兵丁。一則接應兵丁。道光二年公同會議。凡結盟之國。各按人數多寡出兵。若干以備守禦。每百人出額兵一名。每二百人出接應兵丁一名。彼此聯絡。互相保護。軍分十二隊。隊則多寡不同。通共約有兵丁三十萬零三千四百餘名。其統領之元帥。乃各國會議推舉者也。盡係陸營。並無水師。

其一巴威耶拉國。長一千一百四十里。寬八百四十里。地面積方四萬零四百里。煙戶四百零七萬口。應出兵丁三萬五千六百名。地居南方。王位歷代傳男。

其二瓦爾敦巴國。長五百里。寬三百六十里。地面積方九千六百里。煙戶一百五十二萬口。應出兵丁一萬三千九百五十五名。地居南方。王位歷代傳男。

其三亞諾威爾國。長八百七十里。寬五百四十里。地面積方一萬九千一百六十里。煙戶一百五十五萬口。應出兵丁一萬三千零五十四名。地居北方。王位歷代傳

男

其四薩克索尼國長五百里寬三百里地面積方九千三百八十里煙戶一百四十萬口應出兵丁一萬二千名地居中央王位歷代傳男

其五巴敦國長七百里寬三百四十里地面積方七千五百四十里煙戶一百一十三萬口應出兵丁一萬名地居南方公爵世襲

其六挨塞國長三百二十里寬二百里地面積方五千三百五十里煙戶七十萬口應出兵丁六千一百九十

五名地居中央公爵世襲男女皆得臨御惟以長幼爲序

其七加塞爾國長四百里寬二百五十里地面積方五千六百六十里煙戶五十九萬二千口應出兵丁五千六百七十九名地居中央公爵世襲未滿十八歲不得即位或母后或至戚暫爲居攝俟其成立然後反版

其八威馬爾國土地版圖迫近鄰國或四面環繞或兩相間攝以致四散距隔彼此不相聯屬故不能定其長寬里數總計地面積方約有一千八百二十里煙戶二十二萬二千口應出兵丁二千一百名地居中央公爵世襲

其九厄斯乖零國長四百里寬二百八十里地面積方六千四百六十里煙戶四十三萬一千口應出兵丁三千五百八十名地居北方公爵世襲

其十厄斯德勒利地斯國長一百八十里寬一百里地面積方九百九十里煙戶七萬七千口應出兵丁七百十七名地居北方公爵世襲

其十一美塞內英國約數十里爵如伯戶二萬一千公

會應出兵二百都城曰烘不爾厄

其十二那撥國長二百二十里寬一百五十里地面積方二千七百九十里煙戶三十三萬七千口應出兵丁三千名地居中央公爵世襲

其十三布倫瑞克國地不相連或在布魯西亞國之內或在亞諾威爾國之內總計地面積方約有一千九百六十里煙戶二十四萬二千口應出兵丁二千名地居北方公爵世襲

其十四薩克撒各布爾厄額達國地不連屬錯落別國

疆域之中總計地面積方約有二千二百里煙戶十四萬五千口應出兵丁一千三百九十四名地居中央公爵世襲

其十五薩克撒梅寧認國長五百里寬一百二十里地面積方一千二百里煙戶十三萬口應出兵丁一千二百六十八名地居中央公爵世襲

其十六亞爾敦布爾厄國乃合三處共一國總計地面積方約六百九十里煙戶十萬零七千口應出兵丁一千零二十六名地居中央公爵世襲

其十七德搔國地不相聯錯落別國疆域之中總計地面積方約有四百六十里煙戶五萬六千口應出兵丁五百二十九名地居北方公爵世襲

其十八伯爾尼布國土地版圖錯落布魯西亞國疆域之中分上下二處總計地面積方約有四百三十里煙戶三萬八千口應出兵丁三百七十名地居北方公爵世襲

其十九咯敦國地不相聯分為四幅二在黑里巴河之左二在黑里巴河之右總計地面積方約有四百里煙戶三萬四千口應出兵丁三百二十四名地居北方公爵世襲

其二十咯勒斯國長七十里寬五十里地面積方一百九十里煙戶二萬五千口應出兵丁二百名地居中央侯爵世襲

其二十一意士給利斯國原與羅奔斯的音同為一國道光五年分而為二本國地面積方約有二百七十里煙戶三萬口應出兵丁二百八十名地居中央侯爵世襲

其二十二羅奔斯的音國自分域之後地面積方約有三百二十里煙戶二萬七千五百口應出兵丁二百六十名地居中央侯爵世襲

其二十三厄盧德耳斯達國長九十里寬七十里地面積方五百七十里煙戶五萬七千口應出兵丁五百三十九名地居中央侯爵世襲

其二十四厄孫德耳沙森國長一百二十里寬六十里地面積方四百九十里煙戶四萬八千口應出兵丁四百五十一名侯爵世襲

其二十五德的摩爾國長一百二十里寬一百里地面積方五百七十里煙戶七萬六千口應出兵丁六百九十一名地居北方侯爵世襲

其二十六饒問布爾厄國長八十里寬三十里地面積方二百七十里煙戶二萬六千口應出兵丁二百四十名地居北方侯爵世襲

其二十七瓦爾德各國長百二十里寬八十里地面積方六百里煙戶五萬四千口應出兵丁五百十八名地居中央侯爵世襲

其二十八昔麻認國長一百二十里寬七十里地面積方五百五十里煙戶三萬八千口應出兵丁三百五十六名地居南方侯爵世襲

其二十九挨深認國長八十里寬三十里地面積方一百五十里煙戶一萬五千口應出兵丁一百四十五名地居南方侯爵世襲

其三十列支敦士敦國長六十里寬三十里地面積方一百八十里煙戶六千口應出兵丁五十五名地居南方侯爵世襲

其三十一挨塞烘布爾厄國分爲二區一名烘不爾厄一名美塞內英不相聯絡總計地面積方約有一百八十里煙戶二萬一千口應出兵丁二百名地居中央伯爵世襲挨美塞內英重見存參

其三十二弗郎克佛爾的國地不相聯總計地面積方約有一百四十里煙戶五萬四千口應出兵丁四百七十五名地居中央不設君位民間自推官長八十五員理事

其三十三布來每國四方境上皆爲亞諾威爾國環繞

地面積方約一百里煙戶五萬口應出兵丁四百八十五名地居北方不設君位黎庶自立官長治事

其三十四昂布爾厄國地不相聯總計地面積方約有一百七十里煙戶十四萬八千口應出兵丁二百九十八名地居北方不設君位民間自立官長理事

其三十五盧卑各國地不相聯總計地面積方約有一百五十里煙戶四萬六千口應出兵丁四百零六名地居北方不設君位庶民自立官長治事

其三十六尼發深國四方境土皆在科爾敦布爾厄環

繞總計地面積方約有十二里煙戶二千八百五十九口應出兵丁二十八名地居北方不設君位庶民自立官長以治事

各國內通商衝繁之地海邊大馬頭四處內地大埠九處

外國史略曰日耳曼蠻族也其疆為東國陂路斯兩國據其大半然尚有小國屬日耳曼者風俗話音均同其俗身體高大髮黃眼藍耐冷不耐熱畏渴好戰善牧牲畜喜射獵不農不工付之奴婢女習勞苦男反安坐能

皮飲酒賭博產業蕩盡則自賣為奴勇者為頭目然國有危難不避死亡婦女亦勇於赴敵男女恥苟合將戰則公擇首領歡呼賀之戰息復舊不相統屬以日月山嶺為神而崇敬之戰必先禱以詛敵漢武帝元光年侵羅馬為羅馬所敗漢哀帝時羅馬築城于萊尼河以偪侵日耳曼日耳曼或降或亡其後復糾合種類力攻羅馬國幾及四百年是時中國交界之匈奴等游牧于其郊盡驅日耳曼種類遷於他國散處佛蘭西英吉利是班牙亞非利加各海邊宋元徽問羅馬都陷日耳曼之民萃焉蓋歐羅巴之民半係日耳曼之族在本國者無幾尚守古教而猛性常存散處佛蘭西者已進天主新教唐元和八年日耳曼之裔復在佛國潛起募兵自成一國沒後諸子各分其地而路得威號第一王於唐武宗會昌年間創立國基始有日耳曼之號羅馬國廢日耳曼之君仍其名號雖各部皆有本酋五爵操權而國王能得民心自強政治以彈壓其下但與羅馬教皇積釁因募兵前往意大里國又欲據猶太國救世主所葬之墓自領大軍與回族死戰壯民多亡其教主遂乘勢

弄權南宋咸淳七年有賢君出立新例合百姓遷善雖向為盜竊者俱許為良民否則殺無赦明永樂年間國君復集會各教主辨論名聞海外後國分為十部各部皆有君爵正德十四年是班亞君即位使使來脅從天主新教禁止耶蘇本教日耳曼百姓不從萬歷四十五年老教新教之民互相攻伐三十年不息兵火之餘遍地荒蕪而瑞丁佛蘭西是班亞三國又來侵伐日耳曼君乃盟國人於郊外令兩教之人任意拜上帝救主耶穌外求成于三國時順治四年也後日國又屢與佛蘭

西土耳其兩國肇衅其東國之君本日耳曼舊所兼攝其君歿後無嗣各國相爭以分其地其國王女內招百姓爲國家出力外與意大里國和親遂獲勝國乃定當佛蘭西國大變日耳曼民欲匡救其災卒爲所敗嘉慶十年日耳曼國奉事佛蘭西佛君盡變其國政又刱立他姓以主其國嘉慶十七年國人逐之各部相結自爲一國隨時會商國事遂爲海外不侵不叛之邦○日耳曼地內有東國並陂路斯所屬之地方圓萬一千四百三千八方里居民四千萬國內有王四位大侯八位侯

九位小酋十一位別有城四座事皆自主各邦如之計三十八處與中國之土司無異二十五年之內居民增至千萬丁其國南連意大里瑞丁等國北及州中海大尼國巴得海隅東及峩羅斯東國西連佛蘭西南方有高山北地悉平坦其最長之河曰來尼河由瑞士國流出北向最爲廣大由日耳曼國過荷蘭入北海多惱河由西流東向阿得河在陂路斯國伏流地中入巴得海隅並北江西流入北海其北方最高之峰三百五十丈南方之山高千二百丈天氣冷多松中央天氣温熱多

橡多羊西方產葡萄最美北方產牛馬新開運河甚長其水道高於海百二十八丈費銀四百八十六萬圓北方居民聰明有膽略英國原民悉由此去其語音爲西洋之官話若荷蘭瑞丁大尼並英吉利之話皆如之凡各國所未見之書惟日耳曼人能讀之百姓共三分一曰上下五爵一曰艮民一曰農夫上爵之中有公侯受地者也居民崇耶蘇本教者千六百萬其餘崇天主新教者二十五萬皆猶太人也在南方有邑一千零八所北方之邑千三百一十一所○除東國陂路斯國各據

之地所有日耳曼列盟會各國共計方圓四千五百里居民千六百五十六萬八千農務興焉出五穀善牧畜牟之多甲於他國馬牛豕次之林廣而密多木料運出者由撒孫山來有銀礦每年價約八十九萬六千圓金礦每年約四萬二千七十觔銀二百二十九萬六千圓亦出銅白鉛鐵錫日耳曼國多儒敬教勸學爲西方之最今將列國地方列于左

一拜焉列國於陳朝文帝年間進天主教後地益廣與佛國合南宋淳熙間始立君爲其國始祖累世執天主

新教與東國結盟，且欲滅老教。近日與佛蘭西約和，以擊東國，背前好焉。由是為日耳曼列國之害。佛蘭西那破里穩王時，封拜焉之君為王，益以地。自嘉慶九年後，拜焉遂為日耳曼內大國，執天主新教。然其君愛民勤政，有名海外。計公帑銀千六百二萬一千三百圓，公費千五百三十七萬五千三百圓，存庫者八十二萬六千圓，國之欠項七千四百七十七萬圓。其地廣袤千三百九十八里，居民四百四十一萬。近河之地多豐，近山之地多磽。多惱河亘其間，買尼江濱葡萄所產也。多野獸，

產卑酒，外國人好飲之。產五穀、麻、煙，作各項玩器，而不能造布匹絲緞。國分八郡，二百三十一邑。都城曰閔金，宮殿炫耀，亦設肄業院，各士雲集。尼林山係古城，居民四萬六千九百口，大半執正教。奧布古邑居民三萬，威得布居民二萬六千，巳掃居民一萬，林布居民二萬二千，班山居民二萬，弗地居民萬五千，多猶太人。各處設大學院三間，中院七間，小院十八間，公學五千零五十一間。百姓頗聰明，國事悉聽鄉紳會議，君惟拱手而已。國中二十歲者多為兵，計三萬五千丁。

一威丁山列國，在拜焉之西，亦古地也。其君悉本諸侯，不以國務為重，故兵壘侵之。嘉慶九年，其君與佛君波那穩王盟，封為王，實為佛國附庸，然頗藉佛蘭西權勢。鄉紳會議，聽其號令。其山最高之峰二百二十丈，產銅鐵，微有銀。林多松，各木料皆浮來尼河以至荷蘭國。耕地在多惱河下，五穀不甚豐，人稠地狹，田園不足於耕，是以民多就食於外。其地廣袤二百六十二里，居民百六十八萬。每年入公帑銀千六百零五萬圓，出千六百三萬四千圓，存留萬五千五百圓，國之欠項千二百六

十六萬四千圓。邑百三十二座，居民百八萬七千名，崇天主老教。民樸實勤勞，即移居他處，亦善積財。百姓運出木料、五穀、牲畜、煙油、綵布、麻布，價值八百萬圓。田產之價約一萬萬圓，牲畜千五百萬隻。學館多在大學院，有從外國來學者。其國都曰突押，居民三萬八千；烏林居民萬四千六百；律嶺居民萬一千五百。國有六大臣，俱不得自專，惟聽五爵鄉紳定議，每二年一次集會，以商國事。

一撒孫列國，在日耳曼中央，齊朝年間其國日強，屢降

他國常駕小舟駛至英國據其民海外畏之唐時佛蘭西大甲利王募兵伐之大勝强令奉天主教百姓與佛國人習久聲音俱同始知農務遂闢荒地建鄉邑土田豐盛其君遂于日耳曼之間創國居民頗聰明明成化十七年有賢士曰路得幼習耶穌教貧乏不能自存及冠得聖書遂棄俗入道伏處三年虔禱耶穌後才思日進以其道爲教師遂赴羅馬國與教皇議論旋國後遂宣言教皇之謬切勸各國去教皇異端值新君踐位召路得詢其教本末路得遂將聖書繙譯日耳曼語令民

讀之乃興崇正道於是路得之名揚海外羅馬教皇之徒憾之日耳曼各國之中以撒孫國君爲正教之首第國分則勢微康熙間撒孫君仍崇天主新敎受王爵國於陂蘭地自此兩國結釁與瑞丁等國戰多年撒孫遂受佛蘭西君陂那里穩王之封使募各屬國兵與陂蘭合迨波那里穩王敗後撒孫國遂將其地讓給陂路斯國國地日蹙廣袤僅二百七十二里居民百七十二萬國帑每年收五百萬圓費用銀四百九十七萬圓缺銀九萬八千五百圓國之欠項銀千一百一十七萬圓南方多山盎比河出焉廣約百丈地雖不甚豐其民能竭力故物產亦盛田萬一千頃松林八千頃葡萄八十頃羊毛極細所製造者每年約二百萬圓河內產珍珠礦價每年約銀百五十萬圓所造之洋青價約三十萬圓多運至中國黃銅約六千石黃銅線約二千石馬口鐵湯匙每年約三百六十萬件造各項磁器者六萬八磁器之妙甲于海外織匠二千五百名織大彩線麻布每年約值三百萬圓大呢甚細出花布大小學院不勝數女多美色男帶寬容皆樸實端正國分四部其都城曰

得信居民八萬口其大埠在盎比河又立悉邑居民五萬口學士千二百名四方商旅雲集金匿邑居民二萬二千工製造非山邑居民萬二千口多事礦務○王操大權有要務則五爵士民會議而後行軍士一萬三千七百丁

一漢那爾列國北及北海西連荷蘭東南界陂路斯國民性勇與日耳曼多肇釁康熙四十八年屢與佛蘭西國交戰後爲佛君所據未幾還其地部落四散無統屬道光十七年英國王之亞弟君其國兩國分矣此地廣

袤六百九十四里居民男八十五萬女八十六萬國帑所入每年約六百五十六萬圓所出五百五十八萬圓國之欠項千七百三十一萬八千圓存庫項九十八萬圓其地大半沙漠獨河邊豐田西方有山出礦銀銅白鉛等每年價不上二十萬圓民務農通商頗聰明設學院崇耶穌本教其都城居民二萬九千額丁音居民萬二千內多文士呂尼部居民萬一千軍士萬九千

歐羅巴各國惟日耳曼國四分五裂各自稱王立國亦有未受王號而專制一方者隨在有之威丁山之西與

佛蘭西交界之巴丁部廣袤方圓二百七十六里居民百二十九萬歲入帑銀四百五十九萬二千圓所出銀四百五十三萬八千圓庫內存留銀五萬四千圓地瀕來尼河山水大佳夏月異國來遊覽者車馬不絕產葡萄栗杏桃等居民造自鳴鐘每年十萬件造金銀玩物甲于海外其都日甲利安城居民二萬三千五百曼林城居民二萬害得山城居民萬三千五百設肄業院耶穌正教之士爭赴之○黑信國在日耳曼中廣袤方圓百八十二里居民七十四萬七十四百口其地分四部

歲入帑三百六萬五百圓出帑三百二十五萬八千二百圓缺十八萬七千七百圓國之欠項百二十六萬圓其都城日加悉○黑信所屬侯地廣袤方圓百五十三里居民八十一萬九千六百口入公帑銀三百九十萬圓所出如之國之欠項二百十一萬圓地分十一郡擔城居民二萬九千口國都在焉買匿城最堅固居民四萬五千口○阿丁布部在日耳曼之西與荷蘭交界廣袤百一十四里居民二十七萬三千地大半沙漠鮮物產每年入公帑銀八十五萬圓所用如之○鹿信布部

本荷蘭地廣袤八十九里居民三十八萬九千地豐盛○黙林布治林部在巴得海隅廣袤二百八十八里居民四十九萬口每年入國帑銀百三十五萬圓所出如之國之欠項五百五十萬圓其地多沙漠產五穀通貿易○黙林布士地勒部廣袤方圓四十九里居民八十九萬六千口每年入公帑銀三十八萬八千五百圓所費如之此沙漠之地土產微○撒孫圖馬部在日耳曼中間廣袤六十七里居民二十五萬國帑銀五十五萬五千圓所出之費六十萬圓缺四萬五千圓公欠項三

百四十萬六千圓居民最聰明其士君好學能納賢敬士○右所言皆大侯之地另有小侯地列于左合石老布部廣袤方圓百八十六里居民四十九萬七千口每年入公帑百三十七萬圓所出如之○那掃部廣袤八十七里居民三十九萬七千口每年入公帑銀一百零三萬四千圓所出如之國之欠項百七十萬圓此最美之土產嘉果及各美物○報寧袁地廣袤方圓六十九里居民二十五萬六千口入公帑百四十三萬八千圓國之欠項六百九十三萬九千圓上上邑也出礦民樸

實○撒孫買寧地四十三里居民十五萬口○撒孫哥布地三十四里居民十四萬撒孫亞丁布地二十四里居民十二萬此二地在日耳曼中居民繁多勤勞營生執正敎○安哈第掃地十五里居民六萬二千○安哈賓布地十四里居民四萬七千○安哈哥丁地十二里居民四萬○又有五爵之地瓦得地二十二里立比地二十二里悉馬林地十七里路哭城地十六里孫得好地十五　來西地十五里少布地七里古來西地六里○希西地五里黑幸地四里○光石地三里皆微小不

足比數○另有通商各城邑能自操權不服王化者如舍布城在日耳曼西北距益比河不遠列市通商爲日耳曼莫大之交易日漸興旺其居民善積財帛與各地貿易一年所進船約三千隻三年前其邑災殿閣宮室皆火今復建比前更美所屬地七里居民十五萬每年入公帑銀二百四十七萬圓所出者二百五十八萬圓欠公項銀千二百萬圓○北閔城在威悉河亦通商亦到中國貿易居民六萬五千每年入公帑銀六十萬八千圓出五十九萬七千圓存銀萬一千圓欠項銀二百

三萬圓○呂必古城地生意甚微居民五萬入公帑銀二十九萬圓出銀二十八萬圓存銀萬九千三百圓欠公項銀百二十四萬圓○凡弗亦大邑也在買尼沿河爲最要之地居民六萬五千日耳曼各君調兵護守亦派公使會統辦各國之事○以上日耳曼各地在海外各國未有分裂如此之多者國小而迫各私其地自日耳曼被鄰國所侵國內諸侯多與敵爲奸往往召外盜久之各　爲主且在各國界立關收餉大礙通商近日啵路斯國因約其列君除內地之關只在交界納餉由

是通商始盛所用之緜花至二十五萬石線紗四十萬石絲緞綢等貨所運入者四千四百石運出者八千九百石所運出之麻布價三百八十九萬圓統計運入之貨實過於運出餉亦綦重君民均獲益焉道光二十年所進陂路斯等國之船共六千隻所出者五千九百隻此足以知日耳曼之通商廣大各國雖散處而各海島頗懷聯絡各擇賢士以議各國之事若有戰陣各地募兵合為一軍以侯防禦共兵三十萬三千五百此內步兵二十二萬八千餘騎兵四萬餘炮手二萬餘炮五百

七十六門各國境與佛蘭西相向之地築三堅城列國之軍士相為護守

瀛環志畧曰日耳曼界內江河最長者為來因河自南而北轉西至嗹國界入西海河濱土脉腴潤產蒲桃最良沿河多名山古蹟多憿河亦大水在界內橫流如帶北方則易北河其名水也北方之民多強健湝良好學術南方奢侈醉飽無遠圖西南一帶勤苦謀生力作不倦界內列侯皆大小國婚媾往來用敵體禮會盟雖衆蠻觸不免遇大敵而心力不齊難於制勝幸維也納歃盟之後佛郎西止戈保境未發難端或亦恐衆怒之難犯也

海國圖志卷四十六

歐羅巴人原譔
侯官林則徐譯
邵陽魏源重輯

大西洋（歐羅巴洲）

奥地里加國（一作歐塞特里即職方外紀中莫爾大未亞也圖中博厄美厄即寒亞里也又奥人呼曰雙鷹）

奥地里加國本耶馬尼部落後値耶馬尼衰弱遂自立國稱王因娶寒牙里之女王爲妃遂合寒牙里國爲一又蠶食耶馬尼波蘭意大里各國邊境增建部落遂爲

歐羅巴洲大國政事設賀官四人綜理其錢糧訟獄無專官如有控訴之事在國都者都內之官皆可斷之在各小部落者則各地尊長及其塾師均可斷之歲征錢糧銀六千三百萬員步兵十八萬五千四百騎兵三萬八千四百大礮手萬七千八百修理器械兵二千三百五十出師開路修橋兵二萬有六百

奥地里亞國（東界俄羅斯西界耶馬尼南界寒牙里北界普魯社及波蘭）幅員二十六萬有二百九十五方里戶三千二百十三萬四千有三十七口大部落九小部落二百八十五別有寒牙里屬國

下奥地里亞部（東界寒牙里西南俱界塞底里阿北界阿巴）本國四圍皆山幅員萬五千一百八十方里戶二百有三萬一千百三十口境域遼闊遂將部落分爲二曰上奥地里亞下奥地里亞下奥地里亞領小部落二十產金銀銅鐵錫鉛布呢水銀銀硃玻璃寶石絲髮

上奥地里亞部（東界寒牙里西界磨希彌阿南界下歐塞特里阿北界磨那威阿）多山產五穀領小部落十有八

塞底里阿（東界寒牙里西界沙爾斯麥南界依爾那里阿北界奥地里亞）幅員八

千五百六十方里戶八十三萬九千百二十八口領小部落二十有五產鐵器呢布

伊爾那里阿（東界格羅阿底阿西界攬麻地南界海北界塞底里阿）幅員萬一千百三十九方里戶百有十三萬八千五百零六口地崎嶇領小部落二十產苎麻絲縠布呢磁器

覽麻地（東界耶瑪尼西界沙厘尼阿南界巴海北界綏沙蘭）本意大里亞部落幅員萬八千二百六十方里戶四百二十七萬九千七百六十四口領小部落七十有二俗奉加特力教

代羅爾（東界塞底里阿西界綏沙蘭南界覽麻地北界耶麻爾）在耶瑪尼極西

崇山峻嶺冰雪不消俗頗淳厚尊奉加特力教幅員萬一千有六十八方里戶七十七萬六千三百九十口領小部落二十有七產鹽木烟葉

磨希彌阿（東界磨那威阿西界耶瑪尼南界沙爾斯麥北界普魯社）為歐塞特里阿最沃之壤周圍大山幅員二萬有四百二十五方里戶三百七十四萬八千三百六十一口領小部落四十有七設兵十二萬五百二十有七尊奉波羅特士頓教產布芒麻樹木五金以錫為最

磨那威阿（東界牙里西阿西界磨希敏阿南界奧地里亞北界普魯社）周圍大山

其中沃壤幅員萬有三百二十一方里戶百九十九萬四千八百五十口領小部落二十有三產呢布芒麻

牙里西阿（東界俄羅斯西界磨那威阿南界寒牙里北界波蘭及俄羅斯）本波蘭國部落土少沙多山地皆沃幅員三萬三千一百七十九方里戶四百三十八萬五千六百有六口領小部落三十五設那步爾奈士可臘治西底士四等官以綜庶政奉波羅特士頓教產鹽穀蜜糖樹木

寒牙里國附記（一作博厄美厄一作班那里阿一作匈牙利）

寒牙里俗舊獷悍較耶馬尼尤甚那盧彌者本寒牙里南隅各地總名與意大里亞連界意大里亞重兵鎮守扼其要隘耶穌紀年四百（晉安帝隆安四年）寒牙里之人阿士多羅士攻破那盧彌率衆前進幾將攻至歐羅巴洲之東方與阿細亞洲之中央後有頭目阿底那于底依士那盧彌兩處各設官兵保障邊徼耶穌千年時（宋真宗咸平三年）遂立為國建都于孛利斯麥傳至雷士里俄列王尤强勇於千四百年（明建文四年）率衆攻擊意大里亞回國而

卒其女伊利薩麻嗣位旋嫁奧地里亞國之阿爾麥王遂為其屬國中被波蘭侵據旋即奪回繼而士魯機侵擾不已直至威音那邊界百年受患經奧地里亞國力戰大勝始不敢復寇嗣遷都那摩以格羅阿底斯格那尼寒牙里特蘭色洼尼四部落路接士魯機畫出邊界屯田養兵六十家設一頭目無事耕田訓練有事百丁抽五以禦邊徼設官四等一教師一世爵一問事官一管各部落官凡遇更例立王加稅添兵則四等貿官齊集會議番有二種一曰麻亞一曰加窩尼唵士數家為

一村多處茅屋習波羅特士頓教者五百萬習加特力教者二百有十萬餘俱習額力教言語不同耕種所獲自得八分以一分歸廟一分歸官服色尚藍不薙髮編髮辮頭戴小圓帽外加濶邊帽產布呢金銀銅鐵鉛鹽煤絲髮蜜臘烟苧麻

寒牙里（東界土魯機西界色底里阿南界土魯機北界牙里西阿）奧地里亞之屬國也幅員十三萬三千方里戶千二百六十萬口大部落九小部落二百九十有二

下那盧彌部（東界上那盧彌北界下那盧彌南界斯格那西界奧地里亞）領

小部落五十尊奉波羅特士頓教土產有酒煤

上那盧彌部（東界上底斯西界下那盧彌南界斯格那北界牙里西阿）領小部落六十有八尊奉波羅特士頓教產金銅

上底斯部（東界下底斯西界上那盧彌南界下那盧彌北界牙里西阿）領小部落二十有二尊奉額力教產荷碧爾石雜菓及酒

下底斯部（東界特蘭色南界曼臘西界上底斯北界牙里西阿）領小部落四十有三尊奉額力教產木煙牙硝覘

曼臘部（東界特蘭色南界土魯機西北界寒牙里）領小部落二十有八尊奉額力教

格羅阿氏部（東界斯格拉南界土魯機西界依爾里阿北界寒牙里）幅員三千七百五十六方里戶六十一萬四千口邊界多山東隅平衍語音異寒牙里設立總管遇大事至寒牙里會議領小部落十有五產穀煙

斯格臘部（東界寒牙里南界土魯機西界格羅阿底北界寒牙里）在格羅阿底阿之東幅員三千六百七十八方里戶三十四萬八千口領小部落十有六土沃氣和音語龐雜

特蘭色部（東南俱界土魯機西北俱界寒牙里）在加底喻山之外地勢崎嶇天時和暖宜耕種幅員二萬三千五百

九十四方里戶二百有二萬七千五百六十六口領小部落三十有二尊奉加特力教額力教波羅特士頓教產金鐵鹽羊毛

那爾麻氏部（東界土魯機西界海南界都魯機北界依爾臘里）領小部落六俗强蠻產穀蜜糖

奧地里亞國沿革

海錄：雙鷹國又名一達輦在般古港口之西北與單鷹國為兄弟患難相周恤亦奉天主教風俗大畧亦與西洋同番舶來廣東有白旗上畫一鳥雙頭者即此國也

莱雙鷹旗，即奧地里亞國；單鷹旗，即普魯社國。故與都魯機毘連。廣東人以其市舶旗所畫呼之，非其本名也。

貿易通志曰：奧地利亞國，粤人呼爲雙鷹。土地甚廣，産水銀、硃砂、銅、鐵、白礬、絲綢緞、五穀、酒、蠟、烟、皮、毛。物産雖豐，民不務商。南有港口，日得爾士，每年進口貨價二千萬員，出口貨價九百萬員。此條補入

萬國地里全圖集曰：奧地利域東國，即歐色特里國也。北極出地自四十三度至五十一度，偏東自八度至二十七度。南及土爾其國、亞得亞海隅、以他里列國，北接巽維斯國、㟁路斯國、日耳曼國，東至未他味地，連峩羅

斯國，西至日曼尼國、以大里國。東國所屬在日曼尼内，廣袤方圓二十二萬八千方里，居民九百八十四萬丁。匈牙利邦廣袤方圓三十七萬五千方里。以他里内各省廣袤方圓五萬一千方里，民人四百一十七萬丁。波羅國内各省廣袤方圓九萬六千方里，居民四百零七萬丁。答馬地邦廣袤方圓一萬七千方里，居民三十二萬丁。另如其別族各丁，共計居民三千三百萬人。所有之馬共計二百二十萬隻。國内遍有七百七十七邑，六百三十六郊，二千二百二十四埔，六萬九千一百零五鄉。每年收國帑者，共計銀五千二百萬員。國家欠銀二萬萬員。太平之際，三軍二十七萬丁；戰時七十五萬丁。兵船共計三十一隻。

又曰：東國未久，立宋元年間，一小邦諸侯，因其君智慧，日耳曼列侯推之爲汗，其權勢尚微。於明嘉靖四年，其汗獲伯閔國據之。此後列國改崇波羅士特正教，惟東汗固執異端，力傳加特力教，遇有民人不悅服者，即逼廹强之，或出國，或背教，尚敢抗違，則定死罪。後取匈牙利國，與土耳其戰敗，因要廣教門，連三十年攻戰。但正

教各國力戰，擊退東軍，强之議和。自後其國地方愈廣，又據低地並以他里大半，與是班牙國結爲唇齒。佛蘭西國忌其廣大，往往開釁，干戈不息。佛蘭西將武藝優嫺，恒擊勝奧地利亞，但議和之際，東國再加權，復興矣。現時歐羅巴各國權勢最大者，第一英，第二峩，第三佛，第四奧也。其國商於廣州互市，插旗畫雙鷹，故華人以雙鷹國名之。

萬國全圖集曰：匈牙利邦之列地，一曰匈牙利國。其國一半山地，出金、銅；其餘平坦草場。多惱河横流其境，穀

田五萬頃草場七萬五千頃林九萬頃園六萬頃其五爵弃全權其農夫終身勞苦所出者畜牲每年山廠出金千五十斤銀四萬一千斤及葡萄酒麻丹參蜜各貨昔爲東方游牧達達里所攻據與列西國交戰連年嗣後奉耶穌之教力勉進學不期土耳其族奪與戰服達達里是以與東帝連和共爲唇齒招之爲王但因東政因時異宜之處變通增減國之紳士會議各抒意見其國都曰伯堡居民四萬一千丁城於多惱河邊經營最盛伯息居民六萬一千丁每年售出牲口不勝其數伯

息對面爲補他城居民三萬四千丁其銀場開在伸匿居民萬七千丁採礦者居半其銅山最旺阿丁堡居民造葡萄酒養豕每年八萬隻剌固城每被土耳其軍侵伐五廟邑昔有文藝之名四方賢儒所會集得伯新邑互市之地其居民崇耶穌教士額丁居民三萬丁出烟勤務作事○一日七山地匈牙利之東地其山出金鐵居民大半崇正教不拜聖像此時服東國其都曰黑曼城居民二萬丁晃城居民三萬丁與土耳其國貿易豐盛文學院之儒千二百○一日可剌地土民勇戰因未向化心野意巧以農爲生產五穀煙等貨○匈牙利之南界各農應募爲兵鎮守疆境遇土耳其軍侵犯則其鄉兵衝鋒突陣塔馬地城沿亞得亞海瘠地其居民因地磽不能耕捕魚爲賊山生藥材野蜜其都會撒剌小邑加他羅城四面險固

地球圖說阿士氐拉國又名奥地利國或曰東國東南界峩羅斯土耳基二國西界瑞西國并亞利曼諸小國北界波路西亞國百姓約三千五百萬都城名未伊那城內民三十萬三分天主教餘耶穌教猶太教各國徙

居言語雜出或與亞利曼意大里口音相似內有一大江名拖地俾屬國頗多土產金銀銅紅銅水銀鹽五穀等物

地里備考曰奥斯的里國在歐羅巴州之中其國土在北極出地四十二度起至五十一度止經線自東六度起至二十四度東至厄羅斯國西連蘇益隆國南接土耳基意大里二國暨地中海北界布魯西波羅尼三國長約三千一百里寬約一千八百里地面積方約三十四萬零二百四十里煙戶三京二兆口峻嶺疊起冰雪

凝積河至長者十八湖至大者十一中東二方田土膏腴餘地高燥物産微鮮氣温和宜人物産各種金石稱富庶男女皆得嗣位以長幼爲序奉羅馬天主公教者過半其額力西國暨加爾威諸路得羅等各修教奉者無幾至若入德亞古教奉者尤寥寥技藝精巧匠肆林立貿易豐盈耶蘇三十三載漢光武建元九年爲羅馬國征服厥後越四百餘載有北狄侵擾唐德宗貞元七年爲佛蘭西所克改號曰奥斯的里亞元世祖至元三年亞里曼國君既獲其地以封其世子其土地積方不

及三萬里又越數十載歷代嗣君漸廣邦基與鄰邦陸續結婚附近各地盡爲所有嘉慶九年其國君進稱可汗嗣後雖曾被佛蘭西那波艮占據過半嘉慶十九年兩國講和後侵地皆歸還仍爲歐羅巴州富强名邦本國所屬各地雖有亞里曼波羅尼意大里翁給里四者之名然統分十五部大小不等

第一奥斯的里部分而爲二一名下奥斯的里一名上奥斯的里其下者長四百一十里寛三百五十里地面積方一萬里煙戶一百萬餘口維亞納城乃國都也建於達奴比約河岸屋宇富麗學塾醫院甚壯百貨駢集人煙輻輳其上者長五百五十里寛一百八十里地面積方九百三十里煙戶約七十七萬四千餘口首郡名靈斯

第二義士的里亞部長五百里寛四百五十里地面積方一萬一千里煙戶約七十七萬餘口

第三的羅爾部長六百里寛四百五十里地面積方一萬四千四百里煙戶約七十四萬餘口

第四布威彌亞部長一千一百里寛七百里地面積方

四萬九千里煙戶約三百二十八萬餘口此地昔爲一國迨後歸服方改爲部

第五摩拉維亞部分爲二一名摩拉維一名夕勒西其摩拉維長者五百五十里寛三百六十里地面積方一萬六千四百里煙戶約一百七十五萬餘口其夕勒西地面積方約有二千四百里煙戶約三十五萬餘口

第六壹黎里亞部分爲二一名來巴士一名的里耶德其來巴士長一千一百里寛九百里地面積方一萬八百三十里煙戶約六十四萬餘口其約里亞德地面積

方約有六百四十里煙戶約五十萬餘口以上六部皆與亞里曼國結盟故名其地曰亞里曼應出兵丁九萬四千八百名

第七加里細部長一千三百五十里寬五百里地面積方四萬二千里煙戶約三百二十三萬餘口此地昔爲一國迨後歸服方改爲部

第八布哥維納部長四百五十里寬二百八十里地面積方六千六百里煙戶約五十四萬餘口以上二部皆名曰波羅尼地其加里細昔爲波羅尼國之地中國乾

隆三十七年歸於本國管屬故仍名其地曰波羅尼其布哥維納昔爲土耳基國之地後歸本國管屬改爲部

第九倫巴多威尼西奴部長五百里寬四百里地面積方二萬三千六百八十里分爲二一名米耶煙戶約二百二十萬餘口一名威內薩煙戶約九十二萬餘口此部昔本意大里國之地嘉慶十年佛蘭西國君那波𡴭者立爲一國後歸本國管屬改之爲部故仍名其地曰意大里亞

第十翁給里亞部長二千里寬一千二百五十里地面

積方十七萬一千一百二十里煙戶約七百五十五萬餘口此地在昔自爲一國後歸本國管屬改之爲部

第十一斯加拉窩尼部長六百二十里寬二百二十里地面積方八千八百里煙戶約二十八萬八千餘口此地昔爲一國迨後歸服方改爲部

第十二哥羅瓦西亞部長六百里寬四百里地面積方一萬零一百里煙戶約五十六萬餘口此地昔自爲一國後歸本國管屬改爲部

第十三達爾馬西亞部長八百七十里寬一百五十里

地面積方八千三百里煙戶約三十萬餘口此地昔自爲一國後歸本國管屬改爲部

第十四達耶西里瓦尼部長七百里寬六百里地面積方三萬零八百七十里煙戶約一百八十萬餘口此地昔自爲一國迨後歸服方改爲部

第十五邊疆之地共四處合爲一部一名斯加拉窩尼地面積方約有四千里煙戶約二十三萬餘口一名哥羅瓦西地面積方約有八千一百里煙戶約四十萬餘口以上六部總名曰翁給里康熙十一年歸於本國均

改爲部此國通商衝繁之地或在海邊或內地大埠
外國史略曰奧地利國亦名東國中華稱爲雙鷹因其船旗名之也本微國宋眞宗年間日耳曼在東界別立君長以防範各國且稱之曰東境界由此東國之名起焉迨元至元以後與鄰國或結盟或交戰日增其地於明景泰七年東國之君幷日耳曼國之地入版圖於明世宗嘉靖元年與是班亞荷蘭等國交戰不絕是時東國廣袤方圓五千四百里維時回回土耳其國羣與恨東國崇天主教再圍其城佛國又忌之亦助土耳其軍

侵之本國屢戰屢敗幾失全地獨存意大里地而已乾隆四年所掌版輿尙廣袤九千零四十三方里居民二千九百萬其君卒女尙幼歐羅巴列國結盟共侵其地於是其女婿嗣東國之位於乾隆二十年其國后與他國結盟欲滅破路斯國七年力戰而後退其後嗣君明哲屛斥奸邪値佛國大變其妹爲佛國之后被百姓所害是以肇衅四戰四敗乃結平焉於嘉慶十三年東國君之女配佛國君波那里穩王爲妃兩國和好嘉慶四年東國與峩破等國盟共爲唇齒戰勝佛國盡復侵地

惜其民固執天主新教不改也東國地廣袤方圓萬一千一百八十八方里居民三千七百三十一萬八千其他部在日耳曼國內者在國東方通計東國公地方圓七百五十六里居民百八十五萬在多惱河兩邊廣谷四面有山最高者六百五十二丈中者六百餘丈下者四百餘丈遍山林木其地面共二百萬八千七十畝其中六十萬畝爲荒地常有水患百二十八萬爲良田七十八萬爲葡萄圃六十五萬爲草場八十六萬爲林藪牧牲牛羊皆備國都曰威音城多惱河在焉居民約四

十萬城郭三十八座河上有塔高十四丈二尺民好賓客○二曰士大境方圓數缺邑二十村九十六男四十五萬女四十七萬昔居民崇耶蘇正教後迫君令改崇天主新教其地高於海面千五百八十一丈其氣冷山雖多不高計地三萬五千九百頃其中田七千頃草場五千九百頃園圃四千五百六十九頃林千七百七十三頃葡萄園五百四十八頃山內有礦產五金石鹽石灰其所出最繁者爲五金各器其鐵路甚廣其居民因執天主教立教師千名僧四百五十名修道之女二十

八名○三曰來巴邑廣袤方圓三百七十里居民四十八萬七千七百口亦多山出銅鐵其城中居民萬三千口通商之處也○四曰地鹿邑係意大里北邊高山之地廣袤方圓五百一十七里居民八十四萬四百口城二十二座多氷嶺道路難行溪流甚急常漲溢為害其水源能已瘋病氣候冷民多重瘤年多耄耋山産五金民多畜牛果木香櫞最多亦産麻每年萬有餘石民多出外國生理多巧術能畫像雕刻童孩入學者十萬八千五百六十六名産蠶絲每年約十八萬觔其百姓屬

東國統轄佛蘭西於嘉慶年間侵其地老幼男女各持械拒之各國皆景仰焉其會城曰印布○五曰以利林在亞得利亞海邊廣袤方圓百四十四里居民四十八萬多航海貿易其會城曰地益海隅最廣港口也因免稅餉商船雲集居民七萬由印度國所來書信俱由此交遞各地○六曰破閔國即東國北方廣袤方圓九百二十五里居民四百二十二萬五千言語與破蘭音不甚異此地古時列侯所管唐朝年間其居民奉天主教與日耳曼國合為一後多改變明永樂年間其王招納

賢能知羅馬天主新教為異端故逐耶穌木教於是天主教人以火焚老教之師居民持械與戰於明武宗正德年間地歸東國而後息兵焉明泰昌時復爭教肇釁與鄰國交戰三十年東國戰勝所失民人共七十八萬口但所存者益嚴禁天主新教○其地北極出自四十八度三十三分及五十一度二分形勢如釜四高中低田三萬八千九百十六頃葡萄四十四頃園九千四百八十七頃牧場六千百十六頃瀦澤三百三十四頃氣候甚冷最大河益百末道等江也其山出銀錫鉛鐵硫

磺石灰五穀足用馬十四萬二千牛九十七萬四千羊百三十四萬九千邑二百八十七座各地分十六部有天主教師修道男女及大教師等居民有藝術歲造玻璃不下五十萬圓價與水晶等所織之呢亦日多樂勤勞習詩書會城曰巴拉居民十一萬其中六千為猶太人屋宇甚多居人稠密有美殿各藝士會爲書院廣大亦有肄業者○七曰黙林廣袤方圓四百九十八里居民二百一十九萬三千口崇正教者七十萬猶太人二萬八千口山高四百四十丈居民多養牲畜並多餓者

其風俗與破闐國不甚殊異○在日耳曼國外之地第一曰達馬田部本屬意大里在亞得利亞海隅右邊廣袤方圓二百五十一里居民三十九萬八千口近海多港口又多洲所居者漁人山內多盜賊村三十三座鄉人好飲酒水土瘴癘河甚多入夏卽涸居民精壯外多和善心極很毒○第三曰破蘭昔屬地加利西方圓千六百三十三里居民四百八十六萬六千地皆平坦衆水所潴中有豐田多牛多蜜多林木有熊很兕出石鹽金砂白礬其居民大半爲農少聰明鮮製造崇天主教

五爵最多每迫其民作亂會城曰林伯口第四曰雲音部廣袤四千一百八十六里居民千二百一十九萬二千口屬此地者七山廣袤一千零百里居民二百一十萬二千口與土耳其國交界之地七百里居民百二十二萬口○雲音之地在土耳其北之國梁朝年間匈奴苗裔所別立者也數侵各國後周太祖廣順年間敗日耳曼之軍其國日興招賢士布術藝宋理宗紹定十六年間蒙古人來侵遍國遭殺其王愛民如子故兵退後居民仍相聚自守明景帝景泰年間土耳其族强服希

臘國而雲音王效死力戰亡者不勝數明正德八年其國王陣亡雲音國大半歸土耳其國嗣後民服老教歸上帝救主耶蘇康熙二十七年其國歸東國强土耳其族來還侵地乾隆四十年間東國之君多募其兵以攻佛國道光十四年瘟疫廣流斃者二十萬餘口其民以此災罪其管長因作亂然其地盛五穀產良馬計牛四百萬隻羊約九百萬隻亦養蠶每年出絲二百石產葡萄約有三百種其山產五金北地有川其鐵若在水多月能變爲銅其民言語各異務農鮮製造其天主新教

師有財帛自尊大其五爵弄大權待農夫如奴不納餉有政務則招兩公會聚議其事東國之君拱手聽之每年納銀五百萬而兵六萬二千又衞土耳其交界之民壯六萬二千丁其國都曰阿賓曰必布其地之大河由土耳其國入海隅者曰多惱江其所屬雲音之地一曰哥亞田在亞得利亞海隅與土耳其國交界入雲音版輿者廣袤方圓百七十二里居民五十七萬五千口城七座所屬交界之民四十四萬八千名廣袤方圓二百八十八里城六座其民甚愚而兵甚伶俐物產最多木

善造製其山多高峯○二曰士拉窩尼在雲音可亞田土耳其中間廣袤方圓三百十里居民六十萬丁有雨河時漲壞民地多橡木多瓜烟葡萄胡絲蜜糖其民愚多力鮮製造崇天主教士音與破蘭不異其會城曰盆悉居民八千又七山地方在雲音東山嶺圍之故各國難侵其地多出五穀葡萄木料烟馬牛及各項鳥雀其山出五金地甚高各川所發源也城百二十一座村六千鄉二千五百八十六百姓最勤勞善積財通貿易由日耳曼運入者每年價銀八十萬兩運出者五十萬兩

民崇耶蘇本教各鄉紳依律例以籌議東國君不得擅行國餉每年約四十萬兩其交界凡步兵四營騎馬一營以時防範其會城曰黑曼士達造新布等邑國地共方圓萬二千一百八十八里其居民三千七百三十一萬八千口軍士四十六萬九千其日耳曼族千一百七十八萬口其山方圓八千七百里最高之峯千二百丈平坦之地方圓三千四百里江河或入黑海或亞得利亞海或巴得之海最大者多惱河周迴萬有二百里若中國長江居民種類不一有由亞細亞中國之新疆來

者其屬日耳曼者厚重好施濟然縱慾疎慢其屬破蘭者最愚好飲酒作樂屬雲音者敢死有才能○庶民分四品教師五爵貢民農夫其教師俱服其官憲教主則有大權勢其爵分三分有世田富財驕傲其貢民亦分三品或由君或由大臣或由地主管之隨所居之城邑而服役農夫甚貧服地主若奴焉在交界之民力防土耳其之侵○居民九分之一崇耶蘇老教餘各奉天主新教○農困於徭役雖田盛地豐穀不足食多由他國運入外國所買牲畜馬隻每年約二百五十萬出蠶絲

約四十一萬石其羊毛賣與外國者每年十萬有餘石雲音多葡萄其林密而深多木料若分田按價則共計銀六十三萬八千圓穀田銀三十萬一千一百萬圓葡萄圃十一萬四千四百萬圓林十萬三千圓草場五萬九千六百萬圓牧場三萬三千六百萬圓園地二萬六千三百萬圓其産物之價六萬五千萬圓養馬二百三十一萬二千隻騾三萬二千隻驢五萬九千隻牛百一十六萬隻羊牛二百八十萬隻山羊二百十六萬隻豕六百三十萬隻○昔居民無製造今漸學習每年所織

之呢羽運入者價銀四萬七千四百圓運出者千九百六千四萬圓所運出之絲緞約八十五萬六千圓運入之麻布七十三萬九千圓運出之者三百九十八萬四千圓玻璃磁器亦不少製造之匠二百五十萬丁道光十八年所運出貨價八千九百九十四萬五千圓運入八千四百九十六萬圓船不遠駛共三千三百隻水手一萬七千丁火輪船十五隻其大船遠航者五百一十三隻東國之通商在要口日多惱河面掘地開渠以廣河道遍國流通如平地焉○論教化則東國只崇天

主新教不知有本教也在書院之儒務大學者四萬八千在庠序者二萬五千餘名民之在學堂者百六十一萬名在小學五十九萬名都中淫風最盛國多礦山出五金石鹽石灰計價銀二千萬圓此時亦減○國有大臣六員別有兵刑錢穀工程教化大臣十員其君親民如子時時遊民間以知其害惡各國惟土君操權雲音等國則有五爵鄉紳之公會權過其君每年公帑所收東國之銀八千七百萬圓入不敷出是以國家多出銀票然往往虧空欠項四萬萬圓其兵弁共計二十七萬

水師中品船八隻下品船二隻二桅船三隻小船四十九隻共載炮五百一十門

瀛環志略曰日耳曼全國時以壘地利為共主諸部如畿內之侯當查理第五王之興也擄佛王服羅馬兼荷蘭聲靈赫濯幾於霸矣惜二教構兵貽謀不善厥後日耳曼列侯自王其國無復臣主之分壘雖畺土日闢而聲威遠遜然西土論國勢者猶以峩英佛壘為次第焉

波蘭國（附格那耦○案此即職方外紀圖之波羅尼也）

波蘭國即古時之麻底阿其人則斯可臘員種類也語音龐雜風俗強悍當意大里盛時征討各國惟波蘭未失寸土自耶穌紀歲九百九十年（宋太宗淳化元年）有摩尼斯老士始立國稱王建都於洼肖迨千有四百年（明建文四年）協稔女王嗣位與里都阿那酋長查遮爾倫婚配合爲一國仍曰波蘭（里都阿那者職方外紀作里都亞尼正在洲中海東岸以與波蘭合國故其海亦或名爲麻底阿海云）其後國中土豪聚黨數十萬擅權自恣國王稍不如意動輒廢立擅田土賦稅政自下出王不能

制千七百七十餘年（乾隆三十餘年）普魯社俄羅斯歐塞特里阿三國遣人說波蘭王願助兵誅鋤頑梗約割地酬勞議未決千七百九十有二年（乾隆五十七年）三王合兵來攻于是被俄羅斯國奪去十部落普魯社奪去東普魯社西普魯社波新三部落歐塞特里國奪去雅爾西阿一部落波蘭僅存洼肖與格那耦兩部落而格臘耦近又不服統轄波蘭惟洼肖一區然膏腴阜產亦足供給各小部落設有總領如遇會議各以兵自隨稍不合輒爭鬬王亦置若罔聞惟視其強弱而左右之法舊嚴峻近改

寬大人咸欣悅而各部落亦較前馴帖波蘭國（東界俄羅斯南界歐塞特里西北界寒牙里）幅員四萬八千六百五十五方里戶三百七十萬口小部落四十有七土人奉加特力教由教額力教產布呢麥木穀

格那耦（東南俱界牙里西阿西界普魯社北界洼肖）在洼肖之南地土肥厚幅員五百方里戶二萬四千八百口土人尊奉加特力教近自專制一方不歸波蘭所轄

波蘭國沿革

職方外紀波羅尼在亞勒馬尼東北極豐厚池多平衍

皆蜜林國人採之不盡多遺棄樹中者又產鹽及獸皮鹽透光如晶味極厚其人美秀而文和愛樸實禮賓篤備絕無盜賊人生平未知有盜國王亦不傳子聽大臣擇立賢君其王世守國法不得變動分毫亦有立其子者但須前王在位時預擬非預擬不得立即推立本國之臣或他國之君亦然國中分爲四區區居三月一年而偏其地甚冷冬月海凍行旅常于冰上歷幾晝夜望星而行有屬國波多里亞地甚易發生種一歲有三歲之獲草萊三日內便長五六尺海濱出琥珀是海底脂

膏從石隙流出初如油天熱浮海面見風始凝天寒出隙便凝每爲大風衝至海濱。原無今補

萬國地里全圖集曰波蘭國內之地一曰牙里西林叢廣坦兼有沙國出五穀畜牲林多狼熊獻皮受賞其土多出鹽百姓並拜天主聖像信僧誘惑民惟務農不織布帛其省會隣山城內有文學院一曰羅多麥與牙里西爲一國其五爵代東帝治國政百姓納田賦稅餉待其五爵議定而後征收其甲口城與其郊廣袤方圓千五百里居民九萬三千丁不服他國城內多廟寺繁尼

僧通商隣地

波蘭國昔日自主治民因五爵相爭峩羅斯與奧地利亞陂魯斯兩國分奪其大半道光十二年効死亂叛然交戰十餘合不足抵禦自後仍歸峩羅斯統轄產五穀蜜及木料居民大半五爵之奴也其都城曰揑稍城居民十五萬丁其中三萬猶太國人好攘奪○其東方稱日力刀地與波蘭國相仿會城曰味里那其內有文學院窩布尼與破多里等部昔歸波蘭國遍處平敞。原無今補

地里備考曰耶蘇一千八百十四載有波羅尼亞國者統歸峩羅斯國東至峩羅斯西北皆連布魯西亞國南接加拉哥維國長約一千二百七十里寬約八百里地面積方約六萬三千七百里烟戶三兆九億二萬五千口土地平坦多湖河饒穀果產銀銅鐵錫煤玉紋石硫磺磁器等物地氣溫和一望平陽無山障蔽北風甚烈奉所羅馬天主公教或奉別教概不禁止技藝稍庸匠肆鮮少通國分爲八部一名馬索維亞乃會城也每年由厄羅斯國王欽派總管官一員駐劄節制一名加拉哥維亞一名三多迷爾一名加利斯一名曾伯林一名

波羅谷一名波達拉給亞一名亞烏斯多窩

又曰加拉哥維亞國原波羅尼國之地當波羅尼國版圖入厄羅斯國時厄羅斯國王欲兼併一統而奧斯的里亦欲據之嘉慶二十年各國公使齊集維耶納地會議將其地兩不歸併另立一國且議以厄羅斯奧斯的里布魯西三部邦互相覆庇北極出地四十九度五十八分起至五十度十六分止經線自東十度五十三分起至十七度五十二分止東北皆連波羅尼國西界比里尼加河南枕維世都拉河地面積方約有六百二十

里烟戶一億一萬四千口。本國一望平原，景色雅緻，饒穀果，地氣較波羅尼國尤暖。不設君位，黎庶自推官長理事，二載更易。奉羅馬天主公教，餘教亦不禁止。民人勤勞貿易昌盛。會城建於維世都拉河岸，貨物駢集。其加拉辣多慕拉哥爾塞索維斯二處温泉甚多，赴浴如市，乃本國人烟輻輳之地。

海國圖志卷之四十七

邵陽魏源重輯

瑞士國

源案：職方外紀謂之大爾馬齊亞，與佛蘭西、意大里、耶馬尼、奧地里亞犬牙相錯者也，與瑞丁之可稱一瑞字者迥別。

佛郎西之東，奧地利西，意大里亞北，日耳曼列國南，有瑞士國，即綏沙蘭，猶瑞丁稱綏，亦古也，一作蘇益薩。瑞人粗魯，曩值意大里亞盛時，瑞亦以强稱，率師攻擊佛蘭西。被意大里亞窺其空虛，遣兵往侵，幾致覆國。不久旋為佛須斯諸蠻奪據，裂為數國，以耶馬尼為總領，傳至哈士默，復合為一。嗣在鴉地東隅，擇山谷形勢，建築險固之城，雖名屬耶馬尼，實專制一國。迨耶馬尼無道，國中離叛，瑞國王恃城險可拒敵，兼有特爾之勇將，遂興師與耶麻尼抗拒，連勝。從茲不受統轄，分疆域為十三部，以蘇利赤為國都。百餘年，復為佛蘭西攻擊，力不能敵，遂輸誠于佛蘭西。值西洋各國兵戈迭起，幾作佛蘭西、奧地里亞及俄羅斯三國之戰場，民罹其荼毒。迨佛蘭西波利稔王時，始不受統轄。部眾不願立王，僅於麻尼各大部落議設總領，并小官數員，權理國事。立法過嚴，復思離散。

遂分二十二頭目各自為治不相統屬惟于每年集五部落會議一次遞相輪次周而復始所議無非守土禦敵之策額兵三萬二千分隸各部遇有事按丁抽調風俗儉樸尊加特力教文學以仁尼洼疏留赤兩部為最河道三巒河自洼利斯起至仁尼洼湖止阿河自麻尼發源至阿俄威阿止吳河自額里渠至干斯頓湖止產麥穀鐘表袈裟布麻布

綾沙蘭即瑞國東北俱界奥地利亞國西界佛蘭西南界意大里亞幅員萬五千方里戶二百萬有三千口總部落二十有二各設頭目不相統屬觀此志洼斷在洲中海之南不在海北明矣彼圖中沙海而北者乃北方之瑞丁國與瑞國判然二國也則海錄中在英吉利西少北一語謂瑞丁非謂瑞國也

蘇利赤東界都耦西界阿俄威阿南界續地北界斯渣付俟新領大部落一小部落二十

牙厘東界奥地里加國南界額里渠西界額臘力司北界耶馬尼領大部落六小部落十有八

阿丙西爾四圍俱界牙尼領大部落二小部落七

都耦東ㄏ奥地里加南界牙厘西界蘇力赤北界耶馬尼領大部落三小部落六

斯渣付俟新東西北俱界耶馬尼南界蘇力赤領大部落一小部落五

續東界色錐斯南界色錐斯西界阿俄威阿北界蘇利赤領大部落一

色錐斯東界額臘力斯南界烏厘西界魯沙尼北界蘇利赤領大部落二小部落七

額臘力斯東北界牙里南界額里渠西界烏厘領大部落一小部落一

額里渠東界斯渣付俟新西界烏厘南界底西那北界額臘力司領大部落一

底西那東西南俱界意大里北界額里渠領大部落二小部落九

烏厘東界額里渠南界底西那西界麻尼北界塞追司領大部落一小部落五

厘洼利斯東界烏厘南界意大里亞西界洼利斯北界麻尼領大部落四小部落十有三

洼瓦利司東界里洼利司西界仁尼洼南界意大里亞北界稔領大部落二

麻尼東界烏厘南界厘洼利司西界緋里麥北界梳留赤領大部落九小部落三十有九

唵那洼爾領東界烏厘南界麻尼西北俱界魯沙尼領大部落一小部落四

魯沙尼東界色錐司南界唵那爾領西界麻尼北界阿俄威阿領大部落三小部落九

阿俄威阿東界蘇利赤西界麻塞里南界魯沙尼北界耶馬尼領大部落一小部落十有四

麻色里（東界阿俄威阿西南俱界疏留赤北界耶馬尼）領大部落二小部落十有七。

紐查底爾（東界梳流治西北界佛蘭西南界稔）領大部落二小部落八。

稔部（東界非里麥南界仁尼注西界佛蘭西北界紐渣底爾）領大部落九小部落二十有四。

非厘麥（東南北俱麻尼西界稔）領大部落三小部落九。

仁尼注（東界注瓦利斯西界佛蘭西南界意大里亞北界佛蘭西）領大部落四小部落三十有五。

案瑞士西北之山國也，東西南三界界山，爲境如翠屏。

然其東北界君士但湖，西南界義尼威湖，自中部之路新地部西南有大山亘百尼地之北，所羅頓地部大水之南，迤西而南亘法壆地之西，義尼威湖亘其間，越湖而南於湖東南逕瓦勒地部之西，而西南而南而東南繞他西那地部之西，而北逕加律地部之南，而東其孫地部之北而入日耳曼界，又繞其孫地之東而東南他西那地之東入意大里國界。其國之西北巴悉邑西南有山緜亘所羅頓地西非布地西義尼威湖西義尼威邑西而南入意大里國西界。其由加律地西北一支由亞實悉邑西而入日耳曼，惟東北突壆地正北士勒邑及路新地之東押壆地無山而已。

瑞國沿革（原無今補）

萬國地里全圖集曰：瑞國乃日耳曼、佛蘭西、以他里三國中間褊小山地也。北極出四十六度至四十八度，偏東自六度至十一度，廣袤方圓五萬七千方里，居民二百萬丁。高峯刺天，終年有雪，但其山水雄奇，遠國之士每往遍遊其地。歐國之大河，亦由此地流出。西方有湖，周遶密林，澗溪回環，鹿麌趯躍，無異園囿。其穀豐盛，多

產藥材，又多牛畜，奶餅最香。其居民歷六百年不服王化，游牧山谷，帳逐水草，既無暴主苛政，各得其所。近日大半崇正教，拜救世主。其俗樸直而强健，是以各國募其兵丁，爲王宮之侍衛，因效死忠，戰最勝於各國之軍焉。全地分二十二部，在西南佛國交界，熱尼瓦城建在湖濱，居民造時辰表，每年價銀六百萬兩，所販於中國者大半此城之民。雖服瑞丁，然其貴人自主國政，最著之城乃基坦、敦害米等邑。

地球圖說：瑞西國又名瑞士國，東界阿士氏拉圖，南界

意大利亞國西界佛蘭西國北界亞利曼諸小國百姓約有二百萬之數有至大之城一名熱尼瓦城然非國王所建都也國內分列二十二部大半耶蘇教小半天主教亦有書院以教養幼士民之言語各隨其地北則亞利曼西則佛蘭西南則意大里等音有山名亞力伯終年積雪地多磽瘠物產不多大半牧羊本阿士氏拉國所轄昔有善射者名得利阿士厎拉國官置蘋果於其子首令射之一矢果落而子不受害由是民不服叛拒自主其政迄今六百三十年矣道光二十八年是國

又不靖尚未和好土產奶餅藥材羊毛布時辰表鹿等物

地理備考曰蘇益薩國蘇綏瑞三字音近亦猶瑞丁之作蘇以天也在歐羅巴州之中北極出地四十五度五十分起至四十七度四十九分止經線自東三度四十三起至八度五分止東至奧斯的里亞國西連佛蘭西國南接奧斯的里國暨薩爾尼國北界亞里曼國南北相距約五百里東西相去約七百五十里地面積方約二萬四千里烟戶一兆九億八萬口本國峯巒疊起河之長者四湖之大者十四山上則冷平原則溫谷中則熱田土高則瘠下則沃平隰產穀果適敷所需草木豐茂禽獸充斥土產金銀銅鐵錫鉛煤白玉紅玉碧玉瑪瑙水晶硫磺硇砂石膏信石及各種花石等至於朝綱不設君位惟立官長貴族等辦理國務奉羅馬天主公教者四及加爾威諸修教者六貿易昌隆匠肆林立昔爲羅馬國統屬羅馬衰始爲佛蘭西亞里曼等遞取元成宗大德四年國人誅戮官吏以避苛政越八載有烏黎孰義的斯翁德瓦里的三國互相救援明武宗正德八年凡會盟者十二

國嘉慶三年蘇益薩國又爲佛蘭西占據改爲十九小國迨嘉慶二十年佛蘭西國王那波良敗績後蘇益薩國復得自立更有奧斯的里國會議爲二十二部小國素不養軍每國各按戶口多寡應出壯丁若干以防不虞

其一給里孫長二百五十里寬一百八十里地面積方二千八百八十里烟戶八萬八千口應出壯丁一千六百名地居東方逼國分爲三處其三處一名給里孫一名加德一名森給里至

其二伯爾尼長三百里寬二百里地面積方四千七百六十里烟戶三十五萬口應出壯丁五千六百二十四名地居中央不設君位

其三瓦來斯長二百餘里寬十餘里地面積方約二千五百四十里烟戶七萬口應出壯丁二百八十名地居南方

其四瓦烏的國長一百八十里寬一百五十里地面積方一千九百五十里烟戶十七萬口應出壯丁一千二百八十名地居西方

其五德西怒國長一百三十里寬一百二十里地面積方一千四百八十里烟戶十萬零二千口應出壯丁七千八百零四名地居南方首郡並無常處惟以北靈索內盧加諾羅加爾奴三地迭相爲首每至六載輪流更換

其六桑牙祿國長一百五十里寬一百一十里地面積方一千一百里烟戶十四萬四千口應出壯丁二千六百三十名地居東方

其七蘇黎世長一百二十里寬一百一十里地面積方一千二百四十里烟戶二十一萬八千口應出壯丁三千七百名地居北方

其八盧撒爾拿長一百二十里寬一百里地面積方一千里烟戶十一萬六千口應出壯丁一千七百二十四名地居中央

其九亞爾科維亞長百二十里寬八十里地面積方一千里烟戶十五萬口應出壯丁二千四百名地居北方

其十弗里不爾厄長一百二十里寬七十里地面積方六百四十里烟戶八萬四千口應出壯丁一千二百五十名地居中央

其十一烏黎長一百三十里寬六十里地面積方六百七十里烟戶一萬三千口應出壯丁二百三十六名地居中央

其十二孰義的斯長九十里寬六十里地面積方六百一十里烟戶三萬二千口應出壯丁六百零二名地居中央

其十三加拉利斯長九十里寬五十里地面積方四百里烟戶二萬八千口應出壯丁四百八十二名地居中

央

其十四牛弗砂德爾，長九十里，寬五十里，地面積方四百里，烟戶五萬一千口，應出壯丁九百六十名，地居西方，雖屬不魯西亞國王管轄，尚有國君分派之官四十五員。

其十五獨爾科維，長百里，寬八十里，地面積方四百六十里，烟戶八萬一千口，應出壯丁千五百二十名，地居北方。

其十六翁德瓦里的，長八十里，寬六十里，地面積方三

百三十里，烟戶二萬四千口，應出壯丁三百八十二名，地居中央，分爲二處，其二處一名上翁德爾瓦里的，一名下翁德爾瓦里的。

其十六梭律勒，長一百二十里，寬八十里，地面積方三百五十里，烟戶五萬三千口，應出壯丁九百零四名，地居北方。

其十八巴勒，長八十里，寬五十五里，地面積方三百四十里，烟戶五萬四千口，應出壯丁九百八十名，地居北方。

其十九亞奔塞爾，長一百里，寬六十里，地面積方一百九十里，烟戶五萬五千口，應出壯丁九百七十二名，地居東方，分爲內外二處。

其二十砂佛塞，長七十里，寬四十里，地面積方二百二十里，烟戶三萬口，應出壯丁四百六十六名，地居北方。

其二十一日內巴拉，長七十里，寬約二三十里，地面積方約一百二十里，烟戶五萬二千五百口，應出壯丁八百八十名，地居西方。

其二十二蘇克，長五十里，寬三十里，地面積方一百五

十里，烟戶一萬四千口，應出壯丁二百五十名，地居中央，以上皆自推鄉官數十員理事。

其通商之地，曰巴勒，曰蘇黎世，曰日諾瓦，曰森的加羅，曰加位利斯，曰挨里搔，曰牛弗砂德爾，曰名羅哥勒，皆大市埠。

瀛環志略曰：瑞士，瑞子○東色捞○綏沙蘭○蘇益薩在日耳曼南，墺地利亞西，佛郎西東，意大里亞北，東西約五六百里，南北約三四百里，萬山疊峙，中峯高接霄漢，常積冰雪，歐羅巴大河多由此發源，山水清奇，甲於歐土，西境有官

斯丹薩大湖圍以密林縈以清澗豐草芳縟麋鹿羣游尤爲幽勝產五穀藥材所造奶餌極甘香居民大半以牧畜爲生夏月驅牛羊入山秋冬乃返國無苛政風俗儉樸數百年不見兵革稱爲西土樂郊古時地屬羅馬羅馬衰亂北狄據之旋爲佛郎西所有後爲日耳曼所奪其民戇勇日耳曼選爲親軍臨陣皆効死力戰初分三部後分爲十三部皆推擇鄉官理事不立王侯如是者五百餘年地無鳴吠西土羨之嘉慶三年佛郎西攝王拿破侖（時拿破侖尚未即位）以兵力取入版圖改爲十九小部

拿破侖敗各國公使會議於維耶納並以牙錯之日內巴拉牛弗沙德爾（本屬普魯士）瓦來斯（本屬奧地理亞）三部共二十二部爲瑞士國仍其舊俗共推鄉官理事酌地勢按戶口拔壯丁禦侮諸大國不得鈐制

按瑞士西土之桃花源也懲碩鼠之貪殘而泥封告絕主伯亞旅自成臥治王侯各擁強兵熟視而無如何亦竟置之度外豈不異哉花旗人甘明者嘗遊其地極言其山水之奇秀風俗之湻古惜乎遠在荒裔無由漸以禮樂車書之雅化耳

海國圖志卷四十八

歐羅巴人原撰

侯官林則徐譯

邵陽魏源重輯

大西洋（歐羅巴洲）

北土魯機國

（源案此即古時額力西國職方外紀作厄勒祭者也與翁加國合成此國其南境在阿細亞洲內者曰南土魯機歐羅巴洲各國皆奉天主教其奉回教者惟此一國耳）

土魯機種類甚多原居韃韃里中央牙薩底斯之東北與阿爾特山附近其人偉軀赬面不似蒙古韃韃里人之瘦小先日非國僅一游牧回教耳至耶穌千年（宋眞宗咸平三年）糾集諸部頭目攻服鄰國由戈臘山而入巴社奪

得膏腴疆土即在巴社立國稱王曰塞爾牙國旋渡歐富臘底斯河攻額力西並攻阿丹所至無敵遂在小阿細亞又立國曰羅翁國後又有都魯機之頭目攻勝西里阿等國是時阿細亞洲西邊諸國咸屬于都魯機矣恃其強悍橫行侵并天道好還於是歐羅巴各國與臘體訥國同時興兵奪其耶路薩陵伊哥尼吾兩部維時蒙古可汗亦由韃韃里而攻其後奪取巴社並滅塞爾牙之王皆在千二百十三年後（宋寧宗嘉定六年金宣宗貞祐元年）嗣是

國中無數頭目各轄一方而總轄于巴社之蒙古王此元代征取西域盡建藩封之時也千二百九十九年元成宗大德三年有荷多曼者少爲海盜後爲西底阿頭目威服鄰部自立爲王遂爲荷多曼國其子荷占嗣位旋奪得普魯薩爲國都千四百五十三年明景泰四年麻荷彌王又奪得額力西觀斯頓丁羅布爾二地又攻擊伊揖麻馬里阿丹諸國并格利彌阿之地無不歸附威震歐羅巴洲後又屢破寒牙里威引那諸國諸國連兵拒敵喪師而返復攻濱海羅尼士西普魯及額力西各海島阻于石礁不能進千七

百年康熙三十九年漸衰于八百年間嘉慶五年國王沉湎酒色所屬之巴札各據一方其先日所取歐羅巴洲內各部落均起兵盡逐土魯機人出境俄羅斯亦出大兵攻擊土魯機屢戰屢敗失去富庶數部落從此不能復振伊揖之巴札原土魯機舊藩此時皆不受其統轄巴札之兵幾滅土魯機卒割西里阿巴里達兩地始講解罷兵政事與歐羅巴各國不同權操自上令出惟行弗惟反國王謂之額蘭西尼阿西尼阿者神影也以爲奉神命而來治國國人懷前王荷多曼之德故後世雖經變亂被

弒仍立其後裔王爲本國回教之主無敢訾議與西域聞見錄所述塞克國同其設官有曰額蘭威薩者巡察城內貨物眞僞額設六員由巴渣官遷轉有曰加尼阿斯加者校閱官軍曰利依斯分尼者管理內外事務曰特付那依分尼者總理國庫曰直里彌依分尼者總管水師官軍曰巴札者管領官兵曰磨爾那者管理回教事務兼掌教讀書館曰麻富底者掌理律例爲國中尊貴之人王前佩劍儀制與王畧有少間王見額蘭威薩趨迎三步接見麻富底趨迎七步制度法令悉由參定作奸犯科向無

斬罪增用樁釘地置死之條未嘗施用如有犯者不過廢棄而已曰玉里麻者專司案牘由麻富底考試呈名以聽王定奪審判案件多有賄屬宮中姬妾數百多由巴札各屬國競獻希恩王無聘娶之禮以至尊無人敵體唯于羣美中擇立正妃一庶妾七餘皆婢媵如正妻廢棄即遷入舊宮別立一人王如薨逝嗣王即將前王妻妾統禁宮中有白奄人守外門黑奄人供內役因其醜黑可無防閑也國中貴官燕居深廈常有人侍立其侍立之人皆取機密不泄者爲其心腹圖充役者多僞

作樸實以矮小聾啞爲上國庫存貯總數秘莫能知征稅賦支兵餉每年約計三百九十萬棒兵有兩種一曰多孛那格里兵乃當日荷多曼王精選壯入士伍人給田三百餘畝遂爲定制二曰加畢居里兵則隨時考校入伍孟夏孟冬大閱昔日隊伍爲歐羅巴各國之最近日遠不如舊而騎兵輕捷尚精戰鬥保守礮臺心力甚堅國中遇有警急招民爲兵未嘗規避惟行陣無紀律所至虜掠戰則一鼓作氣長驅衝敵衰則如鳥獸散不知有節制也服飾風俗頗似東方寬衣闊袖與歐羅巴

窄服相反入戶以去履在外爲禮飲食箕坐以手取食女處深閨與男子不接見不通問內外甚嚴其人似勇實怯似良實狠似捷實惰似莊肅實淫佚似慷慨實吝嗇國中咸遵回教以國王爲教主自誇其教之奧妙爲別教所無嚴酒禁喜施捨樂修館廨以居行旅吸食鴉片信符咒邪術咒所禁者犯則處死文學淺拙奪得額里西時致額力西之文學幾至毀滅嗣有荷占王頗好文學于晉魯薩部落大書館文人謂之馬特勒西圖所賜甚厚欲其久處肄業以博玉里麻官職馬特勒西圖

文人有十等年至四十歲方得上等然其所學皆章句辨論不知格物窮理反嗤他國所造千里鏡顯微鏡量天尺自鳴鐘謂是小技淫巧其天文不識歐羅巴之歷算而信陰陽家之選擇非吉日不敢行事其房屋繪畫音樂等技皆無巧妙惟俗尚孝弟其父母身後遺產惟子弟得有之外人無預婚姻先議奩贈多寡嗣議位置妾媵幾人庶出如嫡若不生育即結髮之妻亦許休棄皆與歐羅巴相反其士人有三類額力西人由斯人三角帽人而額力西居其過半由斯人即不見重所至受

人欺凌皆以燒麵爲業乃他人所不屑爲之小販三角帽人給俐儉樸多在本國貿易不甚外出也額力西人較靈巧有口辯善交易貨無貳價指天爲誓衣服尚長以冠別貴賤自官府以至技藝人等冠各有定制飲食甚儉無非菜蔬橄欖糖菓而已酒是回教所禁而國王與貴人多好之餘皆不飲各以鴉片代酒食煙者衆每不及四十歲土產地氈羊皮黃蠟蜜糖鴉片棉花絲髮洋布銅河道紛岐在羅彌里阿首部落內有河九焉刻沙河自大山發源滙多尼箬河野機尼河阿達河合流

南行出地中海哇達河滙特沙那河合流出海如斯特多馬河彌士多河唵治加那斯河均南注於海在摩爾達威阿部落有河四溫都河西列河密士特列河均自大山發源勃律河通奧地里加國四流滙合同歸拏那彌河經麻爾牙里阿而出黑海在洼臘赤阿有河入斯載爾河自歐塞特里阿發源阿魯達河自大山發源與荷爾特斯河底流門河阿日士河單摩威沙河惹林尼沙河磨首河諸水交滙由那彌河注黑海在麻爾牙黑阿部落有河七那彌河通奧地里加阿底莫河額力甘

茈河贊特臘河珂斯馬河依斯加河多斯河均歸那彌河與諸水滙流出黑海在威沙阿部落有河三依麻河摩爾牙里奄河均歸摩臘洼河滙入那彌河入地中海在格羅底阿部落有河四沙威河通奧地里加國與哇麻士河摩士那河雷那河三水滙歸那彌河出地中海在阿爾麻尼阿部落有河三特領河斯甘彌河窩卒沙河獨流出地中海在額力西部落有河四馬威荷河沙林墨里河阿斯勃羅波達河希那達河除馬威荷河之水入湖外餘俱分注地中海

都魯機國在歐羅巴洲各部落黑海邐連大海東西南界海北界俄羅斯歐塞特里阿西北界意大里管總部落十大部落四十有六小部落二百四十有八大小島三十有四

羅彌里東界海南界海及額力西西界阿爾麻尼北界沙威阿摩士尼領大部落八小部落七十有五

摩爾達威東界黑海西界奧地里加南界洼臘治麻爾牙里東北界俄羅斯領大部落四小部落三十有二

洼臘治東南界麻爾牙里之那彌河西界沙威阿北界摩爾達威西北界奧地里加領大部落三小部落二十有七

麻爾牙里東界黑海西界沙威南界羅彌里阿北界摩爾達威之那彌阿領大部落九小部落二十有九

沙部阿東界麻爾牙里西界摩士尼南界羅彌里北界奧地里加領大部落二小部落二十有四

摩士尼東界沙威阿西界格羅底南界哈西俄威那阿爾麻尼北界奧地里加領大部落二小部落十有二

格羅底東界摩士尼西界意大里亞南界哈西俄威那北界奧地里加領大部落二小部落五

哈西俄威那東界阿爾麻尼西界意大里亞南界海及意大里亞北界摩士尼格羅底領大

部落一．小部落八．

阿爾麻尼東界羅彌里．西南界海．北界沙威阿摩士尼．領大部落六．小部落二十有一．

額力西東界海．西界阿爾麻尼．南界海．北界羅彌里．領大部落十三．小部落十六．

干地阿島在額力西之南少東．領大部落二．小部落五．

北土魯機國沿革原無今補

〈職方外紀〉厄勒祭．即額力西三字譯音之轉．在歐羅巴極南地．分四道．經度三十四．至四十三．緯度四十四．至五十五．其聲

名天下．傳聞凡禮樂法度文字典籍．皆爲西土之宗．至今古經尙循其文字．所出聖賢及博物窮理者．後先接踵．今爲回回．擾亂．漸不如前．其人喜啖水族．不嘗肉味．亦嗜美酒．東北有羅馬泥亞國．其都城周裏三層．生齒極衆．城外居民．綿亘二百五十里．有一聖女殿．門開三百六十．以象周天．鄰近有高山．名阿零薄．其山頂終歲清明．絕無風雨．古時國王登山燎祀．其灰至明年．不動如故．有河水．一名亞施亞．白羊飲之．即變黑．一名亞馬諾．黑羊飲之．即變白．有二島．一爲厄歐白亞．海潮一日七次．昔名士亞利斯多．徧窮物理．惟此潮不得其故．遂赴水死．其諺云．亞利斯多欲得此潮．此潮反得亞利斯多．一爲哥而府．圍六百里．出酒與油蜜．極美．遍島皆橘柚香橼之屬．更無別樹．天氣清和．野鳥不至其地．

又曰翁加里．在波羅尼之南．物產極豐．牛羊可供歐羅巴一州之用．有四水甚奇．其一從地中噴出．即凝爲石．其一冬月常流．至夏反合爲冰．其一以鐵投之．便如泥．再鎔又成精銅．其一水色沉綠．凍則便成綠石．永不化矣．案翁加里今并入北都魯機．故附諸後．

〈海錄〉祓都律切古國在布路牙呂宋佛朗機之後．案此都魯機國也．祓即都魯二字之雙聲．疆域大．而奉回教．是其明證．云在呂宋佛朗機之後者．言方向大槩．非必接境．在伊宣各國之北．疆域．極大．本回回種類．人民強盛．穿大袖衣．裹頭．服皮服．不與諸國相往來．西洋人謂之仍跛喇．多者．猶華人言大國也．唯稱中華及祓古爲然．西洋稱大國者．惟中華及俄羅斯．海錄中無俄羅斯者．專述海船貿易之國也．土魯機兼跨歐羅巴．阿細亞二洲之境．故亦云大國

〈萬國地里全圖集〉曰．土耳其國．一作都魯機．其地南接希臘國．與羣島之海．北連峩羅斯．與地利亞等國．東及

黑海、馬摩剌海灣、羣島海至海外，西至亞地亞海隅，西北至奧地利亞國。北極出地自四十度至四十六度，偏東自十二度至三十度。廣袤方圓三十萬方里，居民八百萬丁。北方之高嶺，爲土爾其交界，其多惱河爲北疆。其平地不廣，遍處山嶺，沿海灣口甚多。北由君士但海峽，與黑海相連；南由他他尼里，與希臘羣島海交流。產棉花、煙、葡萄、南菓、羊毛、羢花等貨。其國古時列分，其居民族類各殊。至於土耳其爲地主者，自新疆搬移亞齊亞西方，奉回回教，與蒙古族交戰，敗，自避山穴，招各盜賊

據地。其頭目號曰阿多曼，廢國主而自立新國，時元成宗元貞五年也。按此元代回回，被蒙古軍驅逐，自葱嶺以東竄往葱嶺以西也。新疆乃本朝之名，元代則名别什巴里，此譯者以今名稱古地也。其後裔專務攻擊隣國，强之入回教。於順帝至元年間，土耳其王督兵渡海峽，至歐羅巴地，勝敗不常。兩主繼亡，巴牙厝王連戰皆勝。於是蒙古大王侵國，巴牙厝王戰敗被虜，驕行漸減。其子孫如祖，復勇猛爭戰，於明朝景泰三年，攻取希臘之都，迄今爲土耳其之國都也。連五十年得隴望蜀，攻擊四方，伏尸遍野。自嘉靖年以後，王躭逸樂，臣下弄權，值峩羅斯國勃興之際，肇衅相攻。峩羅斯百攻百勝，土耳其水陸戰敗，倘非列國勸阻之，土耳其國則已傾覆。然佛蘭西國恒救其危。道光元年，希臘畔之，土耳其力戰終不能勝，希臘遂自創立新國矣。六年後，土耳其再與峩羅斯死戰，不勝，納銀千萬員，又割交界各地以講和。道光二十年，英國助土耳幾王，强服敘利地。但其國基已廢，傾倒在旦夕。其妻妾奴共計六百口，擇一位爲其寵妃，初生子者爲王后。殿內自黑閹官中多黠慧便嬖，周事兵共十萬。全國分二十八部，各部總領每弄權，朘下

民及其有罪，資業被籍入官，以充國帑。每年各稅餉銀千萬員，欠項銀四千萬員。步兵九十四萬丁，騎兵一十二萬四千丁，大戰艦八隻，師船二十四隻。今述土爾其各部如左。

路默利部，在東南方。居民大半土爾其人，好逸惡勞，惟勇攻戰，節食禁酒，終日吸鴉片，飲珈琲，衣服甚美，以帕包頭，幘纒。以吸煙之故，肩縮面瘦，形貌猥衰。堅執回教，藐視他人。尊貴者隨意娶妻妾。其國都君士但城，在馬灣邊，乃羅馬君士但丁汗于東晉年間所建。海港廣便

各國商船所集內有王宮其廣如城其回回大殿卽昔耶穌門生之堂山水美景環之亞得安城周圍十五里內有古殿加利城在羅馬海灣居民萬七千丁經商貿易○路北不牙部居民奉希臘教門風俗話音與峩羅斯相近其民安業勤勞會城居民五萬由陸路通商順剌城池堅固擊退峩羅斯軍在此山隘多惱河濱築城設堡防備○路西北布尼城地多山嶺出鐵其中二分奉希臘教門怨恨土官往往起亂○息味部向西北居民奉希臘教不服回回管轄並力攻拒國王强操政令

省會別甲邑城池堅固屢被敵伐守禦不陷○亞剌萬部在海邊地方崎嶇居民射獵好鬭天下精兵也會城曰藥翰尼那昔其總領逆國王連年守禦居民三萬五千丁土民猛毅剛直○黑坐義小部遍路巉巖民居山谷顢頇勇猛○瓦拉基地長一千零八十里闊四百五十里居民九十七萬丁地平坦河濱沆茫田宜麥野多孳畜土民崇拜救主耶穌惟官吏橫征私派民皆忍受其都布加力居民八萬丁○東北末大味地廣袤方圓五萬一千方里居民五千萬丁西方多山嶺產五穀南菓葡萄煙蜜蠟硝鹽馬牛豕每年售馬萬計恒時被虐主壓服亦蒙峩羅斯護卹以避土王之勒索其都城曰牙西在羣島中據于地亞洲周圍千五百里地海濱豐畝其橄欖菓成好油居民好自專制土耳其二十三年强擊而不能服之大半崇希臘教門其島山水最美居民萬五千丁島之海口漸以沙淤阻船進口

地球圖說土耳基國東界黑海南界地中海并希臘國西界亞得利亞海并阿士氏拉國北界墨地里加及峩羅斯國百姓約七百萬之數都城曰君士旦丁內民六

十萬迷耶穌教天主敎回回教希臘教其民首不戴帽以帕圍之身穿長袍席地坐飲食不用匙箸以手搏之尙信守約土膏衍沃栽種不勞故其民怠惰好戰獵吸雅片國王獨攬政權臣下無言責民風男尊女賤一男可娶數女有大江名拖奴俾中有高山曰喜麥產緜花烟葉架非葡萄南果羊毛羌花雅片蜜蠟硝鹽鐵馬牛羊豕橄欖油

地里備考曰土耳基國分三州一在歐羅巴州一在亞細亞州一在亞非里加州地土廣闊烟戶繁滋

土耳基亞國在歐羅巴州之南者北極出地三十六度二十分起至四十八度二十分止經線自東十三度起至二十七度三十分止東至厄羅斯國暨黑海西連奧斯的里國南枕地中海暨額力西國北接厄羅斯奧斯的里二國長約二千五百里寬約二千里地面積方二十五萬里烟戶九兆口地勢南方則山嶺巖巒崖絡繹不絕北方則平原坦闊湖河紛岐河至長者九湖至大者十田土最腴穀果極豐南方所產草卉移植本國靡弗適宜林木稠密藥草備具爲歐羅巴州各國之最產

銅鐵錫鉛礬礦紋石等物地氣溫和惟汙穢觸犯人多疾病在昔汗位歷代相傳于今分爲四國或汗或王稱謂各異奉教科馬爾回教別教需損資方不禁止技藝平庸除都會外匠肆不多所造僅敷所需貿易興隆惟官長掣肘庶民荒棄是以國內生理皆外客經營本國昔屬羅馬國迨羅馬國西遷後夷狄侵擾元成宗年間有非里日亞酋長侵奪額力西國之布魯薩地僭稱爲王號曰科多馬諾國傳至其子開闢疆土越六十一載其孫默拉德者嗣位攻陷安多黎諾伯勒城而建都焉其子又拒退佛蘭西亞里曼二國來侵之師厥後蒙古人侵犯亞細亞州各地本國之君巴耶西德者前赴救之爲蒙古王達美爾蘭所擒獲傳至摩拉多者占據英吉利國屬地甚多破翁給里亞國之兵迨其子馬何美德王攻克的諾伯拉城遷都其地此後歷代嗣君與歐羅巴各國交兵康熙二十二年本國始衰師多敗北乾隆五十四年傳至塞黎慕王喪地于厄羅斯國復失厄日度于佛蘭西國三年後始再克復嘉慶十二年國人變亂兩次廢立又立馬科美德王即現在之君也通國

昔分七部今改四國一土耳基又名科多馬諾一塞爾維一襪拉幾一摩爾達維其塞爾維等三國皆自立爲國不隸土耳基統轄但每歲納貢于其國以存舊屬之誼

其一科多馬諾國東枕黑海西南至地中海暨奧斯的里國地面積方約十五萬三千里烟戶七兆口君位世襲國分四大部一曰羅美里首郡曰伯拉乃本國都也建于官士丹的諾伯拉峽在黑海與馬爾馬拉海之間從外而觀則樓臺疊起景色美麗自內視之屋宇樸素

街衢曲隘，然學醫各院、書庫、浴室，靡弗備具，市廛林立，商賈雲集。惟路塗汙穢，瘟疫流行。一名波斯尼亞，一名西里斯的黎亞，一名曰薩壹爾。

其二塞爾維亞國，東至礮拉幾亞國，西連科多馬諾國，南接羅美里部，北界奧斯的里國。長約七百里，寬約三百五十里，地面積方二萬二千五百里，烟戶三億八萬口。侯爵世襲，通國分爲十七府，建都于日索礮達奴比約兩河交匯之處。

其三礮拉幾國，東南二方皆在達奴比約河，西連塞爾

維翁給里二國，北接摩爾達維國暨奧斯的里國，長約一千里，寬約五百五十里，地面積方三萬一千一百二十里，烟戶七億九萬口。侯爵世襲，通國分爲十八部，建都于冬波維宜的薩河岸。

其四摩爾達維國，東至厄羅斯國，西連奧斯的里國，南接達奴比約河暨礮拉幾國，北界厄羅斯、奧斯的里二國。長約七百五十里，寬約四百里，地面積方二萬一千四百五十里，烟戶四億五萬口。侯爵世襲，通國分十三部，建都于高阜之上，其通商衢繁之地或瀕海邊，或在

腹內。

外國史略曰：歐羅巴各國，惟土耳基國最廣，居民聰明，聚集如雲。羅馬人降其地，數百年後，其舊君之裔復立國焉。○唐時中國西界有土耳基族，望西迤遷，初與西域民戰。自唐順宗後，漸進回教，據印度西方猶太之地。南宋以後，歐羅巴各國以其占聖墓地，合軍攻退之。後蒙古游牧又攻之，走匿山內。元武宗至大年間，有夷目曰阿士曼，招各山賊，恢復全地，再立土耳基族於亞悉亞之西，所虜之人悉斷其勢，皮爲回回，以入陣死亡千

萬，更招他族少壯者爲兵。○明初在歐羅巴希臘地立國，聞北地搆亂，欲侵取各國，盡絕耶蘇教，立回教。於明建文帝六年，連敗歐羅巴各國之軍，所虜者幾萬人。後益務侵歐羅巴地。於明英宗正統四年，再戰數載，歐羅巴人敗績，自後土耳基勢日浩大。於嘉靖二十九年，摩含默號第二王即位，欲稱雄益世，甫立，即募水陸軍攻據希臘之都，越五十年，土耳基攻伐四方，據其地，又伐意大里國。嘉靖七年，圍東國之都曰耳曼，各君皆畏其勢。其地中海水師任意駛駕，惟登陸攻城，每不克而退。

二百五十年內閣十三君皆知好武廣地但國無法度後始設教師布律法以治其民其君惟聽命于臣妾殁後繼子盡殺其兄弟各部兵帥濫索居民遂屢叛君屢被廢越三百年歐羅巴各國日强而土爾基國尚與東國結釁戰爭不息於康熙二十一年東國合力鏖戰大勝盡復前所失地於時峩羅斯乘勢攻土耳基取其地凡在黑海邊之國皆一一歸峩羅斯同天主教門之國俱叛之土耳基軍又駛渡攻麥西國與英人交戰道光元年所屬希臘民亦叛焉於是英吉利佛蘭西峩羅斯

三國皆集師以攻土耳基國盡殄其水師餘衆遂奔希臘希臘人助以兵卒復創立其國其軍伍訓練悉遵西洋法度君頗聰明勤政外國皆稱頌焉

土耳其本列國也居民各異在歐羅巴廣袤方圓九千五百二十里居民千五百五十萬在亞西亞三萬四千七百五十里居民千二百五十萬在亞非利加方圓三萬八千四百三十里居民五百五十萬○在歐羅巴之地有三所名爲土耳基之屬其實服事峩國一摩道廣袤方圓八百零三里居民四十五萬居東國峩羅斯之間南連土耳基北極出自四十五至四十八度三十分多惱河並他匿得等河皆經流此地多牧場所畜蕃盛亦出蜜蠟其居民未向化風俗不醇皆因希臘以崇天主教雖務農鮮製造有螞蚱屢茹其田五爵恣其勒索故民最貧乏務通商其君受土耳基之敕命然卽位必先由峩國議准方能管其地是以峩國之勢益大○一瓦拉基在摩道之南其西南兩邊與土耳其交界西北與東國相連北極出自四十三度四十分至四十五度三十分廣袤方圓千二百九十七里居民九十五萬多

惱河亦通此地豐五穀居民怠惰無所經管多缺乏其君俯聽峩國之命○悉比焉部北極出四十二度及四十四度五十分廣袤方圓五百六十里居民九十萬北至東國土耳基國三方環山多礦但民不知掘產五穀多葡萄其居民善養牲畜無五爵惟有農夫匠教師三品各任貿易不服外國於明英宗天順年悉比邑與回回戰敗越四百年民苦酷政故生異心於嘉慶五年衆民嘯起攻擊酷主因與國人盟今所立之君甚聰明招鄉紳會集議論各國稱頌歲貢于土耳基募兵萬二千

以防禦。多惱河南邊多建固城其中最要者係百牙拉即土耳基軍所守者。外有新立之國曰衮拉或黑山廣袤方圓六十五里居民十萬七千在阿得利亞海邊土耳基終不能强服居民自選頭目恣爲海盜亦販賣牲畜崇希臘之天主教布尼焉部分上下在東國南及亞得利亞海隅廣袤方圓千零六十三里居民八十五萬崇希臘天主教者三分之二餘爲回回多山林出南果葡萄牲畜造刀劍最精都會曰撒拉約居民六萬所寓悉茅舍。布牙里係廣地東及黑海北連瓦拉基

廣袤方圓千七百四十里居民百八十萬東方平坦出牛羊五穀葡萄鐵鋼蜜糖居民所崇之教與前不異其都曰所非亞北方有堅城四面環之。亞巴尼部在亞得利亞海邊廣袤方圓七百里居民三十萬語音各異崇希臘之教屢次叛逆海邊多支港海賊所叢入。土耳基最要之部曰路米里廣袤方圓四千四百里居民六百八十萬多山磐腴田君士旦居民六十五萬本古城也山水若仙界昔所立天主禮拜堂甚宏麗今爲回回會處其城在七山下有海峽其街狹宮殿大而不美

海港極廣多風無巨浪亞得利亞邑居民十萬牙利邑在海陝居民八萬撒羅尼居民七萬大半崇回教惟希臘人能勤土耳基人則惰。羣島之最大者曰千地亞廣袤方圓八十八里居民二十七萬周朝時極旺相居民百二十萬久服希臘國後意大里威尼得據之此康熙四年也山水甚美山峯高七百二十丈地豐盛居民萬二千畏土耳基之酷不敢墾作其城與島同名居民萬二千道光年間土耳基虜掠百姓戮者不勝數其他島雖小各出橄欖油葡萄等物多水師爲海賊所懼古

時此島各自爲國土耳基遏其勢歸回教中亦多商在各港貿易希臘之族尤狡猾善騙

土耳基君操全權昔有嗣君畏兄弟分權盡殺之其政悉按回回法立輔政大臣四員又立教師以辨法律及教門各事其大臣統攝文武三軍兼理國事各部設頭目經理百姓每自恃富强擅權與國主戰故多作亂峩羅斯及他國爭來攻之幸歐羅巴各國爲之防禦得免民分三品一曰回回族最尊貴二曰徭事是崇希臘等教之門人亦同納賦三曰奴婢即由外國所販賣及本

地所養者其國之兵三十七萬歲入國帑銀二千五百萬圓有大戰艦火輪船水手多係希臘人

《瀛環志略》曰土耳基三方古大秦東境（即意大里亞之羅馬）爲西域自古著名地東方捌闢最早巴庇倫建國於前西里亞代興於後猶太（一作如大又作如氏亞又作如德亞又作儒德亞）即唐書所謂拂箖國以色列之族由此興焉其國自夏商歷漢季傳世最久合辟賢王後先輝映西土爲希臘開基之地君士但丁則羅馬東都比於雒邑秦西遠隔神州禮樂章書之化無由漸被而在彼土言之則此數千里者固

商周之耿亳豳岐聲名文物之所萃也土耳其本回部賤族竄身買諾遺種繁滋遭時衰亂揭竿而起恃其兵力蠶食東西遂使名城墮毀典業散亡文獻無徵風流歇絕三方之民就俎醢之地而困擅汙之俗者數百年於茲觀泰西人所箸書西土之困於苛政也尤甚勝廣之徒時時攘臂而彼昏不知猶晏然爲牟車之游亡可翹足而待矣

秦西諸國跨亞細亞歐羅巴兩土者惟峩羅斯與土耳基土耳基疆域之大不及峩羅而擅膏腴之壤據形便之地百年來無止戈之日七椿園訛爲控噶爾又以千餘年前一統之羅馬移之土耳基又稱峩羅斯本其屬國控噶爾用東西迭奪之法峩羅斯大困增貢乞和乃免此出烏巴錫詛咒之言而聞見錄信之誤矣兩國黑海亘隔風馬牛本不相及自峩羅斯開高加索部（詳峩羅斯圖說）而與土之東壤接又開波蘭諸部而與土之西境毘連其初搆兵在乾隆中年維時峩羅斯勃焉方興戰攻甚銳土耳基衰機甫兆兵力猶強勝敗之數大略相當後則南風不競割講頻仍近年內訌四起危如纍卵然

究未爲峩所兼并者則由英佛護持而排解之也歐羅巴人最惡回教土耳基之昏虐又諸國所鄙夷英佛於土非有所愛特以峩羅斯北地荒寒不長水戰故僅能比肩英佛未足定霸一方若土耳其爲所并兼則地兼三海（波羅的海黑海地中海）於歐羅巴已扼吭而附其背諸國其能晏然已乎

海國圖志卷之四十九

邵陽魏源重輯

希臘國

即古時額力西國職方外紀作厄勒祭者也昔爲都魯機所據今仍自爲一國原本無今補

萬國地里全圖集曰希臘國者土耳其鄰國也東南西三方至羣島海北接土耳其國爲半土北極出地三十六至四十二度長一千二百里闊三百里廣袤十萬一千方里居民百九十二萬年運出一千有二百萬員產縣花南菓羊毛乾葡萄菓橄欖油五穀烟天氣和暖嶺

險峽邃古時希臘民藝術超衆博學通達工師營築廟殿及今尚傳古蹟其匠刻象如活人其畫工畫山水林泉摹寫傳神周敬王十九年白西國王率軍兵立寨數里旗鼓遍野師船滿海水陸並攻當時希臘之民効死力戰擊退敵兵以後國人益豪志吞鄰國有馬其屯王傾國往攻皆爲白西王所敗侵至印度國王病殞帥臣分其國地各自爲王緣此希臘文字語音廣布各地故希臘人教化天下不論至何處皆有其文藝其詩書列西國人無及之者也東漢年間羅馬王强服四方亦攻勝希臘列國歸入版圖國人失其壯志自後乃變其戰法以蠻類攻擊羅馬西地及東西羅馬相分之際其東帝恒駐於邊希臘始仍自爲國不受意大里節制救世主降世五十年後希臘民奉其教棄絕神佛惟拜獨一眞主閱三百年執正教此後加特力教異端迷世希臘見誘惑陷如是救世主道理漸衰存其名而離其實既而回回始興志吞希臘國希臘連年拒敵再奪再失其嗣王復多喪德雖列西國合軍攻擊回回以據猶太國亦不能守地而退及土耳其族興時其回回如虎而翼

復力侵希臘國强取其地明景泰三年土耳其國來攻重城長塹希臘民若釜中魚國民四散三百七十年受侵不已民不能堪於道光二年憤起畔土爾其列西國憫其雄氣各出精兵助之土耳王不得巳退軍封希臘使自主近日偃武息爭矣庶民好華冠服倣土耳其族女梳其髮爲巧髻身蓋薄微綿帕男女悅歌喜樂沿海港口甚多士民好航海貿易商賈巧而無信國都曰鴉典宮殿古蹟爲萬世建宇之格式古時衆士聚其城中辯道論理耶穌之門生保羅至其邑傳道其神廟皆傾

倒尚存古蹟而已其所轄之部一曰那破里海口通商居民萬五千丁得波勅撒城堅固土爾其兵攻破之多所殺戮希臘民報其仇再獲城後虐殺土爾其之人以暴易暴焉一曰巴答城乃其海口街道蕪穢壘所龍義城被希臘族人固守之帖撒羅尼加城居民六萬丁種縣及煙勤勞度生尚有羣島中歸其國版者希達嶼雖磽勤農經商故其居民四萬飲食無乏所有八摩海島於東漢和帝永元七年耶穌門弟約翰流於此島上帝以天啟傳之

又曰希臘國沿海所有海灣在東方曰君得撒曰羅尼加其南方曰尼鄂本多洲曰葢義那曰那破里其西方曰爾加地曰勒須多深入其地爲微地不成半土稱曰摩力亞其山中多游牧野夷希臘西邊又有倚阿尼等島居民共計十九萬丁所出橄欖油乾葡萄酒蜜南菓其島皆有土酋掌島政令與英國始戰終和通商多曰

地里備考曰希臘國一名厄肋西亞國即額力西在歐羅巴州之南南界地中海東西枕海港北連土耳基國長約七百五十里寬約五百里地面積方約二萬零八百三十里烟戶七億口本國地勢嶄巖參差絡繹不絕湖河泉多皆非甚巨島嶼灣峽迴環羅列田土膴腆穀菓豐登五金各礦昔具今乏地氣溫和王位歷代相傳奉額力西天主教餘教亦不禁止技藝不甚精

一曰惹尼亞海島在歐羅巴州南其國土在北極出地三十六度起至四十度止經線自東十九度三十分起至二十三度十分止在額力西國西南方除諸小島外其至大者惟七煙戶一億七萬六千戶山勢峻峭石阜間隔田土磽瘠穀果敷用地氣溫和不設君位民間自立官長理事五載更易技藝庸常貿易甚盛本國昔屬

自西里國管屬嘉慶三年爲佛蘭西國君那波良者克服迨與各國戰敗後各國公使齊集維耶納地方會議將本國另行建立以英吉利國永爲覆庇英國派官輔理凡有國務與英國派官互相酌議通國以七巨島分爲七部一名哥爾佛乃本國都也一巴說迴環六十里一三達卯拉地面積方約一百五十里一宜達架長六十里寬二十五里一塞發羅尼長一百五十里寬約五六十里迴環五百五十里一三德長五十里寬三十里

地面積方一百八十里一塞黎各迴環一百八十里其國通商衝繁之地三處皆在海邊

地球圖說希臘國東南西三面都界地中海北界土耳基國其百姓約七十五萬之數都城曰雅典城內民二萬所述之教昔與耶穌教相似至今則大不同其都城昔亦美大後爲土耳基國入境毁城易俗今城尚修築未完政事與羣臣議毅不自專人性好航海貿易故其水手眼靈手敏然奢華悅歌唱女善梳髻而性端淑身益薄徽縣帕產葡萄酒橄欖油五穀蕎葉縣花南果羊

毛再西有七島總名以阿尼現歸英國保護

外國史略曰希臘國一名額力西其文字原由東方來商太丁二年結羣相鬬圍古城陷之其國詩人能述其事後各族類各立國相仇周夷王十六年士巴他國立新例並教以武藝故其民善騎走以勇怯爲貴賤後至周頃王十二年在亞典國興立法律傳及後世此後立志通商獨士巴他國用鐵錢以物交易不喜文學時西國雄長海峽所有小亞悉亞等國皆納貢物希臘人不服西國遂攻之希臘人因擊退白西人自此國勢大興立水師官文學顯著萬民尊敬維時白西國王於周貞定王十八年在海峽建橋以侵希臘國亞典人皆離其本地登船以避敵又與士巴他等族在關隘峽死戰破白西之軍走其國王希臘人於是自爲共主實賴亞典人之力而亞典人又擅權搶餉困民驅其王而自立新王曰巴巴他親統大權與列西國屢世攻擊漢景帝十年爲羅馬軍所降服自後歸羅馬國者五百餘年東晉哀帝時羅馬國封爲東國所駐之都曰君士旦丁邑即土耳基君所居處令改希臘拜偶像之俗迨宋齊間有

北方匈奴歲來侵掠屢和屢戰唐時有回回亞拉國侵占東方即土爾基也希臘國君死戰不能擊退驅希臘之君而自即位明孝宗十五年全地歸土耳基獨有數島爲意大里威尼得國所據於明萬歷元年列島亦歸土耳基希臘求援於同教門之峩羅斯乾隆間峩軍逼迫土耳基破其戰艦道光六年英人與峩羅斯佛蘭西等國水師焚其戰艦擇日耳曼之君以爲希臘王又皆出財以佐其國帑又責土耳其勿再擾其界道光十三年希臘人遂爲國如初

英吉利藩屬地之以雲羣島在希臘之西共有七島最廣大者曰可賦島西法羅尼散地耳廣袤方圓四千七百里居民十七萬五千口雖不出五穀尙能產緜花橄欖油鹽魚南果等物民之貧者皆離本地出外圖生昔此地有小國後歸羅馬嘉慶二年佛蘭西奪占此島英人驅之於嘉慶十七年招該島之鄉紳會議國政且調兵士四千守之其居民有志能學且勤工匠

外國史略曰希臘國微地耳北與土耳其國連東西北三方及羣島之海廣袤方圓八百六十八里居民九十

三萬三千口其屬多小島遍地分二十四部在摩利亞微地田地居十分之五山林川湖樹菜等圃各居十分之一農夫約十萬所產五穀不足民用必運自外國別出顏料葡萄橄欖油蠶絲細果海邊人善捕魚民喜通商道光二十一年出入貨共值四千三百七十五萬二千二百圓其商船三千一百九十七隻水手萬八千六百名內多爲海賊海港甚多可避風島民頗向化如敘刺島安多島米哥尼島希得拉島破羅島文墨狻獪其都曰亞典居民二萬五千無大屋宇古多文藝在摩利亞微地之會城曰得破勒撒居民二萬五千在海隅最大之邑曰那波利山水甚美可巡遊多題詠焉其王孫日耳曼人常召各郡貴人助理其地有七大臣攝內外國務國之欠項三千五百員每年所入國帑約四百萬員軍士共萬二千水師之舟三十四隻其貴人各相爭鬭

按額力西國沿革別詳歐羅巴州總敘其希臘僅守其都城一區之地故不以其全事載於此國猶意大里沿革亦冠於歐羅巴總敘不以入今列國中反致全州沿革無綱領也

瀛環志略曰泰西故事云上古之時歐羅巴草昧未闢人獸雜處有虞氏之初小亞細亞兩河之間已見前有初立國者曰巴庇倫一作巴必鸞又作巴必羅尼亞詳土耳其說夏后氏之初阿非利加之北境有初立國者曰厄日多即麥西詳阿非利加說後有諸威氏之裔曰日鸞建國於亞細亞之買諾即土耳其中土其國人漸有渡海峽而西者即他大尼里海峽始知有額力西廣土夏后少康二十六歲買諾人有伯辣斯日者始立國於額力西之北境曰西西恩逾九十餘歲有厄日

多人遷於額力西名其地曰的丹立國未成衆思故土散歸夏后孔甲二十一歲迦南人議納孤（一作枯木）抵額力西之南境始鳩集人民教以營宮室種穀麥昏濛漸啟商王外王十二祀厄日多之灑的斯人灑哥落率其邑人遷於雅典立國曰亞德納斯（一作亞地拿）始興技業立法制辨倫類造文字額力西諸國聞風效慕荒陋之俗一變商王沃甲十三祀亞德納斯王昂非的安嗣位是時希臘分十二國時有訴爭昂非的安恐諸國之自相攻則心力不齊無以捍大敵乃馳使十一國結爲同盟立

公會於德爾摩比勒每國遣使二人歲二會申約結齊好惡講求利弊又各出蓄積貯於德爾佛斯堂以備軍儲每國以二人司之由是四鄰輯睦十二國如一國外侮不生晏然康阜駕舟行地中海懋遷有無勢益富强當是時十二國中惟亞德納斯與斯巴爾達（一作士帕大）最大諸小國制度皆效兩國所爲亞德納斯王德修以商王廩辛六祀嗣位時國人分三等曰爵紳曰百工曰農民爵紳多專恣剝民工農貧之國寖弱德修王患之乃汰官司裁署舍抑損豪貴躬攬大權惠民招商遠方歸

之如市技業日精蓄藏日富遂爲西國大都會子哥德落斯嗣守成法益加惠於工農由是爵紳無權而庶民之勢重哥德落斯卒庶民私議曰賢主不可再得傳之貪殘民且重困乃揚言曰能以入必得爾爲君者當聽命入必德爾西國所奉宗祖之神也從此不立國王以長官一人治事曰阿爾千以哥德落斯子孫爲之繼序如王而權體稍殺越三百三十餘年（周平王三十六年）國人又以爲不便定議阿爾千三年而更尋廢阿爾千立九官以治事九官由衆推選以三年爲秩滿賢則留否則更

然事權紛錯奸宄日多有達拉固者以才學稱衆公舉修刑書其性嚴刻罪無大小皆予殊死時人號爲血書行之數十年國人側足周靈王年間公舉梭倫重定法制删其苛刻酌情罪歸平允國人大悅復建議事廳一法制司一以資財之多寡分齊民爲四等每等百人有興革則集議於議事廳法制司設品官定員數選才德出衆者領之發號令定刑賞皆由法制司區畫精詳輿論翕然方亞德納斯之廢王而立官也德巴斯首效之諸小國亦紛紛效之德巴斯者舊本非尼西亞人（詳阿非利）

亞圖說其王加達慕斯於商王武丁年間立國於額力西者也，迨棱倫重定法制，諸國又效之。斯巴爾達自勤利斯開國傳四百餘年，至周成王十一年，有幽里寺德那斯伯羅刻黎斯者，兄弟也，同即王位，自是國有二王，同朝治事，其制傳八百餘年不改，西土傳爲異事。至末造之噶黎厄美尼斯始改爲一王。周夷王年間，其國有賢主曰利古爾厄，重定法制，與棱倫之法大略相同，而兵制尤爲盡善，俗儉嗇，人壯武，嘗伐米西奈國，滅之，得其膏腴之土，國勢益强。是時東方之波斯國方强，再滅巴

庇倫，勢張甚，顧額力西諸國以外夷賤之，不加齒禮。會波斯有大將本額力西人，波斯王厚遇之，擢其姪高班，其姪叛附亞德納斯。亞德納斯有罪人義比亞斯奔波斯，復挑構之。周敬王二十九年，波斯王以舟師伐亞德納斯，乞和不許，於是額力西諸國合縱禦之。波斯破其大嶼，燔其城，亞德納斯大將率衆破波斯於馬拉多拉，奪其七船。波斯王達黎納慙憤死，子澤耳士立，一作捨爾時斯誓雪仇恥，以三萬人伐額力西，造長橋於他大尼里海峽，長二千丈以渡軍。斯巴爾達扼險拒之，波斯軍敗走，

壞其船四百艘。亞德納斯以計誘其餘船入內港，圍而殲之。澤耳士王大怒，傾國三十萬衆攻亞德納斯。亞德納斯棄城保於別嶼，波斯毀其城。諸國咸來助戰，爭先陷陣，波斯軍大潰，狼狽東走，澤耳士王乘漁舟遁。先是額力西諸國自昂非的安聯盟之後，同心協力，屢破大敵。至是爭取波斯遺財，頗有違言。亞德納斯城扼海口，操形勝，且聚商舶，擅利權，斯巴爾達素忌之。既爲波斯所毀，亞德納斯人欲建復，而斯巴爾達阻撓之，由此兩國交惡，盟約解散，諸小國各有所附，日啟爭端。亞德納

斯之西，有大洲曰西基利，即西治里屬於加爾達額。有亞基庇亞底者，生長此洲，任俠好施，素得衆心，見亞德納斯衰亂，因募兵攻之，破其水軍。斯巴爾達與亞德納斯有夙嫌，乘亂以大兵圍其都城，毀之，亞德納斯遂爲亞基庇亞底所據。由是額力西諸國互相攻，日益衰亂。已而馬基頓興。一作馬斯多尼亞馬基頓亦十二國之一，在額力西北方，初甚微弱。周顯王年間，有王曰非黎卑，雄武有權略，與額力西諸國交兵，累戰皆克，使客游說之，皆納款爲屬國。王欲伐波斯，會中刺客死，子亞勒散得一作阿勒山德

黎嗣位年二十一，英略過人，周顯王三十有五年，以三萬五千人伐波斯，取小亞細亞，（即買諾敘里猶太諸內）波斯望風奔潰，其王棄營走，虜其妃后，因移兵巡行海上，攻破加爾達額之城都，屠八千人，並征服麥西，（即厄日多）墮其沿海名城，所向披靡，游兵至五印度，皆納款，列東藩。波斯王悉起境內兵決死戰，王擊破之，圍其蘇撒都城，會遘疾旋師，至巴庇倫卒於軍。諸將各引所部據新辟之土自王，從此額力西族散布西土，至漢初尚餘四國：曰厄多里亞，曰亞加壓，曰白阿西亞，仍以馬基頓爲長。馬基頓

王非黎卑性強暴，凌侮屬國，三國患之。時羅馬征伐四方，兵力方強，三國密求援羅馬，命將以大兵入其希臘都城，因兵脅三國降。三國悔失計，求助於西里亞。（一作敘里亞）西里亞者，兼小亞細亞諸部，即土耳其東中兩土，爲東方大國。時阿非利加之加爾達額國新敗于羅馬，亦赴西里亞求援。西里亞計四國亡，勢且及己，率輕兵救希臘，羅馬迎擊之，西里亞王大敗遁歸，羅馬兵踵至，圍其都城，西里亞降。希臘四國聞之，皆納土降，地歸羅馬，時漢惠帝五年也。額力西諸國，建於夏商，至漢初乃亡，

凡歷一千數百年，古分十二國，乃今西土耳其全境。新希臘則雅典一部，古亞德納斯之南境也。其亞典都城，最講文學，爲泰西之冠，凡西國文士，未游學於額力西，則以爲未登大雅之堂也。

希臘新分十部，首部曰雅典，（一作亞的架）都城在海灣，曰亞德納斯，自昔爲聲名文物之地，今則市井寥落，景象蕭條。○亞爾哥黎大，（一作拿破里）城在海口，曰腦比里亞，通商之大埔頭也。○亞加亞，城在海口，曰巴達辣斯，（一作巴答）亦通商埔頭，街衢汙穢，商旅惡之。○美塞尼亞，（一作墨所龍義）首

邑曰亞爾加的亞，希之堅城，土人屢攻之不能下。○亞爾加的亞，首邑曰的黎波里薩，（一作德破勒撒）亦希堅城，昔爲土耳其攻破，屠三千人，希人收復之後，盡戮土人之居守者。○拉哥尼亞，海中大嶼也，首邑曰迷斯達拉，（一作希達）居民六萬，土磽瘠，而農作甚勤，兼務工商，故恒足以自給。○亞加爾拿尼亞，（一作爾加地）首邑曰瓦拉說黎，在西界海灣。○羅哥黎大，首邑曰薩羅大，（一作座撒羅尼加）居民六萬，勤苦力作，產緜花烟。○憂卑亞，西界一洲，首邑曰哥羅奔多，（一作尼鄂奔多）○昔加拉大，首邑曰黑爾靡波利斯，（一作摩力

亞中有山嶺，放流徒於此，以此著名。○海灣甚多，東方曰君得撒，曰撒羅尼加，南方曰益義拿，曰拿破里，曰可倫，西方曰爾加地，曰勒頒多。○希臘之西有羣島，曰各府，曰散他，曰蕬剌，曰地亞其，曰客花羅尼，曰息利袞，曰散地，總名曰以阿尼島，居民共計十九萬，產橄欖油、葡萄乾、酒、蜜、南果，島各有渠掌政，今屬於英吉利。

歐羅巴洲各國目錄

海國圖志卷五十

大西洋歐羅巴洲　歐羅巴人原譔

侯官林則徐譯

英吉利國總記原本　邵陽魏源重輯

英吉利又曰英倫又曰蘭頓先本荒島闢地居處始自佛蘭西之人因戈倫瓦產錫最佳遂有商舶往貿於耶穌未紀年以前蠻分大小三十種居於西者曰墨士厄居於北者曰木利菴斯居於南者曰西魯力斯居於糯

爾和者曰委力斯曰矮西尼居腹地者曰薩獲曰埂底伊尚有諸蠻俱居於彌特色斯舊皆茹血衣毛文身惟脤士厄數種漸興農事創技藝制器械修兵車各蠻效之旋被意大里國征服旋叛旋撫至耶穌紀歲百五十年漢孝桓帝和平元年分英地爲七大部落曰景曰疏色司曰依掩那司曰委屑司曰落滕馬蘭曰伊什曰麻可臘與鄰部塞循各自治理八百年間唐德宗貞元十五年委屑司之伊未遂并合七部爲一國始名英吉利建都蘭頓從此不屬意大里又二百年宋眞宗咸平三年爲領墨攻擊遂屬領墨其

後叛服不常公舉富貨爲王傳至顯利二代王先得愛倫次得斯葛蘭顯利四代王即棄加特力教而尊波羅特士教至顯利七代王娶依來西白剌爲國郡案英夷稱其王妃曰郡始革世襲之職皆憑考取錄用開港通市日漸富庶遂爲歐羅巴大國

職官

律好司衙門管理各衙門事務審理大訟額設羅壓爾錄司四人阨治彌索司二人愛倫阨治彌索司一人錄司二十一人馬詭色司十九人耳彌司百有九人委爾

高文司十八人彌索司二十四人愛倫彌索司三人馬倫司百八十一人斯葛蘭比阿司十六人即在斯葛蘭部屬選充三年更易愛倫比阿司二十八人即在愛倫部屬選充統計四百二十六人有事離任許薦一人自代凡律好司家人犯法若非死罪概免收禁

巴厘滿衙門額設甘彌底阿付撒布來士一人專轄水陸兵丁甘彌底阿付委士菴棉士一人專司賦稅凡遇國中有事甘文好司至此會議

甘文好司理各部落之事並赴巴厘滿衙門會議政事

由英吉利議舉四百七十一名內派管大部落者百四十三名管小部落者三百二十四名管敎讀並各技藝館者四名由委爾士議舉五十三名內派管大部落者三十名管小部落者二十三名由愛倫議舉百有五名內派管大部落者六十四名管小部落者三十九名管敎讀並各技藝館者二名統共六百五十八名各由各部落議舉殷實老成者充之遇國中有事即傳集部民至國都巴厘滿會議嗣因各部民不能俱至故每部落各舉一二紳耆至國會議事畢各回後復議定公舉之

人常住甘文好司衙門辦事國家亦給以薪水

布來勿岡色爾衙門掌理機密之事供職者先立誓後治事

加密列岡色爾衙門額設十二名各有執事曰法士律阿付厘特利沙利管庫官曰律古色拉管官曰律布來阿付西爾管印官曰不列士頓阿付岡色爾管官曰色吉力達厘士迭火厘火倫厘拔盟管官曰色吉力達厘阿付士迭火哥羅尼士奄寓管官曰占色拉阿付厘士支厥管官曰法士律阿付押彌拉爾底管官曰馬士達依尼羅付厘曷南士管官曰布力士頓阿付離墨阿付觀特羅爾管官曰占色臘阿付離律治阿付蘭加司達管官

占色利衙門專管審理案件額設律海占色臘一名司掌印判事之職委士占色臘一名司判事之職馬士達阿付離羅士十一名司判事之職每判事二人輪值周而復始扼岡頓依尼拉爾司理算法之職

經士晃治衙官專司審理上控案件額設知付質治一名布依士尼質治三名

甘文布列衙門專審理職官爭控之案額設知付質治

溢士知加衙門專審理田土婚姻之案額設知付馬倫一名布依士馬倫三名

阿西士菴尼西布來阿士衙門額設撒久六每撒久設質治二名共十二名專司審訊英吉利人犯每年二次

依尼拉爾戈達些孫阿付厘比士衙門每年審訊各部落人犯四次

舍臘達文衙門此官職掌原缺

歷衙門每年派馬落百八稽查各部落地方是否安靜

歸則具結一次。

額設律占麻連官、值宿宮衛、馬士達阿付厘夥士專司馬政、色吉力達厘押窩專司收發文書、特里舍厘阿付利尼微管理水師船、勃列士頓阿付厘墨阿付特列專司貿易、委士勃列士頓阿付厘墨阿付特列副理貿易、比馬士達阿付厘夥士專司支放錢糧、陂率馬士達依尼拉爾專司馳遞公文、流底南依尼拉爾阿付厘曷南上協理火礮法、士甘靡孫拿阿付厘蘭利委奴管理田土錢糧、押多尼依尼拉爾、即總兵官、疏利西多依尼拉爾、即副總兵官、愛倫額設律流底南阿付愛倫一、律占色臘一、甘曼那阿付厘賀些士一、知付色吉力達厘一、委士士厘沙臘一、押多尼依臘爾一、疏利西達依尼臘爾一、皆駐劄愛倫。

軍伍

額設水師戰艦百有五十、甘彌孫百六十八、管駕水師戰艦水師兵九萬八水手二萬二千、英吉利陸路兵八萬一千二百七十一名、阿悉亞洲內屬國兵丁萬有九千七百二十名。此所述軍伍之數毫無夸張最可信蓋此書本夷字非翻成漢字者比也惟無

養兵餉數是爲疏漏之大者。

政事

凡國王將嗣位、則官民先集巴厘滿衙門會議、必新王背加特力教而尊波羅特士頓教、始即位。國中有大事、王及官民俱至巴厘滿衙門公議乃行。民卽甘文好司、供職之人。大事則三年始一會議、設有用兵和戰之事、雖國王裁奪、亦必由巴厘滿議允。國王行事有失、將承行之人交巴厘滿議罰。凡新改條例、新設職官、增減稅餉、及行楮幣、皆王頒巴厘滿轉行甘文好司、而分布之。惟除授大臣及刑官、則權在國王、各官承行之事、得失勤怠、每歲終會覈於巴厘滿、而行其黜陟。

王宮歲用

甘文好司歲輸銀二百五十五萬員、凡有金銀礦所產金銀與贓罰銀俱供王宮支發。稱國王曰京、歲需銀三十萬員、稱王妻曰郡、歲需銀二十五萬員、值宿官曰占麻連、管馬官曰士底赫、管家官曰麻司達阿好司、歲需銀七十七萬員、護衛官曰班侍阿勒爾、歲需銀三十七萬五千員。此外尚有津貼羅壓爾之官、嗌士達之官、唔

官里士爵等官歲需銀八十五萬員綜計每年王宮需銀五百九萬五千員（國用止述王宮而不及官祿兵餉全額殊不可解）

雜記

蘭頓國都銀號一所因昔與佛蘭西戰虧欠商民本銀四十二萬四千一百四十一萬有奇息銀萬有六千九百二十七萬有奇書票付給分年支取河道先不通於各港嗣經疏濬阨蘭特泠河長九十里疏濬歷士河長百二十里又濬依爾力斯靡耶河阨蘭精孫河阨蘭王尼河四通八達舟由港口至各部落任其所之貿易大

便蘭頓建大書館一所博物館一所渥斯賀建大書館一所內貯古書十二萬五千卷在感彌利赤建書館一所有沙士比阿彌爾頓士達薩特彌頓四人工詩文富著述俗貪而悍尚奢嗜酒惟技藝靈巧土產麥豆稻不敷民食仰資鄰國商販千八百年各國封港外粮不至本國竭力耕作糧價始畧減所產呢羽皆不及佛蘭西紡織器具俱用水輪火輪亦或用馬毋煩人力國不產絲均由他國采買

英吉利國在歐羅巴極西之地四面皆海南距佛蘭西僅一海港東近荷蘭羅汶東臨大海與士千里那威耶對峙西抵蘭的北抵北極洋幅員五萬七千九百六十方里戶口千四百一十八萬有奇國東平無數百里西則崇山峻嶺大部落五十有三小部落四百八十有五

彌特色司部（東界伊什西界墨經含南界舍利北界赫治）領小部落三

蘭頓國都其首部也都在甜河北岸東西距八里南北距五里戶口百四十七萬四千有奇兵四千四百名產金銀時辰表珍寶波達酒

落滕司蘭部（東界海西南皆界斯葛蘭北界特爾含）領小部落十有七

艮馬倫部（東界特爾含西界海南界蘭加北界斯葛蘭）領小部落二十有三產鉛

育社部（東界海西界蘭加社南界那彌北界特爾含）領小部落四十有三產粗呢白礬白呢綿花地氈細呢

委士摩含部（東界育社西北皆界艮馬倫南界蘭加社）領小部落七

蘭加社部（東界育社西界海南界支社北界委士摩蘭）領小部落十有七有蘭加士達礮臺一所產呢布鹽煤波達酒

支社部（東界那彌西界佛虔南界宗勒社北界蘭加社）領小部落七有上頓博礮臺一所土產鹽

那彌部。東界納鼎含西界士達賀。南界利達洗。北界育社。領小部落七士產
磁器。鐵鉛煤。
訥鼎含部東界領戈吾社。西界那彌南界利洗達。北界育社。領小部落八。
領戈吾社部。東界海。西界訥鼎含。南界感密利治。北界育社領小部落二一十
二。士產呢長羊毛。
勒倫部。東北皆界領戈吾社。西界斯達。南界落含社領小部落三。
利洗達部。東界勒倫。西界洼隘。南界落爾頓。北界訥鼎含。領小部落六。產鐼
礣。
斯達賀部。東界那彌。西界佘勒社。南界窩洗斯達。北界支社領小部落七、產

煤鐵鹽
佘勒社部。東界斯達賀。西界悶俄脈里。南界希里賀。北界支社。領小部落九。產
橡木。
佛淩部。東界支社。西界領糜南界領彌。北界海。領小部落二。
領彌部。東界佛淩。西界格那完。南界悶俄脈里。北界海。領小部落五。
格那完部。東界領彌。西界敖額里。西南界麻里垣匿社。北界海。領小部落四
敖厄里西鳥部。南界格那完東西北俱界海。領小部落四。產銅
麻里垣匿社部。東界悶俄脈里。西界海。南界加里凝。北界格那完。領小部落
四。

悶俄墨里部。東界佘勒社。西界麻里垣匿社。南界那落社。北界領彌。領小部落
三。
加爾裡部。東界墨力諾。南界格爾馬廷。西界海。北界麻里匿垣社。領小部落三。
產鉛。
拉落社部。東界希里賀。西界加里凝。南界墨力諾。北界悶俄脈里。領小部落四。
希里貨部。東界窩洗士達。西界墨力諾。南界滿茅治。北界佘勒社。領小部落五。
洼洗士達部。東界洼隘。南界俄羅洗士達。西界希里賀。北界斯達賀。領小部落
五。產磁器。細呢。
窩隘部。東界落爾含。西界窩洗斯達。南界惡斯斯賀。北界斯達賀。領小部落七。產

銅扣鍼
落斯含頓部。東界韓鼎倫。西界洼隘。南界墨經含。北界利洗達。領小部落五。
韓鼎倫部。東界戈密力治。西北皆界落含頓。南界脈賀。領小部落二。
感密力治部。東界薩獲。西界韓鼎倫。南界赫賀。北界領戈吾社。領小部落四。
落爾和部。東界海。西界感密力治。南界薩獲。北界海。領小部落一十五。產
羽毛。呢嗶嘰。五采緞。
伊什部。東界海。西界赫賀。南界景。北界薩賀。領小部落三十。產麥。呢。
薩獲部。東界海西界感密力治南界伊什。北界落爾和。領小部落七。產短羊
毛。

赫賀部．東界伊什．西北皆界墨經含．南界敏特塞司．領小部落四．

脈賀部．東界感密力治．西界墨經含．南界赫賀．北界韓鼎倫．領小部落五．

墨經含部．東界赫賀．西界惡斯賀．南界脈社．北界落含頓．領小部落五．

惡斯賀部．東界脈經含．西界俄羅洗斯達．南界脈含．北界注隘．領小部落五．

俄羅洗斯達部．東界惡斯賀．西界滿茅治．南界稔社．北界窩洗斯達．領小部落八．產細呢．鉛．布．煤．

墨力諾部．東界希厘賀．西界格馬廷．南界厄拉磨凝．北界拉落．領小部落三．

格爾馬廷部．東界墨力諾．西界賓目鹿．南界海．北界加里凝．領小部落三．

賓目鹿部．東界格馬廷．西南北皆界海．領小部落四．

額臘磨凝部．東界滿茅治．西界格馬廷．南界海．北界墨力諾．領小部落七．產鐵．錫．馬口鐵．煤．

滿茅治部．東界俄羅洗斯達．西界厄臘磨凝．南界海．北界希里賀．領小部落三．產綿花．羊毛．鐵．煤．

戈倫和爾部．東界里完．西南北皆界海．領小部落一十七．有戈倫和爾礮臺一所．產銅．鐵．錫．

里完部．東界疏馬什．南界海．西界戈倫和爾．北界海．領小部落二十三．土產錫．

疏馬什部．東界稔社．北界俄羅洗斯達．西界海．南界落爾什．領小部落十四．產羊毛．

落爾什部．東界含社．西界里完．南界海．北界疏馬什．領小部落十．

稔社部．東界含社．北界俄羅洗斯達．南界落爾什．西界疏馬什．領小部落十一．

含社部．東界含利．西界稔社．南界海．北界脈社．領小部落十六．其首部產大呢．小呢．鐵．細地氊．距蘭頓甚近．產橡木．

疏色司部．東界景．西界含社．南界海．北界含利．領小部落十六．產綿花．羊毛．

景部．東界海．西界含利．南界疏色司．北界伊什．土壙而沃．物產豐盛．所屬

落注之新圭博．在國之南．海船出入要港．距蘭頓甚近．對海即是佛蘭西．實蘭頓咽喉之所．設立落注大礮臺．水師巨艦多泊此．及渣咸兩地所有軍裝器械．火藥．火礮．均貯渣咸庫．領小部落十七．

含利部．東界景．南界疏色司．西界含社．北界蘭頓．領小部落七．

脈社部．東北界皆惡斯賀．西界稔含．南界含社．領小部落五．

特爾含部．東界海．西界艮馬倫．南界育社．北界落滕馬蘭．領小部落九．

萌島部．四面界海．與艮倫對峙．領小部落四．

英吉利所屬斯葛蘭島附記

斯葛蘭地三島相接一河中流東南平曠西北多山本愛倫之人所闢中爲斯葛司與畢斯割據東南遂名其地曰斯葛司又有士特那臘果律割據西北于耶穌紀年五百時南齊永元二年併吞斯葛司建部落於阿果律山上傳二百五十餘年爲塞循之根尼剌所滅易名斯葛蘭後有布魯士與巴利葛互爭英國之壹賀王以兵助巴利葛立爲王傳至士都軋無道部衆漸怨於千六百有三年明萬歷三十三年英吉利遂乘間滅之以伊鄰麻社爲首部落設官通商然其衆心至今向士都軋而不向英國

也伊鄰麻社首部落設色孫衙門一所官十五人以聽訟益士知加衙門一所以徵賦稅歲徵銀二千三百八十五萬員甘文好司一所執事四十五人皆由官民公舉大書館一所貯書十萬卷習俗固執贍大經營河渠五火臘河發源邊羅晃山麓至付利剌阿港出海坷來底河度稔河均源於攬緋里斯社一由臘納社出海一由麻邑出海又有一河發源和化至拔社分流一經行出海曰底河一環繞而至㑥付社出海曰四比河

斯葛蘭東南界英吉利西北界海幅員二萬九千六百方里戶二百三十六萬三千八百四十口大部落三十領小部落三百三十八

伊鄰麻社東界哈領頓社南北界海南界北墨爾社西界領利戚社領小部落七

領利俄社東界伊鄰麻社北界海西界斯達凌南界伊鄰麻社領小部落三

萊斯麻社東南界英吉利西界攬緋里斯社北界麻威壹社領小部落九

攬緋里社東界萊斯麻社西界埃野社北界那納社領小部落十有四

加爾格墨利社東界攬緋里社南界海西界稔達溫北界埃野社領小部落七

稔達溫社東界加格墨利社西南界海北界埃野社領小部落五

埃野社東界攬緋里社南界稔達溫社西界海北界凌埠流社領小部落十有七產呢煤鹽

凌埠流社東界那納社南界埃野社西界海北界攬麻頓社領小部落四產布紗袈裟布

那納社東界斯達凌南界凌埠流社西北界阿埃爾社領小部落十有二其首部有那納礮臺產布紗羽毛紗

比墨司社東界西爾格社南界攬緋里社西界那納社北界依鄰麻社領小部落三

西爾格社。東南界萊斯麻社，西界比墨司社，北界依鄰麻社。領小部落三。

麻壹社。東界海，南界萊斯麻社，西界依領麻社，北界哈領頓社。領小部落十。

哈領頓社。東北界海，南界麻壹社，西界依鄰麻社。領小部落五。

斯達凌社。東界領九俄社，南界那納社，西界攬麻頓社，北界拔社。領小部落八。其首部有礮臺二所。

攬麻頓社。東界斯達凌社，南界凌埠流社，西北界阿埃爾社。領小部落二。其首部有礮臺。

阿蘭島。在千代耶之東，埃野社之西。領小部落一。

阿埃爾社。東界拔社，南界海，西界海，北界英哇爾社。領小部落三十七。其首部有礮臺二所。

拔社。東界和化社，西界阿埃爾社，南界斯達凌社，北界英哇爾社。領小部落二十四。

噶利滿蘭部。東界邑匪社，南界海，西北界拔社。領小部落四。

邑匪社。東界海，西界噶里滿蘭，南界海，北界拔社。領小部落十有三。其首部有經哈倫礮臺，產大花綴煤。

和化社。東南界海，西界拔社，北界阿麻領社。領小部落十有二。其首部有礮臺二。

經加那引社。東南界海，西界和化，北界阿麻領社。領小部落七。

阿麻領社。東北界海，南界和化社，西界昜付社。領小部落二十九。

昜付社。東界阿麻領社，餘三方原鈌。領小部落八。

麻立社。東南界昜付社，西界泥倫，北界海。領小部落五。

泥倫。東界麻立社，南界英哇呢斯社，西界羅士社，北界海。領小部落一。

英哇呢斯社。東界阿領麻領，西界海，南界阿埃爾社，北界羅斯社。領小部落三十八、產布。

羅斯社。東西界海，南界英哇尼社，北界沙特蘭社。領小部落二十六。

沙特蘭社。東界結尼司社，西界海，南界羅士社，北界海。領小部落一十三。

結尼司社。西界沙特蘭，東南北皆界海。領小部落十一。

英吉利所屬愛倫國附記

愛倫在英吉利之西少北獨峙一島佛蘭西始開墾公舉頭目綜理潤略耶穌紀年九百始屬於領墨二百餘年爲英吉利侵奪以臘墨領爲首部落設官約束法令嚴刻止準貨物運售蘭頓不許通他國部衆刦於威心皆不服遂於千六百四十年(明崇禎十三年)聚衆屠殺英人四萬盡驅餘衆出境旋爲蘭頓兵平服後乘英國與彌利堅連年爭戰愛倫人始得漸與他國貿易千七百九十八年(嘉慶三年)英國與佛蘭西爭戰佛蘭西陰結愛倫人爲

助愛倫遂復叛軍無紀律佛蘭西不及救應數月仍爲英吉利所平自後英國亦斂其苛政設愛倫總理大員駐劄臘墨領並建書館貯書十萬卷賦稅每年徵收銀二千二百萬四百七十六員河道三麻羅河自領塞發源至瓦達賀港口出海杉冷河自阿蘭山發源摩目河受各湖之水滙歸杉冷河由利墨里港口出海產豆麥牲畜郭地產金沙金塊每塊有重二十四兩者(郭地名)

愛倫四面皆海在英吉利之西少北幅員三萬方里戶口七百七十六萬七千四百有奇大部落三十有二小

部落四百四十有二

嶺部(東界海西北界密南界温羅)領小部落六產銀

吉爾那厘部(東界温羅南界加樓西界蔚引斯加温逮北界密)領小部落十三

奄特林部(東北界海西界倫頓那厘南界那温)領小部落十有六其首部日敏爾化戍有大礮臺產夏布棉布

倫頓那厘部(東界奄特林北界海西界倫俄爾南界帶倫)領小部落十有二產布

倫俄爾部(東界帶倫西北界海南界化巒那)領小部落二十有九

帶倫部(東界倫頓那厘西南界摩那寒北界羅尼俄爾)領小部落二十其首部有大礮臺

臘温部(東南界海西界阿馬北界奄特林)領小部落二十產夏布

阿馬部(東界那温西界摩那寒南界律北界帶倫)領小部落八產夏布

摩那寒部(東界阿馬西界化巒那南界密北界帶倫)領小部落九

化巒那部(東界摩那寒南界帶倫西界里特臨北界倫俄爾)領小部落九產麻

加完部(東界摩那寒南界密西界里特臨北界化巒那)領小部落九產夏布

里特臨部(東界加完南界朗賀西界邑厘俄北界海)領小部落七產布

色里俄部。東界里特臨，西界麻約，南界羅斯感門，北界海。領小部落十有一。產布。

麻約部。東界色里俄，西北界海，南界牙爾衛。領小部落十有九。產布。

牙爾衛部。東界羅斯敢門，西界海，南界吉利野，北界麻約。領小部落三十有六。

羅斯敢門部。東界朗賀，西界麻約，南界牙爾衛，北界色里俄。領小部落十有二。

朗賀部。東南界衛色窩，西界羅士感門，北界里特臨。領小部落六。

衛塞窩部。東界窩，西界羅斯敢門，南界經士加溫，北界加完。領小部落八。

窩部。東界拉墨領，南界吉爾拉里，西界衛色窩，北界摩那寒。領小部落十有六。

律部。東界海，西界摩那寒，南界窩，北界阿麻。領小部落七。產夏布、羽毛紗。

經士加溫部。東界吉爾拉里，西界牙爾衛，南界虧引士加溫遞，北界衛色窩。領小部落八。

格列野部。東界底比那里，南界里敏利，西界海，北界牙爾衛。領小部落十有六。產鉛、鐵、煤。

加里部。東南界郭，西北界海。領小部落二十有一。

郭部。東界哇達活，南界海，西界加里，北界離敏里。領小部落三十有二。

離敏里部。東界底比那里，南界郭，西界加里，北界吉列野。領小部落十有四。

底比那里部。東界吉爾景尼，西界離敏里，南界哇達賀，北界牙爾衛。領小部落二十有三。

哇撻賀部。東界溫斯稔，西界郭，南界海，北界底比那里。領小部落十。

吉爾景尼部。東界加樓，北界虧引斯加溫逮，西界底比拉里，南界哇達賀。領小部落十有一。

虧引斯加溫逮部。東界吉爾拉里，西界底比那里，南界吉爾景尼，北界經斯加溫。領小部落七。

加樓部。東南界溫斯貨，西界吉爾境，北界吉爾那里。領小部落五。

溫羅部。東界海，西界吉爾那里，南界溫貨，北界那墨利斯。領小部落十有二。

溫斯賀部。東南界海，西界哇達賀，北界溫羅。領小部落十有六。

邵陽魏源重輯

英吉利國廣述上原無今補

英國論畧新嘉坡人所撰英吉利國乃海中二方嶼也其南大島曰倫墩國北島曰蘇各蘭國兩國共名英吉利又有小島稱爲倚耳蘭鼎足環峙道光二十二年英夷在江寧與當事議欵其文書曰英國之以耳蘭墩云云蓋其兵帥漢定渣乃以耳蘭墩人也南及英海峽隔佛蘭西國北及大北海西至大西洋海東距荷蘭國不遠英島延袤二十六萬一千方里戶千有五百萬口耳蘭島延

袤九萬六千方里戶七百萬口本國雖褊小而除本國外所割據他洲之藩屬國甚多若地中海島則有十四萬戶口若亞非利加海濱新地則有二十五萬三千戶口若五印度各藩屬則有八千四萬口在北亞墨利加接花旗國地則有百五十萬口并其洲東羣島白黑居民八十二萬口別有新荷蘭島當中國南洋萬餘里人戶歲歲增益此等屬國互相離遠無陸可通惟以舟船聯絡本國生齒殷繁歲有幾萬離家開墾新地建邑造船故其人散布天下無論何埠皆有英商貿易其人肌

膚白髮則自黃白紅黎各色皆具中多有紅毛故以紅毛稱之鬍鬚留短其瞳睛或藍或綜或黑其女美艷聞四海男四時衣呢戴氈內襯汗衫外罩背心短衫內外二褲冬則外套長袍足躡皮靴女衣用綢緞及各洋布隨風俗依時式百變千式首戴大帽面掛薄帕身衣長衫三四重最好潔首飾珠寶不計價值歸必購各國之珍以貽女奩民日三餐早飲茶加菲等暨麵包餅餌牛乳油午後大餐牛羊雞豚魚菜惟荷蘭薯甲乎各國居宅高廣數層堊飾精麗牆貼華紙板鋪花氈戶垂帷帳

周懸山水之圖庶民惟拜天主畫絶道釋不奉異神其教有二一曰洗禮一曰聖餐城邑鄉里各派教主每七日一禮拜老幼男女聚集殿堂唱詩讚美教主耶穌之德祈福懺罪而後聽教教主尊若官府英國近北海故甚寒其天氣不定今日晴霽明日靉靆夏暑而不熱水果佳甚國有良馬綿羊其毛以造呢羽獵犬以捕野牲國內約計馬百二十五萬隻牛驢五百五十萬隻田二百有七萬三千頃有麥無米不贍於食必由外國運至山多石炭錫鐵銅百貨皆來自外國國中無論男女皆

習文藝能詩畫兼工刺繡婚姻必男女自願然後告諸父母不用媒妁惟拜教主祈上帝壻則以戒指插新婦之指即爲夫婦因上帝原初止造一男一女故不能娶二婦亦不許出妻多有男終身不娶女終身不嫁者父母產業男女均分不能男多女少嫁則壻受其貲焉倘違禁娶兩女若其罪流國人相接除帽示敬尊坐卑立惟跪拜上帝即見國王亦不拜也英人有三品一曰五爵二曰紳士三曰庶民五爵惟其長子世襲其餘皆爲紳士不論何等人皆可供職其教士之長大者等於五

爵下者如中國塾師必學三四國語音通經能文精曆法明測驗推步然後可以教人其醫皆有考試考中方許治病其訟師學法律亦有考試畫師畫山水林泉及塑像皆以逼真爲貴不似中國白描寫意虛多實少農夫其計九十七萬八千有餘戶田地瘠磽故設奇器引水以溉之圍以籬笆有似園圃英人最好花園果林五爵皆有獵場冬月則蓋煖室內排各種蔬菜菓樹及遠方異種草木溫養發芽故四時常有異果名花機房織造不用手足其機動以火焵可代人力以羊毛與棉花

紡成洋布大呢羽毛皆自然敏速道光十八年所製出絲綢布帛銅器百貨計價銀三百萬兩有餘綿布計銀萬有二千四百萬兩綿線計銀二千七百六十萬兩鐵條與鐵器計銀九百四十萬兩麻布計銀九百六十萬兩羽呢等貨計銀千有三百八十萬兩共計一年運出之貨價銀二萬一千六百四十萬有餘兩而國內所用貨物不在此數皆務工勤商早夜經營之效由人烟稠密戶口繁滋田園不足於耕故工匠百有三十五萬戶多於農夫三之一不止貿易一國一地乃與天下萬國

通商也所運進廣州府之貨物如海菜沙血竭洋蠟檳榔海參燕窩氷片血珀阿魏息香牛黃烏木紅銅珊瑚瑪瑙綿花綿紗兒茶青石火石象牙犀角白米魚翅魚肚檳榔膏玻璃器錫鉛鐵鋼沒藥乳香胡椒蘇木木香紅木檀香沙藤自鳴鐘時辰表大呢羽緞嗶嘰小絨洋布花布手巾所有運出者茶葉湖絲綢緞手巾紫花布夏布翦絨綢紗紋布花幔絲絹繡絹牙器銀器漆器雲母草蓆磁器白礬筆竹硼砂樟腦桂皮桂油桂子硬飯頭銅茁雄黃牛膠籐黃澄茄紙墨鉛粉麝香大黃白糖

氷糖糖果薑黃銀硃等貨一年間所出入之貨價值不下銀二千二百萬員而雅片不在此數除大清國貿易外尚有與花旗列國貿易之貨在道光十六年共價銀三千六百萬兩其外國貨運入本國海口者相仿所用商船大小萬有四千五百餘隻水手十四萬八千名道光十七年外國船到英國埠頭者大小七千四百餘隻每年所納稅餉共計銀六千六百萬兩按此數不可信考上文每年貨價出入不過數千萬稅餉不過稅其十一安有竟與貨價銀數相埒之理是爲夸誕不情其廣推貿易之法有火輪船航河駛海不待風水又造轣轆

路用火車往來一時可行百有八十里虞船貨之存失不定則又約人擔保之設使其船平安抵岸每銀百兩給保價三四圓即如擔保一船二萬銀則預出銀八百員船不幸沉淪則保人給償船主銀二萬兩其通國行寶爲金每金三兩分作銀價二十二塊其銀再分銅錢兼用銀票錢鈔楮幣與金銀同價當中國漢朝時英民猶未向化游獵林中值羅馬國兵來侵降服大半按羅馬國亦作羅汶國即意大里亞也東國野族蜂起攻擊土人逃匿山林英地盡爲各國所據漸奉耶穌教始知風化宋朝年間有鄰部那耳曼者渡海力據英境强役土民不及二百年兩族合成一國勤勞速興當明之季英百姓盡崇正教通文字自棄舊俗權勢益增民人敢作敢爲兵船出巡四海屢拒退外國之兵且文藝大興博覽經典法術武藝不可勝數但其語音與漢語大不同其言長切字多正字少只二十六字母是以讀書容易數日間即可學之故此學者無不通習文藝如國史天文地理算法不曉者則不齒於人目前王后主國年尚少聰慧英敏衆民悅服貴臣共十二人爲管國帑大臣審辦大臣持璽

大臣戶部大臣內國務宰相外國務宰相管印度國務尚書水師部大臣貿易部大臣兵部大臣此外尚有議士協辦大臣等皆理政事者也設有大事會議各抒己見其國中尊貴者曰五爵如中國之公侯伯子男爲會議之士且城邑居民各選忠義之士一二赴京會議國主君欲徵稅納餉則必紳士允從倘紳士不允即不得令國民納錢糧若紳士執私見則暫散其會而別擇賢士如有按時變通之事則庶民擇其要者敬禀五爵鄉紳之會大衆可則可之大衆否則否之每年稅餉田賦

入國帑者共銀萬一千一百萬兩除國用外所餘不及百萬兩若越於此數則減稅餉國之欠項共銀二十三萬六千七百萬兩有餘每年利息八千八百二十四萬有餘施濟閭閻每年銀二千五百萬兩（利息及施濟兩項銀數皆不近情不足信）其銀乃各屋主良民所捐又教師抽國產十分之一每年銀共四百萬兩弁兵十九萬丁（此據地里志及新聞紙數目原本作九十萬非誕即譌）此外另募於五印度國若干萬丁以鎮守邊境水師兵船大小六百有十隻水手四萬名中有大艦每隻載大礮百有二十或一百或九十或七十四或

六十門其中等者或四十四或二十八門其小者或二十或十或六門也自嘉慶十九年西方列國大臣會議結和戢兵以後兵船惟巡海護貨而已（原無今補）

貿易通志曰英吉利本國止產錫銅煤炭然其國人好利爭勝精技藝治船械不憚險遠故凡他國物產皆聚於倫墩國都百姓插英吉利商船共計二萬二千四百三十五隻載三千九百二十七萬石水手十有六萬別有小船十二萬九千八百二十六隻水手五十八萬其最大之埠頭爲倫墩利味埔里胡里新堡牙爾木牙臘土莪力亞比耳亭伯利木可耳奇土比林比利法等處外國進口之船四千五百四十二隻道光十三年貨出口者三萬二千萬員進口者二萬一千萬員

職方外紀歐邏巴西海迤北一帶至冰海海島大者曰諳厄利島（即英吉利）曰意爾蘭大島（英夷屬島）其外小島不下千百意而蘭大島經度五十三至五十八氣候極和夏熱不揮陰冬寒不需火產獸畜極多絕無毒物其國奉教之初因一王宮之婢能識認眞主遂及王后國王以訖一國（其地有一湖插木於內入土一段化成鐵水中一段化成石出水面方爲原木也旁一小島島中一

地洞常出怪異之形或云鍊罪地獄之口也）諸厄利亞經度五十至六十緯度三度半至十三氣候融和地方廣大分爲三道其學二所共三十院（其地有怪石能阻聾其長七丈高二丈隔石發大銃人寂不聞故名聾石有湖長百五十里廣五十里中容三十小島有三奇事一魚味甚佳而皆無鬐翅一天靜無風倏起大浪舟楫遇之無不破一有小島無根因風移動人弗敢居而草木極茂孳息牛羊豕類極多近有一地死者不殮但移其尸於山千年不朽子孫亦能認識地無鼠有從海舟來者至此遂死又有三湖細流相通達然其魚絕不相往來此水魚誤入彼水輒死傍有海窖潮甚時窖吸其水而永不盈潮退即噴水如山高當吸水時人立其側衣沾水人即隨水吸入窖中如不沾水雖近立亦無害）

萬國地理全圖集曰英吉利國乃海中兩嶼其大者分

二方南曰英蘭北曰蘇各蘭兩者其名英吉利其小島曰倚耳蘭中隔海港相離不遠北極出自四十九度五十八分至五十五度四十五分偏東自二度至四十二度英島袤延方圓二十六萬方里居民一千五百萬耳蘭島九萬六千方里居民七百萬丁其海濱隅塽港汊分岐市埠遍布蘇各蘭海之羣島亦稱英國距荷佛兩國不遠一日可渡用火輪船僅需半日蘇各蘭之北山嶺不絕與英島之西相同其山磽沙其坦地則豐產至以耳蘭島則澤渚廣延焉英吉利島褊小其河不大故

國都即在但士江邊大船易入山出石炭錫銅鐵鉛而石炭最多每年價銀千萬兩產駿馬牛羊其馬百五十萬黃牛三百九十七萬羊二千六百二十四萬產大小麥穀其穀不足食必由外國運入居民不織布乃製鐵綱機關而造之每年所造呢羽嗶嘰等物其計銀千八百萬兩其棉花布銀每年一萬零二百萬兩每年用棉花四十萬七千石以織之皆由外國運進其務織者共四十九萬三千名其機關巧細但弱女幼子亦可容易動之也所用絲由意大里及中國運入所織價值每年銀三千萬兩鐵銅造鑄機關鳥鎗大礮刀劍各項器械價值銀五千一百萬兩道光十八年所運之貨計價銀一萬四千八百萬兩所運進者共計銀一萬七千九百四十萬兩故國用充裕○英國現攝權者爲女王號捷勝尚少年聰慧英敏經嫁與日耳曼之君其大臣共十二位謂管國帑大臣審事大臣持璽大臣戶部大臣內國務宰相外國務宰相管印度國務大臣水師部大臣貿易部大臣等餘有議士協辦等以治國政又有大爵公侯會議政事又立紳士會以詢問政務籌辦國餉人

稱地狹田園不足於耕只得外徙新地昔皆往花旗國今亦移至亞齊南之大地矣英吉利分南北東西之部南方七部蘇悉北干地蘇利漢威利突悉等部在此地海邊有造船之廣廠英國兵船與商船所雲集之處稱謂港口也各兵船回家之時即到其口修理其南方遍處山崗樹林蔭河流清春夏萬紅千紫其城邑乃干得布利教師所駐大有殿堂又綠威係水手受傷之後老邁所退之院又風素耳地乃王室隱逸避靜之宮殿○東方各部曰以邑蘇弗干橋甸丁敦林君那耳威城廣

造呢布干橋邑乃大英有名之書院學儒攻書之地○中央各部曰中悉瓦威士答弗特未若丁翰墨度不敬翰屋度北翰敦來悉特北度其中係國都蘭敦居民百有四十七萬四千名其保羅殿堂特異可納罕超卓其西殿亦然兩堂內立英傑名師之像以旌其德若論其通商則遠國之船每年進其口者一千零五十七隻英船進者三千七百三十隻所有公銀鋪每年所稅本銀六千萬兩如有財而欲置之安穩則繳丁銀鋪也其城之穹橋下路各有奇異其屋度乃國之古書院其北明

翰專造刀器鐵皿○北方各都分蘭甲突翰北向西野君北地與蘇國交界其都係約古城內建廣大之殿新堡係石炭之大叫口曼識特係屬織造各項布之大邑里味池係英國第次之港口與花旗國廣開通商其居民二十萬丁另有大城邑建於其國內○西方各部曰織執黑獲度門口窩悉五悉孫悉有海邊有港口曰北多里曰北來口在最深之海隅其八邑有人夏月集會玩賞之處○瓦勒部之居民係屬土蠻言語不同山嶺險隘此時衆民向化勤勞牧羊出石炭焉其城邑最少

○蘇各蘭島南方豐沃北方磽瘠居民百計經營不知辛苦遠商外邦故地寒而家富其民奉拜天主敬畏耶蘇分三十二部其會城曰以丁堡街舍最整加剌我織造布匹運出者每年價銀千餘萬兩緣諸邑有海港亞北丁係書院○耳蘭島之居民寬宏慷慨宴會豪飲惟奉加特力教因崇其異端惟僧是聽累生事端甚激英國之怒然其男上陳爲兵力戰從不奔北其會城曰土北林南有港口民十萬七千林勤馬頭在耳國第三北發乃馬頭第四○英之海濱多有海島南最大者稱爲

威地山水清美在佛海邊額西額耳西兩島在西方曼島在蘇葛蘭一帶沿海撒多海島但天寒麥穀難登每年大半冰雪其居民專務捕魚

地球圖說英吉利國東南西北四面都界海其二島一名必力旦一名愛耳蘭又南曰英蘭島北曰蘇各蘭島英蘭之民約一千六百萬都城地名倫敦城內民百五十萬大半耶穌教小半天主教國內義學不少而極大書院有二江一日坦米斯土產羽毛布呢嗶嘰緜布羊毛布綢緞磁器煤炭皮貨錫銅鐵鉛等物蘇各蘭之民

約二百六十二萬。統屬耶蘇敎。茲二島本係二國。明朝始合爲一。土産羊牛煤炭羊毛布等物。再西方有一島名愛耳蘭。百姓約八百萬。城名特拔林。城内民三十萬大半天主敎。小半耶蘇敎。民食蕃薯大麥奶餅豕肉。愛耳蘭於嘉慶五年間。亦與英國併合。其民窮苦。歲徙居於花旗等國。

地里備考。英吉利國在歐羅巴州之西北。北極出地五十度至六十一度止。經線自西三十五分起至十三度止。四面枕海。長約二千一百里。寬約一千零六十里。地

面積方約十二萬六千三百二十里。烟戶二京二兆四億。口山陵衆多。峻峭者少。其在蘇各蘭島内之奔内維斯山。乃通國之至大山也。高僅四百三十七丈。海島甚多。四面迴環。西面尤衆。河之長者十三。湖之至大者八。通國田土稼穡適敷所需。土産銅鐵錫鉛。窩元硇砂紋石火石磁器信煤等物。地氣温和。不時更變。暝霧陰雨。寒多暑少。王位男女皆得臨御。惟以長幼爲序。奉者加爾諾修敎。其天主公敎國中壹爾蘭大之人奉者過半。若路得羅等各修敎。亦有奉之者。技藝精巧。商舶衆多。

曩時居民皆塞爾達人分派。後有哥度國人竊占其土。驅逐其人。漢孝宣帝五鳳年間。羅馬國用兵三十一載。乃克其地。統歸一部。歷代兼攝至四百七十五載。當羅馬國衰弱。爲卑勒敦人所據。後加利多尼亞地人頻擾其地。因求安各羅人協助。而安各羅人反乘機占地。過半互分七酋。各霸一方。唐德宗貞元中。有豪酋平七國爲一。旋有大尼國人據之。宋眞宗天禧間。有給列爾美者。率舟師戰敗敵軍。遂王本國。孝宗乾道八年時。君英黎給者。攻克壹爾蘭大國。歸於一統。元世祖至元中。嗣

君併兼蘇各蘭國。歸爲一統。不久復分爲二。明神宗萬歷三十一年。君薨無嗣。其蘇各蘭國王因與先君姻戚。乃得臨御本國。始合二國爲一。稱曰英吉利。乾隆四十年。所攝亞美里加州地始行叛亂。驅逐英官。自立爲國。乾隆五十八年。本國與佛蘭西國交兵。九戰方息。未幾佛蘭西國君復率舟師進攻。卒本國師船雲集。擁塞河道。不能進。嘉慶二十年。大敗佛蘭西於窩得爾祿地方。始安。道光十七年。給列爾美王薨後無嗣。其姪女維多里亞者。接統。即本國現在之君也。本國有英吉利蘇各

蘭壹爾蘭大三國之分其英吉利島分爲五十二部東方則六一名多倫敦乃國都也建於達彌塞河岸宮室之壯麗工商之雲集貨物之富有皆歐羅巴州第一西方則十二部南方則十部北方則六部中央則十八部其斯哥西亞即蘇各蘭島也分爲三十三小部南方則十三部北方則六部中央則十四部

其壹爾南大島分爲三十二部東方則十二部西方則五部南方則六部北方則九部其國通商衝繁之地內外不一在海邊者大半在內地者三分之一兼攝各地

五州之中皆有之在歐羅巴州者一名西利島大小共一百四十五座地膏腴豐穀果一名漫島長百里寬五十里地面積方二百五十里鐵礦五穀所產富庶一名日爾塞島長四十里寬三十里地面積方七十里山峻田腴一名綏爾尼塞長三十里寬二十里迴環百二十里川野沃闊四季溫和一名黑利科蘭島人烟稀疎惟多網罟一名日巴拉爾大在呂宋國內延袤十餘里三面環海直接日巴拉爾大峽惟一逕達塞維里亞部地勢嶄巖磯臺城池甚固風景壯麗五方輻輳一名馬爾

大島長七十里寬四十里迴環二百里穀果茂盛天氣溫和昔屬意大里亞國今則歸於本國別有各島在亞細亞州未里加州美里加州阿塞尼亞州之中

外國史畧曰英吉利國三洲環峙小嶼無數亦西北島國也上古未通他國時本山林土蠻文身射獵殺人祭鬼惟與佛蘭西人海邊交易有意大里國之羅馬民於漢宣帝十八年來蹈此島佛國出軍渡海禦之不能勝又率大小船八百艘進攻之連年交戰終爲羅馬所據延及蘇各蘭以北越二百年始有耶蘇之徒來此傳教

化俗宋文帝二十五年羅馬國衰又招日耳曼撒遜之族來此爭戰迄三百年遂由歐羅巴之北海順流下徧肆劫掠島民有阿里弗者潛探敵營歸領軍士突襲破之而國基立焉後大尼國來侵焚掠民物於宋英宗二年居民力戰勝之此英國興隆之原也英國北鄰佛蘭西屢交戰互相勝負明憙宗二十年兩國戰息其民始自營生從歐羅巴學火藥火器學印書務藝術學羅針航海向崇克力斯頓天主教至是始改耶蘇教然執天主教之西班亞王不信爲高大戰艦來攻英國募水手

乘小船以攻其高艦忽大風敵舟觸礁損破大半遁回本國自後英國振興商船遍駛四海於明萬歷年間始通中國萬歷三十年復併蘇各蘭國南北始合爲一但北島之君欲立克力斯頓教英人又逐之而請荷蘭之君以爲之王佛蘭西恃強屢與列西國交戰獲勝常思吞併英人與他國連和共爲脣齒以拒佛國嗣後英國女王繼位竭心治國選將練兵戰無不勝佛國驕氣漸斂女王薨無後裔於康熙五十二年招日耳曼所屬漢那耳國之義耳治爲君國益庶富然常與佛蘭西西班

亞兩國交戰當此時英國於四方開新埠因本國人稠地狹田園不足耕是以駛到亞默利加之境開新埠大興貿易既而欲增稅餉士民不從且佛蘭西西班亞又協助士民於是亞默里利加人遂自立國即今花旗名曰兼攝他國亦名合衆國時乾隆四十七年也英國於大地之中居西北隅北極出地自四十九度五十八分及五十度四十二分中線偏東一度四十六分偏西十度三十五分國分三十部大島曰英吉利曰蘇各蘭小島曰伊耳蘭蘇各蘭居北方天氣甚寒山高少五穀有

草場足資游牧士民獷悍言語不通日肆劫掠蘇各蘭之南多物產藝五穀今亦屬於英吉利英吉利地山平坦水甘草肥惟東方沙漠無大河南地則膏腴饒物產山雖不峻而自北至南綿亘直達國都東北地有煤炭礦西南地有錫鐵西爲瓦里士部山嶺險隘峒峽深邃地磽而民貧伊耳蘭島西北多湖澤瀦水東南肥美惜農無開墾之資海港最闊者蘇各蘭伊耳蘭之西濱南有威地島崖谷奇峭多異景佛蘭西港內有危耳尼日耳西等島伊耳蘭海隅有漫島蘇各蘭西北有希白利

羣島北方有阿耳加羣島最北有設蘭羣島此三島天氣極寒不生五穀今不述焉○英國無大河最著名者爲但西河國都在焉各國船皆泊於此尚有得連地江太西威鄰江士威江威江島西江其長者祇六十里○天氣寒熱均平多雨露故其氣暢茂○田每畝比漢人六畝半共一千三百七十四萬六千九百餘畝游牧草場二千六十五萬餘畝未墾地一千五十萬畝不足墾地一千三百四十五萬四千餘畝統計五千七百九十五萬二千餘畝伊耳蘭耕地一千四百六十萬三千餘

畝澤䃌五百三十四萬七百餘畝湖四十五萬五千餘畝統計二千三十九萬九千餘畝○物產較他國特異因英船所至多采奇葩歸國種植天寒建煖房護以玻璃瓦馬高大多力而馴良最佳者價值三千兩牛亦高大然止供乳肉耕田耳緜羊毛造呢山羊取乳豕及五穀不敷食由他國運入每年出鐵價銀二千萬餘兩錫價銀三十四萬餘兩鉛銀八十三萬餘兩煤炭最多每年約二萬四千餘石○英吉利分四十邑瓦利士分十二邑蘇各蘭分三十二邑伊耳蘭分四部三十二邑英

都蘭墩在但西河岸英國大邑也長六十里闊四十五里街市皆衆居民約二百萬口禮拜堂最大者保羅禮拜堂長五十丈闊二十五丈高三十四丈康熙年間所建費銀四百五十萬兩其西方禮拜殿最古國中名賢事蹟皆立碑於此計之各商會館及銀局信局尤他國所無設學館以傳學術有大橋跨但西河泊船約萬五千隻火輪大小九百隻建船廠以備修理經費銀歲計五百餘萬火車四萬輛載城內貨物出入都城蘭墩之東有藏大礮及兵器之庫但西河帆檣林立城內外街

衢閭塞烟火萬家亦海外一大都會也其次邑曰曼食悉居民十八萬機房織造坊不可勝數恒用火爲機關其三邑曰利威浦居民十六萬爲商賈之大埠與各國通商泊船千餘多火輪船貿易最大者花旗國爲首其四邑曰百官舍居民十四萬製造五金各器處也有鳥鎗局日造萬餘枝出售又布茂士港口設大戰艦廠木市肆甚繁○蘇各蘭都曰以丁布居民十二萬此最嘉之地邑建山上街路高高下下書院中務學術者二千餘人甲拉峩港口在海邊居民二十萬英國通商第三

大埠也各製造局匠十餘萬故產瘠而通商廣○伊耳蘭都曰窔林城居民二十萬民不好貿易惟務耕勤學大港口曰哥耳其居民十萬每年進船三十隻地極褊小多城邑無陸路皆以舟相通英人數萬往墾其地英國人矯健鮮疾病重信義男女肌膚白睛或藍或白或墨常衣呢冠用氈剃髮鬚性好潔洗浴氣候或煖或涼故終年穿煖衣內着汗衫一日數換民多壽常服者外背心短衫內外二褲冬則長袍躡皮靴女用綢裹手編其髮首戴大帽面掛薄帕衣長衫數層珠寶飾首屋宇

廣大因地氣寒濕蓋藏甚密有層樓地鋪花氈窗悉玻璃房設火爐壁懸山水圖畫愛灑掃晨則飲茶食乾餱酥油洽肉午則小食大餐用牛羊雞鵝餅麵飲小酒飽後始飲葡萄汁以牛肉爲上膳民常食惟荷蘭薯而伊耳蘭之小民更貧苦○君民皆無妾媵無鬻子女者男二十四歲以上自度有俯畜之業方議娶妻不用媒妁與女子自訂可否諾則告其父母而聘定焉聘後往來以知其情性乃集兩家親朋赴禮拜堂請教師祈上帝遂爲夫婦婦將已有業産財帛俱歸其夫終身無貳

生子數日攜至禮拜堂教師浸於水內日施浸禮男女五歲入學習天道聖經及國史等書十四五歲後各擇士農醫匠商賈爲終身之業國人每歲遷移他國多不回籍而戶口加增如故四十五年前英吉利民一千九百十四萬三十五年前加增一千二百六十萬九千八百二十五年前共計一千四百三十九萬一千六百名十五年前共計一千六百五十三萬七千名五年前一千八百六十六萬四千七百名是知四十五年之內加增人戶八百萬名女多於男每百人中務農者十之三

農夫二十五名內以五名爲田主開礦者十之一製造者十之一爲商賈者十之二餘敎師法師醫生武士水手故英民分五等一曰五爵即與中國公侯伯子男無異二曰鄉紳文武官法師教師醫生大商等三曰賈匠及田主四曰傭水手及農民五曰貧乏之人每年賙恤銀一千二百萬兩伊耳蘭大農夫十八萬小農夫十六萬傭工八十八萬製造各物之人四十萬商賈及各匠百一十五萬鄉紳富戶二十一萬工人六十萬男僕十一萬侍婢六十七萬不務業者二十三萬○國學生

館計三萬八千間入學者百二十七萬餘人用費或自出或捐自他人或出自國家小兒自二歲以上又立赤子學女人辦之其大學藏書六萬本盛膳以供養之必藝術貫通乃推用焉刑名算學皆仿是其學醫術者除病院外別有院藏人身骸骨支體全身筋脈俾入院者察之以知病原施藥焉○庶民務貿易勤計算習經營不避危難有大興作不惜重貲捐創○農器便利不用耒耜灌水皆以機關有如驟雨凡田一畝每年出麥九石豆十五石紅白蘿蔔二百餘石以飼牲畜荷蘭薯六

十石乃庶民所食統計五穀田地約七百五十萬畝草場一千七百萬畝○英人好獵立苑囿圍場秋月馳馬射獵不捕野獸於山林也○製造之匠純用火機關所藉以動機關者煤炭每年出煤五萬二千五百餘萬石礦深一百三十九丈每年以一千二百萬石製火礮刀劍約價銀五千一百萬兩作工者三十萬人緜花多運自花旗每年約三百四十五萬石價銀四千二百八十萬兩道光十五年運出緜布價值銀四千六百五十萬兩緜綢一千六百五十萬兩古時英國緜布皆由印度

運回獲利甚重今物價益減工人多有鈌食者○緜羊毛每年產九十三萬石由外運入者四十二萬石所造呢羽售於各國者道光十七年價值銀二千二十八萬兩別有一百萬兩絨緜之價其地織匠共計四十萬石○織造綢緞每年用絲三十萬石前此多由歐羅巴列國買來自道光二十三年以後多由中國運入道光十六年所買湖絲共計銀六百三十九萬兩綢緞進口價銀二百二十二萬二千兩○麻布莫妙於伊耳蘭道光十五年運出一千七百五十萬丈價值銀一千一百二

十萬兩祇供本國之用每年書冊紙四十五萬五千石納餉銀二百四十萬兩○他國運來之糖每年約三百二千四萬石納餉一千四百八十四萬兩其質最麤英人磋磨之乃精且白○小酒稅弁造酒之器一年約銀一千二百八十二萬三千兩火酒更廣餉銀一千六百五十萬兩○四面距海民習水性其先不出歐羅巴之外萬歷年間方遠駛各海以開新埠是時西班亞國專攬外洋貿易英國協力攻勝之又與荷蘭佛郎西交鋒獲勝沿海之國乃皆通商道光十八年船共計二萬六

千六百隻別有載煤炭駛海各小船進口共計一萬九千隻火輪船與花旗國往來最大者長二十三丈闊三丈五尺載一萬九千一百石尤大者載二萬一千九百三十石或用鐵以作船身久存不損道光二十二年運出之物價值銀一萬四千一百萬兩二十三年一萬五千六百萬兩二十四年一萬七千二百萬兩二十五年相等各國通商之數不在此惟論中國而已與中國貿易二百餘年起於前明其始最微每年不過幾萬兩近始飲茶而茶日加增昔設大公班衙爲貿易之總於道

光十四年散局貿易更旺自與中國結好以後尤有增益於道光二十五年粤省進口船共一百八十二隻運貨銀一千七十一萬五千員運出貨價過於運進貨一倍往往以現銀交易所納船鈔稅項是年共計銀一百六十六萬四千兩廈門所進船三十三隻運入貨價銀四十四萬二千兩所運出貨價銀四萬六千兩共計鈔稅銀二萬三千五百兩福州進口船五隻進口貨價二十萬六千兩運出者並所不能賣者二十萬五千兩寧波口進船八隻所運進貨價銀三萬一千兩運出貨價

價銀五萬三千四百兩共約鈔稅銀八千二百七十兩道光二十五年半載內所進上海船七十二隻運入貨價銀一百三十二萬八千兩所出者七十七萬二千兩稅鈔銀一十四萬九千兩通商之起原極微而今日極大利益萬萬至於鴉片不正項之貿易尚在其外也英國字母最少翻譯中國四書五經及各著述又刊印逐日新聞紙以論國政如各官憲政事有失許百姓議之故人恐受責於清議也禮拜堂計一萬一千六百間伊耳蘭二千一百六十八間每間立教師及監司逢禮拜日集會誦禱講道勸人修德其中尚有崇正教之人不設監司惟請教師而已此耶蘇教大半在蘇各蘭與以耳蘭之天主教各不相入○國立宰輔大臣共商事務國家費用先與鄉紳會議而後征納通行銀錢一面印王象一面書錢之名國王薨有子立子無子立女前世女主即位者五君今女君立已五年屢出巡幸任民觀瞻不宴處深宮也宗室儲君各食公爵俸祿亦赴五爵公會議事其儲君統諸軍士爲水師大提督外有國帑銀庫律例國璽國內事務藩屬地水師務印度部商

部兵部各大臣有要務則國王召議事百十三員會議與中國軍機都察院無異其下各有董事雖官有遷調其董事不易政務以國帑大臣爲首與大臣籌畫其鄉紳之會則各邑士民所推選者議國大小事每年征賦若干大臣賢否籌畫藩屬國事宜斟酌鄰國和戰變置律例舌辯之士儘可詳悉妥議奏聞其五爵之會亦如之遇國有大臣擅權其鄉紳即禁止納餉計鄉紳六百五十八人自每年十二月至次年四五月皆雲集焉若鄉紳有罪惟同僚能監禁之英國之人自立悉賴此鄉

紳苟或加害則衆皆協力抗拒○英國賦稅火酒小酒醋紙於道光十九年共計銀四千四百一十四萬六千餘兩印遺書印新聞印票擔保等牌共銀二千二十五萬二千五百兩屋窗馬車犬騾馬隻獵務約銀八百一十五萬四千四百兩郵驛遞信收銀七百三萬八千八百兩共計銀四千六百四十七萬九千兩計入國帑銀約一萬五千九百萬兩有奇惟田賦鹽課兩項係貧民所納其餘賦稅皆富戶日用之物而征焉所出國帑軍士錢糧二千六十七萬八百兩水師之費銀一千六百

七十九萬二千五百兩國之欠項息銀八千四百萬有奇火礮部四百八十九萬四千兩文官俸祿銀一百一十四萬三千兩公使等俸祿銀五十六萬六千三百兩外尚有雜項之費用所入僅敷所出若所餘者多則減稅所收者不足則增稅經鄉紳議定每人一年收四百五十兩每一百必納其三塊以充國帑共納銀一千五百萬兩有奇○通國所行之寶係金塊價值銀三兩分爲二十銀塊以此再分爲十二塊亦用銅錢十二塊爲一銀塊以此銅錢再爲四分也但銀錢重船難多載況

計所有多不足用積貯又阻於通商於是國立銀局內收稅餉出銀票以敷所用道光初年所出銀票計價五千四百萬兩有餘六年所貯現銀三千萬兩有餘故所最著者銀票在國中及大邑任商人別立銀來往川流不須動支實項非若他國銀票濫用致局少現銀受害無窮列國中惟英國銀局最信各國之商俱寄資取利焉○道光二十二年募軍士十二萬二千五百六十八名騎兵侍衛三營常步兵九十營水師兵一百班又募民壯二十萬○各項戰船最大者十三隻載大礮百二

十門次者十二隻載礮一百門又次者三十四隻載礮八十門又次者二十五隻載礮六七十門所載兵丁水手自八百至六百不等外有巡船及各項火輪船數百隻○英國屬地自歐羅巴日耳曼海口起曰黑義蘭嶼西班亞南嘴頭曰義巴塔固城意大里亞曰馬他等島在希臘西曰以雲羣島此島爲英國之門戶保護最謹英國公班於五印度國所攝權之地分四大部北曰旁葛剌東曰馬塔剌西曰綳買中曰亞甲所結約各國地曰檳榔嶼新埠頭錫蘭島在亞非利加英國據其浪山

地亞非利加之最南頭也西方曰獅山旱北亞沿海堡曰亞加剌此地廣袤林密難悉在東海邊曰押新孫島希利拿島在東邊曰貌力失島西悉羣島在亞默利加之北方曰下加拿他上加拿他新報蘇威新蘇各蘭巷瓦島新尋地曰西北荒地又英人所據在默西哥海隅內之島也安地亞巴巴突多米尼加吉那他牙買加門悉拉尼益吉路加因新地多巴峩突多拉安威剌丁剌巴哈馬羣島北毋他在亞默利加南方所居之地曰地米剌剌等地含士剌在新荷蘭奧大利亞洲英人所據

之地在東邊曰新南瓦勒地面山島其西方曰鵠港南方民數未詳又有法蘭島新亞蘭島英人甫居之香港島在亞拉百國西南之海峽

海國圖志卷之五十二

大西洋　　邵陽魏源重輯

英吉利國廣述中

皇淸四裔考英吉利一名英圭黎國居西北方海中南近荷蘭紅毛番種也距廣東界計程五萬餘里國中有一山名間允產黑鉛輸稅入官國左有那村右有加蘿皮申村皆設立礮臺二村中皆有海港通大船海邊多產火石王所居名蘭侖有城距村各百餘里王世系近者爲弗氏京亞治傳子昔斤京亞治傳孫非立京亞治

卽今王也康熙間始來通市後數年不復來雍正七年後互市不絕初廣東碣石鎭總兵官陳昂奏言臣徧觀海外諸國皆奉正朔惟紅毛一種奸宄莫測其中　有英圭黎諸國種族雖分聲氣則一請飭督撫關部諸臣設法防範乾隆七年十一月英吉利巡船遭風飄至澳門海面遣夷目至省城求濟廣東總督策楞令地方官給貲糧修船隻先是其互市處所或於廣或於浙二十二年部議英吉利不准赴浙貿易於是皆收泊廣東每夏秋交由虎門入口土產同西洋各國而船械特多製造

尤巧絕二十四年方嚴絲觔出洋之禁兩廣總督李侍堯奏言近年英吉利夷商屢違禁令潛赴寧波今絲觔禁止出洋可抑外夷驕縱之氣惟本年絲觔已收請仍准運還奏入報可是年英吉利夷商洪任輝妄控粵海關陋弊訊有徽商汪聖儀者與任輝交結擅領其國大班銀一萬三百八十兩按交結外國互相買賣借貸財物例治罪二十七年英吉利夷商自蘭等求仍照前通市兩廣總督蘇昌奏准照東洋銅商搭配綢緞之例酌量配買每船准買土絲五千觔二蠶湖絲三千觔其頭

蠶湖絲及綢綾綢疋仍如舊禁止不得影射取利自是英吉利來廣互市每船如額配買歲以爲常其明年并准帶綢緞成疋者二千觔

海錄英吉利國即紅毛番在佛朗機西南對海由散爹里向北少西行經呂宋佛朗機各境約二月方到海中獨峙周圍數千里民少而豪富房屋皆重樓疊閣急功尚利以海舶商賈爲生涯海中有利之區咸欲爭之貿易者徧海內以明牙喇曼達喇薩孟買爲外府民十五以上則供役於王六十以上始止又多養外國人爲卒伍故國雖小而强兵十餘萬海外諸國多懼之海口埔頭名懶倫由口入舟行百餘里地名蘭倫國中一大市鎮也樓閣連亘林木葱鬱居人富庶匹於國都有大吏鎮之水極清甘河有三橋謂之三花橋橋各爲法輪激水上行以大錫管接注通流藏於街巷道路之旁人家用水俱無煩挑運各以小銅管接於道旁錫管藏於牆間別用小法輪激之使注於器王則計戶口而收其水稅三橋分主三方每日轉運一方令人徧巡其方居民命各取水人家則各轉其銅管小法輪水至自注於器

足三日用則塞其管一方徧則止其輪水立涸次日別轉一方三日而徧周而復始其禁令甚嚴無敢盜取者亦海外奇觀也國多娼妓雖姦生子必育之男女俱衣白凶服則衣黑武官俱服紅女衣其長曳地上窄下寬腰間以帶緊束之欲其纖也帶頭以金爲扣兩肩以絲帶絡成花樣縫於衣上有盛宴則令年少美女盛服歌舞宛轉輕捷富貴家女人亦幼而習之以爲樂軍法五人爲伍伍各有長二十人則爲一隊號令嚴肅無敢退縮唯以連環鎗爲主其海艘出海貿易遇覆舟必放三

板拯救得人則供其飲食資以盤費俾得各返其國否則有罰此其善政也其餘風俗大略與各西洋同土產金銀銅錫鉛鐵白鐵藤哆囉絨嗶嘰羽紗鐘表玻璃牙蘭米酒而無虎豹麋鹿

英吉利國夷情記畧 歙葉鍾進蓉塘寄味山房雜記 英吉利不見明史入本朝始通于中國考地圖在中國西北百餘度其國東西馬行約三日南北六日餘地散處各州島嶼與鄰國分市相距有數萬里者悉航海以通往來荷蘭在其東佛蘭西在東南俄羅斯在東北瑞國及米利堅在其西大西洋即葡萄亞在西南小西洋則在利未央之東其餘小國無算半環地中海統名曰歐羅巴州州人皆遵耶穌教耶穌生東漢時始知以三百六十五日爲一年今計一千八百三十幾年以中國冬至後三日爲冬至十日爲年節耶蘇生有天受能通各國土音創教勸人爲善後被惡人釘其體於十字架剖割以斃其徒號其教曰天主國俗初不信禁習頗嚴後與他國相攻不勝祈於其寺忽雲中現一十字架遂以十字架爲先鋒克敵因大信奉於是造禮拜寺供十字架自郡國至鄉

閭在在皆有男女七日一禮拜無跪拜儀以除帽爲大禮禮拜日停工作許嬉遊不知閏故不以月繫年即以禮拜期爲數貴女賤男自王至民率一夫一婦無妾媵不分內外婦亦與人往還大約男以三十歲後女以二十歲後自相擇偶臨時議婚王則與鄰國世互婚嫁生子女成立後即分以業俾自治生故配合多以財產較亦有終身不嫁不娶者聽凡交遊至問其妻不及父母知俯育不知仰事交易鑄銀爲錢大小不等以便市鬻死時須記貲財於簿或施入仁會或分交遊親戚子女咸無爭競三日除服不知祭祀鄉國以仁會貲立貧院幼院病院舉公正之人董理故通洲無鬻子女者亦禁蓄奴婢士農工商各世其業國立太學郡中學鄉小學延師以教讀字橫列不直行筆以鉛錐爲之分科以習書醫士各有字彼此不相通曉商之子女皆習書算仕有土地世祿傳付長子農以稼穡爲上次果木收畜土地皆屬於王荒土呈官註籍往墾以三十年爲期滿則歸官出示招投各書願出價目封貯定期開看多者得將價呈繳始聽耕作期未滿亦聽轉投已滿亦許接投

以是無地稅屋有賦以架爲額高廣不計窗櫺外向亦賦之賦有四一歸王一設巡邏兵分段瞭守一養瞽目廢疾治兵再賦每男婦許各僱一人司爨役不有賦僱他國人賦倍之工分藝木石塑畫不許攙越能出一奇物得專利三十年他人學作有禁有測度家專看羅經行海商則自小歷風濤習操楫泅水居室以白石爲牆壁木爲梁棟高壘五六層以避賊次用磚下用土以白灰塈壁使極光明男短衣色尚青白冬呢夏羽居常以布悉單無棉夾裘大衣長其後兩幅愈貴愈長甚至丈

餘者數人在後提挈以行稱爲禮服富者以金線緣帽及領袖以自表女則珠玉錦繡爲飾極其華艷男受女制凡食早則飲茶食乾餱午小食晡大餐牛羊雞鴨鹹燒炙飫則麥麪飽後始飲酒食水果不以箸用刀叉匙器用金銀玻璃爲上尺曰碼每碼約中國二尺四五寸各國不一斤曰磅約十二兩零隨身帶筆簿遇異聞異事則記然諾以拉手爲定亦登於簿無遺忘無翻悔遇軍事治稅賦於亞勒馬尼國選兵（即耶瑪尼國所謂紅面兵也）其人忠實肯用命備宿衛置巡邏悉募於此各國皆然不以

民也若在東印度各國用兵則在滿剌加招募（滿剌加恐當作孟加臘）兵餉極厚每於禮拜下日關領一人需洋錢十元八元不等計一月人需銀二十餘兩蓋自有身賦與其酋也有官話通行一州之地無奴婢故無責打罵詈亦無笞杖之刑有犯鐐銬手足閉置暗室視輕重定期滿始釋富者贖重者竄荒地役使開墾死罪以繩吊頸斃之大逆不道則有器如鼓狀內藏鋒刃納人置於通衢過者蹴使滾此爲極刑凡傳召以竹竿爲符節至即隨以行有深怨不解者各請證人至廣場架鳥鎗於肩約

藥力所及背立發火互擊中不中皆息凡病死醫者不得其故則剖其臟腑頭顱考驗病之所在著書示後蓋以既死則無所惜此歐羅巴各夷情之大略也

其下篇曰英吉利國前明始大自大西洋葡萄亞通中國乞得澳門以居置買茶葉大黃等物歸售各國各國慕之聞風踵至乾隆年間大開洋禁以粵東爲市易所設洋商通事西南各國麕至惟俄羅斯船不許開艙蓋其國與我北方蒙古毗連向有榷場互易若再開東南市船恐礙蒙古生計也至是澳夷始不得獨擅其利乃

以澳門夷屋賃與各國居止澳夷向有番差一人以約束理詞訟司達一人治賦稅英吉利既常來遂於乾隆四十幾年間創立公司公司者國中富人合本銀設公局立二十四頭人理事於粵設總理人俗謂大班二班三班四班外有茶師寫字醫生及各家子弟來學習者其數十八每年七八月夷船到時始至十三行夷館許雇唐人買辦食用年終事畢船歸各夷仍往澳棲止駕船者有船主統管一舟人有大二三四夥長測星日看羅經量刻漏對洋圖以掌舵行舟有寫字人登記數目

出入有醫生治疾病有兵衛掌鎗礮有水手管風帆以及搭客等初年每舟不下千餘人牛羊犬馬皆備至澳報同知衙門派漁船引水入泊黃浦洋商僱西瓜艑船駁貨出入歸海道日熟遞次減少今每舟不過三四百人大西洋既不得專利來船日少佛蘭西幅員潤人民衆然富者始飲茶貧者以炒豆代故船久不來荷蘭貲本薄無多船他如單鷹雙鷹黃旗等國間有至者惟英吉利公司商船最盛然所市皆非本國土產皆采買他國尤以萬達剌沙暨東印度各國採買最衆易茶絲等

貨以歸各國及俄羅斯西境皆就近至彼國轉販每年三四月間英國海舶雲集其初不過數船近年增至大舶二十隻並以小船其茶葉收賦極重約擠中國買價又禁他人不得置即船主夥長等人置者到日交公司酌領價值由是富強日盛有大二三四等頭人以治政事其酋所居城名蘭墩跨海汊造橋上行車馬下過舟航富貴家皆有苑囿春秋佳日禮拜之期聽男女游玩夜則街巷遍懸油燈行者無庸燭其費出於仁會亦有詼諧雜劇夜始演作晝有禁恐妨工作也人性強悍好

上人荷蘭等國皆畏之推爲盟主以時聘問數年一會各酋長至其國以申盟約讌遊累月方各登航以歸惟米利堅夷不與相下米利堅即中國所稱花旗者沃衍宜五穀周亦數千里人勤力作常以餘糧濟各國設十二酋長以理事一酋死復公舉之必衆服而後立故其人最重行誼無梗化無催科有軍事方治賦英夷常起兵攻之十餘年不能勝又禁穀麥不糴與英兵英兵益困各國力爲和解始罷兵米夷常指英夷爲山狗性如豺退讓彼必追來一返身相向反曳尾而去故兵雖解

終不往還也其在東印度各國採買亦設大班諸人遇有可乘隙即用大礮兵船占據海口設夷目爲監督以收出入稅先後得有孟剌甲新地坡新加坡等處即葛剌巴本荷蘭在前明所據者英夷亦曾奪之近始仍歸荷蘭其用兵餉費出於公司各港所徵稅公司得收三十年期滿始歸其國王凡用兵只稟命而自備資糧以故到處窺伺所恃惟鎗礮礮子用生鐵鑄重者至三十斤故所向無不披靡至東印度皆回民仍各有酋長英夷雖據其海口亦未深入其內地其回夷貿易中國者

所僱船亦需英夷測度以行故用英夷旗號名曰港腳嘉慶十二三年間有大班喇佛者約孟剌甲兵頭以兵船十艘窺伺安南爲安南所燼無顏返國以所餘三艘順抵粵洋喇佛又與內奸說合欲占澳門不果喇佛不能回覆兵頭遂潛匿不出不能開艙此十三年秋冬間事也其兵頭竟趨澳占踞礮臺西夷僅保守大礮臺發稟告急時總督吳熊光巡撫孫玉庭調兵戒嚴飭澳門文武驅逐夷兵雖回船然不去也直待十四年春喇佛給與金銀帶歸以恤死難方回喇佛以此被革改用四

班益華成爲大班蓋議欲占澳時惟伊不肯署名嘉其有識也喇佛旋以憂死於澳益華成之後有大班吐丹東者冀我大嶼山爲居止寄信回國求奇異物入貢自粵趨天津口天津鹽政以聞奉准入都朝見該夷使等不能行跪拜禮　詔將貢物發還卽飭鹽政護送回粵此嘉慶二十二年秋事也時總督蔣攸銛亦將就從事不能如各國使臣儀其初設公司所來呢羽立股分售與洋商總商有三股四股者散商有兩股一股者所買茶卽以股分爲則其茶價照客價明加每石有銀十兩

八兩不等名曰餉碼以此重啖洋商收茶時用以上下其手洋商媚夷者茶多溢額如近年東裕行兩股呢羽交茶逾怡和四股之數此明驗也洋商中賢愚不一每每互相傾軋倘有泄外夷之短者該夷公司必知遇事挑斥故洋商遇地方官詢以夷事皆謬爲不知而中國用人行政及大吏一舉一動彼夷翻無不周知聞嘉慶年間夷船到口該大班等恭請紅牌來省館請朝穿大服佩刀劍到各洋行拜候稍有名望之商必辭以事不見俟其再來然後往答迎送如禮一惟洋商言是聽邇

年來船益多銷茶益盛洋商仰其厚潤於是夷船將到洋商托言照應過關卽出迭迎又復常賜十三行之英夷知漢字能漢語常矜其出入口稅餉每年幾及百萬而澳夷貨來甚少稅餉極微翻得坐享澳門市易租賃之利每欲效之遇班中人新來多方播弄如道光七八年於夷館前立大馬頭置圍牆柵欄其地爲對河居民來往渡口稟控大憲屢禁不遵迨奉　廷寄巡撫朱桂楨親督拆毀該夷又將來船碇泊零丁洋面不入口開艙以入事入稟要挾又糾各國夷隨聲附和惟米利堅

夷不從曰稱如我國有船至汝英國貿易必遵汝英國制度今來中國圖覓利耳如無利卽請汝亦不來何須喋喋也維時各船主爭噪向例到卽開艙起貨下貨不過一二月卽開帆回今久碇於外不但貨物霉蒸一船數百人食用何出大班部樓頃庸懦無能聽二三四班許供給各船食用自七八月相持至下年正月大班見不能了潛附便舟而去適洋商以所定茶不交一年費用無出再約齊至澳解說始於是月十四五日入口開艙三月初間忽有火輪船自孟甲喇來乃該港坐班及

駐巡夷目寄信申飭令其作速開艙毋悞一年貿易火輪船者中立銅柱空其內燒煤上設機關火焰上卽自運動兩旁悉以車輪自轉以行每一晝夜可行千里自該處至粵僅三十七日據夷人云道光初年始創造不能裝貨以通緊急書信而已斯一奇也是年秋夷船到三班邊司大班事益以肆竟帶夷婦寓十三行出入必乘肩輿翻不許洋商乘轎入館種種故爲干犯大憲怵以言遂架大礮於夷館兩旁設兵守護居民憤恚卽他國夷亦謂　天朝懷柔過甚其肩輿乃東裕行司事謝

治安所送被官拏究瘐死於獄嗣通事頭人蔡剛往諭蔡剛有膽識善語言厲聲辯詰始有畏意撤去兵礮夷婦仍不肯遽回蓋洋商於奉諭飭查時已具稟謂大班患病需人乳爲引故帶以來俟稍愈卽遣回澳故該夷得延抗也先是道光三四年間公司以緬甸西南必姑港土產甚盛發兵船占踞爲緬甸所敗兵船來粵取餉碇零丁洋面本新安縣屬有兵上岸滋事用鳥鎗擊斃數人大憲責令洋商向大班索兇手據稱此係過往兵船未經入口非我能約束且帶兵人如中國官長我乃

貿易民人豈敢往諭回覆適是時又有米利堅船載佛蘭西夷商在黃浦以砂斗擊賣水果人落水死報驗船主將夷送出正法而新安數命迄無以償後聞其兵船不回國在外三年始歸該國仍革去職事以其不能約兵丁也近年該班等又欲於澳門寓館前立馬頭豎旗杆商之澳夷澳夷初答以此中國地方非我所主繼思英夷在省如此橫行倘洋商迎合為之營幹朦准是澳為彼有矣次日向該班改說此地乃中國界我居住已數百年汝等來貿易暫賃以居現有十餘國在此如皆

各立馬頭豎旗杆是此澳為汝各國之地矣該班妄念遂止澳旁高山西夷建一望海樓面零丁洋用大千里鏡遠觀可見數日後所到船並能認知何國旗號山後向有小路可上原許一切人登眺至是西夷不許該班登眺翻將山後小路鏟去大路設卡彼亦無如何時有英夷在葛剌巴犯事潛逃來粵原告蹤至控於澳夷目將該夷拏禁礟臺議罪該班為之緩頰不聽及令他夷往視又為守者拒不得入因相口角一併拏禁諸班啞忍不能致辭以上聞之通事頭人蔡剛定非虛妄然十

四年間英夷曾占踞礟臺西夷僅得大礟臺以守幸大吏親飭文武員弁驅逐英夷始俯首而去今此雖夷目裁抑未嘗非藉中國威靈也又各夷嘗頌中國之盛實無比倫他港貿易貨物每有售有不售者至於置貨更非經年累月不能集惟粵港無論何貨即壓船之石已爛之鐵及剪棄之碎呢片羽一至即售所置貨值數百萬一二月即齊立可開航此雖繞大地一周無此港口也故英夷來船皆有木榜橫列數十款開係申戒之詞蓋不獨彼國土產來此銷售而茶葉大黃實彼生命攸

關況彼國賦餉所出時虞封港故告戒嚴極無如夷性好強又貪三十年之專利而聽積久盤踞奸夷之慫恿以至屢行悖妄苟非大憲鎮靜待之幾何不釀成事端也近聞該公司之期久滿後日富商不得續入屢屢控爭該國酋貪其重利日事因循邇以兵煩費重加之在事頭目各懷己私虧折支絀再二三年亦必散歇公司一散海疆可保永綏蓋黨羽衆多勢力始橫善治者必先設法解散而後易於制馭公司之夷邇來橫甚散後則各管各船各自牟利此為易制然恐不知者翻以為

憂因備記之俾見者知所去取焉

又曰澳門所謂新聞紙者初出於意大里亞國後各國皆出遇事之新奇及有關係者皆許刻印散售各國無禁苟當事留意探閱亦可覘各國之情形皆邊防所不可忽也　源案公司散則易制此語甚扼要領不料十四年散後粵督反行文英吉利索其專派公司來粵總司貿易其來人即義律也誤聽洋商簧惑之謀遂啟邊防無涯之禍惜哉探閱新聞紙亦馭夷要策

海防餘論南海顏斯綜廣東有通洋之利恐有通洋之患諸

國熙熙皆爲利來而英夷尤專爲奇技淫巧以易取中國之財彼國無稅畝之徵行什一之法首務商賈稅課特重其人深謀遠慮好大誇功號令甚嚴從無寬貸用兵機警國內人少多募他國雜番而督以本國武官愛惜士卒知難即退即如商船舩主御下甚嚴彷彿軍法水手人等有過犯與頭目應議鞭多少立案生死不計其俗謀奪人地非必出自國主之意所謂港脚者不止殑迦拏三處地方散處海外皆有大小兵船時常巡徼往來遊奕頭目多有攜眷三五富人羣居諮議欲占據某國之某地告知國主許往湊合錢糧即抽撥各處之兵船令往攻取若戰勝得地其地利益國主與出貲之人均分自有章程前者夷兵到澳門登岸進至黃浦乃夷商公司所爲其明徵也各夷常說天下富庶無如中華諸國所來船多不覺其多所來少不覺其少無賣不盡之貨又買不盡此地之貨爲海內第一是天下更無大於中華英吉利久有壟斷之心常謂濠鏡澳西洋人可居我輩不可居耶其覬覦久矣次則大嶼山貨物艱於來往若老萬山則孤懸海外皆非其所屬意英吉利

嘗欲稱帝稱可汗諸國不服仍王號其本國船俗呼祖家以別於港脚自頭港脚番志在牟利雖爲所轄不樂戰爭船上船主必是英吉利愚以爲若有貧民陷夷宜開一面網許其自拔立功加之重賞足以疑惑其心彼之伎倆專務震動挾制桅上懸礮登岸放火占據各處地方多用此法然未敢嘗試於大國之邊疆恐停貿易則彼國之疋頭港脚之棉花何處銷售茶葉等貨何處購買彼之國計民生豈不大有關係彼若并阻諸國之來船肆彼刼奪則與之爭鬥者當不止一國彼能無慮

及此哉馭夷者必先得其情而後有以消其桀驁之氣折衝萬里之外芻蕘之語聊備采擇

瀛環志畧曰英吉利（英機黎○英圭黎○膺吃黎○諳厄利○英倫的○及列的不列顛）歐羅巴强大之國也地本三島孤懸大西洋海中迤東兩島相連南曰英倫（一作英蘭）北曰蘇各蘭（一作斯哥西亞又作師古泰）兩島南北約二千餘里東西闊處五六百里狹處三四百里迤西別一島曰阿爾蘭（一作耳蘭又作壹耳蘭大）南北約七八百里東西約五六百里英倫南境與荷蘭佛郎西皆相近舟行半日可達距佛尤近海港狹處止六七十里兩

岸可以相望也其地古時為塞爾達士番部落後為北狄裒特族所據漢宣帝五鳳三年羅馬大將愷散（一作人畧塞薩爾）畧定西北諸番渡海平英倫建為別部屬意大里者數百年至今猶有羅馬城闕遺址前五代時羅馬衰亂裒特族卑勒敦人據英倫安各羅者亦裒特種亦悉衆渡海破走蘇格蘭兩部因脅降卑勒敦人陳後主元年據英倫立國後分為七部如列國小侯時相攻伐有部長厄伯德者娶佛郎西王之女女奉天主教招教師來其國為制禮儀由是其國漸强唐德宗貞元十六年

滅六部歸於一是時大尼國（即嗹國）方劫掠海上突以兵船入英倫據都城英人以厚賂緩兵尋以計焚其船自是大尼寇抄不已居人逃竄田野荒蕪王子有亞腓烈者智畧過人幼時嘗兩赴羅馬與文王遊方嗣王位而大尼以大衆來攻王乃偽為樂工抱琴造敵營請奏伎侑酒因得縱觀虛實進兵決戰破其連營是時佛郎西已陷北地大尼迭侵擾王枕戈寢甲五十餘戰而外患平乃懇田勸農招徠商旅開學堂以譯異書立保約以弭盜賊境內大治王卒於唐昭宗年間嗣王孱弱大業

遂衰先是英倫以尚天主教久之教師擅大權王娶后教師禁不令同室王不聽教師劫后以鐵烙毀其容尋斃之王噤不能仇由是王僅守府國勢不振大尼復來侵擾許以歲賂始給銀一萬七千觔後增至二萬四千觔而兵不止宋真宗十九年大尼大舉來伐破倫敦都城遂兼英其王曰駕奴特立治釐有條理英人安之其子嗣位苛斂好兵英北族（英倫北部）有酋曰威廉（一作給列爾美）欲圖興復請於羅馬教王教王以英土封之宋英宗治平年間威廉率舟師伐英破大尼王進攻據倫敦遂王

英北族凌英民英民多反側王怒驅英民十萬衆於林中皆凍餒僵死以其田宅賜北族既而悔恨卒顯理第一王嗣宋高宗二十七年顯理第二王嗣有智謀時天主教魁參預國事王有所拔擢教魁輒阻撓之羣臣怒殺教魁王懼教王之加罪也自守齋拜其墓乃已附近有伊琳大洲即阿爾蘭王征服之其世子剛猛好戰欲伐居猶太之回回族先往聘修好歸途爲他國所擄以金贖回後戰死其弟約翰嗣位性強狡好田獵百姓疾之又侮天主教師羅馬教王怒棄絶英民息禮拜閉殿堂廢

其婚葬禁飲酒食肉薙鬚民皆怨恫咎王王不得已納貢教王由是權遂下移民自擇薦紳議政不復關白王憤甚欲誅諸紳諸紳欲招佛郎西世子爲王會王殁華義都第三王一作義都亞爾多嗣王有權畧平內難與佛郎西構兵累年互有勝負其子嗣位權復爲紳民所侵英有別部之酋忽起兵攻王奪其位明建文帝元年國人立顯理第四王募兵恢復滅僭位者國乃定顯理第五王立伐佛郎西勝之顯理第六位立年尚幼大臣攝政時王宗分二派一曰紅玫瑰派一曰白玫瑰派因初分之第宅植此

兩種花因以得名兩宗爭王位自相屠攻國大亂者數十年藩屬皆叛明憲宗成化年間顯理第七王嗣位削平內亂四境乂安王性機敏長於吏治稱爲賢主顯理第八王立性強傲尚豪華喜怒不常娶西班牙王女爲后因助西班牙伐佛郎西后無子出之再娶少艾已而失寵殺之再娶又殺之王有佞臣委以大權偶迕意立賜死忠言至計如充耳四國皆稱爲無道主先是日耳曼人路得者著書譯解耶蘇教旨人多信之王不謂然手著一書駁詰之王殁嗣王崇信耶蘇教寬惠愛民教士有法

舉國喁喁望治未幾卒其姊馬利一作馬理嗣位贅西班牙王子爲壻禁耶蘇教國人不悅明嘉靖三十六年女主以利撒畢即位賢明知大體勤於政治英民頌之是時荷蘭不肯從天主教爲西班牙所攻英女主以兵助荷蘭西班牙因移兵伐英師船泊英港忽大風激浪船觸焦石半沉壞英人以小舟圍而殲之片帆無返者國勢益振是時蘇格蘭島人布魯斯復自立爲國有女曰馬理姿絶世初嫁佛郎西王爲后佛王早卒馬理歸母家父卒嗣王位選羣臣美丈夫爲夫夫有別寵馬理妒之

負夜遣客殺夫焚宮以滅其跡而贅殺夫者爲夫時國人已競尚耶蘇教而馬理仍執天主教又殺夫有邪行國人圍馬理將囚之越城而逃募兵決戰兵敗降於英英女主謂馬理犯倫肇亂下之獄馬理在獄十八年復與獄吏姦因逃去英人捕誅之萬歷三十一年英女主卒無子蘇格蘭王熱給斯者一作惹米士女主之姻也英人奉以嗣王位復與英倫合爲一國時天主教之徒結黨謀反窖公會殿下藏火藥事發覺悉誅死萬歷四十二年查理第一王立性拘癖好戲狎不恤民隱由是士民

怨畔公會皆散稅餉無所出王將與佛郎西戰授甲無應者師船未戰而退順治四年王募兵誅梗命者國人與王戰虜王弒之時有大紳負才望攝王政以定國自稱保護主申明法制參以變通英人稱便與西班牙荷蘭戰皆勝之攝政數年倉庫充實乃致位於先王世子曰查理第二王爲人淫侈多內寵惰於聽政常與荷蘭戰帥師者國之名將入荷蘭內港燬其戰船王由此愈汰忽倫敦大火焚宮室民居殆盡已而瘟疫盛行死者相枕藉國勢頓衰其弟嗣位素習天主教強民相從民

習耶蘇教久不肯變慮王之相難也渡海招荷蘭王爲主荷蘭王卒兵至王奔佛郎西康熙二十七年荷蘭王入倫敦卽王位號曰威廉第三王雄武有大畧法度嚴明百司任職積粟如邱山蒐討軍實悉成勁旅由是威聲大振方欲席捲西土會歿無子時日耳曼之漢挪瓦王若耳治有賢聲康熙五十二年國人招請來英奉以爲王王初蒞英不諳其俗后爲英故王之女習於英事相助爲理民大和前王兩宗苗裔尚存起兵欲圖恢復王夷滅之是時英商船通行四海日益富強與佛郎西

交兵屢戰勝王卒子若耳治第二王立修法度別等威定親疏平訟獄國稱大治伐西班牙獲全勝又伐佛郎西割其藩屬之在亞墨利加者乾隆二十三年若耳治第三王立舉動好循禮法亦稱賢主先是前明中葉英人泛海覓新地得北亞墨利加腴土徙國人實其地日漸墾闢遂成沃壤英人倚爲外府後英國軍興連年徵稅餉於亞墨利加倍其常額亞墨利加人據地起兵英人攻之八年不克佛郎西與英世仇傾國助之英不能支乾隆四十七年議和聽其自立爲米利堅國亞墨利加之轉

音印花旗國英國由是虛耗已而五印度貿易日盛英富厚過於昔時五印度者一名溫都斯坦乾隆中年東印度之孟加拉因虐英商英以大兵攻之滅孟加拉乘勝脅降東中南印度諸部設四大部孟加拉麻打拉薩孟買亞加拉麻喇甲息力諸番族皆歸統轄英人遍設埔頭帆檣雲集百貨流通富饒遂爲西國之最嘉慶年間佛郎西拿破侖得國侵伐四鄰廢西班牙王而以其弟王西班牙故王求援於英英起兵伐佛郎西血戰累年嘉慶二十一年破佛郎西舟師於海峽以九萬人登陸進攻拿破侖率十

萬衆禦之於窩德爾祿約日大戰自昧爽至日暮鎗炮之聲震天地數十里烟氣迷漫佛師大潰英人乘勢逐北斬首二萬級禽拿破侖以歸流之荒島西班牙王復其故國由是英國威振西土王晚年得狂病世子攝政王卒世子嗣立有賢聲早卒道光九年其弟嗣立曰威廉第四王初爲水師總統以厚德御下不沽名譽及卽位安民和衆不喜兵爭論者謂才能不越衆而德量有餘道光十八年四月卒無子有女不慧遺命立兄女維多里亞爲王卽今在位之女主也立時年十八贅日耳曼撒可堡侯世子博雅那爲婿

英國之制相二人一專司國內之政一專司國外之務此外大臣一管帑藏一管出納一管貿易一管訟獄一管璽印一管印度事務一管水師事務皆有佐屬相助都城有公會所內分兩所一曰爵房一曰鄉紳房爵房者有爵位貴人及耶蘇教師處之鄉紳房者由庶民推擇有才識學術者處之國有大事王諭相相告爵房聚衆公議參以條例決其可否輾轉告鄉紳房必鄉紳大衆允諾而後行否則寢其事勿論其民間有利病欲興

除者先陳說於鄉紳房鄉紳酌覈上之爵房爵房酌議可行則上之相以聞於王否則報罷民間有控訴者亦赴鄉紳房具狀鄉紳斟酌擬批上之爵房核定鄉紳有罪令衆鄉紳議治之不與庶民同囚禁大約刑賞征伐條例諸事有爵者主議增減課稅籌辦帑餉則全由鄉紳主議此制歐羅巴諸國皆從同不獨英吉利也

按粵東之居夷自葡萄牙之居澳門始維時尚方珍玩皆取辦於粵或不時給輒爲中涓所嬲適葡人有濠鏡之請當事利其居積貨寶便於貢辦又所謂歐

羅巴者爾時不知為何地以為不過南洋諸夷之類一枝暫借無足重輕非必貪其五百金之利也葡萄牙本西洋小國得此澳宅如登天上以其餘貲廣築樓館綿亘萬廈歐羅巴諸國來粵者倚為東道主人其留粵收逋欠者皆租其房屋久居不去諸夷之浸淫狎熟於粵東則由澳門為之權輿也林富一代名臣而謀國之疎若此語云涓涓不絕將成江河可不慎哉

按英吉利覓然三島不過西海一卷石揆其幅員與

閩廣之臺灣瓊州相若即使盡為沃土而地力之產能幾何所以驟致富強縱橫於數萬里外者由於西得亞墨利加東得印度諸部也亞墨利加一土孤懸宇內亘古未通聲聞英人於前明萬歷年間探得之遂益萬里膏腴之土驟致不貲之富其地雖隔英倫萬里而彼長於浮海視如一葦之杭迫南境為米利堅所割所餘北境雖廣莫而荒寒類中國之塞北燕支既失英國幾無顏色矣五印度在中國西南即所謂天竺佛國英人於康熙年間在孟加拉購片土造屋宇立埔頭乾隆二十年滅孟加拉乘勝蠶食印度諸部諸部散弱不能抗遂大半為其所役屬其地產緜花又產鴉片烟土自中國盛行之後利市十倍英人所收稅餉五印度居其大半失之桑榆而收之東隅抑何幸也英人既得五印度漸拓而東南印度海之東岸遍置埔頭阿喀剌達圍取之緬甸麻喇甲息力（即新奇坡）易之荷蘭小西洋（即印度海）利權歸掌握者八九矣再東則中國之南洋諸島國惟呂宋屬西班牙餘皆荷蘭埔頭繁盛如噶羅巴（即爪哇）衝要如馬尼剌（即小

呂宋）英人未嘗不心豔之而他人我先無由憑空攫取然往來東道以兩地為逆旅西與荷不敢少迕也灣大利一島孤懸巽維廣莫無垠野番如獸英人亦極意經營欲收效於數十年數百年之後至如亞非利加之獅山（又名西爾拉里阿尼）辟荒穢而取材南亞墨利加之特墨蹊窪泥而耕作蓋四海之內其帆檣無所不到凡有土有人之處無不睥睨相度思朘削其精華而目前之倚為外府而張其國勢者則在於五印度其地在後藏西南由水路至粵東不過兩三旬蓋英人

之屬地又已近連炎徼而論者止知其本國以爲在七萬里之外也

英吉利歲入稅餉除還商民利息外每年約得二千餘萬兩所出亦二千餘萬兩本國額兵九萬印度英兵三萬土兵二十三萬謂之敘跛兵兵船大小六百餘隻火輪船百餘隻其兵水師衣靑陸路衣紅重水師而輕陸路專恃鎗炮不工技擊刀劍之外無別械

英吉利本國地形褊小而生齒最繁可耕之土不足供食指之什一北亞墨利加未分割之前英民無業

者率西渡謀食迫米利堅創據之後英所餘北境之土寒不可耕雖得五印度廣土而其地本有居人並無曠土英人流寓雖多終不能反客爲主故汲汲於尋新地近年得新荷蘭大島誅鋤草萊流徙罪人於此貧民無生業者亦載往安插移民於八萬里之外其爲生聚之謀亦可謂勤且勞矣

海國圖志卷五十三

邵陽魏源輯

大西洋歐羅巴洲

英吉利國廣述下原無今補

記英吉利道光十二年清河蕭令裕　英吉利一名諳厄利一名英機黎一名英圭黎在粵東貿易曰英吉利蓋對音翻譯無定字也自古未通中國明天啟時始有聞據職方外紀本荷蘭臣屬後漸富强與荷蘭搆兵遂稱敵國見舟車聞錄　國在歐巴之西其王所居曰蘭墩東西廣而南北狹周數千里歐羅巴者明泰西利瑪竇所稱五大洲之一也

聖祖仁皇帝謂中國西洋俱在赤道北四十度內海洋行船中國論更次西洋論度數自彼國南行八十度至大浪山始復北行入廣東界東華錄　又謂西洋至中土有陸路可通爲鄂羅斯諸國所遮故由中路而行者是矣天時寒暖與北方諸國略同地多田少駕馬以耕多種豆麥國俗急功尚利以海賈爲生凡海口埔頭有利之地咸欲爭之於是精修船礮所向加兵其極西之墨利加邊地與佛蘭西爭戰屢年始得又若西南洋之印度及南洋瀕海諸市埠與南海中島嶼向爲西洋各國所

據者英夷皆以兵爭之而分其利乾隆末已雄海外嘉慶中益强大凡所奪之地曰徹第缸曰茫咕嚕曰唵門曰舊柔佛曰麻六甲此二地今爲新嘉坡此皆南洋瀕海之市埠也曰新埠曰亞英曰舊港國之文都曰蘇門達拉曰彼古達里曰美洛居曰葛留巴此皆海中島嶼也曰孟呀剌曰孟買曰曼達喇薩曰馬喇他曰盎几里曰即肚此皆印度之地也分兵鎮守歲收其貢稅若唐時西突厥之於西域回鶻之於奚契丹各有吐屯監使之官以督其征賦焉惟大海之南曰印度海唐天竺國

居葱嶺南幅員三萬里分東西南北中五天竺南天竺瀕海北天竺距雪山東天竺際海與扶南林邑接西天竺與罽賓波斯接中天竺在四天竺之會都城曰茶鎛和羅城英夷在粵自稱港天竺國五印度地其東印度之來粵懋遷者又名爲港腳國(即唧肚也)粵人知港嘟不知即東印度也印度與後藏緬甸相鄰距英吉利之本國絶遠而奉其命令惟謹若新埠(沃野五百里)新嘉坡與麻六甲相連(廣袤二千數百里)則海道順風至廣東之老萬山或六七日程或十餘日云英吉利人高準碧眼髪黄紅色多

拳生婚嫁聽女自擇女主貲財夫無妾媵自國王以下莫不重女而輕男相見率免冠爲禮至敬則以手加額雖見王亦植立不跪西洋國皆奉天主耶穌教故紀年託始於漢之元壽二年英吉利荷蘭諸國均稱一千八百餘年蓋其地在歐羅巴仍大西洋之例也顧世傳英吉利闢天主教(海國聞見錄)今麻六呷新嘉坡所刊書多尊信耶穌殆屬藩之地本非英吉利部落仍其舊俗故有紛岐抑濡染日久其王亦從而和之耶英吉利字體旁行斜上相傳爲馬邏可所遺用二十六字母諧聲比附

以成謂之拉丁字亦謂之拉體納(今欽天監有書拉體納字人粵海關選送)大抵各國畧同而英吉利商粵久效慕華風多通漢文書漢字蓋自順治來欽天監用西洋歷法西士如湯若望南懷仁之屬皆入仕於　朝百數十年漸染同文之治矣(考舊檔乾隆二十四年廣督李侍堯奏夷商於內地土音官話無不通曉即漢字文義亦能明晰嘉慶中廣州府知府楊健詳定英吉利國夷禀許用漢字)麻六甲者明史之滿剌加也不知何年建華英書院凡英夷學漢字者居之又於新嘉坡建堅夏書院凡彌利堅夷學漢字者居之經史子集備聚其中才秀者入院漸業以閩粵人爲導師月

刊書一種謂之每月統紀傳或錄古語或記鄰藩或述新聞或論天度地球詞義不甚可曉而每月皆有市價篇取入口出口各貨分別等差而詳其價目焉蓋善賈市爭分銖而王之俸餉經費一皆於此取辦尤所措意也凡他國互市皆船商自主獨英吉利統於大班名曰公司其國中殷富咸入貲居貨雖王亦然歲終會計收其餘羨公司限三十年期滿續三十年近聞來粵之大班多所乾沒國人咸怨限滿將散公司矣粵中採訪民十五以上役於王六十免役養他國人爲兵印度最强軍法

五人爲伍伍各有長二十八爲一隊戰艦逾百勝兵十餘萬號令嚴整無敢退縮據海錄或謂番船在洋日與海波上下一履平地卽蹣跚無主又或謂夷以布縛兩脛屈伸不便所曳革履尤蹇於步克登陸則技窮然廣州商胡出遊登山亦殊趫捷涉淺水則一縱卽過此所目驗也且夷性沉鷙多巧思所製鐘表儀器中土所重而船礮尤至精利船以鐵力木厚一二尺者爲之底皆二重大者三十餘丈寬六七丈入水出水均二丈有奇入水之處用銅包不畏海水鹹蠲其幫檣灌以松脂桐油堅硬若鐵船面四平大者三桅小者兩桅前後左右俱有橫桅以掛帆帆用白布上濶下仄望如垂天之雲隨風增減一帆無慮千百絙番人理之皆有緒以前兩帆開門使風自前入觸於後帆則風折而前雖逆風亦可戧駛每桅間置一盤爲望斗可容二三十人分作三節每節橫一杆帆自杆下掛多則九帆少或四帆也艙由面梯而下一艙一梯大者三艙次者二艙小者一艙艙皆以窻眼爲礮眼平時上嵌玻璨三艙之船安大礮八十餘門其下尚有二艙貯礮子什物及牛羊淡水也上舶容千人

中者數百惟商舶艙大而礮少皆有柁師歷師其轉柁用柁輪而不用柁壓輪有銅有木輪之前置兩羅經罩以玻璃蔽風雨桅間復有一羅經三針相對而後行登桅照千里鏡見遠舟如豆則不及若大如拇指卽續長其桅而楔之益左右帆而追之數百里之遙一時許達矣以上據粵中採訪及定海縣志澳門紀略大礮重五六千斤輕者二三十斤或以銅或以精鐵鳥銃有長鎗有短鎗有連環鎗發時多自來火自來火者小石如豆皮函外鐵牙摩戛則火激而銃發澳門紀略大礮門子四十餘斤小亦二十餘斤

每一發火崩石摧山。又其發時以銃尺量之，測遠鏡度之，無不奇中。其船頭有車輪銅礮，約重一千餘斤，拉以皮革，隨勢低昂，自云陸路亦可用之。國中本產牙硝，又有倭磺，粵人謂之竺黃，製以杆，和以沙藤灰，迅利猛烈，藥力乃倍，既發復裝，再接再厲。澳門紀略及坤輿外紀粵中採訪熱爾馬尼國有大銃，能於二刻間連發四十次，恐涉於夸。然亦可見其概矣。英吉利恃其船礮，漸橫海上，識者每以爲憂，顧其人素貪無遠略，所併海外諸國，遣官鎮守，取其貨稅而已，非有綱紀制度爲保世滋大之計。漢

書謂匈奴貪，尚樂關市，嗜漢財物，英吉利正其倫比。誠如漢之廟略，通關市不絕，以中之，則鷙馬戀豆棧，卽穹廬賢於城郭，氈罽美於章紱，古所云匈奴安於所習，必不樂漢。是以無窺中國者，英夷亦殆有然矣。然必中國馭以誠信，無相侵漁，番船交易斯百年無虞。詐若關市譏征例外求索，或以細故與爲計較，蠻夷桀驁挺險，易動則不可知也。或謂英吉利專販鴉片以蠹中國，鴉片流行自嘉慶十年以後，其人精勤織作，商粵東已數十年，呢羽罽布之貨走天下，初非全資於鴉片。故中土之人無吸食，彼亦莫能爲也。或又謂船礮之精，中國無難仿效。明史外國傳：正德中，副使汪鋐進佛郎機火器。卽佛蘭西小者二十斤，遠可六百步；大者七十斤，遠可五六里。凡塞上墩臺城堡悉置此礮，然將士不善用，此則存乎其人也。今英吉利銅礮大至數千斤，無機括運用，轉恐將以資敵，是在講求用器之人與行軍之紀律，尤制禦之要云。

又康熙二十三年臺灣平，議開海禁，於是設榷關四，於廣東澳門、福建漳州府、浙江寧波府、江南雲臺山，署吏

以涖之。姜宸英湛園集寧波在宋元明三朝均置市舶司，海外諸番莫不習知其地，顧設關時，舟山尚未置縣。康熙二十七年設定海縣，今夷人知舟山不知定海也商船出入寧波，往還百四十里，水急礁多，往往回帆徑去。英吉利時名英圭黎，往來於澳門、厦門，復北泊寧波之舟山，監督寧波海關屢請移關定海，部議不許。三十七年，監督張聖詔以定海澳門寬廣，水勢平緩，堪容外番大舶，亦通各省貿易，請捐建衙署以就商船，當歲增稅銀壹萬餘兩。詔可，乃於定海城外道頭之西建紅毛館一區，安置夾板船之水梢

此英吉利番舶來定海之始也其入粵貿遷據冊車聞見錄以爲雍正十二年今考之定海縣志則來粵已先顧粵關通市久官吏多所求索洋商通事規費漸增雍正中廣東巡撫楊文乾等節次清釐奏報充餉名曰改正歸公乃歸公未幾規費又漸如故轉多一歸公正餉由是所取無藝夷商知浙稅較粵爲輕而浙之商販牙行又爭相招致乾隆二十年英吉利夷船收定海港總商啥喇生通事洪任輝船商華茵殊請於寧紹台道收餉定海運貨寧波其明年復來數船二十二年閩督廣

督上言浙關正稅視粵關則例酌擬加徵一倍部議從之得

旨洋船向收廣東口粵海關稽察徵稅浙省寧波不過偶年一至今奸牙勾結漁利至寧波者甚多番舶雲集日久留住又成一粵之澳門矣海疆重地民風土俗均有關係是以更定章程視粵稍重俾洋商無所利而不來以示限制意初不在增稅也今戶部則例浙海關稅則未加當由番舶未至故不加收俄而英吉利洪任輝等必欲赴寧波開港既不得請自海道駕船直入天津仍乞通市寧波並訐粵關陋弊二十四年七月命福州將軍新　等來粵

按驗苛勒有狀監督李永標家人七十三等擬罪如律代作訟呈之劉亞遍以教誘主唆伏法夷商洪任輝

上命押往澳門圈禁三年滿日釋逐回國於是粵關規費又復裁改歸公總督李侍堯奏防範外夷五事一曰禁夷商在省住冬二曰夷人到粵令寓居洋行管束三曰禁借外夷貲本並僱倩漢人役使四曰禁外夷僱人傳信息五曰夷船收泊黃埔撥營員彈壓皆報可二十六年英吉利船來粵攜夷官公班衙番文懇釋洪任輝疆吏飭駁二十七年九月三年屆滿釋夷囚洪任輝交

大班附舶載回兩廣總督照會英吉利國王收管約束毋任潛入內地英吉利來粵商夷由是知所歛戢矣然英吉利諸番本聚香山之澳門自去澳門移泊番禺之黃埔有船塢而無夷樓獨以澳門屬大西洋聽回易哥斯達諸島常鞅鞅生覬覦心澳門前明所謂濠鏡也嘉慶中佛郎機得寓居焉久之爲西洋所據歷

國朝不改歲輸租銀五百於香山而華民之錯居澳地者澳夷徵租不啻倍蓰澳船額二十五雍正中奏定來澳止輸船鈔貨則聽入夷樓有買者爲出稅非若英吉利諸夷商船

貨並稅之比澳夷挈家定居長子孫澳地得以自主英夷或索逋未清下澳押冬住冬者曰押冬必監督給照逗遛則驅之歸國押冬夷賃廡澳門又須交租西洋之司達西洋官名自二十四年後至乾隆之末閱三十餘年向之海關規費所謂裁歸公者又復强取如故或加甚焉在廣州夷商尤大以為不便故其艷羨澳門窺得寧波之隱意迄未已也乾隆五十七年九月英吉利夷船入粵以其王雅治命稟陳督府前年　大皇帝八旬萬壽未申祝釐遣使臣馬戛爾尼將由天津入貢廣督奏聞五

十八年六月一日貢舟自浙江定海洋北行使臣馬戛爾尼息黨東都同行者四舟大舟長三十二丈濶五丈五尺吃水五丈五尺三桅三篷大桅約十三丈圍一丈一尺頭桅約十二丈圍一丈後桅約八丈圍六尺安鐵礮四十二銅礮三十二鳥鎗腰刀各六百餘柁水兵役六百餘小舟長十丈濶二丈二尺雙桅雙篷鐵礮四水梢十四其年七月抵都後獻見事畢使臣出其王表請留一人居京師理貿易事　高宗以都城距澳門將萬里何由顧及懋遷且語言服制全殊事不可行特

敕諭其王止之使臣復言請於浙江寧波珠山珠舟音近珠山即舟山也暨直隸天津維舟通市並依俄羅斯故事於都門別立一行交易仍給附近珠山一小島附近廣東省城一小地俾有定居或令澳門寓居之夷得出入自便又自廣州城下澳貨物由內河行走或不稅或少稅　上以寧波天津無通事洋行交易未便且俄羅斯自立恰克圖以後久不在京寄寓都下為萬方拱極之區豈容外藩開設行店若夷商抵廣例不得入省城以杜民夷之爭論立中外之大防今欲居珠山海島並廣東

附近省城地華夷參錯尤不可行其諸番出入往來亦應地方有司督洋行隨時稽察不得全無限制至貿易納稅皆有定則不能以其國夷船多使稅則獨為減少所請均屬格礙使諭使臣於　朝並作　敕告戒其王九月三日貢使回國時先乘貢舟已還泊定海　上令使臣由內河至定海放洋軍機大臣戶部侍郎松筠伴押實行貢使於路要求請寓寧波市茶絲各物松筠為奏懇免稅既而到杭州以行李從人上定海貢舟使臣仍請道內河達廣　上降意從之飭松筠回京

吹命兩廣總督長麟督帶過嶺十一月十七日貢
使抵粵十二月七日乘貢舟返國先是　上以遠夷
響慕誠欵可嘉使人之來　燕賚優渥此貢使越分
干請罔知大體既未遂所求虞有勾結煽誘閩邊或
回至澳門誘他國夷商壟斷牟利　特簡重臣蒞行許
以兵力彈壓所過提鎮陳兵接護　聖慮周詳無微
不至以故　諭旨覆奏多用六百里馳遞人票牌單
朝夕絡繹顧英吉利借貢陳丐雖未渠包藏叵測較夷
酋洪任輝益多非望其本謀在立馬頭減關稅如西洋

澳門事例不必欲舟山未嘗不意望舟山　宸衷宣
照陰相制馭未詔言其效尤澳門之隱然已大沮夷氣
矣五十九年　上念英夷貪狡恐日久生心復以所
頒國王　勑諭二道宣示兩廣總督入於交代俾後
來者知所從焉英吉利既貢之三年爲乾隆六十年初
貢使將歸有　旨許其再來欵貢是歲在粵之大班
波朗上事國主備貢物交商舶寄粵請代進署兩廣總
督朱珪譯其副表以前年貢使入都　賞賚優渥諸
表悃忱又言　天朝大將軍前年督兵至的密英國

會發兵應援所謂的密者在中土西北與英吉利海道
毘連蓋即廓爾喀也大將軍者大學士　公福康安也五
十七年福康安用兵西藏英國自表其誠以明效順奏
入　敕書賜賚如例嘉慶七年春英吉利來兵船六
泊雞頸洋淹留數月有窺澳門意協辦大學士兩廣總
督吉慶飭洋商宣諭回國以是年六月去去之日特遣
其夷陳謝謂佛蘭西欲侵澳門故輒舉兵來護也詭言
請勿輕信意將以掩其迹也會西洋人索德超等居京
師者言於工部侍郎管西洋堂大臣蘇楞額　上聞

馳諭吉慶以英夷開帆曰奏以上均兩廣總督署舊檔事遂寢十年
英吉利國王雅治復遣其酋多林文獻方物仍附商舶
來粵總督倭什布譯漢表云佛蘭西與之構兵播謠中
國以間我蓋指七年來粵六兵船之事恐爲佛蘭西中
傷妨其通市故也復云遇有事情要我出力我亦喜歡
効力云云時海洋不靖澳門之西洋夷目請備兵船二
協剿海賊當事者以無借助外番理巽詞拒之至是英
吉利來護貨兵船四泊虎門外意將以入洋捕盜故以
効力爲言　上命賞貢入京按例頒賞並以澳門已

近內地倘有刼掠貽笑遠人　諭新任總督那彥成整飭戎備其護貨兵船申畫疆界勿令逾越後三年而有度路利之事

又嘉慶十三年秋七月英吉利來巡船一曰家貢曰拉曰簡敦家貢船番梢七百拉船番梢二百簡敦船番梢一百他鎗礮劍刀火彈稱是故事英吉利護貨兵船例泊十字門外其年貨船未至卽紿言護貨既而兵頭度路利揚言法蘭西侵據西洋國主遷於亞美利加洲英吉利與西洋世好慮佛蘭西入澳滋擾因以兵力來助

其實英夷敗于安南覆其七艘故以餘艘抵粵駐粵大班喇佛乃唆令占澳門爲補牢計澳夷不敢校也然英夷懼中國不從亦未敢顯言據澳兩廣總督吳熊光飭洋商諭大班俾兵船旦夕回帆度路利不聽議登岸入澳定居澳夷理事官委黎多服從詭云國主有書許令安置八月二日以二百人入三巴寺一百人入龍鬆廟以二百人踞東望洋一百人踞西望洋其在三巴寺者十一日復移於西洋市樓澳民驚怖紛紛逃匿熊光與監督常顯會諭洋商挾大班赴澳慰遣堅不肯行十六日乃下令封艙禁貿易斷買辦移駐澳左翼碣石二鎮師船五十紅單船三十六自虎門暨省防護方遷延集議間而英吉利復續來兵船八每船番梢六七百泊雞頸九洲洋虎頭門者在東莞縣爲中路海洋進口要隘也左翼鎮駐兵於此建礮臺焉顧守禦單弱未可以抗夷船九月一日遂駛三兵船入虎門進泊黃埔越三日總督飛章入　告撤香山虎門兵回營自衛二十三日度路利率其兵目十餘夷兵四十水梢二百自黃埔乘三板船三十餘直抵會城入館寄寓二十六日又載

三板船十餘以禁斷買辦爲名云至十三行公司夷館取其素所儲畜碣石總兵黃飛鵬方統師船駐省河飛礮擊之斃夷兵一傷夷兵三始懼而退顧其已入夷館者自若也初封艙令下大班請還累年夷帳載所已市茶出口或退茶洋行而償銀息銀全償監督常顯嚴詞飭駁續來貿易夷船皆泊零丁洋停其帶引入埔會英吉利祖家（所謂歐羅巴之本國也）至船主一人以封艙懟大班曰犯中國而絕市雖得澳門不如已時兵總統船十餘徼餉於來粵之商舶每一舶銀數萬圓大班已不支先時

夷船七月抵廣換貨後十月即回帆至是泊港外數月貨不得起各國夷商亦咸怨十月十日前奏回奉抗延勦辦之　諭旨各路官軍雲集二千六百名距澳門八里之關閘二十里之前山寨復留重兵防守英夷大恐慮其貿易之停也始議遷賄澳夷約以番銀六十萬圓犒軍澳夷輸款英吉利之兵總悅大班乃具狀歸誠請給買辦復開艙以入埔入澳夷兵陸續回歸國熊光許焉十一月七日英夷兵船起椗出洋十一日復開艙驗貨　上以熊光辦理遲緩又未親莅澳門耀兵威雖開

艙在夷兵既退之後而許其開艙則在夷兵未退之先　嚴旨切責下部議奪職代者永保卒於途　特簡百齡爲兩廣總督十四年三月抵任承　命確核英夷來去之由受事第二日馳赴澳門詢訪盡得英夷覬覦實情遂劾熊光示弱失體畏葸有狀　上震怒下熊光於獄論戍伊犁調任巡撫孫玉庭以諱匿不隙並勒回籍鎮廣之將軍都統等均罷所支鹽菜口糧銀三萬二千二百熊光責償二萬玉庭責償一萬一千二百是役也英吉利來船十一淹留三四月之久黨帆飈

忽烽及會城於時人心駭怖寢息不安而市井無賴之子號召徒衆千餘露刃張拳伺夷兵一動即刼掠城外巨室素封之家屏息待盡熊光恇怯不知所出一切惟玉庭部署顧粵東水師實未足以當捕擊其調虎門兵回營自衛尤失策方是時蔡牽朱濆之餘孽蹂躪海上無虛日外洋商船頻肆擄鈔遇夷船則不敢動一夷船之利足抵十商船而卒無相侵奪者自知其力不足以制也水師不能禦艇匪而艇匪乃深畏夷船故夷船之入虎門晉省河水師林立相顧動色而已賴英吉利貪

貿市雖涎澳門於中國未有釁豁壑已盈逡巡遂去而英夷亦旋革大班之職以圖占澳門非國王意也是歲前山寨設遊擊守備水師千總各一把總外委額外外委各二募馬步兵四百分左右哨爲前山營一把總率兵六十防關閘汛關外里許之望厦村並派弁兵協防其虎門亭步汛之新埔山添建礮臺以壯聲援蕉門之海口排釘椿木沉石其中以杜繞虎門進獅子洋之路層叠鈐束拊舂坭疣蓋皆爲控制英夷故也次年改左翼與總兵設水師提督統五營額兵四千五百餘鎮虎

門以上均舊檔及粵中採訪
又嘉慶二十一年夏五月英吉利夷官加拉威禮來粵
由洋商遞番字稟函譯云英國太子攝政已歷四年感
念　純皇帝恩德仰慕　大皇帝仁聖於上年九
月遣使起程來獻方物仍循乾隆五十八年貢道由海
洋舟山一路至天津赴都請見懇總督先奏時兩廣總
督蔣攸銛方入朝廣東巡撫董教增權總督事許夷官
晉見以上檔冊故事粵督撫大吏見暹邏諸國貢使于堂皇
貢使皆拜伏如陪臣禮加拉威禮不肯迫洋商白總督

議相見之儀往復再四教增不得已許之其日署兩廣
總督廣州將軍左右副都統粵海關監督畢集大陳儀
衛坐節堂加拉威禮挾通事上謁免冠致敬通事爲達
其意如稟函言教增離座起立問英吉利國王好復坐
乃詢貢使行日程途允爲入告加拉威禮徑出此即前
所議相見之儀也當教增立詢時將軍以下皆振衣起
副都統張永清獨據案坐不少動意殊拂然以上採訪教增
奏入俄而貢使羅爾美副貢使馬禮遜乘貢舟五已達
天津六月　上命戶部尚書和世泰工部尚書蘇楞

額往天津率長蘆鹽政廣惠料理貢使來京一晝夜馳
至圓明園車奔石路頗簸不堪又貢使衣裝輜車皆落
後未至詰朝　上升殿受朝會正貢使已病副貢使
言衣車未至無朝服何以成禮和世泰恐以辦理不善
獲譴遂飾奏兩貢使皆病　上怒却其貢不納遣廣
惠伴押使臣回粵逾日事上聞　上始譴和世泰而
酌收貢物復　賜其國王珍玩數事以答遠忱云初
粵人貪紅毛番之財橫索欺凌又長吏縉紳夷夏之辨
太嚴持之過急而視之甚卑一買辦一僕使皆官爲制

置尺寸不能踰越夷性獷悍深苦禁令之束縛粵海關
之官商吏胥于歸公規費之外又復強取如故或加甚
焉英吉利積不能平故欲改圖請互市於寧波天津又
幾倖如俄羅斯國留居京師蓋不甘受侮將自表異於
諸藩也既三修職貢未如所望而舉兵來澳門又不得
逞十五年大班喇佛等乃稟訴於廣東巡撫韓對其畧
曰始時洋商行用減少與夷無大損益今行用日夥致
壞遠人遷如棉花一項每石價銀八兩行用二錢四
分連稅銀約四錢耳茲棉花進口三倍於前行用亦多

至三倍每擔約銀二兩即二十倍矣他貨稱是是洋行費用皆由祖家貿易攤還其何以堪巡撫韓封合總督監督飭布政司核議久之竟寢不行所謂行用者始將每兩奏抽三分以給洋商之辛工也繼而軍需出其中貢價出其中各商攤還夷債亦出其中遂分內用外用名目此外尚有官吏之誅求與遊閑之欵接則亦皆出於入口出口長落之貨價以故夷利漸薄而觖望彌深至是仍思藉貢輸忱以希　恩澤顧其貢表失辭抗若敵體復鋪張攻伐佛蘭西戰功有要挾意又值理藩

院諸臣迓接不如儀　上故疑其使人之慢絕不與通羅爾美等既出都　上始知不盡貢使之罪也復降諭　錫賚追至良鄉及之仍　敕諭其王交兩廣總督俟貢使至粵頒發以上檔冊　睿廟懷柔之意度越千古矣十一月二日英吉利貢使抵粵讌賚如常仍免其歸舟茶稅十二月四日貢使放洋回國瀕行兩廣總督蔣攸銛宴使臣於海幢寺曉之曰

大皇帝不寶異物後可勿勞貢獻如必欲入貢廣東爲爾國貿易之所貢舟應收泊廣東毋徑赴天津致駁回使臣唯唯攸銛復曰爾國通市廣州于今百年凡爾之俸餉經費一惟於市取辦市之貲每歲以數千萬計其利溥矣中國之裨益於爾尤大矣繼今以往宜効順毋自悞使臣應聲曰凡市中國與本國兩利毋徒爲我計也以上採訪是歲設天津水師置總兵官未幾復省

英吉利小記道光二十一年魏源記　英吉利在荷蘭佛郎機兩國西界斗入海中西南北三面皆大海惟東面近陸亦隔海港東西長千六百里南北橫廣六七百里略肖中國臺灣瓊州形勢本歐羅巴洲之小國也國中產豆麥少

稻不給於食皆仰給鄰國以瀕海專事貿易故船礮講求至精與荷蘭佛郎機相等於是凡商船所至之國視其守禦不嚴者輒以兵壓其境破其城或降服爲屬藩或奪踞爲分國若西海之亞默利加邊地若西南海之亞非利加邊地之甲城之孟邁之孟搭拉皆其屬藩若南海之新嘉坡之新埠之美洛居之三佛齊皆其分島也其所屬之國地往往大於英吉利其海道或距本國十餘日或一二月三四月五六月皆築城據其險要駐兵防守設官收稅其中間以他國土地不相聯屬全以

兵船往來聯絡之國中無地丁錢糧凡兵餉官祿皆取給於關稅本國海口共五關凡貨出洋回國者值番銀千圓之貨上稅五十圓每年計二百五十餘萬其各屬國之關稅則隨處支用報銷不解回本國每年計千二百餘萬而孟塔拉地居六百萬孟邁地居三四百萬以鴉片煙土惟產二國孟塔拉產大土孟邁產小土其行銷中國最廣故其稅最多餘各屬國合計每年不過二百餘萬而已英吉利不產鴉片亦不食鴉片而坐享鴉片煙之利富强甲西域養兵十有九萬每兵歲餉番銀

七十二圓武官以火器考試入伍月俸多者番銀三百圓次二百六十圓以次遞減其每月俸番銀二千五百圓者六八千五百者三十餘人今在舟山之伯麥即月俸二千五百布爾利月俸千有五百一如中國之將軍一如中國之總兵也文官則皆無論大小皆先納貲而後試之得官後不能稱職乃黜降之國都地名倫墩距海口二百里有河通海河廣三十丈王宮背在城外示守在四方之意若環以城垣則四方不畏服以爲示弱其山後爲舊王宮山前面建者爲新王宮舊宮方四里

爲朝賀之所新宮甫營四十餘年方二里爲遊幸之所左隔河爲城距宮十五里城外爲太醫院醫官數十國中就醫者以千計右三十里則先王之墓在焉河橋五道河中多火輪舟過橋則倒其桅而過火輪舟行最速所以通文報蓋王宮依山但水山上有礮臺以師兵爲營衛故不必城中而後固也英吉利與荷蘭佛蘭西其髮皆卷而微紅不薙不髻不辮惟翦留寸餘不使長其長髮者惟婦人耳故中國以紅毛呼之佛蘭西即佛郎機與荷蘭呂宋皆英吉利之鄰國富强亞之未嘗爲所

滅惟東南海中有葛留巴洲方數千里荷蘭據之名新荷蘭又有洲方千餘里呂宋據之名小呂宋曾爲英吉利所爭分其稅餉旋亦不果然距西洋之荷蘭呂宋祖國水程四月有餘而華人妄謂荷蘭呂宋滅於英吉利云西洋國皆奉天主教故其紀年以天主耶穌生於如德亞當漢哀帝元壽二年庚申爲託始今英吉利闢天主教不供十字架而其書稱一千八百四十年九月二十日即道光二十年八月二十五日者以舊爲歐羅巴屬國猶隨歐羅巴之稱也其國所宗教主曰葛尼其神

名曰巴底行距今千有六百二十六年袖有鬚髮一爲立而合掌仰天之像一爲跪而合掌仰天之像左一象八奉之亦有佛像曰巴底利出家僧供之僧尼緇衣大袖無髮以三月九日祭先無木主惟入廟誦經追薦而已尊卑相見重則免冠輕則以一手加額而擴之皆立不跪惟祭神乃跪亦無拜禮嫁娶擇配皆女自主之如男女有成議則及期會親族入巴底行廟男女皆跽神前僧爲誦經問男問女願否皆以願對則與二燭各執其一男授女女授男而吹熄之復聽誦經畢而歸男家女束

髮左右各爲小辮而挽之畧如總角尚細腰故帶束甚固衣長袍而腰褳百結兩袖臂間亦各細襩如腰襩之狀國中女子之權勝於男子富貴貧賤皆一妻無妾妻死乃得繼娶雖國王亦止一妃女官有姙者生子亦歸正嫡止可謂私幸不得有嬪妾名號其子亦不得稱庶毋也今國王乃女主名域多喇年二十有一登位二載餘前所贅夫已死去冬復贅所屬鄰國之二王子爲壻其國名乍密在海中距英利國都五百里王子名雅那博年與女主同左右侍從皆宫女無男子每臨朝聽政

二王子亦坐女主之後國中宗室大臣皆坐而議政凡國王臨朝手執金鑲象牙杖羣臣進謁屈一膝以手執國王手而嗅之是爲其國中見君父最敬之禮初前王名烏連没後無子有一姪而不及姪女之才故遺命以國傳姪女他日女主有子傳子有女傳女如子女俱無則大臣公擇親族中有才者嗣位今女主生母尚在此道光二十年秋浙江寧波府獲白夷安突德所供也道光十九年正月初八日子時女王與色西哥麥國俄達王之子阿爾壂成婚於羅壓爾先占士廟內行禮鄰國

哈那浬國王執柯其鄰近國王之姑姊亦有特來觀禮者各官議送王子禮銀三十萬棒每棒五員凡百五十萬員宮中女官第一等八人曰麻左尼士者三曰加隱底士者五皆各承行一大部落之事蓋英國舊分七大部落并鄰部塞循而八也其次等女官十五有人名無官名殆專理王宫事歟一等女官每人俸銀三千五百圓次等千五百圓王宫女官俸銀共四萬一千五百圓此皆見於澳門月報者其女王之出戴金絲冠四面綴珠身衣紅色多羅呢長袍或羽毛爲之胸前繫金珠爲

飾出則乘車或乘大馬上用平鞍後有倚背左右有扶欄從騎則皆跨鞍以此別等威國人見王不跪惟免冠手拔額毛數莖投地爲敬其國人白肌猫睛高鼻類在京之俄羅斯而髪拳黃故稱紅毛亦有肌白而髪黑者不貴也其在粤在浙皆有馬禮遜乃官名非人名初奉佛教後奉天主教淨髭鬚此臺灣擒獲白夷顛林等所供者初二十年欽差大臣伊里布視師寗波時源爲友人邀至軍中親詢夷俘安突德爰錄梗概而旁采他聞以附其後原無今補

臺灣進呈英夷圖說疏總兵達洪阿兵備道姚瑩道光二十二年四月初六日奉

上諭據達洪阿姚瑩馳奏遵旨嚴訊夷供一摺覽奏均悉昨據奏稱逆夷復犯臺港經該總兵等生擒白夷十八人紅夷一人黑夷三十八人漢奸五名該逆夷中必有洞悉夷情之人究竟該國地方周圍幾許所屬國共有若干其最爲强大不受該國統屬者共有若干又英吉利至回疆各部有無旱路可通平素有無往來俄羅斯是否接壤有無貿易相通此次遣來各僞官除僕鼎查係該國王所授此外各僞官是否授自國王抑由帶兵之人派調著達洪阿等逐層密訊譯取明確供詞據實具奏毋任諱匿欽此查二次獲紅夷頭目顛林夥長律比及漢奸黃舟等前經臣等提訊供情業同起獲夷書圖信具奏其前奏所未及者謹督同各委員復提顛林等逐層隔別究詰據供該國王城地名蘭鄰在大地極西北隅海中其國本不甚大王城東西南北周六十里後枕大山其名哀鄰近蘭鄰之西海中一地名埃倫自王城東南陸行半日許即登海舟南行十五晝夜至彌爹喇更南五十晝夜至急卜碌轉東

北行五十晝夜至望邁再自望邁東行二十五晝夜至新地坡其地東北即安南更東行七晝夜即至廣東復三晝夜而至浙江凡一百五十餘日極順風一百二三十日夜亦可至不順風亦有遲至半年以上者蘭鄰外自西北而西南更轉東北而至廣東海中所屬島二十六處皆其埠頭多他國地據爲貿易聚集之所一曰埃倫二曰彌爹喇三曰急時煙士四曰那古士哥沙五曰間拿達六曰的賒士七曰散達連八曰金山九曰士嬌亞十曰急卜碌十一曰馬利加時架十二曰馬哩詢十

三日息賒厘十四日士葛達喇十五日壓十六日望邁
十七日士郎十八日袜達喇沙十九日孟呀喇卽孟加
剌二十日磨面二十一日檳榔嶼二十二日馬功格二
十三日新地坡二十四日路士倫二十五日班地文二
十六日璞士爹厘耶以上諸島皆英吉利埠頭設官主
之海中相去或一二千里數千里不等遙相聯絡諸島
左右復有別島或自爲國或有荷蘭別國埠頭非其所
屬亦有不能詳者前供實叻卽息辣同望結仔二處皆
荷蘭埠頭因荷蘭亦有紅毛之稱同一貿易故併雇用

其黑夷非英屬也咔勝油者黑夷之通稱卽華言無來
由也西海諸國最强大而爲英吉利所畏者一曰米利
堅華言稱爲花旗在的賒士之西二曰佛蘭西皆地土
大於英吉利而船礮如之亦好貿易與荷蘭黃祈大西
洋俱在廣東通市頗恭順佛蘭西船少近年未至此其
海路之情形也其陸路自蘭鄰外並無土地東北東南
隔海之國甚多顛林所知者曰士袜國羅委國叻倫國
顛麥一名黃祈國付卑厘國達地厘國皆在其東北土
壤相接北卽北海氷厚二三丈極寒人不敢往又有荷

蘭國拿達倫國米利堅國佛蘭西國大西洋國鴉沙爾
國布路沙國記利時國埃地利國大呂宋國的記國皆
在其東南國亦相接間以俄羅斯及回部皆茫然不知
惟隔荷蘭黃祈之東有羅沙國又東南有北叻思國似
卽俄羅斯地而字音別也荷蘭黃祈二國最近英吉利
隔海相距一千二百里諸國皆不相統屬荷蘭頗爲英
吉利欺凌每倚佛蘭西爲援則與英吉利固外好而陰
忌之未必聽英吉利越其國而與俄羅斯貿易此英吉
利以東隔海諸國之情形也其王現爲女主議政之大

臣曰馬倫侍其在浙江之統帥人名沙連彌僕鼎查其
官爲比利尼布顛第依彌一切兵聽其調派其次主兵
官爲贊你留其人名沙有哥哈卽吧噶又主船政官爲
押米斐其人名沙外廉巴加卽思啞敕力巴敦時僕鼎
查係等官年得俸銀一萬圓以下分等遞減其在厦
門者官爲善用勒彌沙人名時蔑又稱七勿乃主船政
之官其在廣東之香港者文官爲馬厘士列卽馬禮遜
其人名甦臣武官爲善用哈沙其人名禮亞時皆授自
國王而聽命於僕鼎查又有甲畢丹亦主船政又稱急

敦亦授自國王或有自貴官授之而報名於王者凡三桅大船黑夷以六頭目管之一正五副二桅中船黑夷頭目三人一正二副小船黑夷頭目二人一正一副正頭目夷言沙吟副頭目夷言燉低此次大小夷船百餘隻實在兵船連火輪船七八十隻內多即貿易之舟配以夷官改作兵船其兵皆黑夷雇自各島其約四五萬人每月工資番銀二三員至十員不等至同來兵船見顛林被獲是否逃回浙江抑往廣東無從追問臣等伏思逆夷兵船半即商舟人衆數萬月費工資數十萬金

夷酋俸銀夷衆口糧軍裝火藥月費亦數萬金船本貨本又數百萬計犯順已逾二年費亦不下二千萬夷以貨財爲命今閉關其貨不行所在私售無多價亦大減主客異形逆夷雖富何能久支僕鼎查始冀爲義律故智思得所欲及不可得且人船喪失所耗益多其情勢必絀飢而撲食乃更揚言繼師大舉竊恐其衆將離未必復能久持也然賊窮必有變計臣等防守不可不益加嚴其餘各條皆如前供地名人名翻譯殊難漢人或通其語而不通其文顛林能畫乃令圖其國所屬及各國形勢惟東北旱路伊所未至又同部絕遠故不得其詳漢奸五人中惟鄭阿二最通夷語黃舟能漢字乃使鄭阿二傳顛林之言以廣東土音翻譯出之間有誤者顛林似亦覺之而每指正其誤更使律比等觀所繪圖點首察其情形言似可信謹遵旨覆奏并將圖說進呈

御覽原無今補

英吉利地圖說兵備道姚瑩進呈　英吉利國又稱英機黎或作膺乞黎氏通稱紅毛在大海極西北隅四面皆海其國都名蘭鄰北枕大山名京鄰隔海而南與荷蘭佛蘭西

大呂宋鄰近相去皆千餘里又有米利堅在其西南海中相距約萬餘里國皆强大不相統屬惟大呂宋稍弱近中國之屬島名小呂宋者久爲英吉利所據不能爭近七十年英吉利謂其地少利呂宋始以金贖回荷蘭亦常爲英吉利侵凌倚佛蘭西爲援佛蘭西大於英吉利也然佛蘭西人不善經商今廣東貿易之夷自大西洋外有英吉利米利堅荷蘭黃祈佛蘭西諸國惟英吉利船較多常年六七十艘諸國無公司獨英吉利有之公司者其國王自以本錢貿易故名諸國至廣東十三

行商公建樓屋居之如客寓諸夷商去來無定非如大西洋之常住澳門也英吉利通商廣東自云二百餘年矣英吉利王城東西南北周六十里東南城外車行半月即海本國雖不甚大人精巧善製器械以其强黠習制海中小國皆爲屬島自王城稍西海中一島名埃倫又南爲彌爹喇王城至此舟行十五晝夜彌爹剌之西北一島名急時煙士又西北爲那古士哥沙又西南爲間拿達皆其所轄彌爹剌之西南隔海一大洲名米利堅即華言花旗國之北境也其北至南境陸也大於英

吉利數倍船礮如之英吉利入中國必由其海面故畏之而據米利堅東之一小島名的賒士設埠頭又於的賒士隔海相對一高山名散達連亦設一埠頭又於散達連之東名金山設一埠頭三處相望聲勢犄角義律即的賒士人也自散達連而南爲士嶠亞自金山而南爲急卜碌即海國聞見錄所云呷也蓋海中大地西南一角之盡處由彌爹喇至急卜碌舟行五十日夜皆自西而南自此以後則舟行轉向東北初爲麻利加時架更東北爲麻里諭又東北爲息賒厘又北爲士葛達剌

又北爲煙其東爲望邁自急卜碌至望邁舟行五十日夜更自望邁而南爲士郎又東北爲秣達剌沙北爲孟呀喇即孟加剌又東南爲磨面又南爲檳榔嶼一名新埠又東爲麻那格郎明史所云麻六甲也前明本滿剌加國爲佛郎機所滅後歸荷蘭英吉利有地在其南名孟姑倫與荷蘭互易而有之乃於其地之西新開檳榔嶼爲大埠頭又東爲新地坡自急卜碌至此本皆黑夷地而英吉利據之總稱吽勝油華言無來由是也自望邁至新地坡舟行二十五日夜其東北即近安南更舟

行向東七日夜即廣東明史西洋利瑪竇言其國至中國九萬里英吉利又在其北海道可知矣馬里諭之極南又有路士倫又東北有班地文又東北有璞士爹厘即皆英吉利屬島奪自他國以爲聚積貿易之埠頭自埃倫至新地涉凡二十六島皆設官主之諸島在海中相去或千里或二三千里勢相聯絡其左右復有別島或自爲國或爲荷蘭及他國所屬者尚數十而以英吉利爲最此其海路之形勢也其陸路自本國外並無土地國之東北隔海而地相連者爲士秣國羅委國叻倫

國顛麥國一名黃祈國更東爲什卑厘國又東爲達地厘國其北即北海極寒冰厚二三丈盛夏不解人無敢往者其國之東南隔海而地相連者最近之東爲荷蘭國自此而南爲那達倫國米利堅國佛蘭西國捷緋那國布度基國布度基即廣東澳門之大西洋國也荷蘭之東迤南爲鴉沙爾國布路沙國記利時國埃地利國大呂宋國又東爲的記國自西洋以東如大呂宋埃地利記利時布路沙至的記諸國皆沿地中海此其國以東陸路之情形也間以俄羅斯及回部其人皆茫然不

知唯言賀蘭之東北爲羅沙國又東稍南爲北叻思國與海國聞見錄載俄羅斯隔普魯社即係黃祈荷蘭之境相似乾隆年間俄羅斯女王即西洋國之女則其相去當不甚遠特地名字音各別或即所云羅沙及北叻思也顛林未至東北諸國故不能明然其所繪圖與康熙年中西洋人南懷仁之坤輿圖說乾隆年中總兵陳倫炯之海國聞見錄形勢大略相同可以參考故大學士臣松筠嘗爲臣姚瑩言俄羅斯大臣多西洋人乾隆五十八年英吉利貢使瑪葛爾言今俄羅斯之哈屯汗

本大西洋國女乃前哈屯汗之外孫女也其表兄襲汗娶以爲妃然則俄羅斯與大西洋世爲婚姻英吉利本近大西洋婦人爲王其俗同人之狀貌又同則其近可知俄羅斯人有在京者傳詢當得其實然英吉利既隔海而俄羅斯尚隔黃祈荷蘭佛蘭西諸國未必與英吉利交結故顛林及律比皆不知之若回部則以南懷仁及陳倫炯之圖考之相去甚遠所隔國尤多矣至的記之東爲巳羅又東爲茂加又東南爲也加剌又北爲亞巴賒又東北爲煙你士丹皆烏鬼地其自的記轉南沿

中海而西者爲衣接埠頭爲禮卑厘爲埃治亞爲都利士埠頭亦皆烏鬼地正與海國聞見錄形勢相同顛林言伊船內本有四海各國全圖船破失水不知所在今據所能記憶者圖之其言或可信也至其立國自稱一千八百餘年本無稽然國俗王死無子則傳位於女其女有子俟女死後立之實已數易其姓而國人猶以爲其王之後足見夷俗之陋道光十八年其國王死無子復無女乃傳位於姪女名役多厘里亞今二十二歲招夫兩次阿不爾稱爲邊連士亞𨙸猶華言駙馬生一子

今年二歲異時女王死即位爲國王邊連士亞鄰不理國事大政則有三大臣在女王左右議決之其第一者名馬倫侍極貴次二人不知其名其國文官少武職多大埠頭設文官名羅洛堅如中華督撫中埠頭設文官名沙外廉叻落堅如中華知府小埠頭設文官名未士洛云如中華知縣諸埠頭俱有大武官名馬凝接如中華總兵其餘武官不可悉數此次統兵至定海之統帥其人名沙連彌僕鼎查其官爲比利呢布顛第依彌最貴一切由其調度各官雖授自國王有事故則僕鼎查

遣代其次主兵之官爲贊你留其人名沙有哥哈即巴噶又主船政之官爲押米妻其人名沙外廉巴加即思亞勒力巴敦時皆在浙江其厦門管船者官爲善用叻彌沙人名時筏又稱士勿在廣東香港者文官爲馬厘士列華言馬禮遜其名贊臣武官爲善用哈沙其人名禮亞時凡管理貿易及船政官皆名甲畢丹即明史所稱加必丹未又稱急敦如華言船主也船上管黑夷者頭目有正副正名沙冷副名燉低大船一正五副中船一正二副小船一正一副此次至內地夷船名百餘隻

其實不過七十餘隻且多貿易之船配以夷官非盡兵船也又火輪船亦不過十隻用以急遞信息爲諸船導引黑夷皆雇自諸島月給工資番銀二三員至七八員其官自僕鼎查年給俸銀一萬員次等遞減小者亦數百員凡造一船費數萬計砲械火藥資用尤多閉市後洋貨不售有私售者貨價大減用兵日久復多喪失亦自苦之其產鴉片煙土者凡三處一爲的記二爲孟邁皆出小土每塊重六七兩惟孟加剌出大土每塊重四十五六兩而孟邁孟加剌皆英吉利埠頭故其國貨船

此物獨多各國人皆不食即英吉利亦自不食惟華人及黑夷多嗜之凡貨易諸船皆商賈自爲之王收其稅亦有領國王本錢者謹據夷囚顛林律比供及圖說以諸書如此

海國圖志目錄

北洋俄羅斯國志

敘曰俄羅與英吉利爭印度情事已具西南洋志矣恭讀康熙平定羅刹方略俄羅斯兵守雅克薩尼布楚二城者每城兵僅數百我黑龍江兵數千攻之何難一舉摧拉而　聖祖兩致書察罕一寄書荷蘭往返數萬里始定疆界何哉其時喀爾喀準噶爾未臣服皆與俄羅斯接壤苟狼狽犄角且將合從以撓我兵力自俄羅斯盟定而準夷火器無所借敗遁無所投即乾隆阿逆土爾扈特之事亦無所掣肘於是西北版圖開闢萬里皆遠交近攻之力經營于耳目之前而收效于數十載數世之後豈咫見邇圖所測高深萬一哉故具載本末俾知　兩朝聖人御邊柔遠貽來世之深意語曰上兵伐謀其次伐交其次伐國志北洋亦所以志西洋也作俄羅斯志

海國圖志卷五十四

北洋俄羅斯國　　歐羅巴人原譔　侯官林則徐譯　邵陽魏源重輯

俄羅斯國總記原本

俄羅斯舊國即古時額利西意大里之東北邊地所謂西底阿土番是也近數百年始强盛疆域甲於諸洲有在阿細亞洲者有在歐羅巴洲者有在墨利加洲者其在歐羅巴之疆域七區曰東俄羅斯西俄羅斯南俄羅斯大俄羅斯小俄羅斯加厦俄羅斯並有所得南隅回教之新藩地東界阿悉亞洲內部落西界波蘭普魯社及歐塞特里南界都魯機北抵氷海裏海以東至葱嶺愛烏罕諸國地裏海以西黑海以東爲俄羅斯新地黑海以西沿地中海東岸爲南都魯機地幅員二百零四萬方里戶六千五百萬口又有所得阿悉亞洲之新藩地共四部落總分二區曰東悉比里阿西悉比里阿東抵海北抵氷海西界歐羅巴洲內部落南界中國蒙古索倫幅員五十萬方里戶百有三萬八千三百五十六口在墨利加洲內部落僅葛西模斯一小隅之

地方里戶口均無紀載其國都原建于大俄羅斯之莫斯科後改都于東俄羅斯之比特革今仍還居舊都其國舊本土番不通上國無異于今之韃韃里樂爭鬬嫻騎射馬上交鋒趫捷如飛至千二百年宋寧宗嘉泰元年韃韃里之國汗率師擣其莫斯科國都遂墟其社即元太祖滅俄羅斯之事至千五百年明孝宗宏治十三年有諾戈落之人伊挽瓦爾西者起兵恢復俄羅斯北隅並復西比里阿盡驅韃韃里蒙古奪回三百年故疆始抗衡歐羅巴洲各國人猶雄悍未諳西洋技藝及至比達王聰明奇傑離其國都微

行遊於巖士達覽等處船廠火器局講習工藝旋國傳授所造火器戰艦反優于他國加以訓兵練陣紀律精嚴迨至近日底利尼王攻取波蘭國十部落又擊敗佛蘭西國王十三萬之衆其興勃然遂爲歐羅巴最雄大國其國都設西匿士六十二員分爲兩班其管轄外部之官則分數等不問轄地之廣狹收稅之厚薄而以所隸奴僕之多寡爲小大其奴僕最多有十二萬五千者官俱武職其國之奴僕浮於兵額在千八百十六年嘉慶二十一年官之奴僕有六百三十五萬三千八民之奴僕有

九百七十五萬七千八千八百二十年(嘉慶二十五年)拒敵佛蘭西時兵止九萬加以鎮守兩都魯機之兵亦不滿十五萬卽并各處礮臺防守兵護衞兵數之亦不足三十萬自擊敗佛蘭西威震鄰國闢疆拓地閱十二年(道光十一年)卽增兵至六十八萬六千倍于其舊然其强非因兵卒之衆全因馬上之趫捷其養兵之法每農夫給田五十埃加屋一間俾贍一兵一馬無事則兵亦助耕其水師亦增大戰船四十小戰船三十有五桅船二十有八小船三百水師卒四萬有四千土人俱崇額利教設天

文館算法館樂器館技藝館文學館又書院一所內藏中國與俄羅斯國之書二千有八百册於是文教亦盛所居之屋惟王宮官署廟宇以磚瓦此外民居多用材木衣則長與足齊夏衣麻布冬披羊裘貴人衣皆飾以寶石金剛鑽河在歐羅巴洲北有四窩爾牙河自諾戈落發源至阿斯特臘贊入海長二千七百里盧威那河自河鹿那發源至阿占牙入海奈斯達河自威多司發源至比里入海端河自都臘發源至阿鎖甫入海產穀麥牛羊麻布綠絨鹽煤蜜糖密臘酒五金寶石五色木

重輯(原無今補)

萬國地里全圖集曰峩羅斯國北及冰海南至黑海土耳其國東接亞齊亞藩屬國西至瑞丁國入得海隅及陂魯斯奧地利等國北極出自三十八度至六十度偏東自二十二至六十三度廣袤圓方四百五十萬方里居民四千八百萬丁其地大半平坦惟東方有山嶺北方天氣嚴冷野地水潦窩里牙河流東南七千一百里入裡海其河深多船歐羅巴至長之河也地尼伯河南流入黑海頓河西南流入亞速海隅土味那河西北流

入八得海隅阿尼牙河北流入白海西北地多大湖如剌多牙湖阿尼牙湖西峩湖是也中央地廣坦無樹林皆草塲游牧處北方沿海白海之海隅曰澤加牙海灣東北曰汾蘭利牙等海灣南曰亞速海灣各處港汊四通但(北海全冰船行不便)其南之黑海由他大尼里海陝與地中海相連故與外國海路交通甚難也地產五穀阜如山積蔴爲帆布橡松木爲材料運出外國者不勝其數其南方之馬强健善走又多生所運出之生油牛皮無窮山出金鐵金鋼石居民族類殊異一曰蘆

剌瓦族居其大半四千四百萬丁力登族二百萬丁住在八得沿海分族在西北方三百萬丁同達達里游牧在南方二百萬丁尚奉回回之教甲木族六十萬丁尚奉事菩薩亦爲游牧日耳曼人開新地之氓四百五十萬丁猶太散民五十八萬三千丁與他族種農夫共計三千七百萬丁其中爲國家或五爵之奴販賣人口無禁住城邑內良民共計四百五十萬丁其中有上下中品者隸五爵者九十萬丁不納稅賦而多捍法網五爵威權太重敢作敢爲通商廣大道光十二年有船五千

七百二十隻進口納關稅銀三千七百萬員所運進貨物共計銀萬七千萬員運出貨物萬六千二百萬員唐朝年間其民未向化止遊林內射獵唐懿宗咸通年間有頭目招其族類建邑開土五代後周顯德年間女王代理國政進天主教嗣位者有十二子分給國地由此釁隙爭戰不息忽爲蒙古所侵服然國王不失望於明正德元年將蒙古一概驅逐時有倚萬王好亂殘忍城內被戮六萬人明萬歷四十年間五爵暨教師擇新王靖國除亂於康熙十年彼得羅王幼時爲其女兄擅汗

位幼主隱修寺內一面習騎射演士卒往白海建船通商又攻擊南方遊牧而開新海口遂招文藝賢士攻磨國民及見女兄侍衛亂政遂盡戮其人親攬國政又巡行外國學藝術愈久愈進欲知造船之術遂潛赴荷蘭國學習工師返國後與瑞丁國交戰而築建新都名爲彼得羅堡由此開海路與八得海隅往來水陸權勢始興深明韜略善曉兵機攻無不勝軍多船繁各國景仰汗殁後其后妃攝位亦有權謀雖嬖幸用事而其將帥皆得人故其國愈廣於乾隆二十六年加他隣后弑其

夫王而代立淫蕩有才廣文藝召工匠養精銳屢與土耳其國交戰皆勝嗣子承統與佛蘭西肇衅連年力戰佛蘭西不得已議和其弟即位復征服土耳其擊退白西國故此西方各國畏之皆嚴兵防範以禦其侵侮國汗操權每公會議事西國之尊貴者百二十八咨問得失令各抒意見其部爲八管宗室管外國管兵管民管刑管戶管文學每年關稅田賦雜稅共計銀七千八百萬兩軍士六十一萬丁水師大兵艦四十戰船三十五兵船二十八小舟三百水手四萬臨陣其軍士堅屹如

磬死不退走國家欠銀二萬萬文武各官俸祿甚薄多受賄枉法崇加特力天主教無異希臘教門在國都有教皇大有權勢其教主分各部廟七十萬間僧十六萬寺四百八十間女寺百五十六間衣長衫冬卽羊皮食物粗糲以大麥粉爲湯用粉水爲飲嗜酒不沐浴臥地爐以自暖以白菜養牛馬城邑良民分黨自豪視農如草人多賭蕩放恣無度入得沿海地一望蒼莽終年如冬故產物不多松榆稠密種田甚少其都城彼得羅堡內屋高如殿城建水中西風吹水入港遍街漲溢常患

水潦王廷袤四十五丈闊三十八丈宏麗光曜大廟前立柱如林皆奴僕自建使費一千萬員道光十年商船七百五十二進口貨價銀一萬零九百萬員出口價銀八千三百萬員都城居民四十二萬五千丁尼瓦河口在都城外立晃城軍局以藏兵器利牙城在八得海口居民三萬丁每年出入船千餘又有分蘭部乃瑞丁國所讓割之地天寒民貧其亞坡城居民萬丁皆崇上帝之真教而拜救世主所有地財雖少天財甚厚大峩羅斯部廣大過於他部出五穀蔴等貨其內古都日木吉

城多五爵之宮室鑲以金嘉慶十六年佛蘭西侵取國都我民自行縱火焚燬殆盡及戰勝再建復還其舊今城中居民二十四萬丁汗建聖殿高七十七丈長二百有十丈其城爲國之中心庶民集會之處諾鄂古市爲貿易大館今已衰廢加路牙居民二萬五千丁巧於製造土剌邑居民三萬五千丁鍊習鐵器都城北方各地人民罕居土人捕魚爲業其極邊夷族甚矮以犬爲馬使鹿如牛白海濱亦有港口冰消時商船出入不絕居民萬六千丁白峩部廣坦沃壤田居民清潔建屋齊整

會城曰吉菲四圍山青水綠風景甚美○南峩羅斯部五穀極豐足贍地中海各國其平地內有可薩種族善騎馬故國王募爲騎兵食本錢糧不取國家之祿而好劫掠爲食然用以巡邏探敵營形勢深入擄殺冒險不懼倘逢敵追卽時飛走平日安業樂務行爲樸實待旅客有禮女汗建新城在阿得撒海口商船舳艫不絕居民三萬丁○南半土及黑海者稱曰金地古時回回遊牧地產葡萄柑桔各項南菓成皮造番鹼山川秀麗柳楊相映其會城日甲撒居民四萬丁勤務本業

又曰峩羅斯藩屬國南至滿州蒙古裡海白西爾士爾其地北及北冰海東至東海接海陜間亞黙利加西連歐羅巴西南接土爾其及黑海北極出自三十七度至七十度偏東自三十六度至一百九十度諸國之最大者然其北方氷雪之地惟野獸所能生之人跡所不到其南方藩屬曰告甲俗山嶺崎嶇最高者千八百丈其山之北又復平坦窩瓦河兩邊草埸玉海金山自三十七至四十八之裡海廣大深淵産金銅鐵金鋼石居民勇猛風俗語音不同一曰熱阿義人本奉耶穌之教近

爲異端迷惑男女秀麗其都曰得勒城街狹屋卑但峩軍守城以後漸入佳境一曰黑海之濱名頞里地四方山嶺土君販賣人口爲奴一曰勒頞阿西地種類居山内草木暢茂禽獸繁殖五穀不登其民猛而野既奉回回之教與峩結敵盡力擊退峩軍連年攻戰不息其女最美多賣遠方爲人妾其價甚貴如有才能往往爲國后其會城曰迓大罕通商富財其産最繁者爲鱣魚龍捕於裡海而賣於各國東方最豐青草蒙古等種類遊牧其中賣馬羊牛皮貨易布疋

其東方藩屬曰西伯利一作悉畢底阿廣袤圓方一百五十萬方里居民一百零三萬八千丁自南流北之河曰勒那曰葉尼賽曰阿比等南方有蘇米排牛雨湖終年結氷毫無通路産金銀銅鐵寶玉嫩黃玉草木惟在南方北地不毛惟有矮松楊樹多狐狸兔貂鼠海虎水獺毳獸其居民各異種類南方蒙古族東南如滿州之東如種北有撒摩葉侏儒各種大半尚祟佛不拜上帝峩國犯罪人流於此地或逃走再捕獲則使開礦廠又有卒可薩類多爲兵四月尚氷凍所獲毳皮與蒙古通

商甚裕所出銅五十一萬二千五百石鐵九十九萬石金銀百有餘萬兩其部落之名如左近西之藩屬曰多僕部設大鑄礦之爐峩羅斯總帥劄駐理東地之政南方生草木有哈薩克游牧頻次侵國雖派防兵時入鈔掠北方無物産但調營汛收其土貢有芸益斯部遍地草埸多礦不通商路城内防兵四千與哈薩克常結衅有東色部豐盛出穀蒸酒士民沉湎有東方耳谷部甚廣大銀鉛礦廠有名居民秀雅好學以皮及鉛爲賦有他甲城在蒙古交界漢峩互市彼此獲益但陸商不如

粵東海商之盛牙谷部在凍地惟三月內冰消雪散但其居民射獵以毳皮為市稅官索需剝削故民至飢寒有阿谷部在東海之濱其會城在海隅與鄰島通商土官惟征其皮貨餘皆不毛之地有堪察加部極東北長半土少草木繁野獸土民矮小以魚為食多居地穴用犬如馬好淫醉峩羅斯開口貿易為罪人流徙之所極東亞律羣島自亞齊亞極東至亞黙利加皆磽瘠但有皮可市古利羣島接日本國半歸峩羅斯惟南洲服日本也峩商買歲往取皮毳亞齊亞東北之極居民無主

並不服峩羅斯但將皮易烟原無今補

地球圖說峩羅斯國職方外紀作莫哥斯未國或作麥可斯未東界亞細亞大洲內西比利亞國即峩羅斯屬國南界黑海并土爾基國西界裏海并波路西國阿士氐拉國并土爾基國蘇以天國挪爾圍國北界北冰洋國之東有高山一帶名由臘山中央平坦栽種五穀可為牧場其百姓約有六千七百萬之數都城名彼得羅城城內民四十六萬有希臘教其規則見希臘國圖說內天主教回回教猶太教所用之人皆自外販入為奴僕內有莫斯高城昔是國都道光十七年被佛蘭西國侵伐其城燬於地雷火炮今雖修築完固然不復建都矣其民多居國南少在國北以地近北冰洋天氣極冷也內有大江四曰服拉加江地尼伯江土喂拿江烏拉江其南方一帶高山名告甲素山計高一千八百丈土產麻布皮貨金紅銅鐵金剛石木料胡麻五穀原無今補

地里備考厄羅斯國分三州一在歐羅巴州一在亞細亞州一在亞美加州疆土甚廣烟戶實繁在歐羅巴州之北者北極出地四十度起至七十度止經線自東十

六度起至六十二度止東至烏拉爾山暨加斯比約海西連瑞西布羅西波羅尼奥斯的里四國暨州中海南接土耳基加拉哥維二國暨黑海北枕冰海長約七千六百六十里寬約五千五百里地面積方約二百七十五萬里烟戶五京六兆五億口地勢平坦東南山阜紆軫絡繹湖河之巨出歐羅巴州各國之上河至長者曰窩斯加曰敦曰聶卑爾曰北者拉曰科內加曰都納曰內薇湖至大者曰拉多加曰科內加曰薩壹馬曰北壹布曰巴牙納曰壹爾門其田土以附近河岸者為膏腴

北方各地至六十度外皆屬不毛西南多黍麥東方則砂磧瀉鹵北方宜菽麥油麥中央則胡麻黃麻土產黃金銅鐵礬硝白玉水晶紋石滑石磁器等物地氣北方則冬月川河盡冰有夜無晝夏季終日雲霧有晝無夜南方則天氣晴和萬物蕃盛王位男女皆得襲嗣惟以長幼爲序奉額力西之天主教別教亦不禁止工技藝盛商賈本國古稱薩爾馬西乃斯加拉臥尼國所分迨斯干的那威國人祿利哥者興師克之傳至烏拉的米爾父子始定律例建學闢肆金宣宗元光二年爲蒙古

侵占越二百五十四載至本國宜萬王時始征服蒙古並取悉卑里亞東北全地明萬歷中波利斯王薨後國政紊亂爲波羅尼國所奪嗣傳至伯多羅王年少勤政務稼穡通闤市攻破瑞西國威震鄰邦因謚曰太傅王加達利納女王宵衣旰食攻克波羅尼亞國吞併土耳基亞國各地大闢疆土遂爲歐羅巴州強富巨邦至亞勒山德黎王與東國結盟共拒佛蘭西國擊敗那波良之軍其弟尼哥勞於道光五年卽位是本國現在之君也本國地方鎮部其鎮四十有九北方則十二鎮一名

黍比德爾斯布爾厄建於內儀河濱乃本國都也最爲富麗一名亞爾干日一名非蘭的一名科勒內一名斯多尼一名里窩尼一名北斯哥弗一名諾弗哥羅一名窩羅科達一名的威爾一名日羅斯拉一名哥斯德羅罵南方則四鎮一名究一名給爾孫一名厄加德黎諾斯拉一名道里達西方則八鎮一名孤爾郎的一名威德比斯哥一名摩宜勒威一名明斯克一名維里納一名哥羅德諾一名窩黎尼一名波多里東方則八鎮一名白爾摩一名維牙德加一名科倫布爾厄一名加三

一名新比爾斯克一名奔薩一名薩拉德夫一名亞斯達拉干中央則十四鎮一名墨斯溝一名斯摩棱哥一名瓦拉的迷一名尼內諾烏科羅一名加斐架一名斗拉一名里牙三一名當波弗一名科勒爾一名古爾斯克一名窩羅尼日一名耆爾厄科弗一名加巴的哥海中則三鎮一名達科一名厄塞爾一名亞蘭其部則四一名敦部一名高加索部皆在東南方一名比牙黎斯德部在西方一名北薩拉比亞部在南方其國通商衙繁之地內外不一半瀕海邊半屬內地之埠（原無今補）

外國史畧曰峩羅斯國之始本游牧部落在歐羅巴東方其號峩羅斯始於唐敬宗寶厤中其後五代周世宗顯德二年國王娶希臘國王女進天主教百姓向化遂以全國分其諸子爭端日起分國爲二始與他國往來通貿易南宋寧宗嘉定年間爲蒙古所有納貢賦百餘年屢叛屢服明英宗正統間舊峩國以文第一王募萬民合力以驅蒙古適蒙古王族内釁峩國遂恢復舊國且攻據陂蘭國其子號以文第二王尤好武戰無不勝攻據東方大地雄占阿西亞州幅員愈廣政令嚴酷旋

爲其下所弒於是陂蘭國王來干其國政然陂蘭之政尤暴虐萬厤四十年遂激民變共焚國都驅逐出境於是教主五爵咸集羅馬城擇立國君後與土耳基國爭教肇釁其教主教師不傳業術五爵操權通商止在内地不出外海康熙十年彼得羅大王卽位年尚少其姊攝權因與土耳基戰在黑海據一港口由是備戰船五十航海以護商船聞荷蘭各國巧於建船其王遂潛往英國船廠學習器械歸練水師與瑞丁國戰九年瑞丁敗讓巴得海港以東各地遂建新都稱彼得羅堡以爲

市埠日漸雄盛瑞丁復結土耳基國來攻鏖戰三次而後平是時峩國水師船四十一艘水手萬四千名炮二千一百門遂自帝其國立律令在裏海與白西國戰通商南海又與中國立和約立館北京定界碑于黑龍江後峩國女王嗣位佞臣營私與土耳基國破路斯屢交戰府庫空虛乾隆二十六年世子嗣位受制於妃女王自立又擅峩國之政使其嬖臣據波蘭國拘其舊主且激希臘人叛土耳基國以抑回教遂與東國破路斯兩國分其地再攻擊土耳基女主死其世子亞勒撒得嗣

位又值佛蘭西國大變峩國與東國破路斯國結盟攻擊佛國屢見敗嘉慶十一年與佛君那波利穩王議和會佛國嚴禁各國與英吉利通商而峩國不從遂肇釁嘉慶十六年佛國王領兵六十萬以伐峩羅斯峩見其勢大引軍先退清野堅壁以待佛軍直抵其都忽宮殿火起焰烈四延佛軍奔潰冬月冰雪中沿途凍餒無所食宿峩國選勁騎乘勢追擊殲敵大半餘走匿日爾曼國城中峩羅斯又結東國破路斯國之兵數十萬以報前怨嘉慶十八年復大戰佛軍大敗竟破其都逐其國

王自後峩國威權大震其君亞勒撒得王道光十五年薨其弟尼可老即位政令嚴肅與土耳基國戰獲全勝在列西國中最爲強盛其地在歐羅巴者廣袤方圓七萬五千里幾占歐羅巴州之半別有阿西亞北方全地計二十七萬九百里兼亞默利亞西北地萬七千五里得全地面八分之一北極出地自三十九度至七十八度經度自三十六度至二百四十七度南界土耳基東國黑海白西國東南界西域新疆蒙古黑龍江北及冰海西界瑞丁巴得海隅及破路斯國東國土耳基國此

爲一大陸地也其在歐亞兩大地之間有葱嶺高山連及亞西亞藩屬地亦多山其國內地悉平坦有草無木一帶沙漠多湖最廣者裏海乃天下最廣大之湖也水面方圓六千八百二十六里與海無異尚有在北地之拉多牙湖廣袤方圓二百九十二里江河最長者曰阿被河長五千八百里熱尼西河七百里里那河六百里皆在亞西亞藩屬地並北流入冰海窩牙河在歐羅巴地長五百　東南流入裏海地業江長二百七十里頓河二百四十里得尼得比等江其水名入大河或流入黑

白裏海因水道廣通故舟楫四達天氣甚冷冬時地遍冰雪居民少食多眠若行路則駕犬馬與鹿推行冰上其山磽無樹木地廣民希統庶民六千二百五十萬語音風俗大同小異又有撒窩匿族類與峩國語音相同力得族類四千七百七十三萬在巴得海隅邊者二百萬有實尼族類在此地者三百八十萬日耳曼國之客氓遷此者五十萬別有在北地四百萬餘其民巧捷勇猛亞米年務貿易之民五十八萬猶太人二百一十八萬蒙古游牧族類四萬滿州打牲族類四萬東北族類

五萬北方矮民族類一萬八千雜類十萬崇希臘天主教者四千二百七十萬奉天主教耶蘇教回教佛教教師禮拜堂甚多道光十六年所生之男一百零四萬七千名女九十九萬九千名其奴自耕其田者六萬七千據地者百二十五萬佃富民田者六百六十九萬佃官田者百五十六萬習技藝百工者二十一萬五爵所轄之農千有百三十六萬城邑居民百二十六萬商賈十二萬五爵男女上下約四十萬各官吏役二十萬各教師祭司及各教門二十萬軍士約二百萬五爵不納餉

以奴爲產業任意販賣居民九分之八居住鄉里多草寮無瓦屋其圍一千五百所鄉一十五萬所其氓多田遠方招至開墾新地大半日爾曼國之民每年雲集在山內者多以掘礦爲生在北方氷地者恃漁獵爲業惟國中有田方圓約二萬里餘皆荒地農民三千八百二十八萬產大麥粟豆三角等穀西南地產穀頗多尚有餘運出他國其草場雖廣不足肥牲畜有野馬日走千里其騎軍最趫捷善戰每歲運出緜羊毛值銀一千一百四十二萬員南方養駝約四萬六千五百隻林木多

在北方其林地方圓二萬四千餘里材可造船兼養蜜產蠟南方無林木則養蠶國多漁戶北方氷海則捕鯨之價每年約四十八萬六千員其最大之魚磯在裏海有鱘龍魚狗肚魚等每年獲值銀約千四百萬員山開礦產五金亦產寶玉金剛石裁人不善制造而禁外國人所造之物運入本地惟招外國人入境教之國中有能製造新奇者必賞之然所造之人皆用奴工價省而賣價昂然不如各國之精良也道光十九年製造之廠計共六千八百五十五間匠人四十一萬五金廠四百

八十六間製造之價銀二千餘萬員其君嚴禁外國羽呢入境亦禁出境只在蒙古地方與中國交易所賣之呢皆裁國土人所織○其通商各地在亞士他干及那峩鹿邑每年所賣貨物萬一千萬餘圓外國物件三千六百萬圓茶葉三萬四千箱價約百八十一萬圓粗茶七千箱價值七十二萬四千五百圓中國布帛線緞價值四萬五千員其國內窩牙河等水路商舟一萬六千一百五十隻筏三百其貨價共計二萬萬員在阿加並所滙入之江計舟五千六百八十隻筏六百其貨物價

值銀七千五十九萬六千員加馬並所匯入之江舟二千五百六十隻筏一百四十貨價七千一百八十二萬北地那江舟二千筏二千六百五十貨價二千零七十八萬九千圓在湖面之舟一萬八千貨價一萬三千二百二十萬圓西士那江舟二千三百五十四筏一千九百八十貨價六十二萬員威悉河舟六百九十筏三千七百六十貨價六十二萬員地尼得河舟二十筏九十貨價七萬二千員地業河舟一千九百五十筏一萬二千四百二十貨物價值一千一百三十八萬員顛河舟

五百八十筏三百貨價七百五十三萬三千員𥁞峩國多山江河上游皆淺故舟少筏多異於他國○又在亞西亞藩屬地之阿比河舟百九十貨價百四十萬員熱尼西河利那河舟四百七十貨價三百四十三萬員○峩國居民無志航海惟在本港與外國商船貿易道光十九年運出者共計九千四百八十二萬八千員運入者七千一百十八萬員稅餉道光十年千九百七十二萬員十九年二千六百四十萬五千員道光二十年運出羽呢布匹絲線五金器皮物價銀三百六十一萬五

千員運出者銀六百八十九萬三千圓其通商之地在巴得海隅之彼得羅堡為其國都乃最廣之港也尚有利牙利瓦等海口有白海隅之天使魁邑港口有黑海之阿得撒但各港口有在亞士弗小海隅之他安鹿口又在裡海之大港口與亞士他干及白西國通商在亞西亞藩屬國有阿林下與中國交市在西域通商者有奇瓦布加拉可干等地

峩國本非一國由兼幷各地半在歐羅巴半在亞西亞今共分十一大部其北地在白海之南廣袤二萬四千四百四十六里居民百二十五萬西北有大島四時冰雪白熊海犬所集人蹟不到土人穴居貧乏少食惟使犬使鹿無他牲畜南方多木其都會日天使魁亦古港口也各國之船雲集○其中央分十九郡稱大峩羅斯廣袤萬四千八百八十三里居民一千八百六十八萬各地平坦豐五穀彼得羅堡其大港口也城建於康熙三十九年冬春恒冰各貨物載於冰車運至都中其居民不善工作技藝惟賴日耳曼國及各國寄寓之人以足其用尤防海潮水一漲則其都危矣○國之古都曰

莫斯口在國中央戶口殷繁商賈雲集街多且廣嘉慶十七年佛軍侵界入都土人潛縱火佛軍二十五萬潰逃一空燬者四萬殿宇多為瓦礫兵退再建愈壯麗居民三十四萬那峩鹿城在明朝最盛為峩國之大市多禮拜堂有極美之塔居民一萬土拉邑爲製造之藪有匠七千造鎗炮各項鐵器玩物居民三萬五千加路牙邑居民二萬七千造皮氊篷布士摩憐邑居民二萬嘉慶十六年佛峩兩軍血戰之地○其在巴得海隅之部有三共廣袤千六百一十六里居民百五十七萬一曰

益蘭部其原土民在沙地爲農地主半日耳國人產麻穀等物其海口都會曰利瓦居民萬五千每年出入船約百隻在此鑄炮鑄鐘二曰勒蘭部地平坦出五穀居民耕田爲奴操權者皆日耳曼之族其港口都會曰利牙居民五萬八千進出船千二百隻貨價四千萬圓運出者多五穀有肄業之院三曰古耳蘭部地多澤沙漠無產其氣冷僅有麻穀亦賣與外國都會曰米道○賓蘭部方圓六千四百里居民百四十三萬內多林澤惟河邊有居民餘皆荒蕪風俗亦殊天氣甚冷居民崇耶

穌教城邑基少屋皆草舍○白峩羅斯地分三部廣袤三千五百八十五里居民二百六十七萬地多林百姓以獵爲生鮮大邑居民多農天氣冷無多產都會曰閔士其○小峩羅斯方圓九千九百二十九里居民千一百一十二萬地分八部爲峩國之重地一曰窩利尼音部地最豐盛多收場資牲畜又多密林製造極巧與鄰地貿易二曰破多鄰部有山嶺高不過五十丈居民務農亦有游牧之人地平坦耕田以馬極其勁健民數約七十萬每遇招募騎兵則一呼雲集然易生叛亂故峩

國畏之其頭目亦有武官長領等峩國之官在北地無大權幸其民猛而有信○破蘭國廣袤萬三千里居民千五萬惟五爵家有十萬丁餘百姓皆奴與峩族無異惟自昔五爵多據地明洪武年王室廢所有新王必聽五爵推立乾隆嘉慶年間峩國屢合袞國之兵以分其地削其權遂不立君聽命於峩國焉其國廣袤二千二百六十七里居民四百四十二萬五穀豐登其農夫皆奴其都會曰瓦久居民十三萬其城邑乃甲勒律寶蘇瓦其多草舍民貧之大半尚天主教○又利道地部昔

與破蘭合廣袤千八百三十九里居民二百四十二萬地悉平坦多豬水土豐五穀麻木料物蜜糖蠟居民多養牲畜亦造酒皮鐵器農甚貧五爵則富其都曰威拿城居民四萬○新峩羅斯國在西南方係所取土耳基國游牧地也廣袤五千一百一十九里居民二百二十八萬在多惱河土耳其國之交界多游牧建城防範界內無水無林木土雖豐鮮產物其一郡曰吉孫大半平坦多牧場民不知耕招來氓開墾在亞士弗海隅有折孫之半地係昔回回游牧之所南方甚豐出葡萄甘橡

各果氣甚煖地甚富羊皮甚柔他國爭貨之○沿裏海之地廣袤萬一千零二十四里居民五百八十八萬本山地分爲六郡大半屬亞西亞在裏海邊其都會曰亞士他干城居民四萬多漁戶大半回族加撒郡居民四萬亦多回族地豐盛多產物但民多怠惰故地如荒野○其歐羅巴亞西亞中間之地廣袤萬一千七百五十三里居民四百九十一萬此地在烏拉山內天氣甚寒不出五穀多五金之礦居民以掘礦爲生其都爲阿林布北耳米兩邑其在亞西亞州之藩屬地所稱西比利

亞者廣袤二十一萬九千四百五十方里係亞西亞北方全地居民五百七十八萬北有大澤夏時尚見冰雪西南有豐地出金沙紅銅鐵寶玉及象居民半崇釋教以游牧漁獵爲生南有林木亦出五穀民不知耕東方有半地曰干查甲有兩港通貿易其地大半冰雪出礦地分東西兩國其都會曰多薄斯通貿易又有曰雲士其曰雅谷士曰其甲他及東邊阿谷士各海口○其山外之地分十郡大半昔屬土耳其白西等國居民多回族在裏海並黑海之濱其山內百姓連年與峩國戰而敗退陣亡者千萬其男以獵爲務好虜掠其女最美貿回回國人販買之○在谷內有崇天主教之族曰亞耳閔曰執阿耳義皆安分貿易土豐盛而民不知耕最大邑曰以利文居民萬五千距白西國不遠又有得賓邑治利文邑得勒邑皆所轄也○額耳西地廣袤二萬六千九百里居民四十二萬距中國新疆不遠民多游牧峩國與新疆日相侵伐崇回教嘉慶二十三年後歸峩國權轄○其在亞默利加西北方之藩屬地廣袤二萬四千四百五十里居民僅二萬海邊之埠數百皆峩人

居之漁獵爲事以魚爲食又有列羣島曰古利曰亞來地方圓七百五十里居民五千在港口以皮易食物依海業漁尤以捕鯨爲業

峩民頗聰明語音各異廣招外國賢士以化其民制度從佛蘭西文學從日耳曼行藏甚巧和顏耐苦偶遭酷虐即作亂惟上品之士好遊各國然國君嚴禁外出焉峩軍勇戰寧陣亡不後退他國畏之嗜飲少食農衣羊皮民半貧之其富者賭博宴飲侈靡糜費貧民小犯罪鞭責與牲畜無異俗重其君所賜號與爵同榮百姓不

好文字設學館萬一百五十內有學生六十六萬禁各種書冊不准百姓誦讀然繙譯外國書本頗多峩國之政王自操權五爵大臣不敢干預國無定例亦不遵舊章任意出令故其君多自尊大妄行幸人各嚮服遵約束爾其政務有十三大臣分司之並有公會議國大務亦有教主司教事國帑所入銀萬五千五百萬員稅餉最多者酒課每年三千六百萬員國內務每年用銀三千三百萬員其兵陸路費銀二千萬員國欠項銀四萬九千六百萬員兵士共計六十一萬錢糧甚微

其兵船在巴得海隅黑海白海裡海各處派調共兵船三百四十隻載大炮六千四百四十門○峩國與各國往來調公使大臣駐各國之地在土耳其國兩侯之北地居民三百八十五萬咸賴峩國保護其權勢最爲浩大原無今補

烏拉山內金礦每年約金沙九千觔紅銅六萬石鐵三百三十九萬八百石鹽二百二十三萬八百石運出者皮貨麻牛油蔴花木料呢羽繪畫珠寶等物運入者米糖茶葉茶餅而已見外國史畧

東俄羅斯五部

比特革部東界那阿俄落西界里圭南界伯斯波付北界宏蘭在東俄羅斯之北俄羅斯王遷都於此幅員萬八千零九十方里戶八十萬又八千五百十二口轄小部落六兵五萬五千疆域平蕪濱海岸饒林木田疇互錯惟天寒多冰雪遇潮漲風烈水漫溢爲患故千八百二十九年道光九年浸溺幾及萬人產稻麥樹木

宏蘭部東界阿占牙爾西界海南界比特革北界海在宏蘭港之北距綏林國僅隔一港層巒疊巘林深箐密冬寒雪厚幅員

十三萬四千四百四十四方里戶百有三十四萬六千一百三十九口轄小部落三十有三土番宏士種類湻樸勤力作語音朗爽異他部

里圭部東界比特革南界利窩尼阿西北界海在宏蘭海港之南平衍多湖夾岸茂林美田疇播種豐稔幅員六千八百九十方里戶三十九萬零三十二口轄小部落三土番宏士種類皆習額利教其地本屬綏林千三百年元成宗大德四年爲耶馬尼所奪後歸俄羅斯

利窩尼阿部東界比特革南界戈蘭西界海北界里圭亦在宏蘭海港之

南窪土多湖稠樹厥田稱上上幅員二萬一百一十方里戶七十三萬七千七百三十四口轄小部落五土番宏土種類皆習額利教其地本屬綏林爲那麻尼所奪今歸俄羅斯

戈蘭部東界利窩尼阿南界威爾那西北界海亦在宏蘭海港之南少北平壤有湖叢樹木豐五穀幅員九千五百四十四方里戶五十六萬八千六百九十口土番宏土種類皆習額利教其地亦本屬綏林爲那麻尼所奪嗣歸俄羅斯

西俄羅斯六部

西俄羅斯有二一名里都阿尼一名星列尼其里都阿尼所屬五大部落曰威爾那曰俄羅儺曰威的塞曰敏塞曰目希里甫其星列尼所屬二大部落曰窩爾希尼曰波羅里阿于四百年間明建文四年本屬查遮爾倫及波蘭之地查遮爾倫與波蘭女王婚配遂合爲一國查遮爾倫居於波蘭後爲俄羅斯所奪名之曰西俄羅斯故至今七大部落仍屬統轄土番二種曰白俄羅斯曰黑俄羅斯俄羅儺一部落黑俄羅斯也其餘威爾那等部落皆白俄羅斯幅員十六萬五千方里戶八百八十萬口人甚粗魯地多沙石耕僅餬口產鐵木蜜糖及豹狼熊牲畜

威爾那部東界敏塞南界俄羅儺西界普魯社北界戈爾蘭轄小部落二十有七首部落即名威爾那有教習技藝館教習天文館教習造船館貿易蕃盛

俄羅儺部東界敏塞南界窩爾尼阿西界瓦肖北界威爾那轄小部落十有四首部落即俄羅儺本渣遮爾倫故都今則宮室僅存基址

威底塞部東界斯摩速西界威爾那南界敏塞北界伯斯果甫轄小部落二十有二首部落即名威底塞貿易亦盛

敏塞部東界目希里甫西界普魯社南界窩爾希尼北界威底塞轄小部落三十有五地卑濕南隅多湖恒有水患

目希里甫部東界斯摩速西界敏塞南界查尼俄甫北界威尼塞濱海轄小部落十有三首部落即目希里甫商賈所滙

屋列尼部東界布爾多瓦查尼俄甫南界卡循西界牙里西阿查肖北界窩爾希尼阿轄二大部落窩爾希尼阿波羅里阿均白俄羅斯也域內有奈巳河河東屬俄羅斯河西舊屬波蘭今亦全

屬俄羅斯

窩爾希尼部東界幾甫西界瓦肖南界波羅里北界敏塞轄小部落三十有一和暖平蕪疇錯豐稔產穀酒牛羊

波羅里阿部東界幾付北界窩爾希尼西界牙里西阿南界沙臘彌阿轄小部落十有七平曠略有小山田疇美商賈盛